# DIREITO PENAL

*organização* **LEONARDO CASTRO**

*série manuais de direito*

# LEONARDO CASTRO

CASA DO DIREITO

**Diretor Editorial** Gustavo Abreu
**Diretor Administrativo** Júnior Gaudereto
**Diretor Financeiro** Cláudio Macedo
**Logística** Daniel Abreu e Vinícius Santiago
**Comunicação e Marketing** Carol Pires
**Assistente Editorial** Matteos Moreno e Maria Eduarda Paixão
**Designer Editorial** Gustavo Zeferino e Luís Otávio Ferreira

**Dados Internacionais de Catalogação na Publicação (CIP)**
Bibliotecária Juliana da Silva Mauro - CRB6/3684

---

C355d    Castro, Leonardo
       Direito penal / Leonardo Castro. - Belo Horizonte : Casa do Direito, 2023.
       614 p. ; 23 cm. - (Série Manuais de Direito)

       Inclui Bibliografia.
       ISBN 978-65-5932-327-2

       1. Direito penal. 2. Crimes. 3. Aplicação da lei. 4. Patrimônio. 5. Punição. I. Título. II. Série.

       CDU: 343.2
       CDD: 345

---

Índices para catálogo sistemático:
1. Direito penal 343.2
2. Direito penal 345

GRUPO ED.
**LETRAMENTO**

**LETRAMENTO EDITORA E LIVRARIA**
Caixa Postal 3242 – CEP 30.130-972
r. José Maria Rosemburg, n. 75, b. Ouro Preto
CEP 31.340-080 – Belo Horizonte / MG
Telefone 31 3327-5771

CASA DO
DIREITO

É O SELO JURÍDICO DO
GRUPO EDITORIAL LETRAMENTO

# APRESENTAÇÃO

De acordo com um dos dicionários online mais populares, o Dicio, *manual* compreende um "compêndio, livro pequeno que encerra os conhecimentos básicos de uma ciência, uma técnica, um ofício". A escolha do nome da série, portanto, não foi aleatório, ao contrário, traz em cada um dos volumes a premissa de apresentar um conteúdo mínimo, sem ser superficial, que todo o acadêmico de Direito precisa saber sobre as temáticas apresentadas.

A experiência editorial que nos cabe, depois de publicar mais de 100 livros jurídicos, aponta que o leitor nunca esteve tão interessado a consultar um material objetivo, didático, sem muita enrolação e que memorize as informações desde da primeira leitura. Ninguém deseja desperdiçar tempo com o irrelevante, não é? A partir deste contexto, reunimos professores especialistas em suas áreas e com muita prática em sala de aula para que os principais e mais relevantes temas estejam bem explicados nestas páginas.

A série não foi pensada, exclusivamente, para quem deseja enfrentar provas da OAB e de concursos, mas que preparasse para qualquer desafio que fosse levado pelo seu leitor, seja em seleções, seja em avaliações na faculdade. Com a organização do experiente professor Leonardo Castro, a **Série Manuais** promete um aprendizado além de sinopses e resumos. Bons estudos!

**MARCELO HUGO DA ROCHA**

*Coordenador editorial.*

# 78 3 DO CRIME

## 211 6 SOBRE MEDIDAS DE SEGURANÇA

## 216 7 SOBRE A AÇÃO PENAL

## 223 8 SOBRE A EXTINÇÃO DA PUNIBILIDADE

# 244   9   DOS CRIMES CONTRA A PESSOA

## 463   18   DOS CRIMES CONTRA A FAMÍLIA

## 589   22   CRIMES CONTRA O ESTADO DEMOCRÁTICO DE DIREITO

# INTRODUÇÃO AO DIREITO PENAL

## 1.1. SOBRE A CLASSIFICAÇÃO DOS CRIMES

Neste manual, apresento a classificação dos crimes em diferentes circunstâncias. Essas distinções são de extrema relevância, pois permitem estabelecer, por exemplo, se um delito admite tentativa. A fim de evitar repetições, decidi concentrar neste tópico o significado de cada uma dessas classificações.

### 1.1.1. CRIME COMUM, PRÓPRIO E DE MÃO PRÓPRIA

Crime comum é aquele que pode ser praticado por qualquer pessoa. Exemplos: homicídio (art. 121 do CP), furto (art. 155 do CP), roubo (art. 157 do CP), estupro (art. 213 do CP), entre outros. No crime próprio, a lei exige uma qualidade especial do indivíduo para a prática do delito. Exemplos: infanticídio, art. 123 do CP (a mãe da vítima deve ser a autora), peculato, art. 312 do CP (o autor deve ser funcionário público), etc. Já no crime de mão própria, somente uma pessoa específica pode cometê-lo, como no caso do falso testemunho (art. 342 do CP).

A importância da classificação: além de estabelecer quem pode ou não praticar um delito, essa categorização também afeta a análise do concurso de pessoas. Nos crimes comuns, o concurso de pessoas é livre, sem limitações – admite-se a coautoria e a participação. Nos crimes próprios, a coautoria é possível com pessoas que não possuam a característica especial exigida pelo tipo penal, desde que observado o art. 30 do CP. Nos crimes de mão própria, apenas a participação é possível.

### 1.1.2. CRIME MATERIAL, FORMAL E DE MERA CONDUTA

Crime material é aquele cuja consumação depende de um resultado naturalístico, ou seja, de uma mudança no mundo exterior. Exemplo: no homicídio (art. 121 do CP), a consumação ocorre somente com a morte da vítima – caso ela sobreviva, configura-se tentativa. No crime formal ou de consumação antecipada, o tipo penal prevê um resultado naturalístico, mas este não precisa ocorrer para a consumação. Exemplo: na concussão (art. 316 do CP), basta a exigência da vantagem indevida para a consumação. O efetivo recebimento da vantagem indevida é irrelevante. Já no delito de mera conduta, o tipo penal descreve apenas uma conduta, sem nenhum resultado naturalístico. Exemplo: ato obsceno (art. 233 do CP).

**a.** Crime de mera conduta

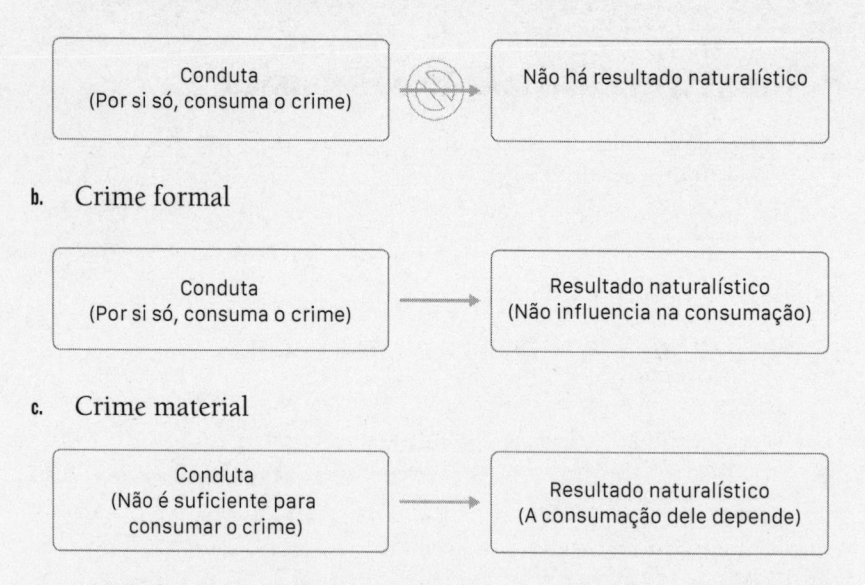

**b.** Crime formal

**c.** Crime material

A importância da classificação: além de influenciar na identificação da possibilidade de tentativa, a distinção viabiliza outros institutos do Direito Penal, como a desistência voluntária e o arrependimento eficaz. Além disso, há aspectos processuais envolvidos. Por exemplo: um funcionário público exige vantagem indevida (concussão, art. 316 do CP). No momento da conduta, a vítima não possui a vantagem e fica acordado que a entrega ocorrerá no dia seguinte. A prisão em flagrante deverá ocorrer no momento da conduta (exigência), não sendo mais possível no momento da entrega da vantagem, mero exaurimento do delito.

## 1.1.3. CRIME UNISSUBSISTENTE E PLURISSUBSISTENTE

O crime unissubsistente é aquele em que a conduta é praticada em um único ato de execução. Exemplo: a omissão de socorro (art. 135 do CP), em que a conduta se dá em um único ato de deixar de prestar assistência. Já no crime plurissubsistente, a conduta é composta por diversos atos executórios. Exemplo: o homicídio, em que a ação é formada por uma série de atos.

× A unissubsistência da omissão de socorro (e dos demais crimes omissivos próprios):

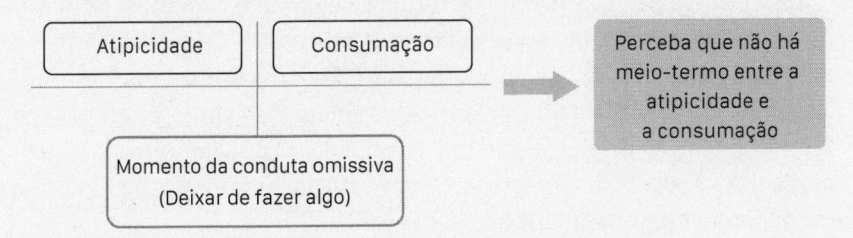

A importância da classificação: no crime unissubsistente, a tentativa não é admitida. Para ilustrar a distinção, considere este exemplo: na calúnia praticada verbalmente (art. 138 do CP), não há meio termo – ou o indivíduo fala e o crime se consuma, ou não fala e não há crime. Por outro lado, na calúnia por escrito, é possível imaginar a comunicação escrita (carta, e-mail) sendo interceptada e não chegando ao seu destinatário. Portanto, a calúnia pode ser tanto unissubsistente quanto plurissubsistente, dependendo da forma como o delito é executado.

### I.I.4. CRIME UNISSUBJETIVO E PLURISSUBJETIVO

No crime unissubjetivo, monossubjetivo ou de concurso eventual, é possível praticá-lo sozinho ou em concurso de pessoas. Exemplo: o furto (art. 155 do CP). Já no delito plurissubjetivo ou de concurso necessário, a lei exige o concurso de pessoas para a existência do crime. Exemplo: associação criminosa (art. 288 do CP), que só existe se houver, no mínimo, três criminosos.

A importância da classificação: para verificar a existência de um delito plurissubjetivo, deve ser analisado se o número de agentes envolvidos corresponde ao estabelecido no tipo penal. Por isso, não é possível uma associação criminosa com apenas dois indivíduos.

### I.I.5. CRIME DOLOSO, CULPOSO E PRETERDOLOSO

No crime doloso, o agente quis o resultado (dolo direto) ou assumiu o risco de produzi-lo (dolo eventual). Exemplo: roubo (art. 157 do CP). No culposo, ele não quis o resultado, que foi produzido em razão de o agente não ter tomado o devido cuidado para evitá-lo, violando os deveres de cuidado – foi imprudente, negligente ou imperito. Exemplo: homicídio culposo (art. 121, § 3º, do CP). No delito preterdoloso, há dolo para a produção de um resultado, mas outro é alcançado culposamente. Exemplo: lesão corporal seguida de morte (art. 129, § 3°, do CP).

Importância da classificação: delimita se e como o criminoso será punido. Em regra, os crimes são dolosos. Para que um crime seja culposo ou preterdoloso, deve existir expressa previsão nesse sentido. Portanto, há influência direta na própria existência do crime. Exemplo: na hipótese de erro de tipo essencial evitável (art. 20, caput, do CP), em que o dolo é afastado e o agente é punido pela culpa, caso não exista a modalidade culposa, a conduta será atípica.

### I.I.6. CRIME DE FORMA LIVRE E DE FORMA VINCULADA

No crime de forma livre, não há um meio de execução específico (ex.: homicídio). No delito de forma vinculada, a lei estabelece como deve ocorrer a execução. Exemplo: o crime de perigo de contágio venéreo (art. 130 do CP), que só pode ser praticado por meio de relações sexuais ou atos libidinosos.

Importância: na forma vinculada, há influência na existência do crime. A execução de forma diversa da estabelecida em lei descaracteriza o delito.

### I.I.7. CRIME INSTANTÂNEO, PERMANENTE E INSTANTÂNEO DE EFEITOS PERMANENTES

No crime instantâneo, o momento consumativo é esgotado imediatamente. Exemplo: na corrupção passiva (art. 317 do CP), quando o funcionário público solicita a vantagem indevida, o delito se consuma instantaneamente. De forma diversa, no delito permanente, a consumação se prolonga ao longo do tempo. Exemplo: na extorsão mediante sequestro (art. 159 do CP), enquanto a vítima permanecer privada de sua liberdade, o crime estará em consumação. Por fim, no crime instantâneo de efeitos permanentes, o crime tem consumação imediata, mas seus efeitos duram para sempre. Exemplo: homicídio (art. 121 do CP).

A importância dessas classificações reside na compreensão de como os crimes são executados, consumados e seus efeitos no tempo. Essas distinções também são fundamentais para a análise da punição aplicável e dos aspectos processuais, como a prisão em flagrante e a prescrição.

**a.** Crime instantâneo:

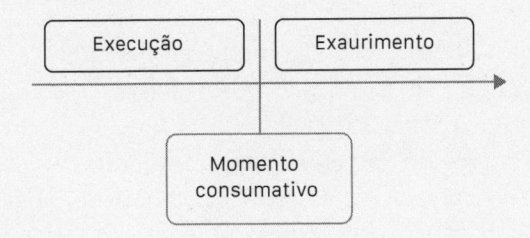

**b.** Crime permanente:

Importância da classificação: dentre outras consequências, o momento da consumação influencia no cálculo da prescrição, na definição de qual lei será aplicada a um caso concreto e, até mesmo, na aferição da existência de flagrante (arts. 302 e 303 do CPP). Para melhor compreensão, leia sobre a distinção entre crime material, crime formal e crime de mera conduta, tema tratado há pouco.

### 1.1.8. CRIME HABITUAL

O crime habitual é aquele que só existe pela reiteração de uma determinada conduta. Exemplo: no crime de casa de prostituição (art. 229 do CP), o dispositivo exige que o indivíduo *mantenha* estabelecimento onde ocorra a exploração sexual. Portanto, se hoje organizo em minha casa um encontro com a presença de pessoas prostituídas, com o intuito de promover uma orgia, não pratico o delito de casa de prostituição, afinal, não há habitualidade.

Importância da classificação: além de influenciar na existência do crime – sem a habitualidade, a conduta é atípica –, a exigência da habitualidade impede a tentativa, afinal, não há meio termo. Ou é habitual, e o crime se consuma, ou não há habitualidade e o crime não existe. Ademais, há impacto na prisão em flagrante, que só pode ocorrer se demonstrada a habitualidade – por isso, para alguns, o flagrante não é possível.

## I.I.9. CRIME DE DANO E DE PERIGO

Para que ocorra um crime de dano, tem de ser demonstrada a efetiva lesão ao bem jurídico tutelado. Exemplo: o homicídio. No crime de perigo, o delito ocorre ainda que não exista efetiva lesão ao bem jurídico. Divide-se em: (a) perigo abstrato: basta o potencial risco de lesão ao bem jurídico protegido. O perigo é presumido. Exemplo: no delito de entregar veículo a pessoa embriagada (art. 310 do CTB), não precisa ser provado que o motorista bêbado colocou em risco as demais pessoas ao dirigir; (b) perigo concreto: tem de ser demonstrado o efetivo perigo ao bem jurídico tutelado. Exemplo: o crime de incêndio (art. 250 do CP).

Importância da classificação: tem impacto direto na existência do crime. No exemplo dado, do art. 310 do CTB, se fosse crime de perigo concreto, teria de ser provado que o motorista gerou perigo ao conduzir o automóvel. Da mesma forma, também de perigo abstrato, no crime de porte ilegal de arma de fogo (arts. 14 e 16 da Lei nº 10.826/2003), não poderia ser preso em flagrante quem tem consigo arma desmuniciada, afinal, não haveria perigo concreto à coletividade.

## I.I.10. CRIMES DE MÍNIMO, DE MENOR, DE MÉDIO, DE ELEVADO E DE MÁXIMO POTENCIAL OFENSIVO

No crime de mínimo potencial ofensivo, não há imposição de pena privativa de liberdade. É o que acontece com o crime de posse de droga para consumo pessoal, do art. 28 da Lei nº 11.343/2006. No de menor potencial ofensivo, há pena privativa de liberdade, mas o *quantum* máximo em abstrato é de até dois anos (art. 61 da Lei nº 9.099/1995). As contravenções penais também fazem parte desta classificação. Ex.: calúnia (art. 138 do CP). No crime de médio potencial ofensivo, a pena mínima fixada é de até um ano. É irrelevante a pena máxima em abstrato. A classificação decorre da possibilidade ou não da suspensão condicional do processo (art. 89 Lei nº 9.099/1995). Ex.: furto simples ( art. 155, *caput*, do CP). No delito de elevado potencial ofensivo, a pena mínima em abstrato é superior a um ano e a máxima é superior a dois anos. Ex.: roubo simples (art. 157, *caput*, do CP). Por fim, no crime de máximo potencial ofensivo, a Constituição Federal impõe tratamento diferenciado. São os seguintes: os hediondos, o tráfico de drogas, a tortura, o terrorismo, a ação de grupos armados, civis ou militares, contra a ordem constitucional e o Estado democrático e o racismo.

| Espécie | Consequência |
|---|---|
| Mínimo potencial ofensivo | Não há imposição de pena privativa de liberdade. |
| Menor potencial ofensivo | A pena privativa de liberdade não ultrapassa dois anos (em abstrato). As contravenções penais também são de menor potencial ofensivo. O conceito está no art. 61 da Lei nº 9.099/1995. |
| Médio potencial ofensivo | A pena privativa de liberdade mínima, em abstrato, não ultrapassa um ano, viabilizando a suspensão condicional do processo (art. 89 Lei nº 9.099/1995). |
| Elevado potencial ofensivo | Não é de menor potencial ofensivo, pois a pena máxima é superior a dois anos, e não é possível a suspensão condicional do processo, por ser a pena mínima superior a um ano. |
| Máximo potencial ofensivo | A CF estabelece tratamento mais gravoso. |

Importância da classificação: a sanção mais ou menos rigorosa causa diversos impactos, desde a impossibilidade de concessão de algum benefício até a fixação da competência.

### I.I.II. CRIME SIMPLES, COMPLEXO, QUALIFICADO E PRIVILEGIADO

O crime simples é a forma ordinária de se praticar um determinado delito. Exemplo: o homicídio simples, do art. 120, *caput*, do CP. O crime complexo (sentido estrito) é aquele composto pela reunião de dois ou mais delitos. Exemplo: no roubo (art. 157 do CP), temos a junção do furto (art. 155 do CP) e da lesão corporal (art. 129 do CP) ou ameaça ( art. 147 do CP). No delito qualificado, temos forma mais gravosa de se praticar a modalidade simples de um crime, mas com penas próprias (veja os comentários ao art. 61). Exemplo: furto qualificado. Por fim, no privilegiado, temos a forma menos grave do crime, em comparação à ordinária, com penas próprias, mais baixas. Exemplo: a corrupção passiva privilegiada (art. 317, § 2º, do CP).

× Os delitos que compõem o crime complexo são denominados *famulativos*.

Importância da classificação: para que o criminoso receba a punição proporcional ao mal causado, em observância ao *princípio da individualização da pena*, é imprescindível a correta subsunção entre a conduta praticada e o tipo penal correspondente. Ademais, o *quantum* de pena influencia em praticamente tudo: desde o cálculo da prescrição até a fixação da competência.

## 1.1.12. CRIME COMISSIVO E OMISSIVO

O crime comissivo é que se pratica com uma ação positiva, um fazer. Exemplo: estupro ( art. 213 do CP). A conduta consiste em *constranger alguém*, e não em *deixar de constranger alguém*. Omissivo é o delito cuja conduta se dá por um deixar de fazer, uma ação negativa. Exemplo: a falsidade ideológica (art. 299 do CP), quando o indivíduo omite informação que deveria constar em documento público ou particular. Há, ademais, a intitulada *omissão imprópria*, mais bem tratada nos comentários ao art. 13, § 2°, do CP.

Importância da classificação: há influência na existência do delito, na adequada punição do criminoso e na análise da possibilidade da tentativa. Em um crime omissivo próprio ou *puro*, o delito só existe se o indivíduo deixar de fazer algo. Na omissão imprópria, o agente é punido pelo crime que deveria ter evitado, salvo se existir um tipo penal específico para a sua conduta – hipótese em que se torna omissivo próprio. Ademais, nos crimes omissivos próprios, como a conduta é marcada por se deixar de fazer algo, não existe meio termo: ou deixa de fazer e o crime está consumado, ou faz e o crime não existe. Em consequência, não é possível a tentativa.

## 1.1.13. CRIME SUBSIDIÁRIO

O crime subsidiário é aquele que só existe quando a conduta não configura outro delito. Exemplo: a simulação de casamento. Ao fixar a pena do delito, no art. 239 do CP, o preceito secundário estabelece: *detenção, de um a três anos, se o fato não constitui elemento de crime mais grave.*

Importância da classificação: a análise é imprescindível para decidir a forma mais adequada de punir o criminoso por sua conduta. Exemplo: a sanção penal pelo furto ocorre caso não existe violência ou grave ameaça, hipótese em que caracterizaria o delito de roubo. Ou seja: para que seja um, não pode ser outro.

## 1.1.14. CRIME DE AÇÃO ÚNICA E DE AÇÃO MÚLTIPLA

No crime de ação única, o tipo penal descreve apenas um verbo nuclear. Exemplo: no homicídio, apenas *matar*. Nos de ação múltipla, há duas ou mais formas de se praticar o delito. Exemplo: no tráfico de drogas (art. 33 da Lei n° 11.343/2006), o artigo traz 18 verbos. O delito de ação múltipla pode ser: (a) tipo misto alternativo: se praticados dois ou mais verbos em um mesmo contexto fático, ocorre um único crime, e não dois ou mais. Exemplo: em um estupro, o agente obriga a vítima à conjunção carnal e ao coito anal (ato libidinoso diverso). Apenas um estupro (crime único) deve ser imputado ao estuprador; (b) tipo misto cumulativo: se o agente praticar dois ou mais verbos nucleares em um mesmo contexto fático, há concurso de crimes. Se fosse o caso do estupro, o exemplo anterior faria com que o criminoso respondesse por dois crimes (dois estupros), em concurso.

Importância da classificação: para a adequada punição do criminoso, é imprescindível definir se houve crime único ou pluralidade de delitos.

### 1.1.15. CRIME PRINCIPAL E CRIME ACESSÓRIO

O crime principal é o que independe da existência de outro. Exemplo: o roubo (art. 157 do CP). No crime acessório ou parasitário, a sua existência depende da prática de um outro delito precedente. Exemplo: a receptação (art. 180 do CP), que consiste em *adquirir, receber, transportar, conduzir ou ocultar, em proveito próprio ou alheio, coisa que sabe ser produto de crime.*

Importância da classificação: a existência do crime acessório depende da ocorrência de outra infração penal – e a inexistência de um pode, portanto, causar a atipicidade do outro.

### 1.1.16. CRIME A PRAZO

Falamos em crime a prazo quando a existência do delito depende do decurso de prazo estabelecido em lei. Exemplo: no crime de apropriação de coisa achada, a ocorrência depende do transcorrer de um prazo de 15 dias, estabelecido no art. 169, II, do CP. Antes disso, a conduta permanece atípica.

Importância da classificação: a existência do crime depende do decurso do prazo estabelecido em lei.

### 1.1.17. CRIME CONDICIONADO

No crime condicionado, o delito só existe a partir do momento em que presente determinada condição. Exemplo: antes da alteração promovida pela Lei nº 13.968/2019, o crime de induzimento, instigação ou auxílio a suicídio (ou *participação em suicídio*, do art. 122 do CP) só estava caracterizado quando a vítima sofria lesão corporal grave ou morte. Caso sofresse lesão corporal leve, a conduta era atípica.

Importância da classificação: a própria existência do delito depende da condição. Logo, ao analisar um caso concreto, ausente essa condição, pode-se concluir pela atipicidade da conduta.

### 1.1.18. CRIME DE ATENTADO

Há delito de atentado ou de empreendimento quando o tipo penal estabelece que a mera tentativa é suficiente para a consumação de um crime. Exemplo: no crime de evasão mediante violência contra a pessoa (art. 352 do CP), o crime se consuma com as condutas de *evadir-se ou tentar evadir-se o preso ou o indivíduo submetido à medida de segurança detentiva, usando de violência contra a pessoa.*

Importância da classificação: a tentativa, por si só, já consuma o crime. Portanto, impossível a incidência do art. 14, II, do CP (que trata dos crimes tentados).

## 1.2. SOBRE OS PRINCÍPIOS

Em conceito de Ray Dalio, um bilionário investidor, *princípios são verdades fundamentais que servem como base para um comportamento que proverá aquilo que você deseja da vida. Eles podem ser aplicados repetidamente em situações similares para ajudá-lo a conquistar seus objetivos.* Ou seja, são parâmetros criados por vivências passadas para solucionar questões semelhantes no presente e no futuro.

Todos temos nossos princípios. Evito dirigir em horário de pico, pois sei que o trânsito fica impossível – e sou muito impaciente quanto a isso. Poderia intitulá-lo *princípio da não dirigibilidade condicional temporal.* Graças a essas *verdades fundamentais*, respondemos com celeridade aos problemas do cotidiano, sem muita reflexão. Quando violamos nossos princípios, construídos ao longo da vida, somos tomados pela culpa. Não há nada (ou quase nada) pior do que o erro consciente, evitável.

O Direito Penal também tem seus princípios. Temos de ter respostas rápidas quando enfrentamos situações análogas às vividas anteriormente. Muitos deles estão espalhados pelo manual, mas alguns merecem tratamento diferenciado, em tópico próprio, em razão de sua maior complexidade.

### 1.2.1. PRINCÍPIO DA EXCLUSIVA PROTEÇÃO A BENS JURÍDICOS

Embora a Segunda Guerra Mundial tenha acabado há 75 anos, ainda vivemos sob sua sombra. O regime nazista permanece como referência do mal; Hitler, a própria personificação do diabo, nas palavras de Reuven Rivlin, presidente israelense. Em um mundo pós-guerra, o Direito Penal não podia – e continua não podendo – ser adotado em defesa de convicções políticas ou morais, doutrinas religiosas, concepções ideológicas do mundo ou simples sentimentos. A sua tutela deve estar restrita aos intitulados *bens jurídicos*.

Há muitos conceitos doutrinários, mas nos basta, neste manual, a ideia de que os bens jurídicos são os interesses de uma comunidade que merecem tutela jurídica – a vida, o patrimônio, a liberdade do trabalho etc. Condutas só podem ser criminalizadas quando atentem contra bens jurídicos. Caso contrário, não pode ser aceita a intervenção penal.

## I.2.2.   PRINCÍPIO DA INTERVENÇÃO MÍNIMA

Não se mata uma barata com um *taco de baseball* – exceto as voadoras. Digo isso com base em um princípio universal: o da proporcionalidade. Quando gradual, uma força tem de ser empregada proporcionalmente à oposta. Se posso punir com uma sanção menor, não há motivo para a imposição de castigo mais rigoroso.

Cada ramo do Direito tem seu *taco*. Quando alguém é responsabilizado civil e/ou administrativamente, há imposição de multa e outras respostas de natureza pecuniária, sem prejuízo de restrição de algum direito – por exemplo, a cassação de alvará de funcionamento ou a perda de cargo público.

Nessa escala sancionatória, o Direito Penal está no topo, com os castigos mais severos. O criminoso pode terminar enjaulado, como um perigoso animal. Por essa razão, deve ser a última solução em resposta a condutas lesivas, quando nada mais funciona. A intervenção penal deve ser mínima. Dessa reflexão, extraímos outros dois princípios: o da fragmentariedade e o da subsidiariedade.

## I.2.3.   PRINCÍPIO DA FRAGMENTARIEDADE

Todos os crimes são ilícitos, mas nem toda conduta ilícita é crime. É ilícito hospedar adolescente em hotel desacompanhado dos pais ou sem autorização destes ou do responsável legal (art. 250, ECA), mas não é crime. Para que fosse crime, teria o legislador de torná-la típica, por meio de lei em sentido estrito.

Para que decida se deve ou não criminalizar uma conduta – quando, além de ilícita, passa a ser típica –, o legislador tem de se perguntar: é proporcional o uso do Direito Penal para a situação? No exemplo da hospedagem de adolescente, há motivo para o encarceramento do responsável pelo hotel? Até hoje, não, e a conduta permanece atípica, embora ilícita.

Portanto, norteado por esse princípio, o legislador deve criminalizar apenas as condutas mais graves, quando atentatórias aos bens jurídicos de maior relevância. O Direito Penal deve ser objeto de projeto de lei como última medida, quando não existir outra forma de resposta. Por isso, dizemos ser fragmentário.

### I.2.4. PRINCÍPIO DA SUBSIDIARIEDADE

Ultrapassada a primeira barreira à sanção penal – pela fragmentariedade, que *amarra* o legislador ao *criar* delitos –, a existência de lei criminalizando a conduta não é suficiente para permitir, por si só, o uso do Direito Penal. Havendo duas normas sancionatórias contra determinada conduta ilícita – uma penal e outra *não penal* –, a que traz sanção penal só será aplicada caso a *não penal* seja insuficiente, em regime de subsidiariedade.

Um bom exemplo, para reforçar: há algum tempo, o STJ teve de decidir se quem viola medida protetiva, fixada nos termos da Lei nº 11.340/2006 (Lei Maria da Penha), deveria ser punido pelo crime de desobediência (art. 330 do CP). A Corte decidiu que não, pois já havia sanção de natureza administrativa – e, por ser o Direito Penal subsidiário, teve de ser afastado. Essa foi a razão para a criação do delito previsto no art. 24-A da mencionada lei, aplicável quando o indivíduo viola as medidas protetivas.

### I.2.5. PRINCÍPIO DA INSIGNIFICÂNCIA

Vencida a fragmentariedade – para a tipificação da conduta, pelo legislador – e a subsidiariedade – para a aplicação de sanção penal –, há mais uma barreira à existência do crime: tem de existir lesão ou risco de lesão relevante ao bem jurídico tutelado pela norma. Para melhor compreender o assunto, não há melhor exemplo do que o delito de furto (art. 155 do CP).

Em 2019, a *Amazon*, gigante varejista americana, teve seu valor estimado em US$ 187 bilhões – algo em torno de R$ 785 bilhões. Imagine que, em expansão do negócio, a empresa abre lojas físicas em todo o Brasil. Certo dia, um indivíduo decide subtrair um produto de uma dessas lojas, no valor de R$ 5. Ele deverá ser punido criminalmente pelo furto? A princípio, não, por força da insignificância.

Sei, você está pensando: o fato de a *Amazon* ser tão rica não dá a ninguém o direito de reduzir seu patrimônio. É verdade! Do contrário, a empresa jamais teria conquistado tanto dinheiro. Todavia, por ser o encarceramento medida extrema, não é possível impô-lo quando a lesão ao bem jurídico tutelado – no exemplo, patrimônio – é ínfima. Não tem como justificar a intervenção penal sobre conduta verdadeiramente insignificante.

Entretanto, é preciso ter em mente que a insignificância (ou bagatela), nos crimes contra o patrimônio, não se resume ao valor pecuniário da coisa. Há alguns anos, o STF enfrentou um caso em que tinha que decidir se um *ladrão de galinhas* – literalmente, pois o agente havia subtraído galináceos – seria ou não punido criminalmente pelo furto. Na época, muitos protestaram: o Supremo não deveria estar preocupado com furto de galinhas. Todavia, como já disse, a questão não está restrita ao valor.

Quando praticado contra uma granja, dona de centenas de milhares de aves, o furto de um único animal pode ser insignificante. Por outro lado, sendo a vítima pobre, a subtração de uma galinha pode prejudicar sua subsistência. Ou seja, como quase tudo no Direito, a incidência do princípio *depende* do caso concreto.

Para existir alguma segurança jurídica, o Supremo fixou quatro vetores cumulativos para a aplicação da bagatela:

(1º)  mínima ofensividade da conduta;

(2º)  nenhuma periculosidade social da ação;

(3º)  reduzido grau de reprovabilidade do comportamento; e

(4º)  inexpressividade da lesão jurídica provocada.

Voltando ao exemplo do *ladrão de galinhas* contra vítima pobre, o valor do animal pode até ser baixo, mas não há como se falar em inexpressividade da lesão jurídica provocada, devendo ser afastada a insignificância – no caso real do furto das galinhas, o STF, contrariando todas as instâncias inferiores, decidiu pela absolvição do acusado (*HC* nº 141440 AgR/MG).

O reconhecimento da bagatela tem por consequência o afastamento da tipicidade material da conduta. Portanto, não se trata de mero impeditivo da punibilidade, mas de hipótese de exclusão do crime em razão da atipicidade. Não há crime quando presente a insignificância.

Além do furto, os Tribunais Superiores – em especial, o STJ – têm dezenas de julgados a respeito da incidência do princípio da insignificância em relação a diversos crimes, e não apenas quanto aos delitos contra o patrimônio. A seguir, trago alguns destaques.

| Hipótese | Conclusão |
|---|---|
| Muitos não sabem, mas é crime manter provedor de internet sem autorização da ANATEL (art. 183, Lei nº 9.472/1997) - em verdade, o tipo penal veda qualquer atividade clandestina de telecomunicação. Surgiu, então, a seguinte tese: se o sinal de transmissão for de baixa potência, de pequeno alcance, deve ser reconhecida a insignificância? | Para o STJ, não. Entende a Corte que a instalação de estação clandestina de radiofrequência, sem autorização, já é, por si, suficiente para comprometer a segurança, a regularidade e a operabilidade do sistema de telecomunicações do país, não podendo, portanto, ser vista como uma lesão inexpressiva. Para sedimentar seu entendimento, foi editada a Súm. nº 606: Não se aplica o princípio da insignificância a casos de transmissão clandestina de sinal de internet via radiofrequência, que caracteriza o fato típico previsto no art. 183 da Lei nº 9.472/1997. |
| O Título XI do CP é dedicado aos crimes contra a administração pública. Há delitos praticados por funcionários públicos - os intitulados crimes funcionais - e por particulares. Em mais de uma oportunidade, foi questionado aos Tribunais Superiores sobre a possibilidade de reconhecimento da insignificância nesses delitos. | Na Súm. nº 599, o STJ entende que *o princípio da insignificância é inaplicável aos crimes contra a administração pública.* No entanto, é preciso ter cuidado, pois tanto o STJ quanto o STF entendem pela possibilidade da bagatela no crime de descaminho (art. 334 do CP), delito contra a administração pública, e, de forma excepcionalíssima, em outros delitos contra a administração pública. |
| Pouco importa a pena. Não se fala em crime de menor potencial ofensivo, nos termos da Lei nº 9.099/1995, quando o delito é praticado contra mulher no âmbito da relação doméstica (art. 41 Lei nº 11.340/2006). No entanto, isso não seria razão para impedir a incidência do princípio da insignificância, pois não existe vínculo entre a *Lei dos Juizados Criminais* e a bagatela. | O STJ, contudo, entende pela impossibilidade do reconhecimento da insignificância nesses casos. Para evitar maiores debates, sedimentou seu posicionamento na Súm. nº 589. |
| STF e STJ concordam: é possível o reconhecimento da insignificância no descaminho (art. 334 do CP) e em crimes tributários federais. Entretanto, as Cortes não se entendiam quanto ao valor do crédito tributário devido pelo agente para a incidência do princípio - para o STJ, R$ 10 mil; para o STF, R$ 20 mil. | O STJ mudou seu posicionamento e, atualmente, entende pelos mesmos R$ 20 mil da jurisprudência do STF. Ou seja, se o montante do tributo que deixou de ser pago for igual ou inferior a R$ 20 mil, não há crime tributário (incluindo descaminho), devendo ser reconhecida a insignificância. |

| Hipótese | Conclusão |
|---|---|
| Até 2014, descaminho e contrabando estavam tipificados em um mesmo artigo (art. 334 do CP), mas são condutas que não se confundem. No descaminho (art. 334 do CP), a mercadoria poderia ser importada ou exportada, desde que o contribuinte pague o respectivo tributo devido pelo ingresso ou saída do bem. No contrabando (art. 334-A do CP), conduta mais gravosa, o agente importa ou exporta mercadoria proibida. Não se trata de mero pagamento de tributo, mas de vedação de importação e exportação. De qualquer forma, alguns entendem que, se é possível a insignificância em descaminho, não haveria motivo para não o ser no contrabando. | O STJ entende impossível a incidência do princípio da insignificância no contrabando (art. 334-A do CP). Não há como considerá-lo de igual gravidade em relação ao descaminho (art. 334 do CP), crime de mera elisão fiscal. No contrabando, a questão não é o pagamento de tributo, mas a introdução ou a saída do território nacional de mercadoria proibida, a exemplo do cigarro. Por se tratar de produto de inquestionável potencial lesivo à saúde, está sujeito a um maior controle por autoridades, não podendo ser livremente importado ou exportado. |
| Ocorre o crime de apropriação indébita previdenciária (art. 168-A do CP) quando quem recebe contribuição previdenciária com o objetivo de repassar à previdência social dela se apropria, sonegando o valor devido. Alguns entendem que, em analogia aos crimes tributários federais, deveria ser reconhecida a insignificância quando o valor apropriado não ultrapassar R$ 20 mil. | O STJ discorda. Para a Corte, é irrelevante o valor objeto da apropriação. Pelo caráter contributivo da Previdência Social, em que todos pagam para manter o sistema funcionando, aquele que sonega põe em risco toda a estrutura. Em comparação esdrúxula, adotada apenas para fins didáticos, é o que ocorre nas criminosas *pirâmides financeiras*: o dinheiro gira até que alguém pare de pagar. Ou seja, o delito do art. 168-A do CP não é mera cobrança de dívida pecuniária, mas a tutela de todo o sistema previdenciário. Portanto, impossível o reconhecimento da bagatela. |
| Em um caso concreto de moeda falsa ( art. 289 do CP), o STJ teve de julgar um indivíduo que havia utilizado duas notas falsas de R$ 50. Para a defesa, por ser ínfimo o valor (R$ 100), deveria ser reconhecida a insignificância. | O STJ não concordou. O valor expresso na nota falsificada é irrelevante para a análise do princípio da bagatela. Isso porque não se trata do montante da vantagem indevida desejada, mas da gravidade da conduta, que põe em risco todo o nosso sistema monetário. Reflita: aceitamos cédulas e moedas por acreditarmos, de forma inquestionável, que o Estado que as emite honrará a dívida, de uma forma de outra. Sem essa fé (pública), o dinheiro nada mais é do que um pedaço de papel ou de metal de baixo valor. Por isso, pouco importa o quanto é ínfima a quantia da moeda falsificada - R$ 1, R$ 2 etc. A insignificância não pode ser reconhecida. |

| Hipótese | Conclusão |
|---|---|
| O criminoso reincidente - em especial, o reincidente específico, aquele que volta a praticar delito de mesma natureza - deve ser punido com mais rigor. É natural, afinal, estamos lidando com pessoa que, embora já condenada, volta a delinquir. Dessa forma, não faria sentido o reconhecimento da insignificância, que o faria se sentir impune, estimulando-o a continuar a praticar crimes. | Como regra, o STJ entende que a reiteração criminosa impede o reconhecimento da insignificância, mas não se trata de regra de natureza absoluta: o princípio pode incidir quando verificado, no caso concreto, que a medida é socialmente recomendável. |
| Os crimes da Lei nº 10.826/2003 (Estatuto do Desarmamento) são de perigo abstrato. Logo, em uma primeira reflexão, é irrelevante a baixa potencialidade lesiva da arma de fogo ou a pequena quantidade de munição apreendida com o agente. A insignificância não poderia ser reconhecida. | De modo geral, não é possível o reconhecimento do princípio da insignificância nos crimes do Estatuto do Desarmamento. No entanto, tanto o STF quanto o STJ possuem julgados em que reconhecem a bagatela quando apreendida pequena quantidade de munição. |
| O crime de posse de droga para consumo pessoal (art. 28 da Lei nº 11.343/2006) é *sui generis*, pois se trata de delito despenalizado. Por esse motivo, muitos sustentam que deveria ser reconhecida a insignificância quando apreendida pequena quantidade de droga. | Em mais de uma oportunidade, o STJ discordou dessa reflexão. Por ser o mencionado delito de perigo abstrato, é irrelevante a quantidade de droga apreendida para o reconhecimento da insignificância. O STF, por outro lado, acatou a tese da atipicidade material em um dos seus julgamentos. |
| Em alguns casos, o crime ambiental praticado pelo indivíduo não lesiona de forma relevante o bem jurídico tutelado - o meio ambiente. Portanto, não deveria existir impedimento ao reconhecimento da insignificância. | STF e STJ concordam com essa forma de pensar. É possível a incidência do princípio nos crimes contra o meio ambiente. |
| Pessoas com menos de 18 anos não praticam crime, mas ato infracional, nos termos do ECA. Se a insignificância pode ser reconhecida em relação a condutas praticadas por adultos, não tem motivo para não incidir também quanto a atos infracionais, desde que presentes os vetores fixados pelo STF. | O STF e o STJ entendem pela possibilidade de reconhecimento da insignificância em ato infracional, desde que, como mencionado, presentes os requisitos fixados na jurisprudência. |

## I.2.6. PRINCÍPIO DA ALTERIDADE

Também conhecido por *princípio da transcendência*, impede a punição criminal do agente por condutas que não atinjam qualquer pessoa, exceto ele próprio. Por essa razão, é atípica a tentativa de suicídio em relação a quem tenta tirar a própria vida. Da mesma forma, não interessa ao Direito Penal a autolesão.

Há situações, no entanto, em que a conduta faz mal ao agente e a terceiros. Um bom exemplo é a *fraude para recebimento de indenização ou valor de seguro* (art. 171, V, do CP). Se lesiono meu corpo com o objetivo de receber seguro, causo mal a mim e à pessoa que o pagará. Por ter a lesão transcendido meu bem jurídico (integridade física) e atingido outro, de terceiro (o patrimônio), devo ser sancionado.

Muito se discute sobre a criminalização da posse de droga para consumo pessoal, do art. 28 da Lei n. 11.343/2006. Alguns sustentam que a conduta deveria ser atípica por fazer mal apenas ao próprio agente, usuário da droga. O STF não concorda. Para a Corte, não há violação ao princípio da alteridade na criminalização da conduta daquele que porta droga para seu próprio consumo, sob a justificativa de que não estaria a causar dano a outrem, já que o porte de entorpecente transcende a liberdade individual, oferecendo risco ao meio social como um todo.

## 1.2.7. PRINCÍPIO DA ADEQUAÇÃO SOCIAL

Por fim, não deve o Direito Penal se preocupar com condutas socialmente aceitas. Há tipos penais que, no decorrer da história, foram enfraquecidos por sua inserção ao nosso cotidiano. Veja a *casa de prostituição*, crime do art. 229 do CP. Embora punido com pena de reclusão de dois a cinco anos – mais alta que a do furto –, não há uma única grande cidade do país que não possua, no mínimo, um desses estabelecimentos. A impunidade é a regra – prova disso é a ampla publicidade desses serviços, sem qualquer receio de quem a promove.

Para o STJ, não se aplica o princípio da adequação social ao crime de casa de prostituição. A conduta, que consiste em manter, por conta própria ou de terceiro, estabelecimento em que ocorre exploração sexual, permanece típica, mas é inegável que, em um ou outro momento, haverá a descriminalização pela via legislativa. Para o relator de um dos julgados, em 2009, com a entrada em vigor da Lei nº 12.015, que reformou o Título VI do CP, o legislador poderia ter revogado o art. 229. Como não o fez, devemos entender que a conduta permanece materialmente típica.

Em 2012, antes da popularização dos serviços de *streaming*, o STJ teve de decidir a respeito da conduta de expor à venda *CD's* e *DVD's pirateados*. Todos se recordam, naquela época, há quase uma década, a aquisição desses produtos era fácil como a compra de pão. Por esse motivo, vozes defenderam a atipicidade do crime do art. 184, § 2º, do CP em razão da adequação social. A Corte não concordou com o argumento e manteve a criminalização em diversos julgados, quando entendeu, ademais, pela inaplicabilidade do princípio da insignificância se apreendida pequena quantidade de material.

# 2 DA APLICAÇÃO DA LEI PENAL

## 2.1. INTRODUÇÃO

Antes de qualquer questionamento, temos de descobrir quando – e se – a lei penal brasileira será aplicada a um caso concreto. Definido que, sim, a nossa lei deve incidir, vem o próximo questionamento: qual delas? Temos milhares! Para a escolha, consideramos dois critérios: o tempo e o lugar do crime. Não preciso dizer, nossa legislação muda o tempo todo. Portanto, dizer que uma infração ocorreu em um ou outro ano faz toda a diferença quando se pune o indivíduo. Ademais, o fato de um crime ter ocorrido em nosso país ou no exterior causa impacto quando decidimos pela incidência ou não da legislação brasileira.

Em seus doze primeiros artigos, o Código Penal se ocupa das regras de aplicação da lei penal. Com base no tempo e no lugar da conduta, definimos se nossa Justiça tem de se preocupar com delitos praticados em país estrangeiro. Existindo duas ou mais leis nacionais que tratem de um mesmo tema, há orientação, nesses dispositivos iniciais, de como resolver o aparente conflito entre essas normas. A decisão de inaugurar o CP com essas regras faz sentido: não há motivo para discutir a existência do crime ou a pena a ser imposta sem antes definir, afinal, se nossa lei deve ser aplicada.

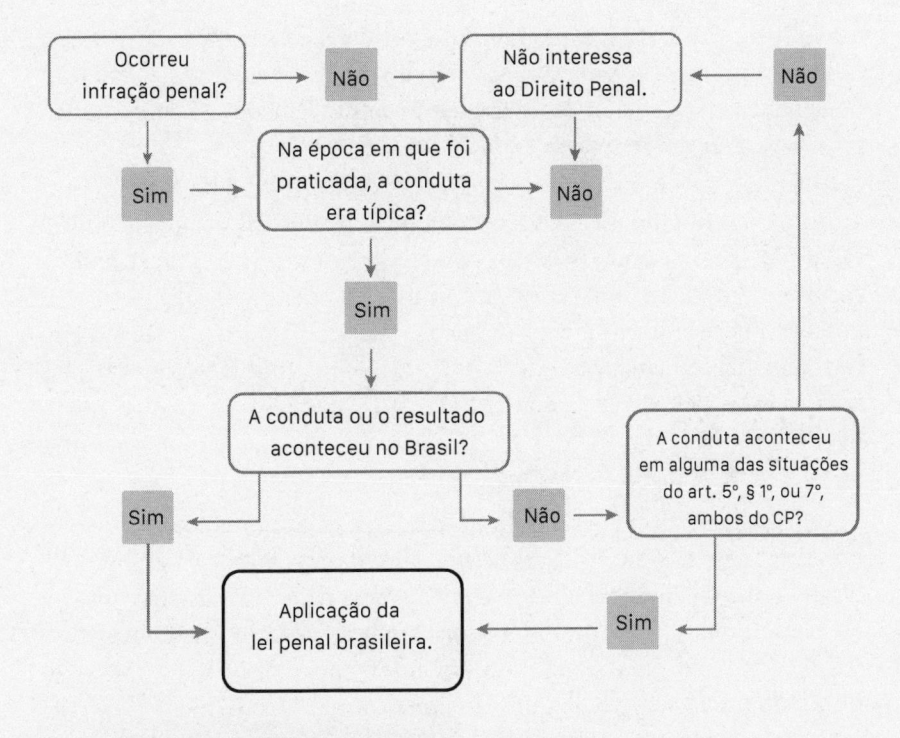

## 2.2. ANTERIORIDADE DA LEI

**Anterioridade da Lei**
**Art. 1º. Não há crime sem lei anterior que o defina. Não há pena sem prévia cominação legal.**

Hoje, você foi a um novo restaurante em sua cidade. No entanto, algo chamou sua atenção: não havia preços no cardápio. Segundo o garçom, o valor só poderia ser informado após o consumo da refeição. Alguém aceitaria essa proposta? Provavelmente, não. Quando compramos algo e diminuímos nosso patrimônio, fazemos a análise da relação custo-benefício, afinal, algumas surpresas não são bem-vindas – em especial as que envolvem a perda de dinheiro.

Se é assim com o patrimônio, não poderia ser diferente em relação à liberdade. Para que alguém seja punido criminalmente, a conduta praticada tem de ser, na época dos fatos, típica. Veja o exemplo do adultério, típico até o ano de 2005. Hoje, se uma pessoa casada decide manter relação extraconjugal, ela sabe, de antemão, que poderá ter uma série de problemas em sua vida, mas não será punida criminalmente em razão disso. Todavia, caso a conduta volte a ser considerada crime, o cônjuge infiel terá parâmetros sancionatórios mais gravosos ao analisar os benefícios/malefícios de um relacionamento fora do casamento. Bem provável, pensará duas vezes antes de fazê-lo.

Outro exemplo para melhor compreender o porquê de existir o art. 1º do CP. Na atualidade, não há problema em adquirir bebida alcoólica. Qualquer pessoa pode beber um *chopinho* em público, sem receio de ser preso em razão disso. Caso, futuramente, o legislador decida criminalizar o consumo do álcool em nosso país, essa nova lei não poderá retroagir para alcançar quem, hoje, praticou a conduta. Ela alcançará apenas fatos posteriores à sua entrada em vigor.

## 2.2.1. PRINCÍPIO DA ANTERIORIDADE

A essa regra, de necessidade de tipificação e de pena anteriores à conduta, damos o nome de *princípio da anterioridade*. O art. 1º do CP também impõe o intitulado *princípio da legalidade*, ao dizer que não há crime ou pena sem *lei* ou sem *cominação legal* anterior. A seu respeito, temos de ter em mente algumas considerações importantes, pois são frequentemente objeto de questionamento.

A primeira é a nomenclatura. Há quem diferencie *princípio da legalidade* de *princípio da reserva legal*, embora alguns as considerem expressões sinônimas. A legalidade seria gênero, composto por duas espécies: a *anterioridade* e a *reserva legal*. A anterioridade, como já vimos, é a necessidade de lei anterior à conduta, tipificando-a e impondo sanção, e a reserva legal é a imposição de que tipos penais e penas só podem ser tratados por meio de lei em sentido estrito.

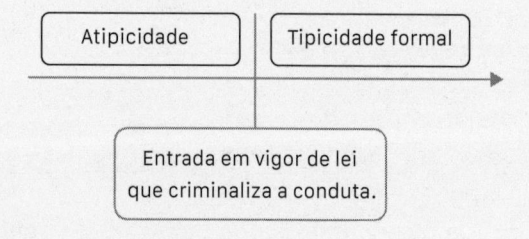

## 2.2.2. LEI EM SENTIDO ESTRITO

Seja qual for o seu entendimento, o que importa, de fato, é que somente a lei, aprovada pelo Poder Legislativo, em procedimento adequado, fixado na Constituição, pode criar ou modificar tipos penais e impor penas. A menor das mudanças, como uma nova agravante, depende de lei. Nem mesmo medidas provisórias podem tratar de Direito Penal – há vedação expressa no art. 62, § 1º, *b*, da CF.

### 2.2.3. NORMA PENAL EM BRANCO

É preciso ter cuidado com as *normas penais em branco*, que parecem violar, em um primeiro momento, o princípio da reserva legal. Para a compreensão do tema, veja o que diz o art. 33 da Lei nº 11.343/2006 (*Lei de Drogas*):

> Art. 33. Importar, exportar, remeter, preparar, produzir, fabricar, adquirir, vender, expor à venda, oferecer, ter em depósito, transportar, trazer consigo, guardar, prescrever, ministrar, entregar a consumo ou fornecer drogas, ainda que gratuitamente, sem autorização ou em desacordo com determinação legal ou regulamentar:
>
> Pena - reclusão de 5 (cinco) a 15 (quinze) anos e pagamento de 500 (quinhentos) a 1.500 (mil e quinhentos) dias-multa.

O dispositivo descreve dezoito verbos nucleares, em extensa redação. No entanto, não diz o mais importante: afinal, o que são *drogas*? Por qual motivo o *lúpulo*, planta da família Cannabaceae – sim, a mesma da *maconha* –, utilizada na produção de cerveja, não é droga? Como saber quais substâncias caracterizam o delito de tráfico de drogas? Não é possível deixar a definição a critério do juiz, ao analisar o caso concreto.

A resposta está em uma Portaria do Ministério da Saúde: a de nº 344/1998 (SVS/MS). Vem, então, a pergunta: se apenas lei em sentido estrito trata de Direito Penal, como pode a definição de *droga* estar em uma portaria? Isso é possível porque a tipificação do tráfico de drogas não se deu pela Portaria (nº 344/1998), mas por lei em sentido estrito (Lei nº 11.343/2006). A portaria apenas complementa o art. 33 da *Lei de Drogas* – que, por ser incompleto, é considerado *norma penal em branco*.

A *norma* ou *lei penal em branco* é aquela cuja definição da conduta é incompleta, tendo de ser complementada por outra norma. Sem o complemento, a norma penal em branco não tem aplicabilidade – o art. 33 da Lei nº 11.343/2006 é inútil sem a Port. nº 344/1998. A norma penal em branco é classificada em:

(a) Norma penal em branco em sentido *lato* (homogênea): é a situação em que o complemento da norma tem a mesma natureza jurídica e é oriunda da mesma fonte que elaborou a norma em branco. Exemplo: o art. 237 do CP pune o agente que contrai casamento ciente da existência de causa impeditiva ao matrimônio. E o que seria causa impeditiva para se casar? O Código Penal não diz. A resposta está no art. 1.521 do

CC, também lei, como o CP, e de mesma origem: o Poder Legislativo federal. A norma penal em branco homogênea é dividida em:

(a.1) Norma penal em branco (homogênea) homovitelina: quando o complemento da norma e a norma penal em branco estão no mesmo diploma legislativo. Exemplo: o art. 176 da Lei nº 11.101/2005 criminaliza a conduta de *exercer atividade para a qual foi inabilitado ou incapacitado por decisão judicial*. A inabilitação e a incapacidade estão na própria Lei nº 11.101/2005.

(a.2) Normal penal em branco (homogênea) heterovitelina: é o que ocorre no exemplo mencionado anteriormente, do crime do art. 237 do CP, em que o complemento está em outra norma (o Código Civil).

(b) Norma penal em branco em sentido estrito (heterogênea): ocorre quando o complemento tem natureza jurídica diversa da norma em branco e a origem jurídica é diversa. É o exemplo dado quando falamos da *Lei de Drogas*, cuja norma penal em branco (o art. 33) está em lei em sentido estrito (Lei nº 11.343/2006) e o complemento é encontrado em uma portaria (nº 344/1998/MS).

(c) Norma penal em branco ao avesso (inversa): é a situação em que o que está incompleto é o *preceito secundário* (onde está fixada a pena). Exemplo: a forma qualificada da extorsão (art. 158, § 2º, do CP) não tem penas próprias. Para saber qual deve ser a sanção a ser aplicada, o dispositivo faz remissão ao art. 157, § 3º, também do CP.

## 2.3. LEI PENAL NO TEMPO

> **Lei penal no tempo**
> **Art. 2º. Ninguém pode ser punido por fato que lei posterior deixa de considerar crime, cessando em virtude dela a execução e os efeitos penais da sentença condenatória.**
> **Parágrafo único. A lei posterior, que de qualquer modo favorecer o agente, aplica-se aos fatos anteriores, ainda que decididos por sentença condenatória transitada em julgado.**

O Direito está em constante transformação. Mudanças legislativas são, principalmente, reflexo do tempo em que as normas produzidas foram editadas. Cito como exemplo o PL n. 3.361/2019, que tem por objetivo aumentar a pena da denunciação caluniosa (art. 339 do CP) quando a falsa imputação for referente a crime hediondo. A proposta de mudança, em trâmite na Câmara, é resposta ao caso envolvendo o jogador de futebol *Neymar*, recentemente acusado de estupro.

Da mesma forma que a lei é endurecida em resposta aos problemas modernos, penas são diminuídas e condutas são descriminalizadas. Aconteceu com o adultério, em 2005, e é certo que acontecerá com a posse de droga para consumo pessoal, uma hora ou outra. Para a antiga *Lei de Drogas* (art. 16, Lei nº 6.368/1976), a conduta era punida com pena de seis meses a dois anos. Para a atual (Lei nº 11.343/2006), a conduta permanece criminosa, mas não há mais imposição de pena. O próximo passo é a descriminalização.

Quando ocorrer a descriminalização, se houver ação penal em andamento pela prática do delito, a punibilidade deverá ser declarada extinta (art. 107, III, do CP). Da mesma forma, se houver sentença condenatória transitada em julgado, seus efeitos cessarão imediatamente. Isso acontece porque, quando uma conduta é descriminalizada, o legislador está dizendo que a sociedade não tem mais interesse pela punição.

Embora, em regra, a nova lei penal, posterior à conduta, não possa retroagir – art. 5º, XL, da CF –, há exceção: quando mais favorável ao réu. Pode parecer que a Constituição esteja apenas beneficiando criminosos, como tanto se fala por aí, mas a lógica não é essa. Como já disse, quando uma conduta é descriminalizada ou uma pena é diminuída, assim deseja a sociedade, que expressa sua vontade por intermédio daqueles por ela eleitos. Logo, nada mais justo que a aplicação imediata da nova lei, inclusive a fatos passados, pois melhor reflete o que a sociedade pensa, atualmente, sobre a conduta criminalizada.

### 2.3.1. EXTRA-ATIVIDADE DA LEI PENAL

A lei penal goza de uma habilidade extraordinária: ela pode *viajar* no tempo. O fenômeno é intitulado *extra-atividade da lei penal*, e ocorre quando a norma deve alcançar fatos anteriores ao tempo em que esteve vigente (*retroatividade*) ou permanece aplicável quando não mais vigente (*ultra-atividade*). Para melhor compreender o assunto, veja os exemplos a seguir.

I.  Após a conduta típica, entra em vigor lei penal mais benéfica ao criminoso. Foi o que aconteceu em 2018, quando a Lei nº 13.654/2018 deu fim à majorante do emprego de arma branca no roubo. Quando isso acontece, a nova lei alcança fatos do passado – *retroatividade*.

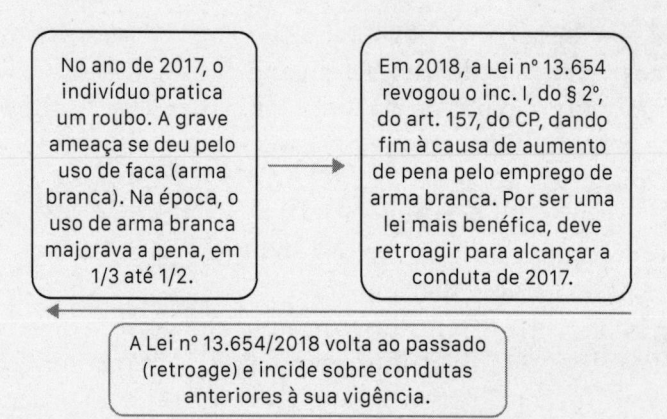

No ano de 2017, o indivíduo pratica um roubo. A grave ameaça se deu pelo uso de faca (arma branca). Na época, o uso de arma branca majorava a pena, em 1/3 até 1/2.

Em 2018, a Lei nº 13.654 revogou o inc. I, do § 2º, do art. 157, do CP, dando fim à causa de aumento de pena pelo emprego de arma branca. Por ser uma lei mais benéfica, deve retroagir para alcançar a conduta de 2017.

A Lei nº 13.654/2018 volta ao passado (retroage) e incide sobre condutas anteriores à sua vigência.

2. Após a conduta típica, entra em vigor uma lei mais gravosa ao criminoso. Foi o que aconteceu em 2020, com o *Pacote Anticrime*, que reincluiu a majorante da arma branca ao crime de roubo.

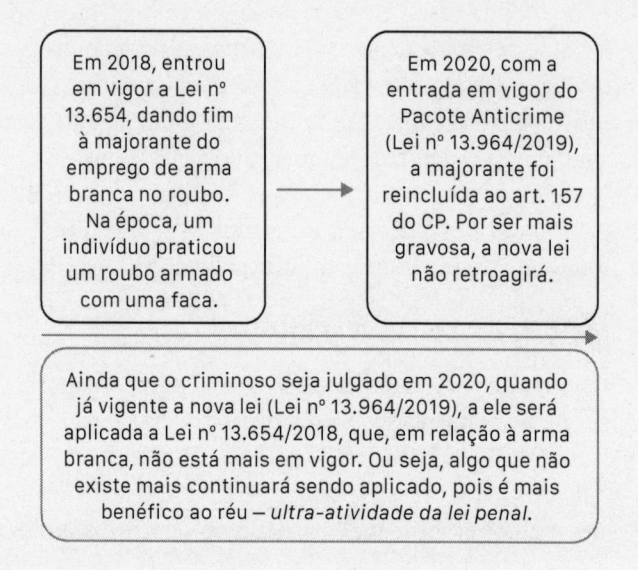

Em 2018, entrou em vigor a Lei nº 13.654, dando fim à majorante do emprego de arma branca no roubo. Na época, um indivíduo praticou um roubo armado com uma faca.

Em 2020, com a entrada em vigor do Pacote Anticrime (Lei nº 13.964/2019), a majorante foi reincluída ao art. 157 do CP. Por ser mais gravosa, a nova lei não retroagirá.

Ainda que o criminoso seja julgado em 2020, quando já vigente a nova lei (Lei nº 13.964/2019), a ele será aplicada a Lei nº 13.654/2018, que, em relação à arma branca, não está mais em vigor. Ou seja, algo que não existe mais continuará sendo aplicado, pois é mais benéfico ao réu — *ultra-atividade da lei penal*.

3. Após a conduta típica, entra em vigor lei penal mais benéfica ao criminoso. Foi o que aconteceu em 2018, quando a Lei nº 13.654 deu fim à majorante do emprego de arma branca no roubo. Em 2020, no entanto, entrou em vigor a Lei nº 13.964/2019, que reincluiu a majorante. A nova lei não pode retroagir, afinal, não beneficia o indivíduo.

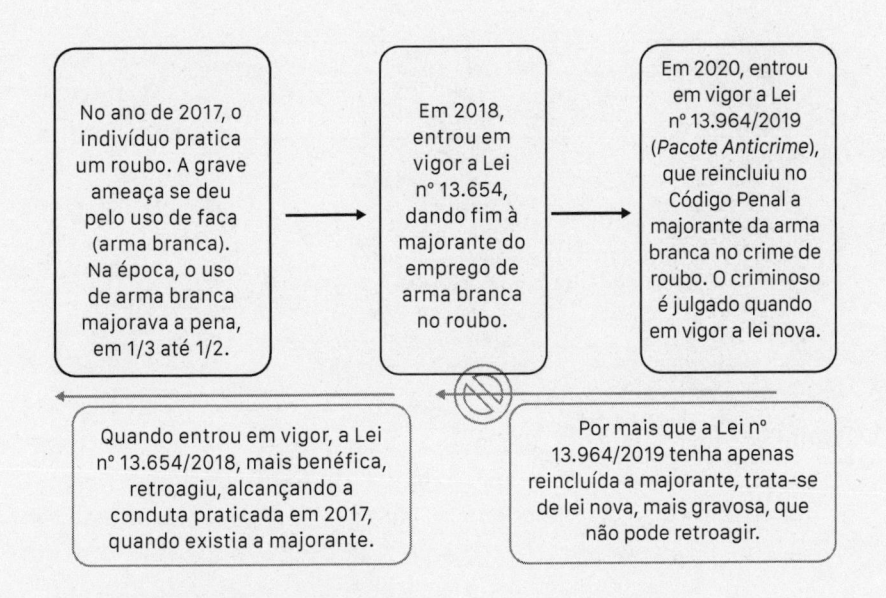

### 2.3.2. SÚMULA Nº 711 DO STF

> A lei penal mais grave aplica-se ao crime continuado ou ao crime permanente, se a sua vigência é anterior à cessação da continuidade ou da permanência.

O Enunciado nº 711 da Súmula do STF tem de ser estudado com atenção. Isso porque, em um primeiro momento, ele parece violar a disposição constitucional de que a lei penal mais gravosa não retroagirá, mas essa percepção é equivocada. Para compreendê-lo, no entanto, é essencial um primeiro passo: entender o intitulado *crime permanente*.

*Crime permanente* é aquele cuja consumação se prolonga no tempo. É o que ocorre no tráfico de drogas (art. 33 da Lei nº 11.343/2006) na modalidade *ter em depósito*. Se mantenho, em depósito, em minha casa, certa quantidade de cocaína, poderei ser preso em flagrante a qualquer tempo, ainda que a droga fique armazenada por anos (art. 303 do CPP). Outro exemplo é a extorsão mediante sequestro (art. 159 do CP): o crime permanecerá em consumação enquanto a vítima não for solta pelo sequestrador.

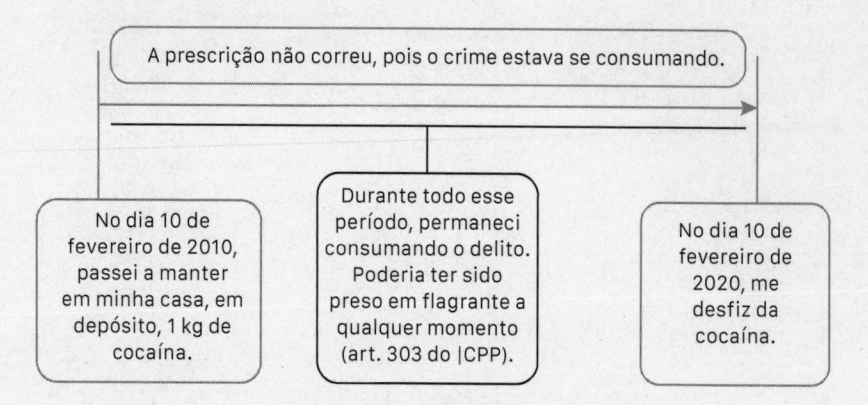

A prescrição não correu, pois o crime estava se consumando.

No dia 10 de fevereiro de 2010, passei a manter em minha casa, em depósito, 1 kg de cocaína.

Durante todo esse período, permaneci consumando o delito. Poderia ter sido preso em flagrante a qualquer momento (art. 303 do |CPP).

No dia 10 de fevereiro de 2020, me desfiz da cocaína.

Conhecendo o conceito de crime permanente, não é difícil entender como o enunciado é aplicado. No exemplo do tráfico de drogas, imagine que, em 2005, o agente passou a manter, em depósito, cocaína. Na época, estava vigente a Lei nº 6.368/1976, que punia o tráfico com pena de 3 a 15 anos. Em 2006, entrou em vigor a Lei nº 11.343/2006, a atual lei de drogas, que pune o tráfico com pena de 3 a 15 anos – portanto, a princípio, mais gravosa. Em 2007, o traficante se livrou da droga que mantinha em depósito. No exemplo, qual lei deve ser aplicada?

Em 2005, o agente passa a manter, em depósito, cocaína. Na época, estava vigente a Lei nº 6.368/1976, que punia o tráfico com pena de 3 a 15 anos.

Em 2006, entrou em vigor a Lei nº 11.343/2006, que elevou a pena do tráfico – passou a ser de 5 a 15 anos.

Em 2007, quando vigente a nova lei, o indivíduo se livra da cocaína, dando fim à consumação do tráfico de drogas.

A consumação do tráfico de drogas teve início em 2005 e fim em 2007. Nesse meio tempo, entrou em vigor a Lei nº 11.343/2006, que aumentou a pena do delito.

Em primeira análise, parece ser correto dizer que a lei a ser aplicada é a de nº 6.368/1976, afinal, a lei penal mais gravosa não pode retroagir. Ocorre que, no crime permanente, a consumação do delito tem fim quando cessa a permanência – no exemplo, quando o indivíduo se desfez da droga. Por isso, a lei a ser aplicada é a de 2007, pouco importando se mais benéfica ou gravosa. Essa regra disposta na súmula também serve para o crime continuado (art. 71 do CP), tema tratado com mais cuidado em *concurso de crimes*.

## 2.3.3. COMBINAÇÃO DE LEIS

Sobre a antiga e a atual *Lei de Drogas*, um problema surgiu na transição de uma para outra, e o debate alcançou o STJ, que até editou Súmula a respeito (nº 501). Como visto anteriormente, na lei anterior (art. 12 da Lei nº6.368/1976), o tráfico era punido com pena de 3 a 15 anos. Na atual (art. 33 da Lei nº 11.343/2006), a pena é mais alta: de 5 a 15 anos. Logo, a atual é mais gravosa.

> **Súm. nº 501 do STJ:** *É cabível a aplicação retroativa da Lei nº 11.343/2006,* desde que o resultado da incidência das suas disposições, na íntegra, seja mais favorável ao réu do que o advindo da aplicação da Lei nº 6.368/1976, sendo vedada a combinação de leis.

Entretanto, há um problema: na atual lei, há uma causa de diminuição de pena que não existia na anterior. Previsto no art. 33, § 4º, da Lei nº 11.343/2006, o intitulado *tráfico privilegiado* pode fazer com que a pena seja diminuída de 1/6 a 2/3. Ou seja, quando aplicada a causa de diminuição, ainda que a pena atual mínima seja mais alta (5 anos), ela pode ficar inferior à pena da antiga lei (3 anos). Dessa forma, a atual *Lei de Drogas* não é, necessariamente, mais gravosa.

> *§ 4º. Nos delitos definidos no caput e no § 1º deste artigo, as penas poderão ser reduzidas de um sexto a dois terços,* ~~vedada a conversão em penas restritivas de direitos~~, desde que o agente seja primário, de bons antecedentes, não se dedique às atividades criminosas nem integre organização criminosa.

Surgiu, então, a seguinte teoria: para quem praticou o tráfico de drogas na vigência da antiga lei (Lei nº 6.368/1976), mas foi condenado quando já vigente a lei atual (Lei nº 11.343/2006), deveria ocorrer a reunião de tudo o que é mais benéfico ao réu: a pena antiga, de três anos, com a causa de diminuição da atual lei (art. 12 da Lei nº 6.368/1976 + art. 33, § 4º, da Lei nº 11.343/2006). Em resumo: um híbrido das duas leis (*lex tertia*, ou *terceira lei*).

O STJ não viu com bons olhos esse *Frankstein* (em verdade, *monstro de*) legislativo formado por pedaços de leis. Para a Corte, ao avaliar o caso concreto, deve o juiz analisar qual lei é mais benéfica, em sua integralidade. Feito o cálculo pela lei nova, a pena ficou superior àquela que seria aplicada pela antiga? Aplique a lei antiga, ou vice-versa, se oposto o resultado. Ou uma ou outra, porém jamais a junção das duas.

Por ser um questionamento antigo, que diz respeito ao tráfico de drogas praticado antes de 2005, o entendimento do STJ não tem mais tanto valor para o conflito entre a Lei nº 6.368/1976 e a Lei nº 11.343/2006.

Todavia, fica a lição: não é permitido combinar leis. Havendo duas normas em conflito, deve ser aplicada a mais benéfica, integralmente.

## 2.3.4. EXPRESSÕES EM LATIM

Na obra *Elogio da Loucura*, Erasmo de Roterdã critica a vaidade dos juristas:

> Com efeito, eles fazem uma porção de leis que não chegam a conclusão alguma. Que são o digesto, as pandectas, o código? Um amontoado de comentários, de glosas, de citações. Com toda essa mixórdia, fazem crer ao vulgo que, de todas as ciências, a sua é a que requer o mais sublime o laborioso engenho. E, como sempre se acha mais belo o que é mais difícil, resulta que os tolos têm em alto conceito essa ciência.

Para assegurar a todos o acesso à Justiça, não há espaço para petições ou sentenças rebuscadas, que só podem ser interpretadas por quem faz parte do meio jurídico. O ideal é um texto simples, acessível, para que os interessados no processo consigam entender o que diz uma decisão judicial ou outra peça dos autos.

Por esse motivo, penso que expressões em latim têm de ser utilizadas quando imprescindíveis. É claro, não sustento abandonar o *habeas corpus* e passar a falar em *seu corpo em liberdade* – algumas expressões latinas são notórias –, mas evitar o uso desnecessário de um idioma que, sejamos sinceros, poucos de nós dominamos. Apesar da crítica, dentre os principais termos latinos, quando falamos do art. 2º do CP, é importante conhecer os elencados a seguir, frequentemente adotados em grandes obras e julgados:

(1) *Abolitio criminis*: literalmente, *abolição do crime*. É o que acontece quando uma lei descriminaliza uma conduta.

(2) *Novatio legis in mellius*: é a nova lei mais benéfica.

(3) *Novatio legis in pejus*: é a nova lei mais gravosa.

(4) *Lex mitior*: é a lei mais benéfica. A expressão é utilizada para comparação: *a Lei "X" é uma lex mitior se comparada à Lei "Y"*.

(5) *Lex gravior*: é o oposto de *lex mitior*, devendo ser aplicado da mesma forma, em comparações.

## 2.3.5. *ABOLITIO CRIMINIS*

O art. 2º, *caput*, do CP trata da hipótese em que uma lei posterior à conduta a descriminaliza – quando isso acontece, dizemos ter havido *abolitio criminis*. Como consequência, a punibilidade deve ser extinta (art. 107, III, do CP), pouco importando a existência de sentença condenatória transitada em julgado. Todos os efeitos penais são extintos, mas subsistem os *não penais*, a exemplo do dever de indenizar a vítima, na esfera cível, pelo mal causado.

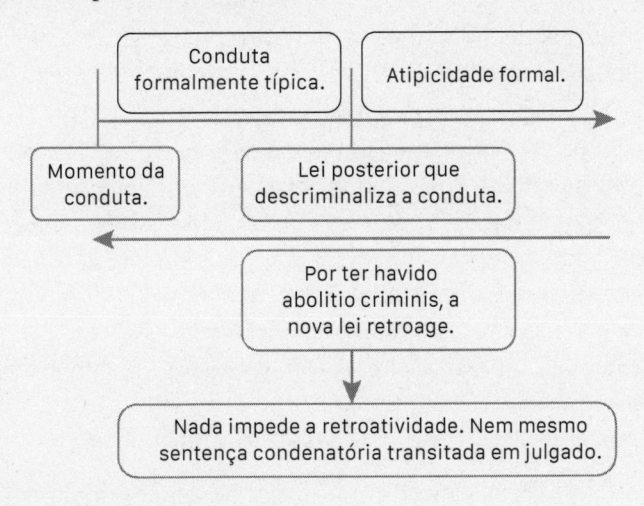

### 2.3.6. *NOVATIO LEGIS IN MELLIUS*

O par. ún., do art. 2º, do CP dispõe sobre a lei penal mais benéfica, posterior à conduta, que não a descriminaliza, mas torna mais branda a punição. Foi o que ocorreu com a entrada em vigor da Lei nº 13.654/2018, que deu fim à majorante do emprego de arma branca no roubo. Quem praticou o delito antes da nova lei, mas foi sentenciado depois, teve de ser beneficiado pela *novatio legis in mellius*. Da mesma forma, a inovação alcançou quem já estava condenado, cumprindo pena pelo delito.

### 2.3.7. SÚMULA Nº 611 DO STF

> Transitada em julgado a sentença condenatória, compete ao juízo das execuções a aplicação de lei mais benigna.

Segundo o enunciado, transitada em julgado a sentença penal condenatória, caso entre em vigor *novatio legis in mellius*, cabe ao juiz da execução penal a aplicação da lei mais benéfica, e não mais ao juiz sentenciante, aquele que condenou.

## 2.3.8. PRINCÍPIO DA CONTINUIDADE TÍPICO-NORMATIVA

Até 2009, antes da Lei nº 12.015, havia dois crimes distintos em nosso Código Penal: o de estupro, do art. 213, e o de atentado violento ao pudor, do art. 214. Com a reforma do Título VI, que trata dos crimes contra a dignidade sexual, os dois delitos foram unificados em um único dispositivo: o art. 213. Desde então, estupro e atentado violento ao pudor passaram a ser uma só coisa.

Na época, por ter sido revogado o art. 214 do CP, muitos se perguntaram: teria havido *abolitio criminis* do atentado violento ao pudor? A resposta é não, afinal, o crime não deixou de existir. Apenas passou a ser considerado estupro. Ou seja, a conduta *mudou de endereço*, mas permanece típica. É importante destacar que o ato de revogação do art. 214 e a transferência da conduta para outro artigo se deu em uma mesma lei, a de nº 12.015/2009. Caso fosse simplesmente revogado o art. 214, sem transferência, teria ocorrido *abolitio criminis*, ainda que uma lei posterior, em seguida, voltasse a tipificar a conduta.

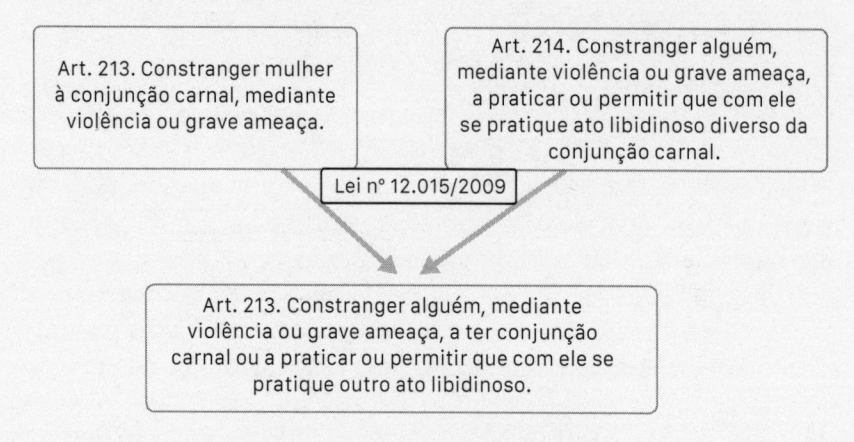

## 2.4. LEI EXCEPCIONAL OU TEMPORÁRIA

> *Lei excepcional ou temporária*
> *Art. 3º. A lei excepcional ou temporária, embora decorrido o período de sua duração ou cessadas as circunstâncias que a determinaram, aplica-se ao fato praticado durante sua vigência.*

Respeitado o princípio da intervenção mínima, é possível a edição de nova lei penal para o enfrentamento de situações extraordinárias. Imagine que, em algum momento, em razão de profunda crise, o Brasil passe a sofrer de grave escassez de alimentos. Para evitar saques a pontos de vendas, uma nova qualificadora é adicionada ao furto, punindo com mais rigor quem subtrai alimentos durante os tempos de anormalidade.

Passado o período de falta de mantimentos, a nova lei deve deixar de existir, pois foi criada para um momento extraordinário (lei excepcional), podendo perdurar por período certo (lei temporária). Para não confundir as duas expressões – lei excepcional e lei temporária –, tenha a seguinte regra em mente: quando a lei tem prazo predeterminado de vigência, dizemos ser *lei temporária*; caso não exista esse *prazo de validade*, mas vinculada a lei ao evento fora do normal, a lei é excepcional.

> Art. 36. Os tipos penais previstos neste Capítulo terão vigência até o dia 31 de dezembro de 2014.

Exemplo recente de lei temporária é a *Lei Geral da Copa* (Lei nº 12.663/2012). Criada para a *Copa do Mundo* realizada em nosso país, estabelece, em seu art. 36, que os tipos penais nela previstos tiveram vigência até o dia 31 de dezembro de 2014. Portanto, os delitos ali contidos existiram até o último dia de 2014. Não poderiam mais ser praticados no dia 1º de janeiro de 2015. Durante toda a vigência da lei, soube de apenas um caso em que alguém supostamente praticou um daqueles crimes: o jogador *Neymar*, ao mostrar uma sunga, teria cometido o delito de *marketing de emboscada por intrusão* (art. 33).

> Art. 33. Expor marcas, negócios, estabelecimentos, produtos, serviços ou praticar atividade promocional, não autorizados pela FIFA ou por pessoa por ela indicada, atraindo de qualquer forma a atenção pública nos locais da ocorrência dos Eventos, com o fim de obter vantagem econômica ou publicitária: Pena - detenção, de 3 (três) meses a 1 (um) ano ou multa.

No final das contas, até onde sei, não deu em nada. No entanto, vamos imaginar que o atacante, de fato, praticou o crime. Por ter praticado a conduta em 2014, quando vigente a *Lei Geral da Copa*, poderia a ação ser proposta em 2015, quando não mais vigente? Sim, e pensar de forma contrária não faria sentido. Reflita: a pena do delito é de três meses a um ano. Se a persecução penal, a condenação e o cumprimento da pena tivessem de ocorrer até o dia 31 de dezembro de 2014, ninguém seria punido. A lei temporária seria inútil.

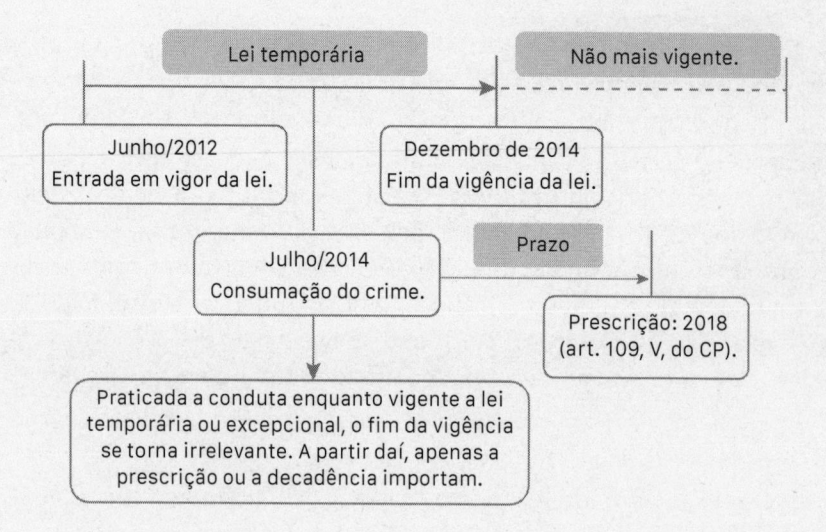

Voltando ao exemplo da escassez de alimentos, imagine que a lei teve vigência preestabelecida até o dia 31 de dezembro de 2019. Se alguém praticasse a conduta em agosto, por exemplo, já não haveria mais tempo para oferecer denúncia, julgar, transitar em julgado e executar a pena. A lei temporária ou excepcional não serviria de nada. Por isso, seus efeitos duram além de sua vigência, desde que a conduta tenha sido praticada enquanto a lei estava vigente – hipótese de ultra-atividade da lei penal.

## 2.5. TEMPO DO CRIME

**Tempo do crime**
**Art. 4º. Considera-se praticado o crime no momento da ação ou omissão, ainda que outro seja o momento do resultado.**

Para identificar qual lei deve ser aplicada a um determinado caso, o Código Penal impõe a *teoria da atividade*. Em outras palavras: para decidir qual é a lei cabível, consideramos o tempo da ação ou omissão, pouco importando quando aconteceu o resultado. Exemplo:

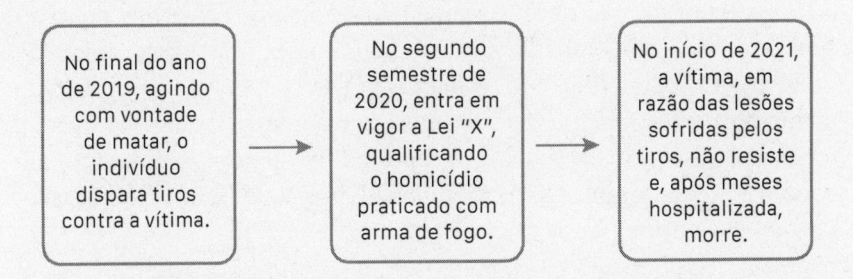

Na situação hipotética, deve o agente responder pela forma qualificada do homicídio? Não. Segundo o art. 4º do CP, para decidir qual lei aplicar, temos de considerar o tempo da ação ou omissão (teoria da atividade) – final de 2019 –, pouco importando o tempo do resultado – 2021.

O exemplo funciona por ser o homicídio um crime *instantâneo*, embora tenha efeitos permanentes. Caso fosse crime permanente, como ocorre na extorsão mediante sequestro (art. 159 do CP), teria de ser analisada a lei vigente na época em que cessou a permanência. Sobre o tema, veja os comentários à Súm. nº 711 do STF, quando tratamos do art. 2º do CP.

× O exemplo foi extraído do *Pacote Anticrime*. No texto aprovado pelo Poder Legislativo, o homicídio passaria a ser qualificado quando praticado com arma de fogo de uso restrito ou proibido. No entanto, o Presidente da República vetou a nova qualificadora.

## 2.6. TERRITORIALIDADE

*Territorialidade*

**Art. 5º. Aplica-se a lei brasileira, sem prejuízo de convenções, tratados e regras de direito internacional, ao crime cometido no território nacional.**

**§ 1º. Para os efeitos penais, consideram-se como extensão do território nacional as embarcações e aeronaves brasileiras, de natureza pública ou a serviço do governo brasileiro onde quer que se encontrem, bem como as aeronaves e as embarcações brasileiras, mercantes ou de propriedade privada, que se achem, respectivamente, no espaço aéreo correspondente ou em alto-mar.**

**§ 2º. É também aplicável a lei brasileira aos crimes praticados a bordo de aeronaves ou embarcações estrangeiras de propriedade privada, achando-se aquelas em pouso no território nacional ou em voo no espaço aéreo correspondente, e estas em porto ou mar territorial do Brasil.**

Nossa lei penal não deve se preocupar com fatos ocorridos no exterior. Se ocorre um homicídio em Estocolmo, na Suécia, nossa legislação nada tem a ver com isso. Não podemos violar a soberania de um Estado estrangeiro – ele que cuide dos seus próprios problemas. Da mesma forma, em reciprocidade, nossa soberania tem de ser respeitada. Para condutas típicas praticadas em solo brasileiro, incide a nossa legislação, por força do princípio da territorialidade.

Todavia, isso não impede que convenções, tratados e regras de direito internacional gerem efeitos em nosso país, como expressamente prevê o *caput*, do art. 5º, do CP – *princípio da territorialidade temperada*. Ademais, em hipóteses excepcionais, nossa legislação pode alcançar condutas típicas praticadas em solo estrangeiro – a intitulada *extraterritorialidade*, do art. 7º do CP.

## 2.6.1. TERRITÓRIO NACIONAL

Em regra, a lei penal brasileira deve alcançar apenas fatos ocorridos em território nacional. Entretanto, questiono: quais são seus limites? O terreno onde está instalado o Consulado Geral do Brasil em Roma, na Itália, é território brasileiro? E uma aeronave particular brasileira, enquanto sobrevoa o alto-mar? As respostas a esses questionamentos são essenciais para definir se a nossa lei será ou não aplicada quando ocorre um crime.

A princípio, o óbvio: a superfície terrestre, incluído o subsolo. Se um roubo é praticado em Eusébio, Ceará, a legislação brasileira será aplicada, afinal, o município está em território nacional. As águas territoriais (fluviais, lacustres e marítimas) e a plataforma continental também são território brasileiro. Ademais, o espaço aéreo sobre território brasileiro é, também, território nacional para fins de incidência da nossa legislação.

× A título de curiosidade, o espaço aéreo sob jurisdição de um Estado não é infinito. Na Assembleia Geral da ONU, de 1966, foi acordado que o espaço exterior e os corpos celestes não poderão ser objeto de apropriação nacional por proclamação de soberania, por uso ou ocupação, nem por qualquer outro meio. Isso se deu em meio à *corrida espacial* disputada entre os Estados Unidos e a extinta União Soviética.

## 2.6.2. TERRITÓRIO NACIONAL POR EXTENSÃO

No § 1º, o art. 5º traz situações em que, em verdade, o crime ocorreu em território estrangeiro, mas ficção jurídica (conceito ficto de território) faz com que seja considerado território nacional. Segundo o dispositivo, para fins penais, são considerados território nacional por extensão:

(a) Aeronaves e embarcações públicas brasileiras, de natureza pública ou a serviço do governo brasileiro, onde quer que se encontrem – caso tenha lembrado do tráfico de drogas praticado, recentemente, em aeronave da Presidência da República, remeto o leitor ao art. 7º, § 1º, do Código Penal Militar, pois a conduta foi praticada por militar.

(b) Aeronaves e embarcações brasileiras, mercantes ou de propriedade privada, que se achem em alto-mar – evidentemente, quanto às aeronaves, no espaço aéreo correspondente ao alto-mar.

Perceba que as embaixadas e consulados não são mencionados no dispositivo. Portanto, não são considerados território nacional por extensão. Isso não impede, contudo, que esses locais não gozem de proteção especial, prevista em norma própria.

## 2.6.3. PRINCÍPIO DA TERRITORIALIDADE TEMPERADA

Conforme já mencionado, a regra é a seguinte: a lei penal brasileira aplicada a fatos ocorridos em território nacional, real ou por extensão. Entretanto, o *caput*, do art. 5º, do CP admite a incidência de convenções, tratados e regras de direito internacional a crimes ocorridos em nosso país. Por isso, dizemos que o nosso Código Penal adota o *princípio da territorialidade temperada* ou *mitigada*. Exemplo: a Convenção de Viena de 1963, promulgada pelo Dec. nº 61.078/1967, que estabelece a imunidade diplomática.

> 1. Tendo o paciente, na condição de Cônsul-Geral de El Salvador, praticado supostamente os delitos de falsidade ideológica e descaminho no exercício de suas funções, o artigo 43 da Convenção de Viena sobre Relações Consulares de 1963 lhe assegura a imunidade à jurisdição brasileira. 2. No entanto, é possível que o Estado estrangeiro renuncie a imunidade de jurisdição de qualquer membro da repartição consular, nos termos do artigo 45 da referida Convenção. (STJ, HC nº 149481/DF)

### 2.6.4. EMBARCAÇÕES E AERONAVES ESTRANGEIRAS

Embarcações e aeronaves brasileiras de natureza privada estão sujeitas à legislação estrangeira do país onde ocorre o crime – exceto quando estão em alto-mar, *lugar de país nenhum*. Portanto, se um crime é praticado por estrangeiro no interior de aeronave da *Gol*, empresa brasileira, em solo espanhol, a Justiça daquele país ficará responsável pela imposição de pena, não existindo, a princípio, interesse da nossa Justiça (art. 7º, II, *b*, e § 2º, *d*, e § 3º). Isso porque, em regra, nossa lei não alcança fatos ocorridos no exterior, e o exemplo não se encaixa nas exceções.

Da mesma forma, *é aplicável a lei brasileira aos crimes praticados a bordo de aeronaves ou embarcações estrangeiras de propriedade privada, achando-se aquelas em pouso no território nacional ou em voo no espaço aéreo correspondente, e estas em porto ou mar territorial do Brasil* – art. 5º, § 2º. É preciso ter atenção, no entanto, ao intitulado *direito de passagem inocente*.

### 2.6.5. DIREITO DE PASSAGEM INOCENTE

Pelo disposto no art. 5º, § 2º, nossa lei deve ser aplicada a crimes ocorridos no interior de aeronaves ou embarcações privadas estrangeiras quando estas estiverem em nosso território. É a regra. Entretanto, há situações em que a nossa Justiça não se justifica. Imagine a hipótese em que uma aeronave privada estrangeira esteja apenas cruzando nosso espaço aéreo, com destino a outro país (ex.: um voo de Miami a Buenos Aires). Em seu interior, um mexicano mata um cubano. Por mais que o homicídio tenha acontecido em nosso território, pergunto: existe algum interesse da Justiça brasileira em apurar o ocorrido? Nenhum.

É onde surge o *direito de passagem inocente*. Segundo a Lei nº 8.617/1993, art. 3º, § 1º, *a passagem será considerada inocente desde que não seja prejudicial à paz, à boa ordem ou à segurança do Brasil, devendo ser contínua e rápida*. Se reconhecida, não há motivo para a nossa legislação penal alcançar fatos ocorridos no interior de aeronaves ou embarcações privadas estrangeiras, ainda que a infração penal tenha acontecido enquanto estavam em nosso território.

× O direito de passagem inocente não é reconhecido nas hipóteses previstas no art. 303 da Lei nº 7.565/1986 (*Código Brasileiro de Aeronáutica*), que teve sua redação alterada pela Lei nº 9.614/1998 (*Lei do Abate*).

## 2.7. LUGAR DO CRIME

> **Lugar do crime**
> *Art. 6º. Considera-se praticado o crime no lugar em que ocorreu a ação ou omissão, no todo ou em parte, bem como onde se produziu ou deveria produzir-se o resultado.*

Em relação ao tempo, para considerar qual lei deve ser aplicada a um caso concreto, importa o tempo da ação ou omissão (*teoria da atividade*), pouco importando a época do resultado – tratamos sobre o tema quando estudamos o art. 4º do CP. Quanto ao lugar, o Código Penal adota a *teoria da ubiquidade* ou *mista*: a lei penal brasileira incide quando a conduta (ação ou omissão) ou o resultado foi produzido ou deveria produzir-se em nosso território. Portanto, temos a junção de duas teorias: *da atividade* e *do resultado*.

Exemplo: agindo com vontade de matar, "A" atirou em "B". A conduta ocorreu na cidade de *Cobija*, na Bolívia, cujo território faz fronteira com o Brasil. Imediatamente, a vítima foi socorrida e levada à cidade de Brasileia, em nosso país, onde faleceu. A nossa lei deve ser aplicada, pois o resultado foi produzido em nosso território.

## 2.8. EXTRATERRITORIALIDADE

> **Extraterritorialidade**
> *Art. 7º. Ficam sujeitos à lei brasileira, embora cometidos no estrangeiro:*
> *I - os crimes:*
> *a) contra a vida ou a liberdade do Presidente da República;*
> *b) contra o patrimônio ou a fé pública da União, do Distrito Federal, de Estado, de Território, de Município, de empresa pública, sociedade de economia mista, autarquia ou fundação instituída pelo Poder Público;*
> *c) contra a administração pública, por quem está a seu serviço;*
> *d) de genocídio, quando o agente for brasileiro ou domiciliado no Brasil;*
> *II - os crimes:*
> *a) que, por tratado ou convenção, o Brasil se obrigou a reprimir;*
> *b) praticados por brasileiro;*
> *c) praticados em aeronaves ou embarcações brasileiras, mercantes ou de propriedade privada, quando em território estrangeiro e aí não sejam julgados.*
> *§ 1º. Nos casos do inciso I, o agente é punido segundo a lei brasileira, ainda que absolvido ou condenado no estrangeiro.*

> **§ 2°. Nos casos do inciso II, a aplicação da lei brasileira depende do concurso das seguintes condições:**
>
> **a) entrar o agente no território nacional;**
>
> **b) ser o fato punível também no país em que foi praticado;**
>
> **c) estar o crime incluído entre aqueles pelos quais a lei brasileira autoriza a extradição;**
>
> **d) não ter sido o agente absolvido no estrangeiro ou não ter aí cumprido a pena;**
>
> **e) não ter sido o agente perdoado no estrangeiro ou, por outro motivo, não estar extinta a punibilidade, segundo a lei mais favorável.**
>
> **§ 3°. A lei brasileira aplica-se também ao crime cometido por estrangeiro contra brasileiro fora do Brasil, se, reunidas as condições previstas no parágrafo anterior:**
>
> **a) não foi pedida ou foi negada a extradição;**
>
> **b) houve requisição do Ministro da Justiça.**

Nossa lei penal deve se ocupar apenas com fatos ocorridos em território brasileiro – *princípio da territorialidade*, do art. 5° do CP. No entanto, excepcionalmente, a nossa legislação alcançará crimes praticados em solo estrangeiro (e não me refiro ao território nacional por extensão, do art. 5°, § 1°, do CP), da mesma forma que permitimos, no *caput*, do art. 5°, do CP, a incidência de lei estrangeira a crimes ocorridos em nosso território.

## 2.8.1. EXTRATERRITORIALIDADE INCONDICIONADA

Na extraterritorialidade incondicionada, a aplicação da lei brasileira a crimes ocorridos no exterior não se sujeita a qualquer condição. Pouco importa se o criminoso foi condenado ou absolvido pela Justiça estrangeira. A nossa lei o alcançará. Por se tratar de situação excepcional, as hipóteses estão em rol taxativo, no art. 7°, I, do CP, a seguir comentadas:

(a) Crime contra a vida ou a liberdade do Presidente da República: hipótese decorrente do *princípio da defesa*. Importante ressaltar que não é possível analogia em relação a crimes praticados contra o Vice-Presidente ou outras autoridades. Por isso, não há extraterritorialidade incondicionada em crime contra o Presidente do STF, do Senado ou da Câmara.

(b) Crime contra o patrimônio ou a fé pública da União, do Distrito Federal, de Estado, de Território, de Município, de empresa pública, sociedade de economia mista, autarquia ou fundação instituída pelo Poder Público: também decorre do princípio da defesa. Ex.: o furto (art. 155 do CP) e a falsidade ideológica (art. 299 do CP).

(c) Crime contra a administração pública, por quem está a seu serviço: mais uma vez, consequência do princípio da defesa. Ex.: o peculato (art. 312 do CP).

(d) Crime de genocídio, quando o agente for brasileiro ou domiciliado no Brasil: o genocídio está tipificado na Lei nº 2.889/1956, fruto de um mundo que contabilizava os mortos em campos de extermínio. Por força de um senso de justiça universal, nossa lei alcança o agente brasileiro ou domiciliado no Brasil responsável por atos de genocídio, onde quer que tenham ocorrido.

## 2.8.2. EXTRATERRITORIALIDADE CONDICIONADA

Na extraterritorialidade condicionada, a lei penal brasileira alcançará crimes ocorridos em território estrangeiro, desde que atendidas as condições descritas no art. 7º, §§ 2º e 3º, do CP. A lista de hipóteses de extraterritorialidade condicionada está no art. 7º, II, e § 3º, do CP, a seguir comentada:

(a) Crime que, por tratado ou convenção, o Brasil se obrigou a reprimir: decorre do *princípio da justiça universal*. Ex.: o tráfico internacional de armas.

(b) Crime praticado por brasileiro: é fruto da incidência do *princípio da nacionalidade ativa*. Além da ideia de punir o que os *filhos* fazem por aí, há uma importante consequência dessa hipótese: brasileiros não podem ser extraditados (art. 5º, LI, do CF). Se não existisse a extraterritorialidade, um indivíduo brasileiro poderia praticar delitos ao redor do mundo e encontraria refúgio em nosso território.

(c) Crime praticado em aeronaves ou embarcações brasileiras, mercantes ou de propriedade privada, quando em território estrangeiro e aí não sejam julgados: para evitar a impunidade quando um delito é praticado em solo estrangeiro, mas no interior de embarcação ou aeronave privada brasileira. Decorre do *princípio da representação*. Para melhor compreender o tema, leia os comentários ao art. 5º, § 1º, do CP.

(d) Crime cometido por estrangeiro contra brasileiro fora do Brasil: da mesma forma que pune seus *filhos*, a lei brasileira também os protege. Hipótese resultante da incidência do *princípio da nacionalidade passiva*.

Para o reconhecimento da extraterritorialidade condicionada (art. 7º, II, e § 3º), deve existir o concurso dos seguintes requisitos:

(I) Entrar o agente em território nacional: não é necessária a permanência. Sobre o conceito de território nacional, veja os comentários ao art. 5º do CP.

(2) Ser o fato punível também no país em que foi praticado: tem de existir a dupla incriminação. Ex.: em alguns países, é atípica a aquisição de maconha. Para que nossa lei seja aplicável, a conduta tem de ser típica no Brasil e no país estrangeiro onde ocorreu o delito.

(3) Estar o crime incluído entre aqueles pelos quais a lei brasileira autoriza a extradição: ocorre a extradição quando um país entrega a outro criminoso, para fins de aplicação da lei penal. Não se confunde com a deportação. O tema é mais bem tratado na Lei nº 13.445/2017 (*Lei de Migração*).

(4) Não ter sido o agente absolvido no estrangeiro ou não ter aí cumprido a pena: uma nova persecução penal em nosso país resultaria em *bis in idem*. Cuidado, no entanto, pois a absolvição ou a condenação no estrangeiro não influencia na extraterritorialidade incondicionada.

Na extraterritorialidade resultante de hipótese em que o crime foi praticado por estrangeiro contra brasileiro, tem de ser observadas as condições especiais trazidas nos incs. I e II do § 3º.

### 2.8.3. CONTRAVENÇÕES PENAIS

A *Lei de Contravenções Penais* (Dec.-lei nº 3.688/1941) dispõe, em seu art. 2º, que a lei brasileira só é aplicável à contravenção praticada no território nacional. Logo, não há o que se falar em extraterritorialidade na hipótese de contravenção penal praticada em país estrangeiro.

### 2.8.4. LEI DE TORTURA

A *Lei de Tortura* (art. 2º da Lei nº 9.455/1997) prevê traz mais uma hipótese de extraterritorialidade incondicionada, além daquelas do art. 7º, I, do CP: "o disposto nesta Lei aplica-se ainda quando o crime não tenha sido cometido em território nacional, sendo a vítima brasileira ou encontrando-se o agente em local sob jurisdição brasileira."

### 2.9. PENA CUMPRIDA NO ESTRANGEIRO

> **Pena cumprida no estrangeiro**
> **Art. 8º.** A pena cumprida no estrangeiro atenua a pena imposta no Brasil pelo mesmo crime, quando diversas, ou nela é computada, quando idênticas.

Nas hipóteses de extraterritorialidade, do art. 7º do CP, caso o criminoso tenha cumprido pena no estrangeiro, o Brasil, ao punir, deverá descontar o tempo de pena já cumprido no exterior. O art. 8º do CP evita punir o agente duas vezes pela mesma conduta delituosa. Logo, se cumpriu, por exemplo, quatro anos no país estrangeiro, se vier a receber pena de 12 anos em nosso país, terá de cumprir os oito restantes, da diferença.

## 2.10. EFICÁCIA DE SENTENÇA ESTRANGEIRA

*Eficácia de sentença estrangeira*
*Art. 9º. A sentença estrangeira, quando a aplicação da lei brasileira produz na espécie as mesmas consequências, pode ser homologada no Brasil para:*
*I - obrigar o condenado à reparação do dano, a restituições e a outros efeitos civis;*
*II - sujeitá-lo a medida de segurança.*
*Parágrafo único - A homologação depende:*
*a) para os efeitos previstos no inciso I, de pedido da parte interessada;*
*b) para os outros efeitos, da existência de tratado de extradição com o país de cuja autoridade judiciária emanou a sentença, ou, na falta de tratado, de requisição do Ministro da Justiça.*

Nossa soberania não impede o reconhecimento de sentença estrangeira em nosso país. Se assim não fosse, seríamos destino certo para criminosos que buscam a impunidade – apesar do reconhecimento da sentença estrangeira, célebres condenados viveram tranquilamente no Brasil por anos, como *Joseph Mengele*, o *anjo da morte* nazista, *Ronald Biggs*, do *assalto ao trem pagador*, e *Jesse James Hollywood*, assassino retratado no filme *Alpha Dog*.

Compete ao Superior Tribunal de Justiça a homologação da sentença estrangeira e a concessão de *exequatur* às cartas rogatórias. Até a EC nº 45/2004, essa competência era do Supremo Tribunal Federal. Todavia, é preciso esclarecer que, para o reconhecimento de reincidência, não se faz necessária a homologação, como se pode extrair do art. 63 do CP. Portanto, o condenado definitivamente no estrangeiro, caso seja condenado por um novo crime no Brasil, deverá ser considerado reincidente.

## 2.11. CONTAGEM DE PRAZO

> **Contagem de prazo**
> **Art. 10. O dia do começo inclui-se no cômputo do prazo. Contam-se os dias, os meses e os anos pelo calendário comum.**

Em prazos processuais, quando fazemos a contagem, desconsideramos o dia do começo – é como se fosse o *dia zero*. Exemplo: em um prazo de cinco dias, com marco inicial em 10 de fevereiro, o último dia será o dia 15. Além disso, o primeiro dia da contagem tem de ser útil – se a intimação ocorre em uma sexta-feira, o prazo corre a partir da segunda-feira seguinte, se útil. Por fim, o último dia do prazo também tem de cair em dia útil: se for um feriado, o prazo final é prorrogado para o dia útil seguinte.

No prazo material, o *dia zero* é incluído à contagem. Exemplo: em um prazo de cinco dias, o marco inicial entra na contagem, e o prazo proposto no parágrafo anterior acabaria no dia 14 de fevereiro. Ademais, os prazos do CP não são afetados por feriados ou finais-de-semana. Pouco importa se o último dia de prazo cai em um sábado. Não haverá transferência para o próximo dia útil seguinte. Algumas hipóteses:

a. Prazo processual. Exemplo: apelação (art. 593 do CPP), com prazo de cinco dias para interposição.

| Domingo | Segunda | Terça | Quarta | Quinta | Sexta | Sábado |
|---|---|---|---|---|---|---|
| 4 | **5** Dia da intimação. | 6 Primeiro dia da contagem. | 7 Segundo dia da contagem. | 8 Terceiro dia da contagem. | 9 Quarto dia da contagem. | **10** Deveria ser o dia final do prazo, mas é um sábado. |
| 11 | **12** Prazo final em razão da prorrogação para o primeiro dia útil seguinte. | 13 | 14 | 15 | 16 | 17 |

b. Prazo material. Exemplo: decadência (art. 103 do CP), com prazo de seis meses para o oferecimento queixa (ação penal privada) ou representação (ação penal pública condicionada).

| 4 de fevereiro
Dia da descoberta da autoria. | → 6 meses → | 3 de agosto
Fim do prazo decadencial. |

**Se fosse um prazo processual, o dia 4 seria o dia "zero"; o dia 5, o primeiro da contagem.**

**Por não ter existido um dia "zero", temos de tirar um dia do prazo final.**

## 2.12. FRAÇÕES NÃO COMPUTÁVEIS DA PENA

*Frações não computáveis da pena*
*Art. 11. Desprezam-se, nas penas privativas de liberdade e nas restritivas de direitos, as frações de dia, e, na pena de multa, as frações de cruzeiro.*

Para a imposição de pena privativa de liberdade ou restritiva de direitos, o dia é a unidade mínima de tempo. Por isso, é possível uma pena de 10 anos, oito meses e cinco dias, mas não uma de 10 horas. No entanto, cuidado: na prestação de serviços à comunidade, o condenado cumpre 1 hora de atividade para cada dia de pena, mas isso não significa que a pena esteja em horas (art. 46, § 3º, do CP).

## 2.13. LEGISLAÇÃO ESPECIAL

*Legislação especial*
*Art. 12. As regras gerais deste Código aplicam-se aos fatos incriminados por lei especial, se esta não dispuser de modo diverso.*

A *Parte Geral* do Código Penal tem regras aplicáveis a todos os crimes, de todas as leis penais especiais. Por esse motivo, quando, por exemplo, se calcula a prescrição do crime de tráfico de drogas (art. 33 da Lei nº 11.343/2006), utilizamos as regras do CP, a partir do art. 109. Funciona como um *manual de instruções* do nosso Direito Penal.

No entanto, por suas peculiaridades, algumas dessas leis têm regras próprias, que conflitam com algumas disposições do Código Penal. A Lei nº 9.605/1998 – a *Lei dos Crimes Ambientais* –, quando trata da aplicação da pena, a partir do art. 6º, possui imposições especiais que, quando em conflito com as do CP, devem prevalecer. Ou seja: o que está no CP é aplicável a todas as outras leis, salvo quando estas possuem normas próprias, por força do *princípio da especialidade*.

# 3 DO CRIME

## 3.1. TEORIA GERAL DO CRIME

O que é crime? São inimagináveis e incontáveis as possíveis respostas. Posso dizer que, assim como a contravenção penal, o crime é espécie do gênero *infração penal*. Também posso dizer que crime é aquilo o que a lei assim considere (conceito formal). Ademais, delito é a conduta humana causadora de relevante lesão ou perigo de lesão a um bem jurídico tutelado (conceito material). No entanto, entre tantos conceitos, um se destaca: o analítico, que trata do crime de forma estruturada.

Para melhor compreender, relembro das aulas do colégio, quando o professor de biologia dizia que o corpo humano é composto por *cabeça, tronco* e *membros*. Para o conceito analítico, o crime é composto por *fato típico, ilicitude* e *culpabilidade*. No entanto, há uma importante diferença em relação ao corpo humano: é possível que um corpo não possua membros, mas não há crime caso falte um dos seus elementos de composição – os intitulados *substratos*. Se *dissecássemos* o crime, encontraríamos a estrutura abaixo.

| FATO TÍPICO | ILICITUDE | CULPABILIDADE |
| --- | --- | --- |

Volto a dizer, caso falte um dos substratos, toda a estrutura cede e o crime deixa de existir. Um exemplo, para melhor esclarecer: a legítima defesa (art. 25 do CP) é causa de exclusão da ilicitude. Logo, quando reconhecida, o segundo substrato (ilicitude) deixa de existir e, em consequência, ocorre a ruína de toda a estrutura do delito. Ou seja: a legítima defesa faz com que o crime deixe de existir.

| FATO TÍPICO | ILICITUDE | CULPABILIDADE |

Legítima defesa

O primeiro substrato, *fato típico*, possui quatro elementos: *conduta, resultado, nexo causal* e *tipicidade*. A culpabilidade é composta por três elementos: *imputabilidade, potencial consciência da ilicitude* e *exigibilidade de conduta diversa*. Do art. 13 ao art. 28, o CP trata de cada um desses elementos dos substratos, estabelecendo quando estão ou não presentes. Ademais, também estabelece as causas gerais de exclusão da ilicitude.

| FATO TÍPICO | ILICITUDE | CULPABILIDADE |
|---|---|---|
| (a) Conduta; (b) Resultado; (c) Nexo causal; (d) Tipicidade. | Ausência de previsão legal que torne a conduta lícita. | (a) Imputabilidade; (b) Potencial consciência da ilicitude; (c) Exigibilidade de conduta diversa. |

### 3.1.1. FATO TÍPICO

A conduta é elemento do fato típico. Quando ausente, o crime não existe. A conduta pode ser conceituada como o comportamento humano voluntário psiquicamente dirigido a um fim. Ela se manifesta por ação (crime comissivo) ou por inação (crimes omissivos). Tem de existir vontade do indivíduo que a realiza, caracterizada por dolo ou culpa – na culpa, não se deseja o resultado, mas a conduta é voluntária.

× Exemplo de exclusão da conduta: a coação física irresistível.

O resultado considerado elemento do fato típico é o jurídico. Só há crime se da conduta resultar lesão ou risco de lesão ao bem jurídico tutelado. Existe um outro resultado, denominado *naturalístico*, que é a mudança no mundo exterior causada por uma conduta. A sua existência é fundamental à consumação dos crimes materiais (ex.: o homicídio, que só se consuma com a morte da vítima), mas irrelevante aos crimes formais e inexistente nos de mera conduta.

× Ou seja: se pratico uma conduta (comissiva ou omissiva), mas não produzo qualquer risco ao bem jurídico tutelado, não há crime por falta de resultado.

O nexo causal é a ligação entre a conduta e o resultado. Pode ser físico, quando o resultado é consequência natural da conduta – se disparo um tiro e o projétil destroça o organismo da vítima, causando sua morte, há relação física entre a minha ação e o resultado –, ou normativo, se a ligação é estabelecida pela lei, de forma artificial.

× Exemplo de exclusão do nexo causal: agindo com vontade de matar, coloco veneno no café de alguém. No entanto, antes de ingeri-lo, outra pessoa dispara tiros e mata a vítima pretendida, causando sua morte. Como a minha conduta em nada influenciou para a produção da morte, não devo ser responsabilizado pelo homicídio consumado. Inexiste nexo causal entre minha ação e o resultado.

O quarto elemento do fato típico é a tipicidade, que se divide em:

(a) Tipicidade formal: a conduta tem de ser considerada, em lei, criminosa. Ex.: o homicídio é crime por estar tipificado no art. 121 do CP. Quando inexistente lei que criminalize a ação ou omissão, o juízo de subsunção não se completa e a conduta é considerada formalmente atípica. Ex.: até 2012, era formalmente atípica a conduta de invadir dispositivo informático (conduta atualmente tipificada no art. 154-A do CP).

(b) Tipicidade material: não basta que a conduta seja formalmente típica. Para que seja reconhecida a existência do crime, tem de haver lesão ou risco de lesão relevante ao bem jurídico tutelado (tipicidade material). Quando aplicado o princípio da insignificância, a tipicidade material é afastada – e, em consequência, o crime –, pois a lesão ao bem jurídico tutelado (ex.: patrimônio) foi ínfima.

## 3.1.2. TIPICIDADE CONGLOBANTE

Alguns autores falam em tipicidade formal e em tipicidade conglobante, no lugar da tipicidade material. Explico: para quem adota essa forma de pensar, a tipicidade é formada por tipicidade formal e tipicidade conglobante, e esta é composta pela tipicidade material e pela antijuridicidade (ilicitude). O problema da teoria: a tipicidade conglobante invade objeto de análise do segundo substrato do crime, a ilicitude, causando confusão quando aplicada alguma excludente (ex.: art. 23 do CP). Entenda:

(1) Ilícito é o que contraria todo o ordenamento jurídico. Se o Código Penal tipifica uma conduta, ele próprio ou outra norma pode estabelecer alguma situação em que a prática da ação ou omissão é lícita. O silêncio normativo também nos faz concluir pela licitude de uma conduta, afinal, *ninguém será obrigado a fazer ou deixar de fazer alguma coisa senão em virtude de lei* (art. 5º, II, da CF).

(2) No art. 23, III, do CP, está prevista a exclusão da ilicitude pelo exercício regular de direito. Ex.: se corto os galhos de árvore plantada em terreno vizinho que invadem meu terreno, não pratico crime algum, pois minha conduta está autorizada pelo Código Civil (art. 1.283). Portanto, quando atuo dentro do que a lei permite ou não proíbe, minha conduta não é antijurídica ou ilícita.

(3) Por outro lado, se nosso ordenamento jurídico proíbe a conduta, o segundo substrato do crime está presente (a ilicitude ou antijuridicidade).

(4) Como a teoria da tipicidade conglobante desloca a análise da antijuridicidade para a tipicidade, a análise do segundo substrato fica prejudicada. Em resumo: para a teoria da tipicidade conglobante, o exercício regular de direito é excludente da tipicidade, e não da ilicitude, como determina nosso Código Penal.

Para melhor compreender, veja o esquema a seguir:

(1) Teoria da tipicidade conglobante

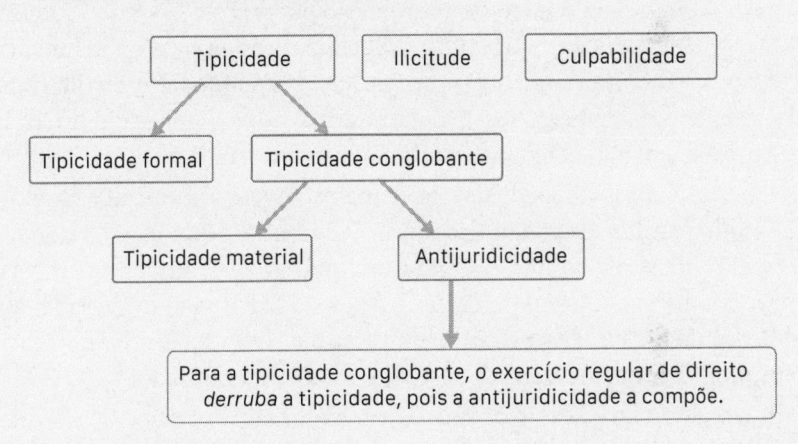

Teorias modernas

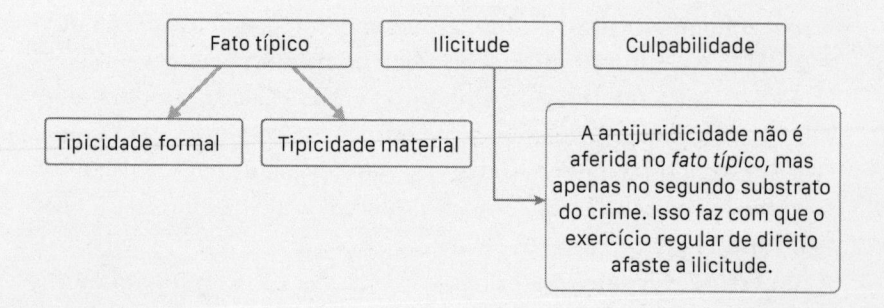

### 3.1.3. ILICITUDE

A ilicitude é a contrariedade de uma conduta em relação a todo o ordenamento jurídico – por isso, é sinônimo de *antijuridicidade*. Não basta que a lei penal considere uma conduta criminosa. Todas as outras normas existentes também devem reprová-la. Por isso, não se fala em lesão corporal (art. 129 do CP) em uma luta de boxe, quando a prática não extrapola os limites do esporte. Exemplo: em uma luta de *UFC*, caso a vítima morra em razão dos golpes trocados durante a prática esportiva, não há crime. No entanto, se, após encerrada a disputa, um lutador desfere golpes contra outro, a lei penal será aplicada.

### 3.1.4. CULPABILIDADE

A culpabilidade é o juízo de reprovação em relação ao autor da conduta. Por ser o terceiro substrato do crime, pressupõe a existência de fato típico (conduta, resultado, nexo causal, tipicidade) e de ilicitude. Por isso, não há mais espaço para analisar se houve, por exemplo, dolo ou culpa, discussão vencida quando analisada a conduta, no fato típico.

Uma das causas de exclusão da culpabilidade é a inimputabilidade, que pode resultar da idade (pessoas menores de 18 anos), de doença mental ou desenvolvimento mental incompleto ou, ainda, de embriaguez, quando resultante de caso fortuito ou força maior. Quando um adolescente de 17 anos pratica conduta típica, não há crime, pois falta a imputabilidade, elemento constitutivo da culpabilidade.

Outro elemento da culpabilidade é a potencial consciência da ilicitude. É fato, ninguém pode alegar o desconhecimento da lei (art. 3º LINDB), mas há situações em que o agente não tem como conhecer a ilicitude de uma conduta – por exemplo, no crime de apropriação de coisa achada (art. 169, II, do CP), desconhecido por quase todos.

Quando o desconhecimento da ilicitude é inevitável, a culpabilidade é afastada (sobre o assunto, leia os comentários ao art. 21 do CP).

Por fim, a culpabilidade depende de exigibilidade de conduta diversa. Ou seja: em um determinado caso concreto, o indivíduo podia agir de outra forma, menos gravosa, mas não o fez. Exemplo: em situação de perigo atual, que poderia ensejar o reconhecimento do estado de necessidade (art. 23 do CP), em vez de matar alguém, poderia ter adotado outra medida (correr etc.), mas não o fiz. Optei pelo meio mais gravoso. Portanto, presente a culpabilidade, por existir conduta diversa possível e exigível. Por outro lado, há inexigibilidade de conduta diversa na coação moral irresistível (art. 22 do CP), por não existir outra forma de agir, devendo ser excluída a culpabilidade.

## 3.2. RELAÇÃO DE CAUSALIDADE

> **Relação de causalidade**
> **Art. 13.** O resultado, de que depende a existência do crime, somente é imputável a quem lhe deu causa. Considera-se causa a ação ou omissão sem a qual o resultado não teria ocorrido.
> **Superveniência de causa independente**
> **§ 1º.** A superveniência de causa relativamente independente exclui a imputação quando, por si só, produziu o resultado; os fatos anteriores, entretanto, imputam-se a quem os praticou.
> **Relevância da omissão**
> **§ 2º.** A omissão é penalmente relevante quando o omitente devia e podia agir para evitar o resultado. O dever de agir incumbe a quem:
> a. tenha por lei obrigação de cuidado, proteção ou vigilância;
> b. de outra forma, assumiu a responsabilidade de impedir o resultado;
> c. com seu comportamento anterior, criou o risco da ocorrência do resultado.

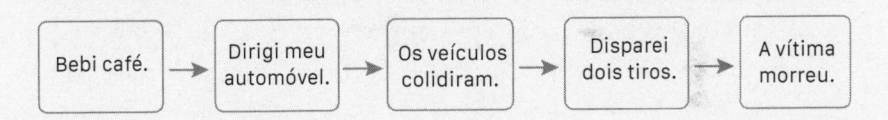

O nexo causal é o *link* que conecta a conduta ao resultado. Imagine a seguinte cadeia de eventos: hoje, ao acordar, bebi uma xícara de café. Em seguida, dirigi meu automóvel até o trabalho. No entanto, no caminho, colidi em outro veículo. Começou uma discussão, entre mim e o outro motorista, e, em dado momento, saquei um revólver e disparei dois tiros em sua direção, causando-lhe a morte.

Como acontece em qualquer tragédia, a morte da vítima foi consequência de uma série de eventos. A colisão não teria ocorrido se o motorista errado fosse mais zeloso ou se, naquela manhã, tivesse saído de casa uns minutos antes. Entretanto, para fins penais, só existe nexo causal entre o disparo dos tiros e a morte da vítima – ela morreu em razão da conduta. É o que define o art. 13, *caput*, ao tratar das *causas*.

Causa é tudo aquilo o que, se retirado da linha do tempo, faz com que o resultado deixe de existir – *teoria da equivalência dos antecedentes*. Para identificá-la, utilizamos uma técnica intitulada *eliminação hipotética dos antecedentes casuais*. Ou seja: olhamos para o passado e retiramos os fatos da cadeia de eventos. Caso a eliminação de um dos fatos faça sumir o resultado, ele será considerado *causa*. Algumas situações hipotéticas do exemplo estudado anteriormente:

(1ª) Eliminação de *dirigir o automóvel*: não evita o resultado. É verdade, naquele dia, se não dirigisse, talvez a morte não ocorresse, mas não podemos pensar dessa forma, afinal, estar naquele carro foi consequência de uma sequência de fatos. Até mesmo a vida de *Henry Ford* teve sua parcela de influência. Todavia, dirigir não foi algo essencial, imprescindível, para o delito. Portanto, não é causa.

(2ª) Eliminação de *disparar tiros*: sem a conduta, o resultado não existiria. Todos os outros eventos poderiam ser descartados e o resultado (a morte da vítima) seria mantido. Contudo, sem os tiros, não haveria o homicídio. Por isso, posso afirmar que é, sim, causa.

Quando fazemos a análise do caso anteriormente proposto, não é difícil eliminar, por exemplo, o *beber café*, pois é evidente que o fato está desvinculado da morte da vítima. Contudo, fica um pouco mais complicado quando envolvemos o fabricante da arma ou quem a vendeu – talvez, ilicitamente – ao homicida. Essas condutas foram imprescindíveis à morte. Seriam causas? Depende.

Como já dito, o nexo causal é a conexão entre a conduta e o resultado. Para que exista conduta, tem de existir *dolo* ou *culpa* por parte do agente para a produção do resultado. Tendo isso em mente, vamos às hipóteses:

(1ª) A arma utilizada no crime foi fabricada pela *Glock*, empresa austríaca. É claro, o produto foi desenvolvido para causar lesões – é a razão de existir de uma arma de fogo. Contudo, pergunto: a arma foi fabricada com o fim específico de causar a morte da pessoa que atingi com os disparos? Não. Então, posso dizer que não existiu conduta (dolo ou culpa) por parte da *Glock* para a produção do resultado.

(2ª) A arma utilizada me foi fornecida por um traficante de armas, que a vendeu ilicitamente. Quando a adquiri, o vendedor não tinha a menor ideia de como a arma seria usada (o resultado específico). A negociação da arma é causa? Não, pois não houve conduta por parte do traficante (dolo ou culpa) para a produção do resultado morte da vítima naquela briga de trânsito. Ele deve ser punido pela venda da arma (Lei nº 10.826/2003), mas não pelo homicídio.

(3ª) Relato a um traficante de armas que quero matar um antigo inimigo. Coincidentemente, o traficante também tem interesse na morte e, por isso, decide fornecer a arma para a prática do homicídio. Caso a prática delituosa se concretize, a entrega da arma será considerada causa? Sim, afinal, houve dolo do fornecedor em produzir o resultado.

A análise do que é ou não causa é imprescindível para decidir quem será punido por um resultado. O *caput* do art. 13 é cristalino nesse sentido: *o resultado, de que depende a existência do crime, somente é imputável a quem lhe deu causa.* Nas situações propostas, a mim seria atribuída a prática do homicídio, afinal, sem os disparos, a morte não teria acontecido. Quanto às demais pessoas dos exemplos, apenas o traficante de armas que forneceu a arma para o fim específico de matar a vítima seria punido pelo homicídio.

### 3.2.1. CONCAUSAS

O art. 13, *caput*, conceitua causa: *é a ação ou omissão sem a qual o resultado não teria ocorrido.* Acontece que, em um caso concreto, nem sempre o resultado será consequência de uma única causa – mas de duas, três ou mais. Nessa situação, dizemos que essas várias *causas* são *concausas* (concurso de causas). Mesmo quando falamos das *concausas*, a ideia é a mesma: eliminamos os fatos da linha do tempo para identificar o que foi imprescindível ao resultado.

As *concausas* podem ser:

(a) *Absolutamente independentes*: uma *causa* corre paralelamente à outra, sem vínculo entre elas, como dois trens que seguem em trilhos diferentes a um mesmo destino. Elas se dividem em:

(a.1) *Preexistentes*: a *concausa* que efetivamente gerou o resultado é anterior à conduta concorrente. Exemplo: agindo com vontade de matar, disparo tiros contra alguém. Minutos depois, ela morre, não em razão dos tiros, mas por ter sido envenenada anteriormente aos disparos por uma outra pessoa. Devo ser punido pelo homicídio consumado ou tentado? Tentado, afinal, a vítima não morreu em razão da minha conduta, mas por outra, totalmente desvinculada (o envenenamento).

**(a.2)** *Concomitantes*: a *concausa* que efetivamente gerou o resultado é simultânea à concorrente. Exemplo: agindo com vontade de matar, disparo tiros contra a vítima, mas atinjo região não letal do seu corpo. No mesmo momento, uma pessoa que dirigia automóvel de forma imprudente perde o controle e atropela a vítima, causando a morte. O atropelamento não foi consequência dos tiros que disparei – teria ocorrido de qualquer jeito, por conta da imprudência do motorista. Devo responder pelo homicídio consumado? Não. Devo ser punido pela tentativa.

**(a.3)** *Supervenientes*: a *concausa* que efetivamente provocou o resultado é posterior à concorrente. Exemplo: com vontade de matar, enveneno a vítima e, antes mesmo que a substância cause a morte, alguém vem e dispara um tiro contra a cabeça do envenenado, consumando o homicídio. Respondo pelo homicídio consumado? Não, apenas pela tentativa.

Seja qual for a *concausa*, quando *absolutamente independente*, caso não tenha efetivamente provocado o resultado, o agente responderá apenas pela tentativa. Não existe análise conjunta das *concausas*, afinal, são completamente independentes, sem vínculo entre si.

**(b)** *Relativamente independentes*: a *causa* que efetivamente provocou o resultado tem por origem, direta ou indireta, a *causa* concorrente. A conjugação de *concausas* produz o resultado. São divididas em:

**(b.1)** *Preexistentes*: a causa que efetivamente produziu o resultado é anterior à concorrente. Exemplo: agindo com vontade de matar, dou uma facada em alguém e acerto seu braço. Pela natureza do ferimento, uma pessoa saudável não morreria. No entanto, a vítima sofre de alguma doença preexistente, que debilita sua saúde e, em virtude disso, morre. Respondo pelo homicídio consumado.

**(b.2)** *Concomitante*: a *causa* que efetivamente provocou o resultado ocorre simultaneamente à outra causa. Exemplo: agindo com vontade de matar, disparo um tiro em alguém e a vítima, abalada com a agressão, infarta. Respondo pelo homicídio consumado.

**(b.3)** *Superveniente*: a *causa* que efetivamente produziu o resultado é posterior à *causa* concorrente. Exemplo: agindo com vontade de matar, disparo um tiro contra uma pessoa. Posteriormente, no hospital, a vítima morre em razão de erro médico.

Se a *concausa* for *relativamente independente* e *superveniente*, para a punição do criminoso, temos de analisar se a *causa* posterior foi suficiente para, por si só, produzir o resultado. Dois exemplos:

**(1º)** Agindo com vontade de matar, disparo tiros contra alguém. A vítima é socorrida e, no hospital, morre em razão de um incêndio na unidade hospitalar. Frise-se: ela não morreu por causa da lesão provocada pelos disparos da arma de fogo. O incêndio a matou. Por ter sido *causa* superveniente suficiente para, por si só, provocar a morte, devo responder pela tentativa de homicídio.

**(2º)** Agindo com vontade de matar, disparo tiros contra alguém. Socorrida, a vítima é submetida, imediatamente, a procedimento cirúrgico. Posteriormente, enquanto se recupera, ela é infectada por uma bactéria que, normalmente, não mataria uma pessoa, mas que causa a sua morte em razão de o seu organismo estar fragilizado pelas lesões causados pelos tiros. Nesse caso, respondo pelo homicídio consumado. A diferença: a *causa* superveniente não é capaz de, por si só, provocar o resultado.

### 3.2.2. TEORIA DA IMPUTAÇÃO OBJETIVA

Vimos anteriormente que, para determinar o que é *causa*, olhamos para o passado e eliminamos os fatos anteriores, em busca daqueles que foram causadores do resultado. Para que a procura não tenha de ir ao infinito – senão, em um homicídio com arma de fogo, teríamos de avaliar desde a formação do minério que a compõe, há milhões de anos, até o disparo –, temos por limitador a conduta, que se dá por dolo ou culpa. Se os pais do criminoso não tivessem feito sexo, ele não existiria – e o crime não teria acontecido. Mas não podemos punir o casal, afinal, falta conduta (dolo/culpa) para a produção do resultado.

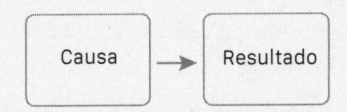

Ou seja, ainda que exista nexo físico entre *fato e resultado*, ausente a conduta, a discussão se encerra. Não há crime em relação a quem agiu sem dolo ou culpa. Por *nexo físico*, entenda o nexo natural: se lanço uma pedra contra uma vidraça, a minha conduta voluntária somada à colisão entre os dois objetos é resultado da minha conduta somada às leis da física do nosso planeta – poderíamos convidar *Sir Isaac Newton* para essa conversa.

Para a teoria da imputação objetiva, não basta esse nexo natural. Tem de existir um nexo normativo, estabelecido por *lei*. Ou seja, a conexão decorrente entre um risco proibido e o resultado gerado. Para melhor esclarecer, imagine o seguinte: estou dirigindo meu veículo dentro do limite de velocidade permitido. Em um cruzamento, o semáforo está verde para mim e, por isso, não paro ou reduzo – simplesmente, sigo. No entanto, sou atingido por um outro veículo, que ultrapassou o semáforo vermelho. Com a colisão, meu automóvel é arremessado contra um pedestre que estava na calçada, causando sua morte.

Pela análise da existência da conduta (*dolo* ou *culpa*), podemos concluir que não posso ser responsabilizado pela morte do pedestre. Entretanto, reflita comigo: como não fiz nada de errado, não é necessário avaliar a existência de *dolo* ou *culpa*. É possível dar fim à discussão antes mesmo de analisar a conduta. É para isso que serve a *teoria da imputação objetiva*: como não criei ou aumentei um *risco proibido* – não há ilicitude –, não sou responsável pelo resultado.

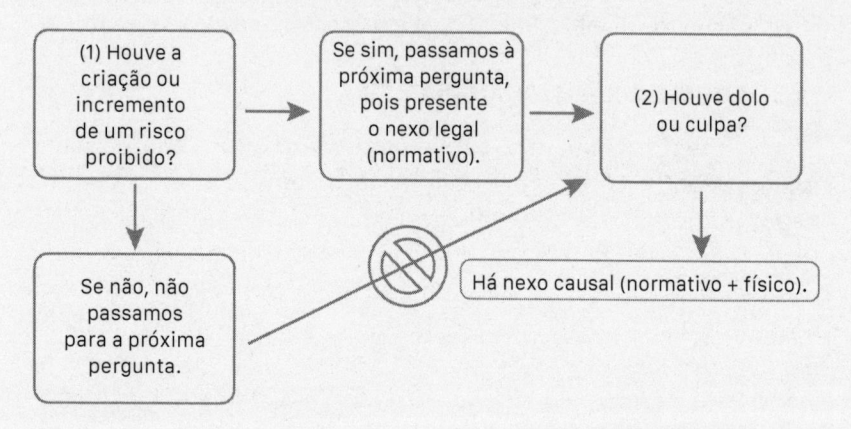

No exemplo dado, o motorista que invadiu o cruzamento deve ser punido pela morte do pedestre. Isso porque, em relação a ele, há a criação de um risco proibido – ultrapassou o semáforo vermelho – e conduta (*dolo* ou *culpa*). Outra hipótese: agindo com vontade de matar, disparo tiros contra alguém. O fabricante da arma deve ser punido pelo homicídio? Não, pois não houve a criação ou o incremento de um risco proibido – a fabricação da arma foi lícita, permitida em lei. Essa conclusão, por si só, afasta a responsabilidade do fabricante. Não há motivo para analisar se houve *dolo* ou *culpa* – o fabricante da arma também pode ser considerado isento de responsabilidade em consequência da teoria da tipicidade conglobante.

### 3.2.3. CRIMES COMISSIVOS E OMISSIVOS

Os crimes podem ser *comissivos* ou *omissivos*. São comissivos aqueles praticados por uma ação, um fazer. O homicídio é um bom exemplo: é crime *matar alguém*, e não *deixar de matar alguém*. Por outro lado, são omissivos os crimes em que a conduta típica consiste em deixar de fazer algo. Veja o que diz o art. 135 do CP:

> Omissão de socorro
> Art. 135. Deixar de prestar assistência, quando possível fazê-lo sem risco pessoal, à criança abandonada ou extraviada, ou à pessoa inválida ou ferida, ao desamparo ou em grave e iminente perigo; ou não pedir, nesses casos, o socorro da autoridade pública:
> Pena. detenção, de um a seis meses, ou multa.

Perceba que a conduta é a de *deixar de fazer algo* (*deixar de prestar assistência*). Quem *presta assistência* não comete o crime. Tanto nos crimes comissivos quanto nos omissivos deve estar presente o nexo causal. Se um dispositivo que tipifica a conduta traz, de forma expressa, uma ação negativa, um *deixar de fazer* (ex.: art. 135 do CP), dizemos que se trata de *omissão própria*.

### 3.2.4. OMISSÃO PRÓPRIA E OMISSÃO IMPRÓPRIA

Delitos omissivos não possuem nexo físico, natural. Como são crimes cometidos por um *não fazer*, não há relação de causa e efeito. Veja o exemplo da omissão de socorro (art. 135 do CP): se vejo alguém agonizando no chão, enquanto sofre colapso cardíaco, se deixo de prestar socorro e a pessoa morre, não foi minha omissão que provocou o resultado (a morte). O coração não deixou de bater em razão de nada ter feito para ajudar, mas por algum problema de saúde daquele que sofreu do mal.

> Art. 135. Deixar de prestar assistência, quando possível fazê-lo sem risco pessoal, à criança abandonada ou extraviada, ou à pessoa inválida ou ferida, ao desamparo ou em grave e iminente perigo; ou não pedir, nesses casos, o socorro da autoridade pública:
> Pena - detenção, de um a seis meses, ou multa.
> Parágrafo único. A pena é aumentada de metade, se da omissão resulta lesão corporal de natureza grave, e triplicada, se resulta a morte.

Entretanto, até mesmo um leigo diria que minha conduta negativa deve ser punida de alguma forma. É desumano ver uma pessoa sofrendo e, podendo ajudá-la, nada faço. No entanto, sabemos que, ausente um dos elementos do *fato típico* (1º substrato), o crime deixa de existir – e, aqui, faltaria o *nexo causal*. Ou seja, em primeira análise, as condutas omissivas seriam sempre atípicas, pois não existe ligação direta com o resultado.

Para resolver a ausência de *nexo físico*, a lei cria um *nexo artificial*, normativo. Dessa forma, embora não exista, na omissão, esse vínculo natural, a lei garante a punição do omisso ao responsabilizá-lo pelo resultado produzido – na omissão de socorro, é triplicada a pena do omisso caso a pessoa não assistida morra, mesmo não existindo nexo causal físico entre a morte produzida e o deixar de fazer.

Falamos em *omissão própria* quando o tipo penal prevê, de forma expressa, a conduta negativa, o *deixar de fazer*. Exemplo: a omissão de socorro, já mencionada, a falsidade ideológica (art. 299 do CP), na modalidade *omitir* e outros tantos. Na *omissão imprópria*, temos situação extraordinária, em que algumas pessoas – os chamados *garantidores* – tem o dever de evitar a produção do resultado. Exemplos:

(1º) Uma criança de 11 anos é vítima de estupro de vulnerável (art. 217-A do CP). Existe *nexo físico* entre a conduta do criminoso e o resultado, o estupro. Em relação aos pais da criança ou qualquer outra pessoa, esse nexo não existe. Por isso, apenas o estuprador é responsabilizado, e mais ninguém.

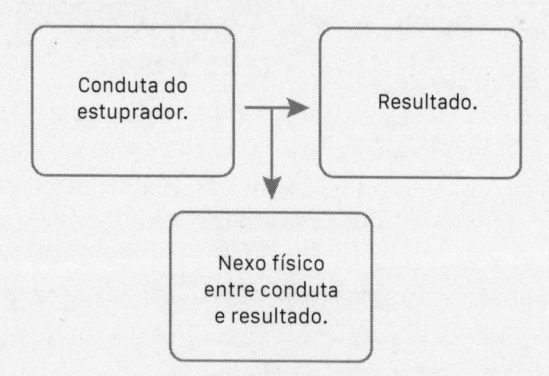

(2º) Uma criança de 11 anos é estuprada (art. 217-A do CP). Os pais sabem do crime e poderiam evitá-lo, mas nada fazem – certa vez, atuei em um caso em que a mãe permitia que o marido, padrasto da criança, estuprasse sua filha para não prejudicar o casamento.

Entre a conduta do estuprador e o resultado, há nexo físico. No entanto, entre a conduta omissiva dos pais e o resultado, não existe nexo natural.

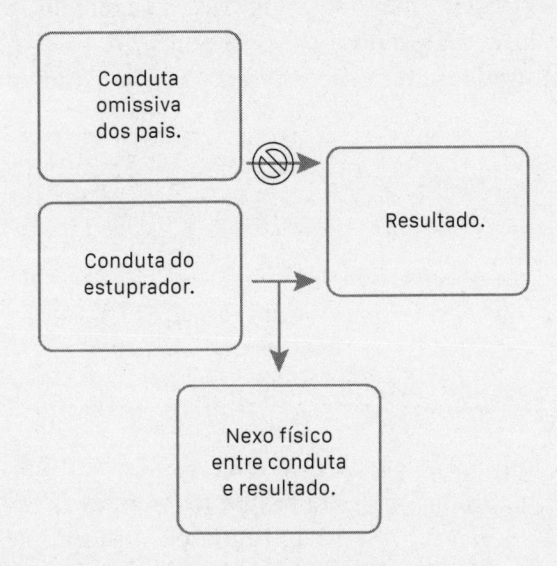

Por não existir *nexo físico* entre a conduta omissiva dos pais e o resultado, a princípio, eles não poderiam ser punidos – a ausência de nexo causal impede a responsabilidade. Contudo, convenhamos: não seria justa a impunidade dos pais, que podiam evitar o crime, mas foram omissos. De alguma forma, têm de ser responsabilizados pelo o que aconteceu. É para isso que existe o art. 13, § 2º, do CP. Ao aplicá-lo, criamos um nexo artificial, normativo (por força de lei), entre a conduta do omisso e o resultado.

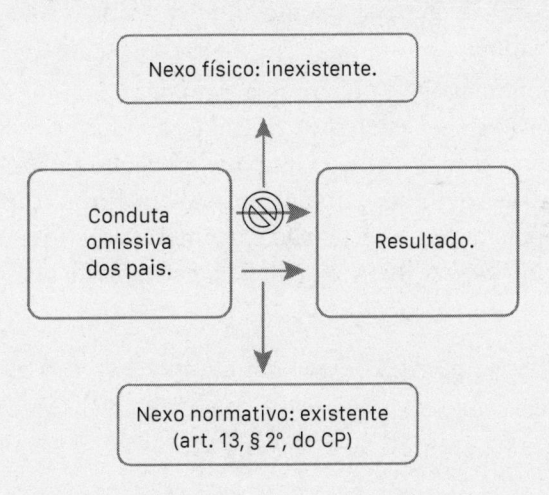

Em consequência da incidência do disposto no art. 13, § 2º, o omisso deve ser responsabilizado pelo resultado que deveria ter evitado, mas não o fez – os pais seriam punidos pelo estupro de vulnerável. Ou seja, o omisso pratica um crime comissivo (no exemplo, um estupro), deixando de fazer algo (omissão). Não por outro motivo, a omissão imprópria é intitulada *crime comissivo por omissão*. Entenda:

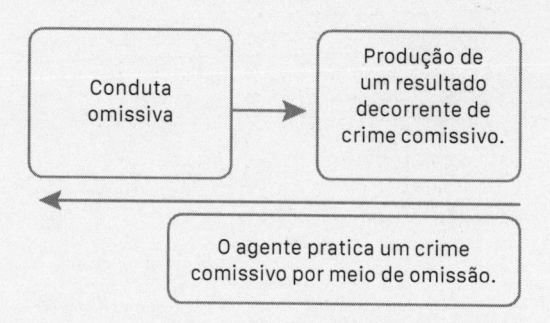

A omissão imprópria não alcança todas as pessoas, indiscriminadamente. Volto ao exemplo do estupro: por não ser pai da criança, vítima do delito, não posso ser responsabilizado pelo estupro de vulnerável sofrido, como seriam os pais omissos. Eles são os *garantidores*, não eu. O art. 13, § 2º, estabelece que a *omissão é penalmente relevante quando o omitente devia e podia agir para evitar o resultado*. *Devia*, friso. E quem tem esse dever? Aquelas pessoas trazidas no dispositivo:

(a) Quem tem por lei obrigação de cuidado, proteção ou vigilância;

(b) Quem, de outra forma, assumiu a responsabilidade de impedir o resultado;

(c) Quem, com seu comportamento anterior, criou o risco da ocorrência do resultado.

O mencionado artigo também fala em *podia*. Significa dizer que a omissão imprópria só está caracterizada quando o garantidor podia fazer algo para evitar o resultado, mas nada fez. Um *bombeiro* – também garantidor – não pode ser punido por não ter entrado em um prédio em chamas prestes a ruir. A lei não exige heroísmo. Da mesma forma, o *agir* exigido pelo art. 13, § 2º, é aquele fisicamente possível.

## 3.3. CONSUMAÇÃO E TENTATIVA

> *Art. 14. Diz-se o crime:*
> *Crime consumado*
> *I - consumado, quando nele se reúnem todos os elementos de sua definição legal;*
> *Tentativa*
> *II - tentado, quando, iniciada a execução, não se consuma por circunstâncias alheias à vontade do agente.*
> *Pena de tentativa*
> *Parágrafo único. Salvo disposição em contrário, pune-se a tentativa com a pena correspondente ao crime consumado, diminuída de um a dois terços.*

*Em geral*, um delito se consuma quando o resultado pretendido é alcançado pelo criminoso; quando não tem êxito, no entanto, falamos em tentativa. Para o inciso I, há consumação quando o crime reúne todos os elementos de sua definição legal – no homicídio, que consiste em *matar alguém*, a consumação ocorre quando, de fato, *alguém morre*. Na tentativa, tratada no inciso II, o criminoso empreendeu todos os esforços para alcançar a consumação, que não foi alcançada por razões alheias à vontade dele.

### 3.3.1. *ITER CRIMINIS*

Os conceitos dados pelo Código Penal à consumação e à tentativa não nos deixam entender a dimensão desses dois temas. Para melhor compreendê-los, o melhor método é a análise do *iter criminis* ou *caminho do crime*, o passo a passo percorrido pelo criminoso desde a cogitação até a consumação do delito.

(a) Cogitação: o passo inaugural é a idealização do crime na mente do indivíduo. Evidentemente, não se pune. Enquanto o delito for apenas um pensamento sombrio, a ninguém importa.

(b) Preparação: é o passo seguinte à cogitação. Após refletir sobre o delito, o indivíduo decide colocar o pensamento em prática. Geralmente, os atos preparatórios não são puníveis – se quero matar alguém, não cometo crime algum ao comprar veneno ou uma faca para a prática do homicídio. Contudo, se compro ilegalmente arma de fogo para praticar o delito, posso ser por ele punido, nos termos do *Estatuto do Desarmamento* (Lei nº 10.826/2003), mas não pela tentativa de homicídio.

(c) Execução: é a prática do crime, efetivamente. Se quero cometer um homicídio, a execução começa no segundo em que, de fato, dou início à conduta de *matar alguém*. A partir daqui, a princípio, não há mais volta, e responderei, no mínimo, pela tentativa.

(d) Consumação: é a última fase, quando o criminoso alcança o resultado decorrente da conduta típica. No homicídio, crime material, quando a vítima morre.

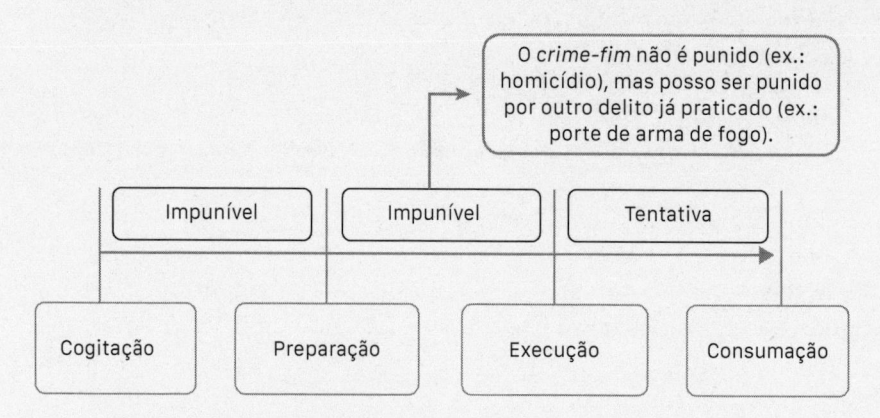

### 3.3.2. PREPARAÇÃO E EXECUÇÃO

Não é fácil dizer quando acaba a preparação e começa a execução de um delito. Em um homicídio, quando faço o movimento de sacar a arma de fogo, estou executando o crime? Preciso apontar a arma contra a vítima para começar a *matar alguém*? A partir de qual momento posso ser preso em flagrante por tentar praticar o homicídio (ou qualquer crime)? Há algumas teorias a respeito, mas destaco três:

(a) Teoria objetivo-formal ou lógico-formal: a execução tem início quando o agente começa, de fato, a realizar o núcleo do tipo. No exemplo do homicídio, quando o indivíduo está, de fato, *matando* a vítima.

(b) Teoria objetivo-material: a execução começa quando o agente inicia a prática do verbo nuclear (no homicídio, *matar*), bem como a partir dos atos imediatamente anteriores, perceptíveis por terceiros como direcionados à prática do crime – se vejo alguém sacar uma arma, consigo presumir, como espectador da conduta, o que está prestes a acontecer.

(c) Teoria objetivo-individual: a execução tem início com a prática do verbo nuclear, bem como a partir dos atos imediatamente anteriores, em conformidade com o plano concreto do indivíduo.

A maioria dos autores prefere a *teoria objetivo-formal*. No entanto, não me parece a melhor escolha. É muito arriscado ter de aguardar pelo início da prática do verbo nuclear, com maior proximidade da consumação, para que seja possível intervir na conduta do indivíduo – ainda mais quando pensamos no homicídio, em que o resultado é a morte.

### 3.3.3. EXAURIMENTO

Alguns manuais trazem o *exaurimento* como fase do *iter criminis*. Entretanto, trata-se de momento posterior, que não tem qualquer influência sobre a consumação (que já ocorreu). Exemplo: na concussão, o crime se consuma quando o funcionário público exige a vantagem indevida. Pouco importa para a consumação o efetivo recebimento da vantagem – se vier a acontecer, será mero exaurimento do delito. Em alguns casos, o exaurimento pode influenciar na pena-base (art. 59 do CP), qualificar o delito – é o que ocorre na resistência (art. 329, § 1º, do CP) –, aumentar a pena ou, até mesmo, caracterizar a prática de outro crime.

### 3.3.4. CONSUMAÇÃO

O momento consumativo não é igual para todos os delitos. No tópico intitulado *Sobre a classificação dos crimes*, comentei acerca do crime material, do formal e do de mera conduta, temas que volto a discutir por influenciarem diretamente na consumação:

(a) Crime material ou de resultado: o tipo penal descreve um resultado naturalístico, uma mudança no mundo exterior, e a consumação ocorre quando alcançado esse resultado. Exemplo: o art. 121 do CP fala em *matar alguém*. A mudança no mundo exterior é a morte da vítima – uma pessoa deixa de existir. Logo, o homicídio só se consuma se o ofendido morrer.

(b) Crime formal ou de consumação antecipada: o tipo penal descreve um resultado naturalístico, mas basta a conduta (também prevista no dispositivo) para a consumação. Exemplo: na corrupção de menores (art. 244-B do ECA), pune-se quem corrompe ou facilita a corrupção de menor de 18 (dezoito) anos, com ele praticando infração penal ou induzindo-o a praticá-la. Para a consumação do crime, não precisa demonstrar a efetiva corrupção (resultado naturalístico). Basta praticar ou induzir à prática de infração penal – em verdade, ato infracional.

(c) Crime de mera conduta ou de simples atividade: o tipo penal não descreve resultado naturalístico, mas apenas a conduta típica. Exemplo: a invasão de domicílio, em que basta entrar ou permanecer, sem permissão, em casa alheia (art. 150 do CP).

(d) Crime permanente: a consumação se prolonga no tempo e perdura enquanto o criminoso permanecer praticando o delito. É o que acontece quando se tem *droga* em depósito (art. 33 da Lei nº 11.343/2006). Caso mantenha cocaína em minha casa por cinquenta anos, o delito permanecerá em consumação por todo esse período. Principais consequências: além de poder ser preso a qualquer minuto, a prescrição não corre, afinal, ainda estou consumando o crime.

(e) Crime habitual: é o delito cuja consumação depende da reiteração da conduta. É o exemplo da *casa de prostituição* (art. 229 do CP), que só se existe se o indivíduo *mantiver* estabelecimento voltado à exploração sexual. Se for algo eventual, sem habitualidade, não há crime algum – do contrário, presente a habitualidade, o crime se consuma.

(f) Crime omissivo próprio: a consumação ocorre quando o agente deixa de fazer algo, na forma prevista no tipo penal – na omissão de socorro, por exemplo, quando *deixa de prestar assistência*.

(g) Crime omissivo impróprio: a consumação se dá com a produção do resultado naturalístico não evitado.

### 3.3.5. TENTATIVA

Há tentativa quando, iniciada a execução, apesar da vontade e do esforço empreendido pelo criminoso, a consumação não é alcançada. Ele quis, até o fim, a consumação, mas não conseguiu. Quando isso acontece, aplicamos o art. 14, II, par. ún. (*norma de extensão*), fazendo com que o criminoso responda pelo crime cuja consumação desejou, mas não alcançou, mas com pena diminuída de 1/3 a 2/3 – quanto mais o agente se aproxima da consumação, menor a diminuição da pena.

A tentativa é denominada *perfeita* ou *acabada* – também conhecida por *crime falho* –, quando o criminoso esgota os atos executórios, mas não alcança a consumação. É o que ocorre quando, agindo com vontade de matar, gasto toda a munição da arma de fogo e, mesmo assim, não consumo o crime.

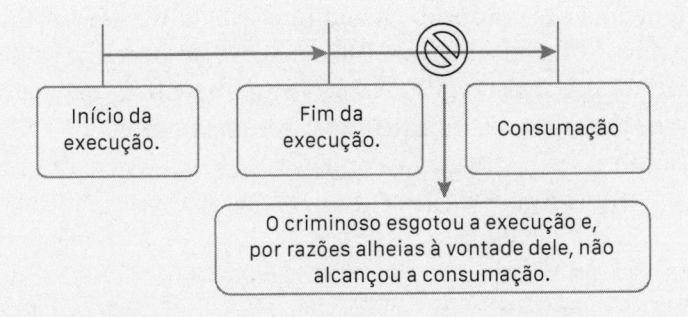

Ademais, falamos em tentativa *imperfeita* ou *inacabada* quando o indivíduo não consegue esgotar os meios executórios. Exemplo: agindo com vontade de matar, disparo um tiro contra a vítima. Quando pretendia puxar o gatilho mais uma vez, sou rendido por policiais, que me prendem em flagrante.

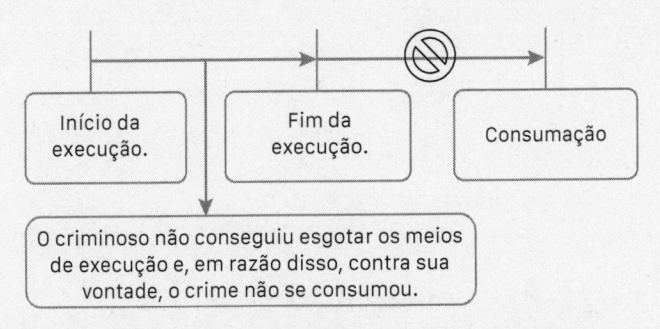

Há quem fale em *tentativa vermelha* ou *cruenta*, quando a vítima é, de fato, atingida – lembre-se do sangue –, e em *tentativa branca* ou *incruenta*, quando o corpo da pessoa a ser atingida não sofre qualquer lesão. Essa classificação tem pouca importância, embora a circunstância de a vítima ter sido atingida possa influenciar na fixação da pena-base ou para o reconhecimento de qualificadora ou causa de aumento de pena.

Por fim, importante destacar que em alguns crimes, por sua natureza ou por previsão legal, não são compatíveis com a tentativa. Entenda:

(a) Crime unissubsistente: é aquele em que a conduta consiste em um único ato. Exemplo: na calúnia praticada verbalmente, não há meio-termo: ou o indivíduo imputa a alguém, falsamente, fato definido como crime, quando a calúnia se consuma, ou nada diz, hipótese em que não há delito algum. Ou seja: se a voz saiu da boca, acabou, está consumado; caso nada tenha sido falado, fato atípico. Por outro lado, na calúnia por escrito, é viável a tentativa, pois pode ser interceptado o instrumento utilizado na execução do delito (carta, *e-mail* etc.).

(b) Crime omissivo próprio: não admite a tentativa por ser unissub-sistente. Como o delito consiste em *deixar de fazer algo*, não existe meio-termo. Se deixar de fazer, consumou; se fizer, não há crime.

(c) Crime culposo: por não existir vontade, por parte do indivíduo, em produzir o resultado, não há tentativa. Não tem como dizer que alguém tentou algo e não conseguiu, contra sua vontade, quando, em verdade, o resultado não era desejado. Quanto à *culpa imprópria*, leia a explicação sobre as *descriminantes putativas* (art. 20, § 1º, do CP).

(d) Crime preterdoloso: é a mesma lógica do crime culposo. O agente não quer o resultado agravador. Não há como tentar conseguir o que não se deseja.

(e) Crime de atentado ou de empreendimento: em raras oportunidades, um tipo penal pune da mesma forma a efetiva obtenção ou a tentativa de obtenção de um determinado resultado. Exemplo: a evasão mediante violência contra a pessoa (art. 352 do CP).

(f) Crime habitual: é o que só existe com a habitualidade de uma conduta típica. Portanto, volto à lógica do meio-termo: se existe habitualidade, o crime se consumou; se não existe, fato atípico.

(g) Contravenções penais: o art. 4º da LCP (Dec.-lei nº 3.688/1941) proíbe expressamente a punição da tentativa de contravenção penal.

## 3.4. DESISTÊNCIA VOLUNTÁRIA E ARREPENDIMENTO EFICAZ

> **Desistência voluntária e arrependimento eficaz**
> **Art. 15. O agente que, voluntariamente, desiste de prosseguir na execução ou impede que o resultado se produza, só responde pelos atos já praticados.**

A princípio, iniciada a execução de um delito, não tem volta: o indivíduo será por ele punido, nem que seja pela tentativa. Portanto, para não existir punição por um crime, o *iter criminis* tem de ser abandonado, no máximo, nos atos preparatórios. No entanto, nosso legislador, influenciado por codificações estrangeiras, decidiu por adotar, em nosso Código Penal, a intitulada *ponte de ouro* (expressão de *Franz von Liszt*), representada pela desistência voluntária e pelo arrependimento eficaz.

Na desistência voluntária, inicialmente, o indivíduo quis a consumação do delito. No entanto, iniciada a execução, voluntariamente, dela desiste. Em homenagem a Nelson Hungria, utilizo um exemplo por ele elaborado:

Tício prepara e apresenta a iguaria envenenada a Mévio, cuja morte se propusera; mas, a seguir, arrependido, faz cair o prato, evitando que o desprevenido Mévio ingira o alimento.

Inicialmente, Tício quis matar Mévio. No entanto, após iniciada a execução do delito, arrependido, abandonou a execução. Outro exemplo: começo a execução de um homicídio e, após o primeiro golpe de faca, arrependo-me do que estou fazendo e desisto. Poderia dar mais facadas, mas não quis. Se você, amigo leitor, estiver lendo este manual na sequência proposta, deve ter notado a semelhança entre a desistência voluntária e a tentativa imperfeita – tema visto há pouco –, quando o indivíduo não consegue esgotar os atos executórios. A diferença entre uma e outra reside no fato de que, na tentativa imperfeita, o agente quis, até o fim, a consumação; na desistência voluntária, a consumação não ocorreu por vontade dele.

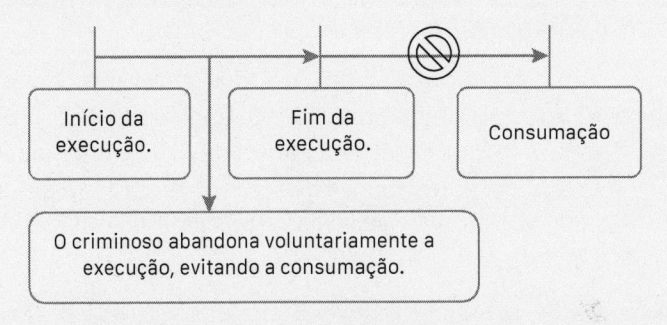

No arrependimento eficaz (*resipiscência*), o criminoso esgota a execução e, antes da consumação, por nova conduta, voluntariamente, a evita. Mais uma vez, utilizo exemplo de Nelson Hungria:

Tício propina o veneno a Mévio, mas, ato seguido, ministra-lhe um antídoto, evitando o efeito letal.

Na primeira conduta, Tício agiu com vontade de matar Mévio. A execução foi concluída quando Mévio ingeriu o veneno. Bastava a Tício aguardar a morte da vítima, mas, arrependido do que havia feito anteriormente, praticou nova ação, com o intuito de salvar a vida de Mévio: deu a ele antídoto, salvando sua vida. O arrependimento eficaz se assemelha à tentativa perfeita, pois em ambos ocorre o esgotamento da execução.

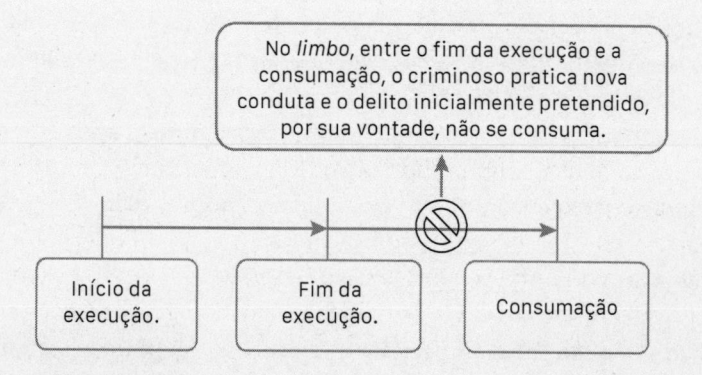

No *limbo*, entre o fim da execução e a consumação, o criminoso pratica nova conduta e o delito inicialmente pretendido, por sua vontade, não se consuma.

Início da execução.

Fim da execução.

Consumação

Só se fala em arrependimento eficaz se o agente conseguir evitar a consumação – senão, temos um *arrependimento ineficaz*, que não produziu o efeito que deveria.

### 3.4.1. CONSEQUÊNCIA

Há pouco, comentei que a expressão *ponte de ouro* é alusiva à desistência voluntária e ao arrependimento eficaz. O motivo: iniciada a execução, o agente será punido, no mínimo, pela tentativa. Não há mais volta. Exceção: se reconhecida uma das hipóteses do art. 15 do CP, quando o criminoso não será punido pelo delito inicialmente pretendido, mas apenas pelo o que efetivamente tiver feito, se típicos os atos já praticados.

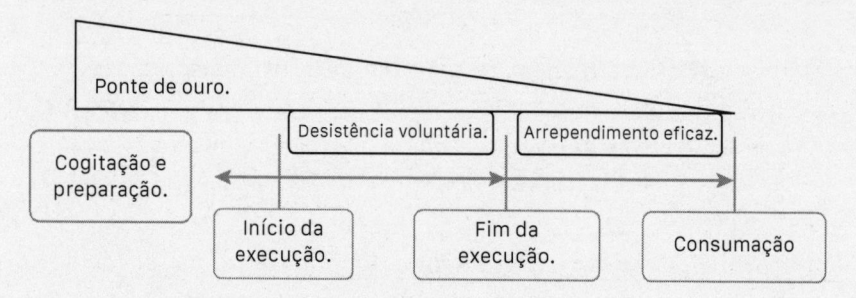

Ponte de ouro.

Desistência voluntária.

Arrependimento eficaz.

Cogitação e preparação.

Início da execução.

Fim da execução.

Consumação

É fácil visualizar a lógica da expressão *ponte de ouro*: se o indivíduo quisesse evitar a punição, deveria ter desistido antes do início da execução do delito. Ao iniciar a efetiva prática do crime, assumiu que seria punido pela respectiva pena, tendo ou não sucesso quanto à consumação. Com a desistência voluntária ou arrependimento eficaz, é criada uma *ponte de ouro* ao passado, quando o criminoso podia evitar a punição. É a última chance para não ser punido pelo delito inicialmente pretendido.

Exemplo: agindo com vontade de matar, disparo um tiro contra a vítima, mas erro. Tenho mais munição, mas me arrependo e abandono a execução (desistência voluntária). Nesse caso, não serei punido pela tentativa de homicídio, mas pelo o que efetivamente tiver feito – pelo disparo da arma de fogo ou por lesão corporal, caso a vítima seja atingida.

## 3.5. ARREPENDIMENTO POSTERIOR

*Arrependimento posterior*
**Art. 16. Nos crimes cometidos sem violência ou grave ameaça à pessoa, reparado o dano ou restituída a coisa, até o recebimento da denúncia ou da queixa, por ato voluntário do agente, a pena será reduzida de um a dois terços.**

O arrependimento posterior está localizado após o *iter criminis*, quando já consumado o crime. Não se fala mais em *ponte de ouro*: o criminoso não tem como evitar ser punido pelo delito praticado, mas sua pena será diminuída, de 1/3 a 2/3.

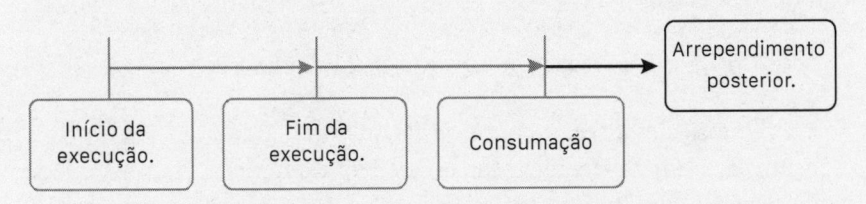

Para a incidência do art. 16 do CP, vários requisitos são exigidos, fazendo com que o arrependimento posterior esteja restrito a uns poucos delitos. As condições são os seguintes:

(a) Crime cometido sem violência ou grave ameaça à pessoa: não é possível o arrependimento posterior no roubo, na extorsão e em outros delitos em que a execução se dá por meio de violência ou grave ameaça à pessoa. Cuidado: o art. 16 do CP veda o arrependimento posterior quando a violência for contra pessoa. Nada impede a incidência do benefício quando a violência for contra coisa (ex.: um automóvel).

(b) Reparação do dano ou restituição da coisa: a reparação do dano deve ser integral, salvo se existir concordância da vítima em ser parcialmente indenizada.

(c) Até o recebimento da denúncia ou queixa: o recebimento é o ato pelo qual o magistrado *aceita* a petição inicial, nos termos do art. 395 do CPP, dando início à ação penal. Não se confunde com o *oferecimento*, que é o momento em que o legitimado oferta a denúncia ou queixa ao juiz, para que a receba.

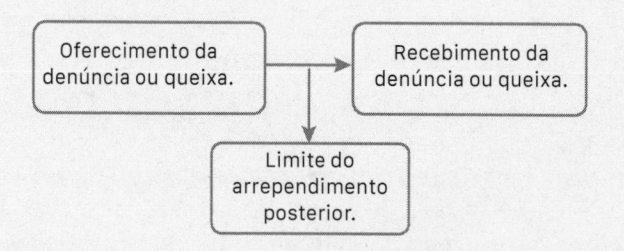

(d) Ato voluntário do agente: o arrependimento tem de ocorrer por vontade do criminoso, sem qualquer coação externa.

## 3.6. CRIME IMPOSSÍVEL

> **Crime impossível**
> *Art. 17. Não se pune a tentativa quando, por ineficácia absoluta do meio ou por absoluta impropriedade do objeto, é impossível consumar-se o crime.*

Em algumas situações, não importa o quanto o indivíduo se esforce, a consumação jamais será alcançada. Parto de exemplo clássico e de fácil compreensão: agindo com vontade de matar, dou um tiro em uma pessoa que, acredito, estava dormindo. No entanto, posteriormente, legistas descobrem a causa da morte da vítima: minutos antes do disparo, ela já havia morrido em razão de um ataque cardíaco. Poderia ter usado uma granada e o resultado seria o mesmo: não tenho como matar quem já está morto.

Não por outro motivo, o crime impossível é também chamado de *tentativa inidônea*. É uma conduta vazia, inócua, que de nada serve. A consumação jamais será alcançada pelo agente. As razões são as seguintes:

(a) Ineficácia absoluta do meio: o meio de execução empregado pelo indivíduo não é capaz de alcançar a consumação desejada. Exemplo: agindo com vontade de matar, coloco na bebida da vítima desejada alta dosagem de determinando medicamento, imaginando que causaria sua morte. No entanto, por ser substância de nenhuma toxicidade, nem mesmo a superdosagem seria capaz de matar alguém.

(b) Impropriedade absoluta do objeto: ocorre quando o objeto material atacado não serve para alcançar o resultado pretendido. É o exemplo dado anteriormente, do indivíduo que tenta matar quem já morreu.

É importante dizer: só se fala em crime impossível quando a ineficácia do meio ou a impropriedade do objeto for absoluta. Por isso, se coloco veneno na bebida de alguém, mas a morte não acontece por ter empregado quantidade insuficiente da substância, devo ser punido pela tentativa de homicídio. O veneno tem potencial lesivo e pode matar, mas o delito não se consumou por razões alheias à minha vontade.

## 3.6.1. FLAGRANTE PREPARADO

Em um *reality show*, policiais norte-americanos espalham equipamentos eletrônicos (celulares, *tablets* etc.) em um aeroporto para testar a honestidade de quem por lá passa. Dezenas de câmeras de segurança e policiais disfarçados protegem as iscas. No momento em que alguém tenta cruzar a porta de saída com um dos objetos, a polícia efetua a prisão em flagrante.

Desde o começo, a pessoa que tentou subtrair um dos objetos não passou de mero entretenimento para aqueles que acompanharam sua ação. Não havia a mínima possibilidade de ser alcançada a consumação da apropriação de coisa achada ou furto. No Brasil, esse estratagema seria considerado crime impossível – nesse sentido, Súm. nº 145 do STF.

> Súm. nº 145 do STF: Não há crime quando a preparação do flagrante pela polícia torna impossível a sua consumação.

## 3.6.2. SISTEMA DE MONITORAMENTO

Debate interessante diz respeito aos sistemas de vigilância por monitoramento eletrônico ou segurança no interior de estabelecimento comercial. Para alguns, seria crime impossível, afinal, em um furto, o ladrão jamais conseguiria ter êxito na subtração quando há câmeras contra ele apontadas, ou se existir um segurança acompanhando toda a ação. O STJ não concordou com o entendimento. Para a Corte, meios de monitoramento de segurança reduzem o risco de furtos – existem com esse objetivo, inclusive –, mas não inviabilizam, completamente, a consumação do delito. Logo, não há o que se falar em crime impossível. O posicionamento consta da Súm. nº 567.

> Súm. nº 567 do STJ: Sistema de vigilância realizado por monitoramento eletrônico ou por existência de segurança no interior de estabelecimento comercial, por si só, não torna impossível a configuração do crime de furto.

## 3.7. CRIME DOLOSO E CRIME CULPOSO

*Art. 18. Diz-se o crime:*
*Crime doloso*
*I - doloso, quando o agente quis o resultado ou assumiu o risco de produzi-lo;*
*Crime culposo*
*II - culposo, quando o agente deu causa ao resultado por imprudência, negligência ou imperícia.*
*Parágrafo único. Salvo os casos expressos em lei, ninguém pode ser punido por fato previsto como crime, senão quando o pratica dolosamente.*

Para muitos, crime doloso é aquele em que há vontade do agente em praticar o delito. Quando ausente o elemento volitivo, o crime é culposo. Embora a explicação, em geral, não pareça equivocada, sua simploriedade transmite conclusões equivocadas. Antes de mais nada, dolo e culpa são formas de conduta – elemento do fato típico, primeiro substrato do crime. Sem conduta, o delito não existe. Tanto no dolo quanto na culpa, há vontade do agente ao praticá-la – a distinção quanto ao que se quer ou não reside no resultado.

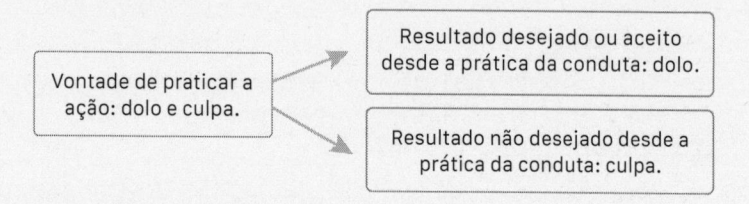

Condutas típicas são praticadas por ação (crimes comissivos) ou omissão (crimes omissivos), que têm por origem dolo ou culpa por parte do agente (elemento volitivo). Um homicida executa o delito, em regra, por ação (crime comissivo), motivado pela vontade livre e consciente de causar a morte da vítima (dolo). Ausente dolo e culpa, não há crime. Exemplo: se "A" empurra "B" e este, ao perder o equilíbrio, empurra "C" de um penhasco, causando a morte, não existe crime para "B", pois ausente dolo e culpa. Para "A", contudo, que teve conduta imbuída de vontade, pode ser atribuída a prática do homicídio.

### 3.7.1. DOLO

O crime é doloso quando o agente quis o resultado (dolo direto) ou assumiu o risco de produzi-lo (dolo indireto). Em ambos os casos, existe vontade de praticar a conduta, mas a produção do resultado pode ser desejada ou aceita. Os crimes dolosos são regra em nossa legislação – quando a lei nada diz, do seu silêncio extraímos que um delito é doloso, diferentemente do que acontece com crimes culposos, que têm de estar expressamente previstos. Doutrinariamente, ele, o dolo, assim se classifica, em espécies:

(a) Dolo direto: quando o indivíduo prevê o resultado e direciona sua conduta para alcançá-lo. Exemplo: executo a conduta de subtrair coisa alheia móvel para dela me assenhorar (furto). O dolo direto decorre da denominada *teoria da vontade*.

(b) Dolo indireto: o indivíduo prevê o resultado e pratica, intencionalmente, a conduta para alcançá-lo, mas este não é o seu objetivo direto. Divide-se em:

(b.1) Dolo alternativo: o agente prevê dois ou mais possíveis resultados para a sua conduta, e qualquer um o satisfaz. Exemplo: atiro uma pedra contra uma pessoa. Pouco me importa se causarei lesão corporal ou se a matarei. As duas consequências me interessam. Como não posso ser responsabilizado pelos dois crimes, mas por um ou outro, sofro a punição mais grave – a do homicídio.

(b.2) Dolo eventual: o agente pratica a conduta ciente de que poderá provocar um resultado mais grave, não desejado. Poderia ter abandonado a conduta, mas decide assumir o risco. O dolo eventual nos faz recordar da popular expressão *pagar para ver*, pois é isso que o indivíduo faz. Decorre da intitulada *teoria do assentimento*.

### 3.7.2. OUTRAS CLASSIFICAÇÕES

Há outras classificações em relação ao dolo, importantes quando do estudo dos crimes em espécie, que podem influenciar, até mesmo, na existência do delito. Dentre as muitas existentes, destaco as seguintes:

(a) Dolo genérico: o agente quer praticar a conduta descrita no tipo penal, sem finalidade especial. Exemplo: furto (art. 155 do CP).

(b) Dolo específico: o agente pratica a conduta tendo por objetivo um determinado fim. Exemplo: a extorsão mediante sequestro (art. 159 do CP), conduta que tem por fim específico a obtenção de qualquer vantagem, como condição ou preço de resgate.

(c) Dolo geral: também denominado *erro sucessivo*, ocorre quando o agente quer um resultado e, quando imagina tê-lo obtido, pratica nova conduta que, efetivamente, o provoca. Exemplo: agindo com vontade de matar, disparo tiros contra a vítima. Imaginando estar morta, a atiro em um penhasco, e ela morre em razão da queda.

(d) Dolo de primeiro grau: o agente pratica uma conduta para alcançar um resultado por ele desejado – é o que acontece com o *dolo direto*.

(e) Dolo de segundo grau: também chamado de *dolo de consequências necessárias*, ocorre quando, para que o agente alcance o resultado desejado, tem de provocar outros, por ele não buscado, mas os aceita por não ter outro meio para obter o que quer. Exemplo: quero matar uma determinada pessoa e, como meio de execução, incendeio a casa onde ela reside. No entanto, há mais moradores no imóvel, que também serão mortos. Em relação à vítima pretendida, ajo com dolo de primeiro grau; quanto aos demais, de segundo grau.

### 3.7.3. CULPA

Quando ouço que a culpa é a ausência de intenção – expressão utilizada, erroneamente, em referência ao dolo –, tenho três impressões: (1ª) a pessoa acredita que não existe elemento volitivo na conduta em crime culposo; (2ª) ademais, pensa que a culpa é subsidiária, existente quando não houver dolo; (3ª) por fim, parece dizer que dolo e culpa são as faces de uma mesma moeda, necessariamente presentes, um ou outro, quando praticada uma conduta formalmente típica.

Entretanto, não existe relação de subsidiariedade entre dolo e culpa. Imagine a seguinte situação: dirijo meu veículo dentro do limite de velocidade, sem violação às normas vigentes, tomando o devido cuidado para não causar acidentes. De repente, sou atingido por um outro automóvel, conduzido por motorista embriagado. A colisão faz com que meu carro perca o controle a atinja um ciclista, que morre em razão do atropelamento. Pergunto:

(1) Houve dolo em minha conduta? Não, nem mesmo o eventual. Em momento algum quis o resultado ou assumi o risco de produzi-lo.

(2) Então, se não há dolo, há culpa? Não. A culpa não é subsidiária ao dolo. Não é algo a se considerar quando o dolo é afastado. Para que exista culpa, têm de estar presentes alguns requisitos.

(3) O que houve, então? Da minha parte, nada. Nem dolo e nem culpa. Não posso ser punido criminalmente pela morte do ciclista por não existir conduta, elemento do primeiro substrato do delito (fato típico).

Não pratiquei crime, diferentemente do motorista embriagado, que pode ser responsabilizado por dolo ou culpa.

Na segunda pergunta, mencionei que alguns requisitos devem estar presentes para que exista culpa. Não se trata de mera ausência de dolo. Há uma série de elementos compositivos de observância necessária. A ausência de algum deles pode fazer com que a culpa não exista e a conduta seja atípica. Entenda:

(a) Conduta voluntária: quando falamos em crime culposo, vem à mente a ideia de um acidente, algo *sem querer*. No entanto, há, por parte do agente, vontade em praticar a conduta perigosa, sem desejar o resultado. Quem dirige acima do limite de velocidade quer conduzir o veículo dessa forma – existe vontade.

(b) Violação do dever objetivo de cuidado: perceba que não falei em *de (um) dever* – que poderia transmitir a ideia de existência de um rol de alguns desses deveres –, mas *do dever* objetivo de cuidado, geral, que deve (ou deveria!) estar presente em todas as condutas humanas, obrigação a todos imposta para que seja viável a vida em sociedade. No crime culposo, o agente viola esse dever, ao praticar conduta perigosa sem a devida cautela.

(c) Resultado naturalístico involuntário: punimos o crime culposo em resposta ao mal causado pelo indivíduo descuidado. Por esse motivo, o delito culposo é crime material, que só se consuma com a produção de resultado naturalístico (mudança no mundo exterior). É atípico o crime culposo de mera conduta. Todavia, esse resultado produzido não foi desejado pelo agente – diferentemente do que acontece no dolo direto.

(d) Nexo causal: tem de existir a relação de causa e efeito entre a conduta perigosa e o resultado produzido. Um tem de ser consequência do outro.

(e) Tipicidade: como em qualquer infração penal, tem de haver expressa tipificação penal do crime culposo. O homicídio culposo é típico por causa do art. 121, § 3º, do CP. Por outro lado, é atípico o furto culposo, pois não existe tipificação. A diferença em relação ao crime doloso: na culpa, a lei tem de dizer expressamente que a modalidade culposa é típica. O dolo pode ser extraído do silêncio da lei. Ex.: no roubo, o art. 157 do CP nada diz, o que nos faz concluir por ser delito doloso. Por outro lado, revogue o § 3º, do art. 121, do CP e o homicídio culposo deixará de existir.

(f) Previsibilidade objetiva: o resultado deve ser previsível. Imagine que, no interior de uma propriedade rural, em local afastado de qualquer meio urbano, o indivíduo decide praticar *tiro ao alvo* com arma de fogo, disparando contra algumas árvores. Ocorre que, no momento dos tiros, sem que ele soubesse, uma pessoa estava passando pela mata e, por infortúnio, acabou atingida, morrendo no local. Quando, na cabeça do atirador, passaria a possibilidade de que alguém havia invadido sua propriedade e se escondido em meio às árvores? Provavelmente, nunca. Para a punição de um crime culposo, deve o resultado ser previsível – mas pouco importa se o agente conseguiu ou não o prever. Falamos em previsibilidade *objetiva* porque não levamos em consideração o agente, em si, mas a figura do *homem médio*.

### 3.7.4. MODALIDADES DE CULPA

Nos crimes culposos, ocorre a violação do dever objetivo de cuidado, obrigação a todos imposta. Para que seja possível a vida em sociedade, temos o dever de evitar condutas perigosas, que coloquem em risco bens jurídicos tutelados. Para que a análise dessa violação seja feita de forma pragmática, adotamos três modalidades de conduta culposa: (a) a imprudência; (b) a negligência; (c) a imperícia.

(a) Imprudência: é resultado de uma ação, de um fazer. A conduta imprudente decorre de um *fazer* sem a devida cautela. Exemplo: dirigir acima do limite de velocidade.

(b) Negligência: decorre de um *não fazer*. É uma conduta negativa, produzida por inação. Exemplo: percebo uma falha estrutural em meu apartamento, que oferece risco aos demais moradores, mas nada faço. Se acontecer um acidente, minha negligência deve ser punida.

(c) Imperícia: é a *culpa profissional*, que pode decorrer tanto de uma ação (imprudência) quanto de uma inação (negligência). Não se trata de mero resultado negativo no exercício de profissão – o que é natural –, mas de conduta sem a devida cautela. Uma coisa é o médico que, apesar de todos os esforços, não consegue salvar a vítima; outra, o esquecimento de instrumento cirúrgico no interior do paciente após cirurgia.

### 3.7.5. CULPA CONSCIENTE E CULPA INCONSCIENTE

Só se fala em crime culposo quando o resultado podia ser previsto. A aferição da previsibilidade se dá de forma objetiva, sem considerar as condições pessoais do agente – senão, falaríamos em previsibilidade subjetiva. Em vez de considerar se o resultado era previsível aos olhos do agente, temos de descobrir a percepção média dos membros da sociedade em condição análoga – é onde entra a figura do *homem médio*.

O homem médio é o indivíduo comum, ordinário, com inteligência mediana. Nem gênio, nem néscio. Normal, apenas. Ao aferir a previsibilidade de um resultado, temos de analisar o ocorrido por seus olhos. Se o homem médio podia prevê-lo, qualquer outra pessoa também o deveria. Em razão dessa forma de pensar, a culpa é dividida em *culpa consciente* e *culpa inconsciente*:

(a) Culpa inconsciente: o resultado é previsível (previsibilidade objetiva), mas o indivíduo não o prevê (previsibilidade subjetiva). Deve ser punido, afinal, para que esteja caracterizado a culpa, basta a previsibilidade objetiva.

(b) Culpa consciente: o indivíduo prevê o resultado, mas realmente acredita que pode evitá-lo. Na prática, em casos concretos, não é fácil diferenciá-lo do dolo eventual.

### 3.7.6. CULPA CONSCIENTE E DOLO EVENTUAL

Na culpa consciente, há conduta voluntária; no dolo eventual, também. No entanto, naquela, o agente prevê o resultado, mas acredita sinceramente que pode evitá-lo; neste, por outro lado, embora também previsível o resultado, ele aceita o risco de produzi-lo. Teoricamente, a distinção é cristalina. No entanto, na prática, não é tão simples assim. Alguns exemplos:

(1) Dirijo a 150 km/h em uma via pública em que o limite é de 50 km/h.

(2) Sou instrutor de direção de *autoescola* e dirijo a 70 km/h em uma via pública com limite de 50 km/h.

No primeiro exemplo, é evidente o dolo eventual. Quem dirige em velocidade três vezes superior ao limite, em via pública, assume o risco de causar um acidente. Na segunda hipótese, sou motorista profissional dirigindo em velocidade em que não é difícil manter o controle do veículo, embora superior ao limite. Posso apontar para a culpa consciente, sem receio. No entanto, no mundo real – em crimes de trânsito, principalmente –, não é tão fácil assim. Mais alguns exemplos:

(a) Se alguém dirige a 180 km/h em via pública em que o limite é de 50 km/h, em caso de acidente, o dolo eventual é praticamente inquestionável.

(b) Em uma rodovia, o limite é de 80 km/h. Contudo, além de duplicada, a pista acaba de ser reformada – a garantia de que não há buracos. Apressado, o motorista conduz seu veículo a 120 km/h, velocidade muito superior ao limite, e provoca um acidente. Houve dolo eventual ou culpa consciente? Não existe uma resposta objetiva. Outras perguntas têm de ser respondidas – por exemplo, o horário em que aconteceu, a proximidade de área urbana etc.

(c) Se bebo altíssima dose de bebida alcoólica e, em razão disso, provoco um acidente automobilístico, posso apontar para o dolo eventual, sem maiores questionamentos.

(d) Em uma festa de final de ano da empresa, bebo dois copos de cerveja e, em seguida, dirijo um automóvel, mas acabo envolvido em um acidente. Houve dolo eventual ou culpa consciente? Difícil dizer. Outros fatores têm de ser analisados.

Nesse sentido, o STJ entende que a *embriaguez do agente condutor do automóvel, por si só, não pode servir de premissa bastante para a afirmação do dolo eventual em acidente de trânsito com resultado morte* (REsp. nº 1.689.173/SC). O mesmo raciocínio é aplicável ao excesso de velocidade. Para o reconhecimento do dolo eventual, tem de ficar demonstrado que, de fato, o agente assumiu o risco de produzir o resultado.

> Diferente seria a conclusão se, por exemplo, estivesse o condutor do automóvel dirigindo em velocidade muito acima do permitido, ou fazendo, propositalmente, zigue-zague na pista, ou fazendo sucessivas ultrapassagens perigosas, ou desrespeitando semáforos com sinal vermelho, postando seu veículo em rota de colisão com os demais apenas para assustá-los, ou passando por outros automóveis "tirando fino" e freando logo em seguida etc. Enfim, situações que permitissem ao menos suscitar a possível presença de um estado anímico compatível com o de quem anui com o resultado morte (STJ, REsp. nº 1.689.173/SC).

### 3.7.7. CULPA PRÓPRIA E CULPA IMPRÓPRIA

Na culpa própria, o indivíduo não quer o resultado e não assume o risco de produzi-lo. É a culpa tratada até aqui, no estudo do art. 18, II, do CP. A culpa imprópria é aquela decorrente de erro evitável do agente, mais bem estudada nos comentários ao art. 20, § 1º, do CP. Em ambas, o agente é punido pelo crime culposo por ele cometido.

## 3.7.8. EXCLUSÃO DA CULPA

Há pouco, vimos que deve ser evitada a ideia maniqueísta de dolo e culpa, como se fossem duas forças sempre existentes, uma na lacuna da outra. Existe o dolo, exista a culpa e existe *o nada*. Nem todo fato é dotado de um ou de outro. Volto ao exemplo em que conduzo meu veículo da forma correta, com cautela, e sou abalroado por um motorista bêbado, fazendo com que meu carro passe por cima de um ciclista, matando-o. Não houve dolo e nem culpa da minha parte.

Portanto, exclui a culpa a falta dos seus elementos de composição, vistos anteriormente. Para melhor compreensão da matéria, o afastamento de alguns desses elementos merece um maior aprofundamento, com destaque aos seguintes tópicos:

(a) Caso fortuito e força maior: no caso fortuito, falta previsibilidade, requisito para a existência do crime culposo. Na força maior, não há conduta.

(b) Erro profissional: algumas vezes, no exercício regular de uma profissão, erros acontecem por falhas decorrentes do procedimento adotado – enquanto não alcançada a perfeição (talvez, utópica), erros serão cometidos. Não há erro por parte do profissional, que pode caracterizar, quando existir, imperícia.

(c) Risco tolerado: há situações em que o limite do aceitável é *esticado*. Imagine que um avião fez pouso forçado em uma floresta. Muitos sobrevivem, mas alguns sofrem graves ferimentos. Um dos passageiros é um médico, que sabe que qualquer procedimento cirúrgico feito nessas condições é de alto risco. No entanto, ele se vê em um dilema: fazer a intervenção cirúrgica de forma precária, sem as condições necessárias, para tentar reduzir o sofrimento dos demais ou abandoná-los à própria sorte. Caso decida ajudar os feridos, se algum resultado típico for produzido, não será punido pela culpa.

(d) Princípio da confiança: por existir um dever universal de cuidado entre nós, humanos, guiamos nossas condutas confiantes de que os demais têm o mesmo zelo. Quando passo no semáforo verde, confio que os que estão sob a luz vermelha não cruzarão a pista. Logo, quanto a mim, não há culpa, pois agi de forma lícita.

### 3.7.9. COMPENSAÇÃO DE CULPAS

Estou em um automóvel, aguardando o sinal verde. Enquanto isso, aproveito para usar o celular. Distraído, não percebo que a luz não está mais vermelha e permaneço parado. Um outro motorista, na mesma pista, dirigindo em alta velocidade, acima do limite permitido, não consegue frear o automóvel a tempo e colide em minha traseira. Ambos sofremos lesão corporal. Nesse caso, um erro anula o outro? Não, pois não existe, em Direito Penal, compensação de culpas. Nós dois temos de ser responsabilizados pelas lesões corporais mútuas.

## 3.8. AGRAVAÇÃO PELO RESULTADO

> **Agravação pelo resultado**
> **Art. 19. Pelo resultado que agrava especialmente a pena, só responde o agente que o houver causado ao menos culposamente.**

A responsabilidade penal objetiva não é admitida. Por isso, se produzo resultado mais grave do que o desejado, só poderei ser por ele punido se decorrente de dolo ou culpa. Relembro, o crime é composto por três substratos – fato típico, ilicitude e culpabilidade – e, no primeiro substrato, fato típico, um dos elementos imprescindíveis é a conduta, que se dá por dolo ou culpa. Ou seja: nunca existirá crime ou sanção penal sem que exista um ou outro. A agravação pelo resultado pode ocorrer em várias configurações diferentes, conforme classificação a seguir:

(a) Culpa na conduta antecedente e dolo no resultado agravador: o tipo penal é culposo, mas tem resultado mais gravoso em razão de dolo em conduta posterior. Exemplo: no CTB, o art. 302 tipifica o homicídio culposo na direção de veículo automotor. A conduta básica é culposa. No entanto, a pena é aumentada caso o motorista não preste socorro à vítima do acidente (§ 1º, III). Essa conduta posterior, de omissão de socorro, é dolosa.

(b) Culpa na conduta antecedente e culpa no resultado agravador: não há dolo do agente em momento algum. Exemplo: o incêndio culposo, quando alguém sofre lesão corporal grave ou morre (art. 250, § 2º, c/c art. 258, do CP).

(c) Dolo na conduta antecedente e culpa no resultado agravador: é o que se conhece por *crime preterdoloso*. O agente pratica uma conduta dolosa e produz um resultado mais grave, por culpa. Exemplo: a lesão corporal seguida de morte (art. 129, § 3º, do CP).

**(d)** Dolo na conduta antecedente e dolo no resultado agravador: há dolo do começo ao fim. Exemplo: o latrocínio (art. 157, § 3º, II, do CP), quando a morte é desejada pelo agente. No entanto, cuidado: no latrocínio, a morte da vítima também pode decorrer de culpa (*crime preterdoloso*).

## 3.9. ERRO DE TIPO

> *Erro sobre elementos do tipo*
> *Art. 20. O erro sobre elemento constitutivo do tipo legal de crime exclui o dolo, mas permite a punição por crime culposo, se previsto em lei.*
> *Descriminantes putativas*
> *§ 1º. É isento de pena quem, por erro plenamente justificado pelas circunstâncias, supõe situação de fato que, se existisse, tornaria a ação legítima. Não há isenção de pena quando o erro deriva de culpa e o fato é punível como crime culposo.*
> *Erro determinado por terceiro*
> *§ 2º. Responde pelo crime o terceiro que determina o erro.*
> *Erro sobre a pessoa*
> *§ 3º. O erro quanto à pessoa contra a qual o crime é praticado não isenta de pena. Não se consideram, neste caso, as condições ou qualidades da vítima, senão as da pessoa contra quem o agente queria praticar o crime.*

O *caput*, do art. 20, do CP trata do denominado *erro de tipo essencial* ou *erro sobre elementos do tipo*. Na redação original, o Código Penal falava em *erro de fato*, causa de isenção de pena (antigo art. 17). Com a reforma de 1984, quando editada a Lei nº 7.209, o tema recebeu nova roupagem. Para bem compreendê-lo, temos de ter em mente o seguinte:

**(1)** O erro de tipo essencial não é erro em relação à norma. Não se trata de desconhecimento da lei. O erro recai sobre a forma como o agente percebe a realidade. Seus olhos captam uma fantasia. Exemplo: transporto cocaína, mas acredito ser talco. Ou seja: em meu cérebro, fantasio que a substância é talco; no mundo real, é cocaína. No erro de tipo essencial, o indivíduo ignora a realidade ou a interpreta de forma equivocada.

**(2)** O erro recai sobre elemento constitutivo do tipo penal, sua essência, que o descaracteriza quando ausente. Exemplo: no art. 33 da Lei nº 11.343/2006, está tipificada a conduta de *transportar drogas*. Se digo que fui preso por transportar cocaína, não preciso explicar o motivo. Mas se relato que fui preso por transportar soja, sabemos não ser verdade. O motivo: no último exemplo, falta a elementar *droga*. Entenda:

(a) Hipótese nº 1: transporto cocaína (droga). O tráfico está configurado.

(b) Hipótese nº 2: transporto soja. Não há tráfico.

No exemplo anterior, não é difícil enxergar o elemento constitutivo do tipo penal (droga). No entanto, para melhor compreender, outro exemplo, mais complicado:

(a) Hipótese nº 1: pratico um furto qualificado pelo abuso de confiança (art. 155, § 4º, II, do CP).

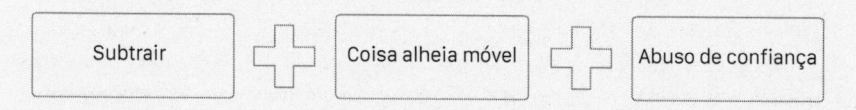

(b) Hipótese nº 2: se retiro *abuso de confiança* da situação anterior, o furto continua existindo, pois não se trata de elemento constitutivo do furto. Apenas deixa de ser qualificado e se torna simples.

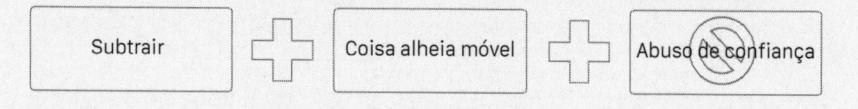

Portanto, no erro de tipo essencial, em razão da falsa percepção da realidade, o agente não sabe o que faz. Ele pensa estar agindo com vontade, mas é um elemento volitivo viciado, em resposta a um mundo que não existe. Todavia, esse erro tem de recair, repito, sobre elemento constitutivo do tipo penal. Mais exemplos:

(I) O indivíduo constrange pessoa, que imagina ser mulher, mediante grave ameaça, ao sexo oral. Posteriormente, descobre que, em verdade, trata-se de pessoa do sexo masculino com roupas femininas. Apesar da falsa percepção da realidade – a confusão dos gêneros –, a conduta permanece criminosa. É estupro (art. 213 do CP). Logo, o erro não recaiu sobre elementar do tipo penal. Não há erro de tipo essencial.

(2) Em uma festa, em que a entrada é permitida apenas para maiores de idade, o indivíduo se interessa por uma pessoa – e esta corresponde de forma recíproca. Decidem, então, terminar a noite em um motel, onde mantêm relação sexual consentida. No dia seguinte, uma das partes, maior de idade, descobre que, em verdade, fez sexo com pessoa de 13 anos. Ou seja: o adulto imaginou que estava se relacionando com alguém de, no mínimo, 18 anos, afinal, conheceram-se em uma *balada* onde adolescentes não podiam entrar. O crime de estupro de vulnerável (art. 217-A do CP) foi praticado sem que o agente conhecesse a elementar *menor de catorze anos*. Agiu em erro de tipo essencial, afinal, não há problema em fazer sexo com alguém, quando consentido, salvo se um dos envolvidos tiver menos de 14 anos.

### 3.9.1. ESPÉCIES DE ERRO DE TIPO ESSENCIAL

O erro de tipo essencial é classificado segundo sua evitabilidade. Para estabelecer se o agente podia ou não o evitar, não consideramos suas características pessoais, mas a previsibilidade objetiva do erro. Surge, aí, a figura do *homem médio*: se uma pessoa padrão, de inteligência mediana, conseguiria evitá-lo, ninguém mais poderá sustentar a imprevisibilidade. Temos, em consequência, duas espécies de erro de tipo essencial:

(1) Erro de tipo essencial inevitável, escusável ou invencível: a previsibilidade é imprescindível tanto para o dolo quanto para a culpa. Por essa razão, quando reconhecido o erro de tipo essencial inevitável, dolo e culpa são afastados e, em consequência, a conduta, elemento constitutivo do fato típico, primeiro substrato do crime. Exemplo: a hipótese do indivíduo que pratica estupro de vulnerável, trazida há pouco. Se estou em uma festa com entrada permitida apenas para adultos e encontro uma pessoa que, fisicamente, parece ter essa idade (mais de 18 anos), como vou imaginar que é alguém com menos de 14 anos? Impossível.

(2) Erro de tipo essencial evitável, inescusável ou vencível: com um pouco mais de zelo, o indivíduo teria evitado o erro. Por não existir dolo em sua conduta, mas presentes os elementos da culpa, por esta deve ser punido. Dou como exemplo uma experiência pessoal, que bem demonstra o erro evitável. Certa vez, em uma rodoviária, uma senhora de uns sessenta anos pediu para que levasse, à cidade de destino do ônibus, algumas frutas ao seu filho. Ela abriu uma sacola e me mostrou as tais frutas: várias esferas envoltas em papel

alumínio. Admito, não levei por preguiça, mas não passou pela minha cabeça que podia ser droga. Hoje em dia, quando reflito a respeito, me pergunto como não percebi. Certamente, se o homem médio estivesse ao meu lado, teria dito: "você é devagar, hein?". Com um pouco de cuidado, teria percebido o erro. Logo, erro de tipo evitável.

### 3.9.2. CONSEQUÊNCIAS

Se o erro é inevitável – do ponto de vista *objetivo*, ignoradas as circunstâncias pessoais –, dolo e culpa são afastados e, em consequência, não há crime. A ausência de conduta impede o reconhecimento do fato típico, primeiro substrato do delito. Por outro lado, se o erro for evitável, o dolo é afastado e o agente é punido pela culpa, desde que, é claro, seja típica a modalidade culposa do delito. No exemplo que dei há pouco, quando quase pratiquei tráfico de drogas, não haveria punição alguma, pois não é típico o *tráfico de drogas culposo*.

(a) Erro de tipo essencial inevitável ou escusável: dolo e culpa são afastados.

(b) Erro de tipo evitável ou inescusável: é afastado o dolo, mas é punida a culpa, se típica.

### 3.9.3. CRIME PUTATIVO POR ERRO DE TIPO

No erro de tipo essencial, o indivíduo pratica a conduta típica por não perceber alguma elementar de um fato típico. É o exemplo de quem tem consigo cocaína, mas pensa ser talco. No crime putativo por erro de tipo, a situação é oposta: o agente imagina estar praticando o crime, mas falta alguma elementar, o que ele desconhece. É o que aconteceria se mantivesse, em depósito, orégano, pensado ser maconha. Evidentemente, não seria punido pelo delito que quis praticar. Conduta atípica.

### 3.9.4. DESCRIMINANTES PUTATIVAS

Descriminar significa isentar de responsabilidade penal. Putativo vem do latim *putativus*, que significa imaginário, suposto. Portanto, o § 1º do art. 20 trata de causa de isenção de responsabilidade penal imaginária, que só existe na cabeça do agente. Exemplo: mato alguém por imaginar que estou agindo em legítima defesa, mas a injusta agressão não está presente. É fruto de interpretação equivocada da realidade.

Trata-se de causa excludente da ilicitude erroneamente imaginada pelo indivíduo, por equívoco ao interpretar situação fática. Só existe, portanto, na mente, na imaginação do agente. Por esse motivo, é também conhecida como *descriminante imaginária* ou *erroneamente suposta*. É preciso ter cuidado ao diferenciá-la com o intitulado *erro de proibição indireto*, mais bem comentado no art. 21 do CP.

### 3.9.5. CULPA IMPRÓPRIA

Na culpa própria (art. 18, II, do CP), não é possível a tentativa (art. 14, II, do CP), afinal, não há como tentar fazer algo que não se quer. No entanto, a tentativa é viável na culpa imprópria, decorrente de hipótese de descriminante putativa (art. 20, § 1º, do CP). Entenda:

(1) Por falsa percepção da realidade, "A" imagina que "B", em injusta agressão, o matará.

(2) Imediatamente, "B" saca sua arma e atira contra "A", acreditando estar amparado por excludente da ilicitude (legítima defesa).

(3) A injusta agressão não existia, de fato. Não passou de erro de "B", que avaliou mal a realidade.

(4) "A" sobrevive.

Se inevitável (escusável) o erro, não há crime, e "B" não pode ser responsabilizado. No entanto, se evitável (inescusável), "B" deve ser punido na modalidade culposa (homicídio culposo). Ocorre que, se pensarmos bem, ele agiu com dolo. Quando atirou contra "A", ele buscou o resultado morte por imaginar estar agindo em legítima defesa. Portanto, se reconhecido o erro evitável, teremos situação em que uma conduta dolosa é punida como crime culposo, mas, em sua essência, houve dolo – e, em razão disso, possível a tentativa. Ou seja:

(a) "B" disparou tiros contra "A" por pensar estar agindo em legítima defesa.

(b) Houve dolo na conduta de "B", mas viciado. A vontade de matar "A" se deu por conta de falsa percepção da realidade.

(c) "A" sobrevive.

(d) Avaliado o caso, conclui-se que o erro de "B" era evitável, devendo ser punido na modalidade culposa (homicídio culposo).

(e) "B" não conseguiu consumar o homicídio. Logo, homicídio culposo tentado.

### 3.9.6. ERRO DETERMINADO POR TERCEIRO

Pode acontecer de a interpretação equivocada da realidade decorrer de conduta de terceiro, que dolosamente teve a intenção de provocá-la. Volto ao exemplo pessoal, das drogas: se peço para que alguém transporte frutas, mas, em verdade, são drogas, o indivíduo enganado não responde pelo tráfico de drogas. A responsabilidade recai sobre mim, que o coloquei em erro sobre elemento constitutivo do tipo penal.

### 3.9.7. ERRO SOBRE A PESSOA

No erro de tipo essencial (art. 20, *caput*, do CP), o erro recai sobre elemento constitutivo do tipo penal. O indivíduo em erro desconhece algo que representa a essência do crime cometido. No entanto, pode acontecer de o agente errar sobre algo que não caracteriza elementar do tipo penal, mas alguma circunstância periférica, irrelevante, do delito. Quando isso acontece, dizemos ter havido *erro acidental*, que não impede a punição do criminoso. Divide-se em:

(a) Erro sobre o objeto material ou coisa: o agente, por falsa percepção da realidade, atinge objeto material diverso do pretendido. Ex.: quis furtar açúcar, mas subtraiu farinha. Deve ser punido pelo furto, obviamente.

(b) Erro sobre a pessoa: o agente confunde a vítima pretendida com outra pessoa. Não é um erro na execução, mas um erro de representação. Ex.: quero matar "A", mas mato "B", pois confundi um com outro. O criminoso deve ser punido como se tivesse atingido a vítima pretendida.

(c) Erro na execução ou *aberratio ictus*: por erro ou acidente na execução, o agente atinge pessoa diversa da pretendida, não por confundi-la com alguém, mas por falha na prática do crime (ex.: erro de pontaria). A consequência é a mesma do erro sobre a pessoa (art. 73 do CP).

(d) Resultado diverso do pretendido ou *aberratio criminis*: por erro ou acidente na execução, o agente produz resultado mais gravoso do que o desejado. O tema é mais bem tratado nos comentários ao art. 74 do CP.

(e) Erro sobre o nexo causal, erro sucessivo, dolo geral ou *aberratio causae*: o agente imagina já ter consumado o delito, que só é alcançada em virtude de conduta seguinte. Ex.: agindo com vontade de matar, o indivíduo dispara tiros contra a vítima. Pensando estar morta, em seguida, a enterra para ocultar o corpo. Contudo, ela estava viva, mas morre sufocada pela terra sobre ela jogada. O agente responde pelo homicídio.

Portanto, na hipótese do art. 20, § 3º, o agente confunde vítima pretendida e vítima efetivamente atingida. Exemplo: há pouco mais de um ano, no Rio Grande do Sul, criminosos invadiram um hospital e mataram um rapaz a tiros. A conduta foi consequência de confusão: no dia anterior, no mesmo leito, estava internado um rival dos homicidas, que já havia recebido alta, informação por eles desconhecida. Ou seja, os indivíduos mataram alguém que nada tinha a ver com a situação, pois imaginavam se tratar do alvo desejado.

Note que não existiu erro na execução (art. 73 do CP). Não foi um erro de pontaria ou coisa semelhante. Os criminosos descarregaram suas armas contra a vítima por terem feito confusão – pensavam se tratar de outra pessoa. Como consequência, no erro sobre a pessoa, o agente é punido como se atingisse a vítima pretendida. As características pessoas da pessoa efetivamente atingida são irrelevantes. Para melhor compreender o que digo, veja o exemplo a seguir.

Em troca de dinheiro, aceito matar uma pessoa que nunca vi, conduta que caracteriza homicídio qualificado por motivo torpe (art. 121, § 2º, I, do CP), punido com pena de 12 a 30 anos. Segundo o mandante, não tem erro: a pessoa a ser morta joga futebol aos domingos, em um campo de futebol próximo, sempre com a camisa 10. Como combinado, vou ao local no domingo seguinte e, ao avistar o camisa 10, não penso duas vezes e disparo os tiros. Contudo, naquele dia, excepcionalmente, outra pessoa usava a camisa, e não quem deveria ter matado. Em suma, matei a pessoa errada.

Na situação trazida, como fica a punição? Homicídio culposo? Homicídio simples? Não e não. Devo ser punido pelo homicídio qualificado pelo motivo torpe, pois, como já disse, devemos considerar a vítima pretendida (quem eu queria matar), e não a vítima efetivamente atingida (quem morreu).

## 3.10. ERRO DE PROIBIÇÃO

*Erro sobre a ilicitude do fato*
**Art. 21.** *O desconhecimento da lei é inescusável. O erro sobre a ilicitude do fato, se inevitável, isenta de pena; se evitável, poderá diminui-la de um sexto a um terço.*
*Parágrafo único. Considera-se evitável o erro se o agente atua ou se omite sem a consciência da ilicitude do fato, quando lhe era possível, nas circunstâncias, ter ou atingir essa consciência.*

Ninguém pode buscar, no desconhecimento da lei, escusa para não ser punido por crime (art. 3º da LINDB). Em relação às contravenções penais, há exceção, que prevê expressamente o *erro de direito* (art. 8º da LCP). Para os delitos, no entanto, o desconhecimento da lei é mera circunstância atenuante, que diminui a pena, mas não isenta a responsabilidade do criminoso (vide comentários ao art. 61 do CP).

Para não existir qualquer dúvida acerca da natureza jurídica do *erro sobre a ilicitude do fato* ou *erro de proibição*, o artigo começa dizendo que *o desconhecimento da lei é inescusável*. Não se trata, portanto, de ignorância sobre norma existente, mas erro em relação à ilicitude do fato. Exemplo: enquanto caminho pela rua, encontro um relógio. Imediatamente, faço o que qualquer pessoa faria: publico fotos do achado nas redes sociais, em busca do dono. Passados trinta dias, ninguém aparece e, por isso, decido que o relógio é meu. Pratiquei algum crime? Sim. O do art. 169, II, do CP.

> Apropriação de coisa achada
> II - quem acha coisa alheia perdida e dela se apropria, total ou parcialmente, deixando de restituí-la ao dono ou legítimo possuidor ou de entregá-la à autoridade competente, dentro no prazo de quinze dias.

Na situação exemplificada, não faz a mínima diferença se conheço ou não a lei. O meu erro foi sobre a ilicitude do fato. Não sabia, quando se encontra algo perdido, não é permitida a apropriação. Existe um procedimento a ser adotado (art. 1.233 do CC), que não pode ser suprido com a publicação de apelos em redes sociais em busca do proprietário. Agi em erro de proibição, por erro quanto à ilicitude do fato.

### 3.10.1. ERRO DE TIPO E ERRO DE PROIBIÇÃO

Um olhar desatento pode fazer confusão quando se busca distinguir erro de tipo essencial ( art. 20, *caput*, do CP) e erro de proibição (art. 21 do CP). No entanto, basta ter em mente o seguinte: no erro de tipo essencial, o indivíduo interpreta a realidade de forma equivocada. Exemplo: na esteira de malas do aeroporto, por equívoco, subtraio a mala de alguém por imaginar ser minha, pois são idênticas. Ou seja:

| Minha (falsa) visão da realidade | A realidade, de fato |
|---|---|
| Pego a mala na esteira, afinal, é minha. | Embora idêntica à minha, a mala é de outra pessoa. |
| Na minha cabeça, não fiz nada de errado. | Na realidade, pratiquei um furto. |

No erro de proibição, contudo, não existe falsa percepção da realidade. Sei o que faço. O que desconheço é a ilicitude do fato. Exemplo: em viagem aos Estados Unidos, adquiro, com receita médica, pequena quantidade de maconha. Sei que a droga é proibida no Brasil, mas imagino que, por ter sido receitada por um médico, poderia trazê-la de volta. Em resumo:

| Minha visão da realidade | A realidade, de fato |
| --- | --- |
| Importo maconha. | Importo maconha. |
| Concluo que, por ter comprado a droga com receita médica, não há problema em trazê-la ao Brasil. | A importação é sempre considerada crime, pouco importando se a aquisição da droga se deu de forma lícita em outro país. |

### 3.10.2. ESPÉCIES

O erro de proibição pode ser inevitável (escusável) ou evitável (inescusável), como acontece com o erro de tipo essencial. No entanto, há uma importante diferença: no erro de tipo, consideramos a inevitabilidade de forma objetiva, com base no senso comum (a figura do *homem médio*). No erro de proibição, a análise é subjetiva.

Isso se dá pelo fato de que a potencial consciência da ilicitude é analisada na culpabilidade (terceiro substrato do crime), quando é feito juízo de reprovabilidade pessoal da conduta. Ao avaliarmos o criminoso, em si, de forma subjetiva, temos de considerar que nem todas as pessoas são iguais. Não posso considerar que uma pessoa com baixo grau de instrução, residente em área rural, e outra com formação superior, residente em um grande centro, têm a mesma capacidade de compreender o que é lícito ou ilícito.

### 3.10.3. CONSEQUÊNCIAS

No erro de proibição inevitável, o agente não é responsabilizado, por exclusão da culpabilidade (terceiro substrato do crime), em razão da inexistência de potencial consciência da ilicitude. No erro de proibição evitável, a responsabilidade é mantida, mas a pena é diminuída, de 1/6 a 1/3.

### 3.10.4. ERRO DE PROIBIÇÃO DIRETO E INDIRETO

Outra classificação relevante é a divisão do erro de proibição em direto e indireto. No direto, o agente desconhece a ilicitude da conduta. Não sabe, realmente, que o que está fazendo é crime. Exemplo: na apropriação de coisa achada (art. 169, II, do CP), quem pratica o delito o faz por não ter a mínima ideia de que é errado. Imagina que basta anunciar em rede social ou se orienta pelo popular ditado: "achado não é roubado".

No erro de proibição indireto, a situação é diversa: o agente sabe que a conduta é ilícita, mas acredita estar amparado por norma permissiva, que a torna lícita. O erro acontece por imaginar uma excludente inexistente (ex.: *legítima defesa da honra*) ou por avaliar mal uma existente (ex.: erra quanto aos limites do exercício regular de direito). Há erro de proibição indireto naquele exemplo da pessoa que importa maconha receitada por médico, mencionado há pouco.

### 3.10.5. DESCRIMINANTES PUTATIVAS E ERRO DE PROIBIÇÃO INDIRETO

No art. 20, § 1º, temos as intituladas descriminantes putativas, quando, por falsa percepção da realidade, o agente imagina presente, equivocadamente, causa excludente do crime. Exemplo: "A" diz a todos que, quando encontrar "B", este será morto. Certo dia, enquanto caminhava pela rua, "B" vê "A" vindo em sua direção. Temeroso por sua vida, ao perceber que "A" puxa algo da cintura, "B" age e dispara tiros, causando-lhe a morte. Posteriormente, "B" descobre que "A" estava desarmado – portanto, inexistente a legítima defesa por ele imaginada.

No erro de proibição indireto, também existe errônea avaliação de causa permissiva, excludente do crime. Qual é a diferença, então? No descriminante putativa, assim como no erro de tipo essencial, o agente tem uma visão equivocada da realidade. O que ele enxerga não é o mundo real. No exemplo anterior, "B" enxergou algo que não existia: a injusta agressão de "A". No erro de proibição indireto, não existe falsa percepção da realidade. Veja:

(a) Erro de proibição indireto por causa excludente da ilicitude inexistente: o agente imagina que sua conduta está amparada por uma excludente que não existe. Exemplo: ao chegar em casa e encontrar o cônjuge com outra pessoa, em flagrante adultério, o traído saca sua arma e mata ambos, marido (ou esposa) e o amante. A conduta ocorreu por acreditar estar amparado pela *legítima defesa da honra*, excludente que não existe.

(b) Erro de proibição indireto por avaliação equivocada do limite de excludente existente: a causa de exclusão existe, mas o agente avalia equivocadamente seus limites. Exemplo: ao enxergar alguém andando no quintal de sua casa, o agente dispara vários tiros, causando-lhe a morte por imaginar estar, automaticamente, amparado pela legítima defesa.

Veja que, nos dois exemplos, não existiu falsa percepção da realidade, como acontece na descriminante putativa. O indivíduo sabia o que estava fazendo, mas avaliou equivocadamente a exclusão da ilicitude. Por isso, erro de proibição indireto.

## 3.11. COAÇÃO IRRESISTÍVEL E OBEDIÊNCIA HIERÁRQUICA

> *Coação irresistível e obediência hierárquica*
> **Art. 22. Se o fato é cometido sob coação irresistível ou em estrita obediência a ordem, não manifestamente ilegal, de superior hierárquico, só é punível o autor da coação ou da ordem.**

Imagine a seguinte situação: o gerente de uma joalheria furtou diversos produtos do estabelecimento onde trabalha. No entanto, a conduta não foi motivada por ganância, mas por coação exercida por criminosos, que mantiveram seus filhos reféns até o recebimento das coisas subtraídas. No exemplo, houve dolo por parte do gerente? Sim, ele praticou a conduta de *subtrair coisa alheia móvel para outrem*, desejoso pelo resultado, como disposto no art. 155 do CP. Todavia, ele assim agiu em razão de não ter alternativa – se não furtasse, seus filhos morreriam.

Se perguntasse a qualquer pessoa sobre punir criminalmente o gerente pelo furto, penso que a resposta seria unânime: seria injusto. Não parece correto condenar alguém que fez algo para salvar a vida de um filho, ainda que se trate de conduta típica. No entanto, do ponto de vista do Direito Penal, por que não o punir? Houve dolo, nexo causal, resultado, tipicidade (os quatro elementos que compõem o fato típico) e ilicitude. O que falta? A culpabilidade.

Culpabilidade é o juízo de censurabilidade a respeito de alguém que praticou um fato típico e ilícito. Em sua composição, encontramos: (a) imputabilidade; (b) potencial consciência da ilicitude; e (c) exigibilidade de conduta diversa. Neste último elemento, reside a reprovabilidade da conduta do indivíduo que podia agir de outra forma, mas não o fez – o que não aconteceu na conduta do gerente, que não tinha opção.

### 3.11.1. CONSEQUÊNCIA

O gerente do exemplo anterior agiu amparado pela intitulada *inexigibilidade de conduta diversa*, excludente da culpabilidade. Por não existir reprovabilidade em sua forma de agir, não pode ser sancionado pelo furto. A punição recairá sobre os coatores (quem coagiu), com base nas condutas por eles praticadas. A obediência hierárquica tem a mesma consequência: é punido o mandante (superior hierárquico), e não o executor da conduta típica (subalterno).

### 3.11.2. COAÇÃO MORAL IRRESISTÍVEL

O art. 22 do CP trata de duas dirimentes, causas excludentes da culpabilidade: a coação moral irresistível e a obediência hierárquica. Naquela, o indivíduo pratica conduta típica e ilícita em razão de grave ameaça empregada por coator. O coagido não passa de instrumento para a concretização da vontade de quem coage – por isso, falamos em *autoria mediata* quando reconhecida a coação moral irresistível. Para o reconhecimento dessa dirimente, têm de estar presentes os seguintes requisitos:

(a) Ameaça do coator: tem de existir a promessa de mal grave e iminente. A ameaça tem de ser em relação ao coagido ou a alguém com quem mantém vínculo relevante, íntimo.

(b) Plausibilidade da ameaça: o mal prometido tem de ser algo possível de ser concretizado.

(c) Inafastabilidade da coação pelo coagido: se o coagido puder, de alguma forma, repelir o perigo iminente decorrente da ameaça (ex.: chamar a polícia, desde que não potencialize o perigo), a coação moral irresistível é afastada.

(d) Caráter irresistível da ameaça: o mal prometido impede a oposição do coagido à ameaça do coator. Não há possibilidade de conduta diversa.

(e) Presença de, no mínimo, três pessoas: o coator, o coagido e a vítima do crime por este praticado.

### 3.11.3. COAÇÃO MORAL RESISTÍVEL

Na coação moral irresistível, a vontade do coagido está completamente viciada. Em razão de não ter opção, ele se submete à imposição do coator, pois não pode suportar o mal prometido. Por esse motivo, há o reconhecimento da inexigibilidade de conduta diversa, afinal, não existe opção. Por outro lado, na coação moral resistível, o coagido pode oferecer oposição. Ou seja, há duas possibilidades: (a) ceder à coação; (b) oferecer resistência. A coação moral resistível é circunstância atenuante (art. 65, III, *c*, do CP).

### 3.II.4. COAÇÃO FÍSICA

A coação que afasta a culpabilidade é a *moral*, decorrente de ameaça. Se física, o que se afasta é a conduta, elemento do fato típico (primeiro substrato), pois ausente dolo ou culpa por parte de quem produziu, fisicamente, o resultado. Entenda:

(a) Coação moral irresistível: em razão da ameaça, o coagido age com dolo – no exemplo do gerente, houve dolo no furto. No entanto, é um dolo viciado, que só existe por causa da coação. Exemplo: o gerente do banco, que furtou para que os filhos não fossem mortos. É hipótese de autoria mediata.

(b) Coação física irresistível: o coator emprega força física contra o coagido a ponto de anular a voluntariedade do movimento corporal. Logo, não existe dolo, pois o coagido é utilizado como qualquer outro instrumento sem vida – em nada difere de uma pedra atirada pelo ofensor contra a vítima, com a intensão de causar lesão. Exemplo: "A" empurra "B" contra "C", causando neste lesões corporais. O corpo de "B" causou a lesão, mas a conduta (dolo ou culpa) partiu de "A", que é quem deve ser punido pelo resultado.

### 3.II.5. OBEDIÊNCIA HIERÁRQUICA

É a obediência a ordem não manifestamente ilegal de superior hierárquico, fazendo com que o subordinado pratique conduta típica sem saber o que está fazendo. Há dolo por parte de quem cumpre a ordem, mas é viciado, afinal, assim agiu por ter a determinação partido de pessoa em posição de superioridade hierárquica. Afasta a culpabilidade por caracterizar hipótese de inexigibilidade de conduta diversa – ninguém ofereceria oposição, em insubordinação, à determinação aparentemente legal da *chefia*. Para que seja reconhecida a dirimente, devem estar presentes:

(a) Relação de Direito Público: a hierarquia está presente na relação do indivíduo com o Poder Público. A obediência hierárquica, nos termos do art. 22 do CP, não se aplica às relações privadas.

(b) Ordem não manifestamente ilegal: o funcionário público pode (e deve) se opor à prática de condutas ilícitas, ainda que a determinação tenha partido de superior hierárquico. Se estou lotado em um setor e o diretor (superior a mim) determina a subtração de bens da Administração Pública, não estou obrigado a me submeter à ordem. A minha resistência não pode ser punida, afinal, não se trata de insubordinação. É por isso que o art. 22 exige que a ordem seja não manifestamente ilegal.

(c) Ordem originária de autoridade competente: no exercício da função pública, não estou obrigado a cumprir ordens do superior hierárquico que extrapola seu campo de competência. Em verdade, esta exigência é decorrente da anterior: se incompetente a autoridade, a ordem é ilegal, não existindo dever de cumprimento pelo subordinado.

(d) Estrito cumprimento da ordem: a exclusão da culpabilidade quanto ao subordinado só é possível quando sua atuação ocorre dentro dos limites da ordem emanada pelo superior hierárquico. Se houver excesso, pode ser responsabilizado por eventual conduta típica praticada.

(e) Presença de pelo menos três pessoas: o mandante (superior hierárquico), o executor (subalterno) e a vítima do delito por este praticado.

## 3.12. EXCLUSÃO DA ILICITUDE

> *Exclusão de ilicitude*
> *Art. 23. Não há crime quando o agente pratica o fato:*
> *I - em estado de necessidade;*
> *II - em legítima defesa;*
> *III - em estrito cumprimento de dever legal ou no exercício regular de direito.*
> *Excesso punível*
> *Parágrafo único. O agente, em qualquer das hipóteses deste artigo, responderá pelo excesso doloso ou culposo.*

Sob o aspecto analítico, o crime é todo fato típico, ilícito e culpável (*teoria tripartida*). Ilicitude é o conflito entre a conduta e o ordenamento jurídico. Sempre que violo a lei, pratico conduta ilícita, mas isso não significa que tenha praticado um crime – para que seja crime, também tem de ser típica. Ou seja: toda conduta criminosa é ilícita, mas nem toda conduta ilícita é crime.

Algumas vezes, mesmo que a conduta seja típica, falta ilicitude por não ser antijurídica. O art. 23 do CP elenca quatro excludentes: (a) estado de necessidade; (b) legítima defesa; (c) estrito cumprimento do dever legal; (d) exercício regular de direito. Há outras espalhadas pela legislação, podendo citar, a título de exemplo, o aborto necessário ou no caso de gravidez resultante de estupro (art. 128, I e II, do CP).

### 3.12.1. ESTRITO CUMPRIMENTO DO DEVER LEGAL

É lícita a conduta, embora típica, quando decorre do estrito cumprimento do dever legal. Quando um policial algema um criminoso, instrumento que, muitas vezes, provoca lesão corporal, não se fala em conduta ilícita, desde que se dê dentro dos limites legais. Enquanto o indivíduo age dentro dos limites da lei, não haverá ilicitude ao cumprir seu dever. A primeira parte do art. 23, III, é destinada a funcionários públicos e a particulares no exercício de função pública (ex.: jurado). Isso não impede, no entanto, a comunicação da excludente entre coautores e partícipes. Para os funcionários públicos, é lícito o que a lei permite.

### 3.12.2. EXERCÍCIO REGULAR DE DIREITO

Para o particular, é lícito o que a lei permite ou não proíbe. Nesse sentido, a Constituição Federal estabelece que *ninguém será obrigado a fazer ou deixar de fazer alguma coisa senão em virtude de lei* (art. 5º, II). Portanto, se corto os galhos de uma árvore plantada no terreno vizinho que invade minha propriedade, não pratico conduta ilícita, pois o Código Civil a permite expressamente (art. 1.283). A segunda parte do art. 23, III, tem como destinatários tanto funcionários públicos quanto particulares. Evidentemente, só estarei amparado por essa excludente da ilicitude quando não houver excesso em meu modo de agir.

### 3.12.3. EXERCÍCIO REGULAR DE DIREITO E TEORIA DA TIPICIDADE CONGLOBANTE

De acordo com a teoria da tipicidade conglobante, muito aceita por vários juristas brasileiros, embora haja vários ramos do Direito – Direito Civil, Direito Administrativo, Direito do Trabalho etc. –, devemos enxergá-lo como uma coisa só, um *bloco monolítico*. Portanto, em razão dessa unidade, não é possível que uma conduta seja, ao mesmo tempo, ilícita para o Direito Penal e lícita para o Direito Civil. Ou é ilícita para todos, ou não é para ninguém, afinal, o Direito é um todo comum.

Para os defensores da teoria, o primeiro substrato do crime (fato típico) é composto por tipicidade formal – a conduta deve ser tipificada em lei – e tipicidade conglobante, que é, como já disse, a contrariedade de uma conduta em relação a todos os ramos do Direito. O problema: se a adoto, no exemplo da poda da árvore do vizinho, deve ser afastada a tipicidade do delito (derrubando, assim, o primeiro substrato do crime), e não a ilicitude (segundo substrato) por exercício regular de direito.

### 3.12.4. EXERCÍCIO REGULAR DE DIREITO E TEORIA DA IMPUTAÇÃO OBJETIVA

Para a teoria da imputação objetiva, tema tratado quando estudamos *nexo causal*, se um risco é permitido, socialmente aceito, não há tipicidade. Portanto, assim como na tipicidade conglobante, é teoria analisada no primeiro substrato do crime (fato típico, mas no nexo causal) que, quando aplicada, pode suprimir a análise da ilicitude (segundo substrato). Embora ambas as teorias sejam bem aceitas em nosso país, enquanto assim dispor o Código Penal, é irrefutável que o exercício regular de direito é causa de exclusão da ilicitude.

### 3.13. ESTADO DE NECESSIDADE

> **Estado de necessidade**
>
> *Art. 24. Considera-se em estado de necessidade quem pratica o fato para salvar de perigo atual, que não provocou por sua vontade, nem podia de outro modo evitar, direito próprio ou alheio, cujo sacrifício, nas circunstâncias, não era razoável exigir-se.*
>
> *§ 1°. Não pode alegar estado de necessidade quem tinha o dever legal de enfrentar o perigo.*
>
> *§ 2°. Embora seja razoável exigir-se o sacrifício do direito ameaçado, a pena poderá ser reduzida de um a dois terços.*

O estado de necessidade é causa de exclusão da ilicitude (segundo substrato do crime). Quando reconhecido, o delito deixa de existir por faltar antijuridicidade. Há estado de necessidade quando a conduta do agente é voltada a salvar bem jurídico, seu ou de outrem, de perigo atual, que não provocou por sua vontade, nem podia de outro modo evitar, e desde que o sacrifício, nas circunstâncias, não seja razoável exigir-se.

### 3.13.1. ESTADO DE NECESSIDADE E LEGÍTIMA DEFESA

Muitos encontram dificuldade em distinguir o estado de necessidade da legítima defesa, duas causas excludentes da ilicitude. Além dos requisitos, que não são os mesmos, é importante visualizar a *lógica* por trás de ambos, cuja consequência é igual: a derrubada do segundo substrato do crime (ilicitude), fazendo com que este deixe de existir.

No estado de necessidade, o contexto fático faz com que dois ou mais bem jurídicos não mais possam coexistir. Exemplo: se um barco está afundando e não há coletes salva-vidas para todos, as vidas das pessoas a bordo não poderão mais existir ao mesmo tempo. Uma terá de ser destruída para que outra continue a existir. Não existe injusta agressão entre os envolvidos – por isso, o *caput* do art. 24 afirma que não pode sustentar estado de necessidade quem provocou a situação de perigo.

Por outro lado, na legítima defesa, a vítima repele um ataque injusto de outrem. Não há conflito entre bens jurídicos que não podem mais coexistir, como acontece no estado de necessidade, mas agressão injusta a um bem jurídico, devendo ser utilizada força oposta, proporcional e suficiente para neutralizar o agressor. Age em legítima defesa quem utiliza o que tem ao seu alcance para anular o ataque sem justo motivo.

**(a)** Estado de necessidade:

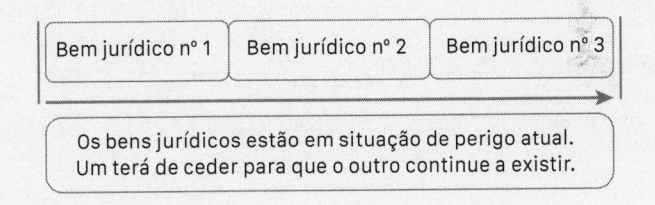

**(b)** Legítima defesa:

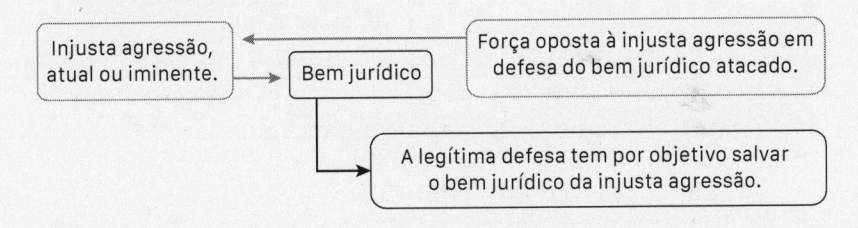

### 3.13.2. REQUISITOS

O estado de necessidade só pode ser reconhecido se presentes os seguintes requisitos, dispostos no art. 24 do CP:

(a) Perigo atual: na legítima defesa, a agressão pode ser atual ou iminente. No estado de necessidade, somente se aceita o perigo atual, aquele que existe no momento do sacrifício do bem jurídico.

(b) Perigo não provocado pelo indivíduo: não pode sustentar estado de necessidade quem, dolosamente, criou a situação de perigo. No exemplo do barco que naufraga, se sou o causador do afundamento, não posso ser amparado pela excludente da ilicitude.

(c) Inevitabilidade do comportamento: o estado de necessidade só é aceito quando não houver outra forma de salvar o bem jurídico em perigo. Na legítima defesa, não existe previsão análoga.

(d) Direito próprio ou alheio: o estado de necessidade pode se dar tanto em defesa de bem jurídico do agente quanto para salvar o de terceiros.

(e) Razoabilidade do sacrifício: a lei não estabelece uma escala de importância entre os bens jurídicos. Por isso, não posso afirmar que o bem jurídico "A" é mais valioso que "B". Todavia, há situações indiscutíveis. Por exemplo, não posso sustentar estado de necessidade ao matar alguém (bem jurídico vida) para evitar a destruição de um automóvel (bem jurídico patrimônio).

### 3.13.3. REQUISITO SUBJETIVO

Há um requisito de natureza subjetiva que não está expressamente previsto no art. 24 do CP: o conhecimento da situação que justifica o estado de necessidade. Voltando ao exemplo do barco naufragando, sem que haja coletes salva-vidas para todos, imagine que, agindo com vontade de matar, disparo tiros contra alguém, causando sua morte. A conduta não foi praticada para que sobrasse colete salva-vidas para mim – em verdade, nem sabia que o barco estava afundando –, mas em razão de antiga inimizade entre mim e a vítima. Nesse caso, apesar da coincidência, serei responsabilizado pelo homicídio.

### 3.13.4. DEVER DE ENFRENTAR O PERIGO

Não pode alegar estado de necessidade quem tem o dever legal de enfrentar o perigo. Por exemplo, não pode um bombeiro deixar de adentrar em um prédio em chamas sob o argumento de que está agindo amparado pela excludente da ilicitude. Isso não significa, contudo, que essas pessoas mencionadas no § 1º tenham de se entregar à morte certa. O enfrentamento do perigo só é obrigatório quando possível. A lei não exige heroísmo.

## 3.14. LEGÍTIMA DEFESA

**Legítima defesa**
*Art. 25. Entende-se em legítima defesa quem, usando moderadamente dos meios necessários, repele injusta agressão, atual ou iminente, a direito seu ou de outrem.*
*Parágrafo único. Observados os requisitos previstos no caput deste artigo, considera-se também em legítima defesa o agente de segurança pública que repele agressão ou risco de agressão a vítima mantida refém durante a prática de crimes.*

Causa de exclusão da ilicitude (segundo substrato do crime), a legítima defesa consiste em um contra-ataque a uma injusta agressão, atual ou iminente. Não há conflito entre bens jurídicos, como no estado de necessidade, mas um ataque desmotivado de alguém em busca de lesionar bem jurídico de outrem, vítima da agressão.

### 3.14.1. REQUISITOS

A legítima defesa é sustentada por dois pilares: uma injusta agressão de um lado e uma força defensiva e proporcional do outro. Mas não basta. O art. 25 do CP traz mais alguns requisitos, a seguir comentados:

(a) Meios necessários: na legítima defesa, o agredido utiliza os meios necessários em sua defesa. Meios necessários são aqueles com poder suficiente para repelir a agressão. Se houver mais de um meio, deve o agredido utilizar o que cause menor dano. Exemplo: se for possível repelir a agressão com um *Taser*, não pode ser utilizada arma de fogo. Evidentemente, em casos reais, pode acontecer de a vítima utilizar meio mais gravoso, apesar de existente outro que cause menor dano, por não ter tido tempo suficiente para analisar o que tinha à disposição ao se defender, sem que isso ocasione, automaticamente, o afastamento da legítima defesa.

(b) Uso moderado (dos meios): a força defensiva deve ser suficiente para repelir o ataque. Se houver excesso, a legítima defesa é afastada e o indivíduo deixa de ser vítima para se tornar criminoso. Não se deve acreditar em histórias que sugerem que a legítima defesa só é possível quando aplicado um único golpe ou apenas um tiro. A força do contra-ataque necessário não pode ser medida dessa forma.

(c) Injusta agressão: é a conduta humana que visa atacar, sem justo motivo, bem jurídico de outrem. Animais não têm noção de justo ou injusto. Por isso, não se fala em legítima defesa, mas em estado de necessidade, quando, por exemplo, alguém mata um cachorro para evitar ser mordido. Entretanto, cuidado: se um cachorro for atiçado por um humano para atacar, aí, sim, haverá legítima defesa, pois o animal foi usado como verdadeira arma.

(d) Agressão atual ou iminente: no estado de necessidade, o perigo deve ser atual. Na legítima defesa, o direito à defesa surge a partir da iminência do ataque.

(e) Direito próprio ou de terceiros: a legítima defesa é reconhecida quando a defesa é voltada a proteger bem jurídico próprio ou de outrem (legítima defesa própria ou de terceiro).

### 3.14.2. REQUISITO SUBJETIVO

Para que possa ser reconhecida a legítima defesa, deve o indivíduo conhecer a situação justificante. Se mato alguém e, posteriormente, descubro que a vítima pretendia me atacar naquele mesmo momento, não há legítima defesa. Apesar da coincidência, devo ser punido pelo homicídio.

### 3.14.3. VÍTIMA MANTIDA REFÉM

O *Pacote Anticrime* adicionou o parágrafo único ao art. 25 do CP com o objetivo de reconhecer, expressamente, a legítima defesa quando o agente de segurança pública repele agressão ou risco de agressão à vítima mantida refém durante a prática de crimes. Foi o que aconteceu no Rio de Janeiro, na ponte Rio-Niterói, quando um assaltante foi morto por *sniper* da polícia. Veja, no quadro a seguir, a diferença entre as duas hipóteses.

| LEGÍTIMA DEFESA | LEGÍTIMA DEFESA FUNCIONAL |
| --- | --- |
| Art. 25, *caput*, do CP. | Art. 25, parágrafo único, do CP. |
| Quem: qualquer pessoa. | **Quem:** agente de segurança pública. |
| Quando: injusta agressão, atual ou iminente. | **Quando:** agressão ou risco de agressão + vítima refém. |

## 3.15. SOBRE A IMPUTABILIDADE PENAL

### 3.15.1. INIMPUTABILIDADE POR DOENÇA OU DESENVOLVIMENTO MENTAL INCOMPLETO

*Inimputáveis*

*Art. 26. É isento de pena o agente que, por doença mental ou desenvolvimento mental incompleto ou retardado, era, ao tempo da ação ou da omissão, inteiramente incapaz de entender o caráter ilícito do fato ou de determinar-se de acordo com esse entendimento.*

*Redução de pena*

*Parágrafo único. A pena pode ser reduzida de um a dois terços, se o agente, em virtude de perturbação de saúde mental ou por desenvolvimento mental incompleto ou retardado não era inteiramente capaz de entender o caráter ilícito do fato ou de determinar-se de acordo com esse entendimento.*

A culpabilidade é o terceiro substrato do crime. De natureza subjetiva, é onde analisamos a reprovabilidade da conduta praticada pelo agente. É o passo seguinte após verificada a tipicidade e a ilicitude. Três elementos a compõem: (a) a imputabilidade; (b) a potencial consciência da ilicitude; (c) a exigibilidade de conduta diversa. A primeira, imputabilidade, diz respeito à capacidade de entender o caráter ilícito do fato e de determinar-se de acordo com esse entendimento.

Dentre outras causas, a imputabilidade pode ser afastada em razão de doença mental ou de desenvolvimento mental incompleto ou retardado – expressão, atualmente, pejorativa, mas melhor aceita em 1984, quando editado o art. 26 do CP. Não há como punir criminalmente quem não entende o que está fazendo. Cito sempre o mesmo exemplo, que extraio de um caso real em que atuei como defensor.

Há alguns anos, em zona rural, um vizinho matou outro com um rito no rosto. Na audiência, o juiz questionou o motivo do homicídio, pois não havia qualquer histórico de animosidade entre agressor e vítima. Sem titubear, disse o acusado: "matei por ter ouvido a música da *Voz do Brasil* (*O Guarani*, de Carlos Gomes). Quando ouço aquela música, sinto vontade de matar!". Todos se entreolharam, incrédulos. Submetido o acusado à perícia, a conclusão: esquizofrenia paranoide.

O rapaz da história foi absolvido (absolvição imprópria) e submetido a medida de segurança para ser tratado. Seu lugar não era a prisão.

Nos termos do art. 26, *caput*, do CP, por não ter a menor ideia do que estava fazendo na época da conduta em razão de doença mental, o magistrado teve de reconhecer sua inimputabilidade, causa de exclusão da culpabilidade.

Caso fosse constatado que o réu, na época da conduta, tinha discernimento apenas reduzido – havia alguma consciência do que estava fazendo –, ele teria de ser punido pelo homicídio, mas com pena diminuída de 1/3 a 2/3. A culpabilidade seria mantida por se tratar de pessoa imputável, mas a punição seria reduzida em razão de sua condição cognitiva deficitária.

### 3.15.2. INIMPUTABILIDADE DOS MENORES DE DEZOITO ANOS

> **Menores de dezoito anos**
> **Art. 27. Os menores de 18 (dezoito) anos são penalmente inimputáveis, ficando sujeitos às normas estabelecidas na legislação especial.**

Os menores de dezoito anos de idade são inimputáveis. Trata-se de algo absoluto, sem qualquer possibilidade de ser flexibilizado. Até o último dia antes de completar a maioridade penal, não se pratica crime, mas ato infracional. Isso muda desde o primeiro minuto do dia do aniversário. Por razões evidentes, esse critério (biológico) de aferição da capacidade de entender o caráter ilícito da conduta é muito criticado, afinal, como é possível que, em poucos segundos, como num passe de mágica, alguém passe de inimputável a imputável.

É importante destacar que a idade é considerada ao tempo da ação ou omissão. Pouco importa a época do resultado. Exemplo: um adolescente de 17 anos, agindo com vontade de matar, desfere facadas contra alguém. Dois dias depois, ele completa 18 anos. Na semana seguinte, a vítima, que havia sido internada, não resiste e morre. O agressor dever ser punido nos termos do ECA, pois tinha 17 anos na época da conduta – é adotada a *teoria da atividade*, do art. 4º do CP.

Ademais, merece ser destacada a hipótese de crime permanente, cuja consumação se prolonga no tempo. Exemplo: em março de 2020, o indivíduo, com 17 anos, dá início à prática de ato infracional análogo ao crime de extorsão mediante sequestro (art. 159 do CP). Em abril, completa 18 anos e, em maio, a vítima é solta. Nessa situação, qual idade deve ser considerada? A que ele tinha quando cessou a permanência – 18 anos.

### 3.15.3. EMOÇÃO E PAIXÃO

> **Emoção e paixão**
> **Art. 28. Não excluem a imputabilidade penal:**
> **I - a emoção ou a paixão;**

A emoção é sentimento efêmero, passageiro. A paixão, por outro lado, é duradoura. Tanto uma quanto outra, no entanto, não afastam a imputabilidade penal. Por mais que sentimentos possam prejudicar o bom juízo, isso não impede a pessoa de saber distinguir o que é ou não lícito. Portanto, a imputabilidade é mantida e o indivíduo é punido por sua conduta. Em alguns casos, esses sentimentos podem diminuir a pena (ex.: art. 121, § 1º, do CP) ou atenuá-la (art. 65, III, *c*, do CP).

### 3.15.4. INIMPUTABILIDADE POR EMBRIAGUEZ

> **Embriaguez**
> **II - a embriaguez, voluntária ou culposa, pelo álcool ou substância de efeitos análogos.**
> **§ 1º. É isento de pena o agente que, por embriaguez completa, proveniente de caso fortuito ou força maior, era, ao tempo da ação ou da omissão, inteiramente incapaz de entender o caráter ilícito do fato ou de determinar-se de acordo com esse entendimento.**
> **§ 2º. A pena pode ser reduzida de um a dois terços, se o agente, por embriaguez, proveniente de caso fortuito ou força maior, não possuía, ao tempo da ação ou da omissão, a plena capacidade de entender o caráter ilícito do fato ou de determinar-se de acordo com esse entendimento.**

Algumas substâncias são capazes de intoxicar nosso organismo temporariamente, provocando as mais diversas consequências – desde tontura até perda da consciência e, em casos extremos, a morte. Quando essa substância é o álcool ou alguma droga com efeitos psicotrópicos, dizemos ter havido embriaguez, que pode causar impacto na imputabilidade – e, em consequência, na culpabilidade.

Embora a embriaguez seja capaz de incapacitar o indivíduo quanto à compreensão do que faz, nem sempre ocasionará o reconhecimento da inimputabilidade. Na embriaguez voluntária, a pessoa intencionalmente provoca, em si, essa debilidade cognitiva. Por isso, não podemos isentá-la do que fizer de errado. Da mesma forma, na embriaguez culposa, o agente foi imprudente ao consumir certa dosagem da substância embriagante. Por mais que não quisesse ficar embriagado, foi sua a decisão de ingeri-la. Logo, deve ser punido por suas condutas, mesmo nos momentos de pouca ou nenhuma lucidez.

No entanto, situação diversa é a do indivíduo que fica embriagado em razão de caso fortuito ou força maior. Imagine hipótese em que alguém ingere refrigerante sem saber que uma outra pessoa diluiu no copo alguma substância entorpecente. Caso a pessoa intoxicada (no exemplo, por força maior) venha a praticar conduta típica, uma pergunta deve ser respondida: qual era a sua capacidade de entender o caráter ilícito do que estava fazendo? Se nenhuma, a imputabilidade é afastada; se parcial, deve ser punida pelo delito, mas com pena diminuída de 1/3 a 2/3.

# 4 DO CONCURSO DE PESSOAS

## 4.1. CONCURSO DE PESSOAS

> **Art. 29.** Quem, de qualquer modo, concorre para o crime incide nas penas a este cominadas, na medida de sua culpabilidade.
>
> **§ 1º.** Se a participação for de menor importância, a pena pode ser diminuída de um sexto a um terço.
>
> **§ 2º.** Se algum dos concorrentes quis participar de crime menos grave, ser-lhe-á aplicada a pena deste; essa pena será aumentada até metade, na hipótese de ter sido previsível o resultado mais grave.

Quase todos os crimes podem ser praticados por uma única pessoa. Homicídio, furto, roubo, estupro e muitos outros não dependem do concurso de dois ou mais criminosos. Portanto, podemos dizer que, em regra, os delitos são *unissubjetivos*, *monossubjetivos* ou de *concurso eventual*. Há outros, todavia, em que, seja por sua natureza ou por imposição legal, devem ser praticados por mais de um agente. São os denominados crimes *plurissubjetivos* ou de *concurso necessário*.

### 4.1.1. TEORIA MONISTA

Não importa o número de pessoas envolvidas em concurso em uma prática delituosa. Em regra, serão todas punidas pelo mesmo delito. Isso porque o nosso Código Penal adota a denominada *teoria unitária* ou *monista*, em que todos os concorrentes – coautores ou partícipes – devem ser responsabilizados pelo mesmo crime. Isso não significa, no entanto, que a pena será a mesma para todos. Cada um será punido na medida de sua culpabilidade, em respeito à individualização da pena.

Excepcionalmente, em casos pontuais, adotamos a *teoria pluralista*, quando os envolvidos em um resultado responderão por crimes diversos. É o que acontece no aborto provocado por terceiro com consentimento da gestante, tipificado no art. 126 do CP. A mulher que consentiu com a conduta do terceiro que provocou o aborto é punida pelo delito do art. 124 do CP. Outro clássico exemplo envolve as corrupções. O particular que oferece vantagem indevida a funcionário público é punido pelo crime do art. 333 do CP, corrupção ativa; se o funcionário público aceitar a vantagem, a ele será imposta a pena da corrupção passiva, do art. 317 do CP.

### 4.1.2. REQUISITOS

Para o reconhecimento do concurso de pessoas, não basta a pluralidade de agentes. Devem estar presentes todos os requisitos a seguir, cumulativamente:

(a) Liame subjetivo entre os agentes: tem de existir vínculo psicológico entre os envolvidos na infração penal. Unidos e conscientes de que estão agindo conjuntamente, praticam uma mesma conduta típica, em prol de um resultado comum. Quando ausente essa conexão, não há concurso de pessoas. Dois exemplos para melhor assimilar a ideia:

(1) "A", "B" e "C" se reúnem para provocar a morte de "D". Juntos, praticam o crime de homicídio, ciente de que estão atuando conjuntamente – logo, há liame subjetivo e, em consequência, concurso de pessoas.

(2) Agindo com vontade de matar, "A" põe veneno no café de "B". Segundos depois, quando já ingerida a substância letal, surge "C", que, também com vontade de matar, dispara tiros contra "B", causando a morte deste. Por não existir liame subjetivo entre "A" e "C", não houve concurso de pessoas – "A" deve ser punido pela tentativa de homicídio e "C" pelo homicídio consumado.

(b) Relevância causal das condutas: todos os envolvidos na prática delituosa têm de praticar conduta que, de alguma forma, contribuiu para a empreitada criminosa. Exemplo: "A" quer matar "B". Interessado no resultado, "C" fornece arma de fogo a "A" para a prática do homicídio. Ocorre que, ao executar o crime, "A" não usa a arma de fogo emprestada por "C", mas uma faca. Ou seja: a conduta de "C" foi irrelevante e, por isso, não pode ser responsabilizado pela morte de "B".

(c) Identidade de infração penal: só se fala em concurso de pessoas quando os concorrentes contribuem para um mesmo evento.

(d) Pluralidade de agentes e de condutas: naturalmente, não há concurso de pessoas sem, de fato, pluralidade de pessoas envolvidas. Por não existir crime sem conduta (elemento do fato típico), todos os envolvidos têm que, de alguma forma, praticar conduta voltada ao êxito da infração penal. Isso não significa que todos devem praticar o verbo nuclear do fato típico. Exemplo: em um roubo (art. 157 do CP), um pode se encarregar de conseguir a arma de fogo enquanto outro pratica, efetivamente, a subtração mediante violência ou grave ameaça, mas todos respondem pelo mesmo crime.

### 4.1.3. COAUTORIA E PARTICIPAÇÃO

Para a *teoria objetivo-formal*, adotada em nosso Código Penal, autor é quem realiza o verbo nuclear – em um homicídio, *matar* –, enquanto o partícipe é a pessoa que, de qualquer forma, presta auxílio, mas sem praticar conduta descrita no tipo penal – por exemplo, quem fornece a arma de fogo para que o comparsa mate a vítima pretendida.

Além dessa primeira teoria, anteriormente comentada, é bem aceita em nosso país (inclusive, pelas Cortes Superiores) a intitulada *teoria do domínio do fato*, que define que o autor é quem possui o controle final do fato, em posição de domínio, podendo a qualquer momento decidir pela prática ou abandono da infração penal. Partícipes são os demais envolvidos que não estão nessa posição de domínio.

### 4.1.4. AUTORIA MEDIATA

Imagine que um indivíduo, agindo com vontade de matar, faz com que pessoa inimputável, sem qualquer discernimento em razão de doença mental, execute o homicídio. Apesar de o executor do delito ter agido dolosamente, o real criminoso é o sujeito que fez com que o crime acontecesse – o autor mediato, imputável. No exemplo, o inimputável foi utilizado como mero instrumento para a prática do delito.

É a mesma situação da coação moral irresistível (art. 22 do CP), em que o coagido pratica a conduta criminosa dolosamente, mas sua vontade está viciada, devendo a culpabilidade ser afastada por inexigibilidade de conduta diversa. Nessa situação, o criminoso é o coator; o coagido, executor do crime, é vítima, não podendo ser punido. Também se verifica a autoria mediata na obediência hierárquica (art. 22 do CP) e no erro determinado por terceiro ( art. 20, § 2º, do CP).

### 4.1.5. PARTICIPAÇÃO DE MENOR IMPORTÂNCIA

No concurso de pessoas, nem sempre os concorrentes praticam as mesmas condutas. Em um estupro, um concorrente pode ficar responsável por vigiar o local, para o caso de a polícia aparecer, enquanto outro, de fato, constrange a vítima à cópula vagínica ou a ato libidinoso diverso, mediante violência ou grave ameaça. Se a participação de um dos criminosos for de menor importância, sua pena pode ser diminuída de 1/6 a 1/3.

### 4.1.6. COOPERAÇÃO DOLOSAMENTE DISTINTA

No concurso de pessoas, um dos requisitos é a identidade de infração penal – os concorrentes cooperam, entre si, para a prática de determinada infração penal. A partir do momento em que um deles decide praticar crime mais grave, em relação a este delito, não há mais concurso entre os agentes, e cada um responderá pelo o que tiver feito.

Exemplo: "A" e "B" decidem praticar um roubo em uma residência. Iniciada a subtração, "A" resolve estuprar um dos moradores do imóvel. Em relação ao primeiro crime, o concurso de crimes está mantido, e ambos serão punidos pelo roubo. Quanto ao estupro, "B" nada tem a ver com isso. Apenas "A" será por ele punido.

Entretanto, o § 2º faz ressalva: se previsível o resultado mais gravoso, quem não concorreu para sua produção não será por ele punido, mas terá sua pena aumentada em até metade. Exemplo: "A" e "B" decidem praticar furto, mas "B" desvia a conduta e pratica latrocínio. Se o resultado mais grave era previsível, "A" continua a responder pelo furto, mas com a pena majorada.

### 4.2. CIRCUNSTÂNCIAS INCOMUNICÁVEIS

> *Circunstâncias incomunicáveis*
> *Art. 30. Não se comunicam as circunstâncias e as condições de caráter pessoal, salvo quando elementares do crime.*

Em regra, circunstâncias ou condições, quando de caráter pessoal, não se comunicam entre os concorrentes. Exemplo: "A" e "B" decidem praticar um furto. "B" goza de confiança da vítima, e tira proveito disso para a prática da subtração; "A", por outro lado, é pessoa estranha. Quando for puni-los, o magistrado fará incidir a qualificadora do abuso de confiança (art. 155, § 4º, II, do CP) apenas em relação a "B". Motivo: a qualificadora não se comunica, por força do disposto no art. 30 do CP.

Entretanto, o dispositivo excepciona: há comunicação quando elementar do crime. Exemplo: o peculato (art. 312 do CP) é crime praticado por funcionário público. Se, ao cometê-lo, houver auxílio de particular, este também será responsabilizado pelo peculato. O motivo: a condição pessoal *funcionário público* é elementar do peculato. Relembro, elementar é a essência de um fato típico – a ausência o descaracteriza. Como não existe peculato sem a presença de um funcionário público, trata-se de elementar, como já dito.

## 4.3. IMPUNIBILIDADE

> **Casos de impunibilidade**
> **Art. 31. O ajuste, a determinação ou instigação e o auxílio, salvo disposição expressa em contrário, não são puníveis, se o crime não chega, pelo menos, a ser tentado.**

Para o reconhecimento do concurso de pessoas, tem de existir, no mínimo, a tentativa. Ou seja: o concurso de pessoas é relevante a partir da execução, terceira fase do *iter criminis*. Antes disso, é irrelevante a reunião de duas ou mais pessoas para a prática de um delito. Portanto, se "A" e "B" decidem matar "C", enquanto estiverem nas fases de cogitação e preparação, não há o que punir.

# 5 SOBRE AS PENAS

## 5.1. ESPÉCIES DE PENA

> *Art. 32. As penas são:*
> *I - privativas de liberdade;*
> *II - restritivas de direitos;*
> *III - de multa.*

No Código Penal de 1890, havia oito espécies de penas – prisão celular, banimento, reclusão, prisão com trabalho obrigatório, prisão disciplinar, interdição, suspensão e perda de cargo público e multa. Na atual codificação, houve a simplificação e as penas foram reduzidas a três espécies: privativas de liberdade, restritivas de direitos e multa. A nossa Constituição veda, expressamente (art. 5º, XLVII), as penas caráter perpétuo, de trabalhos forçados, de banimento e cruéis.

## 5.1.1. PENAS PRIVATIVAS DE LIBERDADE

> *Reclusão e detenção*
> *Art. 33. A pena de reclusão deve ser cumprida em regime fechado, semiaberto ou aberto. A de detenção, em regime semiaberto, ou aberto, salvo necessidade de transferência a regime fechado.*
> *§ 1º. Considera-se:*
> *a) regime fechado a execução da pena em estabelecimento de segurança máxima ou média;*
> *b) regime semiaberto a execução da pena em colônia agrícola, industrial ou estabelecimento similar;*
> *c) regime aberto a execução da pena em casa de albergado ou estabelecimento adequado.*
> *§ 2º. As penas privativas de liberdade deverão ser executadas em forma progressiva, segundo o mérito do condenado, observados os seguintes critérios e ressalvadas as hipóteses de transferência a regime mais rigoroso:*

> *a) o condenado a pena superior a 8 (oito) anos deverá começar a cumpri-la em regime fechado;*
>
> *b) o condenado não reincidente, cuja pena seja superior a 4 (quatro) anos e não exceda a 8 (oito), poderá, desde o princípio, cumpri-la em regime semiaberto;*
>
> *c) o condenado não reincidente, cuja pena seja igual ou inferior a 4 (quatro) anos, poderá, desde o início, cumpri-la em regime aberto.*
>
> *§ 3º. A determinação do regime inicial de cumprimento da pena far-se-á com observância dos critérios previstos no art. 59 deste Código.*
>
> *§ 4º. O condenado por crime contra a administração pública terá a progressão de regime do cumprimento da pena condicionada à reparação do dano que causou, ou à devolução do produto do ilícito praticado, com os acréscimos legais.*

As penas privativas de liberdade são as mais gravosas do nosso ordenamento jurídico em tempos de paz – em tempos de guerra, até mesmo a pena capital é admitida. Há três espécies: (a) reclusão; (b) detenção; e (c) prisão simples. Na primeira, reclusão, três são as formas de cumprimento: regime fechado, regime semiaberto e regime aberto; na detenção, duas: regime semiaberto e aberto, sendo possível o regime fechado em caso de *regressão*.

O cumprimento em regimes existe para viabilizar o cumprimento da pena de forma progressiva. Quem inicia em regime fechado, se fizer jus, progredirá para o regime semiaberto e, posteriormente, ao aberto. É por isso que não se admite a progressão *per saltum* – por exemplo, do fechado diretamente ao aberto –, pois a progressão tem caráter pedagógico. O condenado melhora sua condição aos poucos, quando demonstra melhora.

Súm. nº 491 do STJ: *É inadmissível a chamada progressão per saltum de regime prisional.*

### 5.1.1.1. REGIMES PENITENCIÁRIOS

A forma de cumprimento de pena é diversa entre os regimes. No regime fechado, a pena é cumprida em estabelecimento penal de segurança máxima ou média; no regime semiaberto, o cumprimento se dá em colônia penal agrícola, industrial ou em estabelecimento similar; ademais, no regime aberto, o condenado trabalha ou frequenta cursos em liberdade, durante o dia, e recolhe-se em casa do albergado ou estabelecimento similar à noite e nos dias de folga.

## 5.1.1.2. *QUANTUM* DE PENA E REGIME PRISIONAL

A princípio, o regime prisional inicial deve ser escolhido de forma objetiva, com base na quantidade de pena aplicada. Segundo o § 2º, quando a pena é superior a oito anos, o regime deve ser o fechado; se superior a quatro anos, mas não ultrapassa oito anos, o regime a ser aplicado é o semiaberto; se igual ou inferior a quatro anos, o regime inicial deve ser o aberto.

A gravidade em abstrato de um delito não é motivação idônea à aplicação de regime mais grave do que o estabelecido no art. 33, § 2º. Por esse motivo, o STF considera inconstitucional o disposto no art. 2º, § 1º, da Lei nº 8.072/1990, a *Lei dos Crimes Hediondos*, que impõe regime inicial obrigatoriamente fechado para os crimes nela dispostos.

Isso não significa, contudo, que os regimes fixados com base no *quantum* de pena, nos termos do art. 33, § 2º, não possam ser flexibilizados. No § 3º, o art. 33 estabelece que, ao determinar o regime inicial de cumprimento de pena, deve o magistrado observar o art. 59 do CP, que trata das circunstâncias judiciais. Portanto, é possível que alguém condenado à pena de sete anos, que deveria começar o cumprimento da pena em regime semiaberto (art. 33, § 2º, *b*), pode ter de iniciá-la em regime fechado, desde que o juiz fundamente sua decisão, não admitido como fundamento a gravidade em abstrato do crime. Nesse sentido, Súms. n 718 e 719 do STF:

Súm. nº 718 do STF: A opinião do julgador sobre a gravidade em abstrato do crime não constitui motivação idônea para a imposição de regime mais severo do que o permitido segundo a pena aplicada.

Súm. nº 719 do STF: A imposição do regime de cumprimento mais severo do que a pena aplicada permitir exige motivação idônea.

Volto a dizer, a gravidade em abstrato de um crime não é motivação idônea para a fixação de regime inicial mais gravoso do que o imposto pelo art. 33, § 2º, do CP. Se assim não fosse, todos os crimes hediondos deveriam ser cumpridos, inicialmente, em regime fechado, o que já foi rechaçado pelo STF por ser inconstitucional. Tamanha a importância da discussão, o STJ também editou súmula para evitar o regime prisional fundamentado em gravidade abstrata:

Súm. nº 440 do STJ: Fixada a pena-base no mínimo legal, é vedado o estabelecimento de regime prisional mais gravoso do que o cabível em razão da sanção imposta, com base apenas na gravidade abstrata do delito.

É possível, sim, fixar regime mais gravoso do que o estabelecido no art. 33, § 2º, desde que a fundamentação se dê com base em gravidade em concreto, observado o art. 59 do CP quanto às circunstâncias judiciais. É importante ter em mente que a escolha do regime tem de ser condizente ao que se busca: a proporcional e adequada punição do criminoso. Por essa razão, embora o condenado reincidente tenha de começar em regime fechado, é admitido o regime semiaberto quando favoráveis as circunstâncias judiciais (art. 59 do CP).

Súm. nº 269 do STJ: *É admissível a adoção do regime prisional semiaberto aos reincidentes condenados a pena igual ou inferior a quatro anos se favoráveis as circunstâncias judiciais.*

### 5.1.1.3. PROGRESSÃO

O cumprimento da pena se dá de forma progressiva, com a melhora da condição prisional do condenado pelo decurso do tempo (requisito objetivo) e pela boa conduta (critério subjetivo). O tema sofreu importante modificação pelo *Pacote Anticrime*, que deu nova redação ao art. 112 da LEP (Lei nº 7.210/1984). Segundo o § 4º do art. 33, quando praticado crime contra a Administração Pública, a progressão do regime depende da reparação do dano causado ou da devolução do produto do crime.

### 5.1.1.4. REGRAS DO REGIME FECHADO

> *Regras do regime fechado*
> *Art. 34. O condenado será submetido, no início do cumprimento da pena, a exame criminológico de classificação para individualização da execução.*
> *§ 1º. O condenado fica sujeito a trabalho no período diurno e a isolamento durante o repouso noturno.*
> *§ 2º. O trabalho será em comum dentro do estabelecimento, na conformidade das aptidões ou ocupações anteriores do condenado, desde que compatíveis com a execução da pena.*
> *§ 3º. O trabalho externo é admissível, no regime fechado, em serviços ou obras públicas.*

No regime fechado, o condenado cumpre a pena em estabelecimento penal de segurança máxima ou média. Para o adequado cumprimento da pena, com base no *princípio da individualização da pena*, o preso é submetido a um procedimento classificatório, para que sejam consideradas suas condições pessoais. O passo a passo do que deve ser feito está disposto a partir do art. 5º da LEP, que melhor trata do assunto. A Lei nº 7.210/1984 também estabelece as regras para o trabalho do preso em regime fechado (arts. 28 e segs.).

## 5.1.1.5. REGRAS DO REGIME SEMIABERTO

> **Regras do regime semiaberto**
> *Art. 35. Aplica-se a norma do art. 34 deste Código, caput, ao condenado que inicie o cumprimento da pena em regime semiaberto.*
> *§ 1º. O condenado fica sujeito a trabalho em comum durante o período diurno, em colônia agrícola, industrial ou estabelecimento similar.*
> *§ 2º. O trabalho externo é admissível, bem como a frequência a cursos supletivos profissionalizantes, de instrução de segundo grau ou superior.*

O regime semiaberto é cumprido em colônia penal agrícola, industrial ou em estabelecimento similar. É o regime intermediário entre o fechado e o aberto, que pode ser estabelecido desde o início, quando compatível com a pena fixada e as circunstâncias judiciais, nos termos do art. 33, §§ 2º e 3º, do CP. O trabalho do preso em regime semiaberto é tratado com maior profundidade pela LEP (arts. 28 e segs.).

## 5.1.1.6. REGRAS DO REGIME ABERTO

> *Art. 36. O regime aberto baseia-se na autodisciplina e senso de responsabilidade do condenado.*
> *§ 1º. O condenado deverá, fora do estabelecimento e sem vigilância, trabalhar, frequentar curso ou exercer outra atividade autorizada, permanecendo recolhido durante o período noturno e nos dias de folga.*
> *§ 2º. O condenado será transferido do regime aberto, se praticar fato definido como crime doloso, se frustrar os fins da execução ou se, podendo, não pagar a multa cumulativamente aplicada.*

O regime aberto é o mais brando dos três estabelecidos para o cumprimento da pena privativa de liberdade. Pode ser estabelecido desde o início. Baseado na autodisciplina, o condenado trabalha ou frequenta cursos em liberdade, sem escolta, e recolhe-se à noite e em dias não úteis à casa do albergado. É o momento de demonstrar que está, de fato, recuperado – caso contrário, pode ocorrer a regressão de regime, hipótese em que terá de conquistar, novamente, o acesso ao regime aberto.

> **Regime especial**
> **Art. 37. As mulheres cumprem pena em estabelecimento próprio, observando-se os deveres e direitos inerentes à sua condição pessoal, bem como, no que couber, o disposto neste Capítulo.**

Homens e mulheres não podem cumprir pena juntos. Tem de existir um estabelecimento prisional próprio para cada gênero. Ademais, devem ser observadas as peculiaridades inerentes ao sexo feminino, em especial quando mães ou gestantes. Para assegurar o adequado tratamento à presa, em 2018, a Lei nº 13.769 modificou o art. 112 da LEP, com o objetivo de facilitar a progressão de regime *no caso de mulher gestante ou que for mãe ou responsável por crianças ou pessoas com deficiência* (art. 112, § 3º).

## 5.1.2. DIREITOS DO PRESO

> **Direitos do preso**
> **Art. 38. O preso conserva todos os direitos não atingidos pela perda da liberdade, impondo-se a todas as autoridades o respeito à sua integridade física e moral.**

A privação da liberdade é, por si só, a punição ao criminoso. A forma degradante de cumprimento de pena nos estabelecimentos prisionais é *sanção adicional* que tem de ser repelida. Portanto, são mantidos todos os direitos assegurados a qualquer ser humano, salvo aqueles incompatíveis pela privação de liberdade. O tema é tratado com maior profundidade pela LEP (Lei nº 7.210/1984), em seu art. 41.

## 5.1.3. TRABALHO DO PRESO

> **Art. 39. O trabalho do preso será sempre remunerado, sendo-lhe garantidos os benefícios da Previdência Social.**

Poucos sabem, o preso é obrigado ao trabalho (art. 31, da LEP). Em contraprestação, deve ser remunerado, mas não existe relação de emprego – a LEP afasta, expressamente, a incidência da CLT (art. 28, § 2º). O valor recebido tem quatro destinações: a) a indenização dos danos causados pelo crime, desde que determinados judicialmente e não reparados por outros meios; b) a assistência à família; c) pequenas despesas pessoais; d) o ressarcimento ao Estado das despesas realizadas com a manutenção do condenado, em proporção a ser fixada e sem prejuízo da destinação prevista nas letras anteriores.

O fato de o trabalho ser obrigatório não significa que seja forçado, pena vedada em nossa Constituição Federal (art. 5º, XLVII, c). O trabalho seria considerado forçado caso o preso fosse obrigado a cumpri-lo contra sua vontade. Em vez disso, ele pode se recusar a trabalhar, mas há um preço a ser pago: configura falta grave, fato que gera diversos impactos – dentro outros, interrompe a contagem de prazo para a progressão de regime (Súm. nº 534 do STJ).

### 5.1.4. LEGISLAÇÃO ESPECIAL

> **Legislação especial**
> **Art. 40. A legislação especial regulará a matéria prevista nos arts. 38 e 39 deste Código, bem como especificará os deveres e direitos do preso, os critérios para revogação e transferência dos regimes e estabelecerá as infrações disciplinares e correspondentes sanções.**

A execução da pena é tratada em lei própria – a Lei nº 7.210/1984 (*Lei de Execução Penal*). Progressão, regressão, trabalho do preso e outros temas são objeto de maior aprofundamento na LEP. No Código Penal, temos algumas poucas disposições gerais, superficiais.

### 5.1.5. SUPERVENIÊNCIA DE DOENÇA MENTAL

> **Superveniência de doença mental**
> **Art. 41. O condenado a quem sobrevém doença mental deve ser recolhido a hospital de custódia e tratamento psiquiátrico ou, à falta, a outro estabelecimento adequado.**

A superveniência de doença mental não se confunde com a inimputabilidade decorrente do mesmo motivo, estabelecida no art. 26, *caput*, do CP. Se, na época da conduta, o indivíduo não tiver, em razão de doença mental, o necessário discernimento para compreender o caráter ilícito do que fez, deve ser reconhecida sua inimputabilidade, causa de exclusão da culpabilidade. Em consequência, deve ser absolvido (*absolvição imprópria*).

Na hipótese do art. 41, o agente não era inimputável na época da conduta. Não existiu absolvição (imprópria) em virtude da inimputabilidade. Em vez disso, ele foi condenado mas, em momento posterior, passou a sofrer de doença mental, não podendo mais ser mantido em estabelecimento prisional – afinal, quem está doente deve receber tratamento médico adequado.

### 5.1.6. DETRAÇÃO

> **Detração**
> **Art. 42. Computam-se, na pena privativa de liberdade e na medida de segurança, o tempo de prisão provisória, no Brasil ou no estrangeiro, o de prisão administrativa e o de internação em qualquer dos estabelecimentos referidos no artigo anterior.**

Caso o condenado tenha permanecido preso provisoriamente (ex.: prisão preventiva) ou submetido a medida de segurança, o tempo em que esteve privado de sua liberdade deve ser descontado do total da pena a ser cumprida – a intitulada *detração*. Exemplo: o indivíduo permaneceu, durante seis meses, preso preventivamente, enquanto aguardava julgamento. Sobrevindo condenação, esses seis meses têm de ser considerados como pena cumprida.

Inclusive, no momento de fixar o regime inicial de cumprimento de pena, nos termos do art. 33, § 2º, do CP, deve o juiz sentenciante considerar o tempo em que o condenado esteve preso provisoriamente ou submetido à medida de segurança (art. 387, § 2º, do CPP). Dessa forma, caso condenado, por exemplo, a uma pena superior a oito anos – que resultaria em um regime inicial fechado –, se o tempo em que esteve preso provisoriamente for suficiente para reduzir a pena para menos de oito anos, o regime a ser fixado será o semiaberto, salvo se reincidente.

### 5.2. PENAS RESTRITIVAS DE DIREITOS

### 5.2.1. EXECUÇÃO PROVISÓRIA

No dia 17 de fevereiro de 2021, o STJ editou a Súmula 643, para estabelecer que a execução da pena restritiva de direitos depende do trânsito em julgado da condenação, da mesma forma como acontece com penas privativas de liberdade. Portanto, não é possível a execução provisória da pena em hipótese alguma, nem mesmo quando se tratar de mera pena restritiva de direitos.

## 5.2.2. ESPÉCIES

> *Penas restritivas de direitos*
> *Art. 43. As penas restritivas de direitos são:*
> *I - prestação pecuniária;*
> *II - perda de bens e valores;*
> *III - (VETADO);*
> *IV - prestação de serviço à comunidade ou a entidades públicas;*
> *V - interdição temporária de direitos;*
> *VI - limitação de fim de semana.*

Em alternativa ao encarceramento resultante da imposição de pena privativa de liberdade, o Código Penal possibilita a aplicação de penas restritivas de direitos. São elas: (a) prestação pecuniária; (b) perda de bens e valores; (c) prestação de serviço à comunidade ou a entidades públicas; (d) interdição temporária de direitos; e (e) limitação de fim de semana.

Vale ressaltar que esse rol não exclui outros, previstos em leis penais especiais. A Lei nº 9.605/1998, por exemplo, que tipifica os crimes ambientais, estabelece algumas outras penas restritivas de direitos, assim como a Lei nº 11.343/2006, a *Lei de Drogas*, quando trata das sanções ao crime do art. 28.

## 5.2.3. REQUISITOS PARA SUBSTITUIÇÃO

> *Art. 44. As penas restritivas de direitos são autônomas e substituem as privativas de liberdade, quando:*
> *I - aplicada pena privativa de liberdade não superior a quatro anos e o crime não for cometido com violência ou grave ameaça à pessoa ou, qualquer que seja a pena aplicada, se o crime for culposo;*
> *II - o réu não for reincidente em crime doloso;*
> *III - a culpabilidade, os antecedentes, a conduta social e a personalidade do condenado, bem como os motivos e as circunstâncias indicarem que essa substituição seja suficiente.*
> *§ 1º. (VETADO).*
> *§ 2º. Na condenação igual ou inferior a um ano, a substituição pode ser feita por multa ou por uma pena restritiva de direitos; se superior a um ano, a pena privativa de liberdade pode ser substituída por uma pena restritiva de direitos e multa ou por duas restritivas de direitos.*

> *§ 3º. Se o condenado for reincidente, o juiz poderá aplicar a substituição, desde que, em face de condenação anterior, a medida seja socialmente recomendável e a reincidência não se tenha operado em virtude da prática do mesmo crime.*
>
> *§ 4º. A pena restritiva de direitos converte-se em privativa de liberdade quando ocorrer o descumprimento injustificado da restrição imposta. No cálculo da pena privativa de liberdade a executar será deduzido o tempo cumprido da pena restritiva de direitos, respeitado o saldo mínimo de trinta dias de detenção ou reclusão.*
>
> *§ 5º. Sobrevindo condenação a pena privativa de liberdade, por outro crime, o juiz da execução penal decidirá sobre a conversão, podendo deixar de aplicá-la se for possível ao condenado cumprir a pena substitutiva anterior.*

As penas restritivas de direitos do art. 43 do CP são *autônomas*, desvinculadas da pena privativa de liberdade. São *substitutivas*, não podendo ser cumuladas com a pena privativa de liberdade, mas apenas substituí-la. Os requisitos para a substituição estão elencados no art. 44 do CP, transcritos a seguir com os devidos apontamentos:

(a) Pena privativa de liberdade não superior a quatro anos: requisito objetivo a ser observado quando o crime for doloso. Para crimes culposos, a substituição será sempre possível, seja qual for a pena fixada. Na *Lei de Crimes Ambientais* (Lei nº 9.605/1998), a substituição é possível quando a pena for *inferior a quatro anos*. Caso não tenha notado a diferença, entenda: quando digo *não superior a quatro anos*, significa que a substituição é possível em penas de até quatro anos; quando falo em *inferior a quatro anos*, a substituição é possível apenas em penas inferiores – três ou menos. Por ser norma especial, a Lei nº 9.605/1998 prevalece em relação ao Código Penal, mas somente quanto aos crimes dela previstos. Para os demais, aplicamos o CP.

(b) Crimes sem violência ou grave ameaça à pessoa: embora cristalina a condição imposta no inc. I do art. 44, destaco o fato de a redação falar em *violência contra pessoa*. Portanto, quando o emprego de violência for contra *coisa* (ex.: um automóvel), não há impedimento à substituição.

(c) Não ser o réu reincidente em crime doloso: requisito de natureza subjetiva, o próprio art. 44, em seu § 3º, excepciona ao dizer ser possível a substituição da pena quando se tratar de reincidente, desde que a medida seja socialmente recomendável e a reincidência não seja específica. A reincidência em crime culposo não impede a substituição.

(d) A culpabilidade, os antecedentes, a conduta ou a personalidade ou ainda os motivos e as circunstâncias recomendarem a substituição: o art. 59 do CP não está limitado à fixação da pena-base. Ele também influencia na fixação do regime inicial de pena e é condição à substituição da pena – as circunstâncias devem ser favoráveis ao condenado.

### 5.2.3.1. SUBSTITUIÇÃO

Quando presentes os requisitos, a substituição da pena deve ser feita da forma a seguir:

(a) Se a condenação for igual ou inferior a um ano, a substituição pode ser feita por multa ou por uma pena restritiva de direitos, seja a infração penal dolosa ou culposa.

(b) Na hipótese de condenação superior a um ano, a pena privativa de liberdade é substituída por uma pena restritiva de direitos e multa ou por duas penas restritivas de direitos.

### 5.2.3.2. CONVERSÃO

As penas restritivas de direitos têm por objetivo evitar o encarceramento. No entanto, deve o beneficiado cumprir suas condições. Caso, sem justa causa, as desrespeite, a pena restritiva de direitos deve ser convertida, novamente, para privativa de liberdade, devendo ser deduzido o tempo cumprido da pena restritiva de direitos, respeitado o saldo mínimo de 30 dias de detenção ou reclusão.

### 5.2.3.3. NOVA CONDENAÇÃO

Sobrevindo nova condenação sem que ocorra substituição, o cumprimento da pena restritiva de direitos pode ficar inviabilizada. Exemplo: enquanto cumpre a pena restritiva de direitos, uma nova condenação, superior a oito anos, impõe regime inicial fechado, incompatível com a continuidade do cumprimento da pena restritiva de direitos. Compete ao juiz da execução penal analisar a continuidade do cumprimento da pena restritiva ou sua conversão para privativa de liberdade.

### 5.2.4. CONVERSÃO DAS PENAS RESTRITIVAS DE DIREITOS

> *Conversão das penas restritivas de direitos*
> *Art. 45. Na aplicação da substituição prevista no artigo anterior, proceder-se-á na forma deste e dos arts. 46, 47 e 48.*

> *§ 1º. A prestação pecuniária consiste no pagamento em dinheiro à vítima, a seus dependentes ou a entidade pública ou privada com destinação social, de importância fixada pelo juiz, não inferior a 1 (um) salário mínimo nem superior a 360 (trezentos e sessenta) salários mínimos. O valor pago será deduzido do montante de eventual condenação em ação de reparação civil, se coincidentes os beneficiários.*
>
> *§ 2º. No caso do parágrafo anterior, se houver aceitação do beneficiário, a prestação pecuniária pode consistir em prestação de outra natureza.*
>
> *§ 3º. A perda de bens e valores pertencentes aos condenados dar-se-á, ressalvada a legislação especial, em favor do Fundo Penitenciário Nacional, e seu valor terá como teto - o que for maior - o montante do prejuízo causado ou do provento obtido pelo agente ou por terceiro, em consequência da prática do crime.*
>
> *§ 4º. (VETADO).*

Substituída a pena privativa de liberdade por restritivas de direitos de prestação pecuniária ou de perda de bens e valores, o cumprimento se dá na forma estabelecida no art. 45 do CP. A prestação pecuniária é o pagamento, em dinheiro, de quantia à vítima, a seus dependentes ou a entidade pública ou privada com destinação social.

### 5.2.4.1. PACOTE ANTICRIME

A Lei nº 13.964/2019 adicionou ao CP o art. 91-A, que estabelece, em consequência de infrações penais às quais a lei comine pena máxima superior a seis anos de reclusão, a perda dos bens correspondentes à diferença entre o valor do patrimônio do condenado e aquele que seja compatível com o seu rendimento lícito, por existir presunção de que sejam produto ou proveito do crime.

Essa perda de bens estabelecida no novo dispositivo não se confunde com a pena restritiva de direitos de perda de bens e valores. Isso porque, no art. 91-A, estamos lidando com consequência de sentença condenatória. Por outro lado, no art. 45, temos hipótese em que, para evitar o encarceramento do condenado, a ele é imposta uma pena alternativa de natureza pecuniária.

## 5.2.5. PRESTAÇÃO DE SERVIÇOS À COMUNIDADE OU A ENTIDADES PÚBLICAS

> **Prestação de serviços à comunidade ou a entidades públicas**
> **Art. 46.** A prestação de serviços à comunidade ou a entidades públicas é aplicável às condenações superiores a seis meses de privação da liberdade.
> **§ 1º.** A prestação de serviços à comunidade ou a entidades públicas consiste na atribuição de tarefas gratuitas ao condenado.
> **§ 2º.** A prestação de serviço à comunidade dar-se-á em entidades assistenciais, hospitais, escolas, orfanatos e outros estabelecimentos congêneres, em programas comunitários ou estatais.
> **§ 3º.** As tarefas a que se refere o § 1º serão atribuídas conforme as aptidões do condenado, devendo ser cumpridas à razão de uma hora de tarefa por dia de condenação, fixadas de modo a não prejudicar a jornada normal de trabalho.
> **§ 4º.** Se a pena substituída for superior a um ano, é facultado ao condenado cumprir a pena substitutiva em menor tempo (art. 55), nunca inferior à metade da pena privativa de liberdade fixada.

A prestação de serviços à comunidade é espécie de pena restritiva de direitos. Quando aplicada, o condenado, em vez de ser privado de sua liberdade, presta serviços gratuitos em prol da população. É possível quando a condenação for superior a seis meses de privação da liberdade. Não há remuneração, como no trabalho do condenado preso – não faria sentido pagar ao condenado para cumprir sua pena. A jornada é fixada à razão de uma hora de tarefa por dia de condenação, e deve ser estabelecida de forma que não prejudique a jornada normal de trabalho do condenado.

### 5.2.5.1. DURAÇÃO

O tempo de cumprimento da pena de prestação de serviços deve ter a mesma duração da pena privativa de liberdade substituída. Todavia, o art. 46, § 4º, traz ressalva polêmica: se a pena substituída for superior a um ano, pode o condenado, se quiser, cumpri-la em menor tempo, desde que por período não inferior à metade da pena fixada. Ou seja: se condenado, por exemplo, à pena de 1,5 ano (18 meses), ele pode cumpri-la em nove meses (metade dos 18 da condenação).

Entretanto, para o réu condenado, por exemplo, à pena de 10 meses, o dispositivo não dá o mesmo tratamento. Temos, aí, situação curiosa: quem teve pena mais alta – na hipótese trazida, de 18 meses –, poderá se ver livre da sanção em menos tempo do que o condenado por pena muito inferior. Para que não seja declarada a inconstitucionalidade do § 4º, o melhor é dar interpretação conforme: se o benefício é admitido às penas superiores a um ano, também deve ser aplicado às inferiores.

### 5.2.6. INTERDIÇÃO TEMPORÁRIA DE DIREITOS

> *Interdição temporária de direitos*
> *Art. 47. As penas de interdição temporária de direitos são:*
> *I - proibição do exercício de cargo, função ou atividade pública, bem como de mandato eletivo;*
> *II - proibição do exercício de profissão, atividade ou ofício que dependam de habilitação especial, de licença ou autorização do poder público;*
> *III - suspensão de autorização ou de habilitação para dirigir veículo.*
> *IV - proibição de frequentar determinados lugares.*
> *V - proibição de inscrever-se em concurso, avaliação ou exame públicos.*

O art. 47 traz um rol de penas de interdição de direitos, espécie de restritiva de direitos. Segundo o dispositivo, a pena privativa de liberdade pode ser substituída pelas seguintes formas de interdição de direitos:

(a) Proibição do exercício de cargo, função ou atividade pública, bem como de mandato eletivo: evidentemente, é pena possível quando o crime cometido tiver vínculo com cargo, função, atividade pública ou mandato eletivo ocupado pelo condenado. A nova *Lei de Abuso de Autoridade* (art. 5º, II, da Lei nº 13.869/2019) tem previsão semelhante, quando praticado um dos delitos nela previstos.

(b) Proibição do exercício de profissão, atividade ou ofício que dependam de habilitação especial, autorização ou licença do Poder Público: situação semelhante à anterior, mas que tem impacto sobre particulares. Note que, ao falar em profissão, o dispositivo trata apenas daquelas que dependam de habilitação especial – médicos, engenheiros, dentistas, advogados etc.

(c) Suspensão de autorização ou habilitação para dirigir: atualmente, essa pena interventiva é regulada no *Código de Trânsito Brasileiro*, o CTB (Lei nº 9.503/1997).

(d) Proibição de frequentar determinados lugares: pena restritiva de direitos, assim como as demais, é condição para a concessão de *sursis* especial, assunto mais bem tratado nos comentários ao art. 78 do CP.

(e) Proibição de inscrever-se em concurso, avaliação ou exames públicos: pena restritiva de direitos inserida no Código Penal a partir da entrada em vigor da Lei nº 12.550/2011, que criminalizou a *fraude em certames públicos* ( art. 311-A da CP).

## 5.2.7. LIMITAÇÃO DE FIM DE SEMANA

> **Limitação de fim de semana**
> *Art. 48. A limitação de fim de semana consiste na obrigação de permanecer, aos sábados e domingos, por 5 (cinco) horas diárias, em casa de albergado ou outro estabelecimento adequado.*
> *Parágrafo único. Durante a permanência poderão ser ministrados ao condenado cursos e palestras ou atribuídas atividades educativas.*

A limitação de fim de semana é espécie de pena restritiva de direitos, consistente na obrigação imposta ao condenado de permanecer, aos sábados e domingos, pelo período de cinco horas diárias, em casa do albergado. A ideia é oferecer ao condenado a oportunidade de frequentar cursos e palestras ou de praticar atividades educativas durante seu período de folga.

## 5.3. PENA DE MULTA

> **Multa**
> *Art. 49. A pena de multa consiste no pagamento ao fundo penitenciário da quantia fixada na sentença e calculada em dias-multa. Será, no mínimo, de 10 (dez) e, no máximo, de 360 (trezentos e sessenta) dias-multa.*
> *§ 1º. O valor do dia-multa será fixado pelo juiz não podendo ser inferior a um trigésimo do maior salário mínimo mensal vigente ao tempo do fato, nem superior a 5 (cinco) vezes esse salário.*
> *§ 2º. O valor da multa será atualizado, quando da execução, pelos índices de correção monetária.*

A multa é uma das espécies de penas existentes, ao lado da privativa de liberdade e das restritivas de direitos. Tem por objetivo punir o criminoso com sanção de natureza pecuniária, consistente no pagamento de determinado valor, arbitrado pelo juiz, em favor de fundo penitenciário – portanto, não tem por objetivo reparar o mal causado.

A aplicação depende do delito praticado. No furto (art. 155 do CPP), por exemplo, a multa é cumulativa à pena privativa de liberdade ("e multa"). Por outro lado, no delito de perigo de contágio venéreo (art. 130 do CP), a multa é alternativa à pena privativa de liberdade ("ou multa"). Ademais, a multa pode ser substitutiva da pena privativa de liberdade.

Súm. nº 171 do STJ: Cominadas cumulativamente, em lei especial, penas privativa de liberdade e pecuniária, é defeso a substituição da prisão por multa.

### 5.3.1. CÁLCULO

O cálculo da multa é feito em três etapas (mas o sistema é bifásico), como explicado a seguir:

(1) Cálculo do número de *dias-multa*: o Código Penal estabelece o limite mínimo de 10 e de no máximo 360 dias-multa. A quantidade é calculada com base no poder econômico do réu, afinal, a ideia é puni-lo.

(2) Cálculo do valor do *dia-multa*: quando digo que alguém foi condenado a pagar 100 dias-multa, falta estabelecer quanto vale cada dia-multa. Também tem por parâmetro a capacidade econômica do réu. O limite mínimo é a fração de 1/30 do salário-mínimo vigente (atualmente, em torno de R$ 34,80) e o máximo de cinco salários-mínimos (aproximadamente, R$ 5.225,00). Caso o réu detenha grande poder econômico, a ponto de a multa, em seu limite máximo, não alcançar o objetivo a que se destina, o juiz poderá triplicá-la.

(3) Multiplicação do número de dias-multa pelo valor do dia-multa: fixados, por exemplo, 100 dias multa, no valor de um salário-mínimo por dia-multa, basta multiplicar um pelo outro (100 × R$ 1.045,00 = R$ 104.500,00). Outro exemplo, dessa vez com o dia-multa em dois salários-mínimos: 2 × R$ 1.045,00 = R$ 2.090,00 (dia-multa); 100 × R$ 2.090,00 = R$ 209.000,00. Obs.: a multiplicação não é fase do cálculo, mas mera consequência. Por isso dizemos que a multa é calculada em sistema bifásico (valor do dia-multa + quantidade de dias-multa).

### 5.3.2. PAGAMENTO DA MULTA

> **Pagamento da multa**
> **Art. 50.** A multa deve ser paga dentro de 10 (dez) dias depois de transitada em julgado a sentença. A requerimento do condenado e conforme as circunstâncias, o juiz pode permitir que o pagamento se realize em parcelas mensais.
> **§ 1º.** A cobrança da multa pode efetuar-se mediante desconto no vencimento ou salário do condenado quando:
> a) aplicada isoladamente;
> b) aplicada cumulativamente com pena restritiva de direitos;
> c) concedida a suspensão condicional da pena.
> **§ 2º.** O desconto não deve incidir sobre os recursos indispensáveis ao sustento do condenado e de sua família.

O Código Penal estabelece, em seu art. 50, o prazo de dez dias para o pagamento voluntário da multa, contado do trânsito em julgado da sentença penal condenatória. Ademais, no § 2º, é admitido o parcelamento do valor, com a possibilidade de desconto no vencimento ou salário, desde que presentes as condições impostas no § 1º.

### 5.3.3. CONVERSÃO DA MULTA

> **Conversão da Multa e revogação**
> **Art. 51.** Transitada em julgado a sentença condenatória, a multa será executada perante o juiz da execução penal e será considerada dívida de valor, aplicáveis as normas relativas à dívida ativa da Fazenda Pública, inclusive no que concerne às causas interruptivas e suspensivas da prescrição.

O art. 51 do CP foi modificado pelo *Pacote Anticrime* (Lei nº 13.964/2019). Para melhor compreender a modificação, veja a comparação entre as duas redações:

| Antes | Depois |
|---|---|
| Art. 51. Transitada em julgado a sentença condenatória, a multa será considerada dívida de valor, aplicando-se-lhes as normas da legislação relativa à dívida ativa da Fazenda Pública, inclusive no que concerne às causas interruptivas e suspensivas da prescrição. | Art. 51. Transitada em julgado a sentença condenatória, a multa será executada perante o juiz da execução penal e será considerada dívida de valor, aplicáveis as normas relativas à dívida ativa da Fazenda Pública, inclusive no que concerne às causas interruptivas e suspensivas da prescrição. |

Antes de 1996, quando entrou em vigor a Lei n° 9.268, que deu nova redação ao art. 51 – agora, revogada –, a pena de multa era convertida em pena privativa de liberdade quando o condenado frustrava seu pagamento. No entanto, a partir da alteração, a multa passou a ser mera dívida de valor, cuja inadimplência não gerava mais a conversão em pena privativa de liberdade, devendo ser cobrada pelo procedimento aplicável à execução de dívida ativa pela Fazenda Pública.

Por ser mero procedimento de cobrança de dívida, alguns passaram a sustentar que o Ministério Público não teria legitimidade para a execução da multa, cabendo à Procuradoria da Fazenda promover a cobrança judicial. Ademais, pela mesma razão, também existia o entendimento de que a execução deveria correr em *Vara de Execução Fiscal*, e não na *Vara de Execução Penal*. O debate chegou ao STF, que decidiu que a multa manteve sua natureza de sanção penal, embora seja dívida de valor, devendo ser executada pelo Ministério Público em *Vara de Execução Penal*.

Para dar fim definitivo ao debate, a nova redação do art. 51 do CP estabelece que a multa é, sim, dívida de valor, mas mantém a natureza de sanção penal, cuja execução deve se dar perante o juiz da execução penal – e não da execução fiscal –, devendo obedecer procedimento fixado para a cobrança de dívida ativa da Fazenda Pública, inclusive quanto às causas interruptivas e suspensivas da prescrição.

### 5.3.4. SUSPENSÃO DA EXECUÇÃO DA MULTA

> **Suspensão da execução da multa**
> **Art. 52. É suspensa a execução da pena de multa, se sobrevém ao condenado doença mental.**

O art. 52 do CP não trata de causa de suspensão da prescrição da multa, que deve obedecer ao disposto na *Lei de Execução Fiscal* (Lei n° 6.830/1980), mas de hipótese em que a execução, em si, fica suspensa, quando sobrevém ao condenado doença mental. A prescrição permanece correndo.

## 5.4. COMINAÇÃO DAS PENAS

### 5.4.1. PENAS PRIVATIVAS DE LIBERDADE

> **Penas privativas de liberdade**
> **Art. 53. As penas privativas de liberdade têm seus limites estabelecidos na sanção correspondente a cada tipo legal de crime.**

Seja qual for a infração penal, há limites mínimo e máximo de pena. Evidentemente, o juiz, ao condenar alguém, está limitado a esses limites – se a pena máxima é de 20 anos, o criminoso sabe, de antemão, o máximo de pena a ser imposta. No entanto, cuidado: se presente causa de aumento ou de diminuição de pena, aplicável na terceira fase do cálculo da dosimetria, a pena pode ser fixada abaixo do mínimo ou acima do máximo. Sobre o tema, veja os comentários ao art. 68 do CP.

### 5.4.2. PENAS RESTRITIVAS DE DIREITOS

> **Penas restritivas de direitos**
> **Art. 54. As penas restritivas de direitos são aplicáveis, independentemente de cominação na parte especial, em substituição à pena privativa de liberdade, fixada em quantidade inferior a 1 (um) ano, ou nos crimes culposos.**
> **Art. 55. As penas restritivas de direitos referidas nos incisos III, IV, V e VI do art. 43 terão a mesma duração da pena privativa de liberdade substituída, ressalvado o disposto no § 4º do art. 46.**
> **Art. 56. As penas de interdição, previstas nos incisos I e II do art. 47 deste Código, aplicam-se para todo o crime cometido no exercício de profissão, atividade, ofício, cargo ou função, sempre que houver violação dos deveres que lhes são inerentes.**
> **Art. 57. A pena de interdição, prevista no inciso III do art. 47 deste Código, aplica-se aos crimes culposos de trânsito.**

#### 5.4.2.1. DERROGAÇÃO

Com a entrada em vigor da Lei nº 9.714/1998, que deu nova redação ao art. 44, I, do CP, houve a derrogação tácita do art. 54.

### 5.4.2.2. DURAÇÃO

Em regra, as penas restritivas de direitos têm a mesma duração da pena privativa de liberdade substituída, mas há exceções: (a) a prestação pecuniária e a perda de bens ou valor, pela natureza incompatível com limites temporais (tempo × dinheiro); (b) a prestação de serviços à comunidade, que pode ser cumprida em menor tempo, nos termos do art. 46, § 1º, do CP.

### 5.4.2.3. INTERDIÇÃO DE DIREITOS

As penas restritivas de direitos consistentes em interdição de direitos, previstas nos incs. I e II, do art. 47, do CP (ex.: proibição do exercício de cargo público), são aplicáveis apenas quando a infração penal praticada decorre do exercício de profissão, atividade, ofício, cargo ou função, na hipótese de violação dos deveres que lhes são inerentes.

### 5.4.3. PENA DE MULTA

> **Pena de multa**
> **Art. 58. A multa, prevista em cada tipo legal de crime, tem os limites fixados no art. 49 e seus parágrafos deste Código.**
> **Parágrafo único. A multa prevista no parágrafo único do art. 44 e no § 2º do art. 60 deste Código aplica-se independentemente de cominação na parte especial.**

Em regra, a pena de multa não tem seus limites fixados no preceito secundário – no furto (art. 155 do CP, é dito, apenas, *multa*, sem qualquer outra informação). Para o cálculo, seja qual for o crime, consideramos o disposto na Parte Geral do Código Penal. Entretanto, há exceção em legislação especial. No tráfico de drogas (art. 33 da Lei nº 11.343/2006), o preceito secundário estabelece os limites de *500 (quinhentos) a 1.500 (mil e quinhentos) dias-multa.*

## 5.5. APLICAÇÃO DA PENA

### 5.5.1. PENA-BASE

> **Fixação da pena**
> **Art. 59.** *O juiz, atendendo à culpabilidade, aos antecedentes, à conduta social, à personalidade do agente, aos motivos, às circunstâncias e consequências do crime, bem como ao comportamento da vítima, estabelecerá, conforme seja necessário e suficiente para reprovação e prevenção do crime:*
> *I - as penas aplicáveis dentre as cominadas;*
> *II - a quantidade de pena aplicável, dentro dos limites previstos;*
> *III - o regime inicial de cumprimento da pena privativa de liberdade;*
> *IV - a substituição da pena privativa da liberdade aplicada, por outra espécie de pena, se cabível.*

O art. 68 do CP estabelece sistema trifásico para a dosimetria da pena. Resumidamente, funciona assim:

(1) Na primeira fase, o juiz considera as circunstâncias judiciais, com base no art. 59 do CP. Nesse primeiro momento, ele (magistrado) está preso aos limites mínimo e máximo de pena. Exemplo: se sou acusado de roubo simples (art. 157, *caput*, do CP), crime punido com pena de 4 a 10 anos, nessa primeira fase, o magistrado inicia o cálculo pela pena mínima (quatro anos), e a aumenta se houver circunstâncias judiciais negativas (art. 59 do CP). Ainda que todas estejam em meu desfavor, o juiz não pode ir além do máximo (10 anos).

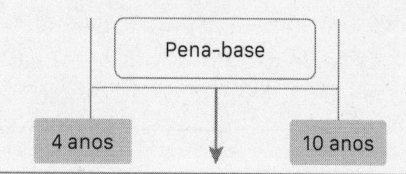

Por mais que as circunstâncias judiciais sejam negativas (art. 59 do CP), o juiz tem como limite o mínimo e o máximo estabelecido no art. 157 do CP.

(2) Na segunda fase, o cálculo começa do *quantum* alcançado na fase anterior. Voltando ao exemplo do roubo, que tem pena mínima de quatro anos, imaginemos que o magistrado a aumentou para seis anos, com fundamento no art. 59 do CP. Portanto, na segunda fase,

o cálculo deve começar em seis anos, e não mais em quatro (a pena mínima em abstrato). Esse é o momento de fazer incidir as circunstâncias atenuantes e agravantes (arts. 61, 62, 65 e 66 do CP). Por mais que haja pluralidade de atenuantes ou de agravantes, o juiz, novamente, está *preso* às penas mínima e máxima (Súm. nº 231 do STJ). Se a pena máxima do roubo simples é de 10 anos, este é o teto que pode, até aqui, ser alcançado.

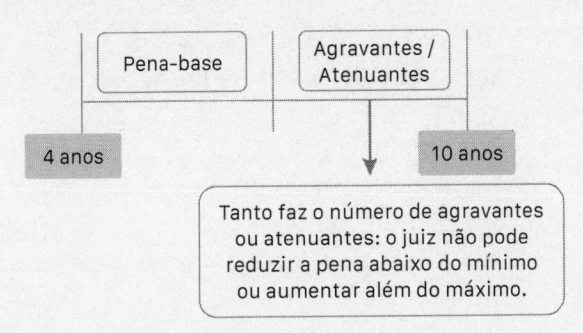

(3) Na terceira fase, o juiz inicia o cálculo a partir da pena obtida na segunda fase, após incidência das atenuantes de agravantes. Nessa última fase, é o momento de aplicação das causas de aumento e de diminuição de pena. Diferentemente das duas fases anteriores, a terceira permite que o magistrado estabeleça a pena abaixo do mínimo ou acima do máximo. Por isso, ainda que fixada a pena máxima do roubo simples, de 10 anos, a incidência de majorante pode elevar a pena acima deste limite. Da mesma forma, reconhecida, por exemplo, a tentativa (art. 14, II, do CP), causa de diminuição de pena, os quatro anos não precisam ser respeitados.

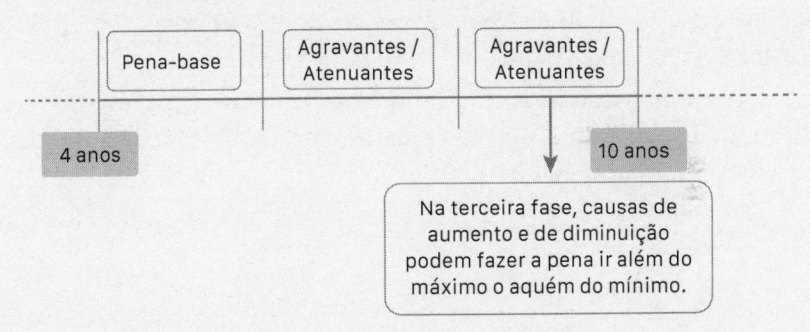

**DEMONSTRAÇÃO**

Para garantir que você, leitor, não fique sem entender o cálculo, trago a seguir a dosimetria de pena de *Suzane Louise von Richthofen*, acusada pela morte dos pais, em 31 de outubro de 2020:

(1) Primeira fase: a ré foi acusada de homicídio qualificado (art. 121, § 2º, do CP), presentes três qualificadoras. Uma serviu para qualificar e as demais como exasperar a pena. Na primeira fase, o juiz fixou a pena-base em 16 anos – acima do mínimo, de 12 anos. O motivo: ele entendeu que as circunstâncias judiciais (art. 59 do CP) eram desfavoráveis.

(2) Segunda fase: o cálculo iniciou em 16 anos, *quantum* obtido na primeira fase. O magistrado considerou presentes duas agravantes e aumentou a pena para 20 anos. Por existir atenuante (menoridade relativa), a pena foi reduzida de seis meses, ficando em 19 anos e seis meses (para cada uma das mortes).

(3) Terceira fase: não havia majorantes ou minorantes. Pena final: 19,6 anos (por cada morte), que foram somadas (concurso material, do art. 69 do CP).

A ré ainda foi condenada por outro crime: o de fraude processual (art. 347 do CP). Cada um dos três delitos (dois homicídios qualificados e uma fraude processual) passou pelo sistema trifásico de dosimetria de pena. Por ter sido reconhecido o concurso material (art. 69 do CP), todas as penas foram somadas e o total ficou em 39 anos e seis meses de reclusão.

Outro célebre caso: a condenação de *Alexandre Alves Nardoni* pelo homicídio da filha, *Isabella*, em concurso de pessoas com sua esposa e madrasta da vítima, *Anna Carolina Trota P. Jatobá*. Veja como foi feita a dosimetria pelo magistrado:

(1) O crime praticado foi o de homicídio, em sua forma qualificada (art. 121, § 2º, do CP), com pena mínima de 12 anos. A pena-base começou neste *quantum*.

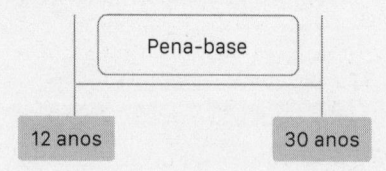

Pena-base

12 anos · 30 anos

(2) Apenas uma das três qualificadoras foi utilizada para, de fato, qualificar (a do art. 121, § 2º, V). Entenda: a qualificadora serve para que o cálculo da pena-base inicie em patamares mais altos – em vez de seis anos, do homicídio simples (art. 121, *caput*, do CP), os 12 anos do qualificado. Basta uma qualificadora para que isso aconteça.

(3) Na primeira fase, no cálculo da pena-base, o juiz entendeu que as circunstâncias judiciais eram negativas (art. 59 do CP) e, por isso, a fixou em 16 anos.

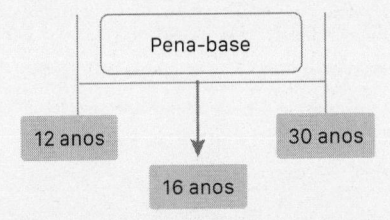

(4) Na segunda fase, o cálculo começou em 16 anos, *quantum* alcançado na primeira. As duas qualificadoras que sobraram foram convertidas em agravantes. Para Alexandre, uma agravante a mais: a do art. 61, II, *e*, do CP, por ser ascendente da vítima. Não havia atenuantes. Nessa fase, a pena alcançou o total de 23 anos.

Como se trata de homicídio triplamente qualificado, as outras duas qualificadoras de utilização de meio cruel e de recurso que dificultou a defesa da vítima (incisos III e IV, do parágrafo segundo do art. 121 do Código Penal), são aqui utilizadas como circunstâncias agravantes de pena, uma vez que possuem previsão específica no art. 61, inciso II, alíneas "c" e "d" do Código Penal. (trecho da sentença)

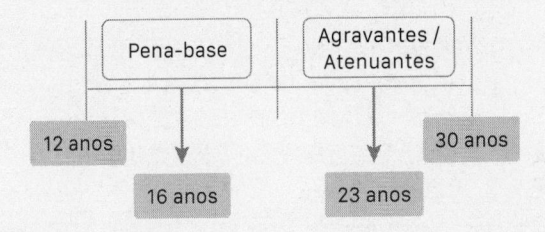

(5) Na terceira fase, o cálculo começou em 23 anos, total resultante das duas primeiras. Nessa última fase, a pena pode exceder o máximo ou ficar abaixo do mínimo. O juiz reconheceu a majorante do art. 121, § 4º, do CP, pois a vítima tinha menos de 14 anos, e aumentou a pena em 1/3, totalizando 31 anos, 1 mês e 10 dias.

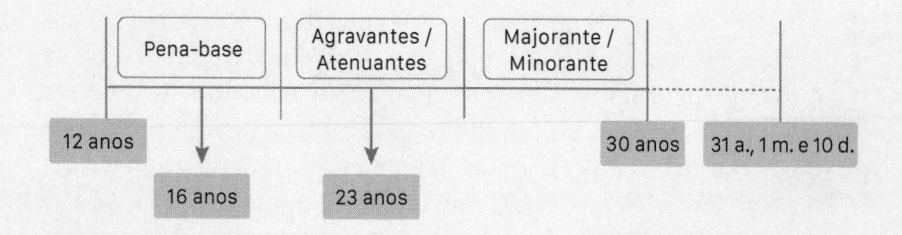

## 5.5.1.2. PENA-BASE

Na primeira fase do cálculo da pena, o juiz fixa a *pena-base* da sanção penal a ser imposta ao réu. Partindo da pena mínima cominada à infração penal – em um furto simples, de um ano –, são analisadas as circunstâncias judiciais dispostas no art. 59 do CP. Se a análise for inteiramente favorável ao réu, a pena fica no mínimo legal. É o limite mínimo. Por outro lado, se presentes circunstâncias desfavoráveis, não pode a pena ir além do máximo – no furto simples, quatro anos.

## 5.5.1.3. CIRCUNSTÂNCIAS JUDICIAIS

Estabelecidas no art. 59, *caput*, do CP, as circunstâncias judiciais são as seguintes:

(a) Culpabilidade: aqui, não falamos do terceiro substrato do crime, mas do *grau de culpabilidade* ou de *reprovabilidade* da conduta do agente. Se elevado, deve a pena-base ser aumentada acima do mínimo legal.

(b) Antecedentes: dizem respeito à vida pregressa do réu, anterior à infração penal. Não podem ser considerados como *maus antecedentes* inquéritos policiais em andamento, ações penais em trâmite ou ações em que tenha sido o réu absolvido. Ademais, não é o momento para reconhecer a reincidência, que deve ser objeto de incidência de agravante (art. 61, I, do CP), na segunda fase da dosimetria da pena. Portanto, na análise dos antecedentes, com fundamento no art. 59 do CP, é relevante saber se há maus antecedentes em desfavor do sentenciado. Para entender a distinção entre *maus antecedentes* e *reincidência*, veja os comentários ao art. 63 do CP.

Súm. nº 241 do STJ: A reincidência penal não pode ser considerada como circunstância agravante e, simultaneamente, como circunstância judicial.

Súm. nº 636 do STJ: A folha de antecedentes criminais é documento suficiente a comprovar os maus antecedentes e a reincidência.

(c) Conduta social: refere-se ao modo de viver do réu. Atividade profissional, relacionamento familiar e social, seu modo de agir perante a sociedade. Em resumo: se o criminoso é *pessoa de bem*. Em uma das varas onde atuei como advogado, o magistrado fornecia um formulário ao réu, com perguntas que, tenho certeza, eram respondidas sem muito apego à verdade – era perguntado se fumava, bebia, usava drogas, gostava de festas etc. Para demonstrar boa conduta social, é comum o arrolamento das chamadas *testemunhas de beatificação*, que nada sabem sobre os fatos relatados na denúncia ou queixa, e se limitam a falar bem do réu.

(d) Personalidade: é a análise do perfil psicológico do réu. Na prática, é difícil sua aplicação, afinal, estamos falando de avaliação feita por um jurista – o magistrado –, e não por um psicólogo.

(e) Motivos do crime: deve ser respondido o porquê de o criminoso ter praticado a conduta. É preciso ter cuidado, pois a motivação, em alguns casos, pode qualificar o crime, agravar ou majorar a pena. O motivo fútil, por exemplo, é agravante genérica (art. 61, II, *a*, do CP) e qualificadora do homicídio (art. 121, § 2º, II, do CP). A motivação só influenciará negativamente na pena-base quando não for hipótese de aplicação de dispositivo específico.

(f) Circunstâncias e consequências do crime: podem aumentar a pena-base desde que não sejam inerentes ao tipo penal. Em um homicídio, não posso elevar a pena em razão de a vítima ter morrido, afinal, é isso o que já se pune com as penas impostas pelo art. 121 do CP. A circunstância tem vez quando se extrapola o que se tem por natural, desde que não constitua alguma qualificadora, agravante ou majorante.

(g) Comportamento da vítima: caso o ofendido, de alguma forma, tenha concorrido para que o crime acontecesse, pode a pena ser abrandada, desde que não seja reconhecida como atenuante (art. 65, III, *c*, parte final, do CP) ou causa de diminuição de pena (ex.: art. 121, § 1º, do CP).

## 5.5.2. PENA DE MULTA

> *Critérios especiais da pena de multa*
> *Art. 60. Na fixação da pena de multa o juiz deve atender, principalmente, à situação econômica do réu.*
> *§ 1º. A multa pode ser aumentada até o triplo, se o juiz considerar que, em virtude da situação econômica do réu, é ineficaz, embora aplicada no máximo.*

A multa é calculada em um sistema bifásico. Na primeira fase, o juiz fixa a quantidade de dias-multa; na segunda, quanto vale cada dia-multa. Segundo o art. 49 do CP, o limite máximo é de 360 dias-multa. Cada dia multa pode valer, no máximo, 5 salários mínimos. Considerando o salário mínimo de R$ 1.045,00, cada dia-multa pode alcançar o valor de R$ 5.225,00, totalizando R$ 1.881,000 (5 × R$ 1.045,00 × 360). Se o condenado for pessoa de grande capacidade econômica, o valor máximo por ser triplicado.

### 5.5.3. AGRAVANTES GENÉRICAS

As agravantes são circunstâncias que tornam a conduta criminosa mais grave, mas sem qualquer influência para a existência do crime. As intituladas genéricas estão nos arts. 61 e 62 do CP, mas há outras espalhadas pela legislação penal especial (ex.: Lei nº 12.850/2013, art. 2º, § 3º). Para melhor compreendê-las, é imprescindível saber distingui-las das qualificadoras e das causas de aumento de pena. Veja o esquema a seguir:

| | |
|---|---|
| **Crime simples** | É a forma basilar de um crime, sem qualquer circunstância que aumente ou diminua a pena.<br>Exemplo: o *furto simples* (art. 155, *caput*, do CP), com pena de um a quatro anos. |
| **Crime qualificado** | É o crime derivado de outro tipo penal basilar (crime simples), mas mais gravoso. Possui penas próprias em relação à figura simples.<br>Exemplo: o *furto qualificado* (art. 155, § 4º, do CP), com pena de dois a oito anos.<br>Consequência: a dosimetria da pena deve ser feita com base na pena mais alta. Por isso, em um furto qualificado, o cálculo da pena-base (primeira fase) começa em dois anos, e não em um ano, pena da forma simples. |
| **Crime privilegiado** | É o oposto do crime qualificado: deriva de um outro tipo penal, em sua forma básica (forma simples), mas possui penas próprias, mais baixas, por ser conduta menos gravosa.<br>Exemplo: a *corrupção passiva privilegiada* (art. 317, § 2º, do CP), com pena de três meses a um ano. Na figura do *caput*, a pena é de 2 a 12 anos.<br>Consequência: a mesma da qualificadora. |
| **Agravante** | É circunstância que torna o crime mais grave, mas que não influencia em sua existência. Tem como característica a não fixação de *quantum* de aumento. A lei não diz que a pena será aumentada, por exemplo, em 1/6 ou 2/3.<br>Exemplo: art. 61 do CP.<br>Consequência: pode fazer com que, na segunda fase da dosimetria, a pena seja aumentada, desde que respeitado o limite máximo fixado no preceito secundário (Súm. nº 231 do STJ). |
| **Atenuante** | É o oposto da agravante. Abranda a pena. Da mesma forma, a lei não diz em quanto a pena será reduzida.<br>Exemplo: art. 65 do CP.<br>Consequência: a mesma da agravante. |
| **Causa de aumento de pena** | É a situação em que, por tornar o crime mais gravoso, faz com que a pena seja aumentada em proporções fixas (1/6, 1/3, 1/2, 2/3 etc.), estabelecidas em lei.<br>Exemplo: o *roubo circunstanciado* (art. 157, § 2º, do CP).<br>Consequência: aplicada na terceira fase da dosimetria, pode fazer com que a pena alcance patamar superior ao máximo. |
| **Causa de diminuição de pena** | É o oposto da causa de aumento de pena. A pena é diminuída em proporções fixas estabelecidas por lei (1/6, 1/3, 1/2, 2/3 etc.).<br>Exemplo: o *homicídio privilegiado* (art. 121, § 1º, do CP).<br>Consequência: a mesma da causa de aumento de pena.<br>Cuidado: muitas vezes, a expressão *privilégio* é utilizada de forma equivocada, como sinônimo de causa de diminuição de pena. Ex.: homicídio privilegiado, tráfico privilegiado (art. 33, § 4º, da Lei nº 11.343/2006), furto privilegiado (art. 155, § 2º, do CP) etc. |

No art. 61, o CP traz rol de circunstâncias agravantes aplicáveis a todos os delitos, salvo se houver previsão diversa em lei especial (art. 12 do CP). Em transcrição a seguir, alguns apontamentos:

(a) Reincidência: é punido com mais rigor aquele que, tendo contra si sentença condenatória transitada em julgado, volta a delinquir. Isso se dá pelo fato de que a punição anterior não foi suficiente para o desestimular à prática de infrações penais.

(b) Motivo fútil ou torpe: fútil é o motivo desproporcional. O mal causado não corresponde ao que o ensejou. Torpe é motivo repugnante, que causa nojo. A agravante não deve ser aplicada caso o motivo fútil ou torpe qualifique o delito, como acontece no homicídio (art. 121, § 2º, I e II, do CP).

(c) Finalidade de facilitar ou assegurar a execução, a ocultação, a impunidade ou vantagem de outro crime: é agravada a pena quando o agente pratica o crime com o objetivo de assegurar a impunidade ou o êxito de um outro. A agravante não é aplicada quando existir qualificadora de mesmo teor (ex.: art. 121, § 2º, V, do CP).

(d) Traição: o agente pratica o crime tirando proveito de confiança depositada pela vítima. Também pode qualificar o delito, hipótese em que a agravante deve ser afasta (art. 121, § 2º, IV, do CP).

(e) Emboscada: o criminoso faz tocaia para surpreender a vítima. É punida com mais rigor por reduzir a chance de defesa. Pode qualificar o delito, quando a agravante deverá ser afastada (ex.: art. 121, § 2º, IV, do CP).

(f) Dissimulação: é conduta traiçoeira, em que o agente faz com que a vítima não perceba que está em perigo. Também pode qualificar o delito (ex.: art. 121, § 2º, IV, do CP).

(g) Qualquer outro recurso que dificultou ou tornou impossível a defesa do ofendido: após trazer alguns exemplos (traição, emboscada e dissimulação), o art. 61, II, c traz fórmula genérica, que abrange todo e qualquer recurso que inviabilize a defesa da vítima.

(h) Com emprego de veneno, fogo, explosivo, tortura ou outro meio insidioso ou cruel, ou de que podia resultar perigo comum: a agravante pune com mais rigor três situações diversas. Primeiro, o meio insidioso (traiçoeiro), como o veneno; segundo, o meio cruel, aquele que causa sofrimento desnecessário à vítima; e o meio de execução que provoca perigo comum, a exemplo do explosivo.

(i) Contra ascendente, descendente, cônjuge ou irmão: é inegável a maior reprovabilidade social da conduta quando praticada contra familiar. Por ser circunstância pessoal, não se comunica com terceiro que não ostenta a mesma qualidade (art. 30 do CP). Quanto à união estável, não parece correta a incidência da agravante, pois seria fruto de *analogia in malam partem*.

(j) Com abuso de autoridade ou prevalecendo-se de relações domésticas, de coabitação ou de hospitalidade, ou com violência contra a mulher na forma da lei específica: agravante adicionada ao art. 61 do CP pela Lei nº 11.340/2006, a *Lei Maria da Penha*. *O abuso de autoridade* nada tem a ver com aquele da Lei nº 13.869/2019 (*Lei de Abuso de Autoridade*). Trata-se de autoridade no âmbito das relações privadas.

(k) Com abuso de poder ou violação de dever inerente a cargo, ofício, ministério ou profissão: cargo e ofício têm natureza pública. O ministério diz respeito a atividades religiosas. A profissão é a atividade exercida por alguém (particular) como meio de ganhar a vida.

(l) Contra criança: é a pessoa com menos de doze anos de idade (art. 2º do ECA).

(m) Contra maior de sessenta anos: na antiga redação, o Código Penal falava em *velho*. Com a entrada em vigor do Estatuto do Idoso, contudo, passou a ser falar em maior de sessenta anos, em referência ao idoso.

(n) Contra enfermo ou mulher grávida: enfermo é quem está doente, ainda que transitoriamente.

(o) Quando o ofendido estava sob a imediata proteção da autoridade: a vítima está sob custódia de autoridade pública, que deveria zelar por sua segurança, mas não o fez. Portanto, deve a punição ser mais rigorosa.

(p) Ocasião de incêndio, naufrágio, inundação ou qualquer calamidade pública, ou de desgraça particular do ofendido: a punição é mais rigorosa pelo fato de o agente tirar proveito de situação em que a vítima se encontra frágil em razão do contexto fático trágico.

(q) Em estado de embriaguez preordenada: quando o criminoso se embriaga para criar coragem para a prática da infração penal.

> **Agravantes no caso de concurso de pessoas**
> **Art. 62. A pena será ainda agravada em relação ao agente que:**
> **I - promove, ou organiza a cooperação no crime ou dirige a atividade dos demais agentes;**
> **II - coage ou induz outrem à execução material do crime;**
> **III - instiga ou determina a cometer o crime alguém sujeito à sua autoridade ou não-punível em virtude de condição ou qualidade pessoal;**
> **IV - executa o crime, ou nele participa, mediante paga ou promessa de recompensa.**

Além das agravantes do art. 61, o CP traz outro rol, no art. 62, aplicável às práticas delituosas em que há mais de uma pessoa envolvida no crime – não, necessariamente, em concurso de pessoas, como diz o CP. As circunstâncias são as seguintes:

(a) Promover ou organizar a cooperação no crime ou dirigir a ação dos demais: é punido com mais rigor o autor intelectual do delito. Por estar no comando, sua conduta é punida com mais rigor. A posição de liderança pode, até mesmo, evitar o gozo de alguns benefícios, a exemplo do que ocorre no art. 4º, § 4º, I, da Lei nº 12.850/2013.

(b) Coagir ou induzir outrem à execução material do crime: é o que ocorre na hipótese, por exemplo, da coação moral irresistível, devendo o coator (quem coage) ser punido com maior rigor. Embora, logo acima do art. 62, o CP fale em *concurso de pessoas*, coator e coagido não são concorrentes (vide comentários ao art. 29 do CP).

(c) Instigar ou determinar a cometer crime alguém que esteja sob sua autoridade ou não seja punível em virtude de condição de qualidade pessoal: é punido com maior rigor o agente que tira proveito de sua autoridade ou da impunibilidade de alguém, fazendo deste mero instrumento para a execução da conduta criminosa. Não há concurso de pessoas, como estabelecido pelo art. 29 do CP.

(d) Executar o crime ou dele participar em razão de paga ou promessa de recompensa: a punição é mais rigorosa para aquele que age em contraprestação a alguma recompensa – conhecido por *mercenário*. A agravante não incide em crimes contra o patrimônio, afinal, a obtenção de vantagem econômica é inerente àqueles delitos.

## 5.5.4. REINCIDÊNCIA

> **Reincidência**
> **Art. 63. Verifica-se a reincidência quando o agente comete novo crime, depois de transitar em julgado a sentença que, no País ou no estrangeiro, o tenha condenado por crime anterior.**

A reincidência é repetidamente punida em vários institutos de Direito Penal. Alguns exemplos: aumenta o prazo prescricional (art. 110, *caput*, do CP), dificulta a progressão (art. 112 da LEP), agrava a pena (art. 61, I, do CP) etc. Isso acontece porque, apesar de ter sido condenado anteriormente por outra infração penal, o agente voltou a viver como *criminoso*. Portanto, nessa nova condenação, temos de endurecer a punição.

### 5.5.4.1. CONCEITO

A reincidência ocorre se o indivíduo pratica crime quando já existente condenação transitada em julgado por infração anterior em seu desfavor. A reincidência está presente mesmo se a condenação é oriunda de *Justiça* estrangeira, não sendo necessária a homologação para a incidência do art. 63 do CP.

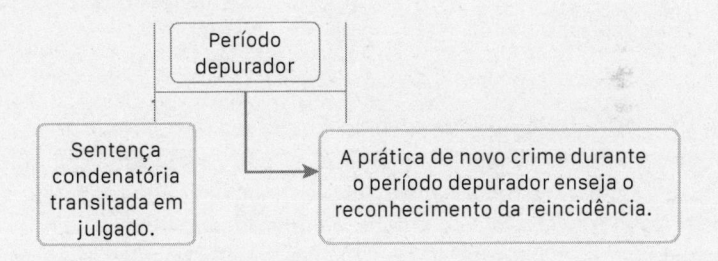

### 5.5.4.2. CONTRAVENÇÃO PENAL

Infração penal é gênero que comporta duas espécies: os crimes e as contravenções penais (Lei nº 3.688/1941). Segundo o art. 63 do CP, há reincidência se o indivíduo pratica *novo crime* quando existente condenação transitada em julgado por *crime anterior*. Portanto, com base no Código Penal, só haveria reincidência quando praticado *crime*, não podendo ser consideradas as *contravenções penais*.

Ocorre que, em seu art. 7º, a *Lei de Contravenções Penais* também estabelece regras quanto à reincidência. Veja:

Art. 7º. Verifica-se a reincidência quando o agente pratica uma contravenção depois de passar em julgado a sentença que o tenha condenado, no Brasil ou no estrangeiro, por qualquer crime, ou, no Brasil, por motivo de contravenção.

Como se verifica, não existe incompatibilidade entre o art. 63 do CP e o art. 7º da LCP. Em verdade, se complementam, criando o seguinte quadro:

| Condenação anterior | Nova conduta | Resultado |
|---|---|---|
| Sentença condenatória transitada em julgado, no Brasil ou no estrangeiro, por crime. | Prática de novo crime. | Reincidência (art. 63 do CP). |
| Sentença condenatória transitada em julgado, no Brasil ou no estrangeiro, por crime. | Prática de contravenção penal. | Reincidência ( art. 7º da LCP). |
| Sentença condenatória transitada em julgado por contravenção penal praticada no Brasil. | Prática de crime. | Primariedade (art. 63 do CP). |
| Sentença condenatória transitada em julgado por contravenção penal praticada no Brasil. | Prática de nova contravenção penal. | Reincidência (art. 7º da LCP). |

> **Art. 64. Para efeito de reincidência:**
> *I - não prevalece a condenação anterior, se entre a data do cumprimento ou extinção da pena e a infração posterior tiver decorrido período de tempo superior a 5 (cinco) anos, computado o período de prova da suspensão ou do livramento condicional, se não ocorrer revogação;*
> *II - não se consideram os crimes militares próprios e políticos.*

### 5.5.4.3. SISTEMA DA TEMPORARIEDADE DA REINCIDÊNCIA

Em vez de considerar a reincidência por toda a vida do delinquente, o Código Penal impõe um limite de cinco anos – intitulado *período depurador* –, contados da seguinte forma, com fundamento no art. 64, I, do CP:

(I) Pena anterior cumprida: a contagem inicia da data em que o indivíduo encerra o cumprimento da pena. Ou seja: se o agente volta a delinquir no terceiro ano posterior ao fim do cumprimento da pena anterior, dizemos ser reincidente.

(2) Pena anterior extinta por qualquer causa: a contagem dos cinco anos é iniciada da data em que a extinção da pena ocorreu.

(3) Fim do período de prova do *sursis* ou do livramento condicional: se cumprido o período de prova sem revogação desses benefícios, a contagem é feita desde a data da audiência de advertência do *sursis* ou do livramento (vide comentários feitos aos arts. 77 e 83 do CP).

Importante destacar que os cinco anos do período depurador são considerados na época da nova conduta típica. Por isso, pouco importa o fato de que os cinco anos foram ultrapassados na época da condenação pelo novo delito. A reincidência não é aferida na época da sentença, mas na data da conduta.

### 5.5.4.4. CRIMES MILITARES PRÓPRIOS E CRIMES POLÍTICOS

Os crimes militares próprios são aqueles que não encontram correspondência com os crimes comuns, *não militares*. Ex.: o crime de deserção, do art. 187 do CPM (Dec.-lei nº 1.001/1969), conduta atípica quando praticada por *não militares*. Um crime é *militar impróprio* quando também típica para *não militares*. Ex.: o homicídio, típico no art. 205 do CPM e no art. 121 do CP. Para melhor visualizar o que diz o art. 64, II, primeira parte, do CP, veja o quadro a seguir, também aplicável aos *crimes políticos*:

| Crime anterior | Crime posterior | Resultado |
| --- | --- | --- |
| Crime militar próprio (ex.: a deserção). | Crime militar impróprio (ex.: o homicídio, do art. 205 do CPM). | Não reincidente (CP, art. 64, II). |
| Crime militar próprio. | Crime comum (ex.: o homicídio, do art. 121 do CP). | Não reincidente (CP, art. 64, II). |
| Crime militar próprio. | Crime militar próprio. | Reincidente (art. 71 do CPM). |

### 5.5.4.5. REINCIDÊNCIA E MAUS ANTECEDENTES

Os antecedentes dizem respeito à vida pregressa do criminoso. Quando uma nova infração penal é praticada durante o período depurador, dizemos que se trata de pessoa reincidente, conclusão extraída da expressa redação dos arts. 63 e 64 do CP. No entanto, em relação aos denominados *maus antecedentes*, não existe um conceito legal, embora provoquem consequências gravosas ao criminoso – por exemplo, a exasperação da pena-base, com fundamento no art. 59 do CP.

Súm. nº 444 do STJ: *É vedada a utilização de inquéritos policiais e ações penais em curso para agravar a pena-base.*

Na Súm. nº 444, o STJ estabelece que *é vedada a utilização de inquéritos policiais e ações penais em curso para agravar a pena-base.* Logo, com base em tudo o que foi dito, podemos dizer que não configuram maus antecedentes:

(a) A reincidência;

(b) Inquéritos policiais e ações penais em curso.

O que resta, então? Apenas as hipóteses que não podem ser consideradas reincidência. Podemos imaginar duas:

(1) Em 2017, pratico um roubo. No mesmo ano, sou condenado, mas recorro – não houve trânsito em julgado, requisito da reincidência. Em 2018, pratico novo crime. Dessa vez, um furto. Em 2019, a condenação pelo roubo (primeiro crime) transita em julgado. Em 2020, sou condenado pelo furto. Sou reincidente? Não, afinal, na época do segundo crime (o furto), ainda não existia condenação definitiva, mas posso ser considerado portador de maus antecedentes.

(2) Em 2011, é extinta minha pena em razão de cumprimento integral. Em 2019, volto a praticar crime. Sou reincidente? Não, pois o novo delito foi praticado após o período depurador de cinco anos. Resta, portanto, o reconhecimento dos maus antecedentes.

### 5.5.5. ATENUANTES GENÉRICAS

*Circunstâncias atenuantes*

*Art. 65. São circunstâncias que sempre atenuam a pena:*

*I - ser o agente menor de 21 (vinte e um), na data do fato, ou maior de 70 (setenta) anos, na data da sentença;*

*II - o desconhecimento da lei;*

*III - ter o agente:*

*a) cometido o crime por motivo de relevante valor social ou moral;*

*b) procurado, por sua espontânea vontade e com eficiência, logo após o crime, evitar-lhe ou minorar-lhe as consequências, ou ter, antes do julgamento, reparado o dano;*

*c) cometido o crime sob coação a que podia resistir, ou em cumprimento de ordem de autoridade superior, ou sob a influência de violenta emoção, provocada por ato injusto da vítima;*

*d) confessado espontaneamente, perante a autoridade, a autoria do crime;*

*e) cometido o crime sob a influência de multidão em tumulto, se não o provocou.*

Atenuantes são as circunstâncias previstas nos arts. 65 e 66 do CP e em outras leis penais (ex.: art. 14 da Lei nº 9.605/1998). Têm por objetivo abrandar a pena do réu quando sua conduta for de menor reprovabilidade. Não se confundem com as causas de diminuição de pena, como vimos em distinção feita quando comentado o art. 61 do CP. As hipóteses elencadas no Código Penal são as seguintes:

(a) Menoridade relativa: não se trata da menoridade penal, estabelecida no art. 27 do CP, norma endereçada aos menores de 18 anos (crianças e adolescentes), mas de pessoa adulta, com 18 ou menos de 21 anos de idade, que pratica infração penal. Para o Código Penal, o indivíduo nessa faixa etária é imaturo, devendo ser punido com menor rigor, de forma atenuada. Friso: a idade deve ser aferida na época da conduta, pouco importando quando ocorreu o resultado ou a condenação.

(b) Senilidade: é atenuada a pena quando o criminoso é maior de 70 anos na data da sentença. Dois pontos merecem destaque: (i) a data é aferida na época da sentença, e não da conduta, como na menoridade relativa; (ii) o fato de o *Estatuto do Idoso* (Lei nº 10.741/2003) considerar idoso quem tem idade igual ou superior a 60 anos (art. 1º) não influencia na atenuante.

(c) Desconhecimento da lei: ninguém pode se escusar de obrigação por desconhecer a lei (art. 3º da LINDB). Contudo, pode a pena ser atenuada em virtude disso. Acerca do *erro de proibição*, veja os comentários ao art. 21 do CP.

(d) Motivo de relevante valor social ou moral: no valor social, o motivo desperta interesse coletivo ou público; no valor moral, o motivo é de ordem interna, pessoal. Diz respeito ao indivíduo, e não à coletividade. Em alguns casos, pode configurar causa de diminuição de pena, hipótese em que a atenuante deve ser afastada (art. 121, § 1º, do CP).

(e) Ter o agente procurado, por sua espontânea vontade e com eficiência, logo após o crime, evitar-lhe ou minorar-lhe as consequências, ou ter, antes do julgamento, reparado o dano: a atenuante tem aplicação residual em relação ao arrependimento posterior, do art. 16 do CP.

(f) Praticar a infração penal sob coação a que podia resistir, ou em cumprimento de ordem de autoridade superior, ou sob a influência de violenta emoção, provocada por ato injusto da vítima: a atenuante incide de forma residual, quando não estiver caracterizada a coação moral irresistível, excludente da culpabilidade prevista no art. 22 do CP.

(g) Praticar a infração penal sob a influência de multidão em tumulto, se não o provocou: em confusões generalizadas, o agente pode ser influenciado a se envolver em atos de delinquência – há quem fale em *efeito manada*. A responsabilidade penal não pode ser afastada, mas a pena deve ser atenuada.

(h) Confissão espontânea: é atenuada a pena quando o indivíduo, em ato espontâneo (sem influência de terceiros), confessa prática delituosa a ele atribuída. Sobre o tema, há duas súmulas do STJ que tem de ser comparadas, pois influenciam diretamente na incidência da atenuante. Entenda:

| Súm. nº 545 do STJ: "Quando a confissão for utilizada para a formação do convencimento do julgador, o réu fará jus *à atenuante prevista no artigo 65, III, d, do Código Penal.*" | Súm. nº 630 do STJ: "A incidência da atenuante da confissão espontânea no crime de tráfico ilícito de entorpecentes exige o reconhecimento da traficância pelo acusado, não bastando a mera admissão da posse ou propriedade para uso próprio." |
| --- | --- |

Em ambas, o STJ trata da denominada *confissão qualificada*, quando o réu confessa a autoria dos fatos a ele imputados, mas assim o faz para sustentar tese excludente do delito. Exemplo: sou acusado de furtar alimentos de um supermercado. Em juízo, confirmo a subtração, mas digo que minha conduta foi consequência de fome extrema, para buscar a absolvição por estado de necessidade (art. 24 do CP).

Na Súm. nº 545, a Corte estabelece que, caso o juiz utilize essa confissão qualificada para formar seu convencimento ao me condenar, faço jus à atenuante da confissão espontânea. A minha tese defensiva do estado de necessidade não foi aceita, mas o magistrado, ao utilizar minhas palavras para embasar a condenação, deve fazer incidir a atenuante. Nada mais justo, pois minha confissão auxiliou o Estado na busca pela verdade.

Entretanto, em acusações por tráfico de drogas, há um comportamento padrão pelos acusados: eles confessam que, de fato, são os donos das drogas, mas sustentam o consumo pessoal, em busca de desclassificação do crime de tráfico (art. 33 da Lei nº 11.343/2006) para o de posse de droga para consumo pessoal (art. 28 da mesma lei). Para o STJ, nessa hipótese, o acusado não tem direito à atenuante da confissão espontânea, caso não seja aceita sua tese de desclassificação. A Súm. nº 630 limita a atenuante da confissão apenas para quem confessa que estava, em verdade, traficando.

> **Art. 66. A pena poderá ser ainda atenuada em razão de circunstância relevante, anterior ou posterior ao crime, embora não prevista expressamente em lei.**

### 5.5.5.I. ATENUANTES INOMINADAS

O art. 66 do CP traz as intituladas *atenuantes inominadas*, que devem ser reconhecidas se o agente, antes ou depois do crime, pratica conduta que reduz a reprovabilidade dos seus atos. Exemplo: após concluir a execução de um homicídio (art. 121 do CP), enquanto aguarda a consumação, o indivíduo se arrepende do que fez e leva a vítima ao hospital, tentando salvá-la. No entanto, apesar do seu esforço, ela morre. Nessa situação, não há arrependimento eficaz (art. 15 do CP), mas a pena pode ser atenuada com fundamento no art. 66 do CP.

### 5.5.6. CONCURSO DE AGRAVANTES E ATENUANTES

> *Concurso de circunstâncias agravantes e atenuantes*
> **Art. 67. No concurso de agravantes e atenuantes, a pena deve aproximar-se do limite indicado pelas circunstâncias preponderantes, entendendo-se como tais as que resultam dos motivos determinantes do crime, da personalidade do agente e da reincidência.**

Imagine que, em um caso concreto, ao proferir sentença, o juiz conclui que o criminoso é reincidente (circunstância agravante), mas agiu por motivo de relevante valor moral (atenuante). Considerando que a lei não estabelece em quanto a pena será aumentada ou diminuída – afinal, estamos falando em agravante em atenuante –, como deve agir o magistrado? A agravante e a atenuante podem ser compensadas, uma com outra? Depende.

Segundo o art. 67 do CP, algumas atenuantes e agravantes são preponderantes em relação a outras. Nem todas essas circunstâncias têm igual valor. Por isso, nem sempre a compensação é possível. Para o dispositivo, são preponderantes as circunstâncias relacionadas aos motivos determinantes do crime, à personalidade do agente e à reincidência.

Sozinho, o artigo em estudo não esclarece todas as dúvidas sobre o assunto. Para dirimir dúvidas, é importante a leitura da jurisprudência do STJ. Em inúmeros julgados, a Corte disse quando é possível ou não a compensação entre determinadas agravantes e atenuantes. Exemplo:

A jurisprudência desta Corte atua no sentido de compensar a agravante da reincidência com a atenuante da confissão, não havendo que se falar em preponderância da primeira. (*HC* nº 540732/PR)

## 5.5.7. SISTEMA TRIFÁSICO

> *Cálculo da pena*
> *Art. 68. A pena-base será fixada atendendo-se ao critério do art. 59 deste Código; em seguida serão consideradas as circunstâncias atenuantes e agravantes; por último, as causas de diminuição e de aumento.*
> *Parágrafo único. No concurso de causas de aumento ou de diminuição previstas na parte especial, pode o juiz limitar-se a um só aumento ou a uma só diminuição, prevalecendo, todavia, a causa que mais aumente ou diminua.*

O art. 68 do CP estabelece o *sistema trifásico* para a dosimetria de pena, mais bem esclarecido quando estudamos o art. 59 do CP. Uma rápida revisão:

(1) Na primeira fase, é fixada a pena-base. O cálculo deve começar da pena mínima cominada ao delito – em sua forma simples, qualificada ou privilegiada. É o momento em que são consideradas as circunstâncias judiciais, com fundamento no art. 59 do CP.

(2) Na segunda fase, são reconhecidas as atenuantes e as agravantes. Não importa quantas estejam presentes, o juiz está *preso* às penas mínima e máxima cominadas ao delito (Súm. nº 231 do STJ).

(3) Na terceira fase, incidem as causas de aumento e de diminuição de pena, que podem fazer com que a pena fique abaixo do mínimo ou além do máximo.

### 5.5.7.1. CONCURSO ENTRE CAUSAS DE AUMENTO E DE DIMINUIÇÃO

Quando há uma única causa de aumento ou de diminuição, é fácil o cálculo. Se, na terceira fase, temos uma pena de 6 anos, quando aplicada majorante de 1/3, temos um total de oito anos (6 + 1/3 = 8). No entanto, não é tão simples calcular quando tempos pluralidade dessas causas – por exemplo, duas majorantes, uma de 1/3 e outra de 2/3, e três minorantes, uma de 1/6, outra de 1/3 e outra de 1/2. Podemos, simplesmente, compensá-las, quando iguais? Quando diversas, qual deve ser aplicada primeiro?

Para solucionar o problema, o par. ún. do art. 68 estabelece o seguinte: quando houver pluralidade de causas de aumento ou de diminuição localizadas na Parte Especial (a partir do art. 120 do CP), o juiz pode aplicar apenas uma, prevalecendo a que mais aumente ou diminua. Exemplo: na Parte Especial do Código Penal (onde estão os crimes em espécie), há duas majorantes. Uma de 1/6 e outra de 2/3. Pode o juiz aplicar apenas esta, pois mais alta. Da mesma forma, se houver duas ou mais minorantes na Parte Especial, pode o juiz aplicar todas elas ou apenas uma, desde que seja a que mais diminui.

Entretanto, o art. 68 nada diz a respeito das majorantes e minorantes da Parte Geral do CP (arts. 1º a 120), não existindo alternativa ao juiz, que deve aplicar todas. Ademais, se houver uma majorante (ou minorante) da Parte Geral e outra da Parte Especial, o juiz deverá aplicar as duas. A regra do par. ún. do art. 68 só vale para o concurso de causas de aumento e de diminuição que estejam na Parte Especial do Código Penal.

### 5.5.7.2. CONCURSO DE QUALIFICADORAS

Quando há apenas uma qualificadora, não há dificuldade. Exemplo: o agente pratica furto qualificado pelo rompimento de obstáculo (art. 155, § 4º, I, do CP). Por se tratar de qualificadora, há penas próprias para o crime, diversas daquela do *caput*, do art. 155. No *furto simples*, a pena é de um a quatro anos; no *qualificado*, de dois a oito anos. Reconhecida a qualificadora do rompimento de obstáculo, o cálculo da pena-base começa em dois anos, pena mínima da forma qualificada.

(a) Furto simples (art. 155, *caput*, do CP):

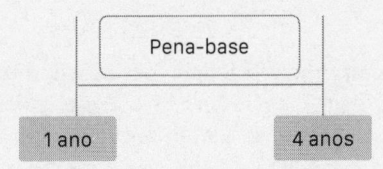

(b) Furto qualificado (art. 155, § 4º, do CP):

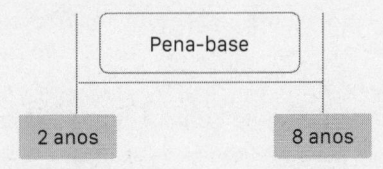

Contudo, o que fazer se houver mais de uma qualificadora? Em nosso exemplo, imagine que, além da qualificadora do rompimento de obstáculo, está presente a do concurso de pessoas art. 155, § 4º, IV, do CP). Uma só já é suficiente para a punição na forma qualificada, com pena de 2 a 8 anos. E a outra, o que fazer? Podemos utilizá-la como circunstância judicial negativa, na primeira fase da dosimetria. Para ficar mais claro, um rápido passo a passo:

(1) Presentes as duas qualificadoras, utilizamos uma para reconhecer a forma qualificada do crime de furto (se houver mais de uma, a mais grave). Se fosse um furto simples, a pena inicial seria de um ano. Aplicada uma das duas qualificadoras, a pena inicial passa a ser de dois anos.

(2) Na primeira fase da dosimetria da pena, quando é fixada a pena-base, partimos da pena mínima cominada. Em nosso exemplo, os dois anos do furto qualificado. Com a qualificadora que sobrou, a pena-base é elevada acima do mínimo legal. Ou seja: na primeira fase do cálculo, a pena-base não ficará no mínimo legal, pois existe circunstância judicial negativa (art. 59 do CP).

Há posicionamento no sentido de que a qualificadora que *sobrou* também pode se transformar em agravante, se estiver no rol dos arts. 61 e 62 do CP. Sobre o tema, veja os comentários ao art. 59 do CP, onde há demonstração de dosimetria com mais de uma qualificadora.

### 5.5.8. CONCURSOS DE CRIMES

#### 5.5.8.I. CONCURSO MATERIAL

*Concurso material*
*Art. 69. Quando o agente, mediante mais de uma ação ou omissão, pratica dois ou mais crimes, idênticos ou não, aplicam-se cumulativamente as penas privativas de liberdade em que haja incorrido. No caso de aplicação cumulativa de penas de reclusão e de detenção, executa-se primeiro aquela.*
*§ 1º. Na hipótese deste artigo, quando ao agente tiver sido aplicada pena privativa de liberdade, não suspensa, por um dos crimes, para os demais será incabível a substituição de que trata o art. 44 deste Código.*
*§ 2º. Quando forem aplicadas penas restritivas de direitos, o condenado cumprirá simultaneamente as que forem compatíveis entre si e sucessivamente as demais.*

Como punir quem pratica dois ou mais crimes? Se pergunto a um leigo, a resposta será: pela soma das penas dos delitos. De fato, parece o mais lógico a se fazer. Se alguém decide cometer vários crimes, que aceite a soma de todo o mal causado. Essa forma de pensar tem um nome: *sistema do cúmulo material*. Ele é aplicado em duas hipóteses: no concurso material, do art. 69 do CP, e no concurso formal impróprio, do art. 70 do CP.

### 5.5.8.1.1. CÚMULO MATERIAL

O concurso material (ou real) é o mais fácil de ser compreendido dentre as espécies de concursos de crimes. O agente, mediante mais de uma ação ou omissão, produz dois ou mais crimes. Ou seja:

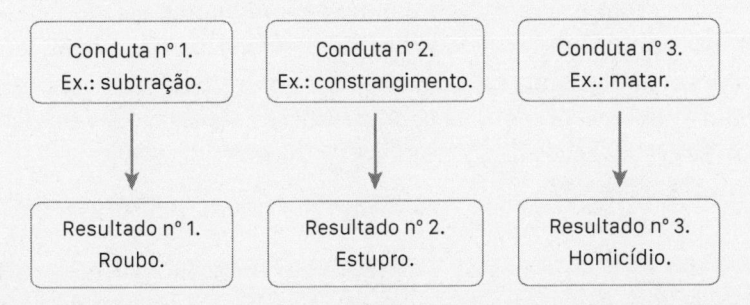

Na primeira conduta, uma subtração mediante violência, pratico um roubo (art. 157 do CP). Na segunda conduta, constranjo alguém, mediante grave ameaça, à conjunção carnal, resultando em um estupro (art. 213 do CP). Na terceira conduta, tento matar uma pessoa ao praticar um homicídio (art. 121 do CP). A minha punição: a soma das penas dos três crimes (sistema do cúmulo material).

### 5.5.8.2. CONCURSO FORMAL

**Concurso formal**
*Art. 70. Quando o agente, mediante uma só ação ou omissão, pratica dois ou mais crimes, idênticos ou não, aplica-se-lhe a mais grave das penas cabíveis ou, se iguais, somente uma delas, mas aumentada, em qualquer caso, de um sexto até metade. As penas aplicam-se, entretanto, cumulativamente, se a ação ou omissão é dolosa e os crimes concorrentes resultam de desígnios autônomos, consoante o disposto no artigo anterior.*
*Parágrafo único. Não poderá a pena exceder a que seria cabível pela regra do art. 69 deste Código.*

No concurso material, duas ou mais condutas produzem dois ou mais resultados. Por outro lado, no concurso formal, temos uma única conduta e pluralidade de resultados. Ou seja:

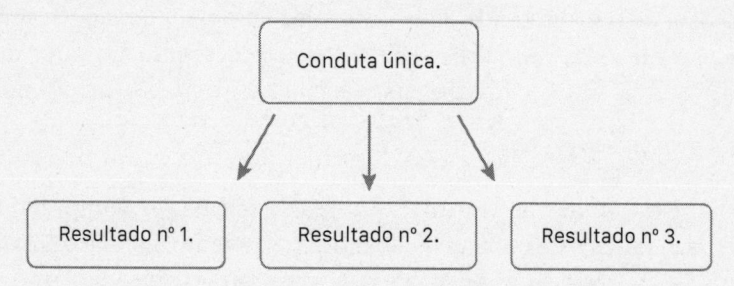

Portanto, com uma só ação ou omissão, provoquei dois ou mais crimes. Exemplo: dirigindo de forma imprudente, perco o controle do automóvel e atinjo uma calçada, atropelando e matando cinco pessoas e ferindo outras três. Com uma conduta isolada, produzi oito resultados. Nessa situação, como devo ser punido? Depende.

### 5.5.8.2.1. SISTEMA DE EXASPERAÇÃO DE PENA

Para decidir como punir o criminoso em hipótese de concurso formal, temos de descobrir se existiu pluralidade de desígnios (intenção, vontade) por parte do agente. No exemplo em que, de forma imprudente – portanto, agindo com culpa, sem vontade de produzir o resultado – perco o controle do veículo e causo a morte e provoco lesões corporais em várias pessoas, tenho de ser punido pelo sistema de exasperação de pena. Funciona assim:

(a) Se os crimes praticados são idênticos, aplico a pena de um deles; se diversos, também aplico a pena de apenas um deles, mas a do mais grave. Em nosso exemplo, foram cinco homicídios culposos e três lesões corporais culposas, todos decorrentes de acidente de trânsito.

(b) Segundo o CTB (Lei nº 9.503/1997), a pena do homicídio culposo é de dois a quatro anos; a da lesão corporal, de seis meses a dois anos. Por ser mais alta a pena do homicídio, é a que deve ser aplicada.

(c) Com base no sistema de exasperação, sou punido pela pena de um único homicídio culposo – dois a quatro anos –, aumentada de um 1/6 até 1/2.

O sistema da exasperação deve ser aplicado quando o concurso formal for *próprio* ou *perfeito* (art. 70, *caput*, 1ª parte, do CP) – hipótese em que não havia pluralidade de desígnios. Foi o que aconteceu na situação do atropelamento. Em momento algum quis produzir (ou assumi o risco de produzir) os resultados.

#### 5.5.8.2.2. SISTEMA DO CÚMULO MATERIAL

Da mesma forma como acontece com o concurso material (art. 69 do CP), é possível a soma de penas no concurso formal, desde que exista pluralidade de desígnios. Exemplo: agindo com vontade de matar, lanço o automóvel em direção a três pedestres que estavam na calçada, causando-lhes a morte. Portanto, com uma única conduta dolosa (uma ação), produzi três resultados (três homicídios dolosos). Não seria justa a punição pelo sistema de exasperação, afinal, desejei produzir todos os resultados.

Por essa razão, o art. 70 do CP, em sua parte final, estabelece o *concurso formal impróprio* ou *imperfeito*, aplicável quando o agente, mediante uma única conduta (ação ou omissão), pratica dois ou mais crimes, que resultam de desígnios autônomos. Como os resultados foram fruto da minha vontade, devo ser punido pela soma das penas dos delitos praticados (*sistema do cúmulo material*).

#### 5.5.8.2.3. CONCURSO MATERIAL BENÉFICO

O concurso formal próprio tem por claro objetivo reduzir a sanção aplicável ao agente que, por infortúnio, sem que desejasse, com uma única conduta produziu dois ou mais resultados criminosos. Por meio do sistema da exasperação, em regra, a punição fica abaixo daquela que resultaria da soma das penas (sistema do cúmulo material).

Exemplo nº 1: dois homicídios culposos do CTB (art. 302). A pena é de dois a quatro anos. Pelo sistema do cúmulo material, temos um total possível de pena de oito anos (4 + 4). Já pelo sistema da exasperação do concurso formal (art. 70 do CP), na pior das hipóteses, a pena ficaria em seis anos (4 + 1/6 até 1/2). Mesmo se fixada a pena máxima, de quatro anos, o sistema de exasperação permaneceria vantajoso.

No entanto, pode acontecer de a matemática *não bater* e o sistema de exasperação ficar mais prejudicial do que o cúmulo material.

Exemplo n º 2: um homicídio doloso (art. 121 do CP), com pena de 6 a 20 anos, e uma lesão corporal culposa (art. 129, § 6º, do CP), com pena de dois meses a um ano. Pelo sistema do cúmulo material, se fixadas as penas mínimas para os dois crimes, teríamos um total de seis anos e dois meses (6 anos + 2 meses). Pelo sistema de exasperação do concurso formal, ainda que aplicada a fração mais baixa (1/6), o total ficará em sete anos (6 anos do homicídio + 1/6).

Nessas hipóteses em que a soma é mais vantajosa do que a exasperação, deve o juiz optar pelo sistema do cúmulo material – o denominado *cúmulo material benéfico*, estabelecido no par. ún., do art. 70, do CP. Portanto, ao aplicar o sistema da exasperação, deve ser também feito o cálculo com base no cúmulo material, para verificar qual é mais vantajoso.

### 5.5.8.3. CRIME CONTINUADO

> **Crime continuado**
> **Art. 71. Quando o agente, mediante mais de uma ação ou omissão, pratica dois ou mais crimes da mesma espécie e, pelas condições de tempo, lugar, maneira de execução e outras semelhantes, devem os subsequentes ser havidos como continuação do primeiro, aplica-se-lhe a pena de um só dos crimes, se idênticas, ou a mais grave, se diversas, aumentada, em qualquer caso, de um sexto a dois terços.**
> **Parágrafo único. Nos crimes dolosos, contra vítimas diferentes, cometidos com violência ou grave ameaça à pessoa, poderá o juiz, considerando a culpabilidade, os antecedentes, a conduta social e a personalidade do agente, bem como os motivos e as circunstâncias, aumentar a pena de um só dos crimes, se idênticas, ou a mais grave, se diversas, até o triplo, observadas as regras do parágrafo único do art. 70 e do art. 75 deste Código.**

No crime continuado ou continuidade delitiva, temos a mesma estrutura de um concurso material (art. 69 do CP). Entenda:

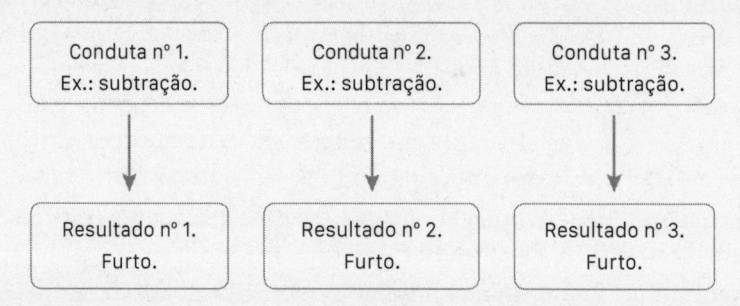

A diferença reside no fato de que, no crime continuado, os vários delitos praticados são de mesma espécie e as condutas ocorrem nas mesmas condições de tempo, lugar, maneira de execução e outras semelhantes. Um exemplo para esclarecer:

(I)  No dia 2 de fevereiro, furto um automóvel estacionado na rua de um bairro;

**(2)** No dia 6 de fevereiro, mais uma vez, furto um automóvel estacionado em um bairro vizinho;

**(3)** No dia 10 de fevereiro, valendo-me do mesmo modo de execução, voltou a furtar, e subtraio um veículo em local próximo aos furtos anteriores.

Note que, no exemplo dado, há três condutas (três subtrações) e três resultados (três furtos). Como disse há pouco, igual ao concurso material (pluralidade de condutas + pluralidade de resultados), mas com as diferenças mencionadas – os crimes são de mesma espécie e as condutas são praticadas de forma semelhante.

Por serem muito parecidos os crimes praticados, o art. 71 do CP estabelece uma ficção jurídica: embora o criminoso tenha praticado, efetivamente, três furtos, temos de considerar que houve apenas um. A lógica: houve um furto, aquele do dia 2 de fevereiro, e os outros dois foram apenas continuidade deste primeiro (por isso, *continuidade delitiva*).

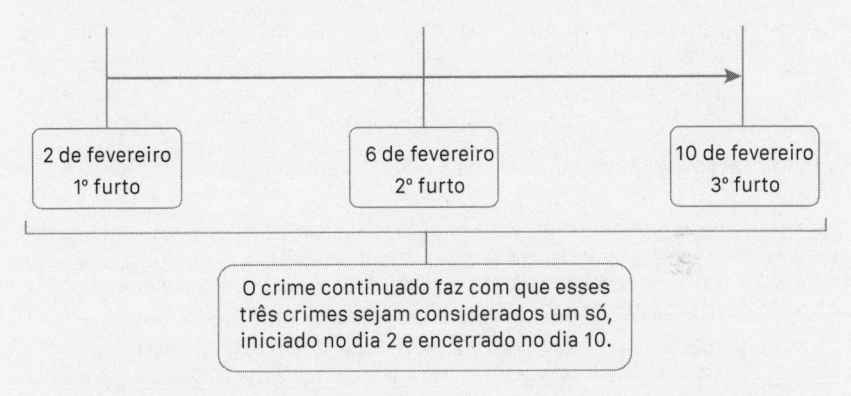

× Leia a explicação a respeito da Súm. nº 711 do STF, quando comentei o art. 2º do CP.

### 5.5.8.3.1. SISTEMA DE EXASPERAÇÃO

Reconhecido o crime continuado, o criminoso deve ser punido pelo sistema da exasperação. Adoto a pena de um só dos crimes, se idênticas, ou a mais grave, se diversas, aumentada, em qualquer caso, de 1/6 a 2/3. Para as Cortes Superiores, a fração deve ser aumentada de forma proporcional ao número de crimes praticados, conforme esquema a seguir:

| Número de crimes | Fração de aumento |
| --- | --- |
| 2 | 1/6 |
| 3 | 1/5 |
| 4 | 1/4 |
| 5 | 1/3 |
| 6 ou mais | 1/2 |

### 5.5.8.4. MULTA NO CONCURSO DE CRIMES

> **Multas no concurso de crimes**
> **Art. 72. No concurso de crimes, as penas de multa são aplicadas distinta e integralmente.**

Para o cálculo da pena de multa, não podemos adotar o sistema da exasperação, pois o art. 72 do CP impõe o sistema do cúmulo material.

### 5.5.9. CRIMES ABERRANTES

### 5.5.9.I. ABERRATIO ICTUS

> **Erro na execução**
> **Art. 73. Quando, por acidente ou erro no uso dos meios de execução, o agente, ao invés de atingir a pessoa que pretendia ofender, atinge pessoa diversa, responde como se tivesse praticado o crime contra aquela, atendendo-se ao disposto no § 3º do art. 20 deste Código. No caso de ser também atingida a pessoa que o agente pretendia ofender, aplica-se a regra do art. 70 deste Código.**

Também conhecido por *aberratio ictus*, o erro na execução é espécie de erro de tipo acidental (veja comentários ao art. 20 do CP). O agente tinha a intenção de praticar a conduta típica contra determinada pessoa, mas por erro ou acidente na execução acaba atingindo outra, não desejada. Exemplo: "A" quer matar "B". Empregando arma de fogo, por erro de pontaria, atinge "C", vítima não desejada. Em consequência, a responsabilidade penal deve se dar com base na vítima pretendida, e não na efetivamente atingida. Algumas possíveis consequências, em forma de exemplos:

(1) Para receber herança, "A" envenena a comida do próprio pai – homicídio qualificado por motivo torpe, agravado por ter sido praticado contra ascendente. Todavia, por infortúnio, a filha de "A", neta da vítima pretendida, consome o alimento envenenado e morre. Por erro na execução, "A" matou a pessoa errada. Consequência: "A" deve ser punido como se tivesse conseguido matar o pai (homicídio qualificado + agravante).

(2) Agindo em legítima defesa, "A" dispara tiro em direção a "B", agressor. Contudo, o disparo atinge "C", que passava pelo local e não estava envolvido com a agressão. A legítima defesa é mantida? Sim, pois consideramos que a pessoa pretendida ("B") foi atingida.

### 5.5.9.1.1. ESPÉCIES

O erro na execução é classificado em:

(a) Erro na execução com unidade simples: quando apenas um resultado é produzido. Exemplo: "A" atira em "B" mas atinge "C", acidentalmente. Em consequência, responde por um único crime.

(b) Erro na execução com unidade complexa: o agente atinge tanto a pessoa diversa quanto a desejada. "A" atira em "B", atingindo-o, mas também fere "C", acidentalmente. Consequência: responde pelos dois resultados, em concurso formal (art. 70 do CP).

### 5.5.9.1.2. ERRO SOBRE A PESSOA

O erro na execução não se confunde com o erro sobre a pessoa (art. 20, § 3º, do CP). Neste, o agente faz uma confusão quanto à identidade da vítima – há um erro de representação. Exemplo: um mercenário foi contratado para matar uma pessoa. Segundo o mandante, a vítima joga futebol aos domingos, em um campo próximo, sempre com a camisa de nº 10. Ocorre que, no domingo seguinte, quando o assassino praticou o delito, outra pessoa, excepcionalmente, estava vestindo a camisa de nº 10. Portanto, não houve erro na execução (um *erro de pontaria* ou coisa do tipo), mas um erro quanto à pessoa atacada. A consequência: a mesma do *aberratio ictus*. O mercenário responde como se tivesse conseguido matar a vítima pretendida, e não quem foi efetivamente morto.

> **Resultado diverso do pretendido**
> *Art. 74. Fora dos casos do artigo anterior, quando, por acidente ou erro na execução do crime, sobrevém resultado diverso do pretendido, o agente responde por culpa, se o fato é previsto como crime culposo; se ocorre também o resultado pretendido, aplica-se a regra do art. 70 deste Código.*

No resultado diverso do pretendido, o agente quis praticar um delito menos grave, mas, por erro ou acidente na execução, produz outro, mais grave. Exemplo: agindo com vontade de praticar o crime de dano (art. 163 do CP), jogo uma pedra contra uma janela. Todavia, naquele momento, passava uma pessoa por perto, que acabou atingida e sofreu lesões corporais graves (art. 129 do CP).

Duas são as consequências: se produzo apenas o resultado diverso do pretendido, sou punido pela culpa (lesão corporal culposa); todavia, se produzo dois resultados, um doloso e outro culposo, sou sancionado pela regra do concurso formal de crimes, do art. 70 do CP.

× Cuidado: só se fala em *aberratio criminis* quando o agente quer um resultado menos grave e produz um mais grave. O oposto caracteriza tentativa. Ex.: agindo com vontade de matar, atiro uma pedra contra a vítima pretendida, mas erro a pontaria e acerto uma vidraça. Não serei punido pelo crime de dano (art. 163 do CP), mas por tentativa de homicídio (art. 121, c/c art. 14, II, do CP).

## 5.5.10. LIMITE DAS PENAS PRIVATIVAS DE LIBERDADE

> **Limite das penas**
> *Art. 75. O tempo de cumprimento das penas privativas de liberdade não pode ser superior a 40 (quarenta) anos.*
> *§ 1º. Quando o agente for condenado a penas privativas de liberdade cuja soma seja superior a 40 (quarenta) anos, devem elas ser unificadas para atender ao limite máximo deste artigo.*
> *§ 2º. Sobrevindo condenação por fato posterior ao início do cumprimento da pena, far-se-á nova unificação, desprezando-se, para esse fim, o período de pena já cumprido.*

Nossa Constituição não admite penas de caráter perpétuo. Em vez disso, adotamos um sistema progressivo de cumprimento de pena, para proporcionar ao condenado condições para sua reintegração social. Se alguém é condenado por um crime, o Código Penal assegura que, no prazo máximo de 40 anos, sua vida em liberdade será devolvida. Caso não morra na prisão, em algum momento o condenado voltará à liberdade.

Todavia, isso não significa que, a partir de uma condenação de 40 anos, o criminoso tem passe livre para a prática de novos delitos. O limite do art. 75 do CP não é considerado para o cálculo de benefícios, como a progressão. Para melhor entender, veja o exemplo de Roger Abdelmassih. Apesar de o CP não permitir a sua permanência na prisão por mais de 40 anos, o cálculo da progressão de regime deve ser realizado sobre o total de pena recebida – mais de 200 anos. Caso volte a praticar crimes, a nova pena e o restante da anterior serão unificadas, podendo inviabilizar a progressão de regime.

### 5.5.11. CUMPRIMENTO DE MÚLTIPLAS PENAS

> **Concurso de infrações**
> **Art. 76. No concurso de infrações, executar-se-á primeiramente a pena mais grave.**

Caso o indivíduo tenha sido condenado em concurso material por mais de um crime, a pena mais grave deverá ser cumprida primeiro. Exemplo: se impostas penas de reclusão e de detenção, a de reclusão deve ser cumprida primeiro, pois mais grave.

### 5.6. SUSPENSÃO CONDICIONAL DA PENA

### 5.6.1. *SURSIS* SIMPLES

> **Requisitos da suspensão da pena**
> **Art. 77. A execução da pena privativa de liberdade, não superior a 2 (dois) anos, poderá ser suspensa, por 2 (dois) a 4 (quatro) anos, desde que:**
> **I - o condenado não seja reincidente em crime doloso;**
> **II - a culpabilidade, os antecedentes, a conduta social e personalidade do agente, bem como os motivos e as circunstâncias autorizem a concessão do benefício;**
> **III - Não seja indicada ou cabível a substituição prevista no art. 44 deste Código.**
> **§ 1º. A condenação anterior a pena de multa não impede a concessão do benefício.**

> **§ 2°. A execução da pena privativa de liberdade, não superior a quatro anos, poderá ser suspensa, por quatro a seis anos, desde que o condenado seja maior de setenta anos de idade, ou razões de saúde justifiquem a suspensão.**

Proferida sentença condenatória, o Código Penal oferece ao condenado a possibilidade de evitar a execução da pena, desde que cumpra algumas condições. Trata-se da intitulada *suspensão condicional da pena*, ou *sursis*, direito público subjetivo do réu, quando presentes os requisitos do art. 77 do CP. Há três espécies de *sursis*: (a) simples (art. 77 do CP); (b) especial (art. 78, § 2°); e (c) etário (art. 77, § 2°).

### 5.6.1.1. REQUISITOS

Os requisitos do *sursis* simples estão no art. 77 do CP. Divido-os em:

(1) Requisitos objetivos:

(a) É possível nas penas privativas de liberdade, mas não nas restritivas de direitos ou de multa (art. 80 do CP);

(b) A condenação não pode ser superior a dois anos. Cuidado: se presente o concurso de crimes (arts. 69 a 71 do CP), deve ser considerado o total da pena para verificar a possibilidade do *sursis*;

(c) É possível quando não for o caso de substituição por restritivas de direitos. Ou seja, o *sursis* é subsidiário à substituição (art. 44 do CP).

(2) Requisitos subjetivos:

(a) O condenado não pode ser reincidente em crime doloso. A condenação anterior à pena de multa não impede a concessão da suspensão;

(b) As circunstâncias judiciais devem ser favoráveis ao condenado (art. 59 do CP).

### 5.6.1.2. PRAZO

A execução da pena fica suspensa por um período de dois a quatro anos – *período de prova*. Esgotado o período sem revogação do benefício, o juiz declara extinta a punibilidade.

### 5.6.2. *SURSIS* ETÁRIO OU HUMANITÁRIO

O § 2° do art. 77 estabelece hipótese em que o *sursis* é concedido em razão de idade avançada do condenado (etário) ou por questões de saúde que justifiquem a suspensão (humanitário). É possível em condenações de até quatro anos, superior aos dois anos do *sursis* simples. O período de prova também é maior: de quatro a seis anos.

**SUSPENSÃO CONDICIONAL DA PENA E SUSPENSÃO CONDICIONAL DO PROCESSO**

Sem a devida atenção, não é difícil confundir a suspensão condicional da pena (art. 77 do CP) com a suspensão condicional do processo (art. 89 da Lei nº 9.099/1995). De forma resumida, a diferença de um instituto para outro:

(a) Suspensão condicional do processo: nos crimes em que a pena mínima em abstrato do delito for de até um ano, no momento do oferecimento da denúncia, o Ministério Público pode propor o benefício que, se aceito, evita que o processo siga em frente. Portanto, não existe sentença condenatória.

(b) Suspensão condicional da pena: o indivíduo está condenado e a execução da pena é suspensa, desde que atendidos os requisitos dos art. 77 e 78 do CP.

> *Art. 78. Durante o prazo da suspensão, o condenado ficará sujeito à observação e ao cumprimento das condições estabelecidas pelo juiz.*
>
> *§ 1º. No primeiro ano do prazo, deverá o condenado prestar serviços à comunidade (art. 46) ou submeter-se à limitação de fim de semana (art. 48).*
>
> *§ 2º. Se o condenado houver reparado o dano, salvo impossibilidade de fazê-lo, e se as circunstâncias do art. 59 deste Código lhe forem inteiramente favoráveis, o juiz poderá substituir a exigência do parágrafo anterior pelas seguintes condições, aplicadas cumulativamente:*
>
> *a) proibição de frequentar determinados lugares;*
>
> *b) proibição de ausentar-se da comarca onde reside, sem autorização do juiz;*
>
> *c) comparecimento pessoal e obrigatório a juízo, mensalmente, para informar e justificar suas atividades.*

Por ser um benefício concedido ao condenado, a lei impõe algumas condições para que a execução da pena permaneça suspensa até a extinção da punibilidade, declarada quando chega ao fim o período de prova – de dois a quatro anos, no *sursis* simples, e de quatro a seis anos, no *etário* ou *humanitário*. Quando não cumpridas, a suspensão é revogada e a pena é executada, normalmente.

No *sursis* simples, preenchidos os requisitos do art. 77 do CP, fica o condenado sujeito, no primeiro ano de prazo, a uma das condições do art. 78, § 1º – prestação de serviços à comunidade ou limitação de fim de semana. Já no *sursis* especial, as condições são mais brandas (§ 2º), devendo ser aplicadas cumulativamente. São requisitos do *sursis* especial: (a) a reparação do dano, salvo impossibilidade econômica do sentenciado; (b) as circunstâncias judiciais têm de ser favoráveis (art. 59 do CP).

> **Art. 79. A sentença poderá especificar outras condições a que fica subordinada a suspensão, desde que adequadas ao fato e à situação pessoal do condenado.**

A suspensão condicional da pena tem por objetivo evitar o encarceramento e ampliar a possibilidade de que o sentenciado não volte a delinquir. Por isso, as condições judiciais impostas não têm de ser, necessariamente, as impostas no art. 78, mas as que têm maior chance de alcançar os objetivos do benefício, ainda que não encontrem previsão legal expressa.

### 5.6.4. PENAS RESTRITIVAS DE DIREITOS E MULTA

> **Art. 80. A suspensão não se estende às penas restritivas de direitos nem à multa.**

Não faria sentido a suspensão condicional da pena de multa, pois o que se busca com o benefício é evitar a aplicação de pena privativa de liberdade. Ademais, não é possível o *sursis* em penas restritivas de direitos, afinal, a suspensão é subsidiária à substituição (art. 77, III, do CP).

### 5.6.5. REVOGAÇÃO DO *SURSIS*

#### 5.6.5.1. REVOGAÇÃO OBRIGATÓRIA DO *SURSIS*

> **Revogação obrigatória**
> **Art. 81. A suspensão será revogada se, no curso do prazo, o beneficiário:**
> **I - é condenado, em sentença irrecorrível, por crime doloso;**
> **II - frustra, embora solvente, a execução de pena de multa ou não efetua, sem motivo justificado, a reparação do dano;**
> **III - descumpre a condição do § 1º do art. 78 deste Código.**

A revogação da suspensão condicional da pena pode ser obrigatória (art. 81, I a III, do CP) ou facultativa (art. 81, § 1º, do CP). A revogação obrigatória decorre das seguintes hipóteses:

(a) Condenação, em sentença irrecorrível, por crime doloso: é irrelevante o momento em que ocorreu o crime, se antes ou depois do início do período de prova. Tem de ser por crime doloso – se culposo, a revogação é facultativa – e por sentença irrecorrível. Portanto, a demonstração do trânsito em julgado é imprescindível para que seja revogado o benefício.

(b) Frustração da execução da multa, quando solvente: atualmente, embora seja sanção penal, a multa é mera dívida de valor, que não pode ser convertida em pena privativa de liberdade (art. 51 do CP). Por isso, tenho por derrogado tacitamente o inc. II, do art. 81.

(c) Não reparação do dano sem motivo justificado: a reparação do dano é condição à concessão do *sursis* especial (art. 78, § 2º). No *sursis* simples (art. 77 do CP), a reparação do dano não é requisito para a aplicação do benefício, mas é causa de revogação obrigatória, quando se dá sem justa causa.

(d) Descumprimento das condições impostas no art. 78, § 1º: são as condições legais, impostas pelo Código Penal, e não pelo juiz – a prestação de serviços à comunidade e a limitação de fim de semana.

## 5.6.5.2. REVOGAÇÃO FACULTATIVA

> *Revogação facultativa*
> *§ 1º. A suspensão poderá ser revogada se o condenado descumpre qualquer outra condição imposta ou é irrecorrivelmente condenado, por crime culposo ou por contravenção, a pena privativa de liberdade ou restritiva de direitos.*

É facultativa a revogação do *sursis* quando descumpridas as condições judiciais (impostas pelo juiz). As legais, como vimos anteriormente (art. 81, III, do CP), quando desatendidas, causam a revogação obrigatória. Exceção: as condições legais impostas ao *sursis* especial ( art. 78, § 2º, do CP), quando descumpridas, ensejam a revogação facultativa. Ademais, o juiz não está obrigado a revogar o *sursis* quando a condenação irrecorrível for pela prática de crime culposo ou contravenção penal – se a nova condenação for por crime doloso, a revogação é obrigatória (art. 81, I, do CP).

## PRORROGAÇÃO DO PERÍODO DE PROVA

> *Prorrogação do período de prova*
> *§ 2°. Se o beneficiário está sendo processado por outro crime ou contravenção, considera-se prorrogado o prazo da suspensão até o julgamento definitivo.*
> *§ 3°. Quando facultativa a revogação, o juiz pode, ao invés de decretá-la, prorrogar o período de prova até o máximo, se este não foi o fixado.*

Imagine a seguinte situação: o *sursis* foi concedido e, durante o período de prova, o sentenciado passa a responder ação penal por crime doloso, causa de revogação obrigatória do benefício (art. 81, I, do CP), ou por crime culposo ou contravenção penal, hipótese de revogação facultativa (art. 81, § 1°, do CP). Como o Código Penal exige o trânsito em julgado dessa ação penal para a revogação do benefício, o que pode levar anos, muitos mais do que o período de prova (quatro anos, no *sursis* simples, ou seis anos, no *sursis* etário ou humanitário), o § 2° estabelece a prorrogação do período de prova até o julgamento definitivo, quando, então, será decidida sua revogação. No § 3°, o art. 81 trata especificamente das hipóteses de revogação facultativa do *sursis* (§ 1°), quando o juiz poderá prorrogar o período de prova ao máximo, caso já não o tenha feito.

## EXTINÇÃO DA PUNIBILIDADE

> *Cumprimento das condições*
> *Art. 82. Expirado o prazo sem que tenha havido revogação, considera-se extinta a pena privativa de liberdade.*

Encerrado o período de prova, sem revogação, o juiz deve declarar extinta a punibilidade do sentenciado. Caso exista ação penal em andamento, o período de prova é prorrogado até o julgamento definitivo (art. 81, § 2°).

## 5.7. LIVRAMENTO CONDICIONAL

### 5.7.1. REQUISITOS

> *Requisitos do livramento condicional*
>
> *Art. 83. O juiz poderá conceder livramento condicional ao condenado a pena privativa de liberdade igual ou superior a 2 (dois) anos, desde que:*
>
> *I - cumprida mais de um terço da pena se o condenado não for reincidente em crime doloso e tiver bons antecedentes;*
>
> *II - cumprida mais da metade se o condenado for reincidente em crime doloso;*
>
> *III - comprovado:*
>
> *a) bom comportamento durante a execução da pena;*
>
> *b) não cometimento de falta grave nos últimos 12 (doze) meses;*
>
> *c) bom desempenho no trabalho que lhe foi atribuído; e*
>
> *d) aptidão para prover a própria subsistência mediante trabalho honesto;*
>
> *IV - tenha reparado, salvo efetiva impossibilidade de fazê-lo, o dano causado pela infração;*
>
> *V - cumpridos mais de dois terços da pena, nos casos de condenação por crime hediondo, prática de tortura, tráfico ilícito de entorpecentes e drogas afins, tráfico de pessoas e terrorismo, se o apenado não for reincidente específico em crimes dessa natureza.*
>
> *Parágrafo único. Para o condenado por crime doloso, cometido com violência ou grave ameaça à pessoa, a concessão do livramento ficará também subordinada à constatação de condições pessoais que façam presumir que o liberado não voltará a delinquir.*

O livramento condicional consiste na possibilidade de o condenado obter liberdade antecipadamente, desde que atendidos os requisitos legais, a seguir trazidos com os devidos apontamentos:

(a) Espécie de pena: o benefício só é aplicável às penas privativas de liberdade.

(b) Quantidade de pena: a pena deve ser igual ou superior a dois anos. Para alcançar este *quantum*, podem ser somadas penas de crimes diversos (art. 84 do CP).

(c) Tempo de cumprimento da pena: (c.1) mais de 1/3, se o condenado não for reincidente em crime doloso e se tiver bons antecedentes (vide comentários aos arts. 59 e 63 do CP); (c.2) mais da metade, se reincidente em crime doloso; (c.3) mais de 2/3, se condenado por crime hediondo ou equiparado, vedado o benefício caso seja reincidente específico em crimes da mesma natureza.

(d) Reparação do dano: salvo quando impossível fazê-lo, em virtude de não possuir condição financeira suficiente.

(e) Cessação da periculosidade: se a condenação for por crime doloso, praticado mediante violência ou grave ameaça à pessoa (e não contra coisas), tem de ser demonstrado que o indivíduo a ser liberado não voltará a delinquir.

### 5.7.1.1. *PACOTE ANTICRIME*

Pela antiga redação do inciso III, a concessão do livramento condicional dependia da comprovação *de comportamento satisfatório durante a execução da pena, bom desempenho no trabalho que lhe foi atribuído e aptidão para prover à própria subsistência mediante trabalho honesto.* Com a entrada em vigor do *Pacote Anticrime* (Lei nº 13.964/2019), o dispositivo foi esmiuçado, com o objetivo de evitar que o criminoso busque o benefício com o único objetivo de voltar a delinquir.

Além de bom comportamento durante a execução da pena, tem de ser demonstrado que não praticou falta grave nos 12 meses anteriores (resposta legislativa à Súm. nº 441 do STJ), bom desempenho no trabalho que lhe foi atribuído e aptidão para prover a própria subsistência mediante trabalho honesto – a ausência deste último requisito indica alta probabilidade de voltar ao crime, impedindo a concessão do benefício.

Súm. nº 441 do STJ: A falta grave não interrompe o prazo para obtenção de livramento condicional.

Ademais, a nova lei trouxe algumas hipóteses de vedação ao livramento condicional. Na nova redação do art. 112, VI, *a*, e VIII, da LEP (Lei nº 7.210/1984), há proibição de concessão do benefício a condenado por crime hediondo ou equiparado com resultado morte. Em condenação por envolvimento em organização criminosa (art. 2º, § 9º, da Lei nº 12.850/2013), o livramento condicional não é admitido se houver elementos probatórios que indiquem a manutenção do vínculo associativo.

### 5.7.2. SOMA DE PENAS

> **Soma de penas**
> **Art. 84. As penas que correspondem a infrações diversas devem somar-se para efeito do livramento.**

Para a concessão do livramento condicional, a condenação deve ser por pena privativa de liberdade igual ou superior a dois anos. Para alcançar este *quantum*, podem ser somadas as penas de condenações diversas.

### 5.7.3. CONDIÇÕES EM SENTENÇA

> **Especificações das condições**
> **Art. 85. A sentença especificará as condições a que fica subordinado o livramento.**

Como acontece em qualquer outro benefício concedido ao réu ou condenado, o Estado exige contraprestação. Ao se conceder o livramento condicional, as condições previstas no art. 132 da *Lei de Execução Penal* (Lei nº 7.210/1984) devem ser observadas, conforme quadro a seguir:

| Condições obrigatórias (art. 132, § 1º) | Condições facultativas (art. 132, § 2º) |
| --- | --- |
| (a) Obter ocupação lícita dentro de prazo razoável, se for apto para o trabalho; <br> (b) Comparecimento periódico a fim de justificar atividade; <br> (c) Proibição de ausentar-se da comarca sem comunicação ao juiz. | (a) Não mudar de residência sem comunicação ao juiz e à autoridade incumbida de fiscalizar; <br> (b) Recolher-se à habitação em hora fixada; <br> (c) Não frequentar determinados lugares. |

### 5.7.4. REVOGAÇÃO DO LIVRAMENTO CONDICIONAL

### 5.7.4.1. REVOGAÇÃO OBRIGATÓRIA

> **Revogação do livramento**
> **Art. 86. Revoga-se o livramento, se o liberado vem a ser condenado a pena privativa de liberdade, em sentença irrecorrível:**
> **I - por crime cometido durante a vigência do benefício;**
> **II - por crime anterior, observado o disposto no art. 84 deste Código.**

O art. 86, II, traz hipóteses em que a revogação do livramento condicional é obrigatória. Transcrevo-as a seguir, com alguns apontamentos:

(a) Condenação por crime cometido durante a vigência do benefício: se a condenação for por contravenção penal, a revogação será facultativa (art. 87 do CP). Para a revogação, note que o *caput* traz duas exigências: a nova condenação tem de ser à pena privativa de liberdade e tem de existir o trânsito em julgado da sentença condenatória. Enquanto a nova ação estiver em trâmite, o livramento condicional fica suspenso, até que se obtenha decisão definitiva (art. 145 da LEP).

Lei nº 7.210/1984: Art. 145. Praticada pelo liberado outra infração penal, o Juiz poderá ordenar a sua prisão, ouvidos o Conselho Penitenciário e o Ministério Público, suspendendo o curso do livramento condicional, cuja revogação, entretanto, ficará dependendo da decisão final.

(b) Condenação por crime cometido antes do benefício: a revogação do livramento deve acontecer, obrigatoriamente, quando a nova condenação impõe pena privativa de liberdade que, somada à anterior, que ensejou a concessão do benefício, torne impossível a manutenção do benefício.

### 5.7.4.2. REVOGAÇÃO FACULTATIVA

> *Revogação facultativa*
> *Art. 87. O juiz poderá, também, revogar o livramento, se o liberado deixar de cumprir qualquer das obrigações constantes da sentença, ou for irrecorrivelmente condenado, por crime ou contravenção, a pena que não seja privativa de liberdade.*

Em contraposição às causas de revogação obrigatória do livramento condicional, temos as facultativas, do art. 87, a seguir comentadas:

(a) Descumprimento das condições impostas: são as fixadas pelos arts. 85 do CP e 132 da LEP.

(b) Condenação irrecorrível por crime ou contravenção, quando a pena imposta não é privativa de liberdade: por exclusão, o art. 87, em sua parte final, limita a revogação facultativa às condenações as penas restritivas de direitos. A condenação à pena de multa não pode ensejar a revogação, afinal, embora seja sanção penal, trata-se de dívida de valor (art. 51 do CP).

### 5.7.4.3. EFEITOS DA REVOGAÇÃO

> *Efeitos da revogação*
> *Art. 88. Revogado o livramento, não poderá ser novamente concedido, e, salvo quando a revogação resulta de condenação por outro crime anterior àquele benefício, não se desconta na pena o tempo em que esteve solto o condenado.*

A revogação do benefício tem mais de uma consequência, a depender do que a motivou. Entenda:

(a) Revogação por crime anterior ao benefício: por não ter caráter sancionatório, já que a revogação decorre de incompatibilidade do benefício com o novo *quantum* de pena (condenação anterior + condenação nova), deve ser descontado da pena o tempo em que o condenado esteve solto (art. 84 do CP e art. 141 do LEP).

(b) Revogação por crime praticado durante o benefício: há caráter sancionatório, afinal, o condenado aproveitou o livramento para voltar a delinquir. O tempo em que esteve solto não deve ser descontado da pena e só poderá obter livramento condicional em relação à nova condenação.

(c) Descumprimento das condições: também tem caráter sancionatório. O tempo em que esteve solto não será descontado da pena e não poderá ser obtido novo livramento condicional em relação à pena que ensejou a concessão do benefício.

## 5.7.5. EXTINÇÃO DA PUNIBILIDADE

> **Extinção**
> **Art. 89. O juiz não poderá declarar extinta a pena, enquanto não passar em julgado a sentença em processo a que responde o liberado, por crime cometido na vigência do livramento.**

Se, durante a concessão do livramento condicional, o beneficiado é acusado de um novo crime, o período de prova deverá ser prorrogado até que se obtenha sentença condenatória transitada em julgado da ação penal que o apura. Isso se dá pelo fato de que, confirmada a prática do novo delito, o livramento condicional deverá revogado (art. 86, I, do CP).

> **Art. 90. Se até o seu término o livramento não é revogado, considera-se extinta a pena privativa de liberdade.**

Encerrado o período de prova sem revogação do livramento condicional, o juiz deve declarar extinta a pena privativa de liberdade imposta.

Súm. nº 617 do STJ: A ausência de suspensão ou revogação do livramento condicional antes do término do período de prova enseja a extinção da punibilidade pelo integral cumprimento da pena.

## 5.8. EFEITOS DA SENTENÇA CONDENATÓRIA

### 5.8.1. EFEITOS GENÉRICOS E ESPECÍFICOS

> *Efeitos genéricos e específicos*
> *Art. 91. São efeitos da condenação:*
> *I - tornar certa a obrigação de indenizar o dano causado pelo crime;*
> *II - a perda em favor da União, ressalvado o direito do lesado ou de terceiro de boa-fé:*
> *a) dos instrumentos do crime, desde que consistam em coisas cujo fabrico, alienação, uso, porte ou detenção constitua fato ilícito;*
> *b) do produto do crime ou de qualquer bem ou valor que constitua proveito auferido pelo agente com a prática do fato criminoso.*
> *§ 1º. Poderá ser decretada a perda de bens ou valores equivalentes ao produto ou proveito do crime quando estes não forem encontrados ou quando se localizarem no exterior.*
> *§ 2º. Na hipótese do § 1º, as medidas assecuratórias previstas na legislação processual poderão abranger bens ou valores equivalentes do investigado ou acusado para posterior decretação de perda.*

A imposição de pena não é a única consequência de uma sentença penal condenatória transitada em julgado. Há mais. O condenado terá de indenizar o mal causado, seus direitos políticos são suspensos e, a depender do delito praticado, se funcionário público, poderá perder seu cargo. E não para por aí. É por isso que, no início deste manual, vimos que o Direito Penal deve ser adotado como último meio de sanção, pois os efeitos de uma condenação criminal contaminam a vida do indivíduo de vários modos.

#### 5.8.1.1. EFEITO PRINCIPAL

A sentença condenatória tem, por principal consequência, a imposição de pena ao indivíduo: privativa de liberdade, restritivas de direitos ou multa. É o seu principal e mais conhecido efeito.

#### 5.8.1.2. EFEITOS SECUNDÁRIOS

Além de imposição de pena, a sentença condenatória impões efeitos secundários, acessórios, que podem ser penais ou não penais (extrapenais). Por efeitos secundários de natureza penal, temos alguns exemplos a seguir elencados:

(a) Reincidência: a partir da sentença condenatória transitada em julgado, se praticar novo crime, o sentenciado será considerado reincidente. Ou seja, é o fim, por certo tempo, da condição de primário (vide comentários ao art. 63 do CP).

(b) Regime prisional inicial: a partir da sentença definitiva, se outro crime for praticado, o sentenciado não poderá iniciar a nova pena em regime diverso do fechado, salvo se favoráveis as circunstâncias judiciais (vide comentários ao art. 33 do CP).

(c) Maus antecedentes: mesmo vencido o prazo da reincidência, a sentença condenatória será considerada para fins de caracterização de maus antecedentes (art. 59 do CP).

(d) Benefícios: a condenação pode impedir a concessão de benefícios ou causar sua revogação (ex.: suspensão condicional da pena, livramento condicional etc.).

(e) Prescrição: a condenação transitada em julgado pode gerar o aumento ou a interrupção do prazo prescricional (arts. 110, *caput* e 117, VI, do CP).

(f) Reabilitação: a condenação causa a revogação da reabilitação (art. 95 do CP).

Como dito anteriormente, o rol anterior é exemplificativo. Há uma porção de outros efeitos no Código Penal e em legislação penal especial. Além dos efeitos penais, há efeitos extrapenais, que invadem outros ramos do Direito. Dividem-se em genéricos, quando aplicáveis a qualquer condenação (ex.: dever de reparar o dano), e específicos, quando tem de ser motivados pelo juiz na sentença condenatória, caso os aplique – não são automáticos. Exemplo: a perda do cargo público.

| Efeito extrapenal genérico | Efeitos extrapenais específicos |
| --- | --- |
| (a) A obrigação de reparar o dano causado pelo crime. | (1) Perda de cargo, função pública ou mandato eletivo. |
| (b) Confisco pela União dos instrumentos do crime, desde que seu uso, porte, detenção, alienação ou fabrico constituam fato ilícito. | (2) A incapacidade para o exercício do poder familiar, da tutela ou da curatela nos crimes dolosos sujeitos à pena de reclusão cometidos contra outrem igualmente titular do mesmo poder familiar, contra filho, filha ou outro descendente ou contra tutelado ou curatelado. |
| (c) Confisco pela União do produto e do proveito do crime. | (3) A inabilitação para dirigir veículo, quando utilizado como meio para a prática de crime doloso. |
| (d) Suspensão dos direitos políticos, enquanto durar a execução da pena. | |

## 5.8.2. PERDA DE PRODUTO OU PROVEITO DO CRIME E DE BENS

> *Art. 91-A. Na hipótese de condenação por infrações às quais a lei comine pena máxima superior a 6 (seis) anos de reclusão, poderá ser decretada a perda, como produto ou proveito do crime, dos bens correspondentes à diferença entre o valor do patrimônio do condenado e aquele que seja compatível com o seu rendimento lícito.*
>
> *§ 1º. Para efeito da perda prevista no caput deste artigo, entende-se por patrimônio do condenado todos os bens:*
>
> *I - de sua titularidade, ou em relação aos quais ele tenha o domínio e o benefício direto ou indireto, na data da infração penal ou recebidos posteriormente; e*
>
> *II - transferidos a terceiros a título gratuito ou mediante contraprestação irrisória, a partir do início da atividade criminal.*
>
> *§ 2º. O condenado poderá demonstrar a inexistência da incompatibilidade ou a procedência lícita do patrimônio.*
>
> *§ 3º. A perda prevista neste artigo deverá ser requerida expressamente pelo Ministério Público, por ocasião do oferecimento da denúncia, com indicação da diferença apurada.*
>
> *§ 4º. Na sentença condenatória, o juiz deve declarar o valor da diferença apurada e especificar os bens cuja perda for decretada.*
>
> *§ 5º. Os instrumentos utilizados para a prática de crimes por organizações criminosas e milícias deverão ser declarados perdidos em favor da União ou do Estado, dependendo da Justiça onde tramita a ação penal, ainda que não ponham em perigo a segurança das pessoas, a moral ou a ordem pública, nem ofereçam sério risco de ser utilizados para o cometimento de novos crimes.*

### 5.8.2.1. CONFISCO ALARGADO

Em muitos aspectos, o *Pacote Anticrime* (Lei nº 13.964/2019) é reflexo da *Operação Lava-Jato*, que dispensa apresentação. É sabido, os desvios de dinheiro com práticas criminosas foram colossais – até dezembro de 2019, a quantia recuperada ultrapassava montante superior a R$ 4 bilhões. Muitos enriqueceram ilicitamente.

Com o novo art. 91-A, temos mais uma ferramenta para retirar do criminoso o patrimônio obtido de forma ilícita. Segundo o dispositivo, nos crimes em que a lei comine pena máxima, em abstrato, superior a seis anos de reclusão, poderá ser decretada a perda do patrimônio incompatível com a renda do sentenciado, pois será considerada produto ou proveito do crime.

Exemplo: o sentenciado é funcionário público, com renda lícita de uns poucos salários mínimos. No entanto, possui patrimônio desproporcional ao que ganha – para ter tantos bens, a renda mensal teria de ser muito mais alta. Feito o cálculo entre patrimônio possível de ter sido construído e o efetivamente possuído, conclui-se que há uma diferença de 70%. Ou seja: dos bens a ele pertencentes, apenas 30% podem ser justificados com seus ganhos lícitos. Essa diferença, presume-se, decorre da atividade criminosa.

Todavia, essa presunção trazida no art. 91-A pode ser desconstituída pelo sentenciado, que tem o direito de demonstrar a inexistência de incompatibilidade ou a procedência lícita do patrimônio. Exemplo: ao longo dos anos, para não ter de pagar imposto de renda, determinado profissional não declarou ganhos decorrentes de atividade lícita por ele exercida. É claro, ele terá de pagar o que deve ao fisco, mas a ilicitude recai apenas sobre o valor sonegado, e não sobre todo o montante. Dessa forma, pode demonstrar a origem lícita do dinheiro e evitar o confisco.

### 5.8.2.2. PATRIMÔNIO DO CONDENADO

O § 1º estabelece o que pode ser considerado patrimônio do condenado para fins de decretação da perda por presunção de origem ilícita. Segundo o dispositivo, estão incluídos os bens de sua titularidade e aqueles transferidos a terceiros a título gratuito ou mediante contraprestação irrisória, a partir do início da atividade criminal.

### 5.8.2.3. MOMENTO DO CÁLCULO

Não compete ao juiz suscitar, *ex officio*, a presunção de que parte do patrimônio do denunciado é de origem ilícita. Cabe ao Ministério Público, ao oferecer a denúncia, requerer expressamente a perda dos bens, com fundamento no art. 91-A, devendo demonstrar, desde logo, a diferença preliminarmente apurada. Na sentença condenatória, o juiz deve declarar o valor da diferença apurada ao longo a instrução e especificar os bens cuja perda for decretada.

### 5.8.2.4. ORGANIZAÇÕES CRIMINOSAS E MILÍCIAS

O § 3º estabelece o confisco de instrumentos utilizados para a prática de crimes por organizações criminosas e milícias. Seja qual for a natureza do bem, deverá ser declarado o perdimento em favor da União, em condenações da Justiça Federal, ou do Estado, se de Justiça estadual.

### 5.8.3. DEMAIS EFEITOS

> *Art. 92. São também efeitos da condenação:*
> *I - a perda de cargo, função pública ou mandato eletivo:*
> *a) quando aplicada pena privativa de liberdade por tempo igual ou superior a um ano, nos crimes praticados com abuso de poder ou violação de dever para com a Administração Pública;*
> *b) quando for aplicada pena privativa de liberdade por tempo superior a 4 (quatro) anos nos demais casos.*
> *II - a incapacidade para o exercício do poder familiar, da tutela ou da curatela nos crimes dolosos sujeitos à pena de reclusão cometidos contra outrem igualmente titular do mesmo poder familiar, contra filho, filha ou outro descendente ou contra tutelado ou curatelado;*
> *III - a inabilitação para dirigir veículo, quando utilizado como meio para a prática de crime doloso.*
> *Parágrafo único. Os efeitos de que trata este artigo não são automáticos, devendo ser motivadamente declarados na sentença.*

O art. 92 traz efeitos extrapenais específicos da sentença condenatória. Nenhum deles é automático. A seguir, alguns apontamentos:

(a) Perda de cargo, função pública ou mandato eletivo: não se trata de efeito automático da sentença condenatória. Para impô-la, deve o juiz fundamentar a perda, que pode decorrer de:

(I) Condenação por crime praticado com abuso de poder ou violação de dever com a Administração Pública, desde que a condenação seja à pena privativa de liberdade igual ou superior a um ano. Portanto, não é possível quando imposta pena restritiva de direitos ou multa, isoladamente. Cuidado: ao falar em *abuso*, o art. 92, I, *a* não se refere ao *abuso de autoridade*, tratado na Lei nº 13.869/2019.

× *Lei de Abuso de Autoridade* (Lei nº 13.869/2019): a prática de abuso de autoridade causa a perda do cargo, mandato ou função pública, mas não é algo automático (art. 4º, III e par. ún., da mencionada lei).

× *Lei de Organização Criminosa* (Lei nº 12.850/2013): a condenação por envolvimento em organização criminosa causa a perda de cargo, função, emprego ou mandato eletivo. É efeito automático da condenação (art. 2º, § 6º).

× *Lei de Tortura* (Lei nº 9.455/1997): a condenação pela prática de tortura acarreta a perda do cargo, função ou emprego público (art. 1º, § 5º). É efeito automático da condenação.

(2) Demais crimes, quando aplicada pena privativa de liberdade superior a quatro anos: a alínea *b*, do inc. I, do art. 92 é residual. É aplicada quando não for o caso de perda do cargo em razão do disposto na alínea *a*.

(b) **Incapacidade para o exercício do poder familiar:** a atual redação foi dada ao dispositivo pela Lei n° 13.715/2018. Entenda a comparação do que mudou:

| Antes da Lei n° 13.715/2018 | Depois da Lei n° 13.715/2018 |
|---|---|
| A incapacidade para o exercício do pátrio poder, tutela ou curatela, nos crimes dolosos, sujeitos à pena de reclusão, cometidos contra filho, tutelado ou curatelado | A incapacidade para o exercício do poder familiar, da tutela ou da curatela nos crimes dolosos sujeitos à pena de reclusão cometidos contra outrem igualmente titular do mesmo poder familiar, contra filho, filha ou outro descendente ou contra tutelado ou curatelado. |
| | (1) Pátrio poder, expressão em desuso, foi substituído por *poder familiar*.<br><br>(2) Passou a ser reconhecida a incapacidade para o poder familiar se for praticado crime doloso, punido com reclusão, contra outrem que também possui poder familiar (ex.: o pai contra a mãe, e vice-versa) ou contra descendentes.<br><br>(3) Foi adicionada a expressão *filha*, acréscimo desnecessário. Bastava dizer *filho* que os dois gêneros estariam abrangidos. |

(c) **Inabilitação para dirigir veículo:** pena aplicada quando o crime é doloso e o veículo foi utilizado como meio de execução do crime. Não se confunde com a suspensão ou proibição de se obter a permissão ou habilitação quando condenado o indivíduo por crime de trânsito (arts. 292 e 293 do CTB).

## 5.9. REABILITAÇÃO

> *Reabilitação*
> *Art. 93. A reabilitação alcança quaisquer penas aplicadas em sentença definitiva, assegurando ao condenado o sigilo dos registros sobre o seu processo e condenação.*
> *Parágrafo único. A reabilitação poderá, também, atingir os efeitos da condenação, previstos no art. 92 deste Código, vedada reintegração na situação anterior, nos casos dos incisos I e II do mesmo artigo.*

Não há pena de caráter perpétuo em nosso país, mas um sistema progressivo de sanção penal, que tem por objetivo, ao final, a reintegração do condenado à sociedade. Parte desse sistema, a *reabilitação* foi adicionada em 1968 ao nosso Código Penal, com o advento da Lei nº 5.467. Na primeira redação, tinha natureza jurídica de causa de extinção da punibilidade. No entanto, em 1984, com a reforma produzida pela Lei nº 7.209, passou a ser causa suspensiva de alguns dos efeitos secundários da condenação (art. 92 do CP).

### 5.9.1. SIGILO DOS REGISTROS

De acordo com o art. 93, o sigilo dos registros referentes ao processo, à condenação e à pena podem decorrer da reabilitação. No entanto, o art. 202 da LEP já impõe, automaticamente, o sigilo a partir do cumprimento ou extinção da pena.

Art. 202. Cumprida ou extinta a pena, não constarão da folha corrida, atestados ou certidões fornecidas por autoridade policial ou por auxiliares da Justiça, qualquer notícia ou referência à condenação, salvo para instruir processo pela prática de nova infração penal ou outros casos expressos em lei.

Apesar de impor o sigilo quanto à condenação, a reabilitação não afasta a reincidência ou os maus antecedentes. Ao julgar novo crime praticado pelo reabilitado, o magistrado terá acesso a essas informações, cujo sigilo é imposto apenas à população, em geral.

### 5.9.2. CARGO OU FUNÇÃO PÚBLICA E MANDATO ELETIVO

O par. ún. do art. 93 dispõe que a reabilitação também atinge os efeitos secundários do art. 92 do CP, mas excepciona: não há direito à reintegração ao cargo, função ou mandato eletivo perdido em decorrência da condenação. O reabilitado poderá voltar a ocupar outro cargo ou função ou mandato eletivo, desde que, novamente, aprovado em concurso público, nomeado em comissão ou eleito.

× Na *Lei de Abuso de Autoridade*, há causa restritiva de direitos que consiste em ser suspenso, pelo prazo de um a seis meses, com a perda dos vencimentos e das vantagens, do cargo, função ou mandato. Encerrada a sanção, o indivíduo volta ao exercício de suas atividades (art. 5º, II, da Lei nº 13.869/2019).

× Em alguns casos, mesmo extinta a pena, o indivíduo fica impossibilitado de voltar a ter cargo público ou mandato eletivo – é imposto um período de interdição. Na *Lei de Abuso de Autoridade* (art. 4º, II, Lei n. 13.869/69), o condenado fica inabilitado para exercício de cargo, mandato ou função pública, pelo período de um a cinco anos; na *Lei de Organização Criminosa* (Lei n. 12.850/2013, é imposta interdição pelos oito anos subsequentes ao cumprimento da pena.

### 5.9.3. INCAPACIDADE PARA O EXERCÍCIO DO PODER FAMILIAR

O art. 93, par. ún., também faz referência ao art. 92, II, que estabelece a incapacidade para o exercício do poder familiar, da tutela ou da curatela nos crimes dolosos sujeitos à pena de reclusão cometidos contra outrem igualmente titular do mesmo poder familiar, contra filho ou outro descendente ou contra tutelado ou curatelado. Esse efeito da condenação é também irreversível em relação à vítima do delito.

> *Art. 94. A reabilitação poderá ser requerida, decorridos 2 (dois) anos do dia em que for extinta, de qualquer modo, a pena ou terminar sua execução, computando-se o período de prova da suspensão e o do livramento condicional, se não sobrevier revogação, desde que o condenado:*
> *I - tenha tido domicílio no País no prazo acima referido;*
> *II - tenha dado, durante esse tempo, demonstração efetiva e constante de bom comportamento público e privado;*
> *III - tenha ressarcido o dano causado pelo crime ou demonstre a absoluta impossibilidade de o fazer, até o dia do pedido, ou exiba documento que comprove a renúncia da vítima ou novação da dívida.*
> *Parágrafo único. Negada a reabilitação, poderá ser requerida, a qualquer tempo, desde que o pedido seja instruído com novos elementos comprobatórios dos requisitos necessários.*

Além dos pressupostos de admissibilidade – condenação irrecorrível e decurso de dois anos da extinção ou cumprimento da pena –, o art. 94 reclama mais algumas condições para a concessão da reabilitação, dispostas nos incisos I a III. Negada a reabilitação, ela poderá ser novamente pedida a qualquer tempo, desde que o requerente demonstre ter alcançado os requisitos faltantes.

> *Art. 95. A reabilitação será revogada, de ofício ou a requerimento do Ministério Público, se o reabilitado for condenado, como reincidente, por decisão definitiva, a pena que não seja de multa.*

A reabilitação concedida não é definitiva, podendo ser revogada a qualquer tempo, de ofício ou a requerimento do Ministério Público, caso o reabilitado seja condenado, como reincidente, por decisão definitiva. Portanto, decorrido o prazo de cinco anos que caracterizam a reincidência (vide comentários ao art. 63 do CP), sobrevindo condenação definitiva por novo crime, não ocorre a revogação da reabilitação, afinal, não se trata mais de pessoa reincidente, mas mera portadora de maus antecedentes. Ademais, a reabilitação não é cassada se a nova condenação impõe apenas pena de multa.

# 6 SOBRE MEDIDAS DE SEGURANÇA

## 6.I. ESPÉCIES

> *Espécies de medidas de segurança*
> *Art. 96. As medidas de segurança são:*
> *I - Internação em hospital de custódia e tratamento psiquiátrico ou,*
> *à falta, em outro estabelecimento adequado;*
> *II - sujeição a tratamento ambulatorial.*
> *Parágrafo único. Extinta a punibilidade, não se impõe medida de*
> *segurança nem subsiste a que tenha sido imposta.*

Em novembro de 1999, Matheus Meira, na época, um estudante de medicina de 24 anos, invadiu um cinema e, armado com uma submetralhadora, disparou diversos tiros contra os presentes, causando a morte de três pessoas. O crime, aparentemente sem motivo, se deu em razão de problemas psiquiátricos posteriormente confirmados – ele foi diagnosticado como esquizofrênico.

Para pessoas como ele, sem o necessário discernimento para entender a gravidade dos seus atos (art. 26, *caput*, do CP), o encarceramento em unidade prisional não é medida recomendável. Em vez disso, deve ser submetido a tratamento médico, para evitar que volte a delinquir, por meio de medida de segurança, que pode ser detentiva ou restritiva:

(a) Medida de segurança detentiva: se dá pela internação em hospital de custódia e tratamento psiquiátrico, ou, à falta, em outro estabelecimento adequado.

(b) Medida de segurança restritiva: é imposta por meio de sujeição a tratamento ambulatorial, em lugar da internação, mais gravosa, em hospitais de custódia e tratamento psiquiátrico ou em outro local com dependência médica adequada.

### 6.1.1. EXTINÇÃO DA PUNIBILIDADE

Extinta a punibilidade (ex.: pela prescrição), não pode ser imposta medida de segurança, nem subsiste a que tenha sido imposta. Embora medida de segurança não seja pena, isso não significa inobservância das normas e princípios aplicáveis quando tratamos da sanção de crimes – legalidade, anterioridade, proporcionalidade etc. Por isso, nada impede que o indivíduo seja beneficiado pela anistia, graça ou indulto (art. 107 do CP).

### 6.1.2. REQUISITOS

Portanto, com base no que foi dito até aqui, a medida de segurança não pode ser imposta de forma arbitrária. A aplicação depende da observância de três requisitos:

(1) A conduta deve ser típica e ilícita: os dois primeiros substratos do crime devem estar presentes. O terceiro, não, afinal, a inimputabilidade exclui a culpabilidade (salvo na semi-imputabilidade). Ademais, deve ser demonstrada a materialidade e a autoria ao longo da ação penal.

(2) A periculosidade do agente: não basta a presunção de periculosidade do agente, extraída do art. 26 do CP, para a imposição de medida de segurança, que deve ser adotada quando, ao final da instrução, ficar demonstrado ser necessária (arts. 397, II, e 415, par. ún., ambos do CPP).

(3) A punibilidade não pode estar extinta.

### 6.2. INIMPUTÁVEIS

> **Imposição da medida de segurança para inimputável**
> **Art. 97.** Se o agente for inimputável, o juiz determinará sua internação (art. 26). Se, todavia, o fato previsto como crime for punível com detenção, poderá o juiz submetê-lo a tratamento ambulatorial.

A medida de segurança pode ser detentiva (art. 96, I) ou restritiva (art. 96, II). Para determinar qual deve ser aplicada, o *caput* do art. 97 adota critério objetivo, com base na gravidade em abstrato do crime praticado. Em se tratando de crime punido com reclusão (ex.: homicídio), a medida deve ser a de internação (detentiva); se punido com detenção, a de tratamento ambulatorial (restritiva).

## 6.3. PRAZOS

**Prazo**
**§ 1º. A internação, ou tratamento ambulatorial, será por tempo indeterminado, perdurando enquanto não for averiguada, mediante perícia médica, a cessação de periculosidade. O prazo mínimo deverá ser de 1 (um) a 3 (três) anos.**

As medidas de segurança são impostas por tempo máximo indeterminado. Contudo, precisamos ter cautela ao interpretar o § 1º do art. 97. Ao dizer *indeterminado*, o dispositivo não possibilita a medida de segurança perpétua. Em algum momento, deverá ocorrer a extinção, mas o Código Penal nada diz. Então, quando? Para o STJ, o limite é a pena máxima em abstrato fixada para o crime praticado. Ex.: no roubo simples (art. 157, *caput*, do CP), de 10 anos. O STF, contudo, em alguns dos seus julgados, entendeu que o limite é aquele imposto no art. 75 do CP – agora, de 40 anos.

Súm. nº 527 do STJ: O tempo de duração da medida de segurança não deve ultrapassar o limite máximo da pena abstratamente cominada ao delito praticado.

O prazo mínimo é de um a três anos, tempo em que o indivíduo será submetido à perícia médica para avaliação de sua situação.

## 6.4. PERÍCIA MÉDICA

**Perícia médica**
**§ 2º. A perícia médica realizar-se-á ao termo do prazo mínimo fixado e deverá ser repetida de ano em ano, ou a qualquer tempo, se o determinar o juiz da execução.**

O submetido à medida de segurança deve ser frequentemente reavaliado, ano a ano, durante o período mínimo ficado no § 1º do art. 97. No entanto, pode o juiz da execução estabelecer tempo diverso para a realização de perícia médica, com base nas peculiaridades do caso – nada impede, por exemplo, que a perícia seja feita a cada seis meses.

Em seu art. 175, a *Lei de Execução Penal* (Lei nº 7.210/1984) estabelece a realização de perícia médica no fim do prazo mínimo de duração da medida de segurança. Ademais, a mesma lei permite ao indivíduo a contratação de médico particular para o acompanhamento da execução da medida de segurança (art. 43).

Verificada, por perícia médica, a cessação da periculosidade, poderá ocorrer a desinternação (art. 96, I) ou a liberação (art. 96, II) do indivíduo, pelo período de um ano, como teste para aferir se, de fato, não oferece mais perigo, podendo ser revogada a qualquer momento, caso se perceba que a avaliação da perícia foi correta.

No § 4º, o art. 97 traz a possibilidade de conversão do tratamento ambulatorial em internação, medida mais gravosa. Não se trata, contudo, de regressão, mas de adoção de medida mais adequada ao tratamento dessa pessoa enferma.

## 6.5. SUBSTITUIÇÃO DA PENA POR MEDIDA DE SEGURANÇA

O semi-imputável é o agente que, na época da conduta, *em virtude de perturbação de saúde mental ou por desenvolvimento mental incompleto ou retardado não era inteiramente capaz de entender o caráter ilícito do fato ou de determinar-se de acordo com esse entendimento* ( art. 26, par. ún., do CP). Não se confunde com o inimputável, tratado no *caput* do art. 26, pessoa que não tem qualquer discernimento do que faz.

| Inimputável (art. 26, *caput*) | Semi-imputável (art. 26, par. ún.) |
|---|---|
| Hipótese de absolvição imprópria, com a imposição de medida de segurança. Exclui a culpabilidade em virtude de inimputabilidade do agente. | Há condenação, e não absolvição imprópria. A culpabilidade é mantida, pois se trata de pessoa imputável. O juiz pode (a) Diminuir sua pena, de 1/3 a 2/3; (b) Aplicar medida de segurança, quando necessária. |
| A periculosidade é presumida. | A periculosidade tem de ser provada. |

Como visto na tabela, ao semi-imputável pode ser aplicada pena privativa de liberdade, mas diminuída, de 1/3 a 2/3, ou medida de segurança, quando necessária. É disso que trata o art. 98, da substituição da pena privativa de liberdade por medida de segurança.

## 6.6. DIREITOS DO INTERNADO

> **Direitos do internado**
> **Art. 99. O internado será recolhido a estabelecimento dotado de características hospitalares e será submetido a tratamento.**

O internado deve ser recolhido em instituição hospitalar que possa oferecer o tratamento adequado na execução da medida de segurança. A falta de vagas em um desses estabelecimentos não justifica a imposição de pena privativa de liberdade. Caso o Estado não supra a carência, o indivíduo deverá permanecer solto até que surja vaga.

# 7 SOBRE A AÇÃO PENAL

## 7.1. ESPÉCIES

> *Ação pública e de iniciativa privada*
> *Art. 100. A ação penal é pública, salvo quando a lei expressamente a declara privativa do ofendido.*
> *§ 1º. A ação pública é promovida pelo Ministério Público, dependendo, quando a lei o exige, de representação do ofendido ou de requisição do Ministro da Justiça.*
> *§ 2º. A ação de iniciativa privada é promovida mediante queixa do ofendido ou de quem tenha qualidade para representá-lo.*
> *§ 3º. A ação de iniciativa privada pode intentar-se nos crimes de ação pública, se o Ministério Público não oferece denúncia no prazo legal.*
> *§ 4º. No caso de morte do ofendido ou de ter sido declarado ausente por decisão judicial, o direito de oferecer queixa ou de prosseguir na ação passa ao cônjuge, ascendente, descendente ou irmão.*

Tratada com maior profundidade no Código de Processo Penal, a ação penal tem duas acepções. Uma delas é no sentido de processo penal, único instrumento existente para a imposição do Direito Penal. Por meio de ação penal, o Estado julga e, se for o caso, impõe sanção ao criminoso. A outra é a ação penal como direito subjetivo à persecução penal. Embora o Estado-Administração seja o único titular do poder-dever de punir, há situações em que cabe ao particular decidir pelo início da ação penal.

Por essa razão, classificamos a ação penal em pública e privada, segundo a titularidade para a sua propositura. A ação pública é promovida pelo Ministério Público, a partir do oferecimento de denúncia – a petição inicial onde relata os fatos e pede a condenação. Quase todos os crimes existentes são de ação pública. Por ser regra, quando a lei nada disser a respeito da legitimidade, devemos considerar que se trata de ação penal pública incondicionada.

| | |
|---|---|
| **Ação penal privada** | *Exercício arbitrário das próprias razões*<br>*Art. 345. Fazer justiça pelas próprias mãos, para satisfazer pretensão, embora legítima, salvo quando a lei o permite:*<br>*Pena - detenção, de quinze dias a um mês, ou multa, além da pena correspondente à violência.*<br>*Parágrafo único. Se não há emprego de violência,* ***somente se procede mediante queixa***. |
| **Ação penal pública condicionada à representação.** | *Perigo de contágio venéreo*<br>*Art. 130. Expor alguém, por meio de relações sexuais ou qualquer ato libidinoso, a contágio de moléstia venérea, de que sabe ou deve saber que está contaminado:*<br>*Pena - detenção, de três meses a um ano, ou multa.*<br>*§ 2º. **Somente se procede mediante representação**.* |

### 7.1.1. AÇÃO PENAL PÚBLICA INCONDICIONADA

Na ação penal pública incondicionada, pouco importa o interesse do ofendido (ou sua falta) quanto à punição. Se sou vítima de um roubo (art. 157 do CP), de nada adianta pedir à autoridade policial, ao Ministério Público ou ao juiz para não punir o criminoso. O Direito Penal será aplicado. Isso porque o interesse público em reprimir a conduta delituosa prevalece sobre o meu, particular. Em regra, a ação penal pública tem início por denúncia oferecida pelo Ministério Público. Excepcionalmente, caso não oferecida petição inicial no prazo legalmente fixado, pode a vítima ou seu representante oferecê-la, por meio de queixa-crime (a petição inicial oferecida pelo particular) – a intitulada *ação penal privada subsidiária da pública*.

### 7.1.2. AÇÃO PENAL PÚBLICA CONDICIONADA À REPRESENTAÇÃO

No entanto, há situações em que, apesar de existir interesse público em punir o criminoso, a vítima deve autorizar a propositura de ação penal. Veja o exemplo do estupro (art. 213 do CP). Embora gravíssimo – hediondo, inclusive –, a persecução penal pode causar ainda mais prejuízos à vítima. Para ela, em determinada situação, a impunidade do criminoso é mais vantajosa do que o constrangimento causado por uma ação penal (a exposição dos fatos a terceiros, audiências etc.). Por isso, até pouco tempo, o estupro era crime de ação penal pública condicionada – a partir da Lei nº 13.718/2018, passou a ser de ação penal pública incondicionada.

A ação penal pública condicionada deve estar expressamente prevista em lei. Exemplo: no crime de *perigo de contágio venéreo*, o art. 130 do CP, em seu § 2º, determina que a ação penal *somente se procede mediante representação*. Em hipóteses ainda mais excepcionais, a lei condiciona a ação penal à *requisição do Ministro da Justiça* (ex.: art. 145, par. ún., do CP) – a expressão *requisição*, que significa *ordem*, deveria ser substituída por *representação*, pois a manifestação do Ministro da Justiça não obriga o Ministério Público ao oferecimento da denúncia.

### 7.1.3. AÇÃO PENAL PRIVADA

Alguns delitos despertam pouco interesse público em sancionar o criminoso. Cito como exemplo a injúria (art. 140 do CP), em que o criminoso ofende a dignidade ou o decoro da vítima. Muitas das vezes, nem mesmo o ofendido tem interesse em dar início à ação penal. Ninguém gosta de ser xingado, mas, ao imaginar ter de ir em audiência e o desgaste de um processo penal, acredito, a maioria prefere *deixar para lá*.

Nesses casos, o Estado transfere ao particular a legitimidade para a propositura da ação penal (*ação penal exclusivamente privada*). Não se trata de transferência do direito de punir, exclusivo do Poder Público, mas o de oferecer a petição inicial (*queixa-crime*). Prova disso é que, em crime de ação privada, se condenado o criminoso, a execução da sanção penal cabe ao Ministério Público, e não à vítima. Em regra, a petição inicial em ação penal privada pode ser oferecida pela vítima ou por seu representante legal.

Há, no entanto, hipótese excepcionalíssima, aplicável apenas ao crime de *induzimento a erro essencial e ocultação de impedimento* (art. 236 do CP), em que apenas a vítima – e mais ninguém – poderá oferecer a queixa-crime (*ação penal privada personalíssima*). Por isso, caso ocorra sua morte durante o prazo decadencial, a ação penal jamais será proposta, pois falecida a única pessoa que detinha legitimidade para o oferecimento.

A ação penal privada tem de estar expressamente prevista em lei. Exemplo: no art. 167 do CP, é dito que em algumas hipóteses, a ação penal pelo crime de dano (art. 163) *somente se procede mediante queixa* – queixa-crime, nome dado à petição inicial na ação penal privada.

## 7.2. AÇÃO PENAL EM CRIME COMPLEXO

> **A ação penal no crime complexo**
> **Art. 101. Quando a lei considera como elemento ou circunstâncias do tipo legal fatos que, por si mesmos, constituem crimes, cabe ação pública em relação àquele, desde que, em relação a qualquer destes, se deva proceder por iniciativa do Ministério Público.**

Crime complexo é aquele *composto* por outras condutas típicas. Exemplo: o roubo (art. 157 do CP) é a junção do furto (art. 155 do CP) e da lesão corporal (art. 129 do CP) ou ameaça (art. 147 do CP). Segundo o art. 101, se um crime for composto por um outro de ação penal pública, a propositura caberá ao Ministério Público. De fato, não faria sentido ação penal privada quando um delito é composto por outro de ação penal pública.

## 7.3. RETRATAÇÃO

> **Irretratabilidade da representação**
> **Art. 102. A representação será irretratável depois de oferecida a denúncia.**

Nos crimes de ação penal pública condicionada, é possível que a vítima volte atrás da representação, desde que o faça antes do oferecimento da denúncia. Ao se retratar, a vítima volta a impedir a persecução penal. O Ministério Público fica de mãos atadas, sem poder oferecer a denúncia. No entanto, caso a petição inicial já tenha sido oferecida, o representante não terá mais qualquer poder para impedir a persecução penal do criminoso.

É importante frisar que a retratação é possível antes do *oferecimento* da denúncia, o ato em que o Ministério Público propõe a petição inicial ao juiz. Ato seguinte, cabe ao magistrado o *recebimento* ou a rejeição da denúncia, nos termos do art. 395 do CPP. Alguns institutos de Direito Penal têm por limite o *recebimento* da petição inicial – por exemplo, o arrependimento posterior (art. 16 do CP). Por fim, ressalto que a *Lei Maria da Penha* tem regra especial sobre o assunto (art. 16 da Lei nº 11.340/2006).

**DECADÊNCIA**

> *Decadência do direito de queixa ou de representação*
> *Art. 103. Salvo disposição expressa em contrário, o ofendido decai do direito de queixa ou de representação se não o exerce dentro do prazo de 6 (seis) meses, contado do dia em que veio a saber quem é o autor do crime, ou, no caso do § 3° do art. 100 deste Código, do dia em que se esgota o prazo para oferecimento da denúncia.*

A decadência é a perda do direito de promover a ação penal em razão do decurso do tempo. Atinge a ação penal privada, a ação penal privada subsidiária da pública e a ação penal pública condicionada à representação. Entretanto, o impacto é diferente em cada uma das espécies mencionadas. Entenda:

(a) Ação penal privada: em regra, o ofendido tem o prazo de seis meses para o oferecimento da queixa-crime, contado do dia em que descobre a autoria do crime (e não da data da consumação, como acontece na prescrição). Passado esse período, ocorre a extinção da punibilidade (art. 107, IV, do CP).

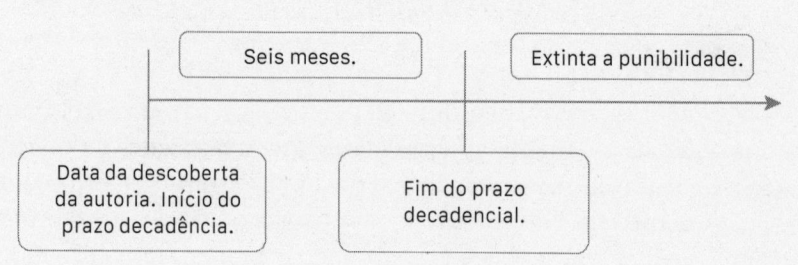

(b) Ação penal privada subsidiária da pública: o prazo de seis meses começa a correr do encerramento do prazo do Ministério Público. No entanto, caso ocorra o seu decurso, sem que a vítima nada faça, não ocorre a extinção da punibilidade. O motivo: em crime de ação penal pública incondicionada, só se fala em punibilidade extinta pela prescrição. O que decai é o direito ao oferecimento da queixa-crime subsidiária.

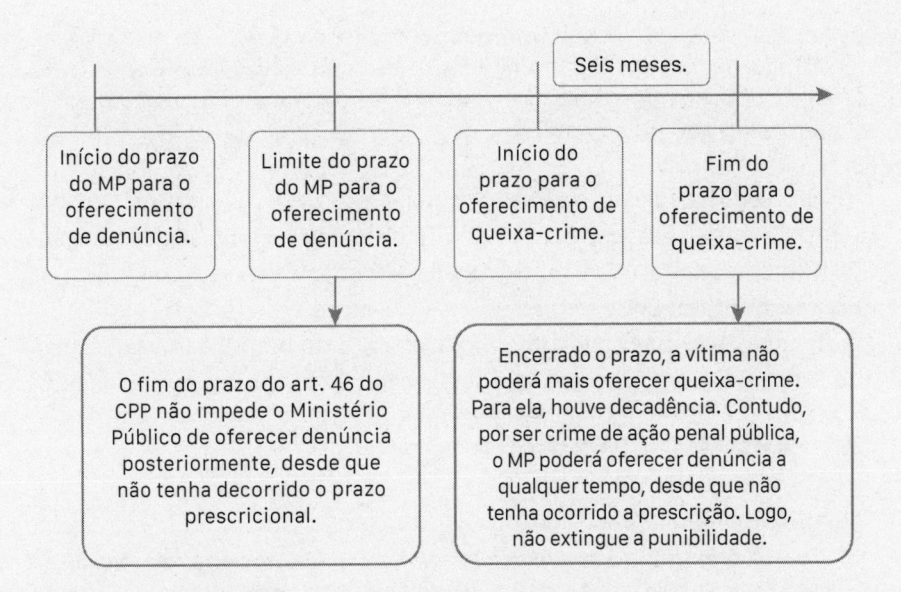

(c) Ação penal pública condicionada à representação: o CP e o CPP (art. 38) fixam o prazo de seis meses, contado da descoberta da autoria pelo ofendido, para o oferecimento da representação. Decorrido o período decadencial sem que ocorra representação, o Ministério Público fica engessado, sem poder oferecer a denúncia.

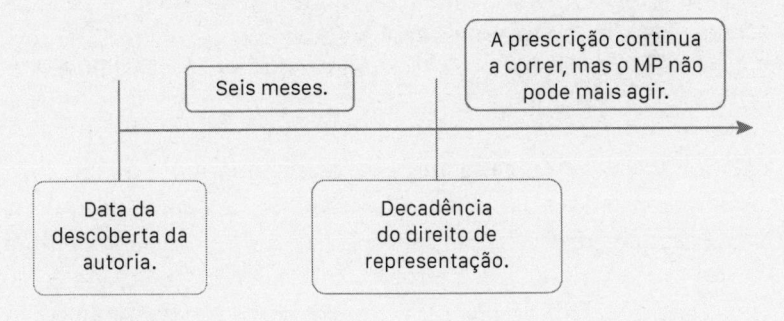

## 7.5. RENÚNCIA

*Renúncia expressa ou tácita do direito de queixa*
*Art. 104. O direito de queixa não pode ser exercido quando renunciado expressa ou tacitamente.*

> *Parágrafo único - Importa renúncia tácita ao direito de queixa a prática de ato incompatível com a vontade de exercê-lo; não a implica, todavia, o fato de receber o ofendido a indenização do dano causado pelo crime.*

Sendo o crime de ação penal privada, é possível que a vítima ou seu representante legal renuncie ao direito de queixa, hipótese de extinção da punibilidade (art. 107, V, do CP). Uma vez renunciado, não tem volta. A renúncia pode ser expressa (ex.: declaração escrita) ou tácita (ex.: o ofendido aceita ser padrinho de casamento do ofensor após a prática do crime). O recebimento de indenização não causa a renúncia tácita.

## 7.6. PERDÃO DO OFENDIDO

> *Perdão do ofendido*
> *Art. 105. O perdão do ofendido, nos crimes em que somente se procede mediante queixa, obsta ao prosseguimento da ação.*
> *Art. 106 - O perdão, no processo ou fora dele, expresso ou tácito:*
> *I - se concedido a qualquer dos querelados, a todos aproveita;*
> *II - se concedido por um dos ofendidos, não prejudica o direito dos outros;*
> *III - se o querelado o recusa, não produz efeito.*
> *§ 1°. Perdão tácito é o que resulta da prática de ato incompatível com a vontade de prosseguir na ação.*
> *§ 2°. Não é admissível o perdão depois que passa em julgado a sentença condenatória.*

A renúncia é ato praticado antes do oferecimento da queixa-crime. Quando já existente ação penal, é possível que a vítima ou seu representante perdoe o ofensor. Embora seja causa de extinção da punibilidade (art. 107, V, do CP), depende de aceitação do querelado (contra quem a ação penal foi proposta). O motivo: o perdão dá fim imediato à ação penal, mas o réu pode ter interesse em levar o processo até o fim para demonstrar sua inocência. O perdão pode se dar de forma:

(a) Processual: concedida nos autos da ação penal;

(b) Extraprocessual: concedida fora dos autos;

(c) Expressa: por declaração em que o querelante afirma o perdão;

(d) Tácita: por ato incompatível com a vontade de prosseguir com a ação penal.

# 8 SOBRE A EXTINÇÃO DA PUNIBILIDADE

## 8.1. CAUSAS EXTINTIVAS DA PUNIBILIDADE

> *Extinção da punibilidade*
> *Art. 107. Extingue-se a punibilidade:*
> *I - pela morte do agente;*
> *II - pela anistia, graça ou indulto;*
> *III - pela retroatividade de lei que não mais considera o fato como criminoso;*
> *IV - pela prescrição, decadência ou perempção;*
> *V - pela renúncia do direito de queixa ou pelo perdão aceito, nos crimes de ação privada;*
> *VI - pela retratação do agente, nos casos em que a lei a admite;*
> *VII - (REVOGADO).*
> *VIII - (REVOGADO).*
> *IX - pelo perdão judicial, nos casos previstos em lei.*

Praticada infração penal (crime ou contravenção), nasce, automaticamente, a *punibilidade*, a possibilidade de o Estado punir, por sanção penal, a pessoa por ela responsável. Embora alguns poucos defendam a *teoria quadripartida* ao conceituar o crime – para eles, o delito é o fato típico, ilícito, culpável e punível –, a verdade é que, em posicionamento que beira à unanimidade, a punibilidade não influencia na existência do crime ou contravenção penal. Se reconhecida, por exemplo, a prescrição (art. 107, IV, do CP), o crime permanece íntegro, mas não pode mais ser punido. Importante destacar, ademais, que o rol do art. 107 do CP é exemplificativo. Há outras causas extintivas da punibilidade no Código Penal e em leis penais especiais (ex.: art. 312, § 3º, do CP).

### 8.1.1. MORTE DO AGENTE

A pena não pode passar da pessoa do condenado (*princípio da personalidade da pena*), imposição estabelecida na Constituição Federal (art. 5º, XLV). Portanto, morto o autor do crime, a extinção da punibilidade deve ser declarada – nada impede, no entanto, que os herdeiros do falecido tenham de indenizar eventuais vítimas, na esfera cível, desde que o valor não ultrapasse o limite da herança.

XLV - nenhuma pena passará da pessoa do condenado, podendo a obrigação de reparar o dano e a decretação do perdimento de bens ser, nos termos da lei, estendidas aos sucessores e contra eles executadas, até o limite do valor do patrimônio transferido;

Para que seja declarada extinta a punibilidade, a morte deve ser comprovada por meio de *certidão de óbito* (arts. 62 e 155, par. ún., do CPP). Entretanto, imagine a seguinte situação: "A" foi denunciado pela prática de um roubo (art. 157 do CP). Dias depois, seu advogado juntou aos autos do processo certidão de óbito em que se atestava a morte de "A". Ouvido o Ministério Público, o juiz declarou extinta a punibilidade, com fundamento no art. 107, I, do CP. Tempos depois, foi descoberto que a certidão é falsa. Nesse caso, pode ser desconstituída a sentença? Para o STJ e STF, sim.

Tal circunstância, referente ao estado da pessoa, assemelha-se em tudo e por tudo com a hipótese da declaração de extinção da punibilidade fundada em certidão de óbito falsa, situação em que a jurisprudência remansosa do Pretório Excelso reconhece ser inexistente a decisão que a decreta. (Precedentes do STF). (*HC* nº 286.575/MG)

### 8.1.2. ANISTIA

Na anistia, o Estado renuncia ao direito de punir. Por meio de lei ordinária, editada pelo Congresso Nacional (arts. 21, XVII e 48, VIII, da CF), com efeitos retroativos (*ex tunc*), um determinado fato criminoso (e não um indivíduo) deixa de ser punido. Exemplo: Lei nº 13.293/2016, que anistiou militares grevistas. São reconhecidas as seguintes espécies de anistia

(a) Especial: para crimes políticos;

(b) Comum: para crimes *não políticos*;

(c) Própria: antes do trânsito em julgado;

(d) Imprópria: após o trânsito em julgado;

(e) Plena: menciona apenas os fatos que devem ser anistiados;

(f) Restrita: menciona os fatos e exige algum requisito;

(g) Incondicionada: não exige qualquer condição para ser concedida;

(h) Condicionada: exige condição para ser concedida.

A anistia não pode ser revogada por lei posterior. Uma vez concedida, a punibilidade é extinta, dando fim a todos os efeitos penais da infração penal, mas mantidos os extrapenais. Ademais, importante destacar que são insuscetíveis de anistia *a tortura, o tráfico ilícito de entorpecentes e drogas afins, o terrorismo e os definidos como crimes hediondos* (art. 5º, XLIII, da CF).

### 8.1.3. GRAÇA

Na anistia, a clemência recai sobre fatos, e não sobre pessoas determinadas. Na graça, por outro lado, o beneficiado é alguém específico (ex.: João da Silva). A *Lei de Execução Penal* a intitula *indulto individual* (art. 188, da Lei nº 7.210/1984). Compete privativamente ao Presidente da República a concessão (art. 84, XII, da CF), por decreto, e se trata de ato discricionário.

Art. 188. O indulto individual poderá ser provocado por petição do condenado, por iniciativa do Ministério Público, do Conselho Penitenciário, ou da autoridade administrativa.

O indulto individual ou graça pode extinguir a punibilidade (plena) ou apenas diminuir ou comutar a pena (parcial). Não há necessidade de aceitação por parte do beneficiado, exceto na comutação (art. 739 do CPP) ou quando impostas condições.

### 8.1.4. INDULTO

O indulto coletivo é destinado a um grupo de indivíduos que atenda aos requisitos exigidos no decreto que o concede, de iniciativa do Presidente da República. No final de 2019, o atual Chefe do Executivo concedeu indulto, por meio do Dec. nº 10.189/2019, *aos agentes públicos que compõem o sistema nacional de segurança pública* condenados por crime culposo ou por excesso culposo (art. 23, par. ún., do CP). Pode ser total, quando extingue a punibilidade, ou parcial, quando há diminuição ou comutação da pena. Caso sejam impostas condições (indulto condicionado), o beneficiado pode recusá-lo.

Súm. nº 631 do STJ: O indulto extingue os efeitos primários da condenação (pretensão executória), mas não atinge os efeitos secundários, penais ou extrapenais.

### 8.1.5. *ABOLITIO CRIMINIS*

Embora seja causa superveniente de extinção da tipicidade formal, sua natureza jurídica é de causa extintiva da punibilidade. Todos os efeitos penais são extintos, ainda que exista sentença condenatória transitada em julgado. Os efeitos civis, no entanto, são mantidos – se houver dano a ser reparado, a obrigação continua a existir. Sobre o tema, veja os comentários ao art. 2°, *caput*, do CP.

### 8.1.6. DECADÊNCIA

A decadência é a perda do direito de queixa ou de representação em razão de inércia do seu titular. Em regra, o prazo é de seis meses, contado do dia em que a vítima descobre a autoria do delito. Por ser prazo material (art. 10 do CP), o prazo começa a correr imediatamente, pouco importando se o dia é útil ou não (veja os comentários feitos ao art. 103 do CP).

### 8.1.7. PEREMPÇÃO

A perempção é a perda do direito de ação provocada pela inércia processual do querelante. O aspecto processual da perempção é tratado no art. 60 do CPP, que descreve as hipóteses em que a ela ocorre. Para o Direito Penal, basta a conclusão de que o seu reconhecimento extingue a punibilidade.

Art. 60. Nos casos em que somente se procede mediante queixa, considerar-se-á perempta a ação penal:

> I - quando, iniciada esta, o querelante deixar de promover o andamento do processo durante 30 dias seguidos;
> II - quando, falecendo o querelante, ou sobrevindo sua incapacidade, não comparecer em juízo, para prosseguir no processo, dentro do prazo de 60 (sessenta) dias, qualquer das pessoas a quem couber fazê-lo, ressalvado o disposto no art. 36;
> III - quando o querelante deixar de comparecer, sem motivo justificado, a qualquer ato do processo a que deva estar presente, ou deixar de formular o pedido de condenação nas alegações finais;
> IV - quando, sendo o querelante pessoa jurídica, esta se extinguir sem deixar sucessor.

### 8.1.8. RENÚNCIA DO DIREITO DE QUEIXA OU PERDÃO ACEITO

A renúncia ao direito de queixa é ato unilateral, que não depende de aceitação da outra parte, anterior à ação penal. Pode ocorrer somente na ação penal exclusivamente privada. Na ação penal privada subsidiária da pública, a renúncia não impede que o Ministério Público, a qualquer momento, dentro do prazo prescricional, ofereça denúncia. Pode ser expressa, por declaração escrita, ou tácita, quando praticado ato incompatível com o interesse na persecução penal (veja comentários ao art. 104 do CP).

Por outro lado, o perdão é ato bilateral, que depende de aceitação da outra parte, e ocorre após o início da ação penal. O querelado pode não ter interesse em ser perdoado por preferir provar sua inocência. Por isso, o CPP, em seu art. 58, fixa o prazo de três dias para que acusado diga se aceita o perdão. O silêncio importa aceitação. Ademais, o perdão pode ser expresso ou tácito, da mesma forma como acontece com a renúncia (veja comentários ao art. 105 do CP)

### 8.1.9. RETRATAÇÃO

Retratação é o ato de retirar o que foi dito anteriormente. Pela própria natureza dessa causa de extinção da punibilidade, são poucos os crimes com ela compatíveis. Ademais, tem de existir expressa previsão legal que a reconheça. Exemplo: art. 342, § 2º, do CP (*falso testemunho ou falsa perícia*).

*§ 2º. O fato deixa de ser punível se, antes da sentença no processo em que ocorreu o ilícito, o agente se retrata ou declara a verdade.*

### 8.1.10. PERDÃO JUDICIAL

O perdão judicial não se confunde com o perdão do ofendido, em ação penal privada. A hipótese do inc. IX do art. 107 incide em ações públicas, cabendo ao juiz aplicar o perdão, com base em expressa previsão legal. Não depende de aceitação do beneficiado, que não pode recusá-lo. Dois exemplos:

(1) Ao dar ré em seu automóvel, uma mãe, por imprudência, atropela o filho, causando-lhe a morte. Nesse caso, considerando o mal suportado pela homicida (homicídio culposo), não existe razão para puni-la. Por isso, deve ser extinta a punibilidade em razão do perdão judicial (art. 121, § 5º, do CP).

*§ 5º. Na hipótese de homicídio culposo, o juiz poderá deixar de aplicar a pena, se as consequências da infração atingirem o próprio agente de forma tão grave que a sanção penal se torne desnecessária.*

(2) Nos últimos anos, uma pessoa criou, em sua casa, uma ave silvestre. O animal é bem cuidado, está domesticado e não há risco de extinção da espécie. De fato, a conduta inicial de *adotar* a ave foi

errada, mas parece não existir mais motivo para a imposição de sanção penal. Essa é a razão de existir a hipótese de perdão judicial do art. 29, § 2º, da Lei nº 9.605/1998,

§ 2º. *No caso de guarda doméstica de espécie silvestre não considerada ameaçada de extinção, pode o juiz, considerando as circunstâncias, deixar de aplicar a pena.*

## 8.2. CRIMES ACESSÓRIOS

> **Art. 108. A extinção da punibilidade de crime que é pressuposto, elemento constitutivo ou circunstância agravante de outro não se estende a este. Nos crimes conexos, a extinção da punibilidade de um deles não impede, quanto aos outros, a agravação da pena resultante da conexão.**

O crime acessório é aquele que depende de um delito anterior para existir. Exemplo: a lavagem de dinheiro (art. 1º Lei nº 9.613/1998). Por outro lado, o crime complexo é aquele que resulta da união de outros delitos. Exemplo: o roubo (art. 157 do CP) mediante violência é a junção do furto (art. 155 do CP) e da lesão corporal (art. 129 do CP). Por fim, crime conexo é aquele praticado para assegurar a execução, a ocultação, a impunidade ou a vantagem do outro delito. Exemplo: o agente mata alguém (art. 121, § 2º, V, do CP) para ocultar a prática de um estupro (art. 213 do CP).

Segundo o art. 109, a extinção da punibilidade de um não impede a punição de outro. Portanto, no último exemplo, se prescrito o estupro, a punição pelo homicídio se mantém, até que decorra seu próprio prazo prescricional. Não há vínculo existencial de um delito em relação ao outro em virtude da extinção da punibilidade.

## 8.3. PARÂMETROS DA PRESCRIÇÃO

> **Prescrição antes de transitar em julgado a sentença**
> **Art. 109. A prescrição, antes de transitar em julgado a sentença final, salvo o disposto no § 1º do art. 110 deste Código, regula-se pelo máximo da pena privativa de liberdade cominada ao crime, verificando-se:**
> **I - em vinte anos, se o máximo da pena é superior a doze;**
> **II - em dezesseis anos, se o máximo da pena é superior a oito anos e não excede a doze;**

> *III - em doze anos, se o máximo da pena é superior a quatro anos e não excede a oito;*
>
> *IV - em oito anos, se o máximo da pena é superior a dois anos e não excede a quatro;*
>
> *V - em quatro anos, se o máximo da pena é igual a um ano ou, sendo superior, não excede a dois;*
>
> *VI - em 3 (três) anos, se o máximo da pena é inferior a 1 (um) ano.*

Prescrição é a perda do poder-dever de punir do Estado. Pode se manifestar de duas maneiras: pela prescrição do interesse em aplicar a pena (a PPP, ou prescrição da pretensão punitiva) ou de executá-la (a PPE, ou prescrição da pretensão executória). Um exemplo de cada para assimilar:

(a) Um furto é praticado. Apesar das investigações, a polícia nunca descobriu a autoria. Ultrapassado o período prescricional, temos a PPP.

(b) Fui condenado pela prática de um roubo. A sentença condenatória transitou em julgado no mesmo dia em que fugi. Vencido o prazo prescricional, jamais fui localizado, e o Estado nada mais poderá fazer, afinal, extinta a punibilidade da PPE.

A divisão em PPP e PPE tem razão de existir: em alguns pontos, o cálculo da prescrição de cada uma não é igual. Ademais, as consequências são diversas, como veremos nos próximos parágrafos.

| Prescrição da pretensão punitiva (PPP) | Prescrição da pretensão executória (PPE) |
| --- | --- |
| É considerada antes do trânsito em julgado da sentença condenatória. Impede que o Estado busque título definitivo para execução de condenação. | Ocorre após o trânsito em julgado da sentença condenatória. Impede a execução da punição, mas são mantidos os efeitos secundários da condenação. |

### 8.3.1. IMPRESCRITIBILIDADE

A Constituição Federal estabelece duas hipóteses de imprescritibilidade (art. 5º, XLII e XLIV): o racismo (Lei nº 7.716/1989) e os delitos praticados por grupos armados, civis ou militares, contra a ordem constitucional e o Estado Democrático.

### 8.3.2. PRESCRIÇÃO ANTES DO TRÂNSITO EM JULGADO DA SENTENÇA (PPP)

A prescrição antes do trânsito em julgado da sentença condenatória é hipótese de PPP. É o prazo que o Estado possui para a formação do título executivo. De acordo com o art. 109 do CP, a PPP é calculada com base na pena máxima em abstrato fixada para a infração penal, levando-se em consideração os parâmetros nele trazidos.

No entanto, embora cristalina a redação do dispositivo, duas observações importantes devem ser feitas:

(1) Os parâmetros do art. 109 não são exclusivos da PPP. Se quero descobrir a PPE, também utilizo o art. 109, mas não mais com as penas em abstrato.

(2) Ao falar em prescrição, quando o CP menciona o trânsito em julgado, faz referência ao trânsito em julgado para a acusação, especificamente.

Para compreender quando usar a pena máxima em abstrato ou a pena em concreto, tenha em mente o seguinte: enquanto for possível piorar a situação do réu, a prescrição é calculada com base na pena em abstrato. Entenda:

(a) Pratiquei um roubo (pena de 4 a 10 anos). O crime ocorreu há alguns dias. Não há denúncia, não houve audiência, enfim, nada aconteceu. Qual será a minha pena? Não sei. Tenho apenas uma certeza: no máximo, 10 anos. Qualquer outro número é incerto. Portanto, devo calcular a PPP com base nessa pena máxima em abstrato – a pena de 10 anos prescreve em 16 anos (art. 109, II, do CP).

(b) Fui condenado pela prática do roubo. O juiz fixou a pena mínima, de quatro anos. O Ministério Público, não satisfeito, recorreu. Qual será a minha pena? Não sei. Por enquanto, quatro anos, mas o MP recorreu, o que pode fazer com que ela seja aumentada pelo Tribunal de Justiça (ou TRF).

(c) Fui condenado pela prática do roubo. O juiz fixou a pena em cinco anos. Ofereci recurso. O Ministério Público não quis recorrer (logo, transitou em julgado para a acusação). Qual será minha pena? Na pior das hipóteses, cinco anos. Posso conseguir diminui-la, se o tribunal der provimento ao meu recurso, mas já existe uma certeza: cinco anos.

Enquanto não existir certeza da pena final, considere sempre o pior desfecho possível para o réu. Isso vale, inclusive, em relação às causas de aumento e de diminuição de pena quando trabalhamos com pena em abstrato. Exemplo: estou sendo acusado de praticar um roubo em concurso de pessoas (art. 157, § 2º, II, do CP), que tem majorante de 1/3 até 1/2. Enquanto não existir sentença condenatória transitada em julgado para a acusação, faço o cálculo com base no pior cenário. Ou seja: considero 1/2 (o máximo), e não 1/3 (mínimo).

× Cálculo do roubo majorado para a PPP, com base em pena em abstrato: a pena máxima é de 10 anos (art. 157, *caput*, do CP). A majorante também deve ser considerada em seu máximo (1/2), totalizando 15 anos, com prescrição em 20 anos (art. 109, I, do CP).

### 8.3.2.1. CONSEQUÊNCIAS DA PPP AO INQUÉRITO E À AÇÃO PENAL

Ocorrida a prescrição da pretensão punitiva, não será mais possível a instauração de inquérito policial – se já instaurado, deve ser *trancado*. Se houver ação penal em trâmite, pouco importa em qual fase esteja: deve ser extinta.

### 8.3.2.2. ESPÉCIES DE PPP

A PPP é dividida nas seguintes espécies:

(a) PPP propriamente dita: é a forma mais simples, calculada com base na pena máxima em abstrato, enquanto não houver sentença condenatória transitada para a acusação.

(b) PPP intercorrente ou superveniente à sentença condenatória: calculada com base na pena efetivamente fixada pelo juiz na sentença condenatória, é a prescrição entre a publicação da sentença condenatória e o julgamento do recurso pela instância superior.

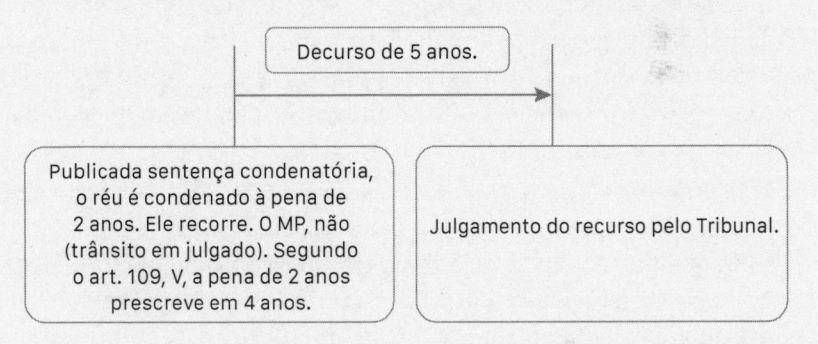

(c) PPP retroativa: com base na pena efetivamente aplicada pelo juiz, é feita uma análise para trás, retroativa, em busca de prescrição anterior à publicação da sentença condenatória.

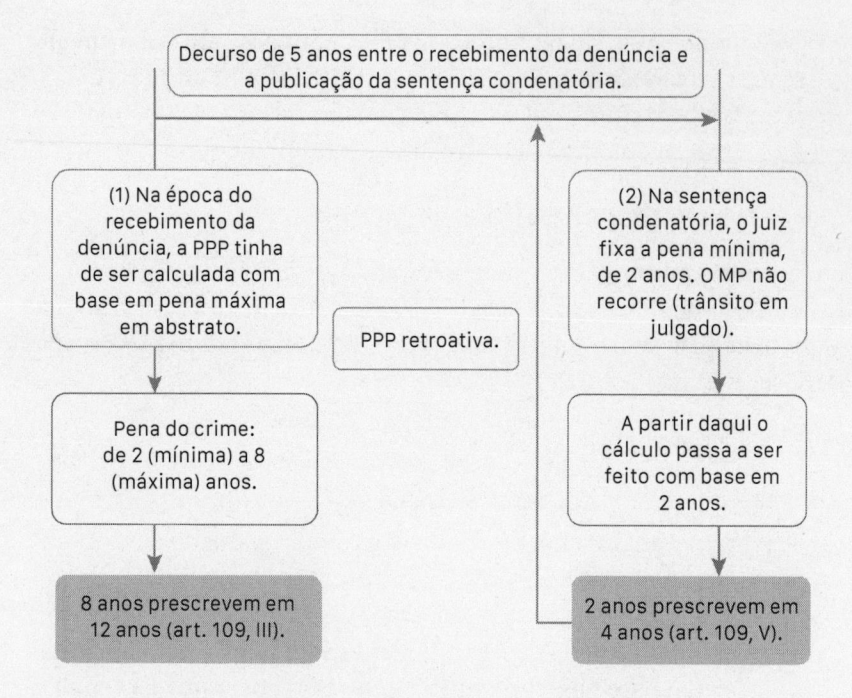

**CIRCUNSTÂNCIAS QUE INFLUENCIAM NA PPP EM ABSTRATO**

Quando trabalhamos com pena em concreto, não há problema, pois o juiz já fez a dosimetria da pena. Basta, então, cruzar o número da pena definitiva (ex.: cinco anos) com os parâmetros do art. 109 do CP (ex.: cinco anos prescrevem em 12 anos). No entanto, para as penas em abstrato, atenção:

(1) Qualificadora e privilégio influenciam no cálculo. Em um furto simples (art. 155, *caput*, do CP), a pena máxima é de quatro anos; no furto qualificado (art. 155, § 4º), a máxima é de oito anos. Portanto, há impacto sobre o cálculo da prescrição (quatro anos prescrevem em oito anos; oito anos prescrevem em 12 anos).

(2) Circunstâncias judiciais, analisadas na primeira fase da dosimetria da pena (vide comentários ao art. 59), não podem fazer com que a pena fique além do máximo. Logo, não influenciam no cálculo da PPP em abstrato. O mesmo raciocínio vale para as agravantes e atenuantes.

(3) As causas de aumento e de diminuição, todavia, influenciam no cálculo, pois podem elevar a pena acima do máximo ou reduzi-la abaixo do mínimo. Ao aplicá-las, considere sempre a pior situação possível. Exemplo: se a causa de diminuição for de 1/6 a 2/3, aplique o aumento

mínimo (1/6); se for causa de aumento, considere a mais alta (2/3). A lógica: a pena em seu patamar mais alto é certeza. Não tem como ficar pior. Por isso, podemos utilizá-la como parâmetro dotado de certeza.

### 8.3.2.4. PRESCRIÇÃO VIRTUAL

A prescrição virtual, projetada ou antecipada é calculada com base em uma realidade que ainda não existe. Funciona assim: consideradas as circunstâncias do caso concreto, se chega à conclusão de que não há mais tempo hábil para a persecução penal. Fatalmente, ocorrerá a prescrição. Com base nisso, a extinção da punibilidade é declarada imediatamente, antes mesmo de concretizada a PPP, para evitar esforço inútil, desnecessário. Para o STJ, o raciocínio não é válido. A PPP em perspectiva não pode ser aceita.

Súm. n° 438 do STJ: *É inadmissível a extinção da punibilidade pela prescrição da pretensão punitiva com fundamento em pena hipotética, independentemente da existência ou sorte do processo penal.*

## 8.4. PENAS RESTRITIVAS DE DIREITO

> **Prescrição das penas restritivas de direito**
> **Parágrafo único. Aplicam-se às penas restritivas de direito os mesmos prazos previstos para as privativas de liberdade.**

As penas restritivas de direitos são substitutivas das penas privativas de liberdade. Por isso, o prazo prescricional é o mesmo para as duas penas. Não existe autonomia.

## 8.5. PRESCRIÇÃO APÓS O TRÂNSITO EM JULGADO (PPE)

> **Prescrição depois de transitar em julgado sentença final condenatória**
>
> **Art. 110. A prescrição depois de transitar em julgado a sentença condenatória regula-se pela pena aplicada e verifica-se nos prazos fixados no artigo anterior, os quais se aumentam de um terço, se o condenado é reincidente.**
> **§ 1°. A prescrição, depois da sentença condenatória com trânsito em julgado para a acusação ou depois de improvido seu recurso, regula-se pela pena aplicada, não podendo, em nenhuma hipótese, ter por termo inicial data anterior à da denúncia ou queixa.**
> **§ 2°. (REVOGADO).**

A prescrição da pretensão executória (PPE) é a perda do poder-dever de executar sanção imposta por sentença condenatória transitada em julgado para a acusação. Por existir uma sentença condenatória definitiva, a PPE extingue apenas a pena principal. Todos os demais efeitos secundários, penais ou extrapenais, são mantidos.

### 8.5.1. TERMO INICIAL

A PPE passa a correr do trânsito em julgado para a acusação, quando a pena fixada pelo juiz se torna definitiva. Ex.: em um furto (pena de um a quatro anos), o juiz impõe ao réu o total de dois anos. A defesa recorre; o MP, não. Como a acusação não recorreu, é possível dizer qual o máximo de pena que será aplicada: dois anos.

Se concedida suspensão condicional da pena (art. 77 do CP) ou livramento condicional ( art. 83 do CP), caso um dos benefícios seja revogado durante o período de prova, a PPE voltará a correr do dia em que for proferida a decisão revogatória. Ademais, se interrompida a pena por qualquer motivo (art. 112, II, do CP), a PPE volta a correr (novo termo inicial).

### 8.5.2. PPE E CÁLCULO EM CONCRETO

A partir do trânsito em julgado da sentença condenatória para a acusação, não se fala mais em cálculo da prescrição com base em pena em abstrato. Conforme explicado anteriormente, usamos pena máxima em abstrato quando não temos certeza sobre a pena máxima que será aplicada pelo juiz. Se, hoje, pratico um homicídio qualificado (pena de 12 a 30 anos), a pena máxima (30 anos) é a única certeza que tenho. O magistrado pode, ao sentenciar, fixar 12, 14, 17, 21 anos, mas nenhum destes valores é certo. Os 30 anos, por outro lado, tenho como parâmetro máximo e certo.

Quando proferida uma sentença condenatória, se a acusação não oferecer recurso, temos uma nova certeza: a pena máxima será aquela fixada pelo juiz. Exemplo: sou condenado à pena de três anos pela prática de um furto. Não satisfeito com a pena, interponho recurso de apelação (art. 593 do CP); o Ministério Público não recorre. O tribunal (TJ/TRF), quando julgar meu recurso, não poderá aumentar minha pena. Isso só seria possível se o MP tivesse recorrido, o que não aconteceu. Logo, temos certeza da pena de três anos, que pode até ser diminuída, mas não mais aumentada. Pelo mesmo motivo, não se usa mais pena em abstrato quando indeferido o recurso da acusação. A discussão da pena máxima terminou.

**MOMENTO ANTERIOR AO RECEBIMENTO DA DENÚNCIA**

Em 2010, a Lei nº 12.234 adicionou importante alteração à parte final do § 1º do art. 110: a prescrição retroativa não pode ter por termo inicial data anterior à da denúncia ou queixa. Certamente, a modificação, embora de redação singela, causou grande impacto a partir do momento em que passou a ser aplicada. Para compreendê-la, um caso prático:

(1) No dia 3 de fevereiro de 2020, consumo um furto (art. 155, *caput*, do CP), com pena de um a quatro anos, e prescrição em oito anos (art. 109, IV, do CP).

(2) Após sete anos de investigação, o inquérito é concluído e sou apontado como autor do crime. O Ministério Público oferece denúncia e o juiz a recebe, em 2027. Como a prescrição ocorreria em oito anos, a ação penal começou a tempo. Quando a denúncia foi recebida, a contagem foi *zerada* (art. 117, I, do CP).

(3) Em 2028, o juiz profere sua sentença. A pena é fixada no mínimo legal, de um ano, com prescrição em quatro anos (art. 109, V, do CP).

(4) O MP não recorre da decisão e a condenação transita em julgado.

Com base nesses dados, temos um problema: por ter se prolongado por sete anos, ocorreu a prescrição retroativa durante a fase de investigação.

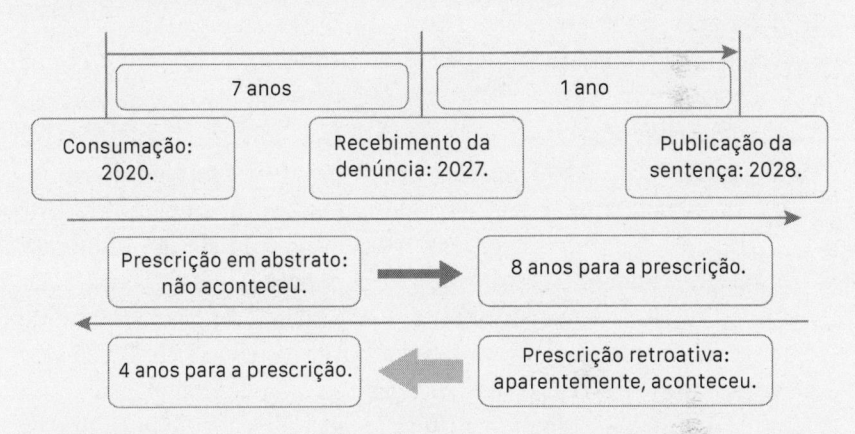

Apesar dos sete anos de investigação, a prescrição não ocorreu. O motivo: segundo o § 1º do art. 110, a prescrição retroativa não pode ir aquém do recebimento da denúncia ou queixa. A mudança é relevante para evitar a prescrição certa em crimes com penas menores (prescrição em três ou quatro anos, por exemplo), quando investido tempo em excesso na investigação policial ou pela demora no oferecimento da denúncia.

## 8.6. TERMO INICIAL ANTES DO TRÂNSITO EM JULGADO (PPP)

> *Termo inicial da prescrição antes de transitar em julgado a sentença final*
>
> *Art. 111. A prescrição, antes de transitar em julgado a sentença final, começa a correr:*
>
> *I - do dia em que o crime se consumou;*
>
> *II - no caso de tentativa, do dia em que cessou a atividade criminosa;*
>
> *III - nos crimes permanentes, do dia em que cessou a permanência;*
>
> *IV - nos de bigamia e nos de falsificação ou alteração de assentamento do registro civil, da data em que o fato se tornou conhecido.*
>
> *V - nos crimes contra a dignidade sexual de crianças e adolescentes, previstos neste Código ou em legislação especial, da data em que a vítima completar 18 (dezoito) anos, salvo se a esse tempo já houver sido proposta a ação penal.*

O art. 111 estabelece o termo inicial do cálculo da PPP, que não é sempre igual. Em regra, o prazo começa a correr da data da consumação do delito – se permanente, cuja consumação se protrai no tempo, do dia em que a permanência acabou. Na hipótese de tentativa, do dia em que a execução frustrada cessou. Com os três primeiros incisos, resolvemos praticamente qualquer dúvida em relação ao termo inicial da contagem da prescrição.

No inc. IV, há hipótese especial, em relação a dois crimes específicos: o de bigamia e o de falsificação ou alteração de assentamento do registro civil. Atualmente, com internet, ficou mais difícil a impunidade pela prática do delito de bigamia, por exemplo. Em algum momento, as informações serão cruzadas e o crime será descoberto. Todavia, imagine, há trinta anos, um caminhoneiro que fazia a rota Rio Grande do Sul – Maranhão. Ele poderia ter dez esposas espalhadas pelo Brasil sem talvez nunca ser descoberto. Da mesma forma, atualmente, é maior a chance de se descobrir alguma falsificação ou alteração referente a registro civil, mas foi mantido o inc. IV, incluído ao Código Penal em 1984.

Por fim, o inc. V foi adicionado ao art. 111 com a entrada em vigor da Lei nº 12.650/2012 – *Lei Joanna Maranhão*, em homenagem à nadadora brasileira, molestada por seu treinador quando tinha nove anos de idade. O dispositivo busca evitar a prescrição de crimes contra a dignidade sexual de crianças e adolescentes. Entenda:

(1) O estupro de vulnerável (art. 217-A do CP) tem pena máxima de 15 anos, com prescrição em 20 anos (art. 109, I, do CP).

(2) Em regra, a prescrição passa a correr do dia da consumação do crime.

(3) Agora, imagine alguém que, desde os cinco ou seis anos de idade, sofre violência sexual em casa. Até que a vítima consiga ter idade suficiente para buscar ajuda, boa parte da prescrição terá corrido.

Para evitar essa situação, temos duas regras para a prescrição em caso de crimes contra a dignidade sexual: (a) a contagem começa a correr do dia em que a vítima completa 18 anos de idade; (b) se a ação penal for proposta quando a vítima tem menos de 18 anos, a prescrição correrá normalmente, afinal, não haverá mais o risco da impunidade – o que se busca combater na primeira regra.

## 8.7. TERMO INICIAL APÓS O TRÂNSITO EM JULGADO

> **Termo inicial da prescrição após a sentença condenatória irrecorrível**
> **Art. 112.** No caso do art. 110 deste Código, a prescrição começa a correr:
> **I** - do dia em que transita em julgado a sentença condenatória, para a acusação, ou a que revoga a suspensão condicional da pena ou o livramento condicional;
> **II** - do dia em que se interrompe a execução, salvo quando o tempo da interrupção deva computar-se na pena.

A PPE começa a correr desde o dia do trânsito em julgado da sentença condenatória para a acusação. Outro termo inicial é a revogação da suspensão condicional da pena (art. 77 do CP) ou do livramento condicional (art. 83 do CP), quando a prescrição volta a ser contada. Por fim, a PPE tem por novo termo inicial o dia em que presente qualquer causa interruptiva (art. 117 do CP), quando a contagem do prazo é *zerada*.

## 8.8. PRESCRIÇÃO NO CASO DE EVASÃO OU DE REVOGAÇÃO DO LIVRAMENTO CONDICIONAL

> **Prescrição no caso de evasão do condenado ou de revogação do livramento condicional**
> **Art. 113.** No caso de evadir-se o condenado ou de revogar-se o livramento condicional, a prescrição é regulada pelo tempo que resta da pena.

Muitos imaginam que a fuga do preso enseja a suspensão do prazo prescricional. No entanto, não existe previsão legal nesse sentido. Não existe nada que impeça a prescrição em caso de réu (art. 366 do CPP) ou condenado foragido. No caso de evasão do condenado, a prescrição tem de ser calculada com base no tempo que resta da pena. O mesmo raciocínio vale para a revogação do livramento condicional (art. 83 do CP).

## 8.9. PRESCRIÇÃO DA MULTA

> *Prescrição da multa*
> *Art. 114. A prescrição da pena de multa ocorrerá:*
> *I - em 2 (dois) anos, quando a multa for a única cominada ou aplicada;*
> *II - no mesmo prazo estabelecido para prescrição da pena privativa de liberdade, quando a multa for alternativa ou cumulativamente cominada ou cumulativamente aplicada.*

Para o cálculo da prescrição da multa, temos de saber se a sua aplicação se deu de forma isolada, quando o prazo prescricional será de dois anos, ou se cumulativamente à pena privativa de liberdade, quando a prescrição será calculada com base nesta.

## 8.10. REDUÇÃO DO PRAZO PRESCRICIONAL

> *Redução dos prazos de prescrição*
> *Art. 115. São reduzidos de metade os prazos de prescrição quando o criminoso era, ao tempo do crime, menor de 21 (vinte e um) anos, ou, na data da sentença, maior de 70 (setenta) anos.*

A PPP e a PPE devem cair pela metade quando o agente, na época dos fatos, tinha 18 anos de idade ou menos de 21. A mesma regra vale para o indivíduo que, na data da sentença, tinha mais de 70 anos de idade. Exemplo: "A" praticou o crime de furto simples (art. 155, *caput*, do CP), com PPP de oito anos (art. 109, IV, do CP). No entanto, na época da conduta, o criminoso tinha 19 anos, fazendo com que a PPP caia para quatro anos.

## 8.11. CAUSAS IMPEDITIVAS

> *Causas impeditivas da prescrição*
> *Art. 116. Antes de passar em julgado a sentença final, a prescrição não corre:*

> *I - enquanto não resolvida, em outro processo, questão de que dependa o reconhecimento da existência do crime;*
>
> *II - enquanto o agente cumpre pena no exterior;*
>
> *III - na pendência de embargos de declaração ou de recursos aos Tribunais Superiores, quando inadmissíveis; e*
>
> *IV - enquanto não cumprido ou não rescindido o acordo de não persecução penal.*
>
> *Parágrafo único. Depois de passada em julgado a sentença condenatória, a prescrição não corre durante o tempo em que o condenado está preso por outro motivo.*

O art. 116 elenca hipóteses de suspensão da prescrição. No art. 117, o CP descreve as causas de interrupção. Entenda:

(a) Suspensão: o prazo não corre enquanto presente causa impeditiva. A partir do momento em que a causa desaparece, o prazo volta a correr, observado eventual tempo já decorrido. Exemplo: em um prazo prescricional de oito anos, surge, no 3º ano, causa suspensiva. Quando esta deixar de existir, a prescrição deve durar apenas pelo restante do que falta – no caso, cinco anos ($8 - 3 = 5$).

(b) Interrupção: quando presente uma das causas, o prazo é *zerado*. Exemplo: em um prazo prescricional de oito anos, passaram-se sete anos. No momento em que a denúncia é recebida (art. 117, I), a contagem é *zerada* e volta a correr novamente – todos os oito anos.

A primeira hipótese de suspensão se dá por *questão prejudicial*, quando a apuração do delito depende da decisão de outro processo. Exemplo: o indivíduo é denunciado por bigamia ( art. 235 do CP), mas a nulidade de um dos casamentos está em apuração em ação própria, na esfera cível. O juízo criminal não tem como analisar o § 2º do art. 235 enquanto o juízo cível não decidir a questão pendente.

*§ 2º. Anulado por qualquer motivo o primeiro casamento, ou o outro por motivo que não a bigamia, considera-se inexistente o crime.*

Outra hipótese de suspensão é o cumprimento de pena no exterior, inciso (II) de relevante importância quando tratamos de situação de extraterritorialidade (veja comentários ao art. 7º do CP). Ademais, a prescrição também não corre quando o réu interpõe recurso inadmissível aos Tribunais Superiores. O objetivo é evitar o uso de meios processuais para forçar a ocorrência da prescrição.

Por fim, permanece suspensa a prescrição enquanto não cumprido ou não rescindido o acordo de não persecução penal. Previsto no art.

28-A do CPP, possibilita ao criminoso a extinção da punibilidade sem imposição de sentença condenatória (§ 13). Em contrapartida, para que o acordo seja celebrado, dele são exigidas algumas condições que, se não atendidas, fazem com que o acordo seja desfeito. Naturalmente, enquanto o Estado aguarda o cumprimento das condições, o prazo prescricional não pode correr.

## 8.12. CAUSAS INTERRUPTIVAS

*Causas interruptivas da prescrição*
*Art. 117. O curso da prescrição interrompe-se:*
*I - pelo recebimento da denúncia ou da queixa;*
*II - pela pronúncia;*
*III - pela decisão confirmatória da pronúncia;*
*IV - pela publicação da sentença ou acórdão condenatórios recorríveis;*
*V - pelo início ou continuação do cumprimento da pena;*
*VI - pela reincidência.*
*§ 1º. Excetuados os casos dos incisos V e VI deste artigo, a interrupção da prescrição produz efeitos relativamente a todos os autores do crime. Nos crimes conexos, que sejam objeto do mesmo processo, estende-se aos demais a interrupção relativa a qualquer deles.*
*§ 2º. Interrompida a prescrição, salvo a hipótese do inciso V deste artigo, todo o prazo começa a correr, novamente, do dia da interrupção.*

As causas interruptivas da prescrição fazem com que a contagem volte a correr do início. Pouco importa se decorrido quase todo o prazo – se presente uma causa interruptiva, volta a contar do zero. As hipóteses são as seguintes:

(a) Recebimento da denúncia ou queixa: é o ato em que o juiz recebe a petição inicial oferecida. Caso ocorra a rejeição da inicial (art. 395 do CPP), a interrupção ocorre no dia em que a instância superior reforma a decisão (Súm. nº 709 do STF).

Súm. nº 709 do STF: Salvo quando nula a decisão de primeiro grau, o acórdão que provê o recurso contra a rejeição da denúncia vale, desde logo, pelo recebimento dela.

(b) Pronúncia: o rito do júri (art. 406 do CPP) é dividido em duas fases. Na primeira fase, o juiz decide se o caso será submetido ao julgamento pelo Conselho de Sentença (segunda fase), no Tribunal do Júri. A decisão que entende pela necessidade da segunda fase é denominada pronúncia, e é hipótese de interrupção do prazo prescricional.

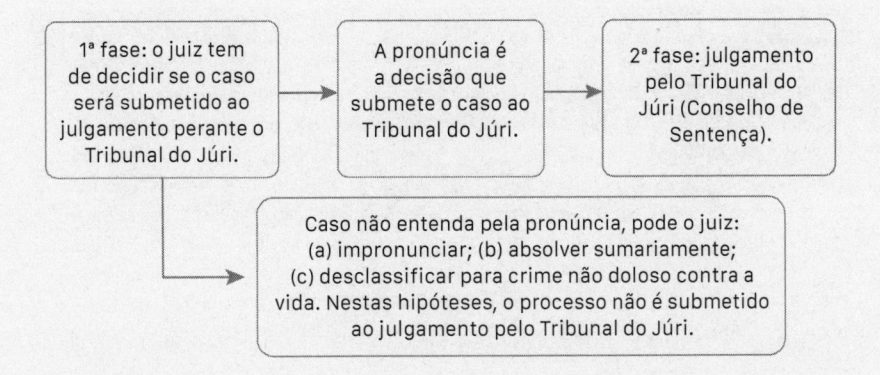

(c) Pela decisão confirmatória da pronúncia: cabe recurso em sentido estrito contra a decisão de pronúncia (art. 581, IV, do CPP). Caso a instância superior (TJ/TRF) confirme a decisão do juiz recorrido e mantenha a pronúncia, submetendo o julgamento ao Tribunal do Júri, o prazo prescricional deve ser novamente zerado. O motivo: a demora em julgar o recurso poderia causas a prescrição.

(d) Pela publicação da sentença ou acórdão condenatório recorrível: até 2007, antes da entrada em vigor da Lei nº 7.209/1984, o prazo prescricional era interrompido apenas pela sentença condenatória. Portanto, havia risco de prescrição caso uma das partes oferecesse recurso à instância superior (ex.: apelação). A interrupção pelo julgamento do recurso (inc. IV) impede que isso aconteça.

(e) Pelo início ou continuação do cumprimento da pena: causa interruptiva da PPE, faz com que a prescrição seja contada do zero. Se, no início, a PPE é calculada com base em toda a pena a ser cumprida; se em continuação à pena já em cumprimento, pelo restante do que falta. Exemplo: o condenado foge, mas é recapturado. Quando volta a cumprir sua pena, a prescrição que estava correndo, enquanto foragido (art. 113), volta a zero, calculada sobre a pena restante, ainda não cumprida.

(f) Reincidência: se, após a sentença condenatória transitada em julgado, o condenado reincidir, o prazo prescricional é interrompido, zerado, em relação ao primeiro delito (que está em execução). É importante não confundir com o disposto no art. 110, *caput*. Entenda a diferença:

| Art. 110, *caput*, do CP | Art. 117, VI, do CP |
|---|---|
| "A" é condenado por um novo crime (ou seja, reincidente). A PPE deste novo delito (o 2º) deve ser aumentada em 1/3, para evitar a prescrição. O motivo: por ser reincidente, significa que a punição anterior não foi suficiente. Portanto, tem de ser evitada a impunidade da nova condenação pela prescrição. | Ainda primário, "A" pratica um crime e é por ele condenado, com sentença transitada em julgado. Enquanto cumpria a primeira pena, um novo delito é praticado, quando foi reconhecida sua reincidência. Reconhecida a reincidência pelo novo delito (2º), a PPE da primeira condenação é zerada (interrompida). |

Sobre o tema, atenção ao disposto na Súm. nº 220 do STJ:

Súm. nº 220 do STJ: A reincidência não influi no prazo da prescrição da pretensão punitiva.

## 8.13. PRESCRIÇÃO SEGUNDO O GRAU DE GRAVIDADE DA PENA

**Art. 118. As penas mais leves prescrevem com as mais graves.**

Segundo o Código Penal, as penas mais leves – multa e restritiva de direitos – prescrevem com as mais graves – privativa de liberdade. Dessa forma, o prazo prescricional será o mesmo para todas elas O dispositivo destina-se à previsão cumulativa de penas – por exemplo, o art. 138 do CP, que comina cumulativamente a pena detenção e multa. Não incide, portanto, sobre o concurso de crimes, nem sobre os crimes conexos, cujos delitos prescrevem de forma separada e autônoma.

## 8.14. PRESCRIÇÃO NO CONCURSO DE CRIMES

**Art. 119. No caso de concurso de crimes, a extinção da punibilidade incidirá sobre a pena de cada um, isoladamente.**

Existindo concurso de crimes, o cálculo da prescrição deve desconsiderá-lo, tanto no sistema do cúmulo material (concurso material e concurso formal impróprio) quanto no da exasperação (concurso formal próprio e continuidade delitiva). A prescrição deve ser calculada sobre cada um dos crimes, isoladamente – para melhor entender o assunto, veja os comentários aos arts. 69 a 71 do CP.

Súm. nº 497 do STF: Quando se tratar de crime continuado, a prescrição regula-se pela pena imposta na sentença, não se computando o acréscimo decorrente da continuação.

## 8.15. PERDÃO JUDICIAL

**Perdão judicial**
**Art. 120. A sentença que conceder perdão judicial não será considerada para efeitos de reincidência.**

O perdão judicial é causa extintiva da punibilidade. É o que ocorre na hipótese do art. 121, § 5º, do CP, quando o réu é perdoado do homicídio culposo praticado. Para efeitos de reincidência, a sentença que concedeu o perdão não pode ser considerada, caso o indivíduo perdoado volte a delinquir.

Súm. nº 18 do STJ: A sentença concessiva do perdão judicial é declaratória da extinção da punibilidade, não subsistindo qualquer efeito condenatório.

# 9 DOS CRIMES CONTRA A PESSOA

## 9.1. DOS CRIMES CONTRA A VIDA

## 9.2. HOMICÍDIO

> Homicídio simples
> **Art.** 121. Matar alguém:
> Pena - reclusão, de seis a vinte anos.

### 9.2.2.1. CONDUTA

Crime do artigo 121, caput, o homicídio simples tem por verbo nuclear matar (tirar a vida de alguém). Para que fique caracterizado o delito, deve o homicida agir com vontade livre e consciente de matar alguém (dolo direto) ou assumir o risco de produzir o resultado naturalístico (dolo eventual). A modalidade culposa é típica (CP, art. 121, § 3º). Exemplos: (1) com vontade de matar (dolo), Carlos dispara dois tiros contra Joaquim, que morre em razão da agressão; (2) ao manusear de forma imprudente uma arma de fogo (culpa), Joaquim a dispara acidentalmente e atinge Carlos, matando-o.

> **ATENÇÃO!**
> O homicídio é o único crime doloso contra a vida que admite prisão temporária (Lei nº 7.960/89, art. 1º, III, "a").

### 9.2.2.2. SUJEITOS ATIVO E PASSIVO

Crime comum, pode ser praticado por qualquer pessoa. A vítima também pode ser qualquer pessoa (bicomum). Basta que esteja viva, e que a vida seja extrauterina.

× Crime impossível

É preciso ter cuidado em relação ao crime impossível (CP, art. 17), pois é comum que se faça confusão em relação à inidoneidade relativa ou absoluta para a produção do resultado morte. Dois exemplos:

(a) João quer matar Carlos. Para alcançar o resultado desejado, João pega todos os remédios que encontra em sua casa e, após moê-los, os mistura à uma vitamina. Em seguida, faz com que Carlos beba o líquido, na esperança de causar a morte por overdose. Ocorre que, dentre os medicamentos misturados à bebida, nenhum é capaz de matar, nem mesmo em altas dosagens. Neste caso, não há como responsabilizá-lo por homicídio, nem mesmo tentado, afinal, a morte da vítima jamais seria alcançada. Trata-se de crime impossível por absoluta ineficácia do meio de execução.

(b) João quer matar Carlos. Para alcançar o seu objetivo, dilui raticida (veneno de rato) em um suco e, em seguida, faz com que Carlos beba o líquido. Carlos passa muito mal e chega a ser hospitalizado, mas não morre em virtude de João ter usado quantidade insuficiente de veneno para causar a morte da vítima. No exemplo, João responderá, sim, por homicídio, na forma tentada. A diferença? O raticida é meio idôneo para causar a morte – ineficácia relativa do meio -, que só não se consumou por razões alheias à vontade de João.

### 9.2.2.3. CONSUMAÇÃO

O homicídio é crime material, cuja consumação depende da ocorrência do resultado naturalístico. Se a vítima sobreviver, o delito é punido em sua forma tentada.

#### × Tentativa de homicídio

Por se tratar de crime material – que se consuma com a produção do resultado naturalístico -, o homicídio só se consuma se a vítima, de fato, morrer. Caso fique viva, mas por razões alheias à vontade do homicida, o crime será tentado (CP, art. 14, II). Como consequência, o homicida será punido pela pena do delito (seis a vinte anos, sem simples, ou doze a trinta anos, se qualificado), diminuída de um a dois terços (CP, art. 14, parágrafo único). No entanto, cuidado: a tentativa está caracterizada apenas quando o crime não se consuma (a morte não ocorre) contra a vontade do homicida. Exemplo: agindo com vontade de matar, Carlos dispara tiros contra Francisco, mas não atinge o alvo desejado por erro de pontaria. Ele quis matar? Sim. A vítima ficou viva contra sua vontade? Sim. Logo, tentativa.

### 9.2.2.4. ELEMENTO SUBJETIVO

Os homicídios simples e qualificado são dolosos (direto ou eventual), mas o artigo 121 pune, em seu § 3°, a modalidade culposa do delito. É preciso ter cuidado com o dolo eventual, a culpa consciente e a culpa inconsciente, conforme explicado a seguir.

× **Dolo eventual e culpa consciente**

Em um caso real, não é fácil distinguir o dolo eventual de culpa consciente. Se bebo um litro de cachaça e decido dirigir – se é que isso é possível -, é evidente que assumi o risco de causar um acidente (logo, dolo eventual). No entanto, se bebo um copo de cerveja, a situação já não é tão simples. Para a legislação, estou embriagado. Entretanto, é possível dizer que, após um copo de cerveja, assumi o risco de matar alguém? Ademais, se dirijo a 150 km/h em uma via de limite máximo de 50km/h, não é difícil apontar pelo dolo eventual. Todavia, e se a velocidade for de 70km/h? Por ter excedido em 20km/h a velocidade permitida, assumi o risco de matar alguém? Não por outro motivo, em homicídios causados por acidente de trânsito, a briga entre a acusação e a defesa costuma girar em torno do dolo eventual e da culpa consciente.

× **Culpa imprópria**

Imagine o seguinte exemplo: João e Carlos, inimigos, pertencentes a facções rivais, se encontram enquanto caminhavam pela rua. João leva a mão à cintura para pegar o seu celular e avisar aos demais integrantes da organização a localização de Carlos. Entretanto, Carlos interpreta equivocadamente o gesto de João, e imagina que o seu inimigo sacará uma arma. Em suposta legítima defesa (legítima defesa putativa), Carlos dispara tiros contra João, causando-lhe a morte. Ou seja, temos duas realidades: a verdadeira, em que João apenas quis pegar o celular; a de Carlos, em que o inimigo atentaria contra a sua vida ao sacar uma arma de fogo.

Como Carlos deve ser punido? Depende. Se o erro era inevitável, não. Entretanto, se evitável, deve ser punido a título de culpa (homicídio culposo). No caso do erro evitável, em que ocorre o homicídio culposo, Carlos pode ser punido por homicídio culposo consumado, se João falecer, ou por tentativa de homicídio culposo, caso a vítima sobreviva. Ou seja, embora Carlos tenha agido dolosamente, a sua punição se dá por culpa (intitulada **culpa imprópria**) e, caso o crime não se consume, nada mais justo que seja punido pela tentativa.

### 9.2.2.5. HOMICÍDIO PRIVILEGIADO (CP, ART. 121, § 1º)

Caso de diminuição de pena
§ 1º. Se o agente comete o crime impelido por motivo de relevante valor social ou moral, ou sob o domínio de violenta emoção, logo em seguida a injusta provocação da vítima, o juiz pode reduzir a pena de um sexto a um terço.

Não é dado às pessoas o direito de matar outras, salvo em hipóteses excepcionais – por exemplo, quando presentes os requisitos do estado de necessidade (CP, art. 24). Por outro lado, não há como punir com tanto rigor alguém que fez o que qualquer um de nós faria em seu lugar. Ficamos, então, no meio do caminho: punimos, mas com a pena diminuída. É o que se acostumou denominar homicídio privilegiado. As hipóteses estão no artigo 121, § 1º, do Código Penal, devendo a pena ser diminuída de um sexto a um terço quando presente motivo para reconhecê-la.

Em resumo: o homicídio privilegiado é causa de diminuição de pena. Deve ser reconhecido quando o indivíduo age impelido por motivo de relevante valor social ou moral, ou sob o domínio de violenta emoção, logo em seguida a injusta provocação da vítima. Veja, a seguir, quadro explicativo com cada uma das hipóteses.

| Relevante valor social | Relevante valor moral | Sob o domínio de violenta emoção, logo em seguida a injusta provocação da vítima |
| --- | --- | --- |
| Ocorre quando o interesse é de toda a coletividade. Ex.: matar um serial killer. | Ocorre quando o interesse é individual, geralmente envolvendo sentimento de compaixão. Ex.: homicídio eutanásico. | A redação não desperta dúvida: houve injusta provocação por parte da vítima e o homicida não conseguiu manter o controle. É a situação relatada anteriormente, do indivíduo que tentou matar a vítima após sua esposa receber um golpe de garrafa. Dois pontos merecem destaque: (a) a reação tem de ser logo em seguida, afinal, o homicida age no calor da emoção; (b) o agente deve estar dominado pela violenta emoção. Se estiver apenas influenciado pelo sentimento, deve ser reconhecida a atenuante do artigo 65, III, "c", do CP. |

### 9.2.2.6. HOMICÍDIO QUALIFICADO (CP, ART. 121, § 2º)

Todas as vidas humanas têm o mesmo valor – ou deveriam ter -, mas algumas hipóteses de homicídio merecem punição mais rigorosa. Há uns anos, li no jornal sobre um caso horrendo, em que uma mãe degolou seus dois filhos por ter interesse em namorar um rapaz que não gostava de crianças. Perceba que, se comparados dois exemplos trazidos até aqui, o do senhor que tentou matar uma pessoa que deu uma garrafa em sua esposa grávida e este da mãe que viu nos filhos uma barreira para a vida sentimental, os sentimentos por nós sentidos não são os mesmos. Um mesmo crime, o de homicídio, mas sentimentos antagônicos de compaixão e repulsa. Naturalmente, o segundo exemplo merece punição mais dura.

No homicídio simples, do caput, a pena é de reclusão, de seis a vinte anos. Na forma qualificada, a pena começa em doze anos, podendo alcançar trinta anos, o antigo limite máximo de cumprimento de pena privativa de liberdade em nosso país – atualmente, o limite é de quarenta anos (CP, art. 75). Provavelmente, em um futuro próximo, a pena máxima do homicídio qualificado será modificada para o novo teto. As qualificadoras estão no § 2º do artigo 121, melhor vistas no esquema a seguir.

| Qualificadora | Descrição |
| --- | --- |
| Mediante paga ou promessa de recompensa, ou por outro motivo torpe (§ 2º, I). | Na primeira parte, temos a figura do mercenário, (sicário, assassino de aluguel etc.), aquele que mata em troca de recompensa (recebida ou prometida). Para essa relação, temos, no mínimo, três pessoas: o mandante, o assassino e a vítima. Nem sempre a qualificadora alcançará o mandante – pode parecer injusto, mas expliquei no tópico sobre o homicídio hediondo. Em seguida, o legislador traz fórmula genérica. Torpe é o motivo repugnante, que causa nojo. Por exemplo, matar por herança. |
| Por motivo fútil (§ 2º, II). | É importante não confundir o motivo fútil com o torpe. O motivo fútil é o desproporcional, em que há total desequilíbrio entre ação/reação. Por exemplo, matar alguém em discussão sobre futebol. Em casos reais, pode ser difícil a distinção, mas não há diferença prática, afinal, ambas fazem com que o homicídio seja qualificado. |
| Com emprego de veneno, fogo, explosivo, asfixia, tortura ou outro meio insidioso ou cruel, ou de que possa resultar perigo comum (§ 2º, III). | Da mesma forma como ocorre no inciso I, o legislador usa fórmula genérica, mas traz alguns exemplos concretos. Meio insidioso é o traiçoeiro, aquele em que a vítima tem sua vida atingida por golpe dissimulado (ex.: veneno na bebida). O meio cruel é o que causa na vítima sofrimento desnecessário, que ultrapassa o necessário para causar a morte. Se disparo tiros contra alguém, evidentemente, a crueldade está presente, mas a qualificadora é aplicável ao excesso. Exemplo: morte por empalamento. Por fim, o meio que resulte em perigo comum, a exemplo do explosivo. |
| À traição, de emboscada, ou mediante dissimulação ou outro recurso que dificulte ou torne impossível a defesa do ofendido (§ 2º, IV). | Mais uma vez, fórmula genérica acompanhada de exemplos. O homicídio deve ser punido com mais rigor quando a vítima não tem a chance de se defender. Ou seja, temos no inciso IV a tipificação da covardia. É o exemplo da emboscada, quando o homicida fica em tocaia, aguardando a passagem da vítima pelo local. Quanto à traição, uma informação importante: a condição de traidor é exclusiva de quem goza, de alguma forma, de confiança da vítima. O traidor frustra a expectativa da vítima, que esperava outro comportamento. Por isso, o homicídio qualificado pela traição é crime próprio, pois exige qualidade especial do criminoso. |
| Para assegurar a execução, a ocultação, a impunidade ou vantagem de outro crime (§ 2º, V). | É a qualificadora aplicável, por exemplo, ao indivíduo que mata testemunha de um crime anteriormente praticado, ou que pratica o homicídio para assegurar a execução de um delito ou para ocultar vantagem dele obtida. Importante destacar que o inciso V fala em crime. Ou seja, não se fala em homicídio qualificado quando se busca ocultar uma contravenção penal. |

| Qualificadora | Descrição |
|---|---|
| Feminicídio (§ 2°, VI). | O feminicídio é forma qualificada do homicídio, quando a vítima é morta por razões da condição de sexo feminino. Ela morre em razão do seu gênero. Para que o conceito não ficasse demasiadamente aberto, o legislador explicou o que quis dizer com condição de sexo feminino: quando o crime envolve violência doméstica e familiar ou menosprezo ou discriminação à condução de mulher. Cuidado: o STJ entende que se trata de qualificadora de natureza objetiva. |
| Homicídio funcional (§ 2°, VII). | É qualificado o homicídio quando praticado contra autoridade ou agente descrito nos artigos 142 e 144 da Constituição Federal, integrantes do sistema prisional e da Força Nacional de Segurança Pública, no exercício da função ou em decorrência dela, ou contra seu cônjuge, companheiro ou parente consanguíneo até terceiro grau, em razão dessa condição. Exemplo: matar uma pessoa por ser casada com um policial militar. |

× **Homicídio premeditado**

Embora a emboscada (§ 2°, IV) envolva um preparo prévio à prática do delito – afinal, o homicida fica aguardando a vítima para atacá-la -, a premeditação não é qualificadora do homicídio. Talvez a confusão se dê em virtude dos filmes americanos, em que o homicida é punido com mais rigor pelo fato de o delito ter sido premeditado. Não exista tal qualificadora em nossa legislação. Portanto, o homicídio premeditado é, a princípio, simples, salvo se presente alguma qualificadora do § 2° do art. 121 do Código Penal.

### 9.2.2.7. HOMICÍDIO E CRIMES HEDIONDOS

Em sua redação original, o homicídio não era considerado hediondo, nem mesmo quando qualificado. Um absurdo, é claro, mas lembre-se: inicialmente, a Lei n° 8.072 surgiu como norma em combate à extorsão mediante sequestro. Em dezembro de 1992, no entanto, tudo mudou. A bela Daniella Perez, atriz do momento, protagonista da novela das oito – na época, o topo da carreira de artistas no país -, foi brutalmente assassinada por seu parceiro de cena, Guilherme de Pádua. No ano seguinte, em 1993, duas chacinas: a da Candelária e a de Vigário Geral, quando vinte e nove pessoas foram covardemente assassinadas. Algo tinha de ser feito. Em resposta aos crimes, em lei de iniciativa popular, entrou em vigor a Lei n° 8.930, de 1994, que adicionou o homicídio ao rol dos crimes hediondos, mas duas hipóteses específicas: (1) quando praticado em atividade típica de grupo de extermínio, ainda que cometido por um só agente; (2) quando qualificado.

× **Homicídio qualificado-privilegiado (híbrido)**

É possível a incidência da causa de diminuição do § 1º do art. 121 (homicídio privilegiado) em conjunto com alguma das qualificadoras (§ 2º), desde que a qualificadora tenha natureza objetiva (aquelas referentes ao meio ou modo de execução do delito). Ex.: o pai que mata o estuprador da filha usando veneno como meio de execução. O homicídio por ele praticado é qualificado (§ 2º, III), mas privilegiado (§ 1º) em virtude da motivação do delito.

No entanto, não é compatível o § 1º com as qualificadoras de natureza subjetiva (motivo do crime). Explico: no homicídio privilegiado, a ideia é mais ou menos a seguinte: o homicida deve ser punido porque não lhe é dado o direito de matar outras pessoas, mas a sua pena deve ser diminuída em razão da menor reprovabilidade de sua conduta. No exemplo do pai que mata o estuprador da filha, é bem provável que o jurado, ao se colocar no lugar do homicida, conclua que teria feito igual.

Não teria lógica dizer que o homicídio foi privilegiado e, ao mesmo tempo, fútil ou torpe. Por isso, o homicídio privilegiado não é compatível com qualificadoras de ordem subjetiva (ex.: motivo torpe). Por fim, atenção: o homicídio qualificado-privilegiado não é hediondo, pouco importando se consumado ou tentado. Primeiro, por não estar no rol dos crimes hediondos (Lei nº 8.072/90, art. 1º); segundo, porque não seria coerente um crime ser considerado, ao mesmo tempo, privilegiado e hediondo.

× **Causas de aumento de pena do homicídio doloso**

| Hipóteses | Aumenta de pena |
|---|---|
| Homicídio praticado contra pessoa menor de catorze ou maior de sessenta anos. | Um terço. |
| Homicídio praticado por milícia privada, sob o pretexto de prestação de serviço de segurança, ou por grupo de extermínio. Cuidado: o homicídio praticado em atividade típica de grupo de extermínio é hediondo, ainda que simples (Lei nº 8.072/90, art. 1º). | Um terço até metade. |

× Causas de aumento do homicídio qualificado por feminicídio

| Hipóteses | Aumenta de pena |
|---|---|
| A pena do feminicídio é aumentada quando o crime é praticado: (a) durante a gestação ou nos três meses posteriores ao parto; (b) contra pessoa menor de catorze anos, maior de sessenta anos, com deficiência ou portadora de doenças degenerativas que acarretem condição limitante ou de vulnerabilidade física ou mental; (c) na presença física ou virtual de descendente ou de ascendente da vítima; (d) em descumprimento das medidas protetivas de urgência previstas na Lei Maria da Penha (Lei nº 11.340/06, art. 22). | Um terço até metade. |

### 9.2.2.8. HOMICÍDIO CULPOSO

No homicídio culposo, embora o resultado seja o mesmo do homicídio doloso, o desvalor da conduta é inferior, já que a morte decorre de falta de observância de dever objetivo de cuidado a todos imposto – por exemplo, manusear arma de fogo sem o devido cuidado. A culpa se manifesta por três meios: (a) pela imprudência, representada por um agir; (b) pela negligência, que se dá por omissão, por deixar de agir e; (c) pela imperícia, a culpa profissional, ligada ao exercício de arte, ofício ou profissão.

Se o homicídio culposo for praticado na direção de veículo automotor, deve o indivíduo ser punido pelo crime do artigo 302 do Código de Trânsito Brasileiro (Lei nº 9.503/97), em razão do princípio da especialidade. De qualquer forma, tanto em uma hipótese (homicídio culposo do CP) quanto em outra, o crime não será de competência do Tribunal do Júri, que deve julgar apenas os crimes dolosos contra a vida.

× Perdão judicial

Há alguns dias, em um noticiário, li a respeito de uma mãe que, ao dar ré em seu automóvel na garagem de casa, por acidente, atropelou a filha de três anos, causando a sua morte. Segundo a matéria, a mãe sempre tomava cuidado ao sair, pois a criança, vez ou outra, gostava de brincar atrás do veículo. No entanto, no dia da tragédia, por estar atrasada para o trabalho, não se lembrou de olhar atrás do automóvel e acabou matando a criança. Considerando os objetivos de imposição de pena – a punição do agente, por exemplo -, questiono: há alguma função em se aplicar uma pena de detenção, de um a três anos, para essa mãe? É evidente que não. Provavelmente, a punição a ela imposta pelo mal causado é pior do que qualquer sanção penal. A respeito do tema, importante saber: (a) trata-se de causa de extinção da punibilidade. Logo, o delito continua a existir, só não é punível; (b) o perdão judicial independe de aceitação do réu.

× **Causas de aumento de pena do homicídio culposo**

| Hipóteses | Aumenta de pena |
|---|---|
| Quando o homicídio culposo resultar de inobservância de regra técnica de profissão, arte ou ofício. | |
| Quando o homicida foge para evitar prisão em flagrante. | Um terço. |
| Quando o agente deixa de prestar imediato socorro à vítima. | |
| Quando o homicida não procura diminuir as consequências do seu ato | |

### 9.2.2.9. AÇÃO PENAL

Sempre pública incondicionada, sem exceção.

### 9.2.1. INDUZIMENTO, INSTIGAÇÃO OU AUXÍLIO A SUICÍDIO OU A AUTOMUTILAÇÃO

> **Art.** 122. Induzir ou instigar alguém a suicidar-se ou a praticar automutilação ou prestar-lhe auxílio material para que o faça:
> Pena - reclusão, de 6 (seis) meses a 2 (dois) anos.

**ATENÇÃO**

Punido com pena máxima de dois anos, o crime do artigo 122 do CP é de menor potencial ofensivo, compatível com os institutos despenalizadores da Lei nº 9.099/95 - leia os artigos 61, 76 e 89 desta lei. Além disso, cuidado: em seu preceito secundário (onde está a pena), o artigo 122 do Código Penal tinha a seguinte redação: "reclusão, de dois a seis anos, se o suicídio se consuma; ou reclusão, de um a três anos, se da tentativa de suicídio resulta lesão corporal de natureza grave". Ou seja, a participação em suicídio era típica apenas se a vítima sofresse lesão corporal grave (ou gravíssima) ou morresse. Se a instigação, auxílio ou induzimento ao suicídio resultasse em lesão corporal leve, a conduta era atípica. Na atual redação, não existe mais tal exigência. Ou seja: deixou de ser crime condicionado.

O artigo 122 do Código Penal foi completamente reformulado pela Lei nº 13.968/19. Pela atual redação, a conduta delituosa consiste em prestar auxílio material, induzir ou instigar alguém à prática do suicídio ou automutilação. Portanto, pode o agente praticar o delito ao fornecer meios (ex.: um revólver) para a prática do ato ou por apoio moral – por exemplo, incentivar ao suicídio. A transformação na redação se deu, principalmente, em virtude dos tristes acontecimentos noticiados sobre a morte de jovens em jogos virtuais de desafios, a exemplo do famigerado Baleia Azul.

No entanto, cuidado: para a configuração do crime do art. 122 do CP, não pode o agente praticar qualquer ato executório capaz de matar a vítima, senão o crime será o de homicídio. Ex.: Romeu e Julieta decidiram morrer. Para tanto, trancaram-se em um automóvel e Romeu instalou uma mangueira que levava o gás emitido pelo escapamento até o interior do veículo. Enquanto inalavam os gases no interior do veículo, um policial percebeu o ocorrido e quebrou o vidro, salvando a vida de ambos. Julieta, por ter induzido ou instigado o suicídio de Romeu, pode responder pelo crime do art. 122 do CP. Romeu, no entanto, por ter praticado ato executório para matar Julieta, deve responder por tentativa de homicídio. Outro exemplo de prática do delito: a roleta-russa, devendo o(s) sobrevivente(s) responder(em) caso alguém venha a morrer ou a sofrer lesão corporal de natureza grave.

### 9.2.1.1. SUJEITOS ATIVO E PASSIVO

Crime comum, pode ser praticado por qualquer pessoa. A lei também não exige qualidade especial da vítima – basta que tenha catorze anos e que tenha discernimento para compreender o que está acontecendo.

### 9.2.1.2. CONSUMAÇÃO E TENTATIVA

Pela antiga redação do art. 122, anterior à Lei n. 13.968/2019, a participação em suicídio era crime condicionado, que só se consumava se a vítima sofresse lesão corporal grave ou morte. Ou seja, não havia meio-termo: se ocorresse um dos dois resultados, o crime estava consumado; caso contrário, o fato era atípico. No entanto, a partir da mudança promovida pela Lei n. 13.968/2019, para a consumação do delito, basta o induzimento, a instigação ou o auxílio material ao suicídio ou à automutilação, sem qualquer condição. A tentativa passou a ser possível.

### 9.2.1.3. ELEMENTO SUBJETIVO

É o dolo. Não se pune a modalidade culposa.

### 9.2.1.4. MEIOS DE EXECUÇÃO

Crime de forma livre, admite todos os meios de execução.

### 9.2.1.5. QUALIFICADORAS

Pela antiga redação, a lesão corporal grave e a morte eram condição para a tipicidade do delito de participação em suicídio. Agora, essas duas consequências são qualificadoras do delito, nos §§ 1º e 2º. Na forma qualificada do § 1º, por ter pena mínima de um ano, permanece possível a suspensão condicional do processo (Lei nº 9.099/95, art. 89), mas não mais a transação (art. 76), pois deixou de ser crime de menor potencial ofensivo (art. 61).

### 9.2.1.6. CAUSAS DE AUMENTO DE PENA

A pena do delito é duplicada se: (a) o crime for praticado por motivo egoístico, torpe ou fútil; (b) a vítima é menor ou tem diminuída, por qualquer causa, a capacidade de resistência. Vale destacar que, na antiga redação, o artigo 122 já trazia essas majorantes.

× **Internet**

Criminosos tiram proveito do anonimato na internet para a prática delituosa do artigo 122 do Código Penal, como ocorreu com o denominado Baleia Azul, o jogo que causou o suicídio de incontáveis crianças e adolescentes ao redor do mundo. Para puni-los com mais rigor, a pena do delito deve ser aumentada até o dobro se a conduta for realizada por meio da rede de computadores, de rede social ou transmitida em tempo real. Além disso, aumenta-se a pena em metade se o agente é líder ou coordenador de grupo ou de rede virtual.

### 9.2.1.7. SUBSIDIARIEDADE

Segundo o § 6º, se da conduta resulta lesão corporal de natureza gravíssima e o delito é cometido contra menor de catorze anos ou contra quem, por enfermidade ou deficiência mental, não tem o necessário discernimento para a prática do ato, ou que, por qualquer outra causa, não pode oferecer resistência, responde o agente pelo crime descrito no § 2º do art. 129 do CP. Da mesma forma, se a vítima morrer, quem induziu, instigou ou auxiliou ao suicídio deve ser res-

ponsabilizado por homicídio (CP, art. 121). O motivo de existir do §
6º e do § 7º: a vontade da vítima é irrelevante. Se instigo uma criança
de seis anos a se jogar do décimo andar de um prédio, é óbvio, terei
de responder pelo homicídio.

> **ATENÇÃO**
>
> Cuidado, pois o § 6º do artigo 122 faz menção apenas à lesão corporal
> gravíssima (CP, art. 129, § 2º), não podendo ser aplicado se a vítima
> sofrer lesão corporal leve (CP, art. 129, caput) ou grave (CP, art. 129, § 1º).

### 9.2.1.8. AÇÃO PENAL

Sempre pública incondicionada, sem exceção.

### 9.2.2. INFANTICÍDIO

> **Art.** 123. Matar, sob a influência do estado puerperal, o próprio filho,
> durante o parto ou logo após:
> Pena - detenção, de dois a seis anos.

O infanticídio equivale à forma privilegiada do crime de homicídio.
A conduta é a mesma, matar, e há coincidência quanto ao bem jurídico
tutelado: a vida humana. No entanto, o delito é punido de forma mais
branca, pois a infanticida age sob influência do estado puerperal ao
matar o próprio filho, durante ou logo após o parto.

### 9.2.2.1. SUJEITOS ATIVO E PASSIVO

O infanticídio é crime próprio, pois a lei prevê que será praticado pela
mãe da vítima. A condição de mãe é pessoal, mas elementar do delito. Por
esse motivo, é possível a coautoria e a participação na prática do crime, por
força do que dispõe o art. 30 do CP: "não se comunicam as circunstâncias
e as condições de caráter pessoal, salvo quando elementares do crime".
Por isso, é possível que o pai, por exemplo, ao auxiliar a mãe à prática do
delito, também seja responsabilizado por infanticídio. O sujeito passivo, é
nascente (durante o parto) ou o recém-nascido ou neonato (logo após o
parto), filho da mulher que pratica a conduta de matar.

× **Erro sobre a pessoa**

Imagine a hipótese em que, sob influência do estado puerperal, a
mãe vai até o berçário e, pensando estar matando seu filho, mata outra

criança – ela confundiu as crianças no berçário da maternidade. Na hipótese, ela deve ser responsabilizada por homicídio ou por infanticídio? Segundo o art. 20, § 3º, do CP, que trata do erro sobre a pessoa ou error in persona, o agente deve ser punido pela vítima pretendida, e não pela efetivamente atingida. Logo, deve ser punido por infanticídio a mãe que, pretendendo matar o próprio filho, sob a influência do estado puerperal, confunde as crianças e mata o filho de outra pessoa.

× **Estado puerperal**

A partir do parto, a genitora sofre uma série de alterações físicas e psíquicas. Até mesmo por questões hormonais, não é incomum que a mãe tenha sentimentos negativos, que não teria em um período de normalidade em sua vida. Por essa razão, durante essa difícil fase, denominada estado puerperal, entendeu o legislador puni-la com pena mais branca, caso mate seu filho durante o parto ou logo após o nascimento. Não é, contudo, hipótese de semi-imputabilidade ou de inimputabilidade, quando é possível a absolvição imprópria (CP, art. 26). No infanticídio, ela será punida, mas não com pena tão grave quanto no homicídio.

### 9.2.2.2. CONSUMAÇÃO E TENTATIVA

Crime material, consuma-se com a morte da vítima. A tentativa é possível.

### 9.2.2.3. ELEMENTO SUBJETIVO

Crime doloso, o infanticídio não é típico em sua forma culposa.

### 9.2.2.4. MEIOS DE EXECUÇÃO

Crime de forma livre, admite todos os meios de execução.

### 9.2.2.5. AÇÃO PENAL

Sempre pública incondicionada, sem exceção.

### 9.2.3. **ABORTO**

O aborto consiste em interromper a gestação – que tem fim com o trabalho de parto -, eliminando vida intrauterina, pouco importando a fase em que se encontre a gravidez. Embora haja um julgado do STF em que a Corte entendeu ser atípica a conduta quando praticada no primeiro trimestre de gestação (HC 124.306/RJ), não deve ser a posição a ser seguida como regra.

**ABORTO**

> Aborto provocado pela gestante ou com seu consentimento
> **Art.** 124. Provocar aborto em si mesma ou consentir que outrem lho provoque:
> Pena - detenção, de um a três anos.
> Aborto provocado por terceiro
> **Art.** 125. Provocar aborto, sem o consentimento da gestante:
> Pena - reclusão, de três a dez anos.
> **Art.** 126. Provocar aborto com o consentimento da gestante:
> Pena - reclusão, de um a quatro anos.

### 9.2.3.1.1. INTRODUÇÃO

Em todos os três artigos – 124, 125 e 126 -, o aborto consiste em eliminar vida intrauterina, aquela que subsiste até o início do trabalho de parto. Pode ser praticado pela própria gestante, com ou sem auxílio, ou por terceiro, com ou sem consentimento. Por questões didáticas, é interessante o estudo conjunto, para não fazer confusão entre as três figuras típicas.

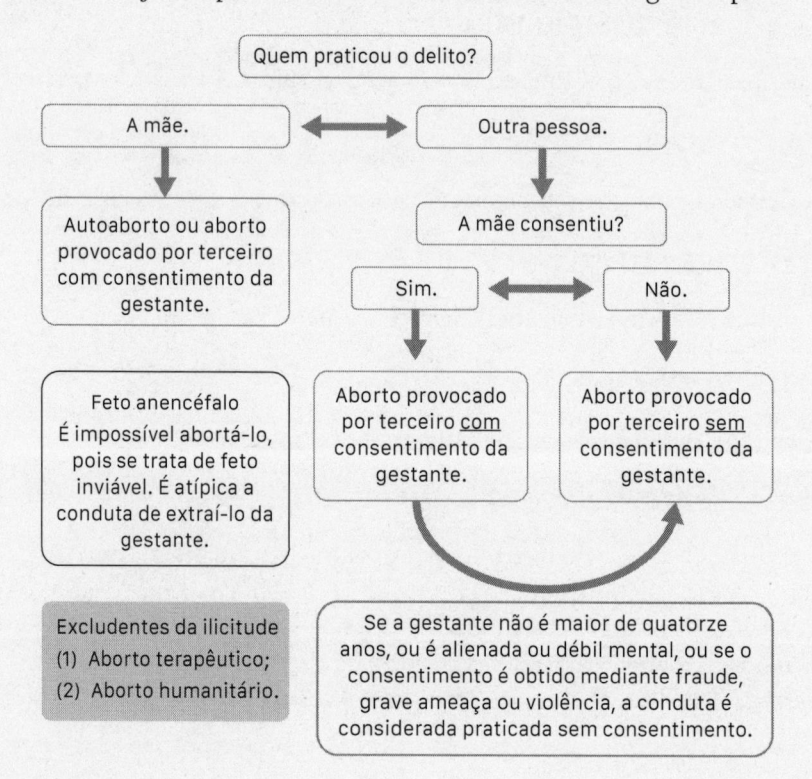

### 9.2.3.1.2. SUJEITOS ATIVO E PASSIVO

No crime do artigo 124, estamos diante de hipótese de crime de mão própria, pois apenas a gestante pode praticar o autoaborto ou consentir que alguém o faça. Por esse motivo, não é compatível com coautoria, mas é possível a participação. Nos demais crimes, dos artigos 125 e 126, qualquer pessoa pode praticá-los (crimes comuns).

> **ATENÇÃO**
>
> No aborto, temos exceção à denominada teoria monística, regra imposta pelo artigo 29 do CP. Explico: se cinco pessoas se unem para matar alguém, todas devem ser responsabilizadas pelo homicídio. É claro, cada uma delas receberá pena proporcional ao mal causado, mas o crime é um só, para todas: homicídio. No aborto, temos situação diversa, em que os responsáveis pelo resultado são punidos por crimes diversos. A gestante, ao consentir com o aborto, incorre no crime do artigo 124 do CP; o terceiro que pratica o aborto, com seu consentimento, comete o delito do artigo 126. No entanto, cuidado: pode acontecer de terceiro não praticar o aborto, mas auxiliar a gestante ao praticar a conduta, hipótese em que será punido, em concurso de pessoas, pelo delito do artigo 124 do CP – ou seja, terceiro e gestante punidos pelo mesmo delito. Isso é possível em razão de exceção trazida no artigo 30 do CP.

### 9.2.3.1.3. CONSUMAÇÃO E TENTATIVA

Crimes materiais, consumam-se com a morte do feto. No entanto, cuidado: é prescindível a expulsão do produto da concepção – quando não ocorre naturalmente, é realizado um procedimento denominado curetagem. A tentativa é possível.

### 9.2.3.1.4. ELEMENTO SUBJETIVO

Crimes dolosos, não admitem modalidade culposa.

### 9.2.3.1.5. MEIOS DE EXECUÇÃO

Crimes de forma livre, podem ser praticados por qualquer meio, desde que idôneo a causar a morte do feto.

× Não se fala em aborto na gravidez molar e na gravidez extrauterina, ectópica ou tubária. Isso porque, em tais hipóteses, o produto da concepção não é viável à vida, bem jurídico tutelado quando se pune o aborto. Trata-se de crime impossível (CP, art. 17).

## 9.2.3.1.6. PENAS

Os delitos dos artigos 124, 125 e 126 do CP não são punidos com as mesmas penas – e nem deveriam, afinal, o grau de reprovabilidade é diverso. De qualquer forma, mesmo o mais grave dos três (art. 125) não é crime hediondo.

× O aborto não é crime hediondo, como já mencionado. No entanto, atenção à seguinte situação: Mariana é esposa de um policial militar. Certo dia, grávida de oito meses, enquanto andava pela rua, foi agredida por João, integrante de facção criminosa, que praticou a conduta violenta em razão de Mariana ser casada com um policial. Por causa da lesão corporal sofrida, ela abortou o feto, dando fim à gestação. No exemplo, João praticou crime hediondo? Sim, em virtude do disposto no artigo 1°, I-A, da Lei n° 8.072/90.

| Aborto provocado pela gestante ou com seu consentimento (CP, art. 124) | Aborto provocado por terceiro sem o consentimento da gestante (CP, art. 125) | Aborto provocado por terceiro com o consentimento da gestante (CP, art. 126) |
|---|---|---|
| Pena: detenção, de um a três anos. | Pena: reclusão, de três a dez anos. | Pena: reclusão, de um a quatro anos. |
| Punido com detenção, o pior regime inicial a ser imposto é o semiaberto (CP, art. 33, caput). | A pena máxima é a mesma do estupro (CP, art. 213, caput). Crime punido com reclusão, pode ser imposto ao condenado regime inicial fechado (CP, art. 33, caput). Além disso, é possível prisão preventiva (CPP, art. 313, I) e a investigação por meio de interceptação telefônica (Lei n° 9.296/96, art. 2°, III), entre outros malefícios decorrentes de pena tão elevada. | Punido com reclusão, o regime inicial pode ser o fechado (CP, art. 33, caput). Em virtude de a pena máxima não ultrapassar quatro anos, não é possível prisão preventiva (CPP, art. 313, I), exceto na hipótese do artigo 313, III, do CPP. |
| A pena mínima de um ano permite a suspensão condicional do processo (Lei n° 9.099/95, art. 89). Todavia, não se trata de crime de menor potencial ofensivo (Lei n° 9.099/95, art. 61). Logo, não é possível a transação penal. | A pena mínima não admite suspensão condicional do processo (Lei n° 9.099/95, art. 89). | A pena mínima de um ano torna o delito compatível com a suspensão condicional do processo (Lei n° 9.099/95, art. 89). |

## 9.2.3.I.7. CAUSAS DE AUMENTO DE PENA

Forma qualificada

**Art.** 127. As penas cominadas nos dois artigos anteriores são aumentadas de um terço, se, em consequência do aborto ou dos meios empregados para provocá-lo, a gestante sofre lesão corporal de natureza grave; e são duplicadas, se, por qualquer dessas causas, lhe sobrevém a morte.

Equivocadamente, o artigo 127 do Código Penal se refere às causas de aumento do aborto como forma qualificada dos delitos dos artigos 125 e 126. A pena do aborto praticado por terceiro, com ou sem consentimento, deve ser aumentada de um terço se, em consequência do aborto ou dos meios empregados para provocá-lo, a gestante sofre lesão corporal de natureza grave. Na hipótese de morte, a pena deve ser duplicada.

× O artigo 127 do CP fala em lesão corporal de natureza grave (CP, art. 129, § 1°). Todavia, considere também como causa de aumento a produção de lesão corporal gravíssima (CP, art. 129, § 2°). Explico: acima dos dois parágrafos, o Código Penal usa a expressão grave em referência a ambos. Contudo, doutrina e jurisprudência adotam a expressão gravíssima quando citam o § 2° do artigo 129. De tão bem aceito e utilizado o termo, até mesmo a lei passou a adotá-lo, como se constata da leitura do artigo 1°, I-A, da Lei n° 8.072/90.

### ATENÇÃO

A lesão corporal é frequentemente trazida em questões sobre os delitos de aborto. Isso porque, a depender do contexto em que a conduta se deu, a responsabilidade do sujeito pode caracterizar um ou outro delito. Para melhor compreender o tema, veja os exemplos a seguir:

(a) Ciente da gravidez, Joaquim chuta Carolina, gestante. Ele não tinha a intenção de causar o aborto, que ocorreu em razão da lesão corporal dolosa praticada contra a vítima. Ou seja, houve dolo na lesão corporal, mas culpa no resultado aborto (crime preterdoloso). Crime praticado por Joaquim: lesão corporal gravíssima (CP, art. 129, § 2°, V).

(b) Ciente da gravidez, Joaquim chuta Carolina, gestante. Ele tinha a intenção de causar a lesão corporal (leve, se não tiver havido outra consequência) e o aborto, que ocorreu em razão da violência empregada. Houve dolo na lesão corporal e no aborto. Crimes praticados por Joaquim: lesão corporal leve (CP, art. 129, caput) e aborto (CP, art. 125), em concurso formal impróprio (CP, art. 70, segunda parte).

(c) Sem saber da gravidez, Joaquim chuta Carolina, gestante. Ele tinha a intenção de causar apenas a lesão corporal, mas, em razão da violência empregada, ocorre o aborto. Crime praticado por Joaquim: lesão corporal leve (CP, art. 129, caput). Motivo: puni-lo pelo aborto faria com que se admitisse a responsabilidade penal objetiva.

(d) Por imprudência, Joaquim causou lesão corporal culposa em Carolina, gestante. Em razão do ocorrido, ela abortou. Crime praticado por Joaquim: lesão corporal culposa (CP, art. 129, § 6º). Em relação ao aborto, não existe a modalidade culposa do delito.

### 9.2.3.1.8. EXCLUSÃO DA ILICITUDE

**Art.** 128. Não se pune o aborto praticado por médico:

Aborto necessário
I - se não há outro meio de salvar a vida da gestante;
Aborto no caso de gravidez resultante de estupro
II - se a gravidez resulta de estupro e o aborto é precedido de consentimento da gestante ou, quando incapaz, de seu representante legal.

O artigo 128 do CP traz causas especiais de exclusão da ilicitude, além daquelas do artigo 23 do CP (legítima defesa, estado de necessidade etc.). São duas as hipóteses abarcadas pelas excludentes: o aborto necessário ou terapêutico, quando não há outro meio de salvar a vida da gestante, e o aborto humanitário ou sentimental, quando a gestação decorre de estupro. Nos dois casos, o aborto deve ser realizado por médico

### ATENÇÃO

Algumas informações importantes:
(a) Na hipótese do aborto do feto anencéfalo, tema da ADPF 54/DF, não estamos diante de mais uma causa de exclusão da ilicitude, não trazida no artigo 128 do CP, mas de atipicidade da conduta em razão de o crime ser impossível (CP, art. 17) - também denominado crime de ensaio ou tentativa inidônea. Logo, não se fala em aborto.

(b) O aborto eugênico ou eugenésico não é amparado pela exclusão da ilicitude do artigo 128 do CP. Portanto, ainda que comprovado que o feto sofre de grave deformidade física, o aborto não será permitido – salvo, é claro, na hipótese de anencefalia ou de outra enfermidade que inviabilize a vida extrauterina.

(c) Em posicionamento isolado, há decisão do STF que considerou atípico o aborto praticado no primeiro trimestre de gestação (HC 124.306-RJ). Trata-se de posicionamento isolado.

(d) O aborto terapêutico ou sentimental deve ser realizado por médico. Na hipótese em que outro profissional (ex.: enfermeiro) realiza o aborto para salvar a vida da gestante, a ilicitude poderá ser excluída em razão do estado de necessidade (CP, art. 24), mas não com fundamento no artigo 128, I, do CP.

(e) O médico não precisa de autorização judicial para o aborto nas situações descritas no artigo 128 do CP.

(f) O aborto sentimental ou humanitário deve ser precedido de consentimento da gestante ou, quando incapaz, de seu representante legal, o que não ocorre no aborto terapêutico ou necessário.

### 9.2.3.1.9. AÇÃO PENAL

Pública incondicionada, sem exceção.

## 9.3. DAS LESÕES CORPORAIS

### 9.3.1. LESÃO CORPORAL

> Lesão corporal
> Art. 129. Ofender a integridade corporal ou a saúde de outrem:
> Pena - detenção, de três meses a um ano.

### 9.3.1.1. CONDUTA

Ofender a integridade corporal ou a saúde de outrem. O crime pode se dar por qualquer meio (de forma livre).

### 9.3.1.2. SUJEITOS DO CRIME

Crime comum, pode ser praticado por qualquer pessoa.

### 9.3.1.3. ELEMENTO SUBJETIVO

Crime doloso, a modalidade culposa é típica (CP, art. 129, § 6º).

### 9.3.1.4. CONSUMAÇÃO

Crime material, consuma-se com a efetiva ofensa à integridade corporal ou à saúde da vítima. Admitida, quando o agente não consegue provocar a lesão por razões alheias à sua vontade.

### 9.3.1.5. SUBSTITUIÇÃO DA PENA

Não sendo graves as lesões, o juiz pode substituir a pena de detenção pela de multa, quando: (a) o agente comete o crime impelido por motivo de relevante valor social ou moral ou sob o domínio de violenta emoção, logo em seguida a injusta provocação da vítima; (b) as lesões são recíprocas.

### 9.3.1.6. AÇÃO PENAL

Na lesão corporal leve e na culposa (CP, art. 129, caput e § 3º), a ação penal é pública condicionada à representação (Lei nº 9.099/95, art. 88), exceto quando se tratar de vítima do sexo feminino em hipótese de violência doméstica ou familiar (Lei nº 11.340/06, art. 41). Para todo o restante do artigo 129, o crime é de ação penal pública incondicionada.

### 9.3.1.7. LESÃO CORPORAL GRAVE

Embora o CP fale apenas em lesão corporal grave, doutrina e jurisprudência falam em grave apenas em relação à qualificadora do § 1º do artigo 129, punida com pena de reclusão, de um a cinco anos. A lesão corporal é grave quando resulta em: (a) Incapacidade para as ocupações habituais, por mais de trinta dias; (b) perigo de vida; (c) debilidade permanente de membro, sentido ou função; (d) aceleração de parto.

### 9.3.1.8. LESÃO CORPORAL GRAVÍSSIMA

Punida com pena de reclusão, de dois a oito anos, essa qualificadora está presente quando a lesão corporal resulta em: (a) incapacidade permanente para o trabalho; (b) enfermidade incurável; (c) perda ou inutilização do membro, sentido ou função; (d) deformidade permanente; (d) aborto.

### 9.3.1.9. CAUSAS DE AUMENTO DE PENA

As majorantes aplicáveis ao homicídio doloso são aplicáveis à lesão corporal culposa. Portanto, a pena é aumentada de um terço se o crime é praticado contra pessoa menor de catorze ou maior de sessenta anos. Ademais, a pena é aumentada de um terço até a metade se o crime for praticado por milícia privada, sob o pretexto de prestação de serviço de segurança, ou por grupo de extermínio.

### 9.3.1.10. LESÃO CORPORAL SEGUIDA DE MORTE

Crime preterdoloso (a lesão é dolosa, mas a morte resulta de culpa), pune-se com pena de reclusão, de quatro a doze anos.

### 9.3.1.11. DIMINUIÇÃO DE PENA

Se o agente comete o crime impelido por motivo de relevante valor social ou moral ou sob o domínio de violenta emoção, logo em seguida a injusta provocação da vítima, o juiz pode reduzir a pena de um sexto a um terço. Hipótese idêntica à do homicídio privilegiado (CP, art. 121, § 1º).

### 9.3.1.12. LESÃO CORPORAL CULPOSA

É irrelevante o grau da lesão. Quando culposa, deve ser punida com pena de detenção, de dois meses a um ano.

### 9.3.1.13. CAUSA DE AUMENTO DE PENA

As causas de aumento de pena do homicídio culposo são aplicáveis à lesão corporal culposa. Ou seja, a pena é aumentada de um terço se o crime resulta de inobservância de regra técnica de profissão, arte ou ofício, ou se o agente deixa de prestar imediato socorro à vítima, não procura diminuir as consequências do seu ato, ou foge para evitar prisão em flagrante.

### 9.3.1.14. PERDÃO JUDICIAL

É possível na lesão corporal culposa, desde que as consequências da infração atinjam o próprio agente de forma tão grave que a sanção penal se torne desnecessária.

### 9.3.1.15. VIOLÊNCIA DOMÉSTICA

É qualificada a lesão corporal quando for praticada contra ascendente, descendente, irmão, cônjuge ou companheiro, ou com quem conviva ou tenha convivido, ou, ainda, prevalecendo-se o agente das relações domésticas, de coabitação ou de hospitalidade. Tenha cuidado, pois a vítima pode ser do sexo masculino – quando deverá ser afastada a incidência da Lei nº 11.340/06 (Maria da Penha). A pena é de detenção, de três meses a três anos.

### 9.3.1.16. CAUSAS DE AUMENTO DE PENA

Na hipótese de violência doméstica, a lesão corporal que resulte em lesão grave, gravíssima ou morte terá sua pena aumentada de um terço. A pena também será aumentada de um terço se o crime for cometido contra pessoa portadora de deficiência.

### 9.3.1.17. LESÃO CORPORAL FUNCIONAL

Se a lesão for praticada contra autoridade ou agente descrito nos artigos 142 e 144 da Constituição Federal, integrantes do sistema prisional e da Força Nacional de Segurança Pública, no exercício da função ou em decorrência dela, ou contra seu cônjuge, companheiro ou parente consanguíneo até terceiro grau, em razão dessa condição, a pena é aumentada de um a dois terços.

| Artigo 142 da CF | Artigo 144 da CF |
|---|---|
| As Forças Armadas, constituídas pela Marinha, pelo Exército e pela Aeronáutica, são instituições nacionais permanentes e regulares, organizadas com base na hierarquia e na disciplina, sob a autoridade suprema do Presidente da República, e destinam-se à defesa da Pátria, à garantia dos poderes constitucionais e, por iniciativa de qualquer destes, da lei e da ordem. | A segurança pública, dever do Estado, direito e responsabilidade de todos, é exercida para a preservação da ordem pública e da incolumidade das pessoas e do patrimônio, através dos seguintes órgãos: I - polícia federal; II - polícia rodoviária federal; III - polícia ferroviária federal; IV - polícias civis; V - polícias militares e corpos de bombeiros militares. VI - polícias penais federal, estaduais e distrital. |

### 9.3.1.18. LESÃO CORPORAL PRATICADA CONTRA MULHER POR RAZÃO DA CONDIÇÃO DO SEXO FEMININO

Novidade adicionada pela Lei nº 14.188/21, a pena é de reclusão, de um a quatro anos, se a lesão for praticada contra a mulher, por razões da condição do sexo feminino, nos termos do § 2º-A do artigo 121 do CP.

## 9.4. DA PERICLITAÇÃO DA VIDA E DA SAÚDE

### 9.4.1. PERIGO DE CONTÁGIO DE MOLÉSTIA GRAVE

> Perigo de contágio de moléstia grave
> **Art.** 131. Praticar, com o fim de transmitir a outrem moléstia grave de que está contaminado, ato capaz de produzir o contágio:
> Pena - reclusão, de um a quatro anos, e multa.

#### 9.4.1.1. CONDUTA

Crime próprio, pode ser praticado apenas pelo indivíduo contaminado pela moléstia grave. A vítima pode ser qualquer pessoa.

#### 9.4.1.2. SUJEITOS DO CRIME

O crime consiste em praticar, com o fim de transmitir a outrem moléstia grave de que está contaminado, ato capaz de produzir o contágio. A conduta admite todos os meios de execução (forma livre).

#### 9.4.1.3. ELEMENTO SUBJETIVO

O dolo direto. Não é admitido dolo eventual. A modalidade culposa.

#### 9.4.1.4. CONSUMAÇÃO

Como qualquer crime de intenção, a consumação independe da produção do resultado. Ou seja, consuma-se ainda que a vítima não seja contaminada. A tentativa é possível.

#### 9.4.1.5. AÇÃO PENAL

A ação é pública incondicionada.

### 9.4.2. PERIGO PARA A VIDA OU SAÚDE DE OUTREM

> Perigo para a vida ou saúde de outrem
> **Art.** 132. Expor a vida ou a saúde de outrem a perigo direto e iminente:
> Pena - detenção, de três meses a um ano, se o fato não constitui crime mais grave.

### 9.4.2.1. CONDUTA

Expor, a vida ou a saúde de outrem a perigo direto e iminente.

### 9.4.2.2. SUJEITOS DO CRIME

Crime comum, pode ser praticado por qualquer pessoa. A vítima também pode ser qualquer pessoa, desde que determinada.

### 9.4.2.3. ELEMENTO SUBJETIVO

É o dolo de perigo, direto ou eventual. A modalidade culposa é atípica.

### 9.4.2.4. CONSUMAÇÃO

No instante em que ocorre a produção do perigo concreto para a vítima. A tentativa é possível.

### 9.4.2.5. CAUSA DE AUMENTO DE PENA

A pena é aumentada de um sexto a um terço se a exposição da vida ou da saúde de outrem a perigo decorre do transporte de pessoas para a prestação de serviços em estabelecimentos de qualquer natureza, em desacordo com as normas legais.

### 9.4.2.6. AÇÃO PENAL

A ação penal é pública incondicionada.

### 9.4.3. ABANDONO DE INCAPAZ

> Abandono de incapaz
> **Art.** 133. Abandonar pessoa que está sob seu cuidado, guarda, vigilância ou autoridade, e, por qualquer motivo, incapaz de defender-se dos riscos resultantes do abandono:
> Pena - detenção, de seis meses a três anos.

### 9.4.3.1. CONDUTA

Abandonar pessoa que está sob seu cuidado, guarda, vigilância ou autoridade, e, por qualquer motivo, incapaz de defender-se dos riscos resultantes do abandono.

### 9.4.3.2. SUJEITOS DO CRIME

Crime próprio, praticado apenas por quem possui o dever de zelar pela vida, pela saúde ou pela segurança da vítima. O sujeito passivo é a pessoa, incapaz, sob as condições impostas ao sujeito ativo.

### 9.4.3.3. ELEMENTO SUBJETIVO

É o dolo de perigo, direto ou eventual. Não é admitida a modalidade culposa.

### 9.4.3.4. CONSUMAÇÃO

No momento em que o abandono coloca a vítima em situação de perigo concreto. A tentativa é possível.

### 9.4.3.5. QUALIFICADORAS

Na modalidade simples, o crime é punido com pena de detenção, de seis meses a três anos. Se, no entanto, a vítima sofrer lesão corporal de natureza grave ou gravíssima (CP, art. 129, § 1º e § 2º), a pena será de reclusão, de um a cinco anos; se a vítima morrer, a pena será de reclusão, de quatro a doze anos.

### 9.4.3.6. CAUSAS DE AUMENTO DE PENA

As penas são aumentadas de um terço se: (a) o abandono ocorre em lugar ermo, desabitado; (b) o agente é ascendente ou descendente, cônjuge, irmão, tutor ou curador da vítima; (c) a vítima é maior de 60 (sessenta) anos.

### 9.4.3.7. AÇÃO PENAL

A ação penal é pública incondicionada.

### 9.4.4. OMISSÃO DE SOCORRO

Omissão de socorro
**Art.** 135. Deixar de prestar assistência, quando possível fazê-lo sem risco pessoal, à criança abandonada ou extraviada, ou à pessoa inválida ou ferida, ao desamparo ou em grave e iminente perigo; ou não pedir, nesses casos, o socorro da autoridade pública:
Pena - detenção, de um a seis meses, ou multa.

### 9.4.4.1. CONDUTA

Deixar de prestar assistência, quando possível fazê-lo sem risco pessoal, à criança abandonada ou extraviada, ou à pessoa inválida ou ferida, ao desamparo ou em grave e iminente perigo, ou não pedir, nesses casos, o socorro da autoridade pública; (d) pessoa ferida e ao desamparo; (e) pessoa em grave e iminente perigo.

### 9.4.4.2. SUJEITOS DO CRIME

Crime comum, pode ser praticado por qualquer pessoa. A vítima tem de ser: (a) criança abandonada (pessoa com menos de doze anos); (b) criança extraviada (pessoa com menos de doze anos); (c) pessoa inválida e ao desamparo.

### 9.4.4.3. ELEMENTO SUBJETIVO

É o dolo de perigo, direto ou eventual. A modalidade culposa é atípica.

### 9.4.4.4. CONSUMAÇÃO

Consuma-se no momento da omissão, quando a pessoa deixa de prestar assistência ou não pede socorro da autoridade pública. Por ser crime omissivo próprio, não admite tentativa.

### 9.4.4.5. CAUSA DE AUMENTO DE PENA

A pena do crime, que é de detenção, de um a seis meses, ou multa, deve ser aumentada de metade, se da omissão resulta lesão corporal de natureza grave, e triplicada, se resulta a morte.

### 9.4.4.6. AÇÃO PENAL

É pública incondicionada.

### 9.4.5. CONDICIONAMENTO DE ATENDIMENTO MÉDICO-HOSPITALAR EMERGENCIAL

> Condicionamento de atendimento médico-hospitalar emergencial
> **Art.** 135-A. Exigir cheque-caução, nota promissória ou qualquer garantia, bem como o preenchimento prévio de formulários administrativos, como condição para o atendimento médico-hospitalar emergencial:
> Pena - detenção, de 3 (três) meses a 1 (um) ano, e multa.

### 9.4.5.1. CONDUTA

O crime consiste em exigir cheque-caução, nota promissória ou qualquer garantia, bem como o preenchimento prévio de formulários administrativos, como condição para o atendimento médico-hospitalar emergencial.

### 9.4.5.2. SUJEITOS DO CRIME

Crime comum, pode ser praticado por qualquer pessoa que esteja em posição de negar o atendimento emergencial. A vítima é a pessoa que necessita de atendimento médico-hospitalar emergencial.

### 9.4.5.3. ELEMENTO SUBJETIVO

É o dolo, direto ou eventual, acrescido de um especial fim de agir: como condição para o atendimento médico-hospitalar emergencial. Não é aceita a modalidade culposa.

### 9.4.5.4. CONSUMAÇÃO

Crime formal, consuma-se com a exigência de cheque-caução, nota promissória ou qualquer garantia, bem como o preenchimento prévio de formulários administrativos. A tentativa é possível.

### 9.4.5.5. CAUSA DE AUMENTO DE PENA

A pena é de detenção, de três meses a um ano, e multa, a pena é aumentada até o dobro se da negativa de atendimento resulta lesão corporal de natureza grave, e até o triplo se resulta a morte.

### 9.4.5.6. AÇÃO PENAL

A ação penal é pública incondicionada.

### 9.4.6. **MAUS-TRATOS**

> Maus-tratos
> **Art.**136. Expor a perigo a vida ou a saúde de pessoa sob sua autoridade, guarda ou vigilância, para fim de educação, ensino, tratamento ou custódia, quer privando-a de alimentação ou cuidados indispensáveis, quer sujeitando-a a trabalho excessivo ou inadequado, quer abusando de meios de correção ou disciplina:
> Pena - detenção, de dois meses a um ano, ou multa.

### 9.4.6.1. CONDUTA

Expor a perigo a vida ou a saúde de pessoa sob sua autoridade, guarda ou vigilância, para fim de educação, ensino, tratamento ou custódia, quer privando-a de alimentação ou cuidados indispensáveis, quer sujeitando-a a trabalho excessivo ou inadequado, quer abusando de meios de correção ou disciplina.

> **ATENÇÃO!**
>
> Não confunda com o crime de tortura, do artigo 1º, II, da Lei nº 9.455/97, que consiste em submeter alguém, sob sua guarda, poder ou autoridade, com emprego de violência ou grave ameaça, a intenso sofrimento físico ou mental, como forma de aplicar castigo pessoal ou medida de caráter preventivo. Dica: se a questão falar em intenso, diga que é tortura.

### 9.4.6.2. SUJEITOS DO CRIME

Crime próprio, pode ser praticado por quem tem relação de autoridade, guarda ou vigilância em relação à vítima. O sujeito passivo deve ser, naturalmente, quem está ligado ao sujeito ativo nas hipóteses mencionadas.

### 9.4.6.3. ELEMENTO SUBJETIVO

É o dolo, direto ou eventual. Tem de estar presente o especial fim de agir: expor a vítima a perigo por meio dos maus-tratos. A modalidade culposa é atípica.

### 9.4.6.4. CONSUMAÇÃO

Ocorre no momento em que a vítima é exposta a efetivo perigo, ainda que nenhum dano seja provocado. A tentativa é possível.

### 9.4.6.5. QUALIFICADORAS

Na modalidade simples, o crime é punido com pena de detenção, de dois meses a um ano, ou multa. Se a vítima sofrer lesão corporal grave ou gravíssima, a pena é de reclusão, de um a quatro anos; se morrer, a pena é de reclusão, de quatro a doze anos.

### 9.4.6.6. CAUSA DE AUMENTO DE PENA

A pena é aumentada de um terço se o crime for praticado contra pessoa menor de catorze anos.

### 9.4.6.7. AÇÃO PENAL

A ação penal é sempre pública incondicionada.

## 9.5. DA RIXA

### 9.5.1. RIXA (CP, ART. 137)

> Rixa
> **Art.** 137. Participar de rixa, salvo para separar os contendores:
> Pena - detenção, de quinze dias a dois meses, ou multa.

### 9.5.1.1. CONDUTA

Participar de rixa. Rixa é o tumulto violento, em que várias pessoas – no mínimo, três – agridem-se. É atípica a conduta de quem se envolve na rixa para separar os contendores.

### 9.5.1.2. SUJEITOS DO CRIME

Crime comum, pode ser praticado por qualquer pessoa. Como todos os envolvidos agridem-se reciprocamente, todos são, ao mesmo tempo, sujeito ativo e sujeito passivo. Crime plurissubjetivo, exige a presença de, no mínimo, três pessoas.

### 9.5.1.3. ELEMENTO SUBJETIVO

É o dolo de perigo (perigo abstrato). A modalidade culposa é atípica.

### 9.5.1.4. CONSUMAÇÃO

Ocorre no momento em que o indivíduo passa a agredir os demais participantes da rixa. A tentativa é possível quando os participantes combinam a rixa e, por razões alheias à vontade deles, o confronto não acontece – por exemplo, quando a polícia descobre o plano e, no dia e hora marcados, impede a rixa. Caso contrário, quando não planejada, a rixa não admite tentativa.

##### 9.5.1.5. QUALIFICADORA

A pena da rixa é de detenção, de quinze dias a dois meses, ou multa. Contudo, se ocorrer morte ou lesão corporal de natureza grave ou gravíssima de alguém, aplica-se, pelo fato da participação na rixa, a pena de detenção, de seis meses a dois anos.

##### 9.5.1.6. AÇÃO PENAL

A ação penal é pública incondicionada.

## 9.6. DOS CRIMES CONTRA A HONRA

### 9.6.1. CALÚNIA

> Calúnia
> **Art.** 138. Caluniar alguém, imputando-lhe falsamente fato definido como crime:
> Pena - detenção, de seis meses a dois anos, e multa.

##### 9.6.1.1. CONDUTA

Caluniar alguém (atingir alguém em sua reputação), imputando-lhe falsamente fato definido como crime. Quem pratica a conduta sabe que está mentindo.

× **Fato:** é o evento que pode ser posicionado em algum momento do tempo. Exemplo: se digo que João praticou um roubo, é possível dizer quando e onde ocorreu.

× **Crime:** se o fato consistir em contravenção penal, o crime será o de difamação (CP, art. 139).

##### 9.6.1.2. SUJEITOS DO CRIME

O sujeito ativo pode ser qualquer pessoa (crime comum). O sujeito passivo é qualquer pessoa natural, desde que determinada. A pessoa jurídica pode ser vítima apenas em crimes ambientais (Lei nº 9.605/98). Os menores de dezoito anos podem ser vítimas do crime, ainda que não pratiquem crime, mas ato infracional. Até mesmo pessoa morta pode ser objeto da calúnia, mas as vítimas são o cônjuge e seus familiares.

### 9.6.1.3. ELEMENTO SUBJETIVO

É o dolo, direto ou eventual, exceto na hipótese do § 1º do artigo 138, em que se admite apenas o dolo direto (pratica o crime de calúnia quem, sabendo falsa a imputação, a propala ou divulga). Não se pune a modalidade culposa.

### 9.6.1.4. CONSUMAÇÃO

Crime que atinge a honra objetiva (a forma como a pessoa é vista pela coletividade), consuma-se no momento em que terceiro, diverso da vítima, toma ciência dos fatos caluniosos. A tentativa é possível apenas quando a calúnia for executada por escrito, quando a mensagem pode ser interceptada antes de alcançar alguém.

### 9.6.1.5. EXCEÇÃO DA VERDADE

É possível que a pessoa que praticou a conduta alegue, em sua defesa, que os fatos são verdadeiros – a calúnia consiste em imputação falsa de crime. A denominada exceção da verdade não é admitida se: (a) constituindo o fato imputado crime de ação privada, o ofendido não foi condenado por sentença irrecorrível; (b) o fato é imputado ao Presidente da República a chefe de governo estrangeiro; (c) do crime imputado, embora de ação pública, o ofendido foi absolvido por sentença irrecorrível.

### 9.6.1.6. AÇÃO PENAL

Em regra, é crime de ação penal privada. Será de ação penal pública condicionada à requisição do Ministro da Justiça se praticado contra o Presidente da República ou contra chefe de governo estrangeiro. Também dependerá de representação quando praticada a calúnia contra funcionário público, em razão das suas funções.

### 9.6.1.7. CAUSAS DE AUMENTO DE PENA

A pena da calúnia é de detenção, de seis meses a dois anos, e multa, devendo ser aumentada de um terço se qualquer dos crimes é cometido: (a) contra o Presidente da República, ou contra chefe de governo estrangeiro; (b) contra funcionário público, em razão de suas funções; (c) na presença de várias pessoas, ou por meio que facilite a divulgação da calúnia, da difamação ou da injúria; (d) contra pessoa maior de 60 (sessenta) anos ou portadora de deficiência, exceto no caso de injúria. Ademais, se o crime é cometido mediante paga ou promessa de recompensa, aplica-se a pena em dobro.

### 9.6.1.8. RETRATAÇÃO

É possível na calúnia e na difamação, pois as condutas consistem em atribuição de fatos. Na injúria, não. Fica isento de pena o querelado que se retrata do que disse, desde que o faça antes da sentença. Nos casos em que o crime tenha sido praticado por meios de comunicação, a retratação dar-se-á, se assim desejar o ofendido, pelos mesmos meios em que se praticou a ofensa.

### 9.6.1.9. PEDIDO DE EXPLICAÇÃO

Procedimento judicial facultativo, a possível vítima de calúnia ou difamação pode pedir explicação em juízo do que foi dito. A medida é importante quando há duplo sentido no que foi falado – o esclarecimento serve para definir se houve, afinal, a prática de um dos dois delitos. Se o requerido se recusar a dar explicação – ou se não for satisfatória -, deve responder pelo(s) delito(s).

### 9.6.2. DIFAMAÇÃO

> Difamação
> **Art.** 139. Difamar alguém, imputando-lhe fato ofensivo à sua reputação:
> Pena - detenção, de três meses a um ano, e multa..

### 9.6.2.1. CONDUTA

A conduta consiste em difamar alguém, imputando-lhe fato ofensivo à sua reputação. Em regra, é irrelevante se o fato é verdadeiro ou falso.

> **ATENÇÃO!**
>
> Imagine a seguinte situação: em discurso na Câmara, um deputado federal disse: "tem um imaginário impregnado, sobretudo nos agentes das forças de segurança, de que uma pessoa negra e pobre é potencialmente perigosa. É mais perigosa do que uma pessoa branca de classe média. Esse é um imaginário que está impregnado na gente". Um outro deputado publicou a fala em uma rede social, mas editou o vídeo, deixando apenas o seguinte trecho: "uma pessoa negra e pobre é potencialmente perigosa. É mais perigosa do que uma pessoa branca de classe média". No exemplo, houve crime? Sim, segundo o STF, o de difamação (STF, AP 1.021/DF).

### 9.6.2.2. SUJEITOS DO CRIME

Crime bicomum, qualquer pessoa pode ser sujeito ativo ou passivo.

### 9.6.2.3. ELEMENTO SUBJETIVO

É o dolo, direto ou eventual. Não é admitida a modalidade culposa.

### 9.6.2.4. CONSUMAÇÃO

Como é crime que atinge a honra objetiva (a forma como a pessoa é vista pela coletividade), consuma-se no momento em que terceiro, diverso da vítima, toma ciência dos fatos difamantes. A tentativa é possível quando a ofensa se der por escrito.

### 9.6.2.5. EXCEÇÃO DA VERDADE

Em regra, não é admitida, exceto quando o ofendido é funcionário público e a ofensa é relativa ao exercício de suas funções.

### 9.6.2.6. EXCLUSÃO ESPECIAL DA ILICITUDE

Excluem a ilicitude, na difamação e na injúria: (a) a ofensa irrogada em juízo, na discussão da causa, pela parte ou por seu procurador; (b) a opinião desfavorável da crítica literária, artística ou científica, salvo quando inequívoca a intenção de injuriar ou difamar; (c) o conceito desfavorável emitido por funcionário público, em apreciação ou informação que preste no cumprimento de dever do ofício;

### 9.6.2.7. AÇÃO PENAL

Em regra, é crime de ação penal privada. É de ação penal pública condicionada à requisição do Ministro da Justiça se praticado contra o Presidente da República ou contra chefe de governo estrangeiro.

### 9.6.3. INJÚRIA

> Injúria
> **Art.** 140 - Injuriar alguém, ofendendo-lhe a dignidade ou o decoro:
> Pena - detenção, de um a seis meses, ou multa.
> § 1º - O juiz pode deixar de aplicar a pena:
> I - quando o ofendido, de forma reprovável, provocou diretamente a injúria;
> II - no caso de retorsão imediata, que consista em outra injúria.

### 9.6.3.I. CONDUTA

Injuriar (ofender) alguém, ofendendo-lhe a dignidade ou o decoro. O sujeito ativo não aponta fato, como ocorre na calúnia e na difamação.

### 9.6.3.2. SUJEITOS DO CRIME

Crime comum, pode ser praticado por qualquer pessoa. A vítima também pode ser qualquer pessoa, desde que natural (física).

× A/O esposa/marido tem legitimidade para propor queixa-crime contra autor de mensagem que insinua que o/a seu/sua marido/esposa mantém uma relação extraconjugal. No caso concreto, julgado pelo STF, uma pessoa afirmou que um indivíduo casado mantém relação homossexual extraconjugal com outro homem. A Suprema Corte entendeu pela legitimidade da esposa deste indivíduo para ajuizar queixa-crime por injúria. (STF, Pet 7.417 AgR/DF)

### 9.6.3.3. ELEMENTO SUBJETIVO

É o dolo, direto ou eventual. A modalidade culposa não é punida.

### 9.6.3.4. CONSUMAÇÃO

Por atingir a honra subjetiva (a percepção que a pessoa tem dela própria), o crime se consuma quando a ofensa alcança a vítima. A tentativa é admitida apenas quando a prática se der por escrito.

### 9.6.3.5. PERDÃO JUDICIAL

O juiz pode deixar de aplicar a pena: (a) quando o ofendido, de forma reprovável, provocou diretamente a injúria; (b) no caso de retorsão imediata, que consista em outra injúria.

### 9.6.3.6. EXCLUSÃO ESPECIAL DA ILICITUDE

Excluem a ilicitude, na difamação e na injúria: (a) a ofensa irrogada em juízo, na discussão da causa, pela parte ou por seu procurador; (b) a opinião desfavorável da crítica literária, artística ou científica, salvo quando inequívoca a intenção de injuriar ou difamar; (c) o conceito desfavorável emitido por funcionário público, em apreciação ou informação que preste no cumprimento de dever do ofício.

### 9.6.3.7. INJÚRIA REAL

Se o crime consistir em violência ou vias de fato que, por sua natureza ou pelo meio empregado, se considerem aviltantes (ex.: um tapa no rosto, dado com intenção de humilhar a vítima), a pena será de detenção, de três meses a um ano, e multa, sem prejuízo da pena correspondente à violência (ex.: lesão corporal). Na forma simples, o crime é punido com pena de detenção, de um a seis meses, ou multa.

### 9.6.3.8. AÇÃO PENAL

Em regra, ação penal privada. Excepcionalmente, condiciona-se a ação à requisição do Ministro da Justiça quando praticada contra o Presidente da República ou chefe de governo estrangeiro. É crime de ação penal pública condicionada à representação quando: (a) qualificada pela utilização de elementos referentes a raça, cor, etnia, religião, origem ou a condição de pessoa idosa ou portadora de deficiência; (b) praticada contra funcionário público em razão das suas funções. Por fim, é de ação penal pública incondicionada na hipótese de injúria real, quando da violência resulta lesão corporal – se resultar em vias de fato, a persecução penal se dá por queixa-crime (ação penal privada).

## 9.7. DOS CRIMES CONTRA A LIBERDADE INDIVIDUAL

### 9.7.1. CONSTRANGIMENTO ILEGAL

Constrangimento ilegal
**Art.** 146. Constranger alguém, mediante violência ou grave ameaça, ou depois de lhe haver reduzido, por qualquer outro meio, a capacidade de resistência, a não fazer o que a lei permite, ou a fazer o que ela não manda:
Pena - detenção, de três meses a um ano, ou multa.

### 9.7.1.1. CONDUTA

Constranger alguém, mediante violência ou grave ameaça, ou depois de lhe haver reduzido, por qualquer outro meio, a capacidade de resistência, a não fazer o que a lei permite, ou a fazer o que ela não manda.

### 9.7.1.2. SUJEITOS DO CRIME

Crime comum, pode ser praticado por qualquer pessoa. A vítima pode ser qualquer pessoa, desde que dotada de autodeterminação.

### 9.7.1.3. ELEMENTO SUBJETIVO

É o dolo. Não é admitida a modalidade culposa.

### 9.7.1.4. CONSUMAÇÃO

Crime material, consuma-se no momento em que a vítima faz ou deixa de fazer. A tentativa é possível.

### 9.7.1.5. CAUSAS DE AUMENTO DE PENA

Punido com pena de detenção, de três meses a um ano, ou multa, que deve ser dobrada quando, para a execução do crime, se reúnem mais de três pessoas, ou há emprego de armas.

### 9.7.1.6. CONCURSO MATERIAL OBRIGATÓRIO

Se da violência resultar em lesão corporal ou morte, deve o agente responder pelo constrangimento ilegal em concurso material com o delito correspondente ao resultado (ex.: homicídio).

### 9.7.1.7. CAUSA DE EXCLUSÃO DO CRIME

É excluída a ilicitude do constrangimento quando: (a) se der em intervenção médica ou cirúrgica, sem o consentimento do paciente ou de seu representante legal, se justificada por iminente perigo de vida; (b) a coação exercida se der para impedir suicídio.

### 9.7.1.8. AÇÃO PENAL

A ação penal é pública condicionada à representação.

### 9.7.2. AMEAÇA

> Ameaça
> **Art.** 147. Ameaçar alguém, por palavra, escrito ou gesto, ou qualquer
> outro meio simbólico, de causar-lhe mal injusto e grave:
> Pena - detenção, de um a seis meses, ou multa.
> Parágrafo único. Somente se procede mediante representação.

#### 9.7.2.1. CONDUTA

Ameaçar alguém, por palavra, escrito ou gesto, ou qualquer outro meio simbólico, de causar-lhe mal injusto e grave.

#### 9.7.2.2. SUJEITOS DO CRIME

Crime comum, pode ser praticado por qualquer pessoa. A vítima também pode ser qualquer pessoa, desde que certa e determinada.

#### 9.7.2.3. ELEMENTO SUBJETIVO

Crime doloso, não admite a modalidade culposa.

#### 9.7.2.4. CONSUMAÇÃO

Crime formal, consuma-se no momento em que a vítima toma ciência da ameaça. A tentativa é possível quando se dá por escrito ou por gestos.

#### 9.7.2.5. AÇÃO PENAL

É crime de ação penal pública condicionada à representação.

### 9.7.3. PERSEGUIÇÃO (ARTIGO 147-A)

> Perseguição
> **Art.** 147-A. Perseguir alguém, reiteradamente e por qualquer meio,
> ameaçando-lhe a integridade física ou psicológica, restringindo-lhe
> a capacidade de locomoção ou, de qualquer forma, invadindo ou
> perturbando sua esfera de liberdade ou privacidade.
> Pena - reclusão, de 6 (seis) meses a 2 (dois) anos, e multa.
> § 1º A pena é aumentada de metade se o crime é cometido:
> I - contra criança, adolescente ou idoso;

II - contra mulher por razões da condição de sexo feminino, nos termos do § 2º-A do art. 121 deste Código;

III - mediante concurso de 2 (duas) ou mais pessoas ou com o emprego de arma.

§ 2º As penas deste artigo são aplicáveis sem prejuízo das correspondentes à violência.

§ 3º Somente se procede mediante representação.

### 9.7.3.1. CONDUTA

O verbo é perseguir, vigiar a rotina, seguir alguém. Há um único verbo nuclear, mas várias formas de praticá-lo. O crime tem de ser praticado contra pessoa determinada e de forma reiterada – portanto, crime habitual. Um único evento de perseguição não caracteriza o delito. É delito de forma livre, que pode ser praticada por qualquer meio, presencial ou remota (por internet, por exemplo).

### 9.7.3.2. BEM JURÍDICO

O tipo penal tutela a liberdade individual, atingida pelo ataque à privacidade, ao direito de locomoção, à integridade psíquica da vítima.

### 9.7.3.3. OBJETO MATERIAL

É a pessoa vítima da perseguição.

### 9.7.3.4. SUJEITOS DO CRIME

Crime comum, pode ser praticado por qualquer pessoa. No entanto, presente o concurso de agentes, a pena será aumentada de metade (art. 147-A, § 2º, III) – crime acidentalmente ou eventualmente coletivo. Além disso, a pena também será aumentada se praticado contra vítima criança, adolescente, idoso ou contra mulher, quando tiver por motivo razões da condição de sexo feminino (§ 1º, I e II).

### 9.7.3.5. ELEMENTO SUBJETIVO

É o dolo, sem qualquer finalidade específica. Não é admitida a modalidade culposa.

### 9.7.3.6. CONSUMAÇÃO E TENTATIVA

Crime formal, consuma-se com a reiteração da conduta de perseguir. A tentativa não é possível por se tratar de delito habitual.

### 9.7.3.7. AÇÃO PENAL

A ação penal é pública condicionada à representação, ainda que em situação de violência doméstica ou familiar contra a mulher Crime de menor potencial ofensivo, de competência do Juizado Especial Criminal, admite transação penal e suspensão condicional do processo (Lei nº 9.099/95, arts. 61, 76 e 89).

### 9.7.3.8. CONCURSO MATERIAL OBRIGATÓRIO

Se houver emprego de violência, o sujeito será punido tanto pelo stalking quanto pelo crime violento (ex.: lesão corporal), em concurso.

### 9.7.3.9. CAUSAS DE AUMENTO DE PENA

A pena é aumentada de metade se praticado o delito: (a) contra criança, adolescente ou idoso; (b) contra mulher por razões da condição do sexo feminino; (c) mediante concurso de pessoas ou com emprego de arma (arma branca ou de fogo).

### 9.7.4. VIOLÊNCIA PSICOLÓGICA CONTRA A MULHER (ART. 147-B)

> Violência psicológica contra a mulher
>
> **Art.** 147-B. Causar dano emocional à mulher que a prejudique e perturbe seu pleno desenvolvimento ou que vise a degradar ou a controlar suas ações, comportamentos, crenças e decisões, mediante ameaça, constrangimento, humilhação, manipulação, isolamento, chantagem, ridicularização, limitação do direito de ir e vir ou qualquer outro meio que cause prejuízo à sua saúde psicológica e autodeterminação:
>
> Pena - reclusão, de 6 (seis) meses a 2 (dois) anos, e multa, se a conduta não constitui crime mais grave.

Até a entrada em vigor da Lei nº 14.188/21, a violência psicológica contra mulher era conduta atípica. Destarte, não pode retroagir para alcançar fatos ocorridos até o dia 28 de julho de 2021. A violência psicológica é objeto do artigo 7º, II, da Lei nº 11.340/06.

> Art. 7º. São formas de violência doméstica e familiar contra a mulher, entre outras:

II – a violência psicológica, entendida como qualquer conduta que lhe cause dano emocional e diminuição da autoestima ou que lhe prejudique e perturbe o pleno desenvolvimento ou que vise degradar ou controlar suas ações, comportamentos, crenças e decisões, mediante ameaça, constrangimento, humilhação, manipulação, isolamento, vigilância constante, perseguição contumaz, insulto, chantagem, violação de sua intimidade, ridicularização, exploração e limitação do direito de ir e vir ou qualquer outro meio que lhe cause prejuízo à saúde psicológica e à autodeterminação;

### 9.7.4.1. CONDUTA

O crime consiste em causar dano emocional (resultado naturalístico) à mulher por meio de ameaça, constrangimento, humilhação, manipulação, isolamento, chantagem, ridicularização, limitação do direito de ir e vir ou qualquer outro meio que cause prejuízo à saúde psicológica e autodeterminação da vítima.

Muitas das condutas executivas do artigo 147-B foram extraídas do artigo 7º, II, da Lei nº 11.340/06: a violência psicológica, entendida como qualquer conduta que lhe cause dano emocional e diminuição da autoestima ou que lhe prejudique e perturbe o pleno desenvolvimento ou que vise degradar ou controlar suas ações, comportamentos, crenças e decisões, mediante ameaça, constrangimento, humilhação, manipulação, isolamento, vigilância constante, perseguição contumaz, insulto, chantagem, violação de sua intimidade, ridicularização, exploração e limitação do direito de ir e vir ou qualquer outro meio que lhe cause prejuízo à saúde psicológica e à autodeterminação. Na perseguição contumaz, pode ficar configurado o crime do artigo 147-A do CP.

As condutas descritas no artigo 147-B podem caracterizar outros delitos. A chantagem pode ser meio de execução do crime de extorsão (CP, art. 158); a ridicularização, crime contra a honra, a exemplo da injúria. Para solucionar eventuais conflitos, o preceito secundário do tipo prevê a expressa subsidiariedade do crime de violência psicológica contra a mulher (se a conduta não constitui crime mais grave). Por outro lado, pode o delito em estudo prevalecer em detrimento de conduta análogas. Exemplo: pratica o crime do artigo 147-B, e não o do artigo 147 (ameaça), o agente que causa dano emocional à vítima, mulher, por meio de ameaça.

Na parte final, o legislador se valeu de interpretação analógica ao estabelecer como conduta qualquer outro meio que cause prejuízo à saúde psicológica e à autodeterminação.

### 9.7.4.2. SUJEITOS DO CRIME

Crime comum, pode ser praticado por qualquer pessoa, de qualquer gênero. O sujeito passivo tem de ser, necessariamente, mulher – a questão das pessoas transexuais foi tratada quando do estudo do § 13.

### 9.7.4.3. ELEMENTO SUBJETIVO

Crime doloso, não é admitida a modalidade culposa. Quanto à produção do resultado – o efetivo dano emocional -, é prescindível a demonstração de intenção do agente em produzi-lo, afinal, decorre naturalmente das condutas. É inafastável do dolo de humilhar ou de ridicularizar, bem como das demais condutas, a vontade ou, no mínimo, a previsibilidade de consequente dano de ordem psicológica à vítima. Vale lembrar que, na violência doméstica contra a mulher, entendeu o STJ pelo dano in re ipsa, devendo o sujeito reparar os danos de ordem moral provocados à ofendida, ainda que não tenham sido efetivamente demonstrados (recursos especiais repetitivos, tema 983).

### 9.7.4.4. CONSUMAÇÃO E TENTATIVA

Crime material, consuma-se com a provocação do dano emocional à vítima, que não consiste, necessariamente, em efetiva lesão à saúde. Por isso, a comprovação da materialidade do crime do artigo 147-A prescinde de exame pericial. Por se tratar de crime plurissubsistente, a tentativa é, em tese, possível.

### 9.7.4.5. DANO EMOCIONAL

Embora o artigo 147-B fale em violência psicológica, dano emocional e (prejuízo à) saúde psicológica, a distinção entre esses conceitos tem de ser avaliada com aprofundamento suficiente para que se saiba quando estará configurado ou não o crime de violência psicológica contra a mulher, sob pena de a norma não ser aplicável em razão da complexidade do assunto, cujo debate deve ser reservado aos psicólogos. Entenda:

(I) O crime de violência psicológica contra a mulher é espécie de crime contra a liberdade individual, ao lado do constrangimento ilegal (art. 146), da ameaça (art. 147), da perseguição (art. 147-A), do sequestro e cárcere privado (art. 148), da redução a condição análoga à de escravo (art. 149) e do tráfico de pessoas (art. 149-A). Em alguns desses delitos, quando houver emprego de violência, pode o agente ser responsabilizado tanto pelo crime contra a liberdade individual quanto por aquele correspondente à violência, em concurso material (ex.: perseguição, do artigo 147-A, em concurso com lesão corporal, do artigo 129, ambos do CP). Não é o que acontece no delito em estudo.

(2) No preceito secundário, o artigo 147-B é expresso ao dizer que sua incidência será afastada quando o fato constituir crime mais grave. Portanto, se houver efetivo dano à saúde da vítima, pode o agente ser responsabilizado pelo crime de lesão corporal grave ou gravíssima, se presente uma das hipóteses do § 1º e § 2º do artigo 129 do CP. Se, todavia, da conduta, resultar apenas lesão leve, nos termos do artigo 129, caput, do CP – e, frise-se, a lesão não é condição para a ocorrência do crime do artigo 147-B -, haverá a absorção da lesão leve pela violência psicológica contra a mulher.

### 9.7.4.6. AÇÃO PENAL

Crime de ação penal pública incondicionada. A pena é de reclusão, de seis meses a dois anos, e multa, se a conduta não constitui crime mais grave (subsidiariedade expressa). Quando praticado o delito no contexto de violência doméstica ou familiar contra a mulher, a incidência da Lei nº 9.099/95 deverá ser afastada, não sendo admitidas, portanto, a composição civil dos danos, a transação penal ou a suspensão condicional do processo.

### 9.7.4.7. CLASSIFICAÇÃO DOUTRINÁRIA

Crime comum; doloso; material; de forma livre; de dano; em regra, comissivo; instantâneo; unissubjetivo; e, em regra, plurissubsistente.

### 9.7.5. SEQUESTRO E CÁRCERE PRIVADO

> Sequestro e cárcere privado
> **Art.** 148. Privar alguém de sua liberdade, mediante sequestro ou cárcere privado:
> Pena - reclusão, de um a três anos.

### 9.7.5.I. CONDUTA

Privar alguém de sua liberdade, mediante sequestro ou cárcere privado. Cuidado para não confundir o delito do artigo 148 do CP com outros em que há restrição ou privação da liberdade da vítima. Veja o esquema a seguir.

| Sequestro e cárcere privado (CP, art. 148) | Roubo circunstanciado pela restrição de liberdade da vítima (CP, art. 157, § 2º, V) | Extorsão qualificada pela restrição de liberdade da vítima (CP, art. 158, § 3º) | Extorsão mediante sequestro (CP, art. 159) |
|---|---|---|---|
| Crime contra a liberdade pessoal | Crime contra o patrimônio | Crime contra o patrimônio | Crime contra o patrimônio |
| O agente priva a vítima de sua liberdade. | Na execução do crime de roubo, o agente restringe a liberdade da vítima. O objetivo do criminoso é a subtração de coisa móvel, mas a restrição da liberdade da vítima se faz necessária para a prática do roubo. Ex.: ao assaltar uma casa, ladrões mantém a vítima refém até que consigam subtrair-lhe os bens, afinal, se fosse solta, provavelmente pediria socorro. | O agente pratica o crime de extorsão, mas precisa restringir a liberdade da vítima para ter êxito na prática delituosa. Ex.: manter a vítima refém enquanto a leva a caixas eletrônicos espalhados pela cidade, para fazê-la efetuar saques. | O agente sequestra pessoa e só a liberta se recebida vantagem por ele exigida como condição ou preço do resgate. |
| Não é hediondo. | É hediondo. | É hediondo. | É hediondo. |

### 9.7.5.2. SUJEITOS DO CRIME

Crime bicomum, qualquer pessoa pode ser sujeito ativo ou passivo.

### 9.7.5.3. ELEMENTO SUBJETIVO

É o dolo, sem que haja finalidade específica. A modalidade culposa é atípica.

### 9.7.5.4. CONSUMAÇÃO

Crime material, consuma-se com a privação da liberdade da vítima. Ademais, crime permanente, cuja consumação se prolonga no tempo. Como consequência, o sequestrador pode ser preso a qualquer momento, enquanto a vítima estiver privada de sua liberdade (CPP, art. 303). A tentativa é possível.

## 9.7.5.5. QUALIFICADORAS

Na forma simples, o crime é punido com pena de reclusão, de um a três anos. O artigo 148 elenca algumas qualificadoras, como se vê na tabela que segue.

| Hipótese | Pena |
|---|---|
| Se a vítima é ascendente, descendente, cônjuge ou companheiro do agente ou maior de 60 (sessenta) anos. | Reclusão, de dois a cinco anos. |
| Se o crime é praticado mediante internação da vítima em casa de saúde ou hospital. | Reclusão, de dois a cinco anos. |
| Se a privação da liberdade dura mais de quinze dias. | Reclusão, de dois a cinco anos. |
| Se o crime é praticado contra menor de dezoito anos. | Reclusão, de dois a cinco anos. |
| Se o crime é praticado com fins libidinosos. | Reclusão, de dois a cinco anos. |
| Se resulta à vítima, em razão de maus-tratos ou da natureza da detenção, grave sofrimento físico ou moral. | Reclusão, de dois a oito anos. |

## 9.7.5.6. AÇÃO PENAL

A ação penal é pública incondicionada.

## 9.7.6. REDUÇÃO A CONDIÇÃO ANÁLOGA À DE ESCRAVO

> Redução a condição análoga à de escravo
> **Art.** 149. Reduzir alguém a condição análoga à de escravo, quer submetendo-o a trabalhos forçados ou a jornada exaustiva, quer sujeitando-o a condições degradantes de trabalho, quer restringindo, por qualquer meio, sua locomoção em razão de dívida contraída com o empregador ou preposto:
> Pena - reclusão, de dois a oito anos, e multa, além da pena correspondente à violência.

## 9.7.6.1. CONDUTA

Reduzir alguém a condição análoga à de escravo, quer submetendo-o a trabalhos forçados ou a jornada exaustiva, quer sujeitando-o a condições degradantes de trabalho, quer restringindo, por qualquer meio, sua locomoção em razão de dívida contraída com o empregador ou preposto.

Para configurar o delito do art. 149 do Código Penal é dispensável a restrição à liberdade de locomoção dos trabalhadores. (STJ, CC 127.937/GO)

### 9.7.6.2. SUJEITOS DO CRIME

Crime comum, pode ser praticado por qualquer pessoa. A lei também não exige condição especial para que alguém seja vítima.

### 9.7.6.3. ELEMENTO SUBJETIVO

É o dolo. É atípica a modalidade culposa.

### 9.7.6.4. CONSUMAÇÃO

Crime material, a consumação ocorre quando a vítima é reduzida à condição análoga à de escravo. A tentativa é possível.

### 9.7.6.5. CONCURSO MATERIAL OBRIGATÓRIO

Se, em virtude da violência empregada, for obtido mais gravoso (ex.: lesão corporal), o agente responderá pelo crime do artigo 149 em concurso material com o outro delito praticado (ex.: artigo 129 do CP).

### 9.7.6.6. FIGURAS EQUIPARADAS

São punidos com as mesmas penas (reclusão, de dois a oito anos, e multa) quem: (a) cerceia o uso de qualquer meio de transporte por parte do trabalhador, com o fim de retê-lo no local de trabalho; (b) mantém vigilância ostensiva no local de trabalho ou se apodera de documentos ou objetos pessoais do trabalhador, com o fim de retê-lo no local de trabalho.

### 9.7.6.7. CAUSAS DE AUMENTO DE PENA

A pena do delito é aumentada de metade se praticado: (a) contra criança ou adolescente; (b) por motivo de preconceito de raça, cor, etnia, religião ou origem.

### 9.7.6.8. AÇÃO PENAL

A ação penal é pública incondicionada.

### 9.7.7. TRÁFICO DE PESSOAS

Tráfico de Pessoas

**Art.** 149-A. Agenciar, aliciar, recrutar, transportar, transferir, comprar, alojar ou acolher pessoa, mediante grave ameaça, violência, coação, fraude ou abuso, com a finalidade de:

> I - remover-lhe órgãos, tecidos ou partes do corpo;
> II - submetê-la a trabalho em condições análogas à de escravo;
> III - submetê-la a qualquer tipo de servidão;
> IV - adoção ilegal; ou
> V - exploração sexual.
> Pena - reclusão, de 4 (quatro) a 8 (oito) anos, e multa.

### 9.7.7.1. CONDUTA

O crime consiste em agenciar, aliciar, recrutar, transportar, transferir, comprar, alojar ou acolher pessoa, mediante grave ameaça, violência, coação, fraude ou abuso, com a finalidade de: (a) remover-lhe órgãos, tecidos ou partes do corpo; (b) submetê-la a trabalho em condições análogas à de escravo; (c) submetê-la a qualquer tipo de servidão; (d) adoção ilegal; ou (e) exploração sexual.

### 9.7.7.2. SUJEITOS DO CRIME

Qualquer pessoa pode ser sujeito ativo ou passivo do crime.

### 9.7.7.3. ELEMENTO SUBJETIVO

Crime doloso, acrescido de finalidade especial (remoção de órgãos, tecidos ou partes do corpo etc.). Não é admitida a modalidade culposa.

### 9.7.7.4. CONSUMAÇÃO

Crime formal, consuma-se com a prática de qualquer os verbos nucleares agenciar, aliciar, recrutar, recrutar, transportar, transferir, comprar, alojar ou acolher pessoa. A tentativa é possível.

### 9.7.7.5. CAUSAS DE AUMENTO DE PENA

A pena do delito, que é de reclusão, de quatro a oito anos, e multa, deve ser aumentada de um terço até a metade se: (a) o crime for cometido por funcionário público no exercício de suas funções ou a pretexto de exercê-las; (b) o crime for cometido contra criança, adolescente ou pessoa idosa ou com deficiência; (c) o agente se prevalecer de relações de parentesco, domésticas, de coabitação, de hospitalidade, de dependência econômica, de autoridade ou de superioridade hierárquica inerente ao exercício de emprego, cargo ou função; ou; (d) a vítima do tráfico de pessoas for retirada do território nacional.

### 9.7.7.6. CAUSAS DE DIMINUIÇÃO DE PENA

A pena é reduzida de um a dois terços se o agente for primário e não integrar organização criminosa.

### 9.7.7.7. AÇÃO PENAL

A ação penal é sempre pública incondicionada.

## 9.8. DOS CRIMES CONTRA A INVIOLABILIDADE DO DOMICÍLIO

### 9.8.1. VIOLAÇÃO DE DOMICÍLIO

> Violação de domicílio
> **Art.** 150. Entrar ou permanecer, clandestina ou astuciosamente, ou contra a vontade expressa ou tácita de quem de direito, em casa alheia ou em suas dependências:
> Pena - detenção, de um a três meses, ou multa.

#### 9.8.1.1. CONDUTA

O delito consiste em entrar ou permanecer, clandestina ou astuciosamente, ou contra a vontade expressa ou tácita de quem de direito, em casa alheia ou em suas dependências.

× Configura o crime de violação de domicílio o ingresso e a permanência, sem autorização, em gabinete de Delegado de Polícia, embora faça parte de um prédio ou de uma repartição públicos. (STJ, HC 298.763/SC)

#### 9.8.1.2. SUJEITOS DO CRIME

Crime comum, pode ser praticado por qualquer pessoa – até mesmo pelo proprietário do imóvel, se alugada a alguém. O sujeito passivo não é, necessariamente, o proprietário, afinal, como exemplificado, pode ser, inclusive, o inquilino.

#### 9.8.1.3. ELEMENTO SUBJETIVO

É o dolo direto. Não é admitida a modalidade culposa.

### 9.8.1.4. CONSUMAÇÃO

Crime de mera conduta, a consumação ocorre no momento em que o agente adentra na casa de alguém ou nela permanece, quando deveria ter saído. A tentativa é possível no verbo entrar, mas impossível no verbo permanecer – afinal, não há meio-termo entre permanecer e não permanecer.

### 9.8.1.5. QUALIFICADORA

A pena da modalidade simples do crime é de detenção, de um a três meses, ou multa. Na modalidade qualificada, a pena é de detenção, de seis meses a dois anos, além da pena correspondente à violência, quando o crime é cometido durante a noite, ou em lugar ermo, ou com o emprego de violência ou de arma, ou por duas ou mais pessoas.

### 9.8.1.6. EXCLUSÃO DA ILICITUDE

Não constitui crime de invasão de domicílio a entrada ou permanência em casa alheia ou em suas dependências: (a) durante o dia, com observância das formalidades legais, para efetuar prisão ou outra diligência; (b) a qualquer hora do dia ou da noite, quando algum crime está sendo ali praticado ou na iminência de o ser.

### 9.8.1.7. CONCEITO DE CASA

Assegurando maior segurança ao intérprete da norma, o legislador conceituou o que é (ou não é) considerado casa para fins de incidência do artigo 150 do CP, conforme esquema a seguir.

| É casa | Não é casa |
|---|---|
| (1) Qualquer compartimento habitado. (2) Aposento ocupado de habitação coletiva. (3) Compartimento não aberto ao público, onde alguém exerce profissão ou atividade. | (1) Hospedaria, estalagem ou qualquer outra habitação coletiva, enquanto aberta, salvo a restrição do n.º II do parágrafo anterior. (2) Taverna, casa de jogo e outras do mesmo gênero. |

### 9.8.1.8. AÇÃO PENAL

A ação penal é pública incondicionada.

## 9.9. DOS CRIMES CONTRA A INVIOLABILIDADE DOS SEGREDOS

### 9.9.1. INVASÃO DE DISPOSITIVO INFORMÁTICO

| COMO ERA | COMO FICOU |
|---|---|
| Invasão de dispositivo informático<br>Art. 154-A. Invadir dispositivo informático **alheio**, conectado ou não à rede de computadores, **mediante violação indevida de mecanismo de segurança** e com o fim de obter, adulterar ou destruir dados ou informações sem autorização expressa ou tácita do **titular do dispositivo** ou instalar vulnerabilidades para obter vantagem ilícita:<br>Pena - **detenção, de 3 (três) meses a 1 (um) ano**, e multa.<br>§ 2º. Aumenta-se a pena **de um sexto a um terço** se da invasão resulta prejuízo econômico.<br>§ 3º. (...)<br>Pena - reclusão, **de 6 (seis) meses a 2 (dois) anos**, e multa, **se a conduta não constitui crime mais grave**. | Invasão de dispositivo informático<br>Art. 154-A. Invadir dispositivo informático de **uso alheio**, conectado ou não à rede de computadores, com o fim de obter, adulterar ou destruir dados ou informações sem autorização expressa ou tácita do **usuário do dispositivo** ou de instalar vulnerabilidades para obter vantagem ilícita:<br>Pena - **reclusão, de 1 (um) a 4 (quatro) anos**, e multa.<br>§ 2º. Aumenta-se a pena **de 1/3 (um terço) a 2/3 (dois terços)** se da invasão resulta prejuízo econômico.<br>§ 3º. (...)<br>Pena - reclusão, **de 2 (dois) a 5 (cinco) anos**, e multa. |

A Lei nº 14.155/21 tem por objetivo punir com maior rigor a prática de crimes virtuais. Foram promovidas alterações nos artigos 154-A, 155 e 171 do CP e no artigo 70 do CP. No dispositivo em estudo, adicionado pela Lei nº 12.737/12 – *Lei Carolina Dieckmann* -, a nova redação do *caput* afastou algumas amarras que dificultavam a ocorrência do crime. Antes, para que a conduta fosse considerada típica, o invasor tinha de violar indevidamente mecanismo de segurança. A lei não amparava quem decidia por não utilizar senha, *firewall* ou outro meio de proteção do dispositivo. A nova redação deu fim à exigência, bastando a conduta de *invadir* para que se faça presente a tipicidade formal. A pena foi aumentada de forma considerável: antes, crime de menor potencial ofensivo, punido com detenção, passou a ser punido com reclusão, de um a quatro anos.

### 9.9.2. CONDUTA

Invadir dispositivo informático de uso alheio, conectado ou não à rede de computadores, com o fim de obter, adulterar ou destruir dados ou informações sem autorização expressa ou tácita do usuário do dispositivo ou instalar vulnerabilidades para obter vantagem ilícita. Crime de médio potencial ofensivo, é punido com pena de reclusão, de um a quatro anos, e multa. Portanto, compatível com a suspensão condicional do processo (Lei nº 9.099/95, art. 89).

### 9.9.3. BEM JURÍDICO

A liberdade individual em relação à inviolabilidade dos segredos. Não é crime contra o patrimônio, que tem por objetivo a tutela do dispositivo informático, em si.

### 9.9.4. OBJETO MATERIAL

É o dispositivo informático invadido.

### 9.9.5. SUJEITOS DO CRIME

Crime comum, pode ser praticado por qualquer pessoa. A vítima não precisa ser a dona do dispositivo. Basta que seja a usuária do dispositivo.

### 9.9.6. ELEMENTO SUBJETIVO

Crime doloso, demanda um especial fim de agir para que a conduta seja típica (com o fim de obter, adulterar...). É atípica a modalidade culposa.

### 9.9.7. CONSUMAÇÃO E TENTATIVA

Consuma-se no momento em que o dispositivo informático é invadido, ainda que nenhum resultado seja objetivo. A tentativa é possível.

### 9.9.8. AÇÃO PENAL

Em regra, crime de ação penal pública condicionada, que se procede mediante representação. Exceção: se o crime é cometido contra a administração pública direta ou indireta de qualquer dos Poderes da União, Estados, Distrito Federal ou Municípios ou contra empresas concessionárias de serviços públicos, a ação penal é pública incondicionada.

### 9.9.9. FIGURA EQUIPARADA

Também pratica o delito quem produz, oferece, distribui, vende ou difunde dispositivo ou programa de computador com o intuito de permitir a prática de invadir dispositivo informático.

### 9.9.10. CAUSA DE AUMENTO DE PENA

Aumenta-se a pena, de um a dois terços, se da invasão resulta prejuízo econômico. Além disso, a pena de um terço à metade se o crime for praticado contra: (a) Presidente da República, governadores e prefeitos; (b) Presidente do Supremo Tribunal Federal; (c) Presidente da Câmara dos Deputados, do Senado Federal, de Assembleia Legislativa de Estado, da Câmara Legislativa do Distrito Federal ou de Câmara Municipal; ou (d) dirigente máximo da administração direta e indireta federal, estadual, municipal ou do Distrito Federal.

### 9.9.11. QUALIFICADORA

A pena é de reclusão, de dois a cinco anos, e multa, se da invasão resultar a obtenção de conteúdo de comunicações eletrônicas privadas, segredos comerciais ou industriais, informações sigilosas, assim definidas em lei, ou o controle remoto não autorizado do dispositivo invadido. Em razão da elevada pena, é crime de alto potencial ofensivo, não compatível com a suspensão condicional do processo.

### 9.9.12. CAUSA DE AUMENTO DE PENA DA FORMA QUALIFICADA

Na hipótese anterior (forma qualificada), aumenta-se a pena de um a dois terços se houver divulgação, comercialização ou transmissão a terceiro, a qualquer título, dos dados ou informações obtidas.

> Ação penal
> Art. 154-B. Nos crimes definidos no art. 154-A, somente se procede mediante representação, salvo se o crime é cometido contra a administração pública direta ou indireta de qualquer dos Poderes da União, Estados, Distrito Federal ou Municípios ou contra empresas concessionárias de serviços públicos.

### 9.9.12.1. AÇÃO PENAL

Em regra, crime de ação penal pública condicionada, que se procede mediante representação. Exceção: se o crime é cometido contra a administração pública direta ou indireta de qualquer dos Poderes da União, Estados, Distrito Federal ou Municípios ou contra empresas concessionárias de serviços públicos, a ação penal é pública incondicionada.

# 10 DOS CRIMES CONTRA O PATRIMÔNIO

## 10.1. FURTO

> *Art. 155.* [...]
>
> *§ 4º-B. A pena é de reclusão, de 4 (quatro) a 8 (oito) anos, e multa, se o furto mediante fraude é cometido por meio de dispositivo eletrônico ou informático, conectado ou não à rede de computadores, com ou sem a violação de mecanismo de segurança ou a utilização de programa malicioso, ou por qualquer outro meio fraudulento análogo.*
>
> *§ 4º-C. A pena prevista no § 4º-B deste artigo, considerada a relevância do resultado gravoso:*
>
> *I - aumenta-se de 1/3 (um terço) a 2/3 (dois terços), se o crime é praticado mediante a utilização de servidor mantido fora do território nacional;*
>
> *II - aumenta-se de 1/3 (um terço) ao dobro, se o crime é praticado contra idoso ou vulnerável.*

### FURTO MEDIANTE FRAUDE ELETRÔNICA

* Até a entrada em vigor da Lei nº 14.155 (28/5/2021), o *furto eletrônico* era punido com pena de reclusão, de dois a oito anos, e multa (CP, art. 155, § 4º, II).
* Após a entrada em vigor da nova lei, a pena passou a ser de reclusão, de quatro a oito anos, e multa (CP, art. 155, § 4º-B). Por se tratar de *novatio legis in pejus*, não pode retroagir para alcançar fatos anteriores à vigência da Lei nº 14.155.
* A qualificadora não é compatível com o acordo de não persecução penal (CPP, art. 28-A), tampouco com a suspensão condicional do processo (Lei nº 9.099/95, art. 89).
* É prescindível a violação de mecanismo de segurança para a incidência da qualificadora.
* A pena é aumentada de um terço a dois terços, se o crime for praticado mediante a utilização de servidor mantido fora do território nacional (ex.: *VPN*).
* A pena é aumentada de um terço ao dobro, se o crime for praticado contra idoso ou vulnerável.

## ✕ Furto eletrônico

O § 4º-B não existia antes da entrada em vigor da Lei nº 14.155. Até então, no furto praticado mediante fraude, era aplicada indistintamente a qualificadora do § 4º, II, do artigo 155 do CP. A partir da *novatio legis*, caso a conduta seja praticada por meio de dispositivo eletrônico ou informático, deverá ser reconhecida a nova qualificadora. A pena é de reclusão, de quatro a oito anos, fazendo com que a qualificadora não seja compatível com os institutos de não aplicação de pena existentes – nem mesmo o acordo de não persecução penal.

Para que possa ser reconhecida a modalidade qualificada do delito, tem de estar presentes as seguintes características:

(a) O criminoso tem de usar meio fraudulento para a prática da conduta. Fraude é o artifício ou ardil utilizado para afastar a vigilância sobre a coisa a ser subtraída, viabilizando, dessa forma, a subtração (ex.: *software* malicioso);

(b) A conduta deve ser praticada por meio de dispositivo eletrônico ou informático (ex.: *chupa-cabra*).

> **ATENÇÃO!**
>
> *O furto mediante fraude não se confunde com o estelionato. A distinção se faz primordialmente com a análise do elemento comum da fraude que, no furto, é utilizada pelo agente com o fim de burlar a vigilância da vítima que, desatenta, tem seu bem subtraído, sem que se aperceba; no estelionato, a fraude é usada como meio de obter o consentimento da vítima que, iludida, entrega voluntariamente o bem ao agente. Hipótese em o que o Acusado se utilizou de equipamento coletor de dados, popularmente conhecido como "chupa-cabra", para copiar os dados bancários relativos aos cartões que fossem inseridos no caixa eletrônico bancário. De posse dos dados obtidos, foi emitido cartão falsificado, posteriormente utilizado para a realização de saques fraudulentos. No caso, o agente se valeu de fraude clonagem do cartão para retirar indevidamente valores pertencentes ao titular da conta bancária, o que ocorreu, por certo, sem o consentimento da vítima, o Banco. A fraude, de fato, foi usada para burlar o sistema de proteção e de vigilância do Banco sobre os valores mantidos sob sua guarda, configurando o delito de furto qualificado* (STJ, REsp 1.412.971/PE).

## ✕ Causas de aumento de pena

De acordo com o § 4º-C, I, a pena é aumentada, de um a dois terços, se o crime for praticado *mediante a utilização de servidor mantido fora do território nacional*. A majorante foi criada em razão da dificuldade em identificar a autoria do crime e recuperar a *res furtiva* quando praticada a conduta por meio de servidor localizado fora do território brasileiro. No entanto, faço algumas observações:

(a) Não é necessário que o agente esteja fora do território nacional para que a majorante seja reconhecida. Basta que tenha feito uso de servidor localizado fora do Brasil, com o intuito de dificultar a sua identificação ou o lugar onde estiver. Exemplo: o uso de *VPN*.

(b) É importante que se tenha em mente o porquê de a majorante existir: além de poder representar ameaça à soberania nacional, há maior dificuldade na identificação e eventual responsabilização penal dos envolvidos quando praticado o crime mediante servidor mantido fora do território brasileiro. Faço a ressalva porque, seja qual for a operação realizada na internet, ocorrerá, em algum momento, o uso de servidor mantido no exterior. Portanto, deve incidir a causa de aumento de pena quando o agente utilizar servidor localizado fora do Brasil com o objetivo de mascarar seus verdadeiros dados.

No inciso II, a pena é aumentada quando praticado o delito contra idoso ou vulnerável. O conceito de idoso pode ser extraído do artigo 1º da Lei nº 10.741/03: é a pessoa com idade igual ou superior a sessenta anos. Quanto à pessoa vulnerável, a melhor definição parece ser a do artigo 217-A, *caput* e § 1º, do CP:

a. a pessoa menor de 14 anos;

b. a pessoa que, em razão de enfermidade ou deficiência mental, não tem o necessário discernimento para a prática de determinados atos.

× **Critério para definir o *quantum* de aumento**

No inciso I, o aumento é de um a dois terços; no inciso II, de um terço ao dobro. No *caput*, o dispositivo estabelece que a variação será resolvida pela relevância do resultado gravoso, ou seja, ao definir pela fração mínima ou máxima, o julgador terá de considerar o impacto gerado pelo crime. Logo, se o prejuízo patrimonial suportado pela vítima idosa for elevado, o magistrado terá, em tese, justificativa para fazer incidir o aumento máximo (dobro).

× **Responsabilidade subjetiva**

Para a incidência da majorante do § 4º-C, o agente deve ter ciência de que está praticando o delito contra vítima idosa ou vulnerável ou mediante a utilização de servidor mantido fora do território nacional, afinal, não é admitida a responsabilidade penal objetiva.

## 10.2. ESTELIONATO

× Fraude eletrônica

A Lei nº 14.155 criou a *fraude eletrônica*, forma qualificada do crime de estelionato. A conduta consiste em utilizar, no emprego da fraude, informações fornecidas pela vítima ou por terceiro induzido a erro por meio de redes sociais, contatos telefônicos ou envio de correio eletrônico fraudulento, ou por qualquer outro meio fraudulento análogo. A qualificadora não é aplicável pela mera prática do estelionato em ambiente virtual, mas pelo uso de informações obtidas pelos meios descritos no § 2º-A.

Para melhor compreender, imagine o seguinte exemplo. Certo dia, ao verificar minha caixa de entrada, encontro um *e-mail* supostamente enviado pelo banco onde tenho conta, com pedido de atualização dos meus dados cadastrais. Sem saber que se trata de um golpe, envio meus dados, como solicitado, e criminosos os utilizam para a prática do estelionato, na forma do § 2º-A do artigo 171 do CP, a denominada *fraude eletrônica*.

× Fraude eletrônica e furto eletrônico

Não é de hoje a confusão entre os crimes de furto mediante fraude e estelionato (CP, art. 155, § 4º, II, e art. 171, respectivamente). Embora haja emprego de fraude em ambas as condutas, os verbos nucleares são diversos. No furto, o criminoso *subtrai* a coisa, tomando-a de quem a detém. No estelionato, ele a obtém ao induzir a vítima a erro.

| FURTO MEDIANTE FRAUDE | ESTELIONATO |
| --- | --- |
| A fraude é qualificadora do crime. | A fraude é elementar do crime. |
| A fraude é empregada antes ou durante a subtração, e tem por objetivo diminuir a vigilância sobre a coisa a ser furtada. | A fraude antecede a conduta, e tem por objetivo induzir a vítima ou terceiro em erro, fazendo com que ela entregue a vantagem ao criminoso. |
| Exemplo: o furto de energia elétrica por meio de *gato*, quando o sujeito conecta o fio diretamente à rede de distribuição, desviando a energia. | Exemplo: a alteração do sistema de medição, mediante fraude, para que aponte resultado menor do que o real consumo de energia elétrica. |
| Distinção: no furto, a coisa é tomada pelo criminoso, e não entregue. | Distinção: no estelionato, a coisa é entregue ao criminoso. |

Com a entrada em vigor da Lei nº 14.155, a criação de duas novas figuras pode confundir ainda mais. Além do furto mediante fraude (CP, art. 171, § 4º, II) e do estelionato (CP, art. 171, *caput*), temos o furto mediante fraude por dispositivo eletrônico ou informático (CP, art. 155, § 4º-B) e a fraude eletrônica (CP, art. 171, § 2º-A). Para não confundir todos esses delitos, veja o quadro a seguir.

| | |
| --- | --- |
| **FURTO MEDIANTE FRAUDE** | - Antes da Lei nº 14.155, era assim tipificada a conduta de subtrair por meio de fraude empregada por dispositivo eletrônico ou informático.<br>- A qualificadora continua a existir, e deve ser adotada quando o criminoso utiliza meio fraudulento para reduzir a vigilância sobre a coisa a ser subtraída. |
| **FURTO ELETRÔNICO** | - É forma de furto mediante emprego de fraude, quando a conduta é praticada por meio de dispositivo eletrônico ou informático ou qualquer outro meio fraudulento análogo. |
| **ESTELIONATO** | - O criminoso obtém a vantagem por ato voluntário da vítima. Não há subtração. No entanto, a vítima entrega a coisa em razão de falsa percepção da realidade. Ela não age com base em uma fantasia, em uma realidade que não existe. |
| **FRAUDE ELETRÔNICA** | - Há emprego de fraude, como no estelionato, do *caput* do artigo 171 do CP. A diferença reside no fato de que a fraude é composta por informações obtidas na forma descrita no § 2º-A do artigo 171. |

× **Aumento de pena**

A pena deve ser aumentada, considerada a relevância do resultado gravoso, de um a dois terços, se o crime for praticado mediante a utilização de servidor mantido fora do território nacional. A majorante é justificada pela maior dificuldade para identificar a autoria e reparar o dano causado pela conduta.

## × Estelionato contra idoso ou vulnerável

> *Estelionato contra idoso ou vulnerável*
> *§ 4°. A pena aumenta-se de 1/3 (um terço) ao dobro, se o crime é cometido contra idoso ou vulnerável, considerada a relevância do resultado gravoso.*

O § 4° do artigo 171 descreve causa de aumento de pena, aplicável quando praticado o estelionato contra idoso ou vulnerável. De acordo com o dispositivo, a pena deve ser aumentada, de um terço ao dobro, se o crime for praticado contra idoso ou vulnerável, considerada a relevância do resultado gravoso. Embora a redação seja autoexplicativa, alguns pontos devem ser destacados:

× A majorante já existia, mas tratava apenas da vítima idosa. Em relação ao vulnerável, por se tratar de *novatio legis* incriminadora, não pode retroagir a fatos anteriores à Lei n° 14.155;

× Em relação ao idoso, a nova redação do § 4° é mais benéfica. Isso porque, antes da alteração, a pena tinha de ser aumentada, necessariamente, ao dobro, sem variação. Agora, a redação fala em aumento de um terço ao dobro;

× Idoso é a pessoa com idade igual ou superior a sessenta anos (Lei n° 10.741/03, art. 1°);

× Embora a lei não especifique, o conceito de vulnerável deve ser extraído do artigo 217-A do CP, que tipifica o estupro de vulnerável.

× O *quantum* de aumento deve ser calculado com base na relevância do resultado gravoso;

× Para a incidência da majorante, o criminoso tem de conhecer a condição de idosa ou vulnerável da vítima.

## × Competência

> *Art. 2° O art. 70 do Decreto-Lei n° 3.689, de 3 de outubro de 1941 (Código de Processo Penal), passa a vigorar acrescido do seguinte § 4°:*
> *Art. 70. (...)*
> *§ 4°. Nos crimes previstos no art. 171 do Decreto-Lei n° 2.848, de 7 de dezembro de 1940 (Código Penal), quando praticados mediante depósito, mediante emissão de cheques sem suficiente provisão de fundos em poder do sacado ou com o pagamento frustrado ou mediante transferência de valores, a competência será definida pelo local do domicílio da vítima, e, em caso de pluralidade de vítimas, a competência firmar-se-á pela prevenção.*

Até a entrada em vigor da Lei n° 14.155, a competência para processar e julgar o estelionato mediante emissão de cheque sem suficiente provisão de fundos era estabelecida na forma da Súmula 521 do STF – e da Súmula 244 do STJ -, que assim dispõe:

*O foro competente para o processo e julgamento dos crimes de estelionato, sob a modalidade da emissão dolosa de cheque sem provisão de fundos, é o do local onde se deu a recusa do pagamento pelo sacado.*

De acordo com o enunciado, a competência era fixada pelo local de recusa do pagamento do sacado. Ou seja, no lugar onde se situa a agência bancária da conta vinculada ao cheque emitido. Essa regra trazia problemas quando praticado o delito em lugar diverso do local da recusa, pois dificultava a formação probatória. Agora, a competência deve ser definida pelo local do domicílio da vítima e, em caso de pluralidade de vítimas, pela prevenção (CPP, art. 83).

× **Vigência**

*Art. 3º. Esta Lei entra em vigor na data de sua publicação.*

A Lei nº 14.155 entrou em vigor no dia 28 de maio de 2021, data em que foi publicada. Não houve período de *vacatio legis*.

× **Resumo**

| COMO ERA | COMO FICOU |
|---|---|
| **FURTO (CP, ART. 155)** | |
| O furto praticado mediante fraude, consistente no emprego de dispositivo informático ou eletrônico, estava tipificado no artigo 155, § 4º, II, do CP, qualificadora do delito punida com pena de reclusão, de dois a oito anos, e multa. | A fraude por meio de dispositivo informático ou eletrônico é tratada, agora, em dispositivo próprio, no § 4º-B do artigo 155 do CP. A pena é de reclusão, quatro a oito anos, e multa, se o furto mediante fraude é cometido por meio de dispositivo eletrônico ou informático, conectado ou não à rede de computadores, com ou sem a violação de mecanismo de segurança ou a utilização de programa malicioso, ou por qualquer outro meio fraudulento análogo.<br>× Não retroage. |
| Sem correspondente. | A pena do furto mediante fraude por dispositivo eletrônico ou informático é aumentada, de um a dois terços, se o crime for praticado mediante a utilização de servidor mantido fora do território nacional. Além disso, a pena é aumentada, de um terço ao dobro, se praticado o delito contra idoso ou vulnerável. Para calcular o quanto a pena será aumentada, o magistrado tem de levar em consideração a relevância do resultado gravoso.<br>× Não retroage. |
| **ESTELIONATO (CP, ART. 171)** | |

| COMO ERA | COMO FICOU |
|---|---|
| A fraude eletrônica era tipificada como estelionato, na forma do *caput* do artigo 171 do CP, punido com pena de reclusão, de um a cinco anos, e multa. | Foi criada a fraude eletrônica, forma qualificada do estelionato. A pena é de reclusão, de quatro a oito anos, e multa, se a fraude for cometida com a utilização de informações fornecidas pela vítima ou por terceiro induzido a erro por meio de redes sociais, contatos telefônicos ou envio de correio eletrônico fraudulento, ou por qualquer outro meio fraudulento análogo.<br><br>✖ Não retroage. |
| Sem correspondente. | A pena da fraude eletrônica, considerada a relevância do resultado gravoso, aumenta-se de um a dois terços, se o crime for praticado mediante a utilização de servidor mantido fora do território nacional.<br><br>✖ Não retroage. |
| A pena era aplicada em dobro se o estelionato fosse praticado contra idoso. | Pela nova redação, a pena deve ser aumentada, de um terço ao dobro, se o crime for cometido contra idoso ou vulnerável, considerada a relevância do resultado gravoso.<br><br>✖ Pode retroagir em relação à vítima idosa. |
| No crime de estelionato praticado mediante a emissão de cheque sem provisão de fundos, a competência era fixada com base no local onde se deu a recusa do pagamento pelo sacado. | No estelionato, quando praticado mediante depósito, mediante emissão de cheques sem suficiente provisão de fundos em poder do sacado ou com o pagamento frustrado ou mediante transferência de valores, a competência será definida pelo local do domicílio da vítima, e, em caso de pluralidade de vítimas, a competência firmar-se-á pela prevenção.<br><br>✖ Por se tratar de norma processual, tem aplicação imediata *(tempus regit actum)*. |

# CRIMES CONTRA O PATRIMÔNIO

## 11.1. DO FURTO

### 11.1.1. FURTO (CP, ART. 155)

> *Furto*
>
> *Art. 155. Subtrair, para si ou para outrem, coisa alheia móvel:*
>
> *Pena - reclusão, de um a quatro anos, e multa.*
>
> *§ 1º. A pena aumenta-se de um terço, se o crime é praticado durante o repouso noturno.*
>
> *§ 2º. Se o criminoso é primário, e é de pequeno valor a coisa furtada, o juiz pode substituir a pena de reclusão pela de detenção, diminuí-la de um a dois terços, ou aplicar somente a pena de multa.*
>
> *§ 3º. Equipara-se à coisa móvel a energia elétrica ou qualquer outra que tenha valor econômico.*
>
> *Furto qualificado*
>
> *§ 4º. A pena é de reclusão de dois a oito anos, e multa, se o crime é cometido:*
>
> *I - com destruição ou rompimento de obstáculo à subtração da coisa;*
>
> *II - com abuso de confiança, ou mediante fraude, escalada ou destreza;*
>
> *III - com emprego de chave falsa;*
>
> *IV - mediante concurso de duas ou mais pessoas.*
>
> *§ 4º-A. A pena é de reclusão de 4 (quatro) a 10 (dez) anos e multa, se houver emprego de explosivo ou de artefato análogo que cause perigo comum.*
>
> *§ 4º-B. A pena é de reclusão, de 4 (quatro) a 8 (oito) anos, e multa, se o furto mediante fraude é cometido por meio de dispositivo eletrônico ou informático, conectado ou não à rede de computadores, com ou sem a violação de mecanismo de segurança ou a utilização de programa malicioso, ou por qualquer outro meio fraudulento análogo.*
>
> *§ 4º-C. A pena prevista no § 4º-B deste artigo, considerada a relevância do resultado gravoso:*

*I - aumenta-se de 1/3 (um terço) a 2/3 (dois terços), se o crime é praticado mediante a utilização de servidor mantido fora do território nacional;*

*II - aumenta-se de 1/3 (um terço) ao dobro, se o crime é praticado contra idoso ou vulnerável.*

*§ 5º. A pena é de reclusão de três a oito anos, se a subtração for de veículo automotor que venha a ser transportado para outro Estado ou para o exterior.*

*§ 6º. A pena é de reclusão de 2 (dois) a 5 (cinco) anos se a subtração for de semovente domesticável de produção, ainda que abatido ou dividido em partes no local da subtração.*

*§ 7º. A pena é de reclusão de 4 (quatro) a 10 (dez) anos e multa, se a subtração for de substâncias explosivas ou de acessórios que, conjunta ou isoladamente, possibilitem sua fabricação, montagem ou emprego.*

### II.I.I. CONDUTA

O furto consiste em *subtrair*, tomar algo de alguém - mesmo verbo nuclear do roubo (CP, art. 157). No entanto, os delitos não se confundem, pois no roubo há emprego de violência ou grave ameaça. A pena é de reclusão, de um a quatro anos, e multa, compatível com a suspensão condicional do processo (Lei nº 9.099/95, art. 89), embora não se trate de crime de menor potencial ofensivo (Lei nº 9.099/95, art. 61).

### ATENÇÃO!

A violência que distingue o furto do roubo é aquela empregada contra a pessoa. Não deixa de ser furto se o emprego de violência for contra coisa. Caso contrário, praticaria roubo, e não furto, quem emprega explosivo para arrombar um *caixa-eletrônico* (CP, art. 155, § 4º-A).

× **A importância do verbo nuclear**

Em provas, as bancas pedem com frequência a distinção do furto em relação a outros crimes contra o patrimônio. Para não errar, dê especial atenção ao verbo utilizado no enunciado da questão. Entenda:

(a) No furto, no furto de coisa comum e no roubo (arts. 155, 156 e 157), o agente *subtrai*, toma a coisa da vítima contra a sua vontade. É o meio utilizado pelo criminoso para obter a vantagem indevida;

(b) Na apropriação indébita (art. 168), como o próprio nome transparece, o agente se *apropria* da coisa. Ou seja, ao tê-la de legitimamente em seu poder, decide dela se tornar dono (ex.: após pegar algo emprestado, decide não devolver).

(c) No estelionato (art. 171), o agente *obtém* a coisa. A vítima a entrega ao criminoso porque quer, mas há um problema: ele a induziu em erro. Portanto, embora a vítima pareça ter agido voluntariamente, o seu *querer* foi viciado (ex.: enviar *e-mail* falso, fazendo se passar por empresa de comércio *online*, para obter informações da vítima).

### II.I.I.2. BEM JURÍDICO

O artigo 155 do CP tutela o patrimônio, tanto em relação à propriedade quanto à posse legítima.

### II.I.I.3. OBJETO MATERIAL

É a coisa alheia móvel.

#### × Coisa alheia

O verbo *subtrair* significa tirar algo de alguém. Portanto, não posso *subtrair* algo que a mim pertence. Para reforçar essa conclusão, o *caput* do artigo 155 diz, expressamente, que o objeto material do crime de furto é a coisa *alheia* móvel, aquela pertencente a pessoa diversa de quem toma a coisa para si. Até aqui, nada além do óbvio. No entanto, há alguns pontos que me preocupam em relação ao assunto. Fique atento(a):

(1) O artigo 156 do CP tipifica o denominado *furto de coisa comum*, em que a conduta é praticada por condômino, coerdeiro ou sócio em detrimento dos seus pares – os demais condôminos, coerdeiros ou sócios. Ou seja, no furto de coisa comum, a coisa é parcialmente alheia, o que não acontece no furto, em que a coisa é *integralmente* alheia.

(2) Não há furto quando a coisa não tem dono (*res nullius*) ou está abandonada (*res derelicta*). Portanto, se encontro algo no lixo, posso dela em apropriar.

(3) Em relação à coisa perdida (*res desperdicta*), se dela me aproprio, pratico o crime de apropriação de coisa achada, do artigo 169, II, do CP. Contudo, cuidado: coisa perdida é aquela cujo dono é desconhecido. Se observo o momento em que alguém esquece um objeto e, logo depois, o subtraio, fica caracterizado o crime de furto.

(4) Não é possível o furto de coisas de uso comum (*res communes ominium*), aquelas pertencentes a todos – a água do oceano, por exemplo. Entretanto, se destacadas do lugar de origem e exploradas por alguém, pode ficar caracterizado o delito (ex.: exploração de gás natural).

### × Coisa móvel

Se, em relação ao conceito de *coisa alheia*, não há o que discutir, o conceito de *coisa móvel* não é tão simples. Veja, por exemplo, o artigo 81 do Código Civil, que estabelece hipóteses em que coisas são consideradas imóveis em razão de expressa previsão legal, embora possível transferi-las de um lugar para outro:

> *Art. 81. Não perdem o caráter de imóveis:*
> *I - as edificações que, separadas do solo, mas conservando a sua unidade, forem removidas para outro local;*
> *II - os materiais provisoriamente separados de um prédio, para nele se reempregarem.*

Para o crime de furto, pouco importa o artigo 81 do CC. Se for possível retirar de um lugar e levar para outro, a coisa pode ser furtada. Exemplo: recentemente, na China, um prédio de cinco andares, com sete mil toneladas, foi transferido de um endereço para outro. A operação durou dezoito dias. Imagine que, na noite do primeiro dia, Tício decide furtar o edifício, enquanto posicionado sobre os trilhos deslizantes que viabilizaram o transporte da enorme construção. Ele será responsabilizado por furto? Sim, sem dúvida, afinal, a coisa é alheia e móvel.

E a energia elétrica, é possível furtá-la? Sim, afinal, o artigo 155, § 3º, do CP, norma penal explicativa, afirma que, para o reconhecimento da prática do delito, *equipara-se à coisa móvel a energia elétrica*. Contudo, o dispositivo também fala em *qualquer outra* energia, além da elétrica, desde que tenha *valor econômico*. Dentre as várias energias existentes, questão polêmica diz respeito à captação clandestina de sinal de televisão fechada (ex.: SKY). Haveria furto? A solução foi dada pelo STF:

> *1. A jurisprudência do Superior Tribunal de Justiça se inclinava no sentido de que o furto de sinal de televisão por assinatura se enquadraria na figura típica do art. 155, § 3.º, do Código Penal. 2. O Supremo Tribunal Federal, no julgamento do HC n.º 97.261/RS, entendeu que o sinal de televisão não se equipararia à energia elétrica, bem assim que não haveria subtração na hipótese de captação indevida de sinal, motivo pelo qual a conduta não se amoldaria ao crime do art. 155, § 3.º, do Código Penal. Asseverou também que a ausência de previsão de sanção no art. 35 da Lei n.º 8.977/1995, que*

*definiu a captação clandestina de sinal como ilícito penal, somente poderia ser suprida por outra lei, não podendo ser utilizado o preceito secundário de outro tipo penal, sob pena de haver indevida analogia in malam partem. Precedente da Sexta Turma desta Corte Superior.* (STJ, REsp 1.838.056/RJ)

> **ATENÇÃO!**
>
> Ocorre furto de energia elétrica na hipótese do *gato*, quando ocorre o desvio da energia elétrica. Exemplo: conectar um cabo diretamente à rede elétrica, sem que passe pelo medidor de consumo. Situação diversa ocorre quando o medidor (*relógio*) é modificado para calcular, a menor, o consumo de energia elétrica, hipótese em que o crime será o de estelionato, pois houve emprego de fraude para a obtenção da energia.

### II.I.I.4. PRINCÍPIO DA INSIGNIFICÂNCIA

Há algum tempo, um caso tomou as redes sociais: uma ação penal proposta em razão do furto de duas galinhas havia chegado ao STF. Todos muito revoltados, afinal, no país em que corruptos ficam impunes, o *ladrão de galinha* seria julgado pela Corte Suprema. Embora compreenda o sentimento geral em relação a esse caso, é preciso ter cuidado, pois o valor econômico da coisa não é o único critério a ser observado ao se reconhecer o princípio da insignificância. Veja os seguintes exemplos:

(1) João tenta, há meses, encontrar um emprego. Sem saber como pagar o aluguel do mês, furtou algumas galinhas de um grande criador de galináceos, no total de cento reais (menos de dez por cento do salário-mínimo atual).

(2) João tenta, há meses, encontrar um emprego. Sem saber como pagar o aluguel do mês, furtou algumas galinhas de Francisco, homem de poucas posses, que sustenta sua família com o valor obtido com a venda dos animais. As aves subtraídas equivalem a um total de cem reais (menos de dez por cento do salário-mínimo atual).

Com base nas situações propostas, é possível entender o que direi. Dois furtos em que a *res furtiva* corresponde a um mesmo valor. No entanto, no primeiro, o bem jurídico tutelado (patrimônio) não sofreu danos relevantes, o que não pode ser dito em relação ao outro, em que as galinhas representam fração importante do conjunto de bens da vítima. Ou seja, nem sempre um furto de galinhas será irrelevante.

Tendo isso em mente, os Tribunais Superiores fixaram os seguintes *vetores* que devem ser observados para que seja possível o reconhecimento da insignificância:

(a) a mínima ofensividade da conduta do agente,

(b) a nenhuma periculosidade social da ação,

(c) o reduzidíssimo grau de reprovabilidade do comportamento e

(d) a inexpressividade da lesão jurídica provocada.

Portanto, o princípio da insignificância ou da bagatela não se resume ao valor do objeto material. Devem estar presentes os parâmetros ou *vetores*. Para concursos públicos, tente memorizá-los, pois são cobrados com frequência. Não se preocupe em saber distingui-los. Reconhecida a insignificância, a conduta deve ser considerada atípica – falta-lhe tipicidade material.

> *A jurisprudência desta Quinta Turma reconhece que o princípio da insignificância não tem aplicabilidade em casos de reiteração da conduta delitiva, salvo excepcionalmente, quando as instâncias ordinárias entenderem ser tal medida recomendável diante das circunstâncias concretas. Na hipótese, tendo em vista o valor da res furtivae, avaliada em R$ 107,67, portanto, superior a 10% do salário-mínimo à época do fato, em 2019, que correspondia a R$ 998,00, resta superado o critério adotado pela jurisprudência e, ausente, pois, o requisito da inexpressividade da lesão ao bem jurídico. Tais circunstâncias, decerto, obstam o reconhecimento da atipicidade material.* (STJ, AgRg no HC 626.351/SC)

**ATENÇÃO!**

Há incontáveis julgados - do STJ, principalmente - sobre quais crimes são ou não compatíveis com o princípio da insignificância. Para provas CESPE/CEBRASPE, é importante conhecer as principais hipóteses (ex.: descaminho, contrabando, tráfico de drogas etc.). Acesse o *site* do STJ e procure por *insignificância* no campo de busca por informativos.

× **Furto famélico**

Ocorre o furto famélico quando a subtração é de alimentos e a conduta é praticada por quem, com fome, em situação de extrema penúria, não vê alternativa para se manter vivo. É o que acontece quando um pai subtrai algumas salsichas para ter o que dar aos filhos famintos. Caso caia em sua prova hipótese semelhante, será questionado se deve ser reconhecida a insignificância. Diga que não. É *pegadinha*. Em vez do princípio da bagatela, diga que deve ser reconhecido o estado de necessidade (CP, art. 24), causa de exclusão da ilicitude.

**SUJEITOS DO CRIME**

Crime comum, pode ser praticado por qualquer pessoa, exceto, é claro, o proprietário da coisa. Se o criminoso for pessoa de confiança da vítima, e tirar proveito para a prática do delito, deve ser reconhecida a qualificadora do *abuso de confiança* (CP, art. 155, § 4º, II). Além disso, se a subtração for praticada por funcionário público, *valendo-se de facilidade que lhe proporciona a qualidade de funcionário*, o crime será o de *peculato-furto* (CP, art. 312, § 1º).

O sujeito passivo deve ser o proprietário ou possuidor da coisa alheia móvel, pessoa física ou jurídica. O mero detentor da coisa não pode ser considerado sujeito passivo do delito. É irrelevante a identificação da vítima para que o agente seja responsabilizado pelo furto praticado. Portanto, comprovado ter havido o furto, o ladrão será por ele punido, ainda que nunca se descubra de quem é a coisa subtraída.

> **ATENÇÃO!**
>
> Os artigos 181, 182 e 183 do CP são campeões em concursos públicos. Sempre são cobrados, seja qual for o cargo em disputa. Segundo o artigo 181, é isento de pena quem comete qualquer dos crimes contra o patrimônio em prejuízo: (a) do cônjuge, na constância da sociedade conjugal; (b) de ascendente ou descendente, seja o parentesco legítimo ou ilegítimo, seja civil ou natural. Entretanto, deve ser afastada a incidência do dispositivo quando: (1) houver emprego de violência ou grave ameaça [ex.: roubo]; (2) se tratar de pessoa que não se encaixe nas hipóteses do artigo 181; (3) a vítima é pessoa com sessenta anos ou mais.

II.I.I.6. **ELEMENTO SUBJETIVO**

É o dolo (*animus furandi*), acrescido de um especial fim de agir (*para si ou para outrem*). Não é típica a modalidade culposa.

× **Erro de tipo essencial**

O fato de ser crime doloso tem impacto direto no erro de tipo essencial ou *erro sobre elemento constitutivo do tipo legal* (expressão adotada pelo CP), pois o agente deve ser punido a título de culpa quando se tratar de erro evitável ou inescusável (CP, art. 20, *caput*). Para melhor compreender o tema, veja o esquema a seguir.

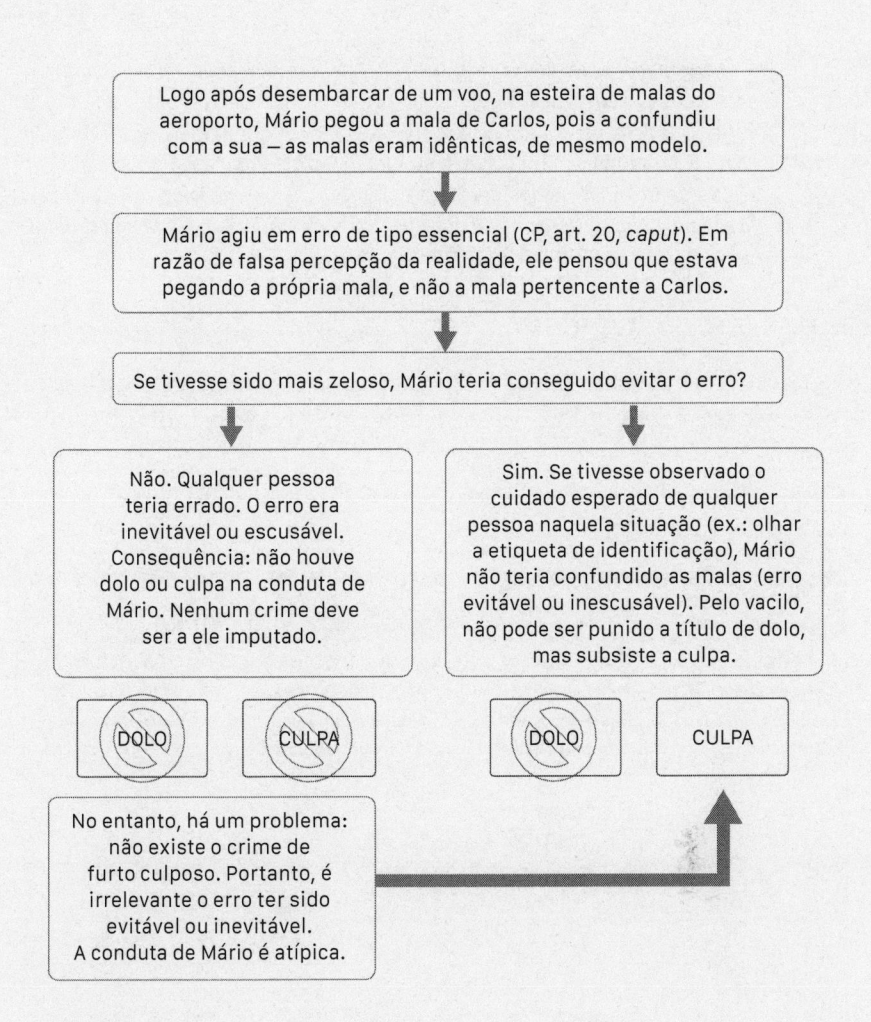

Logo após desembarcar de um voo, na esteira de malas do aeroporto, Mário pegou a mala de Carlos, pois a confundiu com a sua — as malas eram idênticas, de mesmo modelo.

Mário agiu em erro de tipo essencial (CP, art. 20, *caput*). Em razão de falsa percepção da realidade, ele pensou que estava pegando a própria mala, e não a mala pertencente a Carlos.

Se tivesse sido mais zeloso, Mário teria conseguido evitar o erro?

Não. Qualquer pessoa teria errado. O erro era inevitável ou escusável. Consequência: não houve dolo ou culpa na conduta de Mário. Nenhum crime deve ser a ele imputado.

Sim. Se tivesse observado o cuidado esperado de qualquer pessoa naquela situação (ex.: olhar a etiqueta de identificação), Mário não teria confundido as malas (erro evitável ou inescusável). Pelo vacilo, não pode ser punido a título de dolo, mas subsiste a culpa.

DOLO   CULPA   DOLO   CULPA

No entanto, há um problema: não existe o crime de furto culposo. Portanto, é irrelevante o erro ter sido evitável ou inevitável. A conduta de Mário é atípica.

× Furto de uso

Imagine a seguinte situação: Mariana estava na faculdade e, no intervalo entre as aulas, decidiu ir caminhando até sua casa, localizada a pouco mais de um quilômetro de distância. Ao sair do prédio, ela percebeu que havia uma bicicleta – provavelmente, de algum aluno – sem cadeado ou qualquer proteção. Sem pensar duas vezes, montou na bicicleta, foi até em casa e, por fim, retornou à faculdade, quando devolveu a bicicleta ao lugar onde a havia encontrado, sem qualquer dano. No exemplo, Mariana deve ser punida pelo crime de furto? Não, pois ausente o *animus rem sibi habendi* em sua conduta. Ou seja, não houve, em momento algum, a vontade de se tornar dona da coisa, mas apenas de utilizá-la momentaneamente – o denominado *furto de uso*.

*1. O chamado furto de uso se caracteriza pela ausência de ânimo de permanecer na posse do bem subtraído, que se demonstra com a rápida, voluntária e integral restituição da coisa, antes que a vítima perceba a subtração do bem. 2. De acordo com os autos, não há elementos que apontem para a ausência de intenção de apossamento definitivo do bem por parte do acusado, razão pela qual a condenação por furto foi mantida pelo Colegiado estadual.* (STJ, AgRg no AREsp 1.175.880/PE)

## II.I.I.7. CONSUMAÇÃO E TENTATIVA

O furto é crime material, que depende de resultado naturalístico para que se consume. Contudo, definir o momento da efetiva subtração não é tarefa das mais simples. Basta que o ladrão tenha contato físico com a coisa? É necessária a posse mansa e pacífica? Há cinco principais teorias a respeito. Entenda:

| CONCRETATIO | AMOTIO / APPREHENSIO | ABLATIO | ILATIO |
|---|---|---|---|
| A consumação se dá pelo simples contato entre o agente e a coisa alheia. Se tocou, já consumou. | A consumação ocorre com a inversão da posse, tornando-se o agente efetivo possuidor da coisa, ainda que não seja de forma mansa e pacífica, sendo prescindível que o objeto subtraído saia da esfera de vigilância da vítima ou que seja devolvido pouco tempo depois. | A consumação se dá quando a coisa, além de apreendida, é transportada de um lugar para outro. | A consumação se dá quando a coisa é transportada ao local desejado pelo agente para tê-la a salvo. |

Teoria adotada pela jurisprudência.

Para os Tribunais Superiores, o momento consumativo do crime de furto (e também de roubo) se dá pela *teoria da amotio*, segundo a qual a consumação ocorre no momento da inversão da posse, tornando-se o agente efetivo possuidor da coisa, ainda que não seja de forma mansa e pacífica, sendo prescindível que o objeto subtraído saia da esfera de vigilância da vítima ou que seja devolvido pouco tempo depois. A tentativa é possível. Cuidado: em alguns manuais, é feita a distinção entre as teorias da *amotio* e da *apprehensio*. O STJ, no entanto, utiliza as expressões como sinônimas.

*É firme o entendimento nesta Corte Superior de que, em face da adoção da teoria da "apprehensio" (ou "amotio"), considera-se consumado o delito de furto quando, cessada a clandestinidade, o agente detenha a posse de fato sobre o bem, ainda que seja possível à vitima retomá-lo, por ato seu ou de terceiro, em virtude de perseguição imediata.* (STJ, REsp 1.524.450/RJ)

## × Crime impossível

Imagine que, enquanto furta pequenos objetos de uma loja, Antônio é observado por vigilantes por meio de câmeras de segurança, que aguardam o melhor momento para surpreendê-lo com a *res furtiva*. No exemplo, houve crime impossível (CP, art. 17)? Para o STJ, não. O tema é objeto da Súmula 567 da Corte Superior.

> **Súmula 567-STJ:** *Sistema de vigilância realizado por monitoramento eletrônico ou por existência de segurança no interior de estabelecimento comercial, por si só, não torna impossível a configuração do crime de furto.*

### II.I.I.8. AÇÃO PENAL

O furto é crime de ação penal pública incondicionada, exceto nas hipóteses do artigo 182 do CP.

### II.I.I.9. CAUSA DE AUMENTO DE PENA

A pena do furto é aumentada de um terço se o crime for praticado durante o repouso noturno. Pune-se com maior rigor o criminoso por tirar vantagem do momento em que as pessoas não podem vigiar seus bens como o fazem durante o dia, afinal, estão dormindo. Para a incidência da causa de aumento, temos de definir qual período do dia corresponde ao período noturno. De 20h às 6h? De 22h às 5h? No momento em que o sol se põe? Não existe uma resposta objetiva para a pergunta, que demanda juízo de valor, devendo ser avaliada caso a caso. Isso porque o repouso noturno não é igual para todos os lugares – basta comparar o período de repouso entre as zonas urbana e rural. Por isso, as bancas não podem exigir do candidato a análise de um caso específico, afinal, não existe resposta determinada.

*A causa de aumento de pena prevista no § 1º do art. 155 do CP - que se refere à prática do crime durante o repouso noturno - é aplicável tanto na forma simples (caput) quanto na forma qualificada (§ 4º) do delito de furto.* (STJ, HC 306.450/SP)
*A jurisprudência desta Corte Superior é firme no sentido de que, para aplicação da majorante do § 1º do art. 155 do Código Penal, basta que o furto seja praticado durante o repouso noturno, ainda que o local dos fatos seja*

*estabelecimento comercial ou residência desabitada, tendo em vista que a lei não faz referência ao local do crime.* (STJ, AgRg no REsp 1.851.700/DF) *Para a configuração da circunstância majorante do § 1º do art. 155 do Código Penal, basta que a conduta delitiva tenha sido praticada durante o repouso noturno, dada a maior precariedade da vigilância e a defesa do patrimônio durante tal período, e, por consectário, a maior probabilidade de êxito na empreitada criminosa, sendo irrelevante o fato das vítimas não estarem dormindo no momento do crime.* (AgRg nos EDcl no REsp 1.849.490/MS)

### II.I.I.I0. CAUSA DE DIMINUIÇÃO DE PENA

O § 2º do artigo 155 traz de causa de diminuição de pena conhecida como *furto privilegiado*. Segundo o dispositivo, se o criminoso for primário, e for de pequeno valor a coisa furtada, o juiz pode substituir a pena de reclusão pela de detenção, diminuí-la de um a dois terços, ou aplicar somente a pena de multa. Portanto, são dois os requisitos cumulativos para o reconhecimento do *furto privilegiado*:

(1) primariedade do agente (não reincidente);

(2) pequeno valor da coisa furtada.

Para o reconhecimento da insignificância, o STJ tem utilizado como parâmetro o equivalente a dez por cento do salário mínimo vigente na época dos fatos.

Em relação à figura do furto privilegiado, o art. 155, § 2º, do Código Penal impõe a aplicação do benefício penal na hipótese de adimplemento dos requisitos legais da primariedade e do pequeno valor do bem furtado, assim considerado aquele inferior ao salário mínimo ao tempo do fato. Trata-se, em verdade, de direito subjetivo do réu, não configurando mera faculdade do julgador a sua concessão, embora o dispositivo legal empregue o verbo "poder". (STJ, HC 583.023/SC)

Não é possível a aplicação do princípio da insignificância ao furto de objeto de pequeno valor. Não se deve confundir bem de pequeno valor com o de valor insignificante, o qual, necessariamente, exclui o crime ante a ausência de ofensa ao bem jurídico tutelado, qual seja, o patrimônio. O bem de pequeno valor pode caracterizar o furto privilegiado previsto no § 2º do art. 155 do CP, apenado de forma mais branda, compatível com a lesividade da conduta. Além disso, o STF já decidiu que, mesmo nas hipóteses de restituição do bem furtado à vítima, não se justifica irrestritamente a aplicação do princípio da insignificância, mormente se o valor do bem objeto do crime tem expressividade econômica. (REsp 1.239.797/RS)

× Furto privilegiado-qualificado

> **Súmula 511-STJ:** *É possível o reconhecimento do privilégio previsto no § 2° do art. 155 do CP nos casos de crime de furto qualificado, se estiverem presentes a primariedade do agente, o pequeno valor da coisa e a qualificadora for de ordem objetiva.*

É possível o reconhecimento da causa de diminuição prevista no § 2° do art. 155 (furto privilegiado) em conjunto com as qualificadoras do furto, desde que tenham natureza objetiva – tratam do meio ou modo de execução do delito. Portanto, é possível que o furto seja, ao mesmo tempo, *privilegiado* (desde que presentes os parâmetros do § 2°) e qualificado, ou *privilegiado-qualificado*, também intitulado *híbrido*. Todavia, não é admitida a aplicação da causa de diminuição de pena se a qualificadora for de ordem subjetiva – aquelas de índole subjetiva, a exemplo do *abuso de confiança* (art. 155, § 4°, II).

### II.I.I.II. QUALIFICADORAS

Dizemos qualificado o crime quando, para hipótese mais gravosa, a lei estabelece penas mínima e máxima mais altas do que a figura simples. No furto simples, a pena é de reclusão, de um a quatro anos, e multa. No entanto, se houver emprego de explosivo, a pena passa a ser de quatro a dez anos, tão alta quanto a do estupro. Como o artigo 155 do CP traz várias qualificadoras, o ideal é o estudo em conjunto, para não as confundir. Veja o esquema a seguir.

| QUALIFICADORA | PENA | OBSERVAÇÃO |
|---|---|---|
| Se a subtração for de semovente domesticável de produção, ainda que abatido ou dividido em partes no local da subtração. (§ 6°) | Reclusão, de dois a cinco anos. | O furto de gado é denominado *abigeato*. |
| Com destruição ou rompimento de obstáculo à subtração da coisa. (§ 4°, I) | Reclusão, de dois a oito anos, e multa. | Se a violência for empregada contra a coisa que se pretende furtar, a qualificadora não deve incidir. Exemplo: quebrar o vidro de um automóvel para furtá-lo. No entanto, se o vidro for quebrado para furtar algo no interior do veículo (e não ele próprio), a qualificadora deve ser reconhecida. |

| QUALIFICADORA | PENA | OBSERVAÇÃO |
|---|---|---|
| Com abuso de confiança, ou mediante fraude, escalada ou destreza. (§ 4º, II) | Reclusão, de dois a oito anos, e multa. | (1) Abuso de confiança: não se comunica em hipótese de concurso de pessoas. Exemplo: João e Maria praticam, em concurso, um furto - ela goza da confiança da vítima; ele, não. A qualificadora do abuso de confiança não será a ele aplicada (CP, art. 30). (2) Fraude: cuidado para não confundir o furto qualificado pela fraude com o crime de estelionato (CP, art. 171). Exemplos: João e Maria decidem furtar um automóvel de uma concessionária. Enquanto Maria distrai o vendedor, João subtrai o veículo. Ou seja: a coisa não foi entregue a João, que a tomou da concessionária. Houve furto qualificado pela fraude. João e Maria se dirigem até uma concessionária e pedem para fazer um *test-drive*. Todavia, tudo não passa de um golpe, e o casal desaparece com o veículo. Note que, aqui, não houve subtração. O veículo foi entregue aos criminosos por meio de fraude. Houve estelionato. (3) A escalada é a utilização de uma via anormal para ingresso no local em que se encontra a coisa a ser subtraída (ex.: por via subterrânea). (4) A destreza consiste em emprego de alguma habilidade extraordinária pelo criminoso. Exemplo: o *batedor de carteira* que consegue, em movimento imperceptível, subtrair a carteira que a vítima traz junto ao corpo. |
| Com emprego de chave falsa. (§ 4º, III) | Reclusão, de dois a oito anos, e multa. | O instrumento não precisa ter, necessariamente, formato de chave (gazua, chave mixa etc.). Ademais, também deve ser considerada chave falsa aquela copiada da verdadeira sem autorização do seu titular. |

| QUALIFICADORA | PENA | OBSERVAÇÃO |
|---|---|---|
| Mediante concurso de duas ou mais pessoas. (§ 4°, IV). | Reclusão, de dois a oito anos, e multa. | Deve ser reconhecida a qualificadora quando praticado o crime em concurso com inimputável (ex.: adolescente). Leia a Súmula 442-STJ. |
| Se a subtração for de veículo automotor que venha a ser transportado para outro Estado ou para o exterior. (§ 5°) | Reclusão, de três a oito anos. | Para que seja aplicada a qualificadora, é imprescindível a efetiva transposição da fronteira. |
| Se o furto mediante fraude é cometido por meio de dispositivo eletrônico ou informático, conectado ou não à rede de computadores, com ou sem a violação de mecanismo de segurança ou a utilização de programa malicioso, ou por qualquer outro meio fraudulento análogo. (§ 4°-B) | Reclusão, de quatro a oito anos, e multa. | Novidade trazida pela Lei n° 14.155/21. Atenção às majorantes, previstas no artigo 155, § 4°-C, do CP. |
| Se houver emprego de explosivo ou de artefato análogo que cause perigo comum. | Reclusão, de quatro a dez anos, e multa. | É crime hediondo. |
| Se a subtração for de substâncias explosivas ou de acessórios que, conjunta ou isoladamente, possibilitem sua fabricação, montagem ou emprego. | Reclusão, de quatro a dez anos, e multa. | Não é crime hediondo. |

## CLASSIFICAÇÃO

Comum: pode ser praticado por qualquer pessoa.

Material: a consumação depende da produção de resultado naturalístico.

De forma livre: a lei não estabelece a forma de execução.

Simples: tutela apenas um bem jurídico.

Comissivo ou omissivo: em regra, é praticado por ação, exceto na omissão imprópria (CP, art. 13, § 2º).

Unissubjetivo: pode ou não ser praticado em concurso de pessoas.

Instantâneo ou permanente: consuma-se de imediato, exceto na hipótese
do § 3º, quando a consumação se prolonga no tempo.

Plurissubsistente: é possível o fracionamento da conduta, o que faz com que seja viável a tentativa.

De dano: a consumação exige efetiva violação do bem jurídico
tutelado. Não é suficiente a mera exposição a perigo.

Não transeunte: deixa vestígios.

Doloso: não é admitida a modalidade culposa.

## PENAS

Modalidade simples (art. 155, *caput*): reclusão, de um a quatro anos, e multa.

**Modalidades qualificadas (art. 155, § 4º, § 4º-A, § 4º-B, § 5º, § 6º e § 7º):**

(a)     Com destruição ou rompimento de obstáculo à subtração
da coisa: reclusão, de dois a oito anos, e multa;

(b)     Com abuso de confiança, ou mediante fraude, escalada ou
destreza: reclusão, de dois a oito anos, e multa;

(c)     Com emprego de chave falsa: reclusão, de dois a oito anos, e multa;

(d)     Mediante concurso de duas ou mais pessoas: reclusão, de dois a oito anos, e multa;

(e)     Se houver emprego de explosivo ou de artefato análogo que cause
perigo comum: reclusão, de quatro a dez anos, e multa;

(f)     Se o furto mediante fraude é cometido por meio de dispositivo eletrônico ou informático,
conectado ou não à rede de computadores, com ou sem a violação de mecanismo de segurança
ou a utilização de programa malicioso, ou por qualquer outro meio fraudulento análogo;

(g)     Se a subtração for de veículo automotor que venha a ser transportado
para outro Estado ou para o exterior: reclusão, de três a oito anos;

(h)     Se a subtração for de semovente domesticável de produção, ainda que abatido
ou dividido em partes no local da subtração: reclusão, de dois a cinco anos;

(i)     Se a subtração for de substâncias explosivas ou de acessórios que, conjunta ou isoladamente,
possibilitem sua fabricação, montagem ou emprego: reclusão, de quatro a dez anos, e multa.

## AUMENTO DE PENA

Repouso noturno: a pena é aumentada de um terço se o crime for praticado durante o repouso noturno.

## DIMINUIÇÃO DE PENA

Furto privilegiado: se o criminoso é primário, e é de pequeno valor a coisa furtada, o juiz pode substituir a
pena de reclusão pela de detenção, diminuí-la de um a dois terços, ou aplicar somente a pena de multa.

| **SUJEITOS** |
|---|
| Sujeito ativo: qualquer pessoa. |
| Sujeito passivo: qualquer pessoa. |
| **ELEMENTO SUBJETIVO** |
| É o dolo. É atípica a modalidade culposa. |
| **CONSUMAÇÃO E TENTATIVA** |
| Tema polêmico, prevalece o entendimento de que a consumação ocorre quando o sujeito obtém a posse da coisa, ainda que não seja mansa e pacífica (*amotio* ou *aprehensio*). Crime material, depende da produção de resultado naturalístico. A tentativa é possível. |
| **AÇÃO PENAL** |
| Crime de ação penal pública incondicionada, salvo nas hipóteses do artigo 182 do CP. |

## II.I.2. FURTO DE COISA COMUM (CP, ART. 156)

> *Furto de coisa comum*
> *Art. 156. Subtrair o condômino, coerdeiro ou sócio, para si ou para outrem, a quem legitimamente a detém, a coisa comum:*
> *Pena - detenção, de seis meses a dois anos, ou multa.*
> *§ 1º. Somente se procede mediante representação.*
> *§ 2º. Não é punível a subtração de coisa comum fungível, cujo valor não excede a quota a que tem direito o agente.*

### II.I.2.I. CONDUTA

O crime consiste em subtrair o condômino, coerdeiro ou sócio, para si ou para outrem, a quem legitimamente a detém, a coisa comum. A pena é de detenção, de 6 meses a 2 anos, ou multa. Crime de menor potencial ofensivo, deve ser processado e julgado por Juizado Especial Criminal. Além disso, é compatível com transação penal e suspensão condicional do processo (Lei nº 9.099/95, arts. 61, 76 e 89).

### II.I.2.2. BEM JURÍDICO TUTELADO

O patrimônio.

### II.I.2.3. OBJETO MATERIAL

A coisa alheia móvel subtraída.

### II.1.2.4. SUJEITOS DO CRIME

Crime próprio, somente pode ser praticado pelo condômino, coerdeiro ou sócio. O sujeito passivo é pessoa que ostenta a mesma qualidade pessoal do sujeito ativo - condômino, coerdeiro ou sócio.

### II.1.2.5. ELEMENTO SUBJETIVO

É o dolo. Exige-se dolo específico (*para si ou para outrem*). É atípica a modalidade culposa.

### II.1.2.6. CONSUMAÇÃO E TENTATIVA

Crime material, consuma-se no momento da inversão da posse. Não é necessária a posse mansa e pacífica. A tentativa é possível.

### II.1.2.7. AÇÃO PENAL

É crime de ação penal pública condicionada à representação.

### II.1.2.8. EXCLUSÃO DA ILICITUDE

Não é ilícita a subtração de coisa comum fungível, cujo valor não excede a quota a que tem direito o agente – fungível é a coisa que pode ser substituída por outra de mesma espécie, quantidade e qualidade (ex.: dinheiro).

| QUADRO SINÓTICO |
| --- |
| **CLASSIFICAÇÃO** |
| **Próprio:** tem de ser praticado por condômino, coerdeiro ou sócio. |
| **Material:** a consumação depende da produção de resultado naturalístico. |
| De forma livre: a lei não estabelece a forma de execução. |
| **Simples:** tutela apenas um bem jurídico. |
| **Comissivo ou omissivo:** em regra, é praticado por ação, exceto na omissão imprópria (CP, art. 13, § 2°). |
| **Unissubjetivo:** pode ou não ser praticado em concurso de pessoas. |
| **Instantâneo:** consuma-se de imediato. |
| **Plurissubsistente:** é possível o fracionamento da conduta, o que faz com que seja viável a tentativa. |
| **De dano:** a consumação exige efetiva violação do bem jurídico tutelado. Não é suficiente a mera exposição a perigo. |
| **Não transeunte:** deixa vestígios. |
| **Doloso:** não é admitida a modalidade culposa. |
| **PENAS** |
| Detenção, de seis meses a dois anos, ou multa. |

## EXCLUSÃO DA ILICITUDE

Não é punível a subtração de coisa comum fungível, cujo valor não excede a quota a que tem direito o agente.

## SUJEITOS

**Sujeito ativo:** o condômino, coerdeiro ou sócio.

**Sujeito passivo:** da mesma forma, o condômino, coerdeiro ou sócio.

## ELEMENTO SUBJETIVO

É o dolo. É atípica a modalidade culposa.

## CONSUMAÇÃO E TENTATIVA

A consumação ocorre independentemente da mansa e pacífica. Crime material, depende da produção de resultado naturalístico. A tentativa é possível.

## AÇÃO PENAL

Ação penal pública condicionada à representação.

## II.2. **DO ROUBO E DA EXTORSÃO**

### II.2.1. **ROUBO (CP, ART. 157)**

*Roubo*

*Art. 157. Subtrair coisa móvel alheia, para si ou para outrem, mediante grave ameaça ou violência a pessoa, ou depois de havê-la, por qualquer meio, reduzido à impossibilidade de resistência:*

*Pena - reclusão, de quatro a dez anos, e multa.*

*§ 1º. Na mesma pena incorre quem, logo depois de subtraída a coisa, emprega violência contra pessoa ou grave ameaça, a fim de assegurar a impunidade do crime ou a detenção da coisa para si ou para terceiro.*

*§ 2º A pena aumenta-se de 1/3 (um terço) até metade:*

*I - (revogado);*

*II - se há o concurso de duas ou mais pessoas;*

*III - se a vítima está em serviço de transporte de valores e o agente conhece tal circunstância;*

*IV - se a subtração for de veículo automotor que venha a ser transportado para outro Estado ou para o exterior;*

*V - se o agente mantém a vítima em seu poder, restringindo sua liberdade;*

*VI - se a subtração for de substâncias explosivas ou de acessórios que, conjunta ou isoladamente, possibilitem sua fabricação, montagem ou emprego;*

*VII - se a violência ou grave ameaça é exercida com emprego de arma branca;*

*§ 2º-A. A pena aumenta-se de 2/3 (dois terços):*

> *I - se a violência ou ameaça é exercida com emprego de arma de fogo;*
>
> *II - se há destruição ou rompimento de obstáculo mediante o emprego de explosivo ou de artefato análogo que cause perigo comum.*
>
> *§ 2°-B. Se a violência ou grave ameaça é exercida com emprego de arma de fogo de uso restrito ou proibido, aplica-se em dobro a pena prevista no caput deste artigo.*
>
> *§ 3° Se da violência resulta:*
>
> *I - lesão corporal grave, a pena é de reclusão de 7 (sete) a 18 (dezoito) anos, e multa;*
>
> *II - morte, a pena é de reclusão de 20 (vinte) a 30 (trinta) anos, e multa.*

### II.2.I.I. CONDUTA

O roubo é a junção do crime de furto (CP, art. 155) com a lesão corporal (CP, art. 129) ou com a ameaça (CP, art. 147), pois a conduta consiste em subtrair coisa móvel alheia, para si ou para outrem, mediante grave ameaça ou violência a pessoa, ou depois de havê-la, por qualquer meio, reduzido à impossibilidade de resistência. Por ser a união de condutas tipificadas em outros dispositivos, o roubo é classificado como crime complexo. Punido com pena de reclusão, de quatro a dez anos, e multa, não é compatível com o acordo de não persecução penal (CPP, art. 28-A) por duas razões: a pena mínima não é inferior a quatro anos e é crime praticado com violência ou grave ameaça.

× **Roubo próprio, roubo impróprio, violência própria e violência imprópria**

É preciso ter cuidado para não fazer confusão entre roubo próprio, roubo impróprio, violência própria e violência imprópria, conceitos que não se confundem. Sobre a violência empregada na prática do roubo, ela pode ser própria, quando há emprego de força física contra a vítima (por vias de fato ou lesão corporal) no contexto da prática do delito, ou imprópria, quando utilizado qualquer meio que reduza a vítima à impossibilidade de resistência (parte final do *caput* do artigo 157). Exemplos:

(1) Para evitar que a vítima consiga se defender do roubo, o criminoso a agride com coronhadas (violência própria).

(2) O criminoso dopa a vítima (ex.: o golpe *Boa Noite, Cinderela*) para, em seguida, subtrair seus bens (violência imprópria). É aqui onde reside a *pegadinha*: por não ter existido violência própria, muitos imaginam se tratar de furto (CP, art. 155).

Além disso, o roubo pode ser próprio (art. 157, *caput*) ou impróprio (art. 157, § 1°). A diferença: no roubo impróprio, o agente desejava praticar, inicialmente, o crime de furto (CP, art. 155) – subtrair coisa alheia móvel, mas sem violência ou grave ameaça. Todavia, subtraída a coisa, ele se vê obrigado a empregar violência contra pessoa ou grave ameaça, a fim de assegurar a impunidade do crime ou a detenção da coisa para si ou para terceiro. Ex.: logo depois da subtração, a vítima percebe o ocorrido e reage, momento em que o criminoso a agride para garantir a detenção do produto do crime.

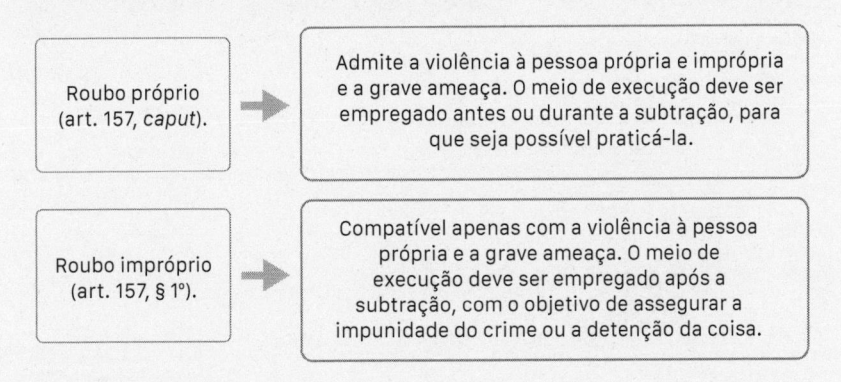

### II.2.I.2.  BEM JURÍDICO

Crime pluriofensivo, o tipo penal tutela o patrimônio e a integridade física (violência) ou o patrimônio e a liberdade individual (grave ameaça).

### II.2.I.3.  OBJETO MATERIAL

É a coisa móvel alheia. Para não ser repetitivo, veja o que foi falado a respeito do assunto no estudo do furto (CP, art. 155).

### II.2.I.4.  SUJEITOS DO CRIME

Crime comum, pode ser praticado por qualquer pessoa. A vítima, a princípio é apenas o proprietário ou possuidor do objeto material. No entanto, também pode ser sujeito passivo do roubo quem é atingido pela violência ou grave ameaça, embora não seja o dono da coisa – por exemplo, alguém contratado para transportar mercadoria.

### II.2.1.5. ELEMENTO SUBJETIVO

É o dolo, acrescido de um especial fim de agir (*para si ou para outrem*). Não existe roubo culposo.

### II.2.1.6. CONSUMAÇÃO E TENTATIVA

Crime material, consuma-se no momento em que ocorre a inversão da posse do bem, mediante emprego de violência ou grave ameaça, pouco importando a posse mansa e pacífica ou desvigiada – adotou-se a teoria da *apprehensio* (ou *amotio*). O assunto já foi polêmico, mas, após reiterados julgados, o STJ engessou o debate por meio da Súmula 582. A tentativa é possível.

> **Súmula 582-STJ:** *Consuma-se o crime de roubo com a inversão da posse do bem mediante emprego de violência ou grave ameaça, ainda que por breve tempo e em seguida à perseguição imediata ao agente e recuperação da coisa roubada, sendo prescindível a posse mansa e pacífica ou desvigiada.*

### II.2.1.7. AÇÃO PENAL

É sempre pública incondicionada, sem exceção – veja os artigos 182 e 183, I, do CP.

### II.2.1.8. CAUSAS DE AUMENTO DE PENA

Os parágrafos 2º, 2º-A e 2º-B estabelecem uma série de causas de aumento de pena, que fazem com que a pena seja exasperada de um terço até o dobro. Da mesma forma como fizemos no furto, faremos o estudo conjunto para não as confundir.

| ROUBO CIRCUNSTANCIADO | AUMENTO | COMENTÁRIO |
| --- | --- | --- |
| Se há o concurso de duas ou mais pessoas (§ 2º, II). | 1/3 - 1/2 | Aplica-se a majorante ainda que o comparsa seja inimputável (ex.: adolescente). |
| Se a vítima está em serviço de transporte de valores e o agente conhece tal circunstância (§ 2º, III). | 1/3 - 1/2 | Não precisa ser, necessariamente, transporte de dinheiro. Pode ser qualquer bem de cunho econômico (ex.: cosméticos). |
| Se a subtração for de veículo automotor que venha a ser transportado para outro Estado ou para o exterior (§ 2º, IV). | 1/3 - 1/2 | É imprescindível a efetiva transposição a fronteira. |
| Se o agente mantém a vítima em seu poder, restringindo sua liberdade (§ 2º, V). | 1/3 - 1/2 | Crime hediondo. A restrição (e não privação) deve perdurar por tempo juridicamente relevante. |

| ROUBO CIRCUNSTANCIADO | AUMENTO | COMENTÁRIO |
|---|---|---|
| Se a subtração for de substâncias explosivas ou de acessórios que, conjunta ou isoladamente, possibilitem sua fabricação, montagem ou emprego (§ 2º, VI). | 1/3 - 1/2 | Tanto a subtração quanto o emprego de explosivo no contexto do roubo não tornam o crime hediondo. O alerta é importante porque o furto com emprego de explosivo (CP, art. 155, § 4º-A) é hediondo. |
| Se a violência ou grave ameaça é exercida com emprego de arma branca (§ 2º, VII). | 1/3 - 1/2 | A majorante do emprego de arma branca havia deixado de existir, em 2018, em razão da Lei nº 13.654. O *Pacote Anticrime* (Lei nº 13.964/19) corrigiu o equívoco e a reincluiu. |
| Se a violência ou ameaça é exercida com emprego de arma de fogo (§ 2º-A, I). | 2/3 | (1) Crime hediondo, o § 2º-A, I, refere-se à arma de fogo de uso permitido.<br>(2) A simulação do porte de arma e a arma de brinquedo caracterizam a grave ameaça (afastam a possibilidade de furto), mas não autorizam a incidência da causa de aumento de pena. A Súmula 174 do STJ foi cancelada.<br>(3) É desnecessária a apreensão e perícia da arma para a incidência da majorante. Caso apreendida, se comprovado que a arma estava quebrada, a causa de aumento não será reconhecida. |
| Se há destruição ou rompimento de obstáculo mediante o emprego de explosivo ou de artefato análogo que cause perigo comum (§ 2º-A, II). | 2/3 | Não é hediondo. O alerta é importante porque o furto com emprego de explosivo (CP, art. 155, § 4º-A) é hediondo. |
| Se a violência ou grave ameaça é exercida com emprego de arma de fogo de uso restrito ou proibido (§ 2º-B). | Dobro | (1) Crime hediondo, a pena é dobrada se a arma de fogo for de uso restrito ou proibido – leia o artigo 16, § 1º, da Lei nº 10.826/03, *pegadinha* sempre cobrada em prova.<br>(2) A simulação do porte de arma e a arma de brinquedo caracterizam a grave ameaça (afastam a possibilidade de furto), mas não autorizam a incidência da causa de aumento de pena. A Súmula 174 do STJ foi cancelada.<br>(3) É desnecessária a apreensão e perícia da arma para a incidência da majorante. Caso apreendida, se comprovado que a arma estava quebrada, a causa de aumento não será reconhecida. |

× Fração de aumento

> Súmula 443-STJ: *O aumento na terceira fase de aplicação da pena no crime de roubo circunstanciado exige fundamentação concreta, não sendo suficiente para a sua exasperação a mera indicação do número de majorantes.*

As causas de aumento de pena devem ser consideradas na terceira fase do cálculo da pena. Para decidir em quanto a pena será aumentada, exasperada – no § 2º, a fração de aumento varia entre um terço e metade -, não basta que o magistrado tenha por fundamento a indicação do número de majorantes. Tem de existir um porquê específico que justifique o maior aumento, como dispõe a Súmula 443 do STJ.

## II.2.I.9. QUALIFICADORAS

O § 3º do artigo 157 estabelece qualificadoras do crime de roubo, com penas de sete a dezoito anos, e multa, se da violência resulta lesão corporal grave, e de vinte a trinta anos, se resulta em morte (o latrocínio). Em ambas as hipóteses, o crime será considerado hediondo. Veja, a seguir, as principais características do roubo qualificado pelo resultado.

| | |
|---|---|
| Furto qualificado pelo resultado lesão corporal grave. | Furto qualificado pelo resultado morte (latrocínio). |
| Reclusão, de sete a dezoito anos, e multa. | Reclusão, de vinte a trinta anos, e multa. |

| |
|---|
| Crimes hediondos. |
| Aplicáveis sobre o caput e o § 1º do artigo 157 do CP. |
| Devem decorrer da violência empregada, e não da grave ameaça. |
| Produzido o resultado (lesão corporal grave ou morte), há consumação, ainda que o criminoso não tenha êxito na subtração. |
| Não são, necessariamente, crimes preterdolosos. O resultado pode decorrer de dolo, e não apenas de culpa. |

(I)  Roubo qualificado pela lesão corporal grave (CP, art. 157, § 3º, I)

A pena do roubo é de reclusão, de sete a dezoito anos, e multa, se a violência empregada na prática do roubo resultar em lesão corporal grave ou gravíssima (CP, art. 129, § 1º e § 2º). Não se trata, necessariamente, de crime preterdoloso, devendo ser aplicada a qualificadora ainda que a lesão grave ou gravíssima resulte de dolo. Evidentemente, a tentativa somente será admitida quando houver dolo na produção do resultado, que não é alcançado por razões alheias à vontade do indivíduo (CP, art. 14, II). Provocada a lesão corporal grave, o crime estará consumado, pouco importando a efetiva subtração.

Crime preterdoloso ou não, o resultado tem de decorrer do emprego de violência (ex.: coronhadas). Se resultar de grave ameaça, não ficará caracterizada a qualificadora. Exemplo: o indivíduo assalta mulher grávida e, em razão da grave ameaça empregada, ocorre a aceleração do parto e a criança nasce prematura (CP, art. 129, § 1º, IV). Não será reconhecida a qualificadora do § 3º, I, pois o resultado não decorreu de violência. Presente a qualificadora, o crime será hediondo, consumado ou tentado.

**(2)** Roubo qualificado pela morte (CP, art. 157, § 3º, II)

Mais conhecido por *latrocínio*, não se trata de *roubo seguido de morte*, como a imprensa insiste em dizer ao conceituar a qualificadora do § 3º, II, do artigo 157. Crime hediondo, consumado ou tentado, o latrocínio é hipótese em que, em razão da violência empregada no contexto da subtração, a vítima ou alguém a ela ligada é morta. O resultado pode decorrer de dolo ou culpa – portanto, não se trata, necessariamente, de crime preterdoloso (dolo na conduta e culpa no resultado).

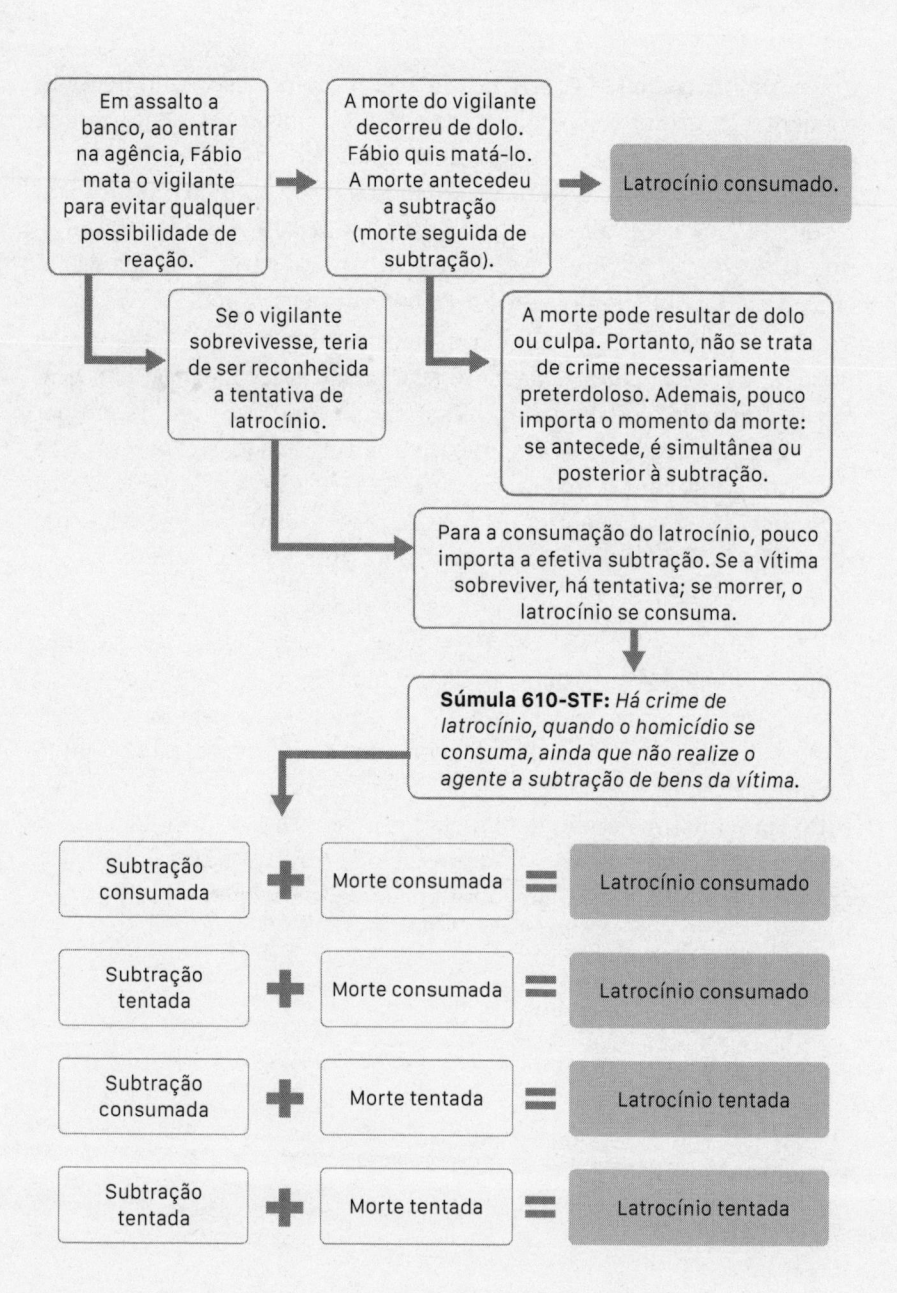

Em assalto a banco, ao entrar na agência, Fábio mata o vigilante para evitar qualquer possibilidade de reação.

A morte do vigilante decorreu de dolo. Fábio quis matá-lo. A morte antecedeu a subtração (morte seguida de subtração).

Latrocínio consumado.

Se o vigilante sobrevivesse, teria de ser reconhecida a tentativa de latrocínio.

A morte pode resultar de dolo ou culpa. Portanto, não se trata de crime necessariamente preterdoloso. Ademais, pouco importa o momento da morte: se antecede, é simultânea ou posterior à subtração.

Para a consumação do latrocínio, pouco importa a efetiva subtração. Se a vítima sobreviver, há tentativa; se morrer, o latrocínio se consuma.

**Súmula 610-STF:** *Há crime de latrocínio, quando o homicídio se consuma, ainda que não realize o agente a subtração de bens da vítima.*

| | | |
|---|---|---|
| Subtração consumada | ➕ Morte consumada | ＝ Latrocínio consumado |
| Subtração tentada | ➕ Morte consumada | ＝ Latrocínio consumado |
| Subtração consumada | ➕ Morte tentada | ＝ Latrocínio tentada |
| Subtração tentada | ➕ Morte tentada | ＝ Latrocínio tentada |

## QUADRO SINÓTICO

### CLASSIFICAÇÃO

**Comum:** pode ser praticado por qualquer pessoa.

**Material:** a consumação depende da produção de resultado naturalístico.

**De forma livre:** a lei não estabelece a forma de execução.

**Pluriofensivo:** tutela mais de um bem jurídico.

**Comissivo ou omissivo:** em regra, é praticado por ação, exceto na omissão imprópria (CP, art. 13, § 2º).

**Unissubjetivo:** pode ou não ser praticado em concurso de pessoas.

**Instantâneo:** consuma-se de imediato.

**Plurissubsistente:** é possível o fracionamento da conduta, o que faz com que seja viável a tentativa.

**De dano:** a consumação exige efetiva violação do bem jurídico tutelado. Não é suficiente a mera exposição a perigo.

**Doloso:** não é admitida a modalidade culposa.

### PENAS

**Modalidade simples** (art. 157, *caput*): reclusão, de quatro a dez anos, e multa.

**Modalidades qualificadas** (art. 1557, § 3º):

(a) Se, em razão da violência empregada no contexto do roubo, a vítima sofre lesão corporal de natureza grave ou gravíssima (CP, art. 129, § 1º ou § 2º): reclusão, de sete a dezoito anos, e multa;

(b) Se, em razão da violência empregada no contexto do roubo, a vítima morre (latrocínio): reclusão, de vinte a trinta anos, e multa.

### AUMENTO DE PENA

**Roubo circunstanciado (art. 157, § 2º, § 2º-A e § 2º-B):**

(a) Se há concurso de pessoas: aumento de um terço até metade;

(b) Se a vítima está em serviço de transporte de valores e o agente conhece tal circunstância: aumento de um terço até metade;

(c) Se a subtração for de veículo automotor que venha a ser transportado para outro Estado ou para o exterior: aumento de um terço até metade;

(d) Se o agente mantém a vítima em seu poder, restringindo sua liberdade: aumento de um terço até metade;

(e) Se a subtração for de substâncias explosivas ou de acessórios que, conjunta ou isoladamente, possibilitem sua fabricação, montagem ou emprego: aumento de um terço até metade;

(f) Se a violência ou grave ameaça é exercida com emprego de arma branca: aumento de um terço até metade;

(g) Se a violência ou ameaça é exercida com emprego de arma de fogo de uso permitido: aumento de dois terços;

(h) Se há destruição ou rompimento de obstáculo mediante o emprego de explosivo ou de artefato análogo que cause perigo comum: aumento de dois terços;

(g) Se a violência ou grave ameaça é exercida com emprego de arma de fogo de uso restrito ou proibido: pena aplicada em dobro.

**SUJEITOS**

**Sujeito ativo:** qualquer pessoa.
**Sujeito passivo:** qualquer pessoa.

**ELEMENTO SUBJETIVO**

É o dolo. É atípica a modalidade culposa.

**CONSUMAÇÃO E TENTATIVA**

Tema polêmico, prevalece o entendimento de que a consumação ocorre quando o sujeito obtém a posse da coisa, ainda que não seja mansa e pacífica (*amotio* ou *aprehensio*) - nesse sentido, a Súmula 582 do STJ. Crime material, depende da produção de resultado naturalístico. A tentativa é possível.

**AÇÃO PENAL**

Crime de ação penal pública incondicionada.

## II.2.2. EXTORSÃO (CP, ART. 158)

> *Extorsão*
> *Art. 158. Constranger alguém, mediante violência ou grave ameaça, e com o intuito de obter para si ou para outrem indevida vantagem econômica, a fazer, tolerar que se faça ou deixar de fazer alguma coisa:*
> *Pena - reclusão, de quatro a dez anos, e multa.*
> *§ 1º. Se o crime é cometido por duas ou mais pessoas, ou com emprego de arma, aumenta-se a pena de um terço até metade.*
> *§ 2º. Aplica-se à extorsão praticada mediante violência o disposto no § 3º do artigo anterior.*
> *§ 3º. Se o crime é cometido mediante a restrição da liberdade da vítima, e essa condição é necessária para a obtenção da vantagem econômica, a pena é de reclusão, de 6 (seis) a 12 (doze) anos, além da multa; se resulta lesão corporal grave ou morte, aplicam-se as penas previstas no art. 159, §§ 2º e 3º, respectivamente.*

### II.2.2.I. CONDUTA

A extorsão é modalidade especial do crime de constrangimento ilegal (CP, art. 146). O crime consiste em constranger alguém, mediante violência ou grave ameaça, e com o intuito de obter para si ou para outrem indevida vantagem econômica, a fazer, tolerar que se faça ou deixar de fazer alguma coisa. A pena é de reclusão, de quatro a dez anos, e multa.

× **Extorsão e roubo**

Embora se pareçam em alguns aspectos, os crimes de extorsão e roubo não se confundem. Isso porque, no roubo, o criminoso não depende da vítima para a prática do delito. Exemplo: Carlos aponta arma de fogo contra Vanessa e exige que lhe entregue o celular. Se ela se recusar, Carlos tomará o aparelho, nem que, que para isso, tenha de matá-la. Por outro lado, na extorsão, o criminoso não terá êxito sem a contribuição positiva ou negativa (*fazer, tolerar que se faça ou deixar de fazer*) da vítima. Exemplo: Carlos aponta arma de fogo contra Vanessa e exige sua senha bancária para efetuar saques. Ele pode ameaçá-la, agredi-la e, até mesmo, matá-la, mas nada disso será suficiente para a obtenção da senha caso ela decide não a entregar. Não há como tomá-la, como no roubo.

> *É inviável o reconhecimento da continuidade delitiva entre os crimes de roubo e de extorsão, por se tratarem de delitos de espécies distintas, ainda que cometidos no mesmo contexto temporal* (STJ, HC 552.481/SP).

### II.2.2.2. BEM JURÍDICO

Crime pluriofensivo, o tipo penal tutela o patrimônio, a integridade física e a liberdade individual.

### II.2.2.3. OBJETO MATERIAL

É a pessoa vítima do constrangimento.

### II.2.2.4. SUJEITOS DO CRIME

Crime comum, pode ser praticado por qualquer pessoa. A vítima pode ser quem for atingido pela violência ou grave ameaça; quem faz, deixa de fazer ou tolera que se faça algo; e quem suporta o prejuízo patrimonial.

### II.2.2.5. ELEMENTO SUBJETIVO

É o dolo, acrescido de finalidade específica (*com o intuito de obter para si ou para outrem indevida vantagem econômica*). Não é típica a modalidade culposa.

### II.2.2.6. CONSUMAÇÃO E TENTATIVA

Crime formal, consuma-se com a prática do comportamento pela vítima, independentemente da obtenção da vantagem indevida pelo criminoso (Súmula 96-STJ). A tentativa é possível.

### II.2.2.7. AÇÃO PENAL

Crime de ação penal pública incondicionada, sem exceção.

### II.2.2.8. CAUSAS DE AUMENTO DE PENA

Segundo o § 1º, se o crime for cometido por duas ou mais pessoas, ou com emprego de arma (própria ou imprópria, de fogo ou branca), aumenta-se a pena de um terço até metade.

### II.2.2.9. QUALIFICADORAS

Se, em razão da violência empregada – e não da grave ameaça -, a vítima sofrer lesão corporal grave ou gravíssima (CP, art. 129, § 1º e § 2º), a pena deve ser de reclusão, de sete a dezoito anos, e multa. Se morrer, a pena é de reclusão, de vinte a trinta anos, e multa. Era crime hediondo até a entrada em vigor do *Pacote Anticrime* (Lei nº 13.964/19), que o excluiu o do rol do artigo 1º da Lei nº 8.072/90. Sem dúvida, um dos maiores erros recentes do legislador brasileiro. Por ser norma mais benéfica (*novatio legis in mellius*), deve retroagir para alcançar condutas praticadas antes do *Pacote*.

× Sequestro-relâmpago

Também qualificadora do crime de extorsão, cuja pena é de reclusão, de seis a doze anos, e multa, ocorre quando o criminoso restringe a liberdade da vítima, e essa condição é necessária para a obtenção da vantagem econômica. Exemplo: o criminoso rende a vítima e com ela se dirige a caixas-eletrônicos da cidade, realizando saques – conduta popularmente denominada *sequestro-relâmpago*. Se, em razão da violência empregada, a vítima sofrer lesão corporal grave ou gravíssima, a pena será de reclusão, de dezesseis a vinte e quatro anos; se morrer, de reclusão, de vinte e quatro a trinta anos.

Até a entrada em vigor do *Pacote Anticrime*, não era crime hediondo, nem mesmo em caso de lesão corporal grave ou gravíssima ou morte da vítima. O equívoco foi corrigido pela Lei nº 13.964/19, que o corrigiu, mas em redação que desperta dúvidas em relação à extensão. Veja a redação dada ao artigo 1º, III, da Lei nº 8.072/90, a Lei dos Crimes Hediondos:

Art. 1º. São considerados hediondos os seguintes crimes, todos tipificados no Decreto-Lei nº 2.848, de 7 de dezembro de 1940 - Código Penal, consumados ou tentados:

**III - extorsão qualificada pela restrição da liberdade da vítima, ocorrência de lesão corporal ou morte (art. 158, § 3º);**

O que o legislador quis dizer? É hediondo o sequestro-relâmpago apenas quando houver lesão corporal grave ou morte? Entendo que todas as condutas do § 3º do artigo 158 são hediondas. Não percebo, na redação do dispositivo, a intenção do legislador em restringir a hediondez. De qualquer forma, por enquanto, não há uma solução definitiva para a questão. Em prova, as bancas terão de cobrar a literalidade do que diz o artigo 1º, III, da Lei nº 8.072/90.

## II.2.2.9.I. QUALIFICADORAS DA EXTORSÃO

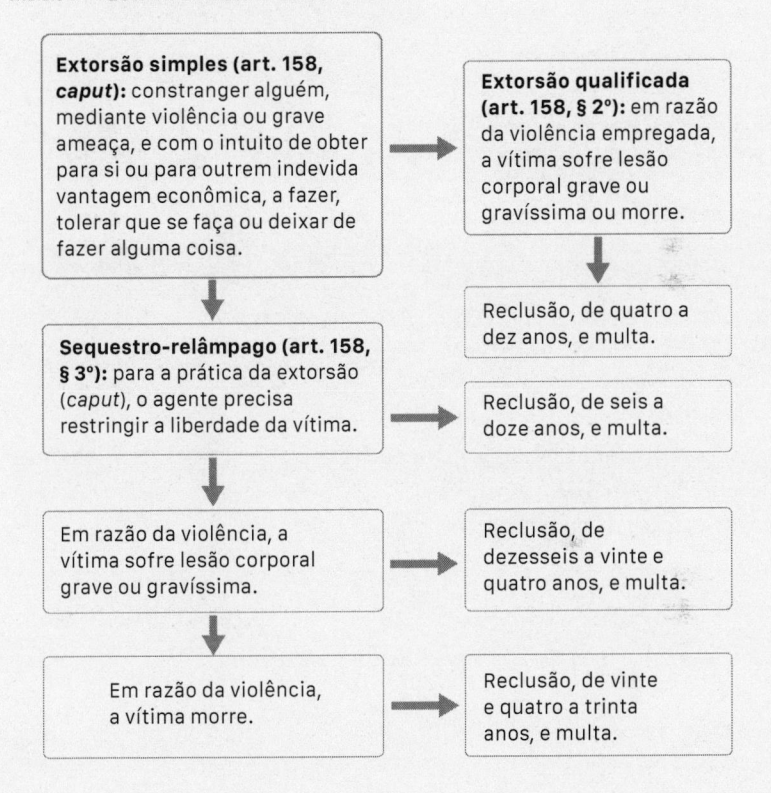

**Extorsão simples (art. 158, *caput*):** constranger alguém, mediante violência ou grave ameaça, e com o intuito de obter para si ou para outrem indevida vantagem econômica, a fazer, tolerar que se faça ou deixar de fazer alguma coisa.

**Extorsão qualificada (art. 158, § 2º):** em razão da violência empregada, a vítima sofre lesão corporal grave ou gravíssima ou morre.

Reclusão, de quatro a dez anos, e multa.

**Sequestro-relâmpago (art. 158, § 3º):** para a prática da extorsão (*caput*), o agente precisa restringir a liberdade da vítima.

Reclusão, de seis a doze anos, e multa.

Em razão da violência, a vítima sofre lesão corporal grave ou gravíssima.

Reclusão, de dezesseis a vinte e quatro anos, e multa.

Em razão da violência, a vítima morre.

Reclusão, de vinte e quatro a trinta anos, e multa.

## II.3. EXTORSÃO MEDIANTE SEQUESTRO

### QUADRO SINÓTICO

#### CLASSIFICAÇÃO

**Comum:** pode ser praticado por qualquer pessoa.

**Formal:** a consumação independe da produção de resultado naturalístico.

**De forma livre:** a lei não estabelece a forma de execução.

**Pluriofensivo:** tutela mais de um bem jurídico.

**Comissivo ou omissivo:** em regra, é praticado por ação, exceto na omissão imprópria (CP, art. 13, § 2º).

**Unissubjetivo:** pode ou não ser praticado em concurso de pessoas.

**Instantâneo:** consuma-se de imediato.

**Plurissubsistente:** é possível o fracionamento da conduta, o que faz com que seja viável a tentativa.

**De dano:** a consumação exige efetiva violação do bem jurídico tutelado. Não é suficiente a mera exposição a perigo.

**Doloso:** não é admitida a modalidade culposa.

#### PENAS

Modalidade simples (art. 158, *caput*): reclusão, quatro a dez anos, e multa.

Modalidades qualificadas (art. 158, § 2º e § 3º):

(a)   Quando da violência empregada resulta em lesão corporal grave ou gravíssima (CP, art. 129, § 1º ou § 2º): reclusão, de sete a dezoito anos, e multa;

(b)   Quando da violência empregada resulta em morte: reclusão, de vinte a trinta anos, e multa;

(c)   Quando for praticado mediante a restrição da liberdade da vítima: reclusão, de seis a doze anos;

(d)   Quando for praticado mediante a restrição da liberdade da vítima e resultar em lesão corporal grave ou gravíssima: reclusão, de dezesseis a vinte e quatro anos;

(e)   Quando for praticado mediante a restrição da liberdade da vítima e resultar em morte: reclusão, de vinte e quatro a trinta anos.

#### AUMENTO DE PENA

A pena é aumentada de um terço até metade quando cometido:

(a)   Mediante concurso de duas ou mais pessoas;

(b)   Com emprego de arma (própria ou imprópria, de fogo ou branca).

#### SUJEITOS

**Sujeito ativo:** qualquer pessoa.

**Sujeito passivo:** qualquer pessoa.

#### ELEMENTO SUBJETIVO

É o dolo. É atípica a modalidade culposa.

#### CONSUMAÇÃO E TENTATIVA

Crime formal (STJ, Súmula 96), consuma-se no momento em que a vítima realiza o comportamento exigido pelo criminoso (faz, deixa de fazer ou tolera que seja feito). A tentativa é possível.

## II.3.I. **EXTORSÃO MEDIANTE SEQUESTRO**

> *Extorsão mediante sequestro*
> *Art. 159. Sequestrar pessoa com o fim de obter, para si ou para outrem, qualquer vantagem, como condição ou preço do resgate:*
> *Pena - reclusão, de oito a quinze anos.*
> *§ 1º. Se o sequestro dura mais de 24 (vinte e quatro) horas, se o sequestrado é menor de 18 (dezoito) ou maior de 60 (sessenta) anos, ou se o crime é cometido por bando ou quadrilha.*
> *Pena - reclusão, de doze a vinte anos.*
> *§ 2º. Se do fato resulta lesão corporal de natureza grave:*
> *Pena - reclusão, de dezesseis a vinte e quatro anos.*
> *§ 3º. Se resulta a morte:*
> *Pena - reclusão, de vinte e quatro a trinta anos.*
> *§ 4º. Se o crime é cometido em concurso, o concorrente que o denunciar à autoridade, facilitando a libertação do sequestrado, terá sua pena reduzida de um a dois terços.*

### II.3.I.I. CONDUTA

Motivo de criação da Lei nº 8.072/90 – inicialmente, denominada *Lei Antissequestro* –, a extorsão mediante sequestro consiste em sequestrar pessoa, privando-a de sua liberdade, com o fim de obter, para si ou para outrem, qualquer vantagem, como condição ou preço do resgate. A pena é de reclusão, de oito a quinze anos, e multa.

### II.3.I.2. BEM JURÍDICO

Crime pluriofensivo, o artigo 159 do CP tutela o patrimônio e a liberdade individual.

### II.3.I.3. OBJETO MATERIAL

É a pessoa privada da sua liberdade, bem como quem é obrigado ao pagamento do resgate.

### II.3.I.4. SUJEITOS DO CRIME

Crime comum, o sujeito ativo pode ser qualquer pessoa. O sujeito passivo é a pessoa que suporta a privação da liberdade e quem sofre o prejuízo de natureza patrimonial.

### II.3.I.5. ELEMENTO SUBJETIVO

Crime doloso, demanda especial finalidade (*com o fim de obter, para si ou para outrem, qualquer vantagem, como condição ou preço do resgate*). Não é admitida a modalidade culposa.

### II.3.I.6. CONSUMAÇÃO E TENTATIVA

Crime formal, consuma-se com a privação da liberdade da vítima, independentemente da obtenção da vantagem pelo agente. A tentativa é possível.

× **Crime permanente**

A extorsão mediante sequestro é crime permanente, cuja consumação se prolonga no tempo. Ou seja, ainda que o sequestro perdure por semanas, meses ou anos, o sequestrador poderá ser preso em flagrante a qualquer momento, enquanto a vítima permanecer privada da liberdade (CPP, art. 303). A prescrição não corre enquanto não houver a soltura. Sobre o tema, atenção à Súmula 711 do STF.

### II.3.I.7. AÇÃO PENAL

A ação penal é sempre pública incondicionada, sem exceção.

## II.3.I.8. QUALIFICADORAS

Há várias formas qualificadas do crime de extorsão mediante sequestro. Para facilitar o estudo, serão vistas da mesma forma como fizemos nos crimes de furto e roubo, em tabela comparativa, a seguir disponibilizada.

| QUALIFICADORA | PENA | ATENÇÃO! |
|---|---|---|
| Se o sequestro dura mais de 24 (vinte e quatro) horas (§ 1º). | Reclusão, de doze a vinte anos. | (1) Crime a prazo, pois depende do transcurso do lapso temporal de vinte e quatro horas; (2) Qualificadora de natureza objetiva, é irrelevante qualquer condição pessoal do criminoso ou da vítima. |
| Se o sequestrado é menor de 18 (dezoito) ou maior de 60 (sessenta) anos (§ 1º). | Reclusão, de doze a vinte anos. | Se a vítima completar sessenta anos durante o sequestro, a qualificadora ficará caracterizada. |
| Se o crime é cometido por bando ou quadrilha (§ 1º). | Reclusão, de doze a vinte anos. | Atualmente, não se usa mais a expressão *quadrilha ou bando*, pois foi substituída pela associação criminosa (CP, art. 288). |
| Se do fato resulta lesão corporal de natureza grave (§ 2º). | Reclusão, de dezesseis a vinte e quatro anos. | Para a incidência da qualificadora, a lesão corporal grave ou gravíssima (CP, art. 129, § 1º e § 2º) tem de ser provocada na vítima da privação de liberdade. |
| Se do fato resulta morte (§ 3º). | Reclusão, de dezesseis a vinte e quatro anos. | A morte pode decorrer de dolo ou culpa. Portanto, não se trata de crime necessariamente preterdoloso. |

## II.3.I.9. CAUSA DE DIMINUIÇÃO DE PENA

A pena deve ser diminuída, de um a dois terços, se um dos concorrentes para o crime – em caso de concurso de pessoas – denunciar o delito à autoridade, facilitando a libertação do sequestrado (art. 158, § 4º).

## QUADRO SINÓTICO

### CLASSIFICAÇÃO

**Comum:** pode ser praticado por qualquer pessoa.

**Formal:** a consumação independe da produção de resultado naturalístico.

**De forma livre:** a lei não estabelece a forma de execução.

**Pluriofensivo:** tutela mais de um bem jurídico.

**Comissivo ou omissivo:** em regra, é praticado por ação, exceto na omissão imprópria (CP, art. 13, § 2º).

**Unissubjetivo:** pode ou não ser praticado em concurso de pessoas.

**Permanente:** a consumação se prolonga no tempo.

**Plurissubsistente:** é possível o fracionamento da conduta, o que faz com que seja viável a tentativa.

**De dano:** a consumação exige efetiva violação do bem jurídico tutelado. Não é suficiente a mera exposição a perigo.

**Doloso:** não é admitida a modalidade culposa.

### PENAS

Modalidade simples (art. 159, *caput*): reclusão, de oito a quinze anos.

Modalidades qualificadas (art. 157, § 1º, § 2º e §3):

(a)   Se o sequestro dura mais de vinte e quatro horas: reclusão, de doze a vinte anos;

(b)   Se o sequestrado é menor de dezoito anos ou maior de sessenta: reclusão, de doze a trinta anos;

(c)   Se o crime é praticado por associação criminosa (CP, art. 288): reclusão, de doze a trinta anos;

(d)   Se do fato resulta lesão corporal de natureza grave ou gravíssima (CP, art. 129, § 1º ou § 2º): reclusão, de dezesseis a vinte e quatro anos;

(e)   Se do fato resulta morte: reclusão, de vinte e quatro a trinta anos.

### DIMINUIÇÃO DE PENA

Se o crime é cometido em concurso, o concorrente que o denunciar à autoridade, facilitando a libertação do sequestrado, terá sua pena reduzida de um a dois terços.

### SUJEITOS

Sujeito ativo: qualquer pessoa.

Sujeito passivo: qualquer pessoa.

### ELEMENTO SUBJETIVO

É o dolo. É atípica a modalidade culposa.

### CONSUMAÇÃO E TENTATIVA

Crime formal, consuma-se com a privação de liberdade da vítima, independentemente da obtenção de condição ou preço do resgate.

### AÇÃO PENAL

Crime de ação penal pública incondicionada.

## II.3.2. EXTORSÃO INDIRETA

> *Extorsão indireta*
> *Art. 160. Exigir ou receber, como garantia de dívida, abusando da situação de alguém, documento que pode dar causa a procedimento criminal contra a vítima ou contra terceiro:*
> *Pena - reclusão, de um a três anos, e multa.*

### II.3.2.I. CONDUTA

Caracteriza o delito de extorsão indireta a conduta de exigir ou receber, como garantia de dívida, abusando da situação de alguém, documento que pode dar causa a procedimento criminal contra a vítima ou contra terceiro. A pena é de reclusão, de um a três anos, e multa – compatível com a suspensão condicional do processo (Lei nº 9.099/95, art. 89).

### II.3.2.2. BEM JURÍDICO

O patrimônio e a liberdade individual da vítima.

### II.3.2.3. OBJETO MATERIAL

É o documento, público ou privado.

### II.3.2.4. SUJEITOS DO CRIME

Crime comum, pode ser praticado por qualquer pessoa. O sujeito passivo é a pessoa que se submete à exigência ou que oferece o documento como garantia de dívida, bem como terceiro eventualmente prejudicado.

### II.3.2.5. ELEMENTO SUBJETIVO

É o dolo. Exige-se finalidade específica, consistente em obter o documento como garantia de dívida, abusando da situação de dificuldade econômica da vítima. A modalidade culposa é atípica.

### II.3.2.6. CONSUMAÇÃO E TENTATIVA

Consuma-se no momento da exigência (crime formal) ou do recebimento (crime material). É possível a tentativa.

## II.3.2.7. AÇÃO PENAL

A ação penal é pública incondicionada.

### QUADRO SINÓTICO

**CLASSIFICAÇÃO**

**Comum:** pode ser praticado por qualquer pessoa.
**Formal ou material:** formal, na conduta de exigir, e material, na de receber.
**De forma livre:** a lei não estabelece a forma de execução.
**Comissivo ou omissivo:** em regra, é praticado por ação, exceto na omissão imprópria (CP, art. 13, § 2º).
**Unissubjetivo:** pode ou não ser praticado em concurso de pessoas.
**Instantâneo:** consuma-se de imediato.
**Plurissubsistente:** é possível o fracionamento da conduta, o que faz com que seja viável a tentativa.
**Doloso:** não é admitida a modalidade culposa.

**PENAS**

Reclusão, de um a três anos, e multa.

**AUMENTO DE PENA**

Repouso noturno: a pena é aumentada de um terço se o crime for praticado durante o repouso noturno.

**SUJEITOS**

Sujeito ativo: qualquer pessoa.
Sujeito passivo: qualquer pessoa.

**ELEMENTO SUBJETIVO**

É o dolo. É atípica a modalidade culposa.

**CONSUMAÇÃO E TENTATIVA**

Na modalidade exigir, é crime formal, que se consuma com a prática da conduta. No segundo verbo, receber, é crime material, que exige a produção de resultado naturalístico para a consumação.

**AÇÃO PENAL**

Crime de ação penal pública incondicionada.

## II.4. DA USURPAÇÃO

### II.4.I. ALTERAÇÃO DE LIMITES, USURPAÇÃO DE ÁGUA E ESBULHO POSSESSÓRIO (CP, ART. 161)

> *Alteração de limites*
> *Art. 161. Suprimir ou deslocar tapume, marco, ou qualquer outro sinal indicativo de linha divisória, para apropriar-se, no todo ou em parte, de coisa imóvel alheia:*
> *Pena - detenção, de um a seis meses, e multa.*
> *§ 1º. Na mesma pena incorre quem:*
> *Usurpação de águas*
> *I - desvia ou represa, em proveito próprio ou de outrem, águas alheias;*
> *Esbulho possessório*
> *II - invade, com violência a pessoa ou grave ameaça, ou mediante concurso de mais de duas pessoas, terreno ou edifício alheio, para o fim de esbulho possessório.*
> *§ 2º. Se o agente usa de violência, incorre também na pena a esta cominada.*
> *§ 3º. Se a propriedade é particular, e não há emprego de violência, somente se procede mediante queixa.*

#### II.4.I.I. CONDUTA

O crime consiste em suprimir ou deslocar tapume, marco, ou qualquer outro sinal indicativo de linha divisória, para apropriar-se, no todo ou em parte, de coisa imóvel alheia. A pena é de detenção, de um a seis meses, e multa. Delito de menor potencial ofensivo, deve ser processado e julgado por Juizado Especial Criminal. É compatível com transação penal e suspensão condicional do processo (Lei nº 9.099/95, arts. 61, 76 e 89).

#### II.4.I.2. BEM JURÍDICO

É o patrimônio.

#### II.4.I.3. OBJETO MATERIAL

× Alteração de limites
Pode ser o tapume, o marco ou qualquer outro sinal de linha divisória.

× Usurpação de águas
São as águas, consideradas parte do solo.

× **Esbulho possessório**

É o imóvel esbulhado.

### II.4.I.4. SUJEITOS DO CRIME

O sujeito ativo é o proprietário, possuidor ou futuro comprador do imóvel vizinho, enquanto o passivo é proprietário ou possuidor cujas áreas vizinhas sejam alteradas em razão da conduta criminosa.

### II.4.I.5. ELEMENTO SUBJETIVO

Crime doloso, é atípica a modalidade culposa.

### II.4.I.6. CONSUMAÇÃO E TENTATIVA

Delito formal, consuma-se com a supressão ou deslocamento da linha divisória, ainda que o agente não consiga, de fato, se apropriar da coisa imóvel alheia.

### II.4.I.7. AÇÃO PENAL

Se a propriedade for particular, e não houver emprego de violência, somente se procede mediante queixa (ação penal privada). Caso contrário, ação penal pública incondicionada.

### II.4.I.8. FIGURAS EQUIPARADAS

× **Usurpação de águas**

Na mesma pena incorre quem desvia ou represa, em proveito próprio ou de outrem, águas alheias. Crime comum, pode ser praticado por qualquer pessoa. O sujeito passivo é o proprietário ou possuidor da água desviada ou represada. Crime formal, consuma-se desde o desvio ou represamento.

× **Esbulho possessório**

Outra figura equiparada, incorre na mesma pena quem invade, com violência a pessoa ou grave ameaça, ou mediante concurso de mais de duas pessoas, terreno ou edifício alheio, para o fim de esbulho possessório. Se houver emprego de violência, o agente também será responsabilizado pela pena a esta cominada (ex.: lesão corporal, em concurso material). Ademais, se a propriedade for particular e não houver emprego de violência, o crime será de ação penal privada.

## CLASSIFICAÇÃO

**Comum ou próprio:** comum, na usurpação de águas e no esbulho possessório, e próprio, na alteração de limites.

**Formal:** a consumação independe da produção de resultado naturalístico.

**De forma livre:** a lei não estabelece a forma de execução.

**Comissivo ou omissivo:** em regra, é praticado por ação, exceto na omissão imprópria (CP, art. 13, § 2º).

**Unissubjetivo:** pode ou não ser praticado em concurso de pessoas.

**Instantâneo ou permanente:** consuma-se de imediato, exceto na hipótese do § 3º, quando a consumação se prolonga no tempo.

**Plurissubsistente:** é possível o fracionamento da conduta, o que faz com que seja viável a tentativa.

**Não transeunte:** deixa vestígios.

**Doloso:** não é admitida a modalidade culposa.

## PENAS

Detenção, de um a seis meses, e multa.

## SUJEITOS

**Sujeito ativo:** qualquer pessoa, exceto na alteração de limites, crime próprio.

**Sujeito passivo:** qualquer pessoa.

## ELEMENTO SUBJETIVO

É o dolo. É atípica a modalidade culposa.

## CONSUMAÇÃO E TENTATIVA

Crimes formais, consumam-se independentemente da produção de resultado naturalístico. A tentativa é possível.

## AÇÃO PENAL

Se a propriedade for particular e não houver emprego de violência, a persecução penal deverá ter início pelo oferecimento de queixa-crime (ação penal privada).

---

### II.4.2. SUPRESSÃO OU ALTERAÇÃO DE MARCA EM ANIMAIS (CP, ART. I62)

*Supressão ou alteração de marca em animais*
*Art. 162. Suprimir ou alterar, indevidamente, em gado ou rebanho alheio, marca ou sinal indicativo de propriedade:*
*Pena - detenção, de seis meses a três anos, e multa.*

### II.4.2.I.   CONDUTA

A conduta típica é descrita como suprimir ou alterar, indevidamente, em gado ou rebanho alheio, marca ou sinal indicativo de propriedade. A pena é de detenção, de seis meses a três anos, e multa. É compatível com suspensão condicional do processo (Lei nº 9.099/95, art. 89).

### II.4.2.2.   BEM JURÍDICO

É o patrimônio.

### II.4.2.3.   OBJETO MATERIAL

É o gado ou rebanho.

### II.4.2.4.   SUJEITOS DO CRIME

Crime comum, pode ser praticado por qualquer pessoa, exceto, é claro, o próprio proprietário.

### II.4.2.5.   ELEMENTO SUBJETIVO

Delito doloso, não se pune a modalidade culposa.

### II.4.2.6.   CONSUMAÇÃO E TENTATIVA

A consumação ocorre com a supressão ou alteração da marca ou do sinal, sendo prescindível o subsequente furto ou apropriação. A tentativa é possível.

## II.4.2.7. AÇÃO PENAL

É crime de ação penal pública incondicionada.

| QUADRO SINÓTICO |
| --- |
| **CLASSIFICAÇÃO** |
| **Comum:** pode ser praticado por qualquer pessoa.<br>**Formal:** a consumação independe da produção de resultado naturalístico.<br>**De forma livre:** a lei não estabelece a forma de execução.<br>**Comissivo:** a conduta se dá por ação.<br>**Unissubjetivo:** pode ou não ser praticado em concurso de pessoas.<br>**Instantâneo:** consuma-se de imediato.<br>**Plurissubsistente:** é possível o fracionamento da conduta, o que faz com que seja viável a tentativa.<br>**Não transeunte:** deixa vestígios.<br>**Doloso:** não é admitida a modalidade culposa. |
| **PENAS** |
| Detenção, de um a seis meses, ou multa. |
| **SUJEITOS** |
| Sujeito ativo: qualquer pessoa.<br>Sujeito passivo: qualquer pessoa. |
| **ELEMENTO SUBJETIVO** |
| É o dolo. É atípica a modalidade culposa. |
| **CONSUMAÇÃO E TENTATIVA** |
| Consuma-se com a supressão ou alteração da marca ou do sinal. A tentativa é possível. |
| **AÇÃO PENAL** |
| A ação penal é pública incondicionada. |

## II.5. DO DANO

### II.5.I. DANO (CP, ART. 163)

> *Dano*
> *Art. 163. Destruir, inutilizar ou deteriorar coisa alheia:*
> *Pena - detenção, de um a seis meses, ou multa.*
> *Dano qualificado*
> *Parágrafo único. Se o crime é cometido:*
> *I - com violência à pessoa ou grave ameaça;*

*II - com emprego de substância inflamável ou explosiva, se o fato não constitui crime mais grave;*

*III - contra o patrimônio da União, de Estado, do Distrito Federal, de Município ou de autarquia, fundação pública, empresa pública, sociedade de economia mista ou empresa concessionária de serviços públicos;*

*IV - por motivo egoístico ou com prejuízo considerável para a vítima:*

*Pena - detenção, de seis meses a três anos, e multa, além da pena correspondente à violência.*

### II.5.I.I. CONDUTA

O crime de dano tem por condutas destruir, inutilizar ou deteriorar coisa alheia. A pena é de detenção, de um a seis meses, ou multa. Crime de menor potencial ofensivo, de competência do Juizado Especial Criminal, compatível com a transação penal e a suspensão condicional do processo (Lei nº 9.099/95, arts. 61, 76 e 89).

### II.5.I.2. BEM JURÍDICO

É o patrimônio.

### II.5.I.3. OBJETO MATERIAL

É a coisa destruída, inutilizada ou deteriorada. Não ocorre o crime de dano quando a coisa destruída, inutilizada ou deteriorada não pertencer a ninguém (*res nullius*) ou estiver abandonada (*res derelicta*). No entanto, é típica a conduta quando se tratar de coisa perdida (*res desperdicta*), afinal, nesse caso, há violação ao bem jurídico tutelado (o patrimônio). Em relação a animais, pode ficar caracterizado o crime do artigo 32 da Lei de Crimes Ambientais (Lei nº 9.605/98).

### II.5.I.4. SUJEITOS DO CRIME

O sujeito passivo pode ser qualquer pessoa (crime comum). O sujeito passivo é o proprietário ou possuidor da coisa.

### II.5.I.5. ELEMENTO SUBJETIVO

É o dolo. É atípica a modalidade culposa – cuidado, pois se pergunta com frequência em prova a respeito do *dano culposo*.

### II.5.I.6. CONSUMAÇÃO E TENTATIVA

Crime material, consuma-se com a efetiva destruição, inutilização ou deterioração da coisa. A tentativa é possível.

### II.5.I.7. AÇÃO PENAL

O dano simples (*caput*) e o dano qualificado por motivo egoístico ou com prejuízo considerável para a vítima (parágrafo único, IV) são de ação penal privada.

### II.5.I.8. QUALIFICADORAS

De acordo com o parágrafo único do artigo 163, o crime de dano é punido com pena de detenção, de seis meses a três anos, e multa, além da pena correspondente à violência (ex.: lesão corporal, em concurso material). Deixa de ser crime de menor potencial ofensivo, mas permanece possível a suspensão condicional do processo (Lei nº 9.099/95, art. 89).

(1) Dano com violência à pessoa ou grave ameaça: a violência ou grave ameaça tem de ocorrer no contexto do crime de dano. Se prescindível, não deverá ser reconhecida a forma qualificada. Na hipótese de grave ameaça, o crime do artigo 147 do CP deve ser absorvido (princípio da consunção). No entanto, se houver violência e resultar em lesão corporal (CP, art. 129), o agente tem de ser punido dano pelo dano quanto pela lesão, em concurso material (CP, art. 69). A violência contra coisa (ex.: um automóvel) não qualifica o delito – em verdade, o crime de dano é, em si, o emprego de violência contra coisa. A ação penal é pública incondicionada.

(2) Com emprego de substância inflamável ou explosiva, se o fato não constitui crime mais grave: expressamente subsidiário (ex.: deve ser absorvido se praticado no contexto de um homicídio), a qualificadora se justifica em virtude do maior perigo provocado pelo meio empregado na execução do delito. É crime de ação penal pública incondicionada.

(3) Contra o patrimônio da União, de Estado, do Distrito Federal, de Município ou de autarquia, fundação pública, empresa pública, sociedade de economia mista ou empresa concessionária de serviços públicos: norma autoexplicativa, é relevante destacar a incompatibilidade da qualificadora com o princípio da insignificância. É crime de ação penal pública incondicionada.

Por motivo egoístico ou com prejuízo considerável para a vítima: crime de ação penal privada, consiste na prática da qualificadora por motivação torpe, egoísta. Também deve ser reconhecida quando resultar em prejuízo considerável à vítima, algo a ser avaliado no caso concreto, com base no poder econômico de quem sofreu a lesão.

## CLASSIFICAÇÃO

**Comum:** pode ser praticado por qualquer pessoa.

**Material:** a consumação depende da produção de resultado naturalístico.

**De forma livre:** a lei não estabelece a forma de execução.

**Comissivo ou omissivo:** em regra, é praticado por ação, exceto na omissão imprópria (CP, art. 13, § 2º).

**Unissubjetivo:** pode ou não ser praticado em concurso de pessoas.

**Instantâneo:** consuma-se de imediato.

**Plurissubsistente:** é possível o fracionamento da conduta, o que faz com que seja viável a tentativa.

**De dano:** a consumação exige efetiva violação do bem jurídico tutelado. Não é suficiente a mera exposição a perigo.

**Não transeunte:** deixa vestígios.

**Doloso:** não é admitida a modalidade culposa.

## PENAS

**Modalidade simples** (art. 163, *caput*): detenção, de um a seis meses, ou multa.

**Modalidades qualificadas (art. 163, parágrafo único), com pena de detenção, de seis meses a três anos, e multa, sem prejuízo da pena correspondente à violência:**

(a)   Com emprego de violência ou grave ameaça;

(b)   Com emprego de substância inflamável ou explosiva, se o fato não constitui crime mais grave;

(c)   Contra o patrimônio da União, de Estado, do Distrito Federal, de Município ou de autarquia, fundação pública, empresa pública, sociedade de economia mista ou empresa concessionária de serviços públicos;

(d)   Por motivo egoístico ou com prejuízo considerável para a vítima.

## SUJEITOS

**Sujeito ativo:** qualquer pessoa.
**Sujeito passivo:** qualquer pessoa.

## ELEMENTO SUBJETIVO

É o dolo. É atípica a modalidade culposa.

## CONSUMAÇÃO E TENTATIVA

Crime material, consuma-se com a efetiva destruição, inutilização ou deterioração da coisa. A tentativa é possível.

## AÇÃO PENAL

Em regra, ação penal pública incondicionada. Exceções, quando a ação será de iniciativa privada:

(a)   Dano simples (art. 163, *caput*);

(b)   Dano qualificado por motivo egoístico ou com prejuízo considerável à vítima (art. 163, parágrafo único, IV).

## II.5.2. INTRODUÇÃO OU ABANDONO DE ANIMAIS EM PROPRIEDADE ALHEIA (CP, ART. 164)

> *Introdução ou abandono de animais em propriedade alheia*
> *Art. 164. Introduzir ou deixar animais em propriedade alheia, sem consentimento de quem de direito, desde que o fato resulte prejuízo:*
> *Pena - detenção, de quinze dias a seis meses, ou multa.*

### II.5.2.1. CONDUTA

O crime consiste em introduzir ou deixar animais em propriedade alheia, sem consentimento de quem de direito, desde que o fato resulte prejuízo. A pena é de detenção, de quinze dias a seis meses, ou multa. É crime de menor potencial ofensivo, compatível com transação penal e suspensão condicional do processo, devendo ser processado e julgado em Juizado Especial Criminal (Lei nº 9.099/95, arts. 61, 76 e 89).

### II.5.2.2. BEM JURÍDICO

É o patrimônio.

### II.5.2.3. OBJETO MATERIAL

É a propriedade alheia em que os animais são introduzidos ou deixados.

### II.5.2.4. SUJEITOS DO CRIME

Crime comum, pode ser praticado por qualquer pessoa. O sujeito passivo é o proprietário ou possuidor de imóvel que sofre prejuízo.

### II.5.2.5. ELEMENTO SUBJETIVO

É o dolo. Não é admitida a modalidade culposa.

### II.5.2.6. CONSUMAÇÃO E TENTATIVA

Crime material, consuma-se com o efetivo prejuízo.

### II.5.2.7. AÇÃO PENAL

É crime de ação penal privada (CP, art. 167).

| QUADRO SINÓTICO |
| --- |
| **CLASSIFICAÇÃO** |
| **Comum:** pode ser praticado por qualquer pessoa.<br>**Material:** a consumação depende da produção de resultado naturalístico.<br>**De forma livre:** a lei não estabelece a forma de execução.<br>**Simples:** tutela apenas um bem jurídico.<br>**Comissivo ou omissivo:** em regra, é praticado por ação,<br>exceto na omissão imprópria (CP, art. 13, § 2°).<br>**Unissubjetivo:** pode ou não ser praticado em concurso de pessoas.<br>**Instantâneo:** consuma-se de imediato.<br>**Plurissubsistente:** é possível o fracionamento da conduta,<br>o que faz com que seja viável a tentativa.<br>**Não transeunte:** deixa vestígios.<br>**Doloso:** não é admitida a modalidade culposa. |
| **PENAS** |
| Detenção, de quinze dias a seis meses, ou multa. |
| **SUJEITOS** |
| **Sujeito ativo:** qualquer pessoa.<br>**Sujeito passivo:** qualquer pessoa. |
| **ELEMENTO SUBJETIVO** |
| É o dolo. É atípica a modalidade culposa. |
| **CONSUMAÇÃO E TENTATIVA** |
| Crime material, consuma-se com o efetivo prejuízo ao<br>patrimônio de terceiro. A tentativa é possível. |
| **AÇÃO PENAL** |
| Crime de ação penal privada. |

## II.5.3. DANO EM COISA DE VALOR ARTÍSTICO, ARQUEOLÓGICO OU HISTÓRICO (CP, ART. 165)

*Dano em coisa de valor artístico, arqueológico ou histórico*
*Art. 165. Destruir, inutilizar ou deteriorar coisa tombada pela autoridade competente em virtude de valor artístico, arqueológico ou histórico:*
*Pena - detenção, de seis meses a dois anos, e multa.*

### II.5.4. ALTERAÇÃO DE LOCAL ESPECIALMENTE PROTEGIDO (CP, ART. 166)

> *Alteração de local especialmente protegido*
> *Art. 166. Alterar, sem licença da autoridade competente, o aspecto de local especialmente protegido por lei:*
> *Pena - detenção, de um mês a um ano, ou multa.*

### II.5.5. AÇÃO PENAL

> *Ação penal*
> *Art. 167. Nos casos do art. 163, do inciso IV do seu parágrafo e do art. 164, somente se procede mediante queixa.*

## II.6. DA APROPRIAÇÃO INDÉBITA

### II.6.1. APROPRIAÇÃO INDÉBITA (CP, ART. 168)

> *Apropriação indébita*
> *Art. 168. Apropriar-se de coisa alheia móvel, de que tem a posse ou a detenção:*
> *Pena - reclusão, de um a quatro anos, e multa.*
> *Aumento de pena*
> *§ 1º. A pena é aumentada de um terço, quando o agente recebeu a coisa:*
> *I - em depósito necessário;*
> *II - na qualidade de tutor, curador, síndico, liquidatário, inventariante, testamenteiro ou depositário judicial;*
> *III - em razão de ofício, emprego ou profissão.*

#### II.6.1.1. CONDUTA

O crime consiste em apropriar-se de coisa alheia móvel, de que tem a posse ou a detenção. Punido com pena de reclusão, de um a quatro anos, e multa, é compatível com a suspensão condicional do processo (Lei nº 9.099/95, art. 89).

× **Apropriação indébita, furto e estelionato**

Com certa frequência, as bancas pedem em suas provas a distinção entre os três delitos, apropriação indébita, furto (CP, art. 155) e estelionato (CP, art. 171). No entanto, observados alguns pontos distintivos, não há como confundi-los. Entenda:

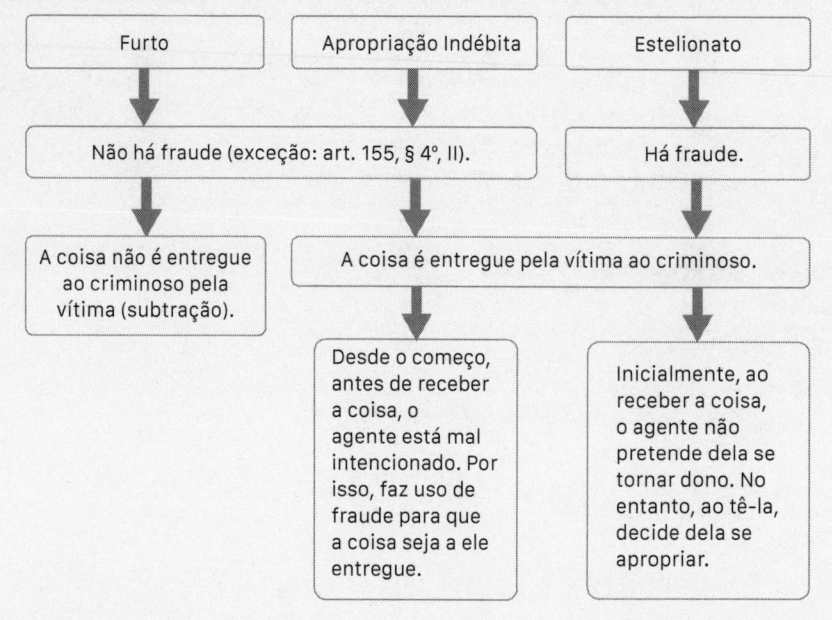

× **Apropriação**

Como visto no esquema anterior, na apropriação indébita, o agente recebe a coisa de boa-fé, sem intenção de se tornar o dono. Contudo, isso muda a partir do momento em que tem a posse ou detenção da coisa. Exemplo: após receber algo em empréstimo, decide não o devolver ao dono. Há, portanto, quebra de confiança na relação entre os envolvidos.

### II.6.I.2.  SUJEITOS DO CRIME

Crime comum, pode ser praticado por qualquer pessoa. O sujeito passivo é a pessoa, física ou jurídica, prejudicada pela prática criminosa.

### II.6.I.3.  ELEMENTO SUBJETIVO

É o dolo, acrescido de especial fim de agir – a intenção de se tornar dono da coisa (*animus rem sibi habendi*). Na apropriação indébita, o dolo é subsequente ou sucessivo, pois o sujeito recebe a coisa de boa-fé. Difere, portanto, do estelionato, em que a má-fé está presente antes do recebimento da coisa. A modalidade culposa é atípica.

### II.6.I.4. CONSUMAÇÃO

Crime material, consuma-se no momento em que o indivíduo inverte seu ânimo em relação à coisa alheia móvel - de mero detentor ou possuidor, passa a se comportar como dono -, resultando em prejuízo ao patrimônio da vítima. A má-fé que caracteriza (e consuma) o delito fica demonstrada com a prática de algum ato de disposição da coisa (apropriação indébita própria), a exemplo da venda, ou pela recusa em devolvê-la ao dono (apropriação indébita imprópria). A tentativa é admitida apenas na apropriação própria.

### II.6.I.5. AÇÃO PENAL

É crime de ação penal pública incondicionada, observado o artigo 182 do CP.

### II.6.I.6. CAUSAS DE AUMENTO DE PENA

A pena do crime é aumentada de um terço quando o agente se apropria da coisa recebida: (1) em depósito necessário; (2) na qualidade de tutor, curador, síndico, liquidatário, inventariante, testamenteiro ou depositário judicial; (3) em razão de ofício, emprego ou profissão.

### II.6.2. APROPRIAÇÃO INDÉBITA PREVIDENCIÁRIA (CP, ART. I68-A)

> *Apropriação indébita previdenciária*
> *Art. 168-A. Deixar de repassar à previdência social as contribuições recolhidas dos contribuintes, no prazo e forma legal ou convencional:*
> *Pena - reclusão, de 2 (dois) a 5 (cinco) anos, e multa.*
> *§ 1º. Nas mesmas penas incorre quem deixar de:*
> *I - recolher, no prazo legal, contribuição ou outra importância destinada à previdência social que tenha sido descontada de pagamento efetuado a segurados, a terceiros ou arrecadada do público;*
> *II - recolher contribuições devidas à previdência social que tenham integrado despesas contábeis ou custos relativos à venda de produtos ou à prestação de serviços;*
> *III - pagar benefício devido a segurado, quando as respectivas cotas ou valores já tiverem sido reembolsados à empresa pela previdência social.*
> *§ 2º. É extinta a punibilidade se o agente, espontaneamente, declara, confessa e efetua o pagamento das contribuições, importâncias ou valores e presta as informações devidas à previdência social, na forma definida em lei ou regulamento, antes do início da ação fiscal.*

> *§ 3°. É facultado ao juiz deixar de aplicar a pena ou aplicar somente a de multa se o agente for primário e de bons antecedentes, desde que:*
> *I - tenha promovido, após o início da ação fiscal e antes de oferecida a denúncia, o pagamento da contribuição social previdenciária, inclusive acessórios; ou*
> *II - o valor das contribuições devidas, inclusive acessórios, seja igual ou inferior àquele estabelecido pela previdência social, administrativamente, como sendo o mínimo para o ajuizamento de suas execuções fiscais.*
> *§ 4°. A faculdade prevista no § 3° deste artigo não se aplica aos casos de parcelamento de contribuições cujo valor, inclusive dos acessórios, seja superior àquele estabelecido, administrativamente, como sendo o mínimo para o ajuizamento de suas execuções fiscais.*

### II.6.2.1. CONDUTA

O delito consiste em deixar de repassar à previdência social as contribuições recolhidas dos contribuintes, no prazo e forma legal ou convencional. A pena é de reclusão, de dois a cinco anos, e multa. É compatível com o acordo de não persecução penal (CPP, art. 28-A).

> *Não extingue a punibilidade do crime de estelionato previdenciário (art. 171, § 3°, do CP) a devolução à Previdência Social, antes do recebimento da denúncia, da vantagem percebida ilicitamente, podendo a iniciativa, eventualmente, caracterizar arrependimento posterior, previsto no art. 16 do CP.* (STJ, REsp 1.380.672/SC)

### II.6.2.2. SUJEITOS DO CRIME

Crime comum, pode ser praticado por qualquer pessoa. O sujeito passivo é a União.

### II.6.2.3. ELEMENTO SUBJETIVO

É o dolo. Não se admite a modalidade culposa.

> *Para a caracterização do crime de apropriação indébita de contribuição previdenciária (art. 168-A do CP), não há necessidade de comprovação do dolo específico de se apropriar de valores destinados à previdência social.* (STJ, HC 116.032/RS)

### II.6.2.4. CONSUMAÇÃO

Crime material, consuma-se com o efetivo prejuízo à previdência social. Por ser crime omissivo próprio, não é compatível com a tentativa.

*A jurisprudência desta Corte Superior (...) orientou-se no sentido de que o crime de apropriação indébita previdenciária, previsto no art. 168-A do Código Penal, possui natureza de delito material, a exigir, para sua consumação, a ocorrência de resultado naturalístico consistente no efetivo dano à Previdência. Tem-se, portanto, que o momento consumativo do delito em apreço não correspondente àquele da supressão ou da redução do desconto da contribuição, mas, sim, ao momento da constituição definitiva do crédito tributário, com o exaurimento da via administrativa. Inúmeros precedentes.*
(AgRg no EREsp 1734799/SP)

### II.6.2.5. AÇÃO PENAL

É crime de ação penal pública incondicionada. A competência, em regra, é da Justiça Federal (exceção: art. 149, § 1º, da CF).

### II.6.2.6. FIGURAS EQUIPARADAS

O § 1º prevê as formas equiparadas. Nas mesmas penas incorre quem deixar de:

(1) recolher, no prazo legal, contribuição ou outra importância destinada à previdência social que tenha sido descontada de pagamento efetuado a segurados, a terceiros ou arrecadada do público;

(2) recolher contribuições devidas à previdência social que tenham integrado despesas contábeis ou custos relativos à venda de produtos ou à prestação de serviços;

(3) pagar benefício devido a segurado, quando as respectivas cotas ou valores já tiverem sido reembolsados à empresa pela previdência social.

### II.6.2.7. EXTINÇÃO DA PUNIBILIDADE

O § 2º prevê a extinção de punibilidade se o agente, espontaneamente, declara, confessa e efetua o pagamento das contribuições, importâncias ou valores e presta as informações devidas à previdência social, na forma definida em lei ou regulamento, antes do início da ação fiscal. Entretanto, os Tribunais Superiores entendem que o adimplemento do débito tributário extingue a punibilidade a qualquer tempo, até mesmo após o trânsito em julgado.

### II.6.2.8. PERDÃO JUDICIAL

O § 3º traz hipótese de perdão judicial quando o agente for primário e de bons antecedentes, desde que: (a) tenha promovido, após o início da ação fiscal e antes de oferecida a denúncia, o pagamento da contribuição social previdenciária, inclusive acessórios; ou (b) o valor das contribuições devidas, inclusive acessórios, seja igual ou inferior àquele estabelecido pela previdência social, administrativamente, como sendo o mínimo para o ajuizamento de suas execuções fiscais. O § 4º limita a incidência do § 3º.

## II.6.3. APROPRIAÇÃO DE COISA HAVIDA POR ERRO, CASO FORTUITO OU FORÇA DA NATUREZA, DE TESOURO OU DE COISA ACHADA (CP, ART. 169)

> *Apropriação de coisa havida por erro, caso fortuito ou força da natureza*
> *Art. 169. Apropriar-se alguém de coisa alheia vinda ao seu poder por erro, caso fortuito ou força da natureza:*
> *Pena - detenção, de um mês a um ano, ou multa.*
> *Parágrafo único - Na mesma pena incorre:*
> *Apropriação de tesouro*
> *I - quem acha tesouro em prédio alheio e se apropria, no todo ou em parte, da quota a que tem direito o proprietário do prédio;*
> *Apropriação de coisa achada*
> *II - quem acha coisa alheia perdida e dela se apropria, total ou parcialmente, deixando de restituí-la ao dono ou legítimo possuidor ou de entregá-la à autoridade competente, dentro no prazo de quinze dias.*

### II.6.3.1. CONDUTA

É o crime praticado por quem se apropria de coisa alheia vinda ao seu poder por erro, caso fortuito ou força da natureza. A pena é de detenção, de um mês a um ano, ou multa. Crime de menor potencial ofensivo, compete o processo e julgamento ao Juizado Especial Criminal. Admite-se transação penal e suspensão condicional do processo (Lei nº 9.099/95, arts. 61, 76 e 89). Crime comum, pode ser praticado por qualquer pessoa. O sujeito passivo é o dono da coisa desviada ou perdida por erro, caso fortuito ou força da natureza. Crime doloso, não admite a modalidade culposa. Crime material, consuma-se quando o agente se apropria da coisa alheia móvel, transformando a posse em propriedade. A tentativa é possível. A ação penal é pública incondicionada.

× Apropriação de tesouro

O inciso I do parágrafo único do artigo 169 traz norma penal em branco, que demanda complemento para que seja aplicável. A pena é de detenção, de um mês a um ano, ou multa - crime de menor potencial ofensivo, compete o processo e julgamento ao Juizado Especial Criminal. Admite-se transação penal e suspensão condicional do processo (Lei nº 9.099/95, arts. 61, 76 e 89).

> *Art. 1.264. O depósito antigo de coisas preciosas, oculto e de cujo dono não haja memória, será dividido por igual entre o proprietário do prédio e o que achar o tesouro casualmente.*
> *Art. 1.265. O tesouro pertencerá por inteiro ao proprietário do prédio, se for achado por ele, ou em pesquisa que ordenou, ou por terceiro não autorizado.*
> *Art. 1.266. Achando-se em terreno aforado, o tesouro será dividido por igual entre o descobridor e o enfiteuta, ou será deste por inteiro quando ele mesmo seja o descobridor.* (Código Civil)

× **Apropriação de coisa achada**

A apropriação de coisa achada é crime de menor potencial ofensivo, compete o processo e julgamento ao Juizado Especial Criminal. Admite-se transação penal e suspensão condicional do processo (Lei nº 9.099/95, arts. 61, 76 e 89). A conduta consiste em se apropriar de coisa perdida, aquela extraviada em local público ou de uso público, com o ânimo de assenhoreamento definitivo (*animus rem sibi habendi*).

× **Erro de proibição**

Enquanto anda pela rua, alguém encontra um objeto perdido (ex.: um relógio). O que fazer? O que qualquer um faria: publicar fotos do achado em uma rede social, na esperança de que o dono apareça. Passados meses, a coisa permanece com quem a encontrou, esquecida em uma gaveta, na esperança de que, um dia, o dono apareça.

Tenho certeza, para boa das pessoas, não há ilicitude alguma na conduta descrita. Ao contrário, parece a postura de pessoa honesta, correta, pois buscou o dono da coisa perdida. Entretanto, sem saber, o sujeito que a encontrou praticou o crime de apropriação de coisa achada, que se consumou quando, passados quinze dias, não a restituiu ao dono ou legítimo possuidor ou a entregou à autoridade competente.

No exemplo anterior, o indivíduo imaginou estar agindo da forma correta ao publicar fotos da coisa perdida na internet, em vez de entregá-la à autoridade competente. Portanto, agiu em hipótese erro sobre a ilicitude do fato, também denominado erro de proibição (CP, art. 21), que tem duas consequências: se inevitável o erro, a culpabilidade é afastada; se evitável, o autor da conduta responde pelo crime, mas com a pena diminuída de um sexto a um terço.

× Crime a prazo

A apropriação de coisa achada é crime a prazo, pois a conduta é atípica nos quinze primeiros dias, consumando-se após o decurso desse prazo, caso a coisa não seja restituída ao dono ou entregue à autoridade competente.

### II.6.3.2. CAUSA DE DIMINUIÇÃO DE PENA

É possível, nos crimes dos artigos 168 a 169 do CP, a incidência do artigo 155, § 2º, do CP (*furto privilegiado*) - *se o criminoso é primário, e é de pequeno valor a coisa furtada* [apropriada], *o juiz pode substituir a pena de reclusão pela de detenção, diminuí-la de um a dois terços, ou aplicar somente a pena de multa.*

### II.6.4. CAUSA DE DIMINUIÇÃO DE PENA

> *Art. 170. Nos crimes previstos neste Capítulo, aplica-se o disposto no art. 155, § 2º.*

## II.7. DO ESTELIONATO E OUTRAS FRAUDES

### II.7.I. ESTELIONATO E CRIMES ASSEMELHADOS (CP, ART. I7I)

> *Estelionato*
> *Art. 171. Obter, para si ou para outrem, vantagem ilícita, em prejuízo alheio, induzindo ou mantendo alguém em erro, mediante artifício, ardil, ou qualquer outro meio fraudulento:*
> *Pena - reclusão, de um a cinco anos, e multa, de quinhentos mil réis a dez contos de réis.*
> *§ 1º. Se o criminoso é primário, e é de pequeno valor o prejuízo, o juiz pode aplicar a pena conforme o disposto no art. 155, § 2º.*
> *§ 2º. Nas mesmas penas incorre quem:*
> *Disposição de coisa alheia como própria*
> *I - vende, permuta, dá em pagamento, em locação ou em garantia coisa alheia como própria;*
> *Alienação ou oneração fraudulenta de coisa própria*
> *II - vende, permuta, dá em pagamento ou em garantia coisa própria inalienável, gravada de ônus ou litigiosa, ou imóvel que prometeu vender a terceiro, mediante pagamento em prestações, silenciando sobre qualquer dessas circunstâncias;*

*Defraudação de penhor*

*III - defrauda, mediante alienação não consentida pelo credor ou por outro modo, a garantia pignoratícia, quando tem a posse do objeto empenhado;*

*Fraude na entrega de coisa*

*IV - defrauda substância, qualidade ou quantidade de coisa que deve entregar a alguém;*

*Fraude para recebimento de indenização ou valor de seguro*

*V - destrói, total ou parcialmente, ou oculta coisa própria, ou lesa o próprio corpo ou a saúde, ou agrava as consequências da lesão ou doença, com o intuito de haver indenização ou valor de seguro;*

*Fraude no pagamento por meio de cheque*

*VI - emite cheque, sem suficiente provisão de fundos em poder do sacado, ou lhe frustra o pagamento.*

*Fraude eletrônica*

*§ 2º-A. A pena é de reclusão, de 4 (quatro) a 8 (oito) anos, e multa, se a fraude é cometida com a utilização de informações fornecidas pela vítima ou por terceiro induzido a erro por meio de redes sociais, contatos telefônicos ou envio de correio eletrônico fraudulento, ou por qualquer outro meio fraudulento análogo.*

*§ 2º-B. A pena prevista no § 2º-A deste artigo, considerada a relevância do resultado gravoso, aumenta-se de 1/3 (um terço) a 2/3 (dois terços), se o crime é praticado mediante a utilização de servidor mantido fora do território nacional.*

*§ 3º. A pena aumenta-se de um terço, se o crime é cometido em detrimento de entidade de direito público ou de instituto de economia popular, assistência social ou beneficência.*

*Estelionato contra idoso ou vulnerável*

*§ 4º. A pena aumenta-se de 1/3 (um terço) ao dobro, se o crime é cometido contra idoso ou vulnerável, considerada a relevância do resultado gravoso.*

*§ 5º. Somente se procede mediante representação, salvo se a vítima for:*

*I - a Administração Pública, direta ou indireta;*

*II - criança ou adolescente;*

*III - pessoa com deficiência mental; ou*

*IV - maior de 70 (setenta) anos de idade ou incapaz.*

### II.7.1.1. CONDUTA

O estelionato é o crime do *vigarista*: ele não toma algo de alguém (subtração), tampouco emprega violência ou grave ameaça para conquistar a vantagem ilícita. Em vez disso, faz uso de fraude para induzir alguém em erro. Ao criar a fantasia, o criminoso manipula a vítima, fazendo com que ela entregue a vantagem voluntariamente – mas é uma vontade viciada, que se dá com base em uma realidade inexistente. A pena é de reclusão, de um a cinco anos, e multa, compatível com a suspensão condicional do processo (Lei n° 9.099/95, art. 89).

× **Artifício e ardil**

O artifício é a fraude material, a exemplo do equipamento instalado em medidor de consumo de energia elétrica para que o registro seja feito a menor. O ardil é a fraude moral, quando o estelionatário tem como *arma* apenas a lábia. É o exemplo do sujeito que induz a vítima em erro com mentiras, histórias falaciosas.

### II.7.I.2. SUJEITOS DO CRIME

Crime comum, pode ser praticado por qualquer pessoa. O sujeito passivo pode ser pessoa física ou jurídica, mas deve ser certa e determinada. Se a vítima for pessoa idosa, a pena deve ser aplicada em dobro.

### II.7.I.3. ELEMENTO SUBJETIVO

É o dolo. Deve estar presente o elemento subjetivo específico (*para si ou para outrem*). Por ser crime contra o patrimônio, exige-se a finalidade de obtenção de lucro indevido. É atípica a modalidade culposa.

### II.7.I.4. CONSUMAÇÃO

Crime material, consuma-se quando obtida a vantagem ilícita em prejuízo alheio. A tentativa é possível quando não obtido os resultados por razões alheias à vontade do indivíduo.

### II.7.I.5. AÇÃO PENAL

> § 5°. Somente se procede mediante representação, salvo se a vítima for:
> I - a Administração Pública, direta ou indireta;
> II - criança ou adolescente;
> III - pessoa com deficiência mental; ou
> IV - maior de 70 (setenta) anos de idade ou incapaz.

A partir da entrada em vigor do *Pacote Anticrime* (Lei n° 13.964/19), o estelionato passou a ser, em regra, crime de ação penal pública condicionada à representação, salvo nas hipóteses elencadas no § 5° do artigo 171. A novidade legislativa é válida. Digo isso porque, atualmente, somos vítimas, diariamente, de tentativa de estelionato. Quem nunca recebeu *SMS* ou *e-mail* supostamente enviado por bancos? A partir do momento em que o crime deixa de ser de ação penal pública incondicionada, a autoridade pública não precisa investigar, de ofício, o ocorrido. Se a vítima não for atrás, em seis meses a punibilidade estará extinta pela decadência.

Ademais, é comum a existência de *torpeza bilateral* no crime de estelionato. Ou seja, há má-fé dos dois lados: tanto do sujeito ativo quanto do sujeito passivo. O estelionatário cria a fantasia e a vítima, por ganância, pensa que conseguirá obter vantagem indevida. Um bom exemplo é o golpe do falso bilhete de loteria, em que a vítima acredita estar adquirindo do criminoso, com baixo investimento (em comparação ao prêmio da loteria), algo que vale muito dinheiro. Nesses casos, é bem provável que a vítima prefira a impunidade de quem a enganou do que o constrangimento de ter que assumir sua má-fé.

× Competência

> **Súmula 48-STJ:** *Compete ao Juízo do local da obtenção da vantagem ilícita processar e julgar crime de estelionato cometido mediante <u>falsificação de cheque</u>.*

### II.7.I.6. ESTELIONATO PRIVILEGIADO

Se o criminoso é primário, e é de pequeno valor o prejuízo, o juiz pode aplicar a pena conforme o disposto no art. 155, § 2º (furto privilegiado).

### II.7.I.7. FIGURAS EQUIPARADAS

O § 2º, I, trata de hipótese específica de estelionato, que se dá quando o criminoso dispõe de coisa que não lhe pertence como se sua fosse. Ele finge ser o proprietário do bem, que pode ser móvel ou imóvel. Trata-se de crime de forma vinculada (e não de forma livre), pois a lei estabelece como deve ser executado.

> *Alienação ou oneração fraudulenta de coisa própria*
> *II - vende, permuta, dá em pagamento ou em garantia coisa própria inalienável, gravada de ônus ou litigiosa, ou imóvel que prometeu vender a terceiro, mediante pagamento em prestações, silenciando sobre qualquer dessas circunstâncias;*

Na hipótese do inciso II, o patrimônio é do criminoso, que dele dispõe quando não podia — por exemplo, vende um automóvel que é objeto de litígio, de ação judicial em que se discute sua propriedade. O crime não consiste apenas em dispor do bem, mas em se manter silente a respeito de ônus ou encargo por ele suportado.

*Defraudação de penhor*
*III - defrauda, mediante alienação não consentida pelo credor ou por outro modo, a garantia pignoratícia, quando tem a posse do objeto empenhado;*

A conduta consiste em frustrar garantia pignoratícia (que se deu por penhor). Tendo a posse do objeto empenhado, o criminoso o aliena, sem permissão do credor, fazendo com que este não tenha mais qualquer garantia de recebimento do que tem direito.

*Fraude na entrega de coisa*
*IV - defrauda substância, qualidade ou quantidade de coisa que deve entregar a alguém;*

A redação é cristalina: em negócio jurídico entre criminoso e vítima, é feita a entrega, de forma fraudulenta, de coisa diversa da avençada entre as partes. Exemplo: é combinada a venda de produto novo, mas é entregue uma usada, modificada para que pareça sem uso. É o que ocorre com o produto *refurbished*, quando o vendedor se compromete a entregar coisa nova.

*Fraude para recebimento de indenização ou valor de seguro*
*V - destrói, total ou parcialmente, ou oculta coisa própria, ou lesa o próprio corpo ou a saúde, ou agrava as consequências da lesão ou doença, com o intuito de haver indenização ou valor de seguro;*

O inciso V trata do *golpe do seguro*, quando o sujeito destrói ou oculta seus bens (ex.: um automóvel), provoca lesões em seu corpo ou saúde ou agrava as consequências da lesão ou doença, com o específico objetivo de receber indenização ou valor de seguro. Embora não seja típica a conduta de atacar os próprios bens jurídicos – ele não responderá pelo crime de lesão corporal (CP, art. 129) ou de dano (CP, art. 163) – em razão do princípio da alteridade, a conduta é considerada criminosa por atingir o patrimônio de quem está obrigado a pagar a indenização ou valor de seguro.

*Fraude no pagamento por meio de cheque*
*VI - emite cheque, sem suficiente provisão de fundos em poder do sacado, ou lhe frustra o pagamento.*

O crime consiste em emitir cheque sem suficiente provisão de fundos em poder do sacado ou lhe frustrar o pagamento. Não se trata de cheque falso, hipótese que caracteriza o delito do *caput* do artigo 171 (estelionato, propriamente dito), mas de cheque verdadeiro emitido por quem sabe não ter dinheiro suficiente para cobri-lo. Também comete o crime o sujeito que, após a emissão do cheque, pratica conduta para frustrar o pagamento – por exemplo, o susta. É importante destacar que se trata de crime doloso, em que o criminoso age com a intenção de fraudar. Não pratica o delito quem emite cheque sem suficiente provisão de fundos por não administrar bem suas finanças.

> **ATENÇÃO!**
>
> Embora todas as condutas equiparadas (§ 2º) estejam no artigo 171 do CP, é comum as bancas pedirem o nome específico desses delitos. Exemplo: com o objetivo de obter vantagem ilícita, João emitiu cheque sem provisão de fundos. Estelionato? Não, fraude no pagamento por meio de cheque.

### II.7.I.8. FRAUDE ELETRÔNICA

Modalidade qualificada do delito, punida com pena de reclusão, de quatro a oito anos, e multa, deve ser reconhecida se a fraude for cometida com a utilização de informações fornecidas pela vítima ou por terceiro induzido a erro por meio de redes sociais, contatos telefônicos ou envio de correio eletrônico fraudulento, ou por qualquer outro meio fraudulento análogo. Se o crime for praticado mediante a utilização de servidor mantido fora do território nacional, a pena será aumentada, de um a dois terços.

### II.7.I.9. CAUSA DE AUMENTO DE PENA

A pena é aumentada de um terço se o crime for cometido em detrimento de entidade de direito público ou de instituto de economia popular, assistência social ou beneficência. A majorante pode incidir nos crimes do *caput* e do § 2º do artigo 171 do CP. Ademais, a pena deve ser aumentada, de um terço ao dobro, se o crime for cometido contra idoso ou vulnerável, considerada a relevância do resultado gravoso.

### II.7.I.10. REPARAÇÃO DO DANO

> **Súmula 554-STF:** *O pagamento de cheque emitido sem provisão de fundos, após o recebimento da denúncia, não obsta ao prosseguimento da ação penal.*

De acordo com a Súmula 554 do STF, o pagamento de cheque emitido sem provisão de fundos, após o recebimento da denúncia, não obsta ao prosseguimento da ação penal. Portanto, *contrario sensu*, se o pagamento ocorrer antes do recebimento da denúncia, não haverá condição de procedibilidade para a ação penal. No entanto, cuidado, pois essa reflexão é possível apenas para o crime do artigo 171, § 2º, VI, do CP.

Para as demais hipóteses, a reparação do dano antes do recebimento da denúncia enseja o reconhecimento do arrependimento posterior (CP, art. 16), causa de diminuição de pena. Se a reparação for após o recebimento da denúncia, mas antes da sentença, deve ser aplicada a atenuante do artigo 65, III, "b", do CP. No entanto, se a reparação for posterior à sentença, nenhum efeito dela surtirá.

## QUADRO SINÓTICO

**CLASSIFICAÇÃO**

Comum: pode ser praticado por qualquer pessoa.

Material: a consumação depende da produção de resultado naturalístico.

De forma livre: a lei não estabelece a forma de execução.

Comissivo: é praticado por ação;

Unissubjetivo: pode ou não ser praticado em concurso de pessoas.

Instantâneo: consuma-se de imediato, no momento da prática da conduta.

Plurissubsistente: é possível o fracionamento da conduta, o que faz com que seja viável a tentativa.

Doloso: não é admitida a modalidade culposa.

### II.7.2. DUPLICATA SIMULADA (CP, ART. 172)

*Duplicata simulada*
*Art. 172. Emitir fatura, duplicata ou nota de venda que não corresponda à mercadoria vendida, em quantidade ou qualidade, ou ao serviço prestado.*
*Pena - detenção, de 2 (dois) a 4 (quatro) anos, e multa.*
*Parágrafo único. Nas mesmas penas incorrerá aquele que falsificar ou adulterar a escrituração do Livro de Registro de Duplicatas.*

O crime consiste em emitir fatura, duplicata ou nota de venda que não corresponda à mercadoria vendida, em quantidade ou qualidade, ou ao serviço prestado. A pena é de detenção, de dois a quatro anos, e multa. Nas mesmas penas incorrem quem falsificar ou adulterar a escrituração do Livro de Registro de Duplicatas. Crime próprio, somente pode ser praticado por quem emite o título falso. O sujeito passivo é quem aceita de boa-fé a duplicata. A consumação se dá com a criação ou omissão do título, pouco importando a efetiva circulação. A ação penal é pública incondicionada.

> **QUADRO SINÓTICO**
>
> **CLASSIFICAÇÃO**
>
> **Próprio:** somente pode ser praticado pelo comerciante que coloca em circulação a fatura, duplicata ou nota de venda, sem correspondência com a mercadoria vendida ou com o serviço prestado.
>
> **Formal:** a consumação independe da produção de resultado naturalístico.
>
> **De forma livre:** a lei não estabelece a forma de execução.
>
> **Comissivo:** é praticado por ação;
>
> **Unissubjetivo:** pode ou não ser praticado em concurso de pessoas.
>
> **Instantâneo:** consuma-se de imediato, no momento da prática da conduta.
>
> **Unissubsistente ou plurissubsistente:** quando plurissubsistente, é possível o fracionamento da conduta, o que faz com que seja viável a tentativa, o que não ocorre se unissubsistente.
>
> **Doloso:** não é admitida a modalidade culposa.

### II.7.3. ABUSO DE INCAPAZES (CP, ART. 173)

> *Abuso de incapazes*
> *Art. 173. Abusar, em proveito próprio ou alheio, de necessidade, paixão ou inexperiência de menor, ou da alienação ou debilidade mental de outrem, induzindo qualquer deles à prática de ato suscetível de produzir efeito jurídico, em prejuízo próprio ou de terceiro:*
> *Pena - reclusão, de dois a seis anos, e multa.*

A conduta consiste em abusar, em proveito próprio ou alheio, de necessidade, paixão ou inexperiência de menor, ou da alienação ou debilidade mental de outrem, induzindo qualquer deles à prática de ato suscetível de produzir efeito jurídico, em prejuízo próprio ou de terceiros. A pena é de reclusão, de 2 a 6 anos, e multa. Crime comum, pode ser praticado por qualquer pessoa. Crime doloso, não admite a modalidade culposa. Consuma-se no momento em que a vítima pratica o ato a que foi induzida, independentemente da obtenção efetiva do proveito pelo sujeito ativo ou de prejuízo ao incapaz ou a terceiros. A ação penal é pública incondicionada.

**CLASSIFICAÇÃO**

**Comum:** pode ser praticado por qualquer pessoa.

**Formal:** a consumação independe da produção de resultado naturalístico.

**De forma livre:** a lei não estabelece a forma de execução.

**Comissivo:** é praticado por ação;

**Unissubjetivo:** pode ou não ser praticado em concurso de pessoas.

**Instantâneo:** consuma-se de imediato, no momento da prática da conduta.

**Plurissubsistente:** é possível o fracionamento da conduta,
o que faz com que seja viável a tentativa.

**Doloso:** não é admitida a modalidade culposa.

## II.7.4. INDUZIMENTO À ESPECULAÇÃO (CP, ART. 174)

*Induzimento à especulação*

*Art. 174. Abusar, em proveito próprio ou alheio, da inexperiência ou da simplicidade ou inferioridade mental de outrem, induzindo-o à prática de jogo ou aposta, ou à especulação com títulos ou mercadorias, sabendo ou devendo saber que a operação é ruinosa:*

*Pena - reclusão, de um a três anos, e multa.*

Pratica o crime quem abusar, em proveito próprio ou alheio, da inexperiência ou da simplicidade ou inferioridade mental de outrem, induzindo-o à prática de jogo ou aposta, ou à especulação com títulos ou mercadorias, sabendo ou devendo saber que a operação é ruinosa. A pena para o crime é de reclusão, de um a três anos, e multa – compatível com a suspensão condicional do processo (Lei nº 9.099/95, art. 89). Crime comum, pode ser praticado por qualquer pessoa. Crime formal, a consumação independe de efetivo prejuízo à vítima. A ação é pública incondicionada.

## II.7.5. FRAUDE NO COMÉRCIO (CP, ART. 175)

*Fraude no comércio*

*Art. 175. Enganar, no exercício de atividade comercial, o adquirente ou consumidor:*

*I - vendendo, como verdadeira ou perfeita, mercadoria falsificada ou deteriorada;*

*II - entregando uma mercadoria por outra:*

*Pena - detenção, de seis meses a dois anos, ou multa.*

*§ 1º. Alterar em obra que lhe é encomendada a qualidade ou o peso de metal ou substituir, no mesmo caso, pedra verdadeira por falsa ou por outra de menor valor; vender pedra falsa por verdadeira; vender, como precioso, metal de ou outra qualidade:*

*Pena - reclusão, de um a cinco anos, e multa.*

*§ 2º. É aplicável o disposto no art. 155, § 2º.*

O crime consiste em enganar, no exercício de atividade comercial, o adquirente ou consumidor: (a) vendendo, como verdadeira ou perfeita, mercadoria falsificada ou deteriorada; (b) entregando uma mercadoria por outra. A pena é de detenção, de seis meses a dois anos, ou multa. Crime próprio, o sujeito ativo deve estar no exercício de atividade comercial. As vítimas têm de ser pessoas certas e determinadas. Crime material, consuma-se no comento em que a vítima é efetivamente enganada.

O § 1º prevê a forma qualificada do delito, quando o agente alterar em obra que lhe é encomendada a qualidade ou o peso de metal ou substituir, no mesmo caso, pedra verdadeira por falsa ou por outra de menor valor; vender pedra falsa por verdadeira; vender, como precioso, metal de ou outra qualidade. Punido com pena de reclusão, de um a cinco anos, e multa (compatível com a suspensão condicional do processo), o delito é parecido com o estelionato, devendo prevalecer em razão do princípio da especialidade. É possível a incidência do § 2º do artigo 155 do CP (*furto privilegiado*). A ação penal é pública incondicionada.

---

**QUADRO SINÓTICO**

**CLASSIFICAÇÃO**

**Próprio:** somente pode ser praticado por comerciante ou comerciário que se encontre no exercício de atividade comercial.

**Material:** a consumação depende da produção de resultado naturalístico.

**De forma livre:** a lei não estabelece a forma de execução.

**Comissivo:** é praticado por ação;

**Unissubjetivo:** pode ou não ser praticado em concurso de pessoas.

**Instantâneo:** consuma-se de imediato, no momento da prática da conduta.

**Plurissubsistente:** é possível o fracionamento da conduta, o que faz com que seja viável a tentativa.

**Doloso:** não é admitida a modalidade culposa.

## II.7.6. OUTRAS FRAUDES (CP, ART. 176)

*Outras fraudes*
*Art. 176. Tomar refeição em restaurante, alojar-se em hotel ou utilizar-se de meio de transporte sem dispor de recursos para efetuar o pagamento:*
*Pena - detenção, de quinze dias a dois meses, ou multa.*
*Parágrafo único. Somente se procede mediante representação, e o juiz pode, conforme as circunstâncias, deixar de aplicar a pena.*

A conduta consiste em tomar refeição em restaurante, alojar-se em hotel ou utilizar-se de meio de transporte sem dispor de recursos para efetuar o pagamento. A pena é de detenção, de quinze dias a dois meses, ou multa. Crime de menor potencial ofensivo, deve ser processado e julgado por Juizado Especial Criminal. É compatível com a transação penal e com a suspensão condicional do processo (Lei nº 9.099/95, arts. 61, 76 e 89). Crime de ação penal pública condicionada à representação, admite o perdão judicial (parágrafo único).

## II.7.7. FRAUDES E ABUSOS NA FUNDAÇÃO OU ADMINISTRAÇÃO DE SOCIEDADE POR AÇÕES (CP, ART. 177)

*Fraudes e abusos na fundação ou administração de sociedade por ações*

*Art. 177. Promover a fundação de sociedade por ações, fazendo, em prospecto ou em comunicação ao público ou à assembleia, afirmação falsa sobre a constituição da sociedade, ou ocultando fraudulentamente fato a ela relativo:*

*Pena - reclusão, de um a quatro anos, e multa, se o fato não constitui crime contra a economia popular.*

*§ 1º. Incorrem na mesma pena, se o fato não constitui crime contra a economia popular:*

*I - o diretor, o gerente ou o fiscal de sociedade por ações, que, em prospecto, relatório, parecer, balanço ou comunicação ao público ou à assembleia, faz afirmação falsa sobre as condições econômicas da sociedade, ou oculta fraudulentamente, no todo ou em parte, fato a elas relativo;*

*II - o diretor, o gerente ou o fiscal que promove, por qualquer artifício, falsa cotação das ações ou de outros títulos da sociedade;*

*III - o diretor ou o gerente que toma empréstimo à sociedade ou usa, em proveito próprio ou de terceiro, dos bens ou haveres sociais, sem prévia autorização da assembleia geral;*

*IV - o diretor ou o gerente que compra ou vende, por conta da sociedade, ações por ela emitidas, salvo quando a lei o permite;*

*V - o diretor ou o gerente que, como garantia de crédito social, aceita em penhor ou em caução ações da própria sociedade;*

*VI - o diretor ou o gerente que, na falta de balanço, em desacordo com este, ou mediante balanço falso, distribui lucros ou dividendos fictícios;*

*VII - o diretor, o gerente ou o fiscal que, por interposta pessoa, ou conluiado com acionista, consegue a aprovação de conta ou parecer;*

> *VIII - o liquidante, nos casos dos ns. I, II, III, IV, V e VII;*
>
> *IX - o representante da sociedade anônima estrangeira, autorizada a funcionar no País, que pratica os atos mencionados nos ns. I e II, ou dá falsa informação ao Governo.*
>
> *§ 2º. Incorre na pena de detenção, de seis meses a dois anos, e multa, o acionista que, a fim de obter vantagem para si ou para outrem, negocia o voto nas deliberações de assembleia geral.*

A conduta consiste em promover a fundação de sociedade por ações, fazendo, em prospecto ou em comunicação ao público ou à assembleia, afirmação falsa sobre a constituição da sociedade, ou ocultando fraudulentamente fato a ela relativo. A pena é de reclusão, de um a quatro anos, e multa – compatível com a suspensão condicional do processo), se o fato não constitui crime contra a economia popular. Ou seja, crime expressamente subsidiário. Crime formal, consuma-se independentemente de efetivo prejuízo às vítimas.

Há, no § 1º, diversas figuras equiparadas, que somente podem ser praticadas pelo diretor, gerente, ou fiscal de sociedade por ações, liquidante ou representante da sociedade anônima estrangeira autorizada a funcionar no país (crimes próprios). São também tipos expressamente subsidiários. O § 2º traz forma privilegiada do delito, punica com pena de detenção, de seis meses a dois anos (crime de menor potencial ofensivo). A ação penal é pública incondicionada

## QUADRO SINÓTICO

### CLASSIFICAÇÃO

**Próprio:** somente pode ser praticado pela pessoa que promove a fundação da sociedade por ações.

**Formal:** a consumação independe da produção de resultado naturalístico.

**De forma livre:** a lei não estabelece a forma de execução.

**Comissivo:** é praticado por ação;

**Unissubjetivo:** pode ou não ser praticado em concurso de pessoas.

**Instantâneo:** consuma-se de imediato, no momento da prática da conduta.

**Plurissubsistente:** é possível o fracionamento da conduta, o que faz com que seja viável a tentativa.

**Doloso:** não é admitida a modalidade culposa.

## II.7.8. EMISSÃO IRREGULAR DE CONHECIMENTO DE DEPÓSITO OU "WARRANT" (CP, ART. 178)

> *Emissão irregular de conhecimento de depósito ou "warrant"*
> *Art. 178. Emitir conhecimento de depósito ou warrant, em desacordo com disposição legal:*
> *Pena - reclusão, de um a quatro anos, e multa.*

Ocorre o delito ao se emitir conhecimento de depósito ou warrant, em desacordo com disposição legal. A pena cominada é de reclusão, de um a quatro anos, e multa – compatível com suspensão condicional do processo. Crime comum, pode ser praticado por qualquer pessoa. Trata-se de norma penal em branco, pois não estabelece as condições legais para emitir os títulos de crédito. Crime formal, consuma-se independentemente do resultado ou prejuízo eventualmente causado. A ação penal é pública incondicionada.

### QUADRO SINÓTICO

**CLASSIFICAÇÃO**

**Próprio:** somente pode ser praticado por quem tem legitimidade para emitir o conhecimento de depósito ou o *warrant*.

**Formal:** a consumação independe da produção de resultado naturalístico.

**De forma livre:** a lei não estabelece a forma de execução.

**Comissivo:** é praticado por ação;

**Unissubjetivo:** pode ou não ser praticado em concurso de pessoas.

**Instantâneo:** consuma-se de imediato, no momento da prática da conduta.

**Plurissubsistente:** é possível o fracionamento da conduta, o que faz com que seja viável a tentativa.

**Não transeunte:** deixa vestígios.

**Doloso:** não é admitida a modalidade culposa.

## II.7.9. FRAUDE À EXECUÇÃO (CP, ART. 179)

> *Fraude à execução*
> *Art. 179. Fraudar execução, alienando, desviando, destruindo ou danificando bens, ou simulando dívidas:*
> *Pena - detenção, de seis meses a dois anos, ou multa.*
> *Parágrafo único. Somente se procede mediante queixa.*

O crime consiste em fraudar execução, alienando, desviando, destruindo ou danificando bens, ou simulando dívidas. A pena é de detenção, de seis meses a dois anos, ou multa. Trata-se de crime de menor potencial ofensivo, compatível com transação penal e suspensão condicional do processo, e de competência do Juizado Especial Criminal (Lei nº 9.099/95, arts. 61, 76 e 89). Consuma-se com a fraude. A tentativa é possível. Em regra, é crime de ação penal privada, exceto quando praticado em detrimento do patrimônio ou interesse da União, Estado ou Município (CPP, art. 24, § 2º).

## QUADRO SINÓTICO

### CLASSIFICAÇÃO

**Próprio:** somente pode ser praticado pelo devedor (executado).

**Material:** a consumação depende da produção de resultado naturalístico.

**De forma livre:** a lei não estabelece a forma de execução.

**Comissivo:** é praticado por ação;

**Unissubjetivo:** pode ou não ser praticado em concurso de pessoas.

**Plurissubsistente:** é possível o fracionamento da conduta, o que faz com que seja viável a tentativa.

**Doloso:** não é admitida a modalidade culposa.

## II.8. DA RECEPTAÇÃO

## II.8.I. RECEPTAÇÃO (CP, ART. 180)

> *Receptação*
>
> *Art. 180. Adquirir, receber, transportar, conduzir ou ocultar, em proveito próprio ou alheio, coisa que sabe ser produto de crime, ou influir para que terceiro, de boa-fé, a adquira, receba ou oculte:*
>
> *Pena - reclusão, de um a quatro anos, e multa.*
>
> *Receptação qualificada*
>
> *§ 1º. Adquirir, receber, transportar, conduzir, ocultar, ter em depósito, desmontar, montar, remontar, vender, expor à venda, ou de qualquer forma utilizar, em proveito próprio ou alheio, no exercício de atividade comercial ou industrial, coisa que deve saber ser produto de crime:*
>
> *Pena - reclusão, de três a oito anos, e multa.*
>
> *§ 2º. Equipara-se à atividade comercial, para efeito do parágrafo anterior, qualquer forma de comércio irregular ou clandestino, inclusive o exercício em residência.*

> *§ 3º. Adquirir ou receber coisa que, por sua natureza ou pela desproporção entre o valor e o preço, ou pela condição de quem a oferece, deve presumir-se obtida por meio criminoso:*
>
> *Pena - detenção, de um mês a um ano, ou multa, ou ambas as penas.*
>
> *§ 4º. A receptação é punível, ainda que desconhecido ou isento de pena o autor do crime de que proveio a coisa.*
>
> *§ 5º. Na hipótese do § 3º, se o criminoso é primário, pode o juiz, tendo em consideração as circunstâncias, deixar de aplicar a pena. Na receptação dolosa aplica-se o disposto no § 2º do art. 155.*
>
> *§ 6º. Tratando-se de bens do patrimônio da União, de Estado, do Distrito Federal, de Município ou de autarquia, fundação pública, empresa pública, sociedade de economia mista ou empresa concessionária de serviços públicos, aplica-se em dobro a pena prevista no caput deste artigo.*

Caracteriza o crime de receptação a conduta de adquirir, receber, transportar, conduzir ou ocultar, em proveito próprio ou alheio, coisa que sabe ser produto de crime (receptação própria), ou influir para que terceiro, de boa-fé, a adquira, receba ou oculte (receptação imprópria). A pena é de reclusão, de um a quatro anos, e multa, compatível com a suspensão condicional do processo (Lei nº 9.099/95, art. 89).

## II.8.I.I. ESTRUTURA DA RECEPTAÇÃO

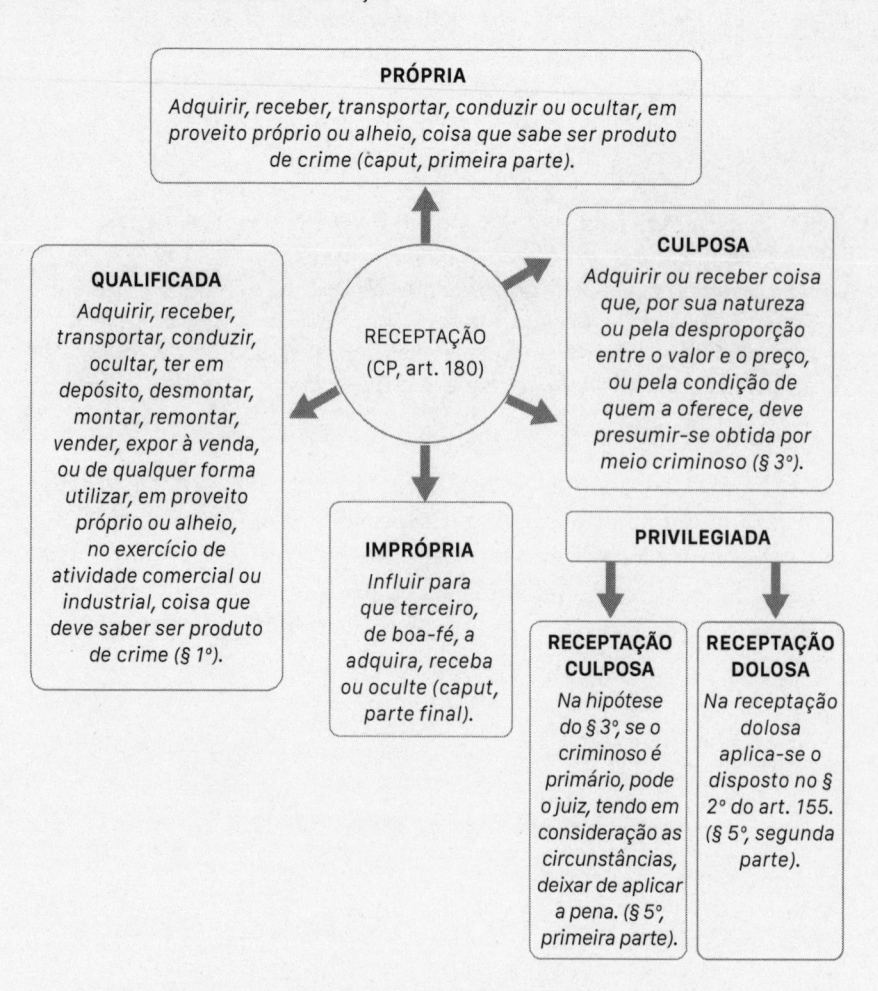

**PRÓPRIA**
*Adquirir, receber, transportar, conduzir ou ocultar, em proveito próprio ou alheio, coisa que sabe ser produto de crime (caput, primeira parte).*

**QUALIFICADA**
*Adquirir, receber, transportar, conduzir, ocultar, ter em depósito, desmontar, montar, remontar, vender, expor à venda, ou de qualquer forma utilizar, em proveito próprio ou alheio, no exercício de atividade comercial ou industrial, coisa que deve saber ser produto de crime (§ 1º).*

**RECEPTAÇÃO (CP, art. 180)**

**CULPOSA**
*Adquirir ou receber coisa que, por sua natureza ou pela desproporção entre o valor e o preço, ou pela condição de quem a oferece, deve presumir-se obtida por meio criminoso (§ 3º).*

**IMPRÓPRIA**
*Influir para que terceiro, de boa-fé, a adquira, receba ou oculte (caput, parte final).*

**PRIVILEGIADA**

**RECEPTAÇÃO CULPOSA**
*Na hipótese do § 3º, se o criminoso é primário, pode o juiz, tendo em consideração as circunstâncias, deixar de aplicar a pena. (§ 5º, primeira parte).*

**RECEPTAÇÃO DOLOSA**
*Na receptação dolosa aplica-se o disposto no § 2º do art. 155. (§ 5º, segunda parte).*

## II.8.I.2. RECEPTAÇÃO, FAVORECIMENTO REAL E CONCURSO DE PESSOAS

É comum cair em provas de concursos públicos a distinção entre os crimes de receptação e de favorecimento real (CP, art. 349) e o concurso de pessoas em outros delitos (ex.: roubo). Para não fazer confusão, veja o esquema a seguir.

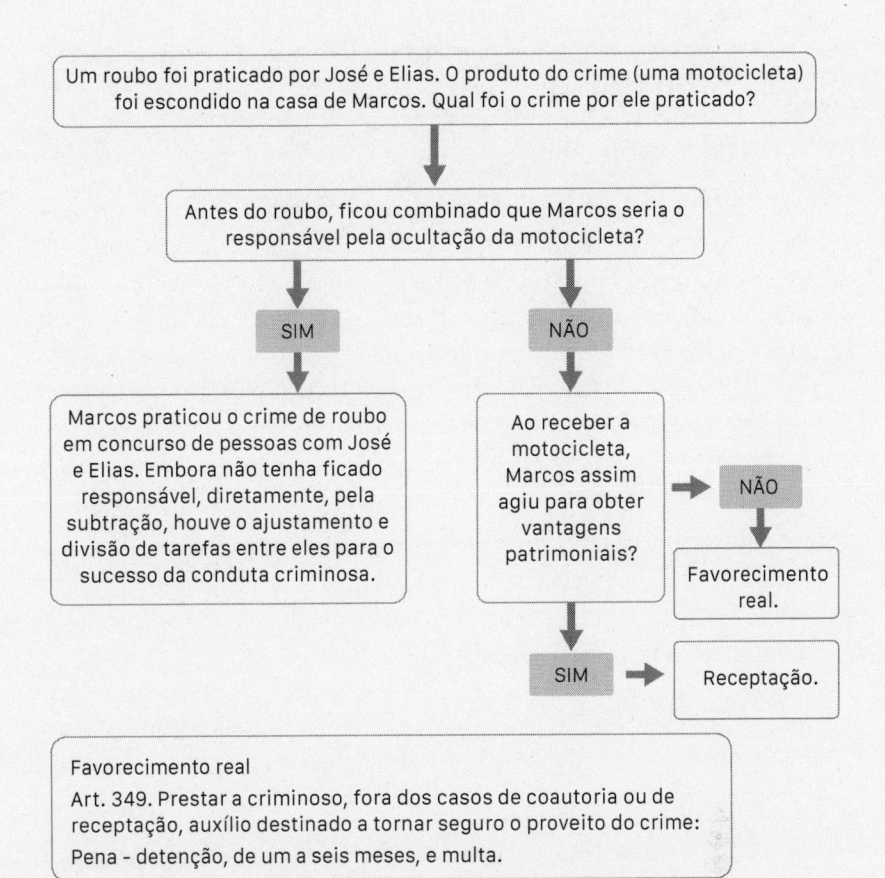

Um roubo foi praticado por José e Elias. O produto do crime (uma motocicleta) foi escondido na casa de Marcos. Qual foi o crime por ele praticado?

Antes do roubo, ficou combinado que Marcos seria o responsável pela ocultação da motocicleta?

SIM

NÃO

Marcos praticou o crime de roubo em concurso de pessoas com José e Elias. Embora não tenha ficado responsável, diretamente, pela subtração, houve o ajustamento e divisão de tarefas entre eles para o sucesso da conduta criminosa.

Ao receber a motocicleta, Marcos assim agiu para obter vantagens patrimoniais?

NÃO

Favorecimento real.

SIM

Receptação.

Favorecimento real
Art. 349. Prestar a criminoso, fora dos casos de coautoria ou de receptação, auxílio destinado a tornar seguro o proveito do crime:
Pena - detenção, de um a seis meses, e multa.

### II.8.I.3. PRODUTO DE CRIME

Crime (ou delito) e contravenção penal são espécies do gênero infração penal. Portanto, quando a lei fala em *infração penal*, sabemos que estão incluídas as duas espécies. Por outro lado, se falado em *crime* ou em *contravenção*, devemos considerar um ou outro. Um bom exemplo é o que ocorre no artigo 180 do CP, que fala em *produto de crime*. Se o agente recebe *produto de contravenção penal*, ocorre o delito de receptação? Não, pois não se admite analogia *in malam partem*.

### II.8.I.4. SUJEITOS DO CRIME

O sujeito ativo pode ser qualquer pessoa (crime comum), exceto o autor ou partícipe do delito antecedente. Se pratico um furto e, posteriormente, passo a ocultar o produto do crime, não há dois delitos, um de furto de um de receptação, mas apenas o de furto. O sujeito passivo é a vítima do crime que antecedeu a receptação.

### II.8.I.5. ELEMENTOS SUBJETIVO

É o dolo (direto), acrescido de um especial fim de agir (*em proveito próprio ou alheio*). O agente tem de saber que se trata de coisa oriunda de crime - o *caput* do artigo 180 é expresso nesse sentido. Seria admitido o dolo eventual se o dispositivo dissesse *sabe ou deveria saber*, como acontece no § 1º (receptação qualificada). Se houver dúvida sobre a origem da coisa, pode ficar caracterizado o crime de receptação culposa, do § 3º do artigo 180.

### II.8.I.6. CONSUMAÇÃO

**Receptação própria:** crime material, consuma-se no instante em que o sujeito adquire, recebe, transporta, conduz ou oculta a coisa produto de crime. O crime é permanente nas condutas de *transportar, conduzir* ou *ocultar*. A tentativa é possível.

**Receptação imprópria:** crime formal, a consumação ocorre no instante em que o agente pratica qualquer ato suficiente para influir terceiro de boa-fé a adquirir, receber ou ocultar a coisa. A tentativa é possível.

### II.8.I.7. AÇÃO PENAL

A ação penal é pública incondicionada, observadas as ressalvas do artigo 182 do CP.

### II.8.I.8. RECEPTAÇÃO QUALIFICADA

A pena é de reclusão, de três a oito anos, e multa, quando a conduta for de adquirir, receber, transportar, conduzir, ocultar, ter em depósito, desmontar, montar, remontar, vender, expor à venda, ou de qualquer forma utilizar, em proveito próprio ou alheio, no exercício de atividade comercial ou industrial, coisa que deve saber ser produto de crime. O sujeito ativo tem de ser comerciante ou industriário (crime próprio). O conceito de atividade comercial está no § 2º, norma penal explicativa.

## II.8.I.9. RECEPTAÇÃO CULPOSA

§ 3°. Adquirir ou receber coisa que, por sua natureza ou pela desproporção entre o valor e o preço, ou pela condição de quem a oferece,
deve presumir-se obtida por meio criminoso:
Pena - detenção, de um mês a um ano, ou multa, ou ambas as penas.

Crime de menor potencial ofensivo, a pena é de detenção, de um mês
a um ano, e/ou multa. O processo e o julgamento competem ao Juizado
Especial Criminal. Admite-se transação penal e suspensão condicional
do processo (Lei n° 9.099/95, arts. 61, 76 e 89). A conduta consiste em
adquirir ou receber coisa que, por sua natureza ou pela desproporção
entre o valor e o preço, ou pela condição de quem a oferece, deve presumir-se obtida por meio criminoso.

### ATENÇÃO!

Na receptação qualificada (§ 1°), o dispositivo fala que o agente
*deve saber* que a coisa é produto de crime. Portanto, admitido, expressamente, o dolo eventual. No entanto, surgiu a dúvida: a forma
qualificada do crime também seria compatível com o dolo direto?
Parece que sim, afinal, se admitido o dolo eventual, não faria sentido
afastar o dolo direto. Acontece que, quando o legislador quer que
sejam admitidos os dois dolos, ele diz de forma expressa, como fez
no artigo 234-A, IV, do CP: *a pena é aumentada de 1/3 (um terço) a
2/3 (dois terços), se o agente transmite à vítima doença sexualmente
transmissível de que **sabe** ou **deveria saber** ser portador, ou se a vítima
é idosa ou pessoa com deficiência.*

A questão chegou até o STF, que decidiu que o agente responde pela receptação qualificada tanto nas hipóteses em que deve saber (dolo eventual) que a coisa é produto de crime como nos casos em que efetivamente sabe (dolo direto) que é produto de crime. Surgiu, então, outro questionamento: a pena prevista no § 1º é constitucional? Como punir a receptação com dolo eventual (§ 1º) com pena mais alta do que a receptação decorrente, necessariamente, de dolo direto (*caput*)? O STF entendeu pela constitucionalidade do preceito secundário, entendimento seguido pelo STJ.

*Não há ofensa aos princípios da proporcionalidade e da razoabilidade, pela majoração da pena de um delito praticado com dolo eventual (art. 180, § 1.º, do Código Penal) em detrimento de um crime praticado com dolo direto (art. 180, caput, do Código Penal), pois o legislador objetivou apenar mais gravemente aquele que sabe ou devia saber que o produto era de origem criminosa e, ainda sim, dele se utilizou para a atividade comercial ou industrial.* (STJ, HC 186.066/SP)

### II.8.I.I0.  AUTONOMIA DA RECEPTAÇÃO

Embora a receptação seja crime acessório ou parasitário – não há receptação sem que tenha ocorrido crime antecedente -, isso não significa que alguém não possa ser por ela condenado sem que que alguém tenha sido previamente julgado e condenado pelo crime anterior. Exemplo: Carlos tem, em sua casa, dezenas de aparelhos celulares. Após investigação, fica demonstrado que todos são produto de crimes antecedentes (roubos, furtos etc.), e que ele os adquiriu de outros criminosos. Todavia, nada se sabe sobre os delitos que precederam a receptação, pois ainda estão sendo investigados. É possível que Carlos seja imediatamente processado e julgado pelas receptações? Sim, em razão da autonomia do artigo 180 do CP, expressa em seu § 4º.

### II.8.I.II.  PERDÃO JUDICIAL E RECEPTAÇÃO PRIVILEGIADA

Se o criminoso for primário, pode o juiz deixar de aplicar a pena, desde que a receptação seja culposa e as circunstâncias do crime indiquem que o fato não se revestiu de especial gravidade (perdão judicial). Os requisitos são cumulativos. A primariedade, por si só, não é suficiente para a incidência do § 5º do artigo 180 do CP. Ademais, se a receptação for dolosa (*caput* ou § 1º), é possível a aplicação do disposto do § 2º do artigo 155 do CP – a denominada *receptação privilegiada*.

## II.8.1.12. BENS PÚBLICOS

A pena da receptação (própria ou imprópria) deve ser aplicada em dobro que o objeto material for bem do patrimônio da União, de Estado, do Distrito Federal, de Município ou de autarquia, fundação pública, empresa pública, sociedade de economia mista ou empresa concessionária de serviços públicos. Há divergência sobre a natureza jurídica do § 6º - se é causa de aumento de pena ou qualificadora. A questão é de fundamental relevância, pois modifica o *quantum* de pena a ser aplicado ao receptador. O STJ parece entender que se trata de causa de aumento de pena, pois a ela se refere como *majorante*:

> Esta Corte Especial possui o entendimento de que o art. 180, § 6º, do Código Penal - CP prevê, expressamente, a incidência da majorante quando o crime for praticado contra "bens e instalações do patrimônio da (...) empresa concessionária de serviços públicos", estando, dessa forma, abrangida a ECT na sua tutela, não havendo falar em interpretação extensiva desfavorável ao conceito de bens da União. (STJ, AgRg no AREsp 1.647.676/SP)

QUADRO SINÓTICO

CLASSIFICAÇÃO

**Comum:** pode ser praticado por qualquer pessoa.

**Material:** a consumação depende da produção de resultado naturalístico.

**De forma livre:** a lei não estabelece a forma de execução.

**Unissubjetivo:** pode ou não ser praticado em concurso de pessoas.

**Instantâneo ou permanente:** instantâneo, consuma-se de imediato, no momento da prática da conduta ("adquirir e receber"); permanente, a consumação se prolonga no tempo ("transportar", "conduzir" e "ocultar").

**Plurissubsistente:** é possível o fracionamento da conduta, o que faz com que seja viável a tentativa.

Doloso ou culposo.

## II.8.2. RECEPTAÇÃO DE ANIMAL (CP, ART. 180-A)

*Receptação de animal*
*Art. 180-A. Adquirir, receber, transportar, conduzir, ocultar, ter em depósito ou vender, com a finalidade de produção ou de comercialização, semovente domesticável de produção, ainda que abatido ou dividido em partes, que deve saber ser produto de crime:*
*Pena - reclusão, de 2 (dois) a 5 (cinco) anos, e multa.*

O crime consiste em adquirir, receber, transportar, conduzir, ocultar, ter em depósito ou vender, com a finalidade de produção ou de comercialização, semovente domesticável de produção, ainda que abatido ou dividido em partes, que deve saber ser produto de crime. A pena é de reclusão, de dois a cinco anos, e multa.

O crime é comum, pode ser praticado por qualquer pessoa, exceto o proprietário do animal ou o autor do delito antecedente. Crime doloso (dolo eventual), demanda finalidade específica (*a finalidade de produção ou de comercialização*). Não é admitida da modalidade culposa. Ademais, crime material, consuma-se com no instante em que a coisa passa a integrar a esfera de disponibilidade do receptador.

## II.9. DISPOSIÇÕES GERAIS

*Art. 181. É isento de pena quem comete qualquer dos crimes previstos neste título, em prejuízo:*

*I - do cônjuge, na constância da sociedade conjugal;*

*II - de ascendente ou descendente, seja o parentesco legítimo ou ilegítimo, seja civil ou natural.*

*Art. 182. Somente se procede mediante representação, se o crime previsto neste título é cometido em prejuízo:*

*I - do cônjuge desquitado ou judicialmente separado;*

*II - de irmão, legítimo ou ilegítimo;*

*III - de tio ou sobrinho, com quem o agente coabita.*

*Art. 183. Não se aplica o disposto nos dois artigos anteriores:*

*I - se o crime é de roubo ou de extorsão, ou, em geral, quando haja emprego de grave ameaça ou violência à pessoa;*

*II - ao estranho que participa do crime;*

*III – se o crime é praticado contra pessoa com idade igual ou superior a 60 (sessenta) anos.*

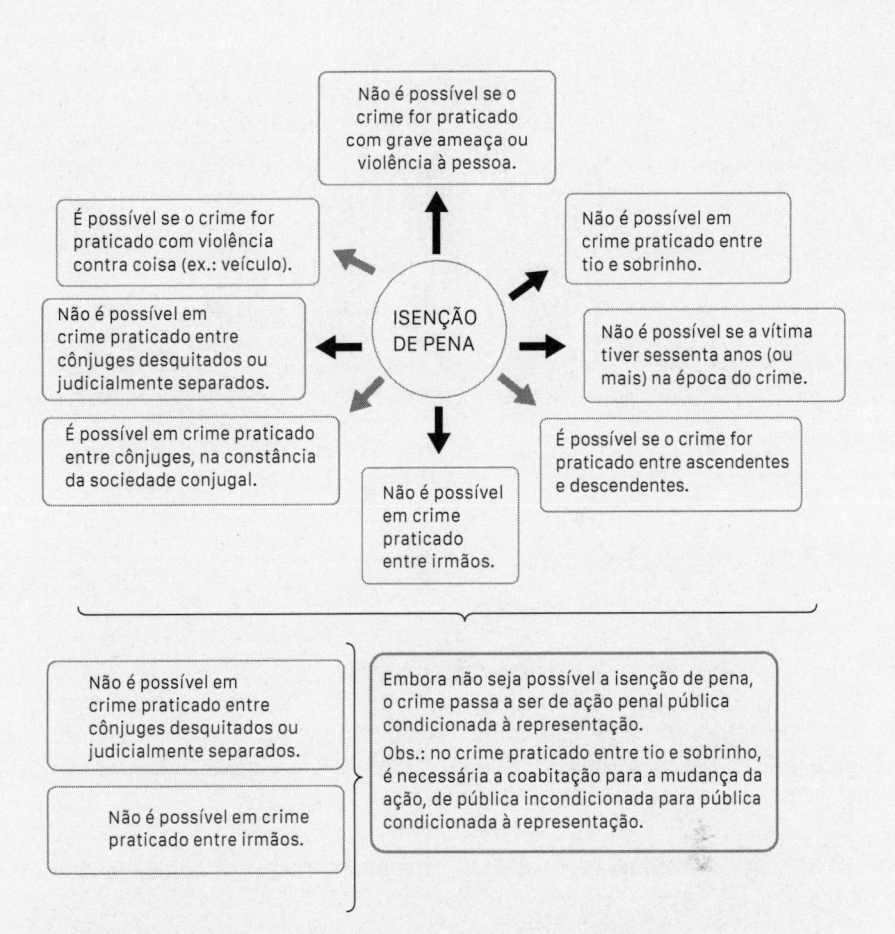

**ISENÇÃO DE PENA**

- Não é possível se o crime for praticado com grave ameaça ou violência à pessoa.
- É possível se o crime for praticado com violência contra coisa (ex.: veículo).
- Não é possível em crime praticado entre cônjuges desquitados ou judicialmente separados.
- É possível em crime praticado entre cônjuges, na constância da sociedade conjugal.
- Não é possível em crime praticado entre tio e sobrinho.
- Não é possível se a vítima tiver sessenta anos (ou mais) na época do crime.
- É possível se o crime for praticado entre ascendentes e descendentes.
- Não é possível em crime praticado entre irmãos.

- Não é possível em crime praticado entre cônjuges desquitados ou judicialmente separados.
- Não é possível em crime praticado entre irmãos.

- Embora não seja possível a isenção de pena, o crime passa a ser de ação penal pública condicionada à representação.
- Obs.: no crime praticado entre tio e sobrinho, é necessária a coabitação para a mudança da ação, de pública incondicionada para pública condicionada à representação.

## ATENÇÃO!

O artigo 181 do CP traz as denominadas escusas absolutórias, também conhecidas como causas de imunidade absoluta, quando o indivíduo não recebe qualquer pena pelo delito praticado. A incidência do dispositivo não afasta o crime, como ocorre, por exemplo, com causas de exclusão da ilicitude (legítima defesa, estado de necessidade etc.). As imunidades relativas estão no artigo 182 do CP. Quando reconhecidas, não isentam de pena, mas fazem com que um crime de ação penal pública incondicionada passe a ser de ação penal pública condicionada à representação. Em razão do artigo 30 do CP, tanto as absolutas quanto as relativas não se estendem ao estranho que participa do crime. Exemplo: Manoel e Leandro furtaram o automóvel de propriedade de Antônio. Leandro é filho de Antônio, e, portanto, deve ser isento de pena (art. 181, II). Manoel, com quem Antônio não tem qualquer parentesco, deve ser punido pelo delito - art. 183, II e art. 30, ambos do CP.

# 12 CRIMES CONTRA A PROPRIEDADE IMATERIAL

## 12.1. VIOLAÇÃO DE DIREITO AUTORAL (CP, ART. 184)

*Violação de direito autoral*

*Art. 184. Violar direitos de autor e os que lhe são conexos:*

*Pena - detenção, de 3 (três) meses a 1 (um) ano, ou multa.*

*§ 1º. Se a violação consistir em reprodução total ou parcial, com intuito de lucro direto ou indireto, por qualquer meio ou processo, de obra intelectual, interpretação, execução ou fonograma, sem autorização expressa do autor, do artista intérprete ou executante, do produtor, conforme o caso, ou de quem os represente:*

*Pena - reclusão, de 2 (dois) a 4 (quatro) anos, e multa.*

*§ 2º. Na mesma pena do § 1º incorre quem, com o intuito de lucro direto ou indireto, distribui, vende, expõe à venda, aluga, introduz no País, adquire, oculta, tem em depósito, original ou cópia de obra intelectual ou fonograma reproduzido com violação do direito de autor, do direito de artista intérprete ou executante ou do direito do produtor de fonograma, ou, ainda, aluga original ou cópia de obra intelectual ou fonograma, sem a expressa autorização dos titulares dos direitos ou de quem os represente.*

*§ 3º. Se a violação consistir no oferecimento ao público, mediante cabo, fibra ótica, satélite, ondas ou qualquer outro sistema que permita ao usuário realizar a seleção da obra ou produção para recebê-la em um tempo e lugar previamente determinados por quem formula a demanda, com intuito de lucro, direto ou indireto, sem autorização expressa, conforme o caso, do autor, do artista intérprete ou executante, do produtor de fonograma, ou de quem os represente:*

*Pena - reclusão, de 2 (dois) a 4 (quatro) anos, e multa.*

> § 4°. O disposto nos §§ 1°, 2° e 3° não se aplica quando se tratar de exceção ou limitação ao direito de autor ou os que lhe são conexos, em conformidade com o previsto na Lei n° 9.610, de 19 de fevereiro de 1998, nem a cópia de obra intelectual ou fonograma, em um só exemplar, para uso privado do copista, sem intuito de lucro direto ou indireto.
>
> Art. 186. Procede-se mediante:
>
> I - queixa, nos crimes previstos no caput do art. 184;
>
> II - ação penal pública incondicionada, nos crimes previstos nos §§ 1° e 2° do art. 184;
>
> III - ação penal pública incondicionada, nos crimes cometidos em desfavor de entidades de direito público, autarquia, empresa pública, sociedade de economia mista ou fundação instituída pelo Poder Público;
>
> IV - ação penal pública condicionada à representação, nos crimes previstos no § 3° do art. 184.

### 12.1.1. CONDUTA

O verbo nuclear é violar (infringir). Pratica o crime quem viola direitos autorais de autor e os que lhe são conexos.

### 12.1.2. SUJEITOS DO CRIME

Crime comum, pode ser praticado por qualquer pessoa. O sujeito passivo é quem teve seus direitos autorais violados, ainda que não seja possível identificá-lo.

### 12.1.3. ELEMENTO SUBJETIVO

É o dolo. Não é essencial a intenção de lucro. A modalidade culposa é atípica.

### 12.1.4. CONSUMAÇÃO

Crime formal, consuma-se no momento em que violado o direito autoral, ainda que nenhum resultado seja produzido. A tentativa é possível.

### 12.1.5. PENAS

Detenção, de três meses a um ano, ou multa. Crime de menor potencial ofensivo, de competência do Juizado Especial Criminal, a pena é compatível com a transação penal e a suspensão condicional do processo (Lei n° 9.099/95, arts. 61, 76 e 89).

## 12.1.6. QUALIFICADORAS

× Hipóteses do § 1º

A pena é de reclusão, de dois a quatro anos, e multa, se a violação consistir em reprodução total ou parcial, com intuito de lucro direto ou indireto, por qualquer meio ou processo, de obra intelectual, interpretação, execução ou fonograma, sem autorização expressa do autor, do artista intérprete ou executante, do produtor, conforme o caso, ou de quem os represente. O crime deixa de ser de menor potencial ofensivo e não mais admite a suspensão condicional do processo (Lei nº 9.099/95, arts. 61 e 89).

× Hipóteses do § 2º

Incorre na mesma pena quem, com o intuito de lucro direto ou indireto, distribui, vende, expõe à venda, aluga, introduz no país, adquire, oculta, tem em depósito, original ou cópia de obra intelectual ou fonograma reproduzido com violação do direito de autor, do direito de artista intérprete ou executante ou do direito do produtor de fonograma, ou, ainda, aluga original ou cópia de obra intelectual ou fonograma, sem a expressa autorização dos titulares dos direitos ou de quem os represente.

× Hipóteses do § 3º

A pena também será de reclusão, de dois a quatro anos, e multa, se a violação consistir no oferecimento ao público, mediante cabo, fibra ótica, satélite, ondas ou qualquer outro sistema que permita ao usuário realizar a seleção da obra ou produção para recebê-la em um tempo e lugar previamente determinados por quem formula a demanda, com intuito de lucro, direto ou indireto, sem autorização expressa, conforme o caso, do autor, do artista intérprete ou executante, do produtor de fonograma, ou de quem os represente.

## 12.1.7. AÇÃO PENAL

A ação penal varia de acordo com o crime:

(a) Violação de direito autoral na modalidade simples (sem intuito de lucro): ação penal privada;

(b) Violação de direito autoral nas modalidades qualificadas (§ 1º e § 2º): ação penal pública incondicionada;

(c) Violação de direito autoral em desfavor de entidades de direito público, autarquia, empresa pública, sociedade de economia mista ou fundação instituída pelo Poder Público: ação penal pública incondicionada.

(d) Violação de direito autoral para oferecimento ao público, mediante cabo, fibra ótica, satélite (§3°): ação penal pública condicionada à representação.

## QUADRO SINÓTICO

### CLASSIFICAÇÃO

**Comum:** pode ser praticado por qualquer pessoa.

**Formal:** a consumação independe da produção de resultado naturalístico.

**De forma livre:** a lei não estabelece a forma de execução.

**Comissivo:** é praticado por ação;

**Unissubjetivo:** pode ou não ser praticado em concurso de pessoas.

**Instantâneo:** consuma-se de imediato, no momento da prática da conduta.

**Plurissubsistente:** é possível o fracionamento da conduta, o que faz com que seja viável a tentativa.

**Não transeunte:** deixa vestígios.

**Doloso:** não é admitida a modalidade culposa.

# 13 SÚMULAS

## 13.1. FURTO

### 13.1.1. FURTO HÍBRIDO

> **Súmula 511 do STJ:** É possível o reconhecimento do privilégio previsto no § 2º do art. 155 do CP nos casos de crime de furto qualificado, se estiverem presentes a primariedade do agente, o pequeno valor da coisa e a qualificadora for de ordem objetiva.

O intitulado *furto privilegiado* está previsto no artigo 155, § 2º, do CP. De acordo com o dispositivo, se primário o agente e de pequeno valor a coisa furtada, o juiz pode substituir a pena de reclusão pela de detenção, diminui-la de um a dois terços ou aplicar somente a pena de multa. No entanto, muito já se questionou se é possível a aplicação simultânea da causa de diminuição de pena do artigo 155, § 2º, com alguma das qualificadoras do furto. Para o STJ, sim, desde que a qualificadora seja de *ordem objetiva* – diga respeito ao meio ou modo de execução do crime (ex.: emprego de explosivo, do art. 155, § 4º-A).

### 13.1.2. SISTEMA DE VIGILÂNCIA

**Súmula 567 do STJ:** Sistema de vigilância realizado por monitoramento eletrônico ou por existência de segurança no interior de estabelecimento comercial, por si só, não torna impossível a configuração do crime de furto.

Imagine o exemplo do indivíduo que, enquanto subtrai objetos de uma loja, tem sua ação observada por sistema de monitoramento de câmeras do local. Ao tentar deixar o prédio, no entanto, seguranças da empresa o surpreendem e impedem o sucesso do furto. No exemplo, houve crime impossível? Para o STJ, não. É o teor da Súmula 567 do

STJ. Isso porque, embora o sistema de vigilância diminua a chance de êxito do criminoso, não a inviabiliza de forma absoluta.

### 13.1.3. CONCURSO DE PESSOAS

**Súmula 442 do STJ:** É inadmissível aplicar, no furto qualificado, pelo concurso de agentes, a majorante do roubo.

Por razões desconhecidas, o legislador deu tratamento diverso ao concurso de pessoas nos crimes de furto e roubo. No furto, é qualificadora do crime; no roubo, causa de aumento de pena.

| CONCURSO DE PESSOAS | |
|---|---|
| **FURTO** | **ROUBO** |
| No furto simples (CP, art. 155, *caput*), a pena é de reclusão, de um a quatro anos, e multa. Presente o concurso de pessoas, a pena passa a ser de reclusão, de dois a oito anos, e multa (art. 155, § 4º, IV). Portanto, trata-se de qualificadora, pois tem penas mínima e máxima específicas, diversas daquelas da forma simples. | A pena do roubo simples (CP, art. 157, *caput*) é de reclusão, de quatro a dez anos, e multa. Na hipótese de concurso de pessoas, não há pena própria, específica, mas aumento de fração sobre a pena do *caput*: a pena é aumentada de um terço até metade (art. 157, § 2º, II). |
| O concurso de pessoas é qualificadora. | O concurso de pessoas é causa de aumento de pena. |

Sabendo disso, imagine o seguinte: João e Carlos estão sendo acusados pela prática do crime de furto qualificado pelo emprego de fraude e pelo concurso de pessoas (art. 155, § 4º, II e IV). Adotada a qualificadora da fraude para estabelecer o parâmetro de punição – a pena de dois a oito anos -, a qualificadora do concurso de pessoas não tem como ser utilizada da mesma maneira. Surgiu, então, a seguinte teoria: punir o concurso de pessoas da mesma forma como ocorre no roubo, ou seja, como causa de aumento de pena. O STJ, contudo (e com razão!), não concordou. É o que diz a Súmula 442.

## 13.2. ROUBO

### 13.2.1. CONSUMAÇÃO DO ROUBO

**Súmula 582 do STJ:** Consuma-se o crime de roubo com a inversão da posse do bem mediante emprego de violência ou grave ameaça, ainda que por breve tempo e em seguida à perseguição imediata ao agente e recuperação da coisa roubada, sendo prescindível a posse mansa e pacífica ou desvigiada.

### TEORIAS SOBRE O MOMENTO CONSUMATIVO DO ROUBO

*Concrectatio*: a consumação se dá quando o agente tem contato físico com a coisa subtraída.

× Em resumo, consuma-se com o toque.

*Ablatio*: além de ter contato com a coisa subtraída, o agente deve transportá-la para lugar diverso daquele de origem.

× Consuma-se com o transporte.

*Ilatio*: a consumação ocorre quando a coisa é levada pelo agente a local onde permanecerá segura.

× Consuma-se com o depósito em lugar seguro.

*Apprehension* ou *amotio*: a consumação se dá no instante em que a coisa passa para o poder do agente (inversão da posse), ainda que por curto período, pouco importando o fato de ser mansa e pacífica. É a teoria adotada pelos Tribunais Superiores.

× Consuma-se com a inversão da posse.

### 13.2.2. FRAÇÃO DE AUMENTO DA PENA

Súmula 443 do STJ: O aumento na terceira fase de aplicação da pena no crime de roubo circunstanciado exige fundamentação concreta, não sendo suficiente para a sua exasperação a mera indicação do número de majorantes.

Nas majorantes do § 2° do artigo 157 do CP, a fração de aumento é variável, de um terço até metade. Como a lei não estabelece o critério a ser adotado para definir a fração – como o fez, por exemplo, no § 4°-C do artigo 155 -, alguns entenderam que a variação deveria corresponder ao número de causas de aumento presentes em um caso concreto. Ou seja, havendo uma, o aumento seria mínimo, de um terço. O STJ, entretanto, não concorda com a reflexão, e entende que a variação deve ser motivada, com base em análise do caso concreto.

### 13.2.3. CONSUMAÇÃO DO LATROCÍNIO

**Súmula 610 do STF:** Há crime de latrocínio, quando o homicídio se consuma, ainda que não se realize o agente a subtração de bens da vítima.

Para a consumação do latrocínio (CP, art. 157, § 3º, II), é relevante saber se foi produzido o resultado morte. Pouco importa se o indivíduo teve ou não êxito na subtração da coisa. Exemplo: ao invadir agência bancária, assaltantes matam o vigilante, mas fogem sem nada levar em razão de a polícia ter chegado rapidamente ao local. O latrocínio se consumou? Sim. É o teor da Súmula 610 do STF.

### 13.3. EXTORSÃO

### 13.3.1. CONSUMAÇÃO DA EXTORSÃO

**Súmula 96 do STJ:** O crime de extorsão consuma-se independentemente da obtenção da vantagem indevida.

A extorsão (CP, art. 158) é crime formal. Para a consumação, pouco importa a efetiva obtenção da vantagem indevida. No entanto, cuidado: é tentada a extorsão quando, após sofrer violência ou grave ameaça, a vítima não faz ou deixa de fazer o que o criminoso exigiu.

### 13.3.2. ESTELIONATO

**Súmula 17-STJ:** Quando o falso se exaure no estelionato, sem mais potencialidade lesiva, é por este absorvido.

**Súmula 24-STJ:** Aplica-se ao crime de estelionato, em que figure como vítima entidade autárquica da previdência social, a qualificadora do § 3º, do art. 171 do Código Penal.

**Súmula 48-STJ:** Compete ao juízo do local da obtenção da vantagem ilícita processar e julgar crime de estelionato cometido mediante falsificação de cheque.

**Súmula 73-STJ:** A utilização de papel moeda grosseiramente falsificado configura, em tese, o crime de estelionato, da competência da Justiça Estadual.

**Súmula 246-STF:** Comprovado não ter havido fraude, não se configura o crime de emissão de cheque sem fundos.

**Súmula 554-STF:** O pagamento de cheque emitido sem provisão de fundos, após o recebimento da denúncia, não obsta ao prosseguimento da ação penal.

### 13.3.3. VIOLAÇÃO DE DIREITO AUTORAL

**Súmula 502-STJ:** Presentes a materialidade e a autoria, afigura-se típica, em relação ao crime previsto no artigo 184, parágrafo 2°, do Código Penal, a conduta de expor à venda CDs e DVDs piratas.

**Súmula 574-STJ:** Para a configuração do delito de violação de direito autoral e a comprovação de sua materialidade, é suficiente a perícia realizada por amostragem do produto apreendido, nos aspectos externos do material, e é desnecessária a identificação dos titulares dos direitos autorais violados ou daqueles que os representem.

# 14 FLUXOGRAMA DOS CRIMES CONTRA O PATRIMÔNIO

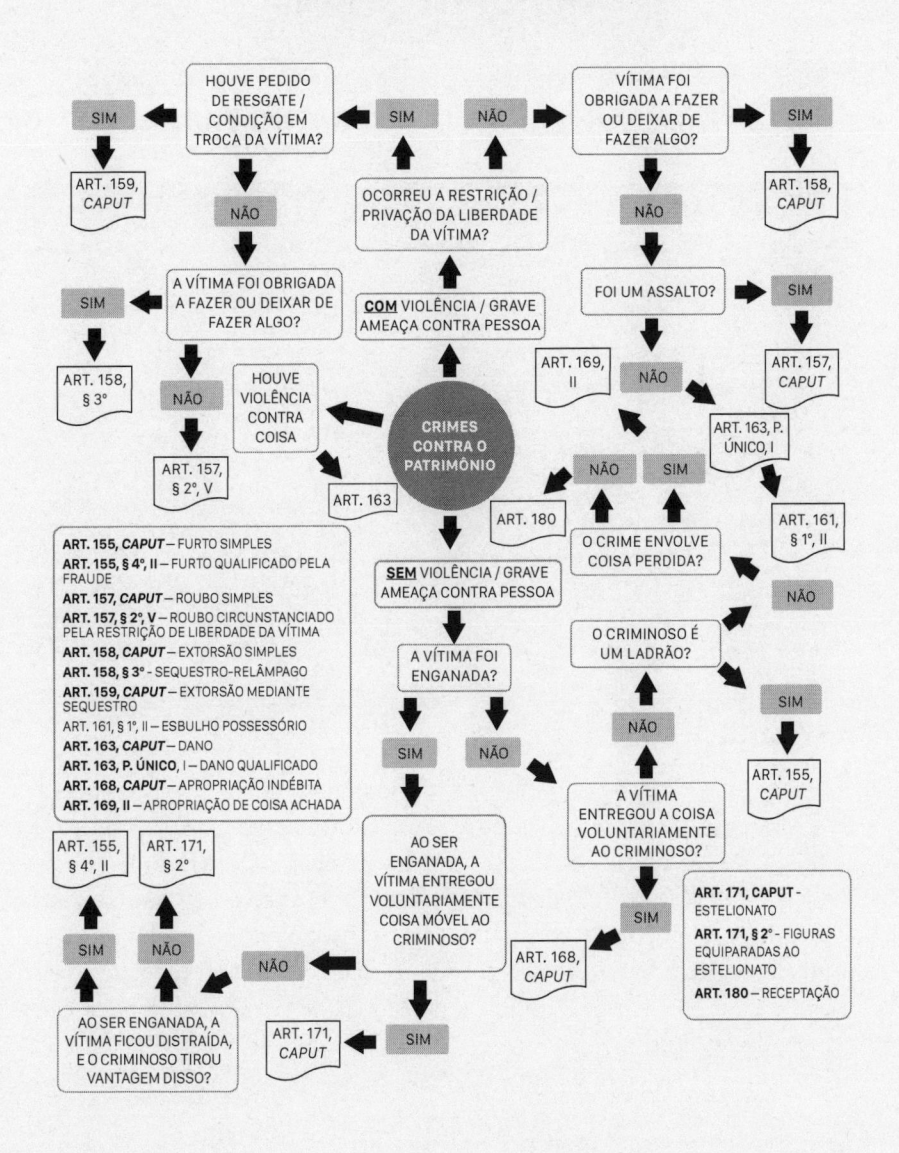

# 15 DOS CRIMES CONTRA A ORGANIZAÇÃO DO TRABALHO

## 15.1. ATENTADO CONTRA A LIBERDADE DO TRABALHO

| ATENTADO CONTRA A LIBERDADE DO TRABALHO (ARTIGO 197 DO CP) |
| --- |
| **Simples (inciso I)** |
| *Atentado contra a liberdade de trabalho*<br>*Art. 197. Constranger alguém, mediante violência ou grave ameaça:*<br>*I - a exercer ou não exercer arte, ofício, profissão ou indústria, ou a trabalhar ou não trabalhar durante certo período ou em determinados dias:*<br>*Pena - detenção, de um mês a um ano, e multa, além da pena correspondente à violência;* |
| **Qualificadora (inciso II)** |
| *II - a abrir ou fechar o seu estabelecimento de trabalho, ou a participar de parede ou paralisação de atividade econômica:*<br>*Pena - detenção, de três meses a um ano, e multa, além da pena correspondente à violência.* |

### 15.1.1. CONDUTA

A conduta é o verbo constranger, obrigar alguém a algo, como acontece no delito do artigo 146 do CP (constrangimento ilegal). Pratica o crime quem, mediante violência ou grave ameaça, atenta contra a liberdade do trabalho ao constranger alguém a: (1) exercer ou não exercer arte, ofício, profissão ou indústria, ou a trabalhar ou não trabalhar durante certo período ou em determinados dias; (2) abrir ou fechar o seu estabelecimento de trabalho, ou a participar de parede ou paralisação de atividade econômica.

### 15.1.2. SUJEITOS DO CRIME

Crime comum, pode ser praticado por qualquer pessoa. A lei também não exige qualquer condição especial em relação ao sujeito passivo.

### 15.1.3. ELEMENTO SUBJETIVO

É o dolo. Não se admite a modalidade culposa.

### 15.1.4. CONSUMAÇÃO

Crime material, consuma-se com a efetiva ocorrência do resultado. Ou seja, quando, em razão do constrangimento, o sujeito passivo é compelido: (1) a exercer ou não exercer arte, ofício, profissão ou indústria; (2) a trabalhar ou não trabalhar durante certo período ou em determinados dias; (3) a abrir ou fechar o seu estabelecimento de trabalho; ou (4) a participar de parede ou paralisação de atividade econômica. Crime permanente, a consumação se prolonga no tempo. A tentativa é possível.

### 15.1.5. AÇÃO PENAL

É crime de ação penal pública incondicionada.

### 15.1.6. PENAS

A pena é de detenção, de três meses a um ano, e multa, além da correspondente à violência (concurso material obrigatório). Portanto, não há consunção. Crime de menor potencial ofensivo, de competência do Juizado Especial Criminal, a pena é compatível com a transação penal e a suspensão condicional do processo (Lei nº 9.099/95, arts. 61, 76 e 89).

---

**CLASSIFICAÇÃO DOUTRINÁRIA**

O crime é comum (pode ser praticado por qualquer pessoa); material (depende da produção do resultado naturalístico, qual seja o efetivo atentado à liberdade de trabalho); doloso; de forma livre (admite qualquer meio de execução); unissubjetivo, unilateral ou de concurso eventual (pode ser cometido por uma só pessoa, mas admite o concurso); usualmente, plurissubsistente (a conduta é fracionada em diversos atos que, somados, provocam a consumação) (a conduta criminosa pode ser fracionada em diversos atos); e permanente (a consumação se prolonga no tempo, por vontade do agente).

## 15.2. ATENTADO CONTRA A LIBERDADE DE CONTRATO DE TRABALHO E BOICOTAGEM VIOLENTA

**ATENTADO CONTRA A LIBERDADE DE CONTRATO DE TRABALHO E BOICOTAGEM VIOLENTA (ARTIGO 198 DO CP)**

*Atentado contra a liberdade de contrato de trabalho e boicotagem violenta*
*Art. 198. Constranger alguém, mediante violência ou grave ameaça, a celebrar contrato de trabalho, ou a não fornecer a outrem ou não adquirir de outrem matéria-prima ou produto industrial ou agrícola:*
*Pena - detenção, de um mês a um ano, e multa, além da pena correspondente à violência.*

### 15.2.1. CONDUTA

O verbo nuclear é constranger (obrigar a algo), o mesmo do crime do artigo anterior. O crime consiste em constranger alguém, mediante violência ou grave ameaça, a celebrar contrato de trabalho, ou a não fornecer a outrem ou não adquirir de outrem matéria-prima ou produto industrial ou agrícola. O dispositivo é composto por dois crimes: (1) Atentado contra a liberdade de contrato de trabalho (primeira parte); (2) boicotagem violenta (in fine).

### 15.2.2. SUJEITOS DO CRIME

Sujeito ativo e passivo podem ser qualquer pessoa.

### 15.2.3. ELEMENTO SUBJETIVO

É o dolo. Não se admite a modalidade culposa.

### 15.2.4. CONSUMAÇÃO

Crime material, consuma-se com a efetiva celebração do contrato ou abstenção de fornecimento ou de aquisição de produto ou matéria-prima. A tentativa é admissível em ambos os casos.

### 15.2.5. AÇÃO PENAL

É crime de ação penal pública incondicionada.

## 15.2.6. PENAS

A pena é de detenção, de um mês a um ano, e multa, além da pena correspondente à violência (concurso material obrigatório). Crime de menor potencial ofensivo, de competência do Juizado Especial Criminal, a pena é compatível com a transação penal e a suspensão condicional do processo (Lei nº 9.099/95, arts. 61, 76 e 89).

**CLASSIFICAÇÃO DOUTRINÁRIA**

Os crimes de atentado contra a liberdade de contrato de trabalho e boicotagem violenta são comuns (podem ser cometidos por qualquer pessoa); materiais (dependem da produção do resultado naturalístico, qual seja, a efetiva celebração do contrato de trabalho ou a recusa no fornecimento ou na aquisição de matéria-prima, produto agrícola ou industrial); dolosos; de forma livre (comportam qualquer meio de execução); unissubjetivos, unilaterais ou de concurso eventual (podem ser praticados por uma só pessoa, mas admitem o concurso); usualmente, plurissubsistente (a conduta é fracionada em diversos atos que, somados, provocam a consumação)s (as condutas criminosas podem ser fracionadas em diversos atos); e instantâneo (atentado contra a liberdade de contrato de trabalho) ou permanente (boicotagem violenta).

## 15.3. ATENTADO CONTRA A LIBERDADE DE ASSOCIAÇÃO

**ATENTADO CONTRA A LIBERDADE DE ASSOCIAÇÃO (ARTIGO 199 DO CP)**

*Atentado contra a liberdade de associação*

*Art. 199. Constranger alguém, mediante violência ou grave ameaça, a participar ou deixar de participar de determinado sindicato ou associação profissional:*

*Pena - detenção, de um mês a um ano, e multa, além da pena correspondente à violência.*

## 15.3.1. CONDUTA

O verbo nuclear é constranger (obrigar a algo), o mesmo do crime do artigo anterior. O delito é praticado ao constranger alguém, mediante violência ou grave ameaça, a participar ou deixar de participar de determinado sindicato ou associação profissional.

## 15.3.2. SUJEITOS DO CRIME

Crime comum, o sujeito ativo pode ser qualquer pessoa, membro ou não do sindicato. O sujeito passivo também é qualquer pessoa.

## 15.3.3. ELEMENTO SUBJETIVO

É o dolo. Não se admite a modalidade culposa.

### 15.3.4. CONSUMAÇÃO

Crime material, consuma-se quando, em virtude da violência (física ou moral), o constrangido participa ou deixa de participar efetivamente do sindicato. A tentativa é possível.

### 15.3.5. AÇÃO PENAL

A ação penal é pública incondicionada.

### 15.3.6. PENAS

A pena é de detenção, de um mês a um ano, e multa, além da pena correspondente à violência (concurso material obrigatório). Crime de menor potencial ofensivo, de competência do Juizado Especial Criminal, a pena é compatível com a transação penal e a suspensão condicional do processo (Lei nº 9.099/95, arts. 61, 76 e 89).

| CLASSIFICAÇÃO DOUTRINÁRIA |
| --- |
| Cuida-se de crime comum (pode ser praticado por qualquer pessoa); material (depende da produção do resultado naturalístico, qual seja o efetivo atentado à liberdade de associação); doloso; de forma livre (admite qualquer meio de execução); unissubjetivo, unilateral ou de concurso eventual (pode ser cometido por uma só pessoa, mas admite o concurso); usualmente, plurissubsistente (a conduta é fracionada em diversos atos que, somados, provocam a consumação) (a conduta criminosa pode ser fracionada em diversos atos); e instantâneo ou permanente (dependendo da prorrogação ou não da situação ilícita ao longo do tempo). |

## 15.4. PARALISAÇÃO DE TRABALHO, SEGUIDA DE VIOLÊNCIA OU PERTURBAÇÃO DA ORDEM

| PARALISAÇÃO DE TRABALHO, SEGUIDA DE VIOLÊNCIA OU PERTURBAÇÃO DA ORDEM (ARTIGO 200 DO CP) |
| --- |
| *Paralisação de trabalho, seguida de violência ou perturbação da ordem*<br>*Art. 200. Participar de suspensão ou abandono coletivo de trabalho, praticando violência contra pessoa ou contra coisa:*<br>*Pena - detenção, de um mês a um ano, e multa, além da pena correspondente à violência.* |
| Norma penal explicativa - *abandono coletivo* (parágrafo único) |
| *Parágrafo único. Para que se considere coletivo o abandono de trabalho é indispensável o concurso de, pelo menos, três empregados.* |

### 15.4.1. CONDUTA

O delito consiste em participar de suspensão (lock out) ou abandono coletivo de trabalho (greve), praticando violência contra pessoa ou contra coisa.

Para que se considere coletivo o abandono de trabalho é indispensável o concurso de, pelo menos, três empregados (parágrafo único).

### 15.4.2. SUJEITOS DO CRIME

O sujeito ativo do delito é o empregado (greve) ou empregador que tenha promovido a suspensão. O sujeito passivo é qualquer pessoa atingida pelas condutas.

### 15.4.3. ELEMENTO SUBJETIVO

É o dolo. Não se admite a modalidade culposa.

### 15.4.4. CONSUMAÇÃO

Crime material, consuma-se o crime com a prática da violência. É possível a tentativa.

### 15.4.5. AÇÃO PENAL

A ação penal é pública incondicionada.

### 15.4.6. PENAS

A pena é detenção, de um mês a um ano, e multa, além da pena correspondente à violência (concurso material obrigatório). Crime de menor potencial ofensivo, de competência do Juizado Especial Criminal, a pena é compatível com a transação penal e a suspensão condicional do processo (Lei nº 9.099/95, arts. 61, 76 e 89).

> **CLASSIFICAÇÃO DOUTRINÁRIA**
>
> O crime é comum (pode ser praticado por qualquer pessoa, desde que empregador ou empregado); material (depende da produção do resultado naturalístico, qual seja lesão à integridade física ou destruição do patrimônio alheio); doloso; de forma livre (admite qualquer meio de execução); unissubjetivo, unilateral ou de concurso eventual (pode ser cometido por uma só pessoa, mas admite o concurso); usualmente, plurissubsistente (a conduta é fracionada em diversos atos que, somados, provocam a consumação) (a conduta criminosa pode ser fracionada em diversos atos); e instantâneo (consuma-se em um momento determinado, sem continuidade no tempo).

## 15.5. PARALISAÇÃO DE TRABALHO DE INTERESSE COLETIVO

**PARALISAÇÃO DE TRABALHO DE INTERESSE COLETIVO (ARTIGO 201 DO CP)**

*Paralisação de trabalho de interesse coletivo*
*Art. 201. Participar de suspensão ou abandono coletivo de trabalho, provocando a interrupção de obra pública ou serviço de interesse coletivo:*
*Pena - detenção, de seis meses a dois anos, e multa.*

**CLASSIFICAÇÃO DOUTRINÁRIA**

Trata-se de crime comum (pode ser cometido por qualquer pessoa, desde que empregador ou empregado); **material** (depende da produção do resultado naturalístico, qual seja a efetiva interrupção de obra pública ou serviço de interesse coletivo); **doloso**; **de forma livre** (admite qualquer meio de execução); plurissubjetivo, plurilateral ou de concurso necessário (só há interrupção de obra pública ou de serviço de interesse coletivo com a atuação conjunta de uma pluralidade de pessoas); **usualmente**, **plurissubsistente** (a conduta é fracionada em diversos atos que, somados, provocam a consumação) (a conduta criminosa pode ser fracionada em diversos atos); vago (tem como um ente destituído de personalidade jurídica: a coletividade); e **instantâneo** (consuma-se em um momento determinado, sem continuidade no tempo).

## 15.6. INVASÃO DE ESTABELECIMENTO INDUSTRIAL, COMERCIAL OU AGRÍCOLA. SABOTAGEM

**INVASÃO DE ESTABELECIMENTO INDUSTRIAL, COMERCIAL OU AGRÍCOLA. SABOTAGEM (ARTIGO 202 DO CP)**

*Invasão de estabelecimento industrial, comercial ou agrícola. Sabotagem*
*Art. 202. Invadir ou ocupar estabelecimento industrial, comercial ou agrícola, com o intuito de impedir ou embaraçar o curso normal do trabalho, ou com o mesmo fim danificar o estabelecimento ou as coisas nele existentes ou delas dispor:*
*Pena - reclusão, de um a três anos, e multa.*

### 15.6.1. CONDUTA

Na primeira parte, invasão de estabelecimento industrial, comercial ou agrícola, o crime consiste em invadir (acesso não autorizado) ou ocupar (tomar posse) estabelecimento industrial, comercial ou agrícola, com o intuito de impedir ou embaraçar o curso normal do trabalho. Na parte final, é tipificada a sabotagem, que consiste em, com o mesmo fim (impedir ou embaraçar...), danificar (inutilizar) o estabelecimento ou as coisas nele existentes ou delas dispor (agir como se dono fosse).

### 15.6.2. SUJEITOS DO CRIME

O sujeito ativo é o trabalhador ou qualquer pessoa que contribua para a invasão, ocupação ou danificação do estabelecimento. O sujeito passivo é o proprietário do estabelecimento industrial, comercial ou agrícola que terá impedido ou embaraçado o curso normal de sua iniciativa econômica.

### 15.6.3. ELEMENTO SUBJETIVO

É o dolo, acrescido de um especial fim de agir (com o intuito de impedir ou embaraçar o curso normal do trabalho). Não se pune a modalidade culposa.

### 15.6.4. CONSUMAÇÃO

Crime formal em relação à invasão e à ocupação e material na sabotagem. Consuma-se, na invasão ou ocupação, a partir do ingresso não autorizado ou do apossamento do estabelecimento industrial, comercial ou agrícola. Na sabotagem, a consumação depende do efetivo dano ao estabelecimento ou das coisas nele existentes ou da efetiva disposição de coisa alheia como própria. A tentativa é possível.

### 15.6.5. AÇÃO PENAL

A ação penal é pública incondicionada.

### 15.6.6. PENAS

A pena é de reclusão, de um a três anos, e multa. Não é crime de menor potencial ofensivo, mas é compatível com a suspensão condicional do processo (Lei nº 9.099/95, art. 89).

> **CLASSIFICAÇÃO DOUTRINÁRIA**
>
> Os crimes são comuns (podem ser cometidos por qualquer pessoa); **formal** (invasão de estabelecimento industrial, comercial ou agrícola) ou material (sabotagem); **dolosos; de forma livre** (admitem qualquer meio de execução); **unissubjetivos**, unilaterais ou de concurso eventual (praticados por uma só pessoa, mas admitem o concurso); usualmente, **plurissubsistente** (a conduta é fracionada em diversos atos que, somados, provocam a consumação)s (a conduta criminosa pode ser fracionada em diversos atos); e **instantâneo** (sabotagem) ou **permanente** (invasão de estabelecimento industrial, comercial ou agrícola).

## 15.7. FRUSTRAÇÃO DE DIREITO ASSEGURADO POR LEI TRABALHISTA

| FRUSTRAÇÃO DE DIREITO ASSEGURADO POR LEI TRABALHISTA (ARTIGO 203 DO CP) |
| --- |
| *Frustração de direito assegurado por lei trabalhista*<br>*Art. 203. Frustrar, mediante fraude ou violência, direito assegurado pela legislação do trabalho:*<br>*Pena - detenção de um ano a dois anos, e multa, além da pena correspondente à violência.* |
| **Figuras equiparadas (§ 1°)** |
| *§ 1°. Na mesma pena incorre quem:*<br>*I - obriga ou coage alguém a usar mercadorias de determinado estabelecimento, para impossibilitar o desligamento do serviço em virtude de dívida;*<br>*II - impede alguém de se desligar de serviços de qualquer natureza, mediante coação ou por meio da retenção de seus documentos pessoais ou contratuais.* |
| **Causas de aumento de pena (§ 2°)** |
| *§ 2°. A pena é aumentada de um sexto a um terço se a vítima é menor de dezoito anos, idosa, gestante, indígena ou portadora de deficiência física ou mental.* |

### 15.7.1. CONDUTA

O crime se dá pelo verbo frustrar (não acontecer o que se espera) direito assegurado pela legislação trabalhista. A conduta tem de ser praticada mediante fraude ou violência.

### 15.7.2. SUJEITOS DO CRIME

O sujeito ativo pode ser qualquer pessoa (crime comum). O sujeito passivo é o trabalhador.

### 15.7.3. ELEMENTO SUBJETIVO

É o dolo. Não se admite a modalidade culposa.

### 15.7.4. CONSUMAÇÃO

Crime material, consuma-se com a efetiva frustração do direito. É possível a tentativa.

### 15.7.5. AÇÃO PENAL

A ação penal é pública incondicionada.

### 15.7.6. PENAS

A pena é de detenção, de um ano a dois anos, e multa, além da pena correspondente à violência (concurso material obrigatório). Crime de menor potencial ofensivo, de competência do Juizado Especial Criminal, a pena é compatível com a transação penal e a suspensão condicional do processo (Lei nº 9.099/95, arts. 61, 76 e 89).

### 15.7.7. AUMENTO DE PENA

A pena é aumentada de um sexto a um terço se a vítima é menor de dezoito anos, idosa, gestante, indígena ou portadora de deficiência física ou mental.

### 15.7.8. FIGURAS EQUIPARADAS

Recebe a mesma sanção quem: (1) obriga ou coage alguém a usar mercadorias de determinado estabelecimento, para impossibilitar o desligamento do serviço em virtude de dívida; (2) impede alguém de se desligar de serviços de qualquer natureza, mediante coação ou por meio da retenção de seus documentos pessoais ou contratuais.

> **CLASSIFICAÇÃO DOUTRINÁRIA**
>
> O crime é **comum** (pode ser cometido por qualquer pessoa); **material** (a consumação depende da produção do resultado naturalístico, consistente na frustração do direito assegurado pela legislação trabalhista); doloso; de forma livre (admite qualquer meio de execução); unissubjetivo, unilateral ou de concurso eventual (praticado por uma só pessoa, mas admite o concurso); usualmente, plurissubsistente (a conduta é fracionada em diversos atos que, somados, provocam a consumação) (a conduta criminosa pode ser fracionada em diversos atos); e instantâneo (consuma-se em um momento determinado, sem continuidade no tempo).

## 15.8. FRUSTRAÇÃO DE LEI SOBRE A NACIONALIZAÇÃO DO TRABALHO

> **FRUSTRAÇÃO DE LEI SOBRE A NACIONALIZAÇÃO DO TRABALHO (ARTIGO 204 DO CP)**
>
> *Frustração de lei sobre a nacionalização do trabalho*
> *Art. 204. Frustrar, mediante fraude ou violência, obrigação*
> *legal relativa à nacionalização do trabalho:*
> *Pena - detenção, de um mês a um ano, e multa, além da pena correspondente à violência.*

### 15.8.1. CONDUTA

O tipo penal tem por núcleo o verbo frustrar, impedir que ocorra o que se espera – no caso, obrigação legal relativa à nacionalização do trabalho. A conduta deve se dar por meio de violência ou fraude. Trata-se de norma penal em branco, que exige complemento.

### 15.8.2. SUJEITOS DO CRIME

O sujeito ativo pode ser qualquer pessoa (crime comum). O sujeito passivo é o Estado.

### 15.8.3. ELEMENTO SUBJETIVO

É o dolo. É atípica a modalidade culposa.

### 15.8.4. CONSUMAÇÃO

Crime material, consuma-se a partir da frustração do que estiver disposto em lei relativa à nacionalização do trabalho. Ex.: a lei determina a contratação de um percentual de brasileiros. A partir do momento em que ocorre a violação dessa imposição, o crime se consuma. A tentativa é possível.

### 15.8.5. AÇÃO PENAL

A ação penal é pública incondicionada.

### 15.8.6. PENAS

A pena é de detenção, de um mês a um ano, e multa, além da pena correspondente à violência (concurso material obrigatório). Crime de menor potencial ofensivo, de competência do Juizado Especial Criminal, a pena é compatível com a transação penal e a suspensão condicional do processo (Lei nº 9.099/95, arts. 61, 76 e 89).

---

**CLASSIFICAÇÃO DOUTRINÁRIA**

O crime é **comum** (pode ser cometido por qualquer pessoa); **material** (a consumação depende da produção do resultado naturalístico, consistente na frustração do cumprimento das regras legais relativas ao número máximo de trabalhadores estrangeiros a serem contratados por empregados brasileiros); **doloso; de forma livre** (admite qualquer meio de execução); **unissubjetivo**, unilateral ou de concurso eventual (praticado por uma só pessoa, mas admite o concurso); **usualmente, plurissubsistente** (a conduta é fracionada em diversos atos que, somados, provocam a consumação) (a conduta criminosa pode ser fracionada em diversos atos); e **instantâneo** (consuma-se em um momento determinado, sem continuidade no tempo).

---

## 15.9. EXERCÍCIO DE ATIVIDADE COM INFRAÇÃO DE DECISÃO ADMINISTRATIVA

**EXERCÍCIO DE ATIVIDADE COM INFRAÇÃO DE DECISÃO ADMINISTRATIVA (ARTIGO 205 DO CP)**

*Exercício de atividade com infração de decisão administrativa*

*Art. 205. Exercer atividade, de que está impedido por decisão administrativa:*

*Pena - detenção, de três meses a dois anos, ou multa.*

### 15.9.1. CONDUTA

A conduta consiste em exercer (praticar) atividade de que está impedido em razão de decisão administrativa. Exemplo: o profissional que, proibido de permanecer em exercício por decisão do conselho de classe, continua a exercer a atividade. Se o impedimento decorrer de decisão judicial, pode ficar caracterizado o crime de desobediência a decisão judicial sobre perda ou suspensão de direito (CP, art. 359).

### 15.9.2. SUJEITOS DO CRIME

Crime próprio, o sujeito ativo é a pessoa impedida por decisão administrativa de exercer determinada atividade. O sujeito passivo é o Estado.

### 15.9.3. ELEMENTO SUBJETIVO

É o dolo. Não é admitida a modalidade culposa.

### 15.9.4. CONSUMAÇÃO

Crime habitual, consuma-se com o exercício reiterado da atividade proibida. Não admite tentativa.

### 15.9.5. AÇÃO PENAL

A ação penal é pública incondicionada.

### 15.9.6. PENAS

A pena é de detenção, de três meses a dois anos, ou multa. Crime de menor potencial ofensivo, de competência do Juizado Especial Criminal, a pena é compatível com a transação penal e a suspensão condicional do processo (Lei nº 9.099/95, arts. 61, 76 e 89).

## 15.10. ALICIAMENTO PARA O FIM DE EMIGRAÇÃO

ALICIAMENTO PARA O FIM DE EMIGRAÇÃO
(ARTIGO 206 DO CP)

*Aliciamento para o fim de emigração*
*Art. 206. Recrutar trabalhadores, mediante fraude, com o fim de levá-los para território estrangeiro.*
*Pena - detenção, de 1 (um) a 3 (três) anos e multa.*

### 15.10.1. CONDUTA

Recrutar (atrair). O crime consiste em aliciar trabalhadores, mediante fraude, com o objetivo de levá-los ao exterior.

× O dispositivo fala em *trabalhadores*, ou seja, não basta o recrutamento de apenas uma pessoa. Há quem sustente um mínimo de três trabalhadores, mas a lei não faz essa exigência.

### 15.10.2. SUJEITOS DO CRIME

O sujeito ativo pode ser qualquer pessoa (crime comum). O sujeito passivo é o Estado.

### 15.10.3. ELEMENTO SUBJETIVO

É o dolo, acrescido de um especial fim de agir (*com o fim de levá-los para território estrangeiro*). Não é admitida a modalidade culposa.

### 15.10.4. CONSUMAÇÃO

Crime formal, consuma-se com o recrutamento fraudulento, ainda que os trabalhadores não saiam do país. A tentativa é possível.

### 15.10.5. AÇÃO PENAL

A ação penal é pública incondicionada.

### 15.10.6. PENAS

A pena é de detenção, de um a três anos, e multa. Não é crime de menor potencial ofensivo, mas é compatível com a suspensão condicional do processo (Lei nº 9.099/95, art. 89).

| CLASSIFICAÇÃO DOUTRINÁRIA |
| --- |
| Cuida-se de crime comum (pode ser cometido por qualquer pessoa, desde que empregador ou empregado); formal (prescinde da saída dos trabalhadores do território nacional); doloso; de forma livre (admite qualquer meio de execução, desde que presente a fraude); unissubjetivo, unilateral ou de concurso eventual (praticado por uma só pessoa, mas admite o concurso); usualmente, plurissubsistente (a conduta é fracionada em diversos atos que, somados, provocam a consumação) (a conduta criminosa pode ser fracionada em diversos atos); e instantâneo (consuma-se em um momento determinado, com o recrutamento fraudulento, sem continuidade no tempo). |

## 15.11. ALICIAMENTO DE TRABALHADORES DE UM LOCAL PARA OUTRO DO TERRITÓRIO NACIONAL

| ALICIAMENTO DE TRABALHADORES DE UM LOCAL PARA OUTRO DO TERRITÓRIO NACIONAL (ARTIGO 207 DO CP) |
| --- |
| Aliciamento de trabalhadores de um local para outro do território nacional Art. 207. Aliciar trabalhadores, com o fim de levá-los de uma para outra localidade do território nacional: Pena - detenção de um a três anos, e multa. |
| **Figura equiparada (§ 1º)** |
| § 1º. Incorre na mesma pena quem recrutar trabalhadores fora da localidade de execução do trabalho, dentro do território nacional, mediante fraude ou cobrança de qualquer quantia do trabalhador, ou, ainda, não assegurar condições do seu retorno ao local de origem. |
| **Aumento de pena (§ 2º)** |
| § 2º. A pena é aumentada de um sexto a um terço se a vítima é menor de dezoito anos, idosa, gestante, indígena ou portadora de deficiência física ou mental. |

### 15.11.1. CONDUTA

O Conduta é aliciar, atrair, recrutar trabalhadores para levá-los a outras localidades dentro do país.

× O dispositivo fala em *trabalhadores*, ou seja, não basta o recrutamento de apenas uma pessoa. Há quem sustente um mínimo de três trabalhadores, mas a lei não faz essa exigência.

### 15.11.2. SUJEITOS DO CRIME

O sujeito ativo pode ser qualquer pessoa (crime comum). O sujeito passivo é o Estado.

### 15.11.3. ELEMENTO SUBJETIVO

É o dolo, acrescido de um especial fim de agir (*com o fim de levá-los de uma para outra localidade do território nacional*). É atípica a modalidade culposa.

### 15.11.4. CONSUMAÇÃO

Crime formal, basta o aliciamento para que o delito se consume. É prescindível a efetiva transferência dos trabalhadores para outra localidade. A tentativa é possível.

### 15.11.5. AÇÃO PENAL

A ação penal é pública incondicionada.

### 15.11.6. PENAS

A pena é de detenção de um a três anos, e multa. Não é crime de menor potencial ofensivo, mas é compatível com a suspensão condicional do processo (Lei nº 9.099/95, art. 89).

### 15.11.7. AUMENTO DE PENA

A pena é aumentada de um sexto a um terço se a vítima é menor de dezoito anos, idosa, gestante, indígena ou portadora de deficiência física ou mental.

## 15.11.8. **FIGURAS EQUIPARADAS**

Incorre na mesma pena quem recrutar trabalhadores fora da localidade de execução do trabalho, dentro do território nacional, mediante fraude ou cobrança de qualquer quantia do trabalhador, ou, ainda, não assegurar condições do seu retorno ao local de origem.

> **CLASSIFICAÇÃO DOUTRINÁRIA**
>
> Cuida-se de crime **comum** (pode ser cometido por qualquer pessoa, desde que empregador ou empregado); **formal** (prescinde da saída dos trabalhadores do território nacional); **doloso; de forma livre** (admite qualquer meio de execução, desde que presente a fraude); **unissubjetivo**, unilateral ou de concurso eventual (praticado por uma só pessoa, mas admite o concurso); **usualmente, plurissubsistente** (a conduta é fracionada em diversos atos que, somados, provocam a consumação) (a conduta criminosa pode ser fracionada em diversos atos); e **instantâneo** (consuma-se em um momento determinado, com o recrutamento fraudulento, sem continuidade no tempo).

# 16 DOS CRIMES CONTRA O SENTIMENTO RELIGIOSO E CONTRA O RESPEITO AOS MORTOS

## 16.1. ULTRAJE A CULTO E IMPEDIMENTO OU PERTURBAÇÃO DE ATO A ELE RELATIVO

| ULTRAJE A CULTO E IMPEDIMENTO OU PERTURBAÇÃO DE ATO A ELE RELATIVO (ARTIGO 208 DO CP) |
| --- |
| *Ultraje a culto e impedimento ou perturbação de ato a ele relativo*<br>*Art. 208. Escarnecer de alguém publicamente, por motivo de crença ou função religiosa; impedir ou perturbar cerimônia ou prática de culto religioso; vilipendiar publicamente ato ou objeto de culto religioso:*<br>*Pena - detenção, de um mês a um ano, ou multa.* |
| **Aumento de pena / Concurso material obrigatório (parágrafo único)** |
| *Parágrafo único. Se há emprego de violência, a pena é aumentada de um terço, sem prejuízo da correspondente à violência.* |

### 16.1.1. CONDUTA

Escarnecer (ridicularizar) alguém publicamente por motivo de crença ou função religiosa. Também caracteriza o crime impedir (inviabilizar) ou perturbar (atrapalhar) cerimônia ou prática religiosa (culto, missa etc.). Por fim, é praticado o delito por quem vilipendia (trata com desprezo) publicamente ato ou objeto de culto religioso (ex.: uma estátua).

### 16.1.2. SUJEITOS DO CRIME

O sujeito ativo pode ser qualquer pessoa (crime comum). O sujeito passivo é o Estado e, indiretamente, quem for atingido pela conduta.

### 16.1.3. ELEMENTO SUBJETIVO

É o dolo. No primeiro verbo, *escarnecer*, tem de estar presente um especial fim de agir (*por motivo de crença ou função religiosa*). É atípica a modalidade culposa.

### 16.1.4. CONSUMAÇÃO

Crime formal, consuma-se, no primeiro verbo, com a conduta de escarnecer, ridicularizar, zombar etc. A tentativa é possível apenas quando o crime for praticado por escrito, por ser possível impedir que a mensagem se torne pública. A segunda hipótese se consuma quando o sujeito impede ou perturba a cerimônia religiosa. Por fim, o crime se consuma com o vilipêndio público de ato ou objeto de culto religioso.

### 16.1.5. AÇÃO PENAL

A ação penal é pública incondicionada.

### 16.1.6. PENAS

A pena é de detenção, de um mês a um ano, ou multa. Crime de menor potencial ofensivo, de competência do Juizado Especial Criminal, a pena é compatível com a transação penal e a suspensão condicional do processo (Lei nº 9.099/95, arts. 61, 76 e 89).

### 16.1.7. AUMENTO DE PENA

Se houver emprego de violência, a pena é aumentada de um terço, sem prejuízo da correspondente à violência (concurso material obrigatório).

## 16.2. IMPEDIMENTO OU PERTURBAÇÃO DE CERIMÔNIA FUNERÁRIA

| IMPEDIMENTO OU PERTURBAÇÃO DE CERIMÔNIA FUNERÁRIA (ARTIGO 209 DO CP) |
| --- |
| *Impedimento ou perturbação de cerimônia funerária* <br> *Art. 209. Impedir ou perturbar enterro ou cerimônia funerária:* <br> *Pena - detenção, de um mês a um ano, ou multa.* |
| **Aumento de pena / Concurso material obrigatório (parágrafo único)** |
| *Parágrafo único. Se há emprego de violência, a pena é aumentada de um terço, sem prejuízo da correspondente à violência.* |

### 16.2.1. CONDUTA

A conduta consiste em impedir (fazer com que não aconteça) ou perturbar (atrapalhar) enterro ou cerimônia funerária. Tipo penal misto alternativo, se o sujeito pratica os dois verbos em um mesmo contexto fático, apenas um crime é praticado, e não dois, em concurso.

### 16.2.2. SUJEITOS DO CRIME

Crime comum, pode ser praticado por qualquer pessoa. O sujeito passivo é a coletividade (crime vago).

### 16.2.3. ELEMENTO SUBJETIVO

Crime doloso, não admite a modalidade culposa.

### 16.2.4. CONSUMAÇÃO

Crime formal, consuma-se com o efetivo impedimento ou perturbação do enterro ou da cerimônia fúnebre, independentemente da ofensa ao sentimento de respeito aos mortos. A tentativa é possível.

### 16.2.5. AÇÃO PENAL

A ação penal é pública incondicionada.

### 16.2.6. PENAS

A pena é de detenção, de um mês a um ano, ou multa. Crime de menor potencial ofensivo, de competência do Juizado Especial Criminal, a pena é compatível com a transação penal e a suspensão condicional do processo (Lei nº 9.099/95, arts. 61, 76 e 89).

### 16.2.7. AUMENTO DE PENA

Se houver emprego de violência, a pena é aumentada de um terço, sem prejuízo da correspondente à violência (concurso material obrigatório).

## 16.3. VIOLAÇÃO DE SEPULTURA

| VIOLAÇÃO DE SEPULTURA (ARTIGO 210 DO CP) |
| --- |
| *Violação de sepultura* |
| *Art. 210. Violar ou profanar sepultura ou urna funerária:* |
| *Pena - reclusão, de um a três anos, e multa.* |

### 16.3.1. CONDUTA

Violar (arrombar) ou profanar (desrespeitar) sepultura ou urna funerária.

### 16.3.2. SUJEITOS DO CRIME

Crime comum, pode ser praticado por qualquer pessoal. O sujeito passivo é a coletividade (crime vago) e, indiretamente, a família do morto.

### 16.3.3. ELEMENTO SUBJETIVO

É o dolo. Não é punida a modalidade culposa.

### 16.3.4. CONSUMAÇÃO

Crime formal, consuma-se com a violação ou profanação da sepultura ou urna funerária, independentemente de qualquer resultado naturalístico. A tentativa é possível.

### 16.3.5. AÇÃO PENAL

A ação penal é pública incondicionada.

### 16.3.6. PENAS

A pena é de reclusão, de um a três anos, e multa. Compatível com a suspensão condicional do processo (Lei nº 9.099/95, art. 89), não é crime de menor ofensivo, pois a pena máxima é superior a dois anos.

## 16.4. DESTRUIÇÃO, SUBTRAÇÃO OU OCULTAÇÃO DE CADÁVER

DESTRUIÇÃO, SUBTRAÇÃO OU OCULTAÇÃO DE CADÁVER
(ARTIGO 211 DO CP)

*Destruição, subtração ou ocultação de cadáver*
*Art. 211. Destruir, subtrair ou ocultar cadáver ou parte dele:*
*Pena - reclusão, de um a três anos, e multa.*

### 16.4.1. CONDUTA

Destruir (dizimar), subtrair (tirar algo) ou ocultar (esconder) cadáver ou parte dele.

× Múmias não podem ser consideradas objeto material do delito.

**Sujeitos do crime**

Crime comum, pode ser praticado por qualquer pessoa. O sujeito passivo é a coletividade (crime vago) e, indiretamente, a família do morto.

**Elemento subjetivo**

É o dolo. Não é punida a modalidade culposa.

### 16.4.2. CONSUMAÇÃO

A consumação se dá no instante em que o cadáver ou parte dele é destruído ou subtraído. No verbo ocultar, o crime é permanente, cuja consumação se prolonga no tempo. A tentativa é possível em todas as hipóteses.

### 16.4.3. AÇÃO PENAL

A ação penal é pública incondicionada.

### 16.4.4. PENAS

A pena é de reclusão, de um a três anos, e multa. Compatível com a suspensão condicional do processo (Lei nº 9.099/95, art. 89), não é crime de menor ofensivo, pois a pena máxima é superior a dois anos.

### 16.5. VILIPÊNDIO DE CADÁVER

| VILIPÊNDIO DE CADÁVER (ARTIGO 212 DO CP) |
| --- |
| *Vilipêndio a cadáver* <br> *Art. 212. Vilipendiar cadáver ou suas cinzas:* <br> *Pena - detenção, de um a três anos, e multa.* |

### 16.5.1. CONDUTA

Vilipendiar significa desprezar. Crime de forma livre, admite qualquer meio de execução.

### 16.5.2. SUJEITOS DO CRIME

Crime comum, pode ser praticado por qualquer pessoa. O sujeito passivo é a coletividade (crime vago) e, indiretamente, a família do morto.

### 16.5.3. ELEMENTO SUBJETIVO

É o dolo. Não se admite a modalidade culposa.

### 16.5.4. CONSUMAÇÃO

Crime formal, consuma-se com a efetiva prática da conduta vilipendiosa, ainda que não resulte em lesão ao sentimento de respeito aos mortos.

### 16.5.5. AÇÃO PENAL

A ação penal é pública incondicionada.

### 16.5.6. PENAS

A pena é de detenção, de um a três anos, e multa. Compatível com a suspensão condicional do processo (Lei nº 9.099/95, art. 89), não é crime de menor ofensivo, pois a pena máxima é superior a dois anos.

# DOS CRIMES CONTRA A DIGNIDADE SEXUAL

## 17.1. **ESTUPRO**

| ESTUPRO (ARTIGO 213 DO CP) | |
| --- | --- |
| Simples (*caput*) | |
| *Art. 213. Constranger alguém, mediante violência ou grave ameaça, a ter conjunção carnal ou a praticar ou permitir que com ele se pratique outro ato libidinoso: Pena - reclusão, de 6 (seis) a 10 (dez) anos.* | |
| Qualificadoras (§ 1° e § 2°) | |
| *§ 1°. Se da conduta resulta lesão corporal de natureza grave ou se a vítima é menor de 18 (dezoito) ou maior de 14 (catorze) anos: Pena - reclusão, de 8 (oito) a 12 (doze) anos.* | *§ 2°. Se da conduta resulta morte: Pena - reclusão, de 12 (doze) a 30 (trinta) anos.* |

### 17.1.1. **CONDUTA**

Ocorre o crime de estupro quando alguém é constrangido, mediante violência ou grave ameaça, a ter conjunção carnal (cópula vaginal) ou a praticar ou permitir que com ela se pratique outro ato libidinoso (coito anal, felação etc.). A pena é de reclusão, de 6 a 10 anos. Simples ou qualificado, consumado ou tentado, o estupro é sempre hediondo, sem exceção (Lei n° 8.072/90, art. 1°, V).

**×  Atentado violento ao pudor**

| ANTES DA LEI Nº 12.015/09 | |
|---|---|
| **Estupro**<br>Art. 213. Constranger mulher à conjunção carnal, mediante violência ou grave ameaça:<br>Pena - reclusão, de seis a dez anos. | **Atentado violento ao pudor**<br>Art. 214. Constranger alguém, mediante violência ou grave ameaça, a praticar ou permitir que com ele se pratique ato libidinoso diverso da conjunção carnal:<br>Pena - reclusão, de seis a dez anos. |

Até 2009, o Código Penal tipificava duas condutas diversas: no artigo 213, o estupro, quando mulher era constrangida, mediante violência ou grave ameaça, à conjunção carnal e, no artigo 214, o atentado violento ao pudor, que consistia em constranger alguém, homem ou mulher, a praticar ou permitir que com ele se praticasse ato libidinoso diverso da conjunção carnal. Alguns exemplos de prática dos delitos:

(1) Armado com faca, Cristiano obrigou Juliana a ter conjunção carnal (cópula vaginal). Crime praticado: estupro.

(2) Armado com faca, Cristiano acariciou os seios de Juliana. Crime praticado: atentado violento ao pudor.

(3) Armado com faca, Cristiano acariciou os seios de Juliana. Não satisfeito, em seguida, obrigou-a à conjunção carnal. Crimes: atentado violento ao pudor e estupro, em concurso material (penas somadas).

A partir da entrada em vigor da Lei nº 12.015, em 2009, ocorreu a unificação dos dois crimes. O atentado violento *mudou de endereço* e passou a integrar o artigo 213 do CP, que tipifica o estupro. Em resumo, desde então, atentado violento ao pudor e estupro se tornaram um mesmo crime. Por isso, atualmente, o homem pode ser vítima de estupro. A discussão a respeito de vítima transsexual perdeu o sentido, afinal, pouco importa, pois o crime será o de estupro quando houver constrangimento à prática de ato sexual.

A mudança produzida pela Lei nº 12.015/09 gerou alguns debates. Em primeiro plano, se questionou se teria havido *abolitio criminis* do crime de atentado violento ao pudor. No entanto, a tese não tem pé e nem cabeça, afinal, a conduta permaneceu típica, mas em outro artigo – deixou o artigo 214 e foi para o artigo 213. Quando isso acontece, dizemos se tratar de hipótese de incidência do princípio da continuidade normativa ou da continuidade típico-normativa. Entenda:

**(1)** O crime de adultério:

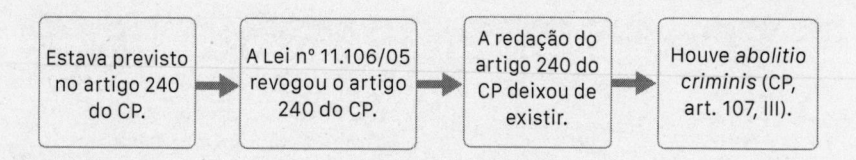

**(2)** O crime de atentado violento ao pudor:

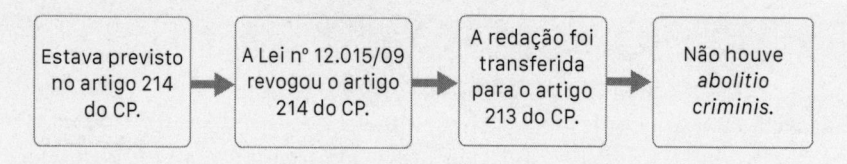

Portanto, quem praticou o crime de atentado violento ao pudor – antes da Lei nº 12.015/09, evidentemente – não foi beneficiado por hipótese de extinção da punibilidade. Se o atentado violento ao pudor fosse crime de ação penal pública incondicionada, seria possível a condenação, em 2021, pela prática do delito em 2005 – a pena de dez anos prescreve em dezesseis anos (CP, art. 109, II).

Entretanto, como disse, essa discussão sobre *abolitio criminis* não tem pé e nem cabeça. O verdadeiro problema provocado pela Lei nº 12.015/09 se deu em razão da unificação dos delitos em relação à situação em que, em um mesmo contexto fático, o indivíduo submete a vítima à cópula vaginal e a ato libidinoso diverso (cópula vaginal e coito anal, por exemplo). Entenda:

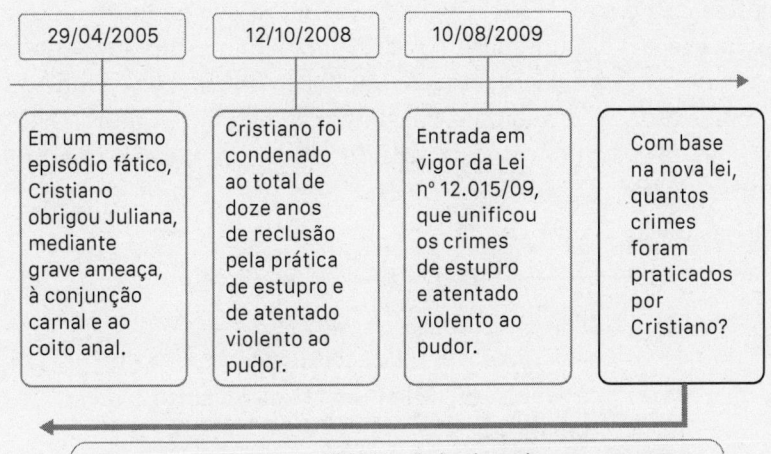

**29/04/2005** — Em um mesmo episódio fático, Cristiano obrigou Juliana, mediante grave ameaça, à conjunção carnal e ao coito anal.

**12/10/2008** — Cristiano foi condenado ao total de doze anos de reclusão pela prática de estupro e de atentado violento ao pudor.

**10/08/2009** — Entrada em vigor da Lei n° 12.015/09, que unificou os crimes de estupro e atentado violento ao pudor.

Com base na nova lei, quantos crimes foram praticados por Cristiano?

Em razão dessa nova realidade, não havia mais como manter a condenação de Cristiano em doze anos. Isso porque, se passou a ser um único delito, com pena mínima de seis e máxima de dez anos, os doze anos da sentença excedem o máximo da pena atual. A nova lei (12.015/09) teve de retroagir.

× **Tipo penal misto alternativo**

A partir da nova redação dada ao artigo 213 do CP, surgiu uma questão: trata-se de tipo penal misto cumulativo ou alternativo? A resposta tem impacto direto em relação ao caso de Cristiano. Isso porque, se cumulativo, no exemplo trazido, Cristiano permanecerá condenado por dois crimes – antes, um atentado violento ao pudor e um estupro e, agora, por dois estupros. Por outro lado, se alternativo, terá ocorrido um único estupro. A questão chegou ao STJ, que assim decidiu:

> *A jurisprudência recente do Superior Tribunal de Justiça é firme no sentido de que, com o advento da Lei n. 12.015/2009, os crimes de estupro e atentado violento ao pudor foram reunidos em um tipo criminal único de estupro, de maneira que é inviável reconhecer a incidência do instituto do concurso material de delitos, nos termos do art. 69 do Código Penal, quando as referidas condutas forem praticadas no mesmo contexto de tempo e lugar e contra idêntica vítima. A prática adicional de atos libidinosos diversos de conjunção carnal, no entanto, deve, necessariamente, influir na fixação da pena-base do crime único de estupro, com a valoração negativa das circunstâncias judiciais do art. 59 do Código Penal. Dessa forma, ressalvado o meu entendimento pessoal, deve ser reconhecida, na hipótese, a figura de crime único, tendo em vista que, conforme narram os autos, os delitos de estupro e atentado violento ao pudor foram praticados no mesmo contexto fático e contra a mesma vítima.* (STJ, HC 355.963/SP)

Portanto, o artigo 213 do CP descreve um tipo penal misto alternativo. Ou seja, se, em um mesmo contexto fático, o estuprador submete a vítima à conjunção carnal e a ato libidinoso diverso, fica configurado um único estupro, e não dois, em concurso material. A pluralidade de condutas deve ser considerada quando fixada a pena-base, nos termos do artigo 59 do CP.

× **Espécies de estupro**

O artigo 213 do CP contém quatro espécies de estupro:

a. simples, no *caput*;

b. qualificado pela lesão corporal de natureza grave, no § 1º;

c. qualificado pela idade da vítima, menor de dezoito e maior de catorze anos, também no § 1º;

d. qualificado pela morte, no § 2º.

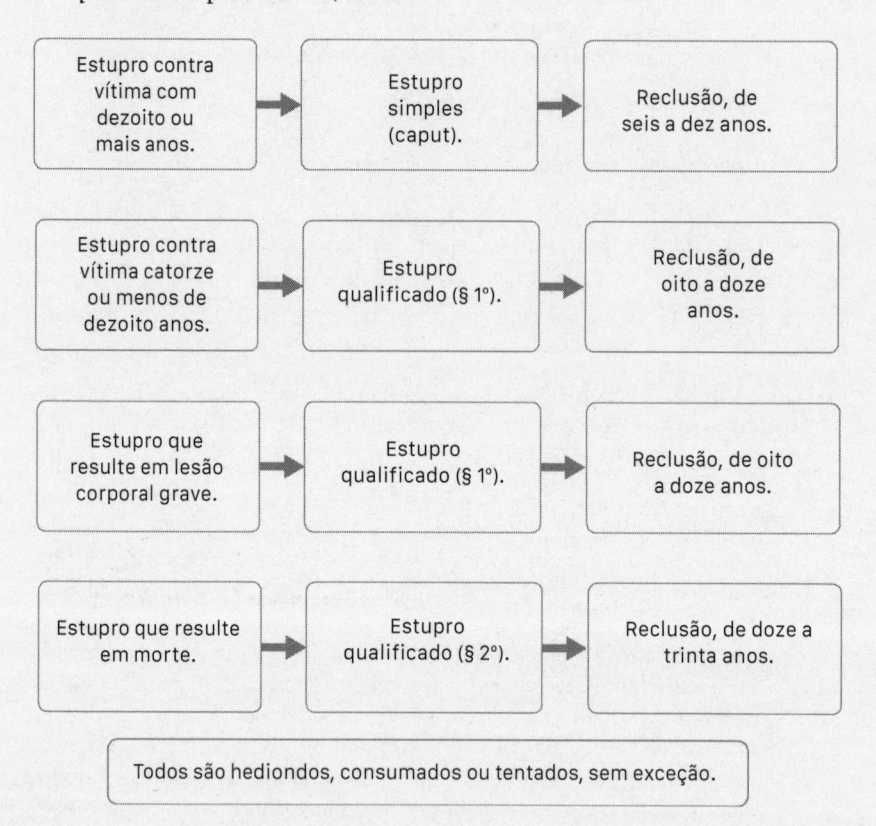

## × Ato libidinoso diverso

Em relação à conjunção carnal, não existe polêmica: trata-se da introdução do pênis, total ou parcialmente, na vagina. Qualquer outro ato sexual caracteriza ato libidinoso diverso (ex.: introduzir o dedo ou objetos na vagina). Portanto, o coito anal, a felação (excitar o pênis com a boca) e a cunilíngua (excitar a vagina com a boca) são considerados ato libidinoso diverso, e não conjunção carnal. Antes da Lei nº 12.015/09, a discussão tinha maior relevância, pois era ponto de distinção entre o estupro e o atentado violento ao pudor.

Atualmente, não faz tanta diferença, afinal, o crime será o de estupro, do artigo 213 do CP. Todavia, um debate se mantém vivo: o beijo é ato libidinoso suficiente para fazer com que alguém seja punido pelo crime de estupro? Para o STJ, sim, na hipótese de *beijo lascivo*.

> *De acordo com a jurisprudência desta Corte, no delito de estupro, unificado ao atentado violento ao pudor na atual redação dada pela Lei n. 12.015/2009, resta consumado quando da prática de ato libidinoso diverso da conjunção carnal, sucedâneo a ela ou não, em que evidenciado o contato físico entre o agente e a vítima, como toques, contatos voluptuosos e beijos lascivos mediante violência ou grave ameaça.* (STJ, AgRg no REsp 1.866.524/RS)

## 17.1.2. SUJEITOS DO CRIME

Crime comum, pode ser praticado por qualquer pessoa. A vítima também pode ser qualquer pessoa, homem ou mulher, mas atenção às hipóteses a seguir, que podem ser cobradas em sua prova.

(a) Pessoas casadas: obviamente, ninguém está obrigado a fazer sexo em razão do matrimônio. Sabendo disso, imagine o seguinte exemplo: Francisco e Maria são casados há trinta anos. Embora vivam em eterna lua-de-mel, certo dia, enquanto mantinham conjunção carnal, Maria sentiu forte câimbra e pediu a Francisco para que parasse. Ele, no entanto, não atendeu ao pedido e, mediante emprego de violência (segurou-a pelos braços, imobilizando-a), persistiu com a penetração até ejacular. Houve estupro? Sim. Ainda que o ato sexual tenha começado de forma consensual, a continuidade caracterizou o delito.

(b) Pessoa prostituída: imagine que William contratou os serviços de uma acompanhante. Feito o pagamento pelos *serviços sexuais*, ela se recusou a fazer sexo e também a devolver o dinheiro recebido pelo encontro. Ele, então, a obrigou, mediante grave ameaça, a permitir que tocasse em seus seios, pois *não ficaria no prejuízo*. No exemplo, ocorreu o crime de estupro? Mais uma vez, sim. O fato de ser pessoa prostituída não a obriga a fazer sexo, mesmo após efetuado o pagamento combinado.

(c) Vítima menor de catorze anos: ficará caracterizado o estupro de vulnerável (CP, art. 217-A), mesmo crime praticado quando a vítima, por enfermidade ou deficiência mental, não tem o necessário discernimento para a prática do ato, ou que, por qualquer outra causa, não pode oferecer resistência (CP, art. 217-A, § 1°).

## 17.1.3. ELEMENTO SUBJETIVO

É o dolo, acrescido de um especial fim de agir: a intenção de manter conjunção carnal ou outro ato libidinoso com alguém. Não se admite a modalidade culposa – a respeito do *estupro culposo*, tema objeto de recente polêmica, leia o tópico sobre o erro de tipo essencial, tratado nos comentários ao estupro de vulnerável (CP, art. 217-A).

> **ATENÇÃO!**
>
> O estupro é modalidade especial do crime de constrangimento ilegal (CP, art. 146). O elemento subjetivo específico é o que distingue um delito do outro - a intenção de manter conjunção carnal ou outro ato libidinoso com alguém. Portanto, se aponto arma de fogo contra alguém e, mediante grave ameaça, exijo que tire a roupa, pode ficar caracterizado um ou outro crime, o estupro ou o constrangimento ilegal. Tudo depende do objetivo da conduta.

× Estupro corretivo

A respeito do elemento subjetivo específico, um ponto que merece atenção é o denominado estupro corretivo, previsto no artigo 226, IV, "b", do CP. Explico: no estupro corretivo, o agente obriga a vítima ao ato sexual para controlar seu comportamento social ou sexual. É o que ocorre, por exemplo, ao se obrigar lésbica a fazer sexo com um homem, com o intuito de "corrigir" sua opção sexual. Embora o indivíduo não tenha agido com o objetivo de satisfazer seu desejo sexual, o crime de estupro estará caracterizado, devendo ser aumentada a pena de um a dois terços.

## 17.1.4. CONSUMAÇÃO

Crime material, consuma-se no momento da introdução do pênis na vagina, total ou parcialmente, na conjunção carnal, ou quando praticado ato libidinoso diverso (ex.: masturbação), quando este for o objetivo do agente, e não a conjunção carnal. É irrelevante o fato de que o(a) estuprador(a) conseguiu ejacular ou ter orgasmo. A tentativa é possível – basta que o resultado não seja alcançado por razões alheias à vontade do agente (CP, art. 14, II).

> **ATENÇÃO!**
>
> Em concursos públicos, é importante que a análise se dê com base, exclusivamente, no enunciado trazido pela banca. Veja o seguinte exemplo: enquanto realizavam diligência de rotina, policiais militares surpreenderam, em um terreno baldio, um homem e uma mulher despidos, ele deitado sobre ela, acariciando-a. Questionados sobre o que estava acontecendo, a mulher disse que se despiu em razão de grave ameaça, pois o homem teria dito que a mataria, caso não o fizesse. Ele confirmou a informação e acrescentou que tinha por objetivo a conjunção carnal, mas não teve sucesso porque, no exato momento em que introduziria o pênis na vagina da vítima, os policiais os abordaram. Nesse caso, o estupro foi consumado ou tentado? Em um caso real, não seria fácil decidir, afinal, tudo o que se sabe do objetivo (a conjunção carnal) tem por base o relato da vítima e o interrogatório do acusado. Entretanto, em concursos públicos, temos de trabalhar exclusivamente com os fatos trazidos no enunciado. Ou seja: se for dito que o agente queria a conjunção carnal, mas não teve sucesso por causa da chegada dos policiais, considere que o crime foi tentado.
>
> Obs.: em prova, pode cair questionamento a respeito do *prelúdio do coito* ou *praeludia coiti*, expressão adotada pelo STF ao tratar dos atos libidinosos praticados anteriormente à conjunção carnal.

× **(Des)necessidade de toque no corpo da vítima**

É possível que alguém seja vítima de estupro consumado sem que o agente, que emprega violência ou grave ameaça, toque em seu corpo? Sim, quando consistir em ato libidinoso diverso da conjunção carnal. Basta imaginar o exemplo em que uma pessoa é obrigada a se masturbar em razão de grave ameaça.

× **Crime não transeunte**

Por se tratar de crime que deixa vestígio, a materialidade do estupro deve ser comprovada por meio de exame de corpo de delito (CPP, art. 158). Contudo, imagine a situação em que a vítima tenha decidido levar o caso às autoridades anos após o ocorrido, quando não mais possível a constatação da violência sofrida por meio de exame de corpo de delito. Nesse caso, o criminoso ficará impune? A solução para o problema está no artigo 167 do CPP: *não sendo possível o exame de corpo de delito, por haverem desaparecido os vestígios, a prova testemunhal poderá suprir-lhe a falta.* Todavia, surge outra questão: em regra, em crimes sexuais, não há testemunhas. Mais uma vez, pergunto: ficará o estuprador impune? A resposta vem do STJ:

> *A jurisprudência pátria é assente no sentido de que, nos delitos de natureza sexual, por frequentemente não deixarem vestígios, a palavra da vítima tem valor probante diferenciado.* (STJ, REsp. 1.571.008/PE)

× Crime impossível

A impotência sexual pode fazer com que o crime de estupro seja afastado? A resposta depende da análise de alguns fatores. Preliminarmente, deve-se questionar: qual era o objetivo do autor da conduta? Se o sujeito sofre de disfunção erétil, a incapacidade de manter o pênis ereto não impede, por exemplo, a prática de sexo oral. No entanto, se tinha por intento a conjunção carnal, terá de ser reconhecido o crime impossível (CP, art. 17). Veja, a seguir, os questionamentos que podem surgir em sua prova a respeito do tema.

(1) Ejaculação precoce: imagine que, com o objetivo de obrigar a vítima à cópula vaginal (conjunção carnal), o indivíduo ejacule enquanto a acaricia. Nesse caso, haverá crime impossível? Não, afinal, não houve absoluta ineficácia do meio (CP, art. 17), mas momentânea falha fisiológica, devendo ser punido pela tentativa de estupro. É a mesma solução para o caso em que, mesmo sem ter ejaculado, a ereção não ocorre por falha eventual (ex.: não conseguir a ereção por nervosismo).

(2) Impotência *coeundi*: trata-se de deficiência que impede a ereção. Pode caracterizar crime impossível, desde que o indivíduo tenha por intenção a penetração sexual (cópula vaginal ou sexo anal). Não impede, contudo, outras formas de estupro, como o sexo oral (ato libidinoso diverso da conjunção carnal).

(3) Impotência *generandi*: consiste na impossibilidade de procriação. Não gera qualquer influência em relação ao crime de estupro.

## 17.1.5. AÇÃO PENAL

Desde a entrada em vigor da Lei nº 13.718/18, o estupro passou a ser crime de ação penal pública incondicionada, em todas as modalidades (simples ou qualificada), e não mais de ação penal pública condicionada à representação.

**VÍTIMA MENOR DE DEZOITO OU MAIOR DE CATORZE ANOS**

É preciso ter cuidado ao fazer a leitura da parte final do § 1º do artigo 213 do CP. Forma qualificada do crime de estupro, punida com pena de reclusão, de oito a doze anos, pune-se com maior rigor o estuprador quando a vítima é menor de dezoito ou maior de catorze anos – ou seja, pessoas com catorze, quinze, dezesseis e dezessete anos. Entretanto, frise-se, o dispositivo trata de qualificadora da conduta do *caput* do artigo 213. O que quero dizer: é imprescindível que o indivíduo tenha empregado violência ou grave ameaça, caso contrário, a conduta será atípica. Entenda:

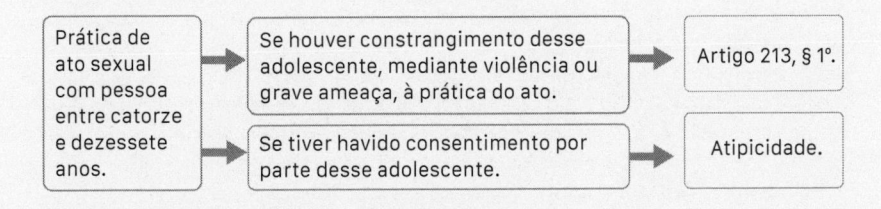

### 17.1.7. LESÃO CORPORAL GRAVE OU MORTE

Quando, em razão da violência empregada para a prática do estupro, a vítima sofrer lesões corporais de natureza grave ou gravíssima (CP, art. 129, § 1º e § 2º), a pena será de reclusão, de oito a doze anos – forma qualificada do delito. As lesões leves são absorvidas e não qualificam o delito, fazendo com que o indivíduo responda por estupro simples (art. 213, *caput*). Se a vítima morrer, a pena será de reclusão, de doze a trinta anos. Não há, portanto, concurso de crimes entre o estupro e a lesão corporal grave ou o homicídio.

Em ambas as hipóteses, estamos diante de crime exclusivamente pre-terdoloso – há dolo no estupro e culpa no resultado agravador, lesão corporal grave ou morte. Presente o dolo, deve o criminoso responder por estupro simples (art. 213, *caput*), exceto se qualificado pela idade da vítima, em concurso material com a lesão corporal (art. 129, § 1º ou § 2º) ou o homicídio (CP, art. 121). Ademais, as qualificadoras em estudo devem ser reconhecidas quando o resultado agravador atingir a vítima. Se pessoa diversa sofrer a lesão corporal grave ou morrer, deverá ser reconhecida a pluralidade de crimes e o agente responderá pelo estupro simples ou qualificado pela idade da vítima em concurso material com a lesão corporal grave ou homicídio.

**CLASSIFICAÇÃO DOUTRINÁRIA**

O estupro é crime pluriofensivo (ofende mais de um bem jurídico: a liberdade sexual e a integridade corporal, se cometido mediante violência, ou então a liberdade individual, quando executado com emprego de grave ameaça); **comum** (pode ser praticado por qualquer pessoa), embora seja **próprio** na modalidade "constranger alguém a ter conjunção carnal", pois nesse caso exige a relação heterossexual; **material** ou causal (consuma-se com a prática da conjunção carnal ou de outro ato libidinoso); **de forma livre** (admite qualquer meio de execução); instantâneo (a consumação ocorre em um momento determinado, sem continuidade no tempo); **usualmente, comissivo; unissubjetivo**, unilateral ou de concurso eventual (pode ser cometido por uma única pessoa, mas admite o concurso); e, quase sempre, **plurissubsistente** (a conduta é fracionada em diversos atos que, somados, provocam a consumação) (a conduta pode ser fracionada em diversos atos).

## 17.2. VIOLAÇÃO SEXUAL MEDIANTE FRAUDE

**VIOLAÇÃO SEXUAL MEDIANTE FRAUDE (ARTIGO 215 DO CP)**

**Simples (*caput*)**

*Violação sexual mediante fraude*
*Art. 215. Ter conjunção carnal ou praticar outro ato libidinoso com alguém, mediante fraude ou outro meio que impeça ou dificulte a livre manifestação de vontade da vítima:*
*Pena - reclusão, de 2 (dois) a 6 (seis) anos.*

**Qualificadora (parágrafo único)**

*Parágrafo único. Se o crime é cometido com o fim de obter vantagem econômica, aplica-se também multa.*

### 17.2.1. CONDUTA

O artigo 215 do CP estabelece como crime ter conjunção carnal ou praticar outro ato libidinoso com alguém, mediante fraude ou outro meio que impeça ou dificulte a livre manifestação de vontade da vítima. A pena é de reclusão, de dois a seis anos – se praticado com o objetivo de obter vantagem econômica, aplica-se também multa. Por se tratar de delito em que há emprego de fraude, muitos o intitulam *estelionato sexual*.

× Fraude

Na violação sexual mediante fraude, a vítima consente com a prática da conjunção carnal ou outro ato libidinoso, mas sua vontade é viciada, pois decorre de engodo criado pelo autor do delito. Foi o que aconteceu, em tese, nos casos envolvendo o líder religioso conhecido por *João de Deus*, que teria abusado sexualmente de algumas pessoas sob o pretexto de que a conduta fazia parte de ritual de cura. Na mesma linha de raciocínio, veja as seguintes hipóteses:

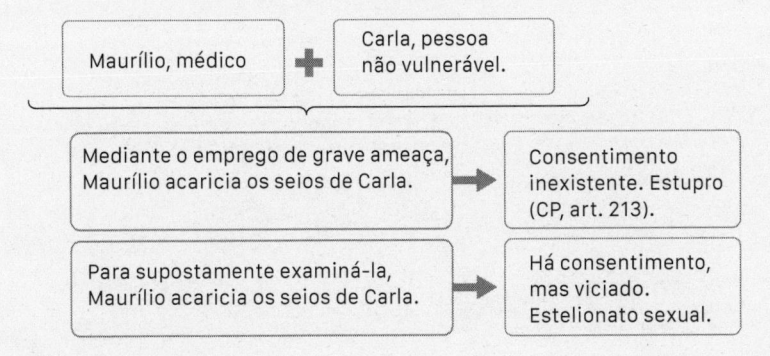

× Fraude grosseira

É atípica a conduta quando o meio fraudulento adotado pelo indivíduo é *grosseiro*, incapaz de ludibriar alguém.

× Percepção da fraude durante a relação sexual

Tempos atrás, a modelo Giovanna Ewbank publicou o seguinte relato em uma rede social:

> *Vocês não sabem que eu fiz, tava fazendo vídeo do sol e tal, inclusive, olha que lindo que tá. Aí, entrei correndo no quarto, só que entrei no quarto errado. Entrei, molhei o pé, peguei a toalha, ai, meu Deus. Quando fui entrar no quarto, não era o Bruno... A pessoa tava dormindo. Espero que não tenha visto. Saí correndo.*

Faça de conta que o erro não foi percebido por Giovanna. Ao deitar na cama, despida – ela disse estar apenas de toalha -, passou a acariciar o homem que estava deitado, pensando ser Bruno, seu marido. Embora o quarto estivesse escuro, o hóspede reconheceu a modelo, mas não ofereceu qualquer oposição. Durante as carícias, no entanto, Giovanna o chamou de Bruno – seu nome é Astrogildo -, momento em que ele *ligou os pontos*: o casal estava hospedado na acomodação vizinha, seu quarto estava escuro... a modelo havia confundido os quartos! Ele pensou em avisá-la, mas ficou em silêncio até ejacular. No esdrúxulo exemplo, houve a prática do crime de violação sexual mediante fraude? Sim, a partir do momento em que Astrogildo percebeu o erro, mas nada fez.

### 17.2.2. SUJEITOS DO CRIME

Crime comum, pode ser praticado por qualquer pessoa. O sujeito passivo não pode ter menos de catorze anos e não pode ser pessoa que, por enfermidade ou deficiência mental, não tem o necessário discernimento para o ato, ou que, por qualquer outra causa, não pode oferecer resistência, pois caracterizaria o crime de estupro de vulnerável (CP, art. 217-A).

> **ATENÇÃO!**
>
> Questão interessante envolve a pessoa prostituída. Imagine o seguinte exemplo: Penélope, acompanhante, teve seus serviços sexuais contratados por Maurício. Após a prática do ato sexual, Maurício pulou a janela do quarto de motel onde o encontro ocorreu e fugiu, para não ter de pagar a Penélope o valor combinado. Desde o início, quando fez o contato com a moça, ele estava decidido a agir dessa forma. No exemplo, houve a prática do crime de violação sexual mediante fraude, afinal, o consentimento de Penélope foi viciado, pois teve por base promessa fraudulenta.

### 17.2.3. ELEMENTO SUBJETIVO

É o dolo, sem qualquer finalidade específica. A modalidade culposa é atípica.

### 17.2.4. CONSUMAÇÃO

Crime material, consuma-se com a conjunção carnal ou com a prática de ato libidinoso diverso. A tentativa é possível – basta que o resultado não seja alcançado por razões alheias à vontade do agente.

### 17.2.5. AÇÃO PENAL

A ação penal é pública incondicionada.

**CLASSIFICAÇÃO DOUTRINÁRIA**

A violação sexual mediante fraude é crime simples (ofende um único bem jurídico); **comum** (pode ser praticado por qualquer pessoa); material ou causal (consuma-se com a prática da conjunção carnal ou de outro ato libidinoso); **de forma livre** (admite qualquer meio de execução); **instantâne**o (a consumação ocorre em um momento determinado, sem continuidade no tempo); **usualmente, comissivo; unissubjetivo,** unilateral ou de concurso eventual (pode ser cometido por uma única pessoa, mas admite o concurso); e, quase sempre, **plurissubsistente** (a conduta é fracionada em diversos atos que, somados, provocam a consumação) (a conduta pode ser fracionada em diversos atos).

## 17.3. IMPORTUNAÇÃO SEXUAL

**IMPORTUNAÇÃO SEXUAL**
**(ARTIGO 215-A DO CP)**

*Importunação sexual*
*Art. 215-A. Praticar contra alguém e sem a sua anuência ato libidinoso com o objetivo de satisfazer a própria lascívia ou a de terceiro:*
*Pena - reclusão, de 1 (um) a 5 (cinco) anos, se o ato não constitui crime mais grave.*

### 17.3.1. CONDUTA

Em 2017, em São Paulo, a passageira de um ônibus não deve ter acreditado no que havia acabado de acontecer: um homem, sem mais nem menos, ejaculou em seu pescoço. Tratava-se de Diego Ferreira Novais, envolvido em quase vinte ocorrências semelhantes em anos anteriores. Como era possível que um indivíduo desses estivesse em liberdade? É simples: até 2018, antes da entrada em vigor da Lei nº 13.718, a importunação sexual era mera contravenção penal.

A conduta consiste em praticar contra alguém e sem a sua anuência ato libidinoso com o objetivo de satisfazer a própria lascívia ou a de terceiro. Talvez, você esteja se perguntando: o que diferencia a importunação sexual do estupro? No exemplo do *tarado* do ônibus, por que não foi reconhecido o crime do artigo 213 do CP? A resposta: faltou a violência o grave ameaça. Crime punido com pena de reclusão, de um a cinco anos.

× Penas

A pena do crime de importunação sexual é de reclusão, de um a cinco anos, *se o ato não constitui crime mais grave*. Portanto, trata-se de delito expressamente subsidiário – o indivíduo responderá pelo crime do artigo 215-A do CP quando não ficar caracterizado outro mais grave, como o estupro. Além disso, a pena mínima (um ano) é compatível com a suspensão condicional do processo (Lei nº 9.099/95, art. 89).

× Ato libidinoso

Note que o artigo fala em *ato libidinoso*, mas não em conjunção carnal, o que é óbvio, afinal, é impossível a cópula vaginal contra a vontade de alguém sem que seja empregada violência, direta ou indireta, ou grave ameaça. Quanto ao ato libidinoso diverso, tem de ser algo praticado pelo agente nele próprio (ex.: masturbar-se), sem que a vítima pratique ou permita que com ela se pratique o ato sexual (ex.: coito anal), hipótese que caracterizaria estupro (CP, art. 213).

## 17.3.2. SUJEITOS DO CRIME

O sujeito ativo pode ser qualquer pessoa (crime comum). O sujeito passivo também pode ser qualquer pessoa, desde que tenha catorze anos completos – caso contrário, ficará caracterizado o estupro de vulnerável (CP, art. 217-A).

> *O Superior Tribunal de Justiça possui entendimento no sentido "da impossibilidade de desclassificação da figura do estupro de vulnerável para o crime de importunação sexual, tipificado no art. 215-A do Código Penal, uma vez que referido tipo penal é praticado sem violência ou grave ameaça, e, ao contrário, o tipo penal imputado ao paciente (art. 217-A do Código Penal) inclui a presunção absoluta de violência ou grave ameaça, por se tratar de menor de 14 anos de idade".* (STJ, HC n. 561.399/SP)

## 17.3.3. ELEMENTO SUBJETIVO

É o dolo, acompanhado de uma finalidade específica (*objetivo de satisfazer a própria lascívia ou a de terceiro*). Não se admite a modalidade culposa.

## 17.3.4. CONSUMAÇÃO

Crime formal, consuma-se com a prática do ato libidinoso. A tentativa é possível.

## 17.3.5. AÇÃO PENAL

A ação penal é pública incondicionada.

## 17.4. ASSÉDIO SEXUAL

### 17.4.1. CONDUTA

O assédio sexual consiste na conduta de constranger alguém, com o intuito de obter vantagem ou favorecimento sexual, prevalecendo-se o agente da sua condição de superior hierárquico ou ascendência inerentes ao exercício de emprego, cargo ou função. Portanto, o tipo penal tem por objetivo tutelar não apenas a liberdade sexual, como também o exercício do trabalho em condições dignas. Não há emprego de violência ou grave ameaça na prática do assédio sexual, mas a vítima se sente pressionada em razão de a conduta partir de pessoa em posição de superioridade na relação de trabalho. A pena é de detenção, de 1 a 2 anos.

### 17.4.2. SUJEITOS DO CRIME

Crime próprio, tem de ser praticado por quem esteja em posição de superioridade hierárquica ou ascendência inerentes ao exercício de emprego, cargo ou função em relação à vítima – se estiverem em posição de igualdade, no mesmo patamar, ou se quem assedia ocupa posição subalterna, não há assédio sexual.

> *É possível a configuração do delito de assédio sexual na relação entre professor e aluno. O professor está presente na vida de crianças, jovens e também adultos durante considerável quantidade de tempo, torna-se exemplo de conduta e os guia para a formação cidadã e profissional, motivo pelo qual a «ascendência» constante do tipo penal do art. 216-A do Código Penal não pode se limitar à ideia de relação empregatícia entre as partes.* (STJ, REsp 1.759.135-SP)

### 17.4.3. ELEMENTO SUBJETIVO

É o dolo, acrescido de finalidade especial (*o intuito de obter vantagem ou favorecimento sexual*). A modalidade culposa é atípica.

### 17.4.4. CONSUMAÇÃO

Crime formal, consuma-se no momento do constrangimento, pouco importando a obtenção da vantagem ou favorecimento sexual - se vier a ocorrer, caracterizará mero exaurimento, a ser avaliado na fixação da pena-base no momento de dosimetria da pena (CP, art. 59). A tentativa é possível quando o *iter criminis* for fracionável – por exemplo, o assédio por mensagem, quando esta for interceptada antes de ser entregue à vítima.

### 17.4.5. AÇÃO PENAL

A ação penal é publica incondicionada.

### 17.4.6. AUMENTO DE PENA

O § 2.º do art. 216-A do CP prevê o aumento da pena se a vítima for menor de 18 anos. Entretanto, se a vítima tiver menos de catorze anos de idade ou for pessoa vulnerável, sem discernimento para a prática do ato ou sem capacidade de resistência, estará caracterizado o crime de estupro de vulnerável (CP, art. 217-A), consumado ou tentado.

> **CLASSIFICAÇÃO DOUTRINÁRIA**
>
> O assédio sexual é crime **simples** (ofende um único bem jurídico); **próprio** (somente pode ser praticado pelo ascendente ou superior hierárquico); **formal**, de consumação antecipada ou de resultado cortado (consuma-se com a prática da conduta criminosa, independentemente da superveniência do resultado naturalístico); de forma livre (admite qualquer meio de execução); **instantâneo** (a consumação ocorre em um momento determinado, sem continuidade no tempo); **usualmente, comissivo**; **unissubjetivo**, unilateral ou de concurso eventual (pode ser cometido por uma única pessoa, mas admite o concurso); e, quase sempre, **plurissubsistente** (a conduta é fracionada em diversos atos que, somados, provocam a consumação) (a conduta pode ser fracionada em diversos atos).

## 17.5. REGISTRO NÃO AUTORIZADO DA INTIMIDADE SEXUAL

**REGISTRO NÃO AUTORIZADO DA INTIMIDADE SEXUAL (ARTIGO 216-B DO CP)**

*Registro não autorizado da intimidade sexual*
*Art. 216-B. Produzir, fotografar, filmar ou registrar, por qualquer meio, conteúdo com cena de nudez ou ato sexual ou libidinoso de caráter íntimo e privado sem autorização dos participantes:*
*Pena - detenção, de 6 (seis) meses a 1 (um) ano, e multa.*

**Figura equiparada (parágrafo único)**

*Parágrafo único. Na mesma pena incorre quem realiza montagem em fotografia, vídeo, áudio ou qualquer outro registro com o fim de incluir pessoa em cena de nudez ou ato sexual ou libidinoso de caráter íntimo.*

### 17.5.1. CONDUTA

O delito foi adicionado ao Código Penal em 2018, quando entrou em vigor a Lei nº 13.772, criada em razão de um caso de grande repercussão no país. Em janeiro daquele ano (a lei é de dezembro), um casal passou as férias em um apartamento alugado no litoral paulista. Em dado momento da estada, foi descoberta uma câmera escondida, utilizada pelo proprietário do imóvel para filmar a intimidade dos inquilinos. Até então, não havia um tipo penal que punisse a conduta, agora tipificada no artigo 216-B do CP.

Comete o crime quem produz, fotografa, filma ou registra, por qualquer meio, conteúdo com cena de nudez ou ato sexual ou libidinoso de caráter íntimo e privado sem autorização dos participantes. Trata-se de tipo penal misto alternativo. Ou seja, se o indivíduo, em um mesmo contexto fático, praticar mais de um verbo (ex.: produz e registra), a punição deve se dar pelo cometimento de um crime único. A pena é de detenção, de 6 meses a 1 ano, e multa.

× Caráter íntimo e privado

É típica a conduta quando a cena registrada foi praticada em caráter íntimo e privado (ex.: em um quarto de hotel). Contudo, se o agente registra a cena em local público - um casal fazendo sexo no mar, por exemplo -, não fica caracterizado o delito do artigo 216-B.

× Sem autorização

A permissão da possível vítima torna a conduta atípica – se assim não fosse, fotógrafos de revistas adultas praticariam o crime. Além disso, se houver mais de um participante, todos devem autorizar o registro da cena de nudez ou sexo, sob pena de responsabilidade criminal pela prática do delito do artigo 316-B do CP.

× Penas

A pena é de detenção, de seis meses a um ano, e multa. Portanto, crime de menor potencial ofensivo, de competência do Juizado Especial Criminal, compatível com a transação penal e com a suspensão condicional do processo (Lei nº 9.099/95, arts. 61, 76 e 89).

### 17.5.2. SUJEITOS DO CRIME

Crime comum, pode ser praticado por qualquer pessoa. O sujeito passivo também pode ser qualquer pessoa.

### 17.5.3. ELEMENTO SUBJETIVO

É o dolo, independentemente de qualquer finalidade específica. É atípica a modalidade culposa.

### 17.5.4. CONSUMAÇÃO

Crime formal, consuma-se no momento em que o agente produz, fotografa, filma ou registra, por qualquer meio, conteúdo com cena de nudez ou ato sexual ou libidinoso de caráter íntimo e privado sem autorização dos participantes. A princípio, trata-se de crime instantâneo, mas pode ficar caracterizada a permanência, como no exemplo mencionado inicialmente, quando uma câmera foi mantida ligada, captando os inquilinos de um apartamento alugado. A tentativa é possível.

### 17.5.5. AÇÃO PENAL

A ação penal é pública incondicionada.

### 17.5.6. FIGURA EQUIPARADA

Na mesma pena incorre quem realiza montagem em fotografia, vídeo, áudio ou qualquer outro registro com o fim de incluir pessoa em cena de nudez ou ato sexual ou libidinoso de caráter íntimo. É o que ocorre com os denominados *deepfakes*, técnica que substitui um rosto por outro em vídeos. Caso a montagem seja feita em um filme pornográfico, fica caracterizada a prática do delito do artigo 316-B, parágrafo único, do CP.

## 17.6. ESTUPRO DE VULNERÁVEL

| ESTUPRO DE VULNERÁVEL (ARTIGO 217-A DO CP) | |
| --- | --- |
| **Simples (*caput*)** | |
| *Estupro de vulnerável* <br> *Art. 217-A. Ter conjunção carnal ou praticar outro ato libidinoso com menor de 14 (catorze) anos:* <br> *Pena - reclusão, de 8 (oito) a 15 (quinze) anos.* | |
| **Figura equiparada (§ 1º)** | |
| *§ 1º. Incorre na mesma pena quem pratica as ações descritas no caput com alguém que, por enfermidade ou deficiência mental, não tem o necessário discernimento para a prática do ato, ou que, por qualquer outra causa, não pode oferecer resistência.* | |
| **Qualificadoras (§ 3º e § 4º)** | |
| *§ 3º. Se da conduta resulta lesão corporal de natureza grave:* <br> *Pena - reclusão, de 10 (dez) a 20 (vinte) anos.* | *§ 4º. Se da conduta resulta morte:* <br> *Pena - reclusão, de 12 (doze) a 30 (trinta) anos.* |
| **Consentimento da vítima (§ 5º) 9+** | |
| *§ 5º. As penas previstas no caput e nos §§ 1º, 3º e 4º deste artigo aplicam-se independentemente do consentimento da vítima ou do fato de ela ter mantido relações sexuais anteriormente ao crime.* | |

### 17.6.1. CONDUTA

Ocorre o crime de estupro de vulnerável quando alguém tem conjunção carnal ou pratica outro ato libidinoso com menor de catorze anos. Pouco importa o consentimento da vítima ou dos seus pais. Também não importa o fato de não ser virgem. Quem se relaciona sexualmente com pessoa menor de catorze anos será punido com pena de reclusão, de oito a quinze anos. O delito é sempre hediondo, simples ou qualificado, consumado ou tentado.

> *A conduta de contemplar lascivamente, sem contato físico, mediante pagamento, menor de 14 anos desnuda em motel pode permitir a deflagração da ação penal para a apuração do delito de estupro de vulnerável.* (STJ, RHC 70.976-MS)

**× Espécies de estupro de vulnerável**

O artigo 217-A do CP contém quatro espécies de estupro. Todas são hediondas, consumadas ou tentadas, sem exceção.

a. simples, no *caput*;

b. por equiparação, no § 1º;

c. qualificado pela lesão corporal grave, no § 3º;

d. qualificado pela morte, no § 4º.

**× Violência ou grave ameaça**

No estupro (CP, art. 213), é imprescindível o emprego de violência ou grave ameaça. No artigo 217-A, no entanto, não há qualquer referência nesse sentido. O motivo: presume-se presente, de maneira absoluta, a violência. Por essa razão, segundo entendimento do STJ, não é possível a desclassificação do crime de estupro de vulnerável para o de importunação sexual (CP, art. 215-A). Entenda:

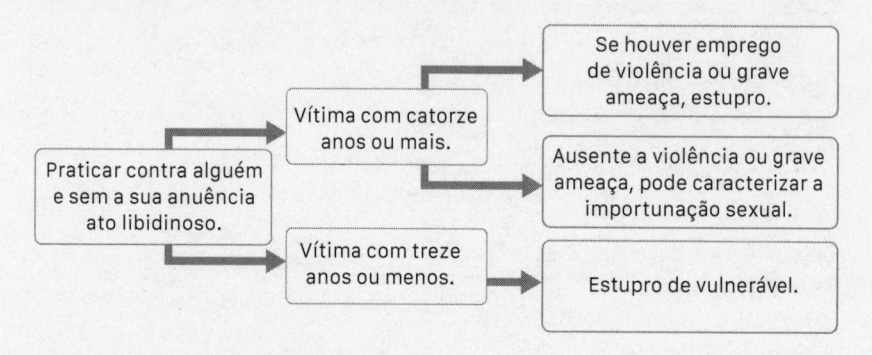

### 17.6.1.1. SUJEITOS DO CRIME

Crime comum, pode ser praticado por qualquer pessoa. Quanto ao sujeito passivo, tem de ser pessoa menor de catorze anos de idade (treze ou menos). Também é vítima do delito quem, por enfermidade ou deficiência mental, não tem o necessário discernimento para a prática do ato, ou que, por qualquer outra causa, não pode oferecer resistência. Em relação à pessoa menor de catorze anos, trata-se de regra absoluta, que não pode ser flexibilizada. Nesse sentido, § 5º do artigo 217-A do CP.

**× Exceção de Romeu e Julieta**

Há quem sustente que, sendo pequena a diferença de idade entre ofensor e vítima, o crime de estupro de vulnerável deveria ser afastado – por exemplo, o envolvimento sexual de uma pessoa de dezoito anos com outra de treze. No entanto, a teoria não encontra amparo legal ou jurisprudencial, devendo ser afastada. Como disse anteriormente, estamos diante de regra absoluta, sem espaço para flexibilização.

> **ATENÇÃO!**
>
> Não se deixe levar por questões de natureza moral. Vez ou outra, as bancas trazem exemplos de relacionamento entre um adolescente, com catorze anos completos, e alguém muito mais velho - quarenta, cinquenta anos da idade. Nesse caso, há estupro de vulnerável? Não, afinal, o crime consiste em ter contato sexual com pessoa menor de catorze anos (treze ou menos).

× **Responsabilidade dos pais ou responsável**

A princípio, apenas o estuprador deve ser punido pela prática do delito – aquele que, efetivamente, envolve-se sexualmente com pessoa menor de catorze anos. Contudo, imagine a seguinte situação: um adolescente de treze anos inicia relacionamento amoroso. Os pais têm conhecimento e nada fazem, mesmo sabendo que o filho mantém relações sexuais com o namorado, de dezoito anos. Nesse caso, eles podem ser responsabilizados pelo estupro de vulnerável? Sim, em razão do artigo 13, § 2º, do CP (omissão imprópria).

> *A irmã de vítima do crime de estupro de vulnerável responde por conduta omissiva imprópria se assume o papel de garantidora.* (STJ, HC 603.195-PR)

### 17.6.2. ELEMENTO SUBJETIVO

É o dolo, acrescido de elemento subjetivo específico: a intenção de ter com a vítima conjunção carnal ou com ela praticar outro ato libidinoso. Não se admite a modalidade culposa.

× **Estupro culposo**

Recentemente, um *site* de notícias publicou matéria a respeito de uma sentença que teria admitido o *estupro culposo*. A *internet* parou! Protestos foram combinados em redes sociais, afinal, o magistrado do caso havia reconhecido tese teratológica, inédita em nosso país, sem qualquer amparo legal. No entanto, tudo não passou de *fake news*. O que ocorreu, de fato: em um trecho da sentença, o juiz transcreveu trecho de livro do professor Cezar Roberto Bitencourt a respeito do erro de tipo essencial (CP, art. 20, *caput*). O texto:

*O dolo somente se completa com a presença simultânea da consciência e da vontade de todos os elementos constitutivos do tipo penal. Com efeito, quando o processo intelectivo-volitivo não abrange qualquer dos requisitos da ação descrita na lei, não se pode falar em dolo, configurando-se o erro de tipo, e sem dolo não há crime, ante a ausência de previsão da modalidade culposa.*

Observe que o texto diz o óbvio: não existe estupro culposo. O professor apenas explica a consequência do erro de tipo essencial evitável e a impossibilidade de punição a título de culpa. Contudo, isso não impediu a *Revista Veja* de publicar matéria intitulada "Caso Mariana Ferrer: sentença inédita de 'estupro culposo' inocentou acusado". Tudo não passou de oportunismo da imprensa em busca de leitores sedentos por manchetes escandalosas.

## × Erro de tipo essencial

As bancas trazem em seus enunciados, com certa frequência, hipóteses de estupro de vulnerável em erro de tipo essencial (CP, art. 20, *caput*). Para melhor compreender o tema, imagine o seguinte exemplo: Ricardo esteve em uma casa noturna e, em dado momento, passou a flertar com outra pessoa presente. Após alguns *drinks* e muito bate-papo, ambos decidiram ir a um motel, onde mantiveram relação sexual. No dia seguinte, quando perguntou a amigos se alguém a conhecia, a surpresa: trata-se de adolescente de treze anos de idade. Ou seja, Ricardo praticou, sem saber, o crime de estupro de vulnerável. Como isso aconteceu? Reflita:

(a) Em uma casa noturna, não deveria estar presente alguém com menos de dezoito anos. Esse foi o primeiro ponto que causou o erro.

(b) Não mencionei no exemplo, mas, a princípio, não é fácil distinguir, fisicamente, uma pessoa com treze de outra com catorze anos de idade. Ademais, considerando o ambiente em que se deu a situação – um local proibido para menores de idade -, havia como Ricardo conhecer a realidade?

No exemplo trazido, dizemos ter havido erro sobre elemento constitutivo do tipo, ou erro de tipo essencial, previsto no artigo 20, *caput*, do CP. Por falsa percepção da realidade, Ricardo não percebeu presente a elementar *menor de catorze anos*. Duas são as consequências para quem age em erro de tipo essencial:

(a) Se o erro era inevitável (escusável), ou seja, qualquer um cometeria o mesmo erro naquela situação, dolo e culpa são afastados e, em consequência, o próprio crime, em razão da ausência de conduta.

(b) Se o erro era evitável (inescusável), o agente errou por ter sido imprudente ou negligente ao avaliar a situação fática, devendo ser punido
a título de culpa. Entretanto, como não existe estupro culposo, o
indivíduo não será responsabilizado por qualquer prática criminosa.

> **ATENÇÃO!**
>
> Em provas, as bancas costumam fazer *pegadinhas* em relação à distinção
> entre o erro de tipo essencial (CP, art. 20, *caput*) e o erro de proibição
> (CP, art. 21). Para não errar, é simples: marque o erro de tipo como
> resposta quando o indivíduo estiver vivendo uma fantasia. Exemplo:
> (a)  Transportou cocaína, mas pensou ser farinha de trigo;
> (b)  Fez sexo com pessoa de treze anos, pois imaginou que tinha
> mais de catorze anos de idade.
> No erro de proibição, não há falsa percepção da realidade. O sujeito
> sabe que a cocaína é cocaína, e que a pessoa de treze anos tem, de
> fato, treze anos. O erro reside na ilicitude, que ele imagina ausente.

### 17.6.3. CONSUMAÇÃO

Crime material, consuma-se, na conjunção carnal, com a introdução,
total ou parcial, do pênis na vagina, ou com a prática de ato libidinoso
diverso (ex.: sexo anal), quando este for o objetivo. A tentativa é possível.

### 17.6.4. AÇÃO PENAL

O estupro de vulnerável é crime de ação penal pública incondicionada.

### 17.6.5. FIGURAS EQUIPARADAS

É punido com as mesmas penas quem mantém contato sexual com
alguém que, por enfermidade ou deficiência mental, não tem o necessário discernimento para a prática do ato, ou que, por qualquer outra
causa, não pode oferecer resistência. Exemplo: um médico aproveita
que a vítima está dopada para fazer carícias em seu corpo.

### 17.6.6. LESÃO CORPORAL GRAVE OU MORTE

A pena é de reclusão, de dez a vinte anos, caso a vítima sofra lesão corporal de natureza grave ou gravíssima (CP, art. 129, § 1º e § 2º); caso morra,
a pena é de doze a trinta anos. Em ambas as qualificadoras, temos crime
preterdoloso. A respeito do assunto, veja os comentários feitos sobre qualificadoras idênticas no crime de estupro (CP, art. 213, § 1º e § 2º).

O estupro de vulnerável é crime **simples** (ofende um único bem jurídico); **comum** (pode ser praticado por qualquer pessoa), embora seja **próprio** na modalidade "constranger alguém a ter conjunção carnal", pois nesse caso exige a relação heterossexual; **material** ou causal (consuma-se com a prática da conjunção carnal ou de outro ato libidinoso); de forma livre (admite qualquer meio de execução); instantâneo (a consumação ocorre em um momento determinado, sem continuidade no tempo); **usualmente, comissivo; unissubjetivo,** unilateral ou de concurso eventual (pode ser cometido por uma única pessoa, mas admite o concurso); e, quase sempre, **plurissubsistente** (a conduta é fracionada em diversos atos que, somados, provocam a consumação) (a conduta pode ser fracionada em diversos atos).

## 17.7. CORRUPÇÃO DE MENORES

CORRUPÇÃO DE MENORES
(ARTIGO 218 DO CP)

*Art. 218. Induzir alguém menor de 14 (catorze) anos a satisfazer a lascívia de outrem: Pena - reclusão, de 2 (dois) a 5 (cinco) anos.*

### 17.7.1. CONDUTA

A conduta consiste em induzir alguém menor de catorze anos a satisfazer a lascívia de outrem. Ou seja, o agente funciona como intermediador entre a pessoa menor de catorze anos e o beneficiado pela indução, que satisfaz sua lascívia com a vítima. A pena é de reclusão, de 2 a 5 anos. A corrupção de menores não é crime hediondo.

× Corrupção de menores do ECA

O ECA tipifica, em seu artigo 244-B, a conduta de corromper ou facilitar a corrupção de menor de dezoito anos, com ele praticando infração penal ou induzindo-o a praticá-la. Doutrina e jurisprudência também o denominam *corrupção de menores*, mas não existe ligação com o delito do artigo 218-B do CP.

### 17.7.2. SUJEITOS DO CRIME

Crime comum, pode ser praticado por qualquer pessoa. Em relação ao beneficiado pela conduta que satisfaz sua lascívia com vítima menor de catorze anos, o crime a ser imputado é o de estupro de vulnerável (CP, art. 217-A). Contudo, a depender do contexto em que se deu a prática delituosa, o intermediador também pode ser responsabilizado por estupro de vulnerável, em concurso de pessoas (CP, art. 29), hipótese em que a corrupção de menores deverá ser afastada.

O sujeito passivo pode ser qualquer pessoa menor de catorze anos (treze anos ou menos). Se a vítima tiver catorze anos completos ou mais, o crime será o de lenocínio, na forma qualificada (CP, art. 227, § 1º). A vítima deve ser pessoa determinada. Caso contrário, pode ser hipótese de prática do crime do artigo 218-B do CP - favorecimento da prostituição ou de outra forma de exploração sexual de criança ou adolescente ou de vulnerável.

### 17.7.3. CONSUMAÇÃO

Crime material, consuma-se no momento em que o beneficiado pela corrupção pratica ato tendente a satisfazer sua lascívia. A tentativa é possível.

### 17.7.4. ELEMENTO SUBJETIVO

É o dolo, acrescido de finalidade específica (a intenção de satisfazer a lascívia de outrem). A modalidade culposa é atípica.

### 17.7.5. AÇÃO PENAL

O crime do artigo 218-B do CP é de ação penal pública incondicionada.

---

**CLASSIFICAÇÃO DOUTRINÁRIA**

A corrupção de menores é crime **simples** (ofende um único bem jurídico); **comum** (pode ser praticado por qualquer pessoa); material ou causal (consuma-se com a realização, pelo menor de 14 anos, de ato tendente a satisfazer a lascívia de outrem); de forma livre (admite qualquer meio de execução); **instantâneo** (a consumação ocorre em um momento determinado, sem continuidade no tempo); **usualmente, comissivo; unissubjetivo,** unilateral ou de concurso eventual (pode ser cometido por uma única pessoa, mas admite o concurso); e, quase sempre, **plurissubsistente** (a conduta é fracionada em diversos atos que, somados, provocam a consumação) (a conduta pode ser fracionada em diversos atos).

---

## 17.8. SATISFAÇÃO DE LASCÍVIA MEDIANTE PRESENÇA DE CRIANÇA OU ADOLESCENTE

---

**SATISFAÇÃO DE LASCÍVIA MEDIANTE PRESENÇA DE CRIANÇA OU ADOLESCENTE (ARTIGO 218-A DO CP)**

*Art. 218-A. Praticar, na presença de alguém menor de 14 (catorze) anos, ou induzi-lo a presenciar, conjunção carnal ou outro ato libidinoso, a fim de satisfazer lascívia própria ou de outrem:*
*Pena - reclusão, de 2 (dois) a 4 (quatro) anos.*

---

### 17.8.1. CONDUTA

O crime consiste em praticar, na presença de alguém menor de catorze anos, ou induzi-lo a presenciar, conjunção carnal ou outro ato libidinoso, a fim de satisfazer lascívia própria ou de outrem. A vítima não pode estar envolvida no ato sexual, hipótese em que estaria caracterizado o delito de estupro de vulnerável (CP, art. 217-A). Sua função no contexto do delito é contemplativa, a simples presença. A pena é de reclusão, de dois a quatro anos. Não é crime hediondo.

### 17.8.2. SUJEITOS DO CRIME

Crime comum, pode ser praticado por qualquer pessoa. O sujeito passivo pode ser qualquer pessoa, desde que menor de catorze anos.

### 17.8.3. CONSUMAÇÃO

Crime formal, consuma-se quando a vítima presencia a prática da conjunção carnal ou do ato libidinoso. A tentativa é possível.

### 17.8.4. ELEMENTO SUBJETIVO

É o dolo, acrescido de finalidade específica (satisfazer a lascívia própria ou de outrem). A modalidade culposa é atípica. Portanto, não pratica o crime o casal que esquece a porta do quarto destrancada e, em razão disso, é surpreendido pelo filho, menor de catorze anos, durante ato sexual.

### 17.8.5. AÇÃO PENAL

O crime do artigo 218-A do CP é de ação penal pública incondicionada.

> **CLASSIFICAÇÃO DOUTRINÁRIA**
>
> A satisfação de lascívia mediante presença de criança ou adolescente é crime simples (ofende um único bem jurídico); **comum** (pode ser cometido por qualquer pessoa); **formal**, de consumação antecipada ou de resultado cortado (consuma-se com a prática da conduta criminosa, independentemente da superveniência do resultado naturalístico); **de forma livre** (admite qualquer meio de execução); instantâneo (a consumação ocorre em um momento determinado, sem continuidade no tempo); **usualmente, comissivo; unissubjetivo**, unilateral ou de concurso eventual (pode ser cometido por uma única pessoa, mas admite o concurso); e, quase sempre, **plurissubsistente** (a conduta é fracionada em diversos atos que, somados, provocam a consumação) (a conduta pode ser fracionada em diversos atos).

## 17.9. FAVORECIMENTO DA PROSTITUIÇÃO OU DE OUTRA FORMA DE EXPLORAÇÃO SEXUAL DE CRIANÇA OU ADOLESCENTE OU DE VULNERÁVEL

**FAVORECIMENTO DA PROSTITUIÇÃO OU DE OUTRA FORMA DE EXPLORAÇÃO SEXUAL DE CRIANÇA OU ADOLESCENTE OU DE VULNERÁVEL (ARTIGO 218-B DO CP)**

**Simples (*caput*)**

*Favorecimento da prostituição ou de outra forma de exploração sexual de criança ou adolescente ou de vulnerável.*

*Art. 218-B. Submeter, induzir ou atrair à prostituição ou outra forma de exploração sexual alguém menor de 18 (dezoito) anos ou que, por enfermidade ou deficiência mental, não tem o necessário discernimento para a prática do ato, facilitá-la, impedir ou dificultar que a abandone:*
*Pena - reclusão, de 4 (quatro) a 10 (dez) anos.*

**Qualificadora (§ 1º)**

*§ 1º. Se o crime é praticado com o fim de obter vantagem econômica, aplica-se também multa.*

**Figura equiparada (§ 2º)**

*§ 2º. Incorre nas mesmas penas:*
*I - quem pratica conjunção carnal ou outro ato libidinoso com alguém menor de 18 (dezoito) e maior de 14 (catorze) anos na situação descrita no caput deste artigo;*
*II - o proprietário, o gerente ou o responsável pelo local em que se verifiquem as práticas referidas no caput deste artigo.*

**Efeito da condenação (§ 3º)**

*§ 3º. Na hipótese do inciso II do § 2º, constitui efeito obrigatório da condenação a cassação da licença de localização e de funcionamento do estabelecimento.*

### 17.9.1. CONDUTA

O crime consiste em submeter, induzir ou atrair à prostituição ou outra forma de exploração sexual alguém menor de dezoito anos ou que, por enfermidade ou deficiência mental, não tem o necessário discernimento para a prática do ato, facilitá-la, impedir ou dificultar que a abandone. Por ser tipo penal misto alternativo, caso praticado mais de um verbo nuclear em um mesmo contexto fático, não há concurso de delitos, mas crime único. A pena é de reclusão, de quatro a dez anos – se o crime for praticado com o fim de obtenção de vantagem econômica, aplica-se também pena de multa (art. 218, § 1º). É crime hediondo, consumado ou tentado.

### 17.9.2. SUJEITOS DO CRIME

Crime comum, pode ser praticado por qualquer pessoa. A pessoa de qualquer gênero, desde que menor de dezoito anos ou portadora de enfermidade ou doença mental que, em razão disso, não tem o necessário discernimento para a prática do ato.

### 17.9.3. CONSUMAÇÃO

Crime material, nos verbos submeter, induzir, atrair e facilitar, o delito está consumado quando a vítima passa a se dedicar, de forma habitual, à prostituição ou outra forma de exploração sexual. Nos verbos impedir ou dificultar, a consumação se consolida no momento em que a vítima quer abandonar a prostituição ou outra forma de exploração e o agente impede ou dificulta. A tentativa é possível.

### 17.9.4. ELEMENTO SUBJETIVO

É o dolo. É atípica a modalidade culposa.

### 17.9.5. AÇÃO PENAL

Trata-se de delito de ação penal pública incondicionada.

### 17.9.6. FIGURAS EQUIPARADAS

Incorre na mesma pena quem:

(1) pratica conjunção carnal ou outro ato libidinoso com alguém menor de dezoito e maior de catorze anos (o cliente que paga pelo programa sexual). No entanto, se a vítima for menor de catorze anos (treze ou menos), o crime a ser imputado será o de estupro de vulnerável (CP, art. 217-A);

(2) é proprietário, gerente ou responsável pelo local em que se ocorra a prostituição de menor de idade ou vulnerável – nesta hipótese, constitui efeito obrigatório da condenação a cassação da licença de localização e de funcionamento do estabelecimento. Trata-se de crime acessório, cuja existência depende da prática da conduta tipificada no caput do artigo 218-B do CP.

O favorecimento da prostituição ou de outra forma de exploração sexual de criança ou adolescente ou de vulnerável é crime **simples** (ofende um único bem jurídico); comum (pode ser praticado por qualquer pessoa); **material** ou causal (consuma-se com a produção do resultado naturalístico, consistente no exercício da prostituição ou outra forma de exploração sexual pela vítima); **de forma livre** (admite qualquer meio de execução); instantâneo (nos núcleos "submeter", "induzir", "atrair" e "facilitar") ou permanente (nas variantes "impedir" e "dificultar"); **usualmente, comissivo; unissubjetivo,** unilateral ou de concurso eventual (pode ser cometido por uma única pessoa, mas admite o concurso); e, quase sempre, **plurissubsistente** (a conduta é fracionada em diversos atos que, somados, provocam a consumação) (a conduta pode ser fracionada em diversos atos).

## 17.10. DIVULGAÇÃO DE CENA DE ESTUPRO OU DE CENA DE ESTUPRO DE VULNERÁVEL, DE CENA DE SEXO OU DE PORNOGRAFIA

### DIVULGAÇÃO DE CENA DE ESTUPRO OU DE CENA DE ESTUPRO DE VULNERÁVEL, DE CENA DE SEXO OU DE PORNOGRAFIA (ARTIGO 218-C DO CP)

Simples (*caput*)

*Divulgação de cena de estupro ou de cena de estupro de vulnerável, de cena de sexo ou de pornografia*

*Art. 218-C. Oferecer, trocar, disponibilizar, transmitir, vender ou expor à venda, distribuir, publicar ou divulgar, por qualquer meio - inclusive por meio de comunicação de massa ou sistema de informática ou telemática -, fotografia, vídeo ou outro registro audiovisual que contenha cena de estupro ou de estupro de vulnerável ou que faça apologia ou induza a sua prática, ou, sem o consentimento da vítima, cena de sexo, nudez ou pornografia:*

*Pena - reclusão, de 1 (um) a 5 (cinco) anos, se o fato não constitui crime mais grave.*

**Aumento de pena (§ 1º)**

*Aumento de pena*

*§ 1º. A pena é aumentada de 1/3 (um terço) a 2/3 (dois terços) se o crime é praticado por agente que mantém ou tenha mantido relação íntima de afeto com a vítima ou com o fim de vingança ou humilhação.*

**Exclusão da ilicitude (§ 2º)**

*Exclusão de ilicitude*

*§ 2º. Não há crime quando o agente pratica as condutas descritas no caput deste artigo em publicação de natureza jornalística, científica, cultural ou acadêmica com a adoção de recurso que impossibilite a identificação da vítima, ressalvada sua prévia autorização, caso seja maior de 18 (dezoito) anos.*

### 17.10.1. CONDUTA

Tipo penal adicionado ao Código Penal, em 2018, pela Lei nº 13.718, em resposta a um caso de grande repercussão ocorrido na época, quando uma adolescente foi vítima de estupro coletivo e as imagens do crime foram divulgadas na internet. O crime consiste em oferecer, trocar, disponibilizar, transmitir, vender ou expor à venda, distribuir, publicar ou divulgar, por qualquer meio - inclusive por meio de comunicação de massa ou sistema de informática ou telemática -, fotografia, vídeo ou outro registro audiovisual que contenha cena de estupro ou de estupro de vulnerável ou que faça apologia ou induza a sua prática, ou, sem o consentimento da vítima, cena de sexo, nudez ou pornografia. Para melhor compreender a prática delituosa, veja o esquema a seguir.

| Condutas relacionadas à prática de estupro | Condutas sem vínculo com a prática de estupro |
| --- | --- |
| O agente oferece, troca, disponibiliza, transmite, vende, expõe à venda, distribui, publica ou divulga fotografia, vídeo ou outro registro audiovisual que contenha cena de estupro ou de estupro de vulnerável ou que faça apologia ou induza à prática dos delitos. | O agente oferece, troca, disponibiliza, transmite, vende, expõe à venda, distribui, publica ou divulga fotografia, vídeo ou outro registro audiovisual que contenha cena de sexo, nudez ou pornografia envolvendo a vítima, que não consentiu para a prática da conduta. |
| Pena: reclusão, de 1 a 5 anos, se o fato não constitui crime mais grave. | A pena é a mesma. |

× A conduta de quem recebe o conteúdo

Não pratica o crime do artigo 218-B do CP aquele que recebe o conteúdo audiovisual com registro de estupro, cena de sexo, nudez ou pornografia, na forma descrita anteriormente. Isso porque o recebimento não figura como forma de prática do delito.

### 17.10.2. SUJEITOS DO CRIME

Crime comum, pode ser praticado por qualquer pessoa. O sujeito passivo pode ser qualquer pessoa captada por meio audiovisual quando vítima de estupro ou estupro de vulnerável ou em cena de sexo, nudez ou pornografia, quando não tenha consentido para o registro.

### 17.10.3. CONSUMAÇÃO

Crime de mera conduta, consuma-se quando praticado qualquer dos verbos nucleares (oferecer, trocar etc.). A tentativa é possível.

### 17.10.4. ELEMENTO SUBJETIVO

É o dolo. A modalidade culposa é atípica.

### 17.10.5. AÇÃO PENAL

O crime do artigo 218-C é de ação penal pública incondicionada.

### 17.10.6. AUMENTO DE PENA

A pena é aumentada de um terço a dois terços se o crime é praticado por agente que: (1) mantém ou tenha mantido relação íntima de afeto com a vítima; (2) pratica o crime com o fim de vingança (*revenge porn*) ou humilhação.

### 17.10.7. EXCLUSÃO DA ILICITUDE

Não há crime quando o agente pratica as condutas descritas no *caput* do artigo 218-C do CP em publicação de natureza jornalística, científica, cultural ou acadêmica com a adoção de recurso que impossibilite a identificação da vítima, ressalvada sua prévia autorização, caso seja maior de dezoito anos. Se a vítima for menor de idade, a identificação não poderá ocorrer, em hipótese alguma; se maior de dezoito anos, fica a seu critério autorizar ou não sua identificação.

## 17.II. **DISPOSIÇÕES GERAIS**

| AÇÃO PENAL |
| --- |
| (ARTIGO 225 DO CP) |
| *Ação penal* |
| *Art. 225. Nos crimes definidos nos Capítulos I e II deste Título, procede-se mediante ação penal pública incondicionada.* |
| **AUMENTO DE PENA** |
| **(ARTIGO 226 DO CP)** |
| *Aumento de pena* |
| *Art. 226. A pena é aumentada:* |
| *I - de quarta parte, se o crime é cometido com o concurso de 2 (duas) ou mais pessoas;* |
| *II - de metade, se o agente é ascendente, padrasto ou madrasta, tio, irmão, cônjuge, companheiro, tutor, curador, preceptor ou empregador da vítima ou por qualquer outro título tiver autoridade sobre ela;* |
| **ESTUPRO COLETIVO** |
| **(ARTIGO 226, IV, "A")** |
| *IV - de 1/3 (um terço) a 2/3 (dois terços), se o crime é praticado:* |
| *Estupro coletivo* |
| *a) mediante concurso de 2 (dois) ou mais agentes;* |
| **ESTUPRO CORRETIVO** |
| **(ARTIGO 226, IV, "B")** |
| *Estupro corretivo* |
| *b) para controlar o comportamento social ou sexual da vítima.* |

## 17.II.I. **AÇÃO PENAL**

Houve um tempo em que os crimes contra a dignidade sexual – na época, crimes contra os costumes – eram, em regra, de ação penal privada. No entanto, a partir da reforma ocorrida pela Lei nº 12.015/09, a regra passou a ser a ação penal pública condicionada à representação, exceto em caso de vítima menor de dezoito anos ou pessoa vulnerável, quando a ação era pública incondicionada. Parece-me a melhor opção, pois deixa a critério da vítima a decisão de expor sua vida íntima. No entanto, em 2018, a Lei nº 13.718 deu nova redação ao artigo 225 do CP, fazendo com que todos os crimes dos artigos 213 a 218-C do CP são de ação penal pública incondicionada.

### 17.11.2. CONCURSO DE PESSOAS E ESTUPRO COLETIVO

No artigo 226, I, o CP impõe aumento de pena de quarta parte se o crime for cometido com o concurso de duas ou mais pessoas. Ocorre que, em 2018, a Lei nº 13.718 adicionou o inciso IV, "a", ao artigo 225, que prevê aumento de pena de um terço a dois terços na hipótese de estupro coletivo, quando presentes dois ou mais agentes. Em razão desse aparente conflito de normas, vem a dúvida: qual majorante deve prevalecer? Como o inciso IV do artigo 225 fala em estupro coletivo, esta causa de aumento de pena incide apenas no crime de estupro. Para os demais delitos, aplica-se a majorante do inciso I do artigo 225.

| Estupro coletivo (CP, art. 225, IV, "a") | Concurso de pessoas (CP, art. 225, I) |
|---|---|
| Duas ou mais pessoas praticam, em concurso, crime de estupro. | Duas ou mais pessoas praticam, em concurso, crime contra a dignidade sexual diverso do estupro. |
| A pena é aumentada de 1/3 a 2/3. | A pena é aumentada de 1/4. |

### 17.11.3. PARENTESCO

As penas dos crimes dos artigos 213 a 218-C do CP são aumentadas de metade se o agente for ascendente, padrasto ou madrasta, tio, irmão, cônjuge, companheiro, tutor, curador, preceptor ou empregador da vítima ou por qualquer outro título tiver autoridade sobre ela.

### 17.11.4. ESTUPRO CORRETIVO

A pena do estupro é aumentada de um terço a dois terços quando o crime é praticado com o objetivo de corrigir a orientação sexual ou o gênero da vítima. Ex.: homem estupra mulher homossexual com a finalidade de torná-la heterossexual. "Uma espécie doentia de 'cura' por meio do ato sexual à força", ensina Rogério Sanches.

## 17.12. MEDIAÇÃO PARA SERVIR A LASCÍVIA DE OUTREM

| MEDIAÇÃO PARA SERVIR A LASCÍVIA DE OUTREM (ARTIGO 227 DO CP) | | |
|---|---|---|
| **Simples (*caput*)** | | |
| *Mediação para servir a lascívia de outrem*<br>*Art. 227. Induzir alguém a satisfazer a lascívia de outrem:*<br>*Pena - reclusão, de um a três anos.* | | |
| **Qualificadoras (§ 1º, § 2º e § 3º)** | | |
| *§ 1º. Se a vítima é maior de 14 (catorze) e menor de 18 (dezoito) anos, ou se o agente é seu ascendente, descendente, cônjuge ou companheiro, irmão, tutor ou curador ou pessoa a quem esteja confiada para fins de educação, de tratamento ou de guarda:*<br>*Pena - reclusão, de dois a cinco anos.* | *§ 2º. Se o crime é cometido com emprego de violência, grave ameaça ou fraude:*<br>*Pena - reclusão, de dois a oito anos, além da pena correspondente à violência.* | *§ 3º. Se o crime é cometido com o fim de lucro, aplica-se também multa.* |

## 17.13. CONDUTA

O crime consiste em induzir (criar a ideia) alguém a satisfazer a lascívia de outrem. Ou seja, é típica a conduta de agir, como intermediário, na atividade sexual de terceiros, capazes, não vulneráveis. Em verdade, o delito do artigo 227 do CP não deveria mais existir, afinal, não faz sentido punir com pena de reclusão, de dois a cinco anos, o indivíduo que faz o *meio de campo* para que duas pessoas tenham envolvimento sexual. O delito de mediação para servir a lascívia de outem é também denominado *lenocínio principal*. Ademais, se a conduta for praticada com o fim de lucro, deve ser aplicada, além da pena de reclusão, pena de multa.

× **Penas**

Por ser punido com pena de reclusão, de um a três anos, o delito é compatível com a suspensão condicional do processo (Lei nº 9.099/95, art. 89).

### 17.13.1. SUJEITOS DO CRIME

Crime comum, pode ser praticado por qualquer pessoa – trata-se da figura denominada *proxeneta*. O sujeito passivo pode ser qualquer pessoa. Se o agente for ascendente, descendente, cônjuge ou companheiro, irmão, tutor ou curador ou pessoa a quem esteja confiada para fins de educação, de tratamento ou de guarda da vítima, estará caracterizada a qualificadora prevista no artigo 227, § 1.º. Ademais, se a vítima for pessoa de catorze a dezessete anos de idade, deverá ser reconhecida a forma qualificada do delito, também prevista no artigo 227, § 1.º).

### 17.13.2. ELEMENTO SUBJETIVO

É o dolo, acrescido de um especial fim de agir (a intenção de satisfazer a lascívia de outrem). É atípica a modalidade culposa.

### 17.13.3. CONSUMAÇÃO

Crime material, consuma-se com a realização de algum ato sexual pela vítima. A tentativa é possível.

### 17.13.4. AÇÃO PENAL

Trata-se de crime de ação penal pública incondicionada.

### 17.13.5. QUALIFICADORAS

O artigo 227 descreve várias hipóteses em que o crime será qualificado, com penas mínima e máxima mais altas do que a do *caput* (um a três anos).

(a) Vítima maior de catorze (leia-se, a partir de catorze) e menor de dezoito anos: reclusão, de dois a cinco anos.

(b) Se o agente é, em relação à vítima, seu ascendente, descendente, cônjuge ou companheiro, irmão, tutor ou curador ou pessoa a quem esteja confiada para fins de educação, de tratamento ou de guarda: reclusão, de dois a cinco anos.

(c) Se o crime for cometido com emprego de violência, grave ameaça ou fraude: reclusão, de dois a oito anos, além da pena correspondente à violência (ex.: lesão corporal).

Se o crime for cometido com o fim de lucro: além da pena de reclusão, deve ser aplicada pena de multa.

A mediação para servir a lascívia de outrem é crime **simples** (ofende um único bem jurídico); **comum** (pode ser praticado por qualquer pessoa); **material** ou causal (consuma-se com a produção do resultado naturalístico, consistente na satisfação da lascívia de alguém); **de forma livre** (admite qualquer meio de execução); **instantâneo** (a consumação ocorre em um momento determinado, sem continuidade no tempo); **usualmente, comissivo; unissubjetivo**, unilateral ou de concurso eventual (pode ser cometido por uma única pessoa, mas admite o concurso); e, quase sempre, **plurissubsistente** (a conduta é fracionada em diversos atos que, somados, provocam a consumação) (a conduta pode ser fracionada em diversos atos).

## 17.14. FAVORECIMENTO DA PROSTITUIÇÃO OU OUTRA FORMA DE EXPLORAÇÃO SEXUAL

| FAVORECIMENTO DA PROSTITUIÇÃO OU OUTRA FORMA DE EXPLORAÇÃO SEXUAL (ARTIGO 228 DO CP) | | |
| --- | --- | --- |
| **Simples (*caput*)** | | |
| *Favorecimento da prostituição ou outra forma de exploração sexual*<br>*Art. 228. Induzir ou atrair alguém à prostituição ou outra forma de exploração sexual, facilitá-la, impedir ou dificultar que alguém a abandone:*<br>*Pena - reclusão, de 2 (dois) a 5 (cinco) anos, e multa.* | | |
| **Qualificadoras (§ 1º, § 2º e § 3º)** | | |
| *§ 1º. Se o agente é ascendente, padrasto, madrasta, irmão, enteado, cônjuge, companheiro, tutor ou curador, preceptor ou empregador da vítima, ou se assumiu, por lei ou outra forma, obrigação de cuidado, proteção ou vigilância:*<br>*Pena - reclusão, de 3 (três) a 8 (oito) anos.* | *§ 2º. Se o crime, é cometido com emprego de violência, grave ameaça ou fraude:*<br>*Pena - reclusão, de quatro a dez anos, além da pena correspondente à violência.* | *§ 3º. Se o crime é cometido com o fim de lucro, aplica-se também multa.* |

### 17.14.1. CONDUTA

No artigo 228, temos a conduta de induzir ou atrair alguém à prostituição ou outra forma de exploração sexual, facilitá-la, impedir ou dificultar que alguém a abandone. A pena cominada é de reclusão, de dois a cinco anos, e multa. No tipo em estudo, a vítima vai praticar o comércio sexual com habitualidade. Ocorrerá, portanto, a prostituição ou outra forma de exploração sexual.

### 17.14.2. SUJEITOS DO CRIME

Crime comum, pode ser praticado por qualquer pessoa. Entretanto, se o agente é ascendente, padrasto, madrasta, irmão, enteado, cônjuge, companheiro, tutor ou curador, preceptor ou empregador da vítima, ou se assumiu, por lei ou outra forma, obrigação de cuidado, proteção ou vigilância, estará caracterizada a qualificadora prevista no § 1º do art. 228. O sujeito passivo também pode ser qualquer pessoa, desde que tenha dezoito anos completos e discernimento para entender a prática do ato.

### 17.14.3. ELEMENTO SUBJETIVO

É o dolo, sem qualquer finalidade especial. A modalidade culposa não é típica.

### 17.14.4. CONSUMAÇÃO

Nos verbos nucleares *induzir*, *atrair* e *facilitar*, consuma-se no momento em que alguém passa a se dedicar habitualmente à prostituição ou outra forma de exploração sexual; nos verbos *impedir* e *dificultar*, a consumação é alcançada no momento em que a vítima decide abandonar a prostituição ou outra forma de exploração sexual, mas o agente não permite ou dificulta o abandono. A tentativa é possível.

### 17.14.5. AÇÃO PENAL

O delito do artigo 228 do CP é de ação penal pública incondicionada.

### 17.14.6. QUALIFICADORAS

O crime do artigo 228 do CP, cuja pena é de reclusão, de dois a cinco anos, e multa, torna-se qualificado quando:

(I) O agente é ascendente, padrasto, madrasta, irmão, enteado, cônjuge, companheiro, tutor ou curador, preceptor ou empregador da vítima, ou se assumiu, por lei ou outra forma, obrigação de cuidado, proteção ou vigilância: reclusão, de três a oito anos;

(2) O crime, é cometido com emprego de violência, grave ameaça ou fraude: reclusão, de quatro a dez anos, além da pena correspondente à violência (ex.: lesão corporal).

(3) O crime é cometido com o fim de lucro: aplica-se também pena de multa.

## 17.15. **CASA DE PROSTITUIÇÃO**

### CASA DE PROSTITUIÇÃO (ARTIGO 229 DO CP)

*Casa de prostituição*
*Art. 229. Manter, por conta própria ou de terceiro, estabelecimento em que ocorra exploração sexual, haja, ou não, intuito de lucro ou mediação direta do proprietário ou gerente:*
*Pena - reclusão, de dois a cinco anos, e multa.*

### 17.15.1. **CONDUTA**

O crime de casa de prostituição se dá pela conduta de manter, por conta própria ou de terceiro, estabelecimento em que ocorra exploração sexual, haja, ou não, intuito de lucro ou mediação direta do proprietário ou gerente. A pena é de reclusão, de dois a cinco anos, e multa.

× Crime habitual

O verbo nuclear do tipo é *manter*, o que nos faz concluir que se trata de crime habitual. Ou seja, é imprescindível a reiteração da conduta para que fique caracterizado o delito de casa de prostituição.

### 17.15.2. SUJEITOS DO CRIME

Crime comum, pode ser praticado por qualquer pessoa. O sujeito passivo também pode ser qualquer pessoa.

### 17.15.3. ELEMENTO SUBJETIVO

É o dolo, acrescido de um especial fim de agir (a intenção de manter a casa de prostituição). Não é típica a modalidade culposa.

### 17.15.4. CONSUMAÇÃO

Crime habitual, consuma-se com a efetiva manutenção do estabelecimento de exploração sexual. A tentativa não é possível.

### 17.15.5. AÇÃO PENAL

É crime de ação penal pública incondicionada.

---

**CLASSIFICAÇÃO DOUTRINÁRIA**

A casa de prostituição é crime **simples** (ofende um único bem jurídico); **comum** (pode ser praticado por qualquer pessoa); **formal**, de consumação antecipada ou de resultado cortado (consuma-se com a prática da conduta legalmente descrita, independentemente da superveniência do resultado naturalístico); vago (tem como um ente destituído de personalidade jurídica, qual seja, a coletividade); **de forma livre** (admite qualquer meio de execução); **usualmente, comissivo**; habitual (reclama a reiteração de atos indicativos do estilo de vida ilícito adotado pelo agente); **unissubjetivo,** unilateral ou de concurso eventual (pode ser cometido por uma única pessoa, mas admite o concurso); e, quase sempre, **plurissubsistente** (a conduta é fracionada em diversos atos que, somados, provocam a consumação) (a conduta pode ser fracionada em diversos atos).

## 17.16. **RUFIANISMO**

| RUFIANISMO (ARTIGO 230 DO CP) | |
|---|---|
| **Simples (*caput*)** | |
| *Rufianismo* <br> *Art. 230. Tirar proveito da prostituição alheia, participando diretamente de seus lucros ou fazendo-se sustentar, no todo ou em parte, por quem a exerça:* <br> *Pena - reclusão, de um a quatro anos, e multa.* | |
| **Qualificadoras (§ 1º e § 2º)** | |
| *§ 1º. Se a vítima é menor de 18 (dezoito) e maior de 14 (catorze) anos ou se o crime é cometido por ascendente, padrasto, madrasta, irmão, enteado, cônjuge, companheiro, tutor ou curador, preceptor ou empregador da vítima, ou por quem assumiu, por lei ou outra forma, obrigação de cuidado, proteção ou vigilância:* <br> *Pena - reclusão, de 3 (três) a 6 (seis) anos, e multa.* | *§ 2º. Se o crime é cometido mediante violência, grave ameaça, fraude ou outro meio que impeça ou dificulte a livre manifestação da vontade da vítima:* <br> *Pena - reclusão, de 2 (dois) a 8 (oito) anos, sem prejuízo da pena correspondente à violência.* |

### 17.16.1. **CONDUTA**

O artigo 230 do CP tipifica a conduta de tirar proveito da prostituição alheia (rufião ou cafetão), participando diretamente de seus lucros ou fazendo-se sustentar (gigolô), no todo ou em parte, por quem a exerça. A pena é de reclusão, de um a quatro anos, e multa – compatível com a suspensão condicional do processo (Lei nº 9.099/95, art. 89).

### 17.16.2. **SUJEITOS DO CRIME**

O sujeito ativo pode ser qualquer pessoa (crime comum). Contudo, se o agente for ascendente, padrasto, madrasta, irmão, enteado, cônjuge, companheiro, tutor ou curador, preceptor ou empregador da vítima, ou por quem assumiu, por lei ou outra forma de obrigação ou cuidado, proteção ou vigilância, incidirá a qualificadora prevista no § 1º do art. 230 do Código Penal. O sujeito passivo também pode ser qualquer pessoa. Se a vítima for pessoa menor de dezoito ou maior de catorze anos, o crime também será qualificado.

× Cafetão e gigolô

O rufião também é denominado gigolô (rufianismo passivo), quando se faz sustentar pela prostituição alheia, ou cafetão, quando a pessoa tira proveito (rufianismo ativo). Não se confunde com o proxeneta, aquele que age como intermediário entre terceiros para a promoção de encontros sexuais.

### 17.16.3. ELEMENTO SUBJETIVO

É o dolo, acrescido de elemento subjetivo específico (tirar proveito da prostituição alheia). É atípica a modalidade culposa.

**Consumação e tentativa**

Crime material, consuma-se com o efeito proveito obtido pelo sujeito ativo em decorrência da prostituição alheia. A tentativa é possível.

### 17.16.4. AÇÃO PENAL

É crime de ação penal pública incondicionada.

### 17.16.5. QUALIFICADORAS

O rufianismo simples é punido com pena de reclusão, de um a quatro anos, e multa. Em seus parágrafos, o artigo 230 do CP traz as seguintes qualificadoras:

(1) Se a vítima for menor de dezoito e maior de catorze anos: reclusão, de três a seis anos, e multa.

(2) Se o crime for cometido por ascendente, padrasto, madrasta, irmão, enteado, cônjuge, companheiro, tutor ou curador, preceptor ou empregador da vítima, ou por quem assumiu, por lei ou outra forma, obrigação de cuidado, proteção ou vigilância: reclusão, de três a seis anos, e multa.

(3) Se o crime for cometido mediante violência, grave ameaça, fraude ou outro meio que impeça ou dificulte a livre manifestação da vontade da vítima: reclusão, de dois a oito anos, sem prejuízo da pena correspondente à violência (ex.: lesão corporal).

O rufianismo é crime **simples** (ofende um único bem jurídico); **comum** (pode ser praticado por qualquer pessoa); **material** ou causal (consuma-se com o efetivo proveito oriundo da prostituição alheia); **de forma livre** (admite qualquer meio de execução); **usualmente, comissivo;** habitual (reclama a reiteração de atos indicativos do estilo de vida ilícito adotado pelo agente); **unissubjetivo**, unilateral ou de concurso eventual (pode ser cometido por uma única pessoa, mas admite o concurso); e, quase sempre, **plurissubsistente** (a conduta é fracionada em diversos atos que, somados, provocam a consumação) (a conduta pode ser fracionada em diversos atos).

## 17.17. PROMOÇÃO DE MIGRAÇÃO ILEGAL

### PROMOÇÃO DE MIGRAÇÃO ILEGAL (ARTIGO 232-A DO CP)

**Simples (*caput*)**

*Promoção de migração ilegal*
*Art. 232-A. Promover, por qualquer meio, com o fim de obter vantagem econômica, a entrada ilegal de estrangeiro em território nacional ou de brasileiro em país estrangeiro:*
*Pena - reclusão, de 2 (dois) a 5 (cinco) anos, e multa.*

**Figura equiparada (§ 1º)**

*§ 1º. Na mesma pena incorre quem promover, por qualquer meio, com o fim de obter vantagem econômica, a saída de estrangeiro do território nacional para ingressar ilegalmente em país estrangeiro.*

**Aumento de pena (§ 2º)**

*§ 2º. A pena é aumentada de 1/6 (um sexto) a 1/3 (um terço) se:*
*I - o crime é cometido com violência; ou*
*II - a vítima é submetida a condição desumana ou degradante.*

**Concurso material obrigatório (§ 3º)**

*§ 3º. A pena prevista para o crime será aplicada sem prejuízo das correspondentes às infrações conexas.*

### 17.17.1. CONDUTA

Por ser crime sem conotação sexual, causa estranheza a localização escolhida pelo legislador, no Código Penal, para o crime de promoção de migração ilegal. A conduta consiste em viabilizar a entrada no território brasileiro de estrangeiro que não cumpre os requisitos legais estabelecidos na própria Lei de Migração (Lei nº 13.445/17). A pena é de reclusão, de dois a cinco anos, e multa.

### 17.17.2. SUJEITOS DO CRIME

Crime comum, pode ser praticado por qualquer pessoa. O sujeito passivo é Estado (União).

### 17.17.3. ELEMENTO SUBJETIVO

É o dolo, acrescido de finalidade específica (com o fim de obter vantagem econômica). Não se admite a modalidade culposa.

### 17.17.4. CONSUMAÇÃO

Crime material, consuma-se com a efetiva entrada ilegal do estrangeiro no território nacional ou então com a entrada ilegal do brasileiro em país diverso. A tentativa é possível.

### 17.17.5. AÇÃO PENAL

Trata-se de crime de ação penal pública incondicionada.

### 17.17.6. FIGURA EQUIPARADA

Na mesma pena incorre quem promover, por qualquer meio, com o fim de obter vantagem econômica, a saída de estrangeiro do território nacional para ingressar ilegalmente em país estrangeiro.

### 17.17.7. AUMENTO DE PENA

A pena do crime do artigo 232-A do CP é aumentada, de um sexto a um terço, quando:

(a) O crime é cometido com violência;

(b) A vítima é submetida a condição desumana ou degradante.

### 17.17.8. CONCURSO MATERIAL OBRIGATÓRIO

A pena prevista para o crime de promoção de migração ilegal será aplicada sem prejuízo das correspondentes às infrações conexas (ex.: lesão corporal).

> **CLASSIFICAÇÃO DOUTRINÁRIA**
>
> A promoção de migração ilegal é crime **simples** (ofende um único bem jurídico); comum (pode ser cometido por qualquer pessoa); **material** ou causal (consuma-se com a produção do resultado naturalístico); **de forma livre** (admite qualquer meio de execução); **usualmente, comissivo; instantâneo** (consuma-se em um momento determinado, sem continuidade no tempo); **unissubjetivo**, unilateral ou de concurso eventual (usualmente, cometido por uma única pessoa, mas admite o concurso); e **plurissubsistente** (a conduta é fracionada em diversos atos que, somados, provocam a consumação).

## 17.18. ATO OBSCENO

> **ATO OBSCENO**
> **(ARTIGO 233 DO CP)**
>
> *Ato obsceno*
> *Art. 233. Praticar ato obsceno em lugar público, ou aberto ou exposto ao público:*
> *Pena - detenção, de três meses a um ano, ou multa.*

### 17.18.1. CONDUTA

O crime consiste em praticar *ato obsceno* em lugar público ou aberto ou exposto ao público. A pena é de detenção, de três meses a um ano, ou multa (pena alternativa). Crime de menor potencial ofensivo, o processo e julgamento compete ao Juizado Especial Criminal. Admite-se transação penal e suspensão condicional do processo (Lei nº 9.099/95, arts. 61, 76 e 89).

× Ato obsceno

Elemento normativo do tipo, não há um conceito específico para a expressão *ato obsceno*, que deve ser analisada, caso a caso. Não se fala em ato obsceno quando um casal troca carícias eróticas em uma casa de *swing*. Por outro lado, não se pode dizer o mesmo se a conduta ocorrer no banco de uma praça.

### 17.18.2. SUJEITOS DO CRIME

O sujeito ativo pode ser qualquer pessoa (crime comum). O sujeito passivo é a coletividade (crime vago).

### 17.18.3. ELEMENTO SUBJETIVO

Crime doloso, é atípica a modalidade dolosa.

### 17.18.4. CONSUMAÇÃO

Crime de mera conduta, consuma-se com a prática do ato obsceno em lugar público, aberto ou exposto ao público. Pouco importa o fato de a conduta ser ou não presenciada por alguém. É possível a tentativa.

### 17.18.5. AÇÃO PENAL

A ação é pública incondicionada.

#### CLASSIFICAÇÃO DOUTRINÁRIA

O ato obsceno é crime **simples** (ofende um único bem jurídico); **comum** (pode ser praticado por qualquer pessoa); **de mera conduta** ou de **simples** atividade (consuma-se com a prática da conduta legalmente descrita, e não há espaço para a superveniência de resultado naturalístico); de **perigo abstrato** (a lei presume a situação de perigo ao bem jurídico); de **forma livre** (admite qualquer meio de execução); usualmente, comissivo; vago (tem como um ente destituído de personalidade jurídica, qual seja, a coletividade); **instantâneo** (consuma- se em um momento determinado, sem continuidade no tempo); **unissubjetivo**, unilateral ou de concurso eventual (pode ser cometido por uma única pessoa, mas admite o concurso); e, quase sempre, **plurissubsistente** (a conduta é fracionada em diversos atos que, somados, provocam a consumação) (a conduta pode ser fracionada em diversos atos).

### 17.19. ESCRITO OU OBJETO OBSCENO

#### ESCRITO OU OBJETO OBSCENO (ARTIGO 234 DO CP)

*Escrito ou objeto obsceno*
*Art. 234. Fazer, importar, exportar, adquirir ou ter sob sua guarda, para fim de comércio, de distribuição ou de exposição pública, escrito, desenho, pintura, estampa ou qualquer objeto obsceno:*
*Pena - detenção, de seis meses a dois anos, ou multa.*

**Figuras equiparadas (parágrafo único)**

*Parágrafo único. Incorre na mesma pena quem:*
*I - vende, distribui ou expõe à venda ou ao público qualquer dos objetos referidos neste artigo;*
*II - realiza, em lugar público ou acessível ao público, representação teatral, ou exibição cinematográfica de caráter obsceno, ou qualquer outro espetáculo, que tenha o mesmo caráter;*
*III - realiza, em lugar público ou acessível ao público, ou pelo rádio, audição ou recitação de caráter obsceno.*

### 17.19.1. CONDUTA

A conduta consiste em fazer, importar, exportar, adquirir ou ter sob sua guarda, para fim de comércio, de distribuição ou de exposição pública, escrito, desenho, pintura, estampa ou qualquer objeto obsceno é crime apenado com detenção, de seis meses a dois anos, ou multa. Crime de menor potencial ofensivo, o processo e julgamento compete ao Juizado Especial Criminal. Admite-se transação penal e suspensão condicional do processo (Lei nº 9.099/95, artigos 61, 76 e 89).

### 17.19.2. SUJEITOS DO CRIME

O sujeito ativo pode ser qualquer pessoa (crime comum). O sujeito passivo é a coletividade (crime vago).

### 17.19.3. ELEMENTO SUBJETIVO

É o dolo, acrescido de um especial fim de agir (para fim de comércio, de distribuição ou de exposição pública). É atípica a modalidade culposa.

### 17.19.4. CONSUMAÇÃO

Crime formal, consuma-se com a realização de qualquer das condutas legalmente descritas, independentemente da produção do resultado naturalístico. A tentativa é possível.

### 17.19.5. AÇÃO PENAL

É crime de ação penal pública incondicionada.

### 17.19.6. FIGURAS EQUIPARADAS

Incorre na mesma pena, de detenção, de seis meses a dois anos, ou multa, quem:

(a) Vende, distribui ou expõe à venda ou ao público qualquer dos objetos referidos neste artigo;

(b) Realiza, em lugar público ou acessível ao público, representação teatral, ou exibição cinematográfica de caráter obsceno, ou qualquer outro espetáculo, que tenha o mesmo caráter;

(c) Realiza, em lugar público ou acessível ao público, ou pelo rádio, audição ou recitação de caráter obsceno.

O escrito ou objeto obsceno é crime simples (ofende um único bem jurídico); comum (pode ser praticado por qualquer pessoa); formal, de consumação antecipada ou de resultado cortado (consuma-se com a prática da conduta legalmente descrita, independentemente da superveniência do resultado naturalístico); de perigo abstrato (a lei presume a situação de perigo ao bem jurídico); de forma livre (admite qualquer meio de execução); usualmente, comissivo; vago (tem como um ente destituído de personalidade jurídica, qual seja, a coletividade); instantâneo (nas modalidades "fazer", "importar", "exportar" e "adquirir") ou permanente (no núcleo "ter sob sua guarda"); unissubjetivo, unilateral ou de concurso eventual (pode ser cometido por uma única pessoa, mas admite o concurso); e, quase sempre, plurissubsistente (a conduta é fracionada em diversos atos que, somados, provocam a consumação) (a conduta pode ser fracionada em diversos atos).

## 17.20. DISPOSIÇÕES GERAIS

**AUMENTO DE PENA
(ARTIGO 234-A DO CP)**

*Aumento de pena*

*Art. 234-A. Nos crimes previstos neste Título a pena é aumentada:*

*I - (VETADO);*

*II - (VETADO);*

*III - de metade a 2/3 (dois terços), se do crime resulta gravidez;*

*IV - de 1/3 (um terço) a 2/3 (dois terços), se o agente transmite à vítima doença sexualmente transmissível de que sabe ou deveria saber ser portador, ou se a vítima é idosa ou pessoa com deficiência.*

**SEGREDO DE JUSTIÇA
(ARTIGO 234-B)**

*Art. 234-B. Os processos em que se apuram crimes definidos neste Título correrão em segredo de justiça.*

O artigo 234-A estabelece causas de aumento de pena aplicáveis a todos os crimes contra a dignidade sexual. A pena é aumentada:

(a) de metade a dois terços, se do crime resulta gravidez. A majorante não é afastada quando realizado o aborto do produto do crime (CP, art. 128, I);

(b) de um a dois terços, se o agente transmite à vítima doença sexualmente transmissível de que sabe ou deveria saber ser portador. Antes da entrada em vigor da Lei nº 12.015/2009, a transmissão de doença sexualmente transmissível fazia com que o agente fosse responsabilizado pelo crime sexual e também pelo delito de perigo de contágio venéreo (CP, art. 130). Após a alteração promovida pela mencionada lei, o indivíduo deve responder apenas pela pena do crime sexual somada à causa de aumento de pena do artigo 234-A, IV, do CP.

Para preservar a vítima, os processos que apuram os crimes contra a dignidade sexual devem tramitar em segredo de justiça. O acesso aos autos é restrito aos personagens do processo.

# 18 DOS CRIMES CONTRA A FAMÍLIA

## 18.1. BIGAMIA

| BIGAMIA (ARTIGO 235 DO CP) |
| --- |
| *Bigamia*<br>*Art. 235. Contrair alguém, sendo casado, novo casamento:*<br>*Pena - reclusão, de dois a seis anos.* |
| **Figura privilegiada (§ 1º)** |
| *§ 1º. Aquele que, não sendo casado, contrai casamento com pessoa casada, conhecendo essa circunstância, é punido com reclusão ou detenção, de um a três anos.* |
| **Exclusão do crime (§ 2º)** |
| *§ 2º. Anulado por qualquer motivo o primeiro casamento, ou o outro por motivo que não a bigamia, considera-se inexistente o crime.* |

### 18.1.1. CONDUTA

Pratica o crime quem, casado, contrai novo casamento. É imprescindível que o casamento anterior seja válido – veja artigos 1.511 e seguintes do CC. Não há bigamia quando uma das relações consiste em união estável.

### 18.1.2. SUJEITOS DO CRIME

Crime próprio, o sujeito ativo tem de ser pessoa casada. Quem se casa com alguém casado também pratica o delito, mas na forma privilegiada. O sujeito passivo é o Estado e, mediatamente, o cônjuge enganado.

### 18.1.3. ELEMENTO SUBJETIVO

É o dolo. Não se admite a modalidade culposa.

### 18.1.4. CONSUMAÇÃO

Crime material, consuma-se com a efetiva celebração do novo casamento (CC, art. 1.514). A tentativa é possível.

> **ATENÇÃO!**
>
> A bigamia não é crime permanente. A consumação ocorre no momento em que a pessoa casada contrai novo casamento - crime instantâneo, embora os efeitos sejam permanentes. No entanto, a prescrição da pretensão punitiva (*PPP*) não é contada do dia do segundo casamento, mas da data em que o fato se torna conhecido (CP, art. 111, V). Ou seja:
>
> × No dia 25 de março de 2004, Joaquim, casado, contraiu novo casamento.
>
> × No dia 30 de março do mesmo ano, Joaquim poderia ser preso em flagrante pela prática da bigamia? Não, pois não é crime permanente.
>
> × No dia 19 de fevereiro de 2009, o Ministério Público tomou conhecimento dos fatos. É a data de início da contagem da prescrição.

### 18.1.5. AÇÃO PENAL

É crime de ação penal pública incondicionada.

### 18.1.6. PENAS

A pena é de reclusão, de dois a seis anos. Não é compatível com a suspensão condicional do processo (Lei nº 9.099/95, art. 89).

### 18.1.7. BIGAMIA PRIVILEGIADA

É punido com pena de detenção, de um a três anos, quem, não sendo casado, contrai casamento com pessoa casada, desde que conheça essa circunstância – afinal, não é admitida a responsabilidade penal objetiva. A pena mínima de um ano permite a suspensão condicional do processo (Lei nº 9.099/95, art. 89).

### 18.1.8. EXCLUSÃO DA TIPICIDADE

Anulado por qualquer motivo o primeiro casamento, ou o outro por motivo que não a bigamia, considera-se inexistente o crime. As causas de nulidade e anulabilidade do casamento estão nos artigos 1.548 e 1.550 do CC.

## 18.2. INDUZIMENTO A ERRO ESSENCIAL E OCULTAÇÃO DE IMPEDIMENTO

| INDUZIMENTO A ERRO ESSENCIAL E OCULTAÇÃO DE IMPEDIMENTO (ARTIGO 236 DO CP) |
| --- |
| *Induzimento a erro essencial e ocultação de impedimento*<br>*Art. 236. Contrair casamento, induzindo em erro essencial o outro contraente, ou ocultando-lhe impedimento que não seja casamento anterior:*<br>*Pena - detenção, de seis meses a dois anos.* |
| **Ação penal (parágrafo único)** |
| *Parágrafo único. A ação penal depende de queixa do contraente enganado e não pode ser intentada senão depois de transitar em julgado a sentença que, por motivo de erro ou impedimento, anule o casamento.* |

### 18.2.1. CONDUTA

Pratica o crime quem contrai casamento induzindo em erro essencial o outro contraente, ou ocultando-lhe impedimento que não seja casamento anterior – se o impedimento for outro casamento, o crime será o de bigamia (CP, art. 235).

× As hipóteses de erro essencial estão no artigo 1.521 do CC; as de impedimento, no artigo 1.548, também do CC.

### 18.2.2. SUJEITOS DO CRIME

Crime comum, pode ser praticado por qualquer pessoa, desde que presente alguma das situações elencadas nos artigos 1.521 e 1.548 do CC. O sujeito passivo é o Estado e, mediatamente, o contraente de boa-fé.

### 18.2.3. ELEMENTO SUBJETIVO

É o dolo. Não é admitida modalidade culposa.

### 18.2.4. CONSUMAÇÃO

Crime material, consuma-se com o casamento. A tentativa é possível.

### 18.2.5. AÇÃO PENAL

É o único crime de ação penal privada personalíssima existente. Apenas o cônjuge enganado pode propor a ação. Caso morra, a titularidade não é transmitida aos seus descendentes, ascendentes ou irmãos. Também não é possível a nomeação de curador especial ao incapaz ou o início da ação penal pelo seu representante legal.

× O prazo decadencial passa a corre a partir do trânsito em julgado da sentença que anula o casamento por motivo de erro ou impedimento.

### 18.2.6. PENAS

A pena é de detenção, de seis meses a dois anos. Crime de menor potencial ofensivo, de competência do Juizado Especial Criminal, é compatível com transação penal e suspensão condicional do processo (Lei nº 9.099/95, arts. 61, 76 e 89).

---

**CLASSIFICAÇÃO DOUTRINÁRIA**

O induzimento a erro essencial e ocultação de impedimento é crime **simples** (ofende um único bem jurídico); **comum** (pode ser praticado por qualquer pessoa); **material** ou causal (consuma-se com a celebração do casamento); **de dano** (causa lesão à instituição familiar); **de forma vinculada** (o agente deve submeter-se ao casamento, em sintonia com as formalidades da lei civil); **usualmente, comissivo; instantâneo** de efeitos permanentes (consuma-se em um momento determinado, mas seus efeitos se prolongam no tempo); **unissubjetivo,** unilateral ou de concurso eventual (cometido por uma só pessoa, mas admite o concurso); e, quase sempre, **plurissubsistente** (a conduta é fracionada em diversos atos que, somados, provocam a consumação) (a conduta pode ser fracionada em diversos atos).

---

### 18.3. CONHECIMENTO PRÉVIO DE IMPEDIMENTO

---

**CONHECIMENTO PRÉVIO DE IMPEDIMENTO (ARTIGO 237 DO CP)**

*Conhecimento prévio de impedimento*
*Art. 237. Contrair casamento, conhecendo a existência de impedimento que lhe cause a nulidade absoluta:*
*Pena - detenção, de três meses a um ano.*

---

### 18.3.1. CONDUTA

Casar-se ciente da existência de causa de impedimento do matrimônio que lhe cause nulidade absoluta – por exemplo, contrair casamento com irmão. As hipóteses estão no artigo 1.521 do CC. Não se confunde com o crime do artigo anterior, em que há emprego de fraude.

> Art. 1.521. Não podem casar:
> I - os ascendentes com os descendentes, seja o parentesco natural ou civil;
> II - os afins em linha reta;
> III - o adotante com quem foi cônjuge do adotado e o adotado com quem o foi do adotante;
> IV - os irmãos, unilaterais ou bilaterais, e demais colaterais, até o terceiro grau inclusive;
> V - o adotado com o filho do adotante;
> VI - as pessoas casadas;
> VII - o cônjuge sobrevivente com o condenado por homicídio ou tentativa de homicídio contra o seu consorte.

### 18.3.2. SUJEITOS DO CRIME

Crime comum, pode ser praticado por qualquer pessoa, desde que saiba da existência de impedimento matrimonial. Se ambos os contraentes conhecem a circunstância impeditiva, responderão pelo crime em concurso de pessoas. O sujeito passivo é o Estado e, mediatamente, o outro contraente.

### 18.3.3. ELEMENTO SUBJETIVO

É o dolo. Como o dispositivo fala em *conhecendo*, não é possível o dolo eventual. Não é admitida a modalidade culposa.

### 18.3.4. CONSUMAÇÃO

Crime material, consuma-se com o casamento. A tentativa é possível.

### 18.3.5. AÇÃO PENAL

A ação penal é pública incondicionada.

### 18.3.6. PENAS

A pena é de detenção, de três meses a um ano. Crime de menor potencial ofensivo, de competência do Juizado Especial Criminal, é compatível com transação penal e suspensão condicional do processo (Lei nº 9.099/95, arts. 61, 76 e 89).

O conhecimento prévio de impedimento é crime **simples** (ofende um único bem jurídico); comum (pode ser praticado por qualquer pessoa); **material** ou causal (consuma-se com a celebração do casamento); de dano (causa lesão à instituição familiar); **de forma vinculada** (o agente deve submeter-se ao casamento, em consonância com as **formalidades** da lei civil); **usualmente, comissivo; instantâneo** de efeitos **permanentes** (consuma-se em um momento determinado, mas seus efeitos se prolongam no tempo); **unissubjetivo**, unilateral ou de concurso eventual (cometido por uma só pessoa, mas admite o concurso); e, quase sempre, **plurissubsistente** (a conduta é fracionada em diversos atos que, somados, provocam a consumação) (a conduta pode ser fracionada em diversos atos).

## 18.4. SIMULAÇÃO DE AUTORIDADE PARA CELEBRAÇÃO DE CASAMENTO

SIMULAÇÃO DE AUTORIDADE PARA CELEBRAÇÃO DE CASAMENTO (ARTIGO 238 DO CP)

*Simulação de autoridade para celebração de casamento*
*Art. 238. Atribuir-se falsamente autoridade para celebração de casamento:*
*Pena - detenção, de um a três anos, se o fato não constitui crime mais grave.*

### 18.4.1. CONDUTA

O crime consiste em se fazer passar por autoridade celebrante de casamento – veja o artigo 98, II, da CF, que trata da *justiça de paz*.

### 18.4.2. SUJEITOS DO CRIME

Crime comum, pode ser praticado por qualquer pessoa. O sujeito passivo é o Estado e, mediatamente, pessoas eventualmente enganadas pelo sujeito ativo.

### 18.4.3. ELEMENTO SUBJETIVO

É o dolo. Não admite modalidade culposa.

### 18.4.4. CONSUMAÇÃO

Crime formal, consuma-se com a falsa atribuição de autoridade para celebração de casamento. A tentativa é possível.

### 18.4.5. AÇÃO PENAL

É crime de ação penal pública incondicionada.

### 18.4.6. PENAS

A pena é de detenção, de um a três anos, se o fato não constitui crime mais grave. A pena mínima é compatível com a suspensão condicional do processo (Lei nº 9.099/95, art. 89).

### 18.4.7. SUBSIDIARIEDADE EXPRESSA

No preceito secundário, é dito que a pena será imposta desde que não fique caracterizado crime mais grave (ex.: estelionato). Portanto, não haverá concurso de crimes entre o delito do artigo 238 e o outro praticado, mas a prática de crime único.

---

**CLASSIFICAÇÃO DOUTRINÁRIA**

A simulação de autoridade para celebração de casamento é crime **simples** (ofende um único bem jurídico); **comum** (pode ser praticado por qualquer pessoa); **formal**, de consumação antecipada ou de resultado cortado (consuma-se com a realização da conduta criminosa, independentemente da superveniência do resultado naturalístico); **de dano** (causa lesão à instituição familiar); **de forma livre** (admite qualquer meio de execução); **usualmente, comissivo; instantâneo** (consuma-se em um momento determinado, sem continuidade no tempo); **unissubjetivo,** unilateral ou de concurso eventual (cometido por uma só pessoa, mas admite o concurso); e, quase sempre, **plurissubsistente** (a conduta é fracionada em diversos atos que, somados, provocam a consumação) (a conduta pode ser fracionada em diversos atos).

---

### 18.5. SIMULAÇÃO DE CASAMENTO

---

**SIMULAÇÃO DE CASAMENTO (ARTIGO 239 DO CP)**

*Simulação de casamento*
*Art. 239. Simular casamento mediante engano de outra pessoa:*
*Pena - detenção, de um a três anos, se o fato não constitui elemento de crime mais grave.*

---

### 18.5.1. CONDUTA

O crime consiste em simular celebração de casamento, fazendo com que alguém seja enganado pelo engodo. A pessoa engana não precisa ser, necessariamente, o outro contraente, mas qualquer pessoa interessada no matrimônio.

### 18.5.2. SUJEITOS DO CRIME

Crime comum, pode ser praticado por qualquer pessoa. O sujeito passivo é o Estado e, mediatamente, a pessoa enganada.

### 18.5.3. ELEMENTO SUBJETIVO

É o dolo. Não se admite a modalidade culposa.

### 18.5.4. CONSUMAÇÃO

Crime formal, consuma-se com a simulação da celebração do casamento. A tentativa é possível.

### 18.5.5. AÇÃO PENAL

A ação penal é pública incondicionada.

### 18.5.6. PENAS

A pena é de detenção, de um a três anos, se o fato não constitui elemento de crime mais grave. A pena mínima de um ano é compatível com a suspensão condicional do processo (Lei nº 9.099/95, art. 89).

### 18.5.7. SUBSIDIARIEDADE EXPRESSA

O sujeito que simula o casamento será responsabilizado pelo crime do artigo 239 quando a conduta não constituir delito mais grave (ex.: estelionato). Ou seja, não haverá concurso de crimes.

---

**CLASSIFICAÇÃO DOUTRINÁRIA**

A simulação de casamento é crime **simples** (ofende um único bem jurídico); **comum** (pode ser praticado por qualquer pessoa); **formal**, de consumação antecipada ou de resultado cortado (consuma-se com a realização da conduta criminosa, independentemente da superveniência do resultado naturalístico); **de dano** (causa lesão à instituição familiar); **de forma livre** (admite qualquer meio de execução); **usualmente, comissivo; instantâneo** (consuma-se em um momento determinado, sem continuidade no tempo); **unissubjetivo,** unilateral ou de concurso eventual (cometido por uma só pessoa, mas admite o concurso); e, quase sempre, **plurissubsistente** (a conduta é fracionada em diversos atos que, somados, provocam a consumação) (a conduta pode ser fracionada em diversos atos).

# 18.6. REGISTRO DE NASCIMENTO INEXISTENTE

REGISTRO DE NASCIMENTO INEXISTENTE
(ARTIGO 241 DO CP)

*Registro de nascimento inexistente*
*Art. 241. Promover no registro civil a inscrição de nascimento inexistente:*
*Pena - reclusão, de dois a seis anos.*

### 18.6.1. CONDUTA

Pratica o crime quem promove em cartório registro de nascimento que não existiu. Ex.: o feto morreu antes de iniciado o trabalho de parto, mas é feito o pedido de registro como se tivesse nascido vivo.

### 18.6.2. SUJEITOS DO CRIME

Crime comum, pode ser praticado por qualquer pessoa. O sujeito passivo é o Estado e, mediatamente, pessoas eventualmente atingidas pela prática criminosa.

### 18.6.3. ELEMENTO SUBJETIVO

É o dolo. Não se admite a modalidade culposa.

### 18.6.4. CONSUMAÇÃO

Crime material, consuma-se com a inscrição do nascimento inexistente no registro civil. A tentativa é possível.

× A prescrição da pretensão punitiva passa a correr do momento em que o fato se torna conhecido (CP, art. 111, IV).

### 18.6.5. AÇÃO PENAL

É crime de ação penal pública incondicionada.

## 18.6.6. PENAS

A pena é de reclusão, de dois a seis anos.

## 18.7. PARTO SUPOSTO. SUPRESSÃO OU ALTERAÇÃO DE DIREITO INERENTE AO ESTADO CIVIL DE RECÉM-NASCIDO

| PARTO SUPOSTO. SUPRESSÃO OU ALTERAÇÃO DE DIREITO INERENTE AO ESTADO CIVIL DE RECÉM-NASCIDO (ARTIGO 242 DO CP) |
| --- |
| **Simples (*caput*)** |
| *Parto suposto. Supressão ou alteração de direito inerente ao estado civil de recém-nascido*<br>*Art. 242. Dar parto alheio como próprio; registrar como seu o filho de outrem; ocultar recém-nascido ou substituí-lo, suprimindo ou alterando direito inerente ao estado civil:*<br>*Pena - reclusão, de dois a seis anos.* |
| **Forma privilegiada (parágrafo único)** |
| *Parágrafo único. Se o crime é praticado por motivo de reconhecida nobreza:*<br>*Pena - detenção, de um a dois anos, podendo o juiz deixar de aplicar a pena.* |

## 18.7.1. CONDUTA

O artigo 242 do CP comporta quatro formas de se praticar o delito:

(a) Dar parto alheio como próprio: atribuir para si a maternidade de filho alheio, não originário do próprio ventre. Não se faz necessário o registro civil. A simulação de gravidez, por si só, não configura o delito. O crime é próprio ou especial, pois só mulher pode cometer;

(b) Registrar como seu o filho de outrem: o nascimento ocorreu, mas o agente faz constar do registro civil uma situação inexistente. É a prática conhecida como *adoção à brasileira*, uma adoção sem observância dos trâmites legais necessários (ECA, art. 39). Trata-se de uma modalidade especial de falsidade ideológica (CP, art. 299);

(c) Ocultar recém-nascido, suprimindo ou alterando direito inerente ao estado civil: o recém-nascido é escondido para não ter de ser registrado;

(d) Substituir recém-nascido, suprimindo ou alterando direito inerente ao estado civil: é a troca de um recém-nascido por outro. É prescindível o registro civil.

### 18.7.2. SUJEITOS DO CRIME

Na primeira conduta (*a*), crime próprio, que tem de ser praticado por mulher. Nas demais, crime comum, pode ser praticado por qualquer pessoa. O sujeito passivo é o Estado e, indiretamente, quem eventualmente for prejudicado pela prática delituosa.

### 18.7.3. ELEMENTO SUBJETIVO

É o dolo, mas nas condutas "c" e "d", exige-se um especial fim de agir (*ocultar recém-nascido...*). Não é admitida a modalidade culposa.

### 18.7.4. CONSUMAÇÃO

No crime de parto suposto (*a*), consuma-se com a efetiva suposição do parto. Na conduta de registrar como seu o filho de outrem (*b*), a consumação ocorre com a inscrição no registro civil. Nas demais hipóteses (*c, d*), a consumação se dá com a supressão ou alteração no registro civil. É possível.

### 18.7.5. AÇÃO PENAL

A ação penal é pública incondicionada.

### 18.7.6. PENAS

A pena é de reclusão, de dois a seis anos.

## 18.7.7. FORMA PRIVILEGIADA

A pena é de detenção, de um a dois anos, podendo o juiz deixar de aplicá-la, se o crime for praticado por motivo de reconhecida nobreza (ex.: recém-nascido em situação de abandono pelos pais biológicos). Trata-se de crime de menor potencial ofensivo, de competência do Juizado Especial Criminal, compatível com a transação penal e a suspensão condicional do processo (Lei nº 9.099/95, arts. 61, 76 e 89).

### CLASSIFICAÇÃO DOUTRINÁRIA

O art. 242 do Código Penal contém crimes **simples** (ofendem um único bem jurídico); **próprio** (na modalidade "dar parto alheio como próprio") e comuns (nas demais condutas típicas); materiais ou causais (consumam-se com a produção do resultado naturalístico); **de dano** (causam lesão à família); **de forma livre** (admitem qualquer meio de execução); **usualmente, comissivos; instantâneos** (consumam-se em um momento determinado, sem continuidade no tempo) ou **permanente** (no núcleo "ocultar recém-nascido, no qual a consumação se protrai no tempo, por vontade do agente); **unissubjetivos**, unilaterais ou de concurso eventual (cometidos por uma só pessoa, mas admitem o concurso); e, quase sempre, **plurissubsistente** (a conduta é fracionada em diversos atos que, somados, provocam a consumação)s (a conduta pode ser fracionada em diversos atos).

## 18.8. SONEGAÇÃO DE ESTADO DE FILIAÇÃO

### SONEGAÇÃO DE ESTADO DE FILIAÇÃO (ARTIGO 243 DO CP)

*Sonegação de estado de filiação*
*Art. 243. Deixar em asilo de expostos ou outra instituição de assistência filho próprio ou alheio, ocultando-lhe a filiação ou atribuindo-lhe outra, com o fim de prejudicar direito inerente ao estado civil:*
*Pena - reclusão, de um a cinco anos, e multa.*

## 18.8.1. CONDUTA

Pratica o crime quem deixa, abandona, em *asilo de expostos* (*orfanato*) ou outra instituição de assistência filho próprio ou alheio, ocultando-lhe a filiação ou atribuindo-lhe outra, com a finalidade especial de prejudicar direito inerente ao estado civil.

### 18.8.2. SUJEITOS DO CRIME

Crime comum, pode ser praticado por qualquer pessoa – o dispositivo fala em *filho próprio ou alheio*. O sujeito passivo é o Estado e, indiretamente, a criança ou adolescente abandonado.

### 18.8.3. ELEMENTO SUBJETIVO

É o dolo, acrescido de um especial fim de agir (*prejudicar direito inerente...*). Não é admitida a modalidade culposa.

### 18.8.4. CONSUMAÇÃO

Crime formal, consuma-se com o abandono da criança ou adolescente, ainda que não seja alcançada a finalidade específica. A tentativa é possível.

### 18.8.5. AÇÃO PENAL

A ação penal é pública incondicionada.

### 18.8.6. PENAS

A pena é de reclusão, de um a cinco anos, e multa. A pena mínima de um ano é compatível com a suspensão condicional do processo (Lei nº 9.099/95, art. 89).

---

**CLASSIFICAÇÃO DOUTRINÁRIA**

A sonegação de estado de filiação é crime **simples** (ofende um único bem jurídico); **comum** (pode ser praticado por qualquer pessoa); **formal**, de consumação antecipada ou de resultado cortado (consuma-se com a prática da conduta, prescindindo da produção do resultado naturalístico); **de dano** (causa lesão à família); **de forma livre** (admite qualquer meio de execução); **usualmente, comissivo; instantâneo** de efeitos **permanentes** (consuma-se em um momento determinado, sem continuidade no tempo); **unissubjetivo**, unilateral ou de concurso eventual (cometido por uma só pessoa, mas admite o concurso); e, quase sempre, **plurissubsistente** (a conduta é fracionada em diversos atos que, somados, provocam a consumação) (a conduta pode ser fracionada em diversos atos).

## 18.9. ABANDONO MATERIAL

### 18.9.1. CONDUTA

Deixar, sem justa causa, de prover a subsistência do cônjuge ou de filho menor de dezoito anos ou inapto para o trabalho, ou de descendente inválido ou maior de sessenta anos, não lhes proporcionando os recursos necessários ou deixando de pagar pensão alimentícia judicialmente estabelecida. Também pratica o delito quem, sem sua justa, deixar de socorrer descendente ou ascendente gravemente enfermo.

### 18.9.2. SUJEITOS DO CRIME

Crime próprio, tem de ser praticado pelas pessoas apontadas no artigo 244 do CP – cônjuge, pais, demais ascendentes (avós, bisavós etc.) e descendentes. No entanto, em relação aos dois últimos, a obrigação surge apenas em relação ao ascendente/descendente gravemente enfermo (*in fine*). O sujeito passivo é a pessoa abandonada.

### 18.9.3. ELEMENTO SUBJETIVO

É o dolo. Não se admite a modalidade culposa.

### 18.9.4. CONSUMAÇÃO

Crime formal, consuma-se no instante em que os recursos essenciais não são fornecidos ou quando a pensão alimentícia judicialmente estabelecida deixa de ser paga, e, na última hipótese do dispositivo, quando não é socorrido o ascendente ou descendente gravemente enfermo. A tentativa não é possível, pois se trata de crime omissivo próprio.

### 18.9.5. AÇÃO PENAL

A ação penal é pública incondicionada.

### 18.9.6. PENAS

A pena é de detenção, de um a quatro anos, e multa. A pena mínima de um ano é compatível com a suspensão condicional do processo (Lei nº 9.099/95, art. 89).

### 18.9.7. FIGURA EQUIPARADA

Nas mesmas penas incide quem, sendo solvente, frustra (enganar) ou ilide (afasta), de qualquer modo, inclusive por abandono injustificado de emprego ou função, o pagamento de pensão alimentícia judicialmente acordada, fixada ou majorada. Ou seja, para não ter de pagar a pensão, o sujeito abandona injustificadamente o emprego ou função.

> **CLASSIFICAÇÃO DOUTRINÁRIA**
>
> O abandono **material** é crime **simples** (ofende um único bem jurídico); próprio (somente pode ser praticado pelas pessoas indicadas no tipo penal); **formal**, de consumação antecipada ou de resultado cortado (consuma-se com a prática da conduta criminosa, independentemente da produção do resultado naturalístico); **de perigo concreto** (exige prova da situação de perigo); **permanente** (a consumação se prolonga no tempo, durante todo o período em que subsistir a falta dolosa e injustificada da assistência **material**); **de forma livre** (admite qualquer meio de execução); omissivo próprio ou puro (a omissão está descrita no tipo penal); **unissubjetivo**, unilateral ou de concurso eventual (cometido por uma só pessoa, mas admite o concurso); e **unissubsistente** (a conduta é composta de um único ato, necessário e suficiente à consumação).

## 18.10. **ENTREGA DE FILHO MENOR A PESSOA INIDÔNEA**

ENTREGA DE FILHO MENOR A PESSOA INIDÔNEA
(ARTIGO 245 DO CP)

**Simples (*caput*)**

*Entrega de filho menor a pessoa inidônea*
*Art. 245. Entregar filho menor de 18 (dezoito) anos a pessoa em cuja companhia saiba ou deva saber que o menor fica moral ou materialmente em perigo:*
*Pena - detenção, de 1 (um) a 2 (dois) anos.*

**Qualificadora (§ 1º)**

*§ 1º. A pena é de 1 (um) a 4 (quatro) anos de reclusão, se o agente pratica delito para obter lucro, ou se o menor é enviado para o exterior.*

**Figura equiparada (§ 2º)**

*§ 2º. Incorre, também, na pena do parágrafo anterior quem, embora excluído o perigo moral ou material, auxilia a efetivação de ato destinado ao envio de menor para o exterior, com o fito de obter lucro.*

### 18.10.1. CONDUTA

A conduta consiste em entregar (deixar) filho menor de dezoito anos aos cuidados de alguém cuja companhia oferece à criança ou adolescente perigo de ordem material ou moral (ex.: traficante de drogas).

### 18.10.2. SUJEITOS DO CRIME

Crime próprio, deve ser praticado pelos pais da criança ou adolescente. A vítima é o filho exposto ao perigo.

### 18.10.3. ELEMENTO SUBJETIVO

É o dolo, direto ou eventual (*saiba ou deva saber*). Não é admitida a modalidade culposa.

### 18.10.4. CONSUMAÇÃO

Crime material, consuma-se com a efetiva exposição a perigo em razão da entrega. Crime de perigo concreto, deve ser demonstrado o efetivo risco ao menor de dezoito anos de idade. A tentativa é possível.

### 18.10.5. AÇÃO PENAL

É crime de ação penal pública incondicionada.

## 18.10.6. PENAS

A pena é de detenção, de um a dois anos. Crime de menor potencial ofensivo, de competência do Juizado Especial Criminal, é compatível com transação penal e suspensão condicional do processo (Lei nº 9.099/95, arts. 61, 76 e 89).

## 18.10.7. QUALIFICADORAS

A pena é de reclusão, de um a quatro anos, se: (a) o agente pratica o crime para obter lucro; (b) o menor é enviado para o exterior. Incorre na mesma pena quem, embora excluído o perigo moral ou material, auxilia a efetivação de ato destinado ao envio de menor para o exterior, com o fito de obter lucro. A pena mínima de um ano é compatível com a suspensão condicional do processo (Lei nº 9.099/95, art. 89).

### CLASSIFICAÇÃO DOUTRINÁRIA

A entrega de filho menor a pessoa inidônea é crime **simples** (ofende um único bem jurídico); **próprio** (somente pode ser praticado pelos pais do menor de 18 anos de idade); **material** ou causal (consuma-se com a produção do resultado naturalístico, consistente na efetiva entrega do filho menor de 18 anos a pessoa inidônea); **de perigo concreto** (exige prova da situação de perigo material ou moral à criança ou adolescente); de forma livre (compatível com qualquer meio de execução); **usualmente, comissivo; unissubjetivo,** unilateral ou de concurso eventual (cometido por uma só pessoa, mas admite o concurso); e, quase sempre, **plurissubsistente** (a conduta é fracionada em diversos atos que, somados, provocam a consumação) (a conduta pode ser fracionada em diversos atos).

## 18.11. ABANDONO INTELECTUAL

### ABANDONO INTELECTUAL (ARTIGO 246 DO CP)

*Abandono intelectual*
*Art. 246. Deixar, sem justa causa, de prover à instrução*
*primária de filho em idade escolar:*
*Pena - detenção, de quinze dias a um mês, ou multa.*

## 18.11.1. CONDUTA

Comete o crime o agente que, sem justa causa, deixa de prover instrução primária a filho em idade escolar.

### 18.11.2. SUJEITOS DO CRIME

Crime próprio, tem de ser praticado pelos pais. O sujeito passivo é o filho em idade escolar.

### 18.11.3. ELEMENTO SUBJETIVO

É o dolo. Não é admitida a modalidade culposa.

### 18.11.4. CONSUMAÇÃO

Crime formal, consuma-se no momento em que os pais deixam de efetuar a matrícula do filho em idade escolar.

### 18.11.5. AÇÃO PENAL

A ação penal é pública incondicionada.

### 18.11.6. PENAS

A pena é de detenção, de quinze dias a um mês, ou multa. Crime de menor potencial ofensivo, de competência do Juizado Especial Criminal, é compatível com transação penal e suspensão condicional do processo (Lei nº 9.099/95, arts. 61, 76 e 89).

---

**CLASSIFICAÇÃO DOUTRINÁRIA**

O abandono intelectual é crime **simples** (ofende um único bem jurídico); **próprio** (somente pode ser praticado pelos pais de criança ou adolescente em idade escolar); **formal**, de consumação antecipada ou de resultado cortado (consuma-se com a prática da conduta criminosa, independentemente da superveniência do resultado naturalístico); **de perigo abstrato** (a prática da conduta importa na presunção absoluta de perigo à educação da criança ou adolescente); **de forma livre** (admite qualquer meio de execução); **omissivo próprio** ou puro; **permanente** (a consumação se prolonga no tempo, subsistindo durante todo o período em que a vítima em idade escolar estiver privada da instrução primária); **unissubjetivo**, unilateral ou de concurso eventual (cometido por uma só pessoa, mas admite o concurso); e **unissubsistente** (a conduta se exterioriza em único ato, necessário e suficiente para a consumação).

## 18.12. ABANDONO MORAL

### 18.12.1. CONDUTA

Pratica o crime quem permite que pessoa menor de dezoito anos, sujeito a seu poder ou confiado à sua guarda ou vigilância:

(a) frequente casa de jogo ou mal-afamada ou conviva com pessoa viciosa ou de má vida;

(b) frequente espetáculo capaz de pervertê-lo ou de ofender-lhe o pudor ou participe de representação de igual natureza;

(c) resida ou trabalhe em casa de prostituição;

(d) mendigue ou sirva a mendigo para excitar a comiseração pública.

### 18.12.2. SUJEITOS DO CRIME

Crime próprio, deve ser praticado pelo titular do poder familiar ou por quem esteja responsável pela guarda ou vigilância do menor de dezoito anos. O sujeito passivo é a criança ou adolescente.

### 18.12.3. ELEMENTO SUBJETIVO

É o dolo. Não é admitida a modalidade culposa.

## 18.12.4. CONSUMAÇÃO

O momento consumativo depende da hipótese em que o crime se deu:

| HIPÓTESE | MOMENTO CONSUMATIVO |
| --- | --- |
| *Frequentar casa de jogo ou mal afamada* | Crime habitual: consuma-se a partir da reiteração da conduta. |
| *Frequentar espetáculo capaz de pervertêlo ou de ofender-lhe o pudor* | Crime habitual: consuma-se a partir da reiteração da conduta. |
| *Conviver com pessoa viciosa ou de má vida* | Crime permanente: a consumação se prolonga no tempo, desde o início da conduta tipificada, enquanto perdurar a prática. |
| *Residir ou trabalhar em casa de prostituição* | Crime permanente: a consumação se prolonga no tempo, desde o início da conduta tipificada, enquanto perdurar a prática. |
| *Participa de representação capaz de pervertê-lo ou de ofender-lhe o pudor* | Crime instantâneo: consuma-se no instante da prática da conduta. |
| *Mendigue ou sirva a mendigo para excitar a comiseração pública* | Crime instantâneo: consuma-se no instante da prática da conduta |

Seja qual for a forma de prática do delito, o crime é formal. Não é necessário que se alcance o resultado naturalístico para a consumação. Ademais, crime de perigo concreto, em todas as hipóteses, pois deve ser demonstrada a real exposição da criança ou adolescente a efetivo dano. A tentativa é admitida quando comissivo o delito.

## 18.12.5. AÇÃO PENAL

A ação penal é pública incondicionada.

## 18.12.6. PENAS

A pena é de detenção, de um a três meses, ou multa. Crime de menor potencial ofensivo, de competência do Juizado Especial Criminal, é compatível com transação penal e suspensão condicional do processo (Lei nº 9.099/95, arts. 61, 76 e 89).

### CLASSIFICAÇÃO DOUTRINÁRIA

O abandono moral é crime **simples** (ofende um único bem jurídico); **próprio** (somente pode ser praticado pelo titular do poder familiar ou pessoa a quem tenha sido confiada a guarda ou vigilância de menor de 18 anos de idade); **formal**, de consumação antecipada ou de resultado cortado (consuma-se com a prática da conduta criminosa, independentemente da superveniência do resultado naturalístico); **de perigo concret**o (exige comprovação do perigo proporcionado à integridade moral do menor); **de forma livre** (admite qualquer meio de execução); comissivo ou omissivo próprio ou puro; habitual (nas modalidades "frequentar casa de jogo ou mal-afamada" e "frequentar espetáculo capaz de pervertê-lo ou de ofender-lhe o pudor"), **permanente** (nas espécies "conviver com pessoa viciosa ou de má vida" e "residir ou trabalhar em casa de prostituição") ou **instantâneo** (nas modalidades "participar de representação capaz de pervertê-lo ou de ofender-lhe o pudor" ou "mendigar ou servir a mendigo para excitar a comiseração pública"); unissu jetivo, unilateral ou de concurso eventual (cometido por uma só pessoa, mas admite o concurso); e **unissubsistente** (quando **omissivo**) ou **plurissubsistente** (a conduta é fracionada em diversos atos que, somados, provocam a consumação) (se **comissivo**).

## 18.13. INDUZIMENTO A FUGA, ENTREGA ARBITRÁRIA OU SONEGAÇÃO DE INCAPAZES

### INDUZIMENTO A FUGA, ENTREGA ARBITRÁRIA OU SONEGAÇÃO DE INCAPAZES (ARTIGO 248 DO CP)

*Induzimento a fuga, entrega arbitrária ou sonegação de incapazes*
*Art. 248. Induzir menor de dezoito anos, ou interdito, a fugir do lugar em que se acha por determinação de quem sobre ele exerce autoridade, em virtude de lei ou de ordem judicial; confiar a outrem sem ordem do pai, do tutor ou do curador algum menor de dezoito anos ou interdito, ou deixar, sem justa causa, de entregá-lo a quem legitimamente o reclame:*
*Pena - detenção, de um mês a um ano, ou multa.*

## 18.13.1. CONDUTA

Há três formas de se praticar o crime:

(a) induzimento a fuga: induzir menor de dezoito anos ou interdito a fugir do lugar em que se acha por determinação de quem sobre ele exerce autoridade, em virtude de lei ou de ordem judicial;

(b) entrega arbitrária: confiar a outrem, sem ordem do pai, do tutor ou do curador, menor de dezoito anos ou interdito;

(c) sonegação de incapazes: deixar, sem justa causa, de entregar o menor de dezoito anos ou interdito a quem legitimamente o reclame.

### 18.13.2. SUJEITOS DO CRIME

Crime comum, pode ser praticado por qualquer pessoa. As vítimas são os pais, tutores ou curadores e, mediatamente, a pessoa menor de dezoito anos de idade ou judicialmente interditada.

### 18.13.3. ELEMENTO SUBJETIVO

É o dolo. A modalidade culposa não é típica.

### 18.13.4. CONSUMAÇÃO

No induzimento à fuga, o crime se consuma com a efetiva fuga do menor ou interdito (crime material). Na entrega arbitrária, também crime material, a consumação ocorre no instante da efetiva entrega do menor de dezoito anos ou interdito a terceira pessoa, sem autorização do pai, tutor ou curador. Por fim, crime formal na sonegação de incapazes. Ou seja, consuma-se quando o sujeito ativo deixa, sem justa causa, de entregar o menor ou interdito a quem legitimamente o reclame – é a única hipótese que não admite tentativa, pois se trata de crime omissivo próprio.

### 18.13.5. AÇÃO PENAL

A ação penal é pública incondicionada.

### 18.13.6. PENAS

A pena é de detenção, de um mês a um ano, ou multa. Crime de menor potencial ofensivo, de competência do Juizado Especial Criminal, é compatível com transação penal e suspensão condicional do processo (Lei nº 9.099/95, arts. 61, 76 e 89).

---

**CLASSIFICAÇÃO DOUTRINÁRIA**

Os crimes são **simples** (ofendem um único bem jurídico); **comuns** (podem ser cometidos por qualquer pessoa); formais (induzimento à fuga, com divergência doutrinária, e sonegação de incapazes) ou **material** (entrega arbitrária); **de forma livre** (admitem qualquer meio de execução); **usualmente, comissivos** (induzimento à fuga e entrega arbitrária) ou **omissivo próprio** ou puro (sonegação de incapazes); **instantâneos** (consumam-se em momentos determinados, sem continuidade no tempo); **unissubjetivos**, unilaterais ou de concurso eventual (cometidos por uma só pessoa, mas admitem o concurso); e **plurissubsistente** (a conduta é fracionada em diversos atos que, somados, provocam a consumação)s (induzimento à fuga e entrega arbitrária) ou **unissubsistente** (sonegação de incapazes).

---

### 18.14. SUBTRAÇÃO DE INCAPAZES

---

**SUBTRAÇÃO DE INCAPAZES (ARTIGO 249 DO CP)**

*Subtração de incapazes*
*Art. 249. Subtrair menor de dezoito anos ou interdito ao poder de quem o tem sob sua guarda em virtude de lei ou de ordem judicial:*
*Pena - detenção, de dois meses a dois anos, se o fato não constitui elemento de outro crime.*

**Norma penal explicativa (§ 1º)**

*§ 1º. O fato de ser o agente pai ou tutor do menor ou curador do interdito não o exime de pena, se destituído ou temporariamente privado do pátrio poder, tutela, curatela ou guarda.*

**Perdão judicial (§ 2º)**

*§ 2º. No caso de restituição do menor ou do interdito, se este não sofreu maus-tratos ou privações, o juiz pode deixar de aplicar pena.*

---

### 18.14.1. CONDUTA

A conduta consiste em subtrair (retirar) menor de dezoito anos ou interdito de quem detém sua guarda em razão de lei ou de ordem judicial. Sendo a guarda de fato, não fica caracterizado o delito.

### 18.14.2. SUJEITOS DO CRIME

Crime comum, pode ser praticado por qualquer pessoa. O sujeito passivo é o detentor da guarda do menor de dezoito anos de idade ou interdito.

### 18.14.3. ELEMENTO SUBJETIVO

É o dolo. Não é admitida a modalidade culposa.

### 18.14.4. CONSUMAÇÃO

Crime material, consuma-se com a efetiva subtração do menor de dezoito anos de idade ou interdito.

### 18.14.5. AÇÃO PENAL

A ação penal é pública incondicionada.

### 18.14.6. PENAS

A pena é de detenção, de dois meses a dois anos. Crime de menor potencial ofensivo, de competência do Juizado Especial Criminal, é compatível com transação penal e suspensão condicional do processo (Lei nº 9.099/95, arts. 61, 76 e 89).

### 18.14.7. SUBSIDIARIEDADE EXPRESSA

No preceito secundário, é dito que a pena será imposta desde que não fique caracterizado crime mais grave (ex.: sequestro e cárcere privado). Portanto, não haverá concurso de crimes entre o delito do artigo 249 e o outro praticado, mas a prática de crime único.

## 18.14.8. PERDÃO JUDICIAL

No caso de restituição do menor ou do interdito, se este não sofreu maus-tratos ou privações, o juiz pode deixar de aplicar a pena.

> **CLASSIFICAÇÃO DOUTRINÁRIA**
>
> A subtração de incapazes é crime **simples** (ofende um único bem jurídico); comum (pode ser praticado por qualquer pessoa); **material** ou causal (consuma-se com a produção do resultado naturalístico, consistente na efetiva retirada do menor de 18 anos ou interdito do poder de quem detém sua guarda); **de dano** (causa lesão à instituição familiar); de forma livre (admite qualquer meio de execução); usualmente, comissivo; **instantâneo** (consuma-se em um momento determinado, sem continuidade no tempo); **unissubjetivo**, unilateral ou de concurso eventual (cometido por uma só pessoa, mas admite o concurso); e, quase sempre, **plurissubsistente** (a conduta é fracionada em diversos atos que, somados, provocam a consumação) (a conduta pode ser fracionada em diversos atos).

# DOS CRIMES CONTRA A INCOLUMIDADE PÚBLICA

## **SUBTRAÇÃO DE INCAPAZES**

| INCÊNDIO |
| --- |
| (ARTIGO 250 DO CP) |

*Incêndio*
*Art. 250. Causar incêndio, expondo a perigo a vida, a integridade física ou o patrimônio de outrem:*
*Pena - reclusão, de três a seis anos, e multa.*

### Aumento de pena (§ 1°)

*Aumento de pena*
*§ 1°. As penas aumentam-se de um terço:*
*I - se o crime é cometido com intuito de obter vantagem pecuniária em proveito próprio ou alheio;*
*II - se o incêndio é:*
*a) em casa habitada ou destinada a habitação;*

*b) em edifício público ou destinado a uso público ou a obra de assistência social ou de cultura;*
*c) em embarcação, aeronave, comboio ou veículo de transporte coletivo;*
*d) em estação ferroviária ou aeródromo;*
*e) em estaleiro, fábrica ou oficina;*
*f) em depósito de explosivo, combustível ou inflamável;*
*g) em poço petrolífico ou galeria de mineração;*
*h) em lavoura, pastagem, mata ou floresta.*

### Incêndio culposo (§ 2°)

*Incêndio culposo*
*§ 2°. Se culposo o incêndio, é pena de detenção, de seis meses a dois anos.*

### 19.1.1. CONDUTA

Pratica o crime quem, ao provocar incêndio, expõe a perigo a vida, a integridade física ou o patrimônio de outrem.

> **ATENÇÃO!**
>
> Se o incêndio for em mata ou floresta, pode ficar caracterizado crime ambiental (Lei nº 9.605/98).
>
> *Art. 41. Provocar incêndio em mata ou floresta:*
> *Pena - reclusão, de dois a quatro anos, e multa.*
> *Parágrafo único. Se o crime é culposo, a pena é de detenção de seis meses a um ano, e multa.*
>
> Além disso, fique atento a questões de Direito Ambiental sobre o tema, pois há hipóteses em que é permitido o uso de fogo em vegetação - leia o artigo 38 da Lei nº 12.651/12.

### 19.1.2. SUJEITOS DO CRIME

Crime comum, pode ser praticado por qualquer pessoa. O sujeito passivo é a coletividade (crime vago).

### 19.1.3. ELEMENTO SUBJETIVO

É o dolo, mas admite-se a modalidade culposa.

### 19.1.4. CONSUMAÇÃO

Crime material, consuma-se quando o incêndio gera situação de efetivo perigo comum. A tentativa é possível.

× É crime de perigo concreto.

### 19.1.5. AÇÃO PENAL

A ação penal é pública incondicionada.

### 19.1.6. PENAS

A pena é de reclusão, de três a seis anos, e multa.

### 19.1.7. AUMENTO DE PENA

As penas aumentam-se de um terço nas hipóteses elencadas no § 1º do artigo 250. Veja o artigo 258 do CP.

### 19.1.8. INCÊNDIO CULPOSO

Crime de menor potencial ofensivo, a pena é de detenção, de seis meses a dois anos, se o incêndio for provocado por descuido do indivíduo, ao agir com imprudência, negligência ou imperícia. A competência é do Juizado Especial Criminal. É possível transação penal e suspensão condicional do processo (Lei nº 9.099/95, arts. 61, 76 e 89).

---

**CLASSIFICAÇÃO DOUTRINÁRIA**

O incêndio é crime **comum** (pode ser cometido por qualquer pessoa); **material** ou causal e **de perigo concreto** (a consumação reclama a superveniência do resultado naturalístico, consistente no efetivo perigo à vida, à integridade física ou ao patrimônio de pessoas indeterminadas); vago (tem como a coletividade, ente destituído de personalidade jurídica); **de forma livre** (admite qualquer meio de execução); **instantâneo** (consuma-se em um momento determinado, sem continuidade no tempo); não transeunte (deixa vestígios materiais); **unissubjetivo**, unilateral ou de concurso eventual (pode ser cometido por uma só pessoa, mas admite o concurso); **usualmente, comissivo**; e, quase sempre, **plurissubsistente** (a conduta é fracionada em diversos atos que, somados, provocam a consumação) (a conduta criminosa pode ser fracionada em diversos atos).

---

### 19.2. EXPLOSÃO

---

**EXPLOSÃO**
**(ARTIGO 251 DO CP)**

*Explosão*
*Art. 251. Expor a perigo a vida, a integridade física ou o patrimônio de outrem, mediante explosão, arremesso ou simples colocação de engenho de dinamite ou de substância de efeitos análogos:*
*Pena - reclusão, de três a seis anos, e multa.*

**Qualificadora (§ 1º)**

*§ 1º. Se a substância utilizada não é dinamite ou explosivo de efeitos análogos:*
*Pena - reclusão, de um a quatro anos, e multa.*

**Aumento de pena (§ 2º)**

*Aumento de pena*
*§ 2º. As penas aumentam-se de um terço, se ocorre qualquer das hipóteses previstas no § 1º, I, do artigo anterior, ou é visada ou atingida qualquer das coisas enumeradas no nº II do mesmo parágrafo.*

### 19.2.1. CONDUTA

O artigo 251 prevê como crime a conduta de expor a perigo a vida, a integridade física ou o patrimônio de outrem, mediante explosão, arremesso ou simples colocação de engenho de dinamite ou de substância de efeitos análogos.

### 19.2.2. SUJEITOS DO CRIME

Crime comum, pode ser praticado por qualquer pessoa. O sujeito passivo é a coletividade (crime vago).

### 19.2.3. ELEMENTO SUBJETIVO

É o dolo. Admite-se a modalidade culposa.

### 19.2.4. CONSUMAÇÃO

Consuma-se com a produção de efetivo perigo comum. A tentativa é possível.

### 19.2.5. AÇÃO PENAL

A ação penal é pública incondicionada.

### 19.2.6. PENAS

A pena é de reclusão, de três a seis anos, e multa.

### 19.2.7. EXPLOSÃO PRIVILEGIADA

A pena é de reclusão, de um a quatro anos, e multa, se a substância utilizada não for dinamite ou explosivo de efeitos análogos. A pena mínima faz com o que delito seja compatível com a suspensão condicional do processo (Lei n° 9.099/95, art. 89).

## 19.2.8. AUMENTO DE PENA

As penas aumentam-se de um terço, se ocorre qualquer das hipóteses previstas no § 1º, I, do artigo 250 do CP (crime de incêndio), ou é visada ou atingida qualquer das coisas enumeradas no inciso II do mesmo parágrafo.

## 19.2.9. EXPLOSÃO CULPOSA

Se a explosão decorrer de culpa, a pena é de detenção, de seis meses a dois anos; nos demais casos, é de detenção, de três meses a um ano.

---

**CLASSIFICAÇÃO DOUTRINÁRIA**

O crime é **comum** (pode ser cometido por qualquer pessoa); **material** ou causal (depende da produção do resultado naturalístico, isto é, a efetiva exposição a perigo da vida, da integridade física ou do patrimônio de pessoas indeterminadas); de perigo **comum** e concreto; **de forma livre** (admite qualquer meio de execução); vago (tem como sujeito um ente destituído de personalidade jurídica, qual seja, a coletividade); instantâneo (consuma-se em um momento determinado, sem continuidade no tempo); **unissubjetivo**, unilateral ou de concurso eventual (pode ser cometido por uma só pessoa, mas admite o concurso); **usualmente, comissivo;** e, quase sempre, **plurissubsistente** (a conduta é fracionada em diversos atos que, somados, provocam a consumação) (a conduta criminosa pode ser fracionada em diversos atos).

---

## 19.3. USO DE GÁS TÓXICO OU ASFIXIANTE

---

**USO DE GÁS TÓXICO OU ASFIXIANTE (ARTIGO 252 DO CP)**

*Uso de gás tóxico ou asfixiante*
*Art. 252. Expor a perigo a vida, a integridade física ou o patrimônio de outrem, usando de gás tóxico ou asfixiante:*
*Pena - reclusão, de um a quatro anos, e multa.*

**Modalidade culposa (parágrafo único)**

*Modalidade Culposa*
*Parágrafo único. Se o crime é culposo:*
*Pena - detenção, de três meses a um ano.*

---

## 19.3.1. CONDUTA

A conduta consiste na exposição, ou seja, em submeter indeterminado número de pessoas à situação de perigo, que atinge a vida, a integridade física ou patrimônio, mediante emprego de gás tóxico (substância gasosa ou a vapor que envenena) ou asfixiante (produto químico que causa sufocação, atingindo as vias respiratórias).

### 19.3.2. SUJEITOS DO CRIME

Crime comum, pode ser praticado por qualquer pessoa. O sujeito passivo é a coletividade (crime vago).

### 19.3.3. ELEMENTO SUBJETIVO

É o dolo. Admite-se a modalidade culposa.

### 19.3.4. CONSUMAÇÃO

Consuma-se com a produção de efetivo perigo comum. A tentativa é possível.

### 19.3.5. AÇÃO PENAL

A ação penal é pública incondicionada.

### 19.3.6. PENAS

A pena é de reclusão, de um a quatro anos, e multa. A pena mínima de um ano permite a suspensão condicional do processo (Lei nº 9.099/95, art. 89).

### 19.3.7. QUALIFICADORA

Leia o artigo 258 do CP.

### 19.3.8. FORMA CULPOSA

A pena é de detenção, de três meses a um ano, se a conduta for culposa. Trata-se de crime de menor potencial ofensivo.

---

**CLASSIFICAÇÃO DOUTRINÁRIA**

O crime é **comum** (pode ser cometido por qualquer pessoa); **material** ou causal (depende da produção do resultado naturalístico, consistente na exposição a perigo da vida, da integridade física ou do patrimônio de pessoas indeterminadas); **de perigo concreto**; vago (tem como a coletividade, ente destituído de personalidade jurídica); **de forma vinculada** (o tipo penal aponta os meios de execução: uso de gás tóxico ou asfixiante); **instantâneo** (consuma-se em um momento determinado, sem continuidade no tempo); **usualmente, comissivo; unissubjetivo,** unilateral ou de concurso eventual (pode ser cometido por uma só pessoa, mas admite o concurso); e, quase sempre, **plurissubsistente** (a conduta é fracionada em diversos atos que, somados, provocam a consumação) (a conduta criminosa pode ser fracionada em diversos atos).

## 19.4. FABRICO, FORNECIMENTO, AQUISIÇÃO POSSE OU TRANSPORTE DE EXPLOSIVOS OU GÁS TÓXICO, OU ASFIXIANTE

> **FABRICO, FORNECIMENTO, AQUISIÇÃO POSSE OU TRANSPORTE DE EXPLOSIVOS OU GÁS TÓXICO, OU ASFIXIANTE (ARTIGO 253 DO CP)**
>
> *Fabrico, fornecimento, aquisição posse ou transporte de explosivos ou gás tóxico, ou asfixiante*
>
> *Art. 253. Fabricar, fornecer, adquirir, possuir ou transportar, sem licença da autoridade, substância ou engenho explosivo, gás tóxico ou asfixiante, ou material destinado à sua fabricação:*
>
> *Pena - detenção, de seis meses a dois anos, e multa.*

### Conduta

Os verbos nucleares do tipo são fabricar, fornecer, adquirir, possuir ou transportar. São atos preparatórios dos delitos anteriores. Crime de perigo abstrato, basta, para aferir a existência, a presunção do perigo oferecido pelas condutas.

× Muitos sustentam que o artigo 253 do CP foi derrogado tacitamente pelo artigo 16, parágrafo único, III e IV, do Estatuto do Desarmamento (Lei nº 10.826/03).

### 19.4.1. SUJEITOS DO CRIME

Crime comum, pode ser praticado por qualquer pessoa. O sujeito passivo é a coletividade (crime vago).

### 19.4.2. ELEMENTO SUBJETIVO

É o dolo. Não é admitida modalidade culposa.

### 19.4.3. CONSUMAÇÃO

No momento em que é realizada a conduta típica, independentemente de qualquer resultado. A tentativa não é possível.

### 19.4.4. AÇÃO PENAL

A ação penal é pública incondicionada.

## 19.4.5. PENAS

A pena é de detenção, de seis meses a dois anos, e multa. Crime de menor potencial ofensivo, de competência do Juizado Especial Criminal, é compatível com transação penal e suspensão condicional do processo (Lei nº 9.099/95, arts. 61, 76 e 89).

> **CLASSIFICAÇÃO DOUTRINÁRIA**
>
> O fabrico, fornecimento, aquisição, posse ou transporte de explosivos ou gás tóxico, ou asfixiante é crime **comum** (pode ser cometido por qualquer pessoa); **formal**, de consumação antecipada ou de resultado cortado e de perigo **comum** e abstrato (consuma-se com a prática da conduta criminosa, independentemente da comprovação da situação perigosa a pessoas determinadas, presumida pela lei); **de forma livre** (admite qualquer meio de execução); vago (tem como sujeito um ente destituído de personalidade jurídico, qual seja, a coletividade); **instantâneo** (consuma-se em um momento determinado, sem continuidade no tempo); **usualmente, comissivo; unissubjetivo**, unilateral ou de concurso eventual (pode ser praticado por uma só pessoa, mas admite o concurso); e, quase sempre, **plurissubsistente** (a conduta é fracionada em diversos atos que, somados, provocam a consumação) (a conduta criminosa pode ser fracionada em diversos atos).

## 19.5. INUNDAÇÃO

> **INUNDAÇÃO**
> **(ARTIGO 254 DO CP)**
>
> *Inundação*
> *Art. 254. Causar inundação, expondo a perigo a vida, a integridade física ou o patrimônio de outrem:*
> *Pena - reclusão, de três a seis anos, e multa, no caso de dolo, ou detenção, de seis meses a dois anos, no caso de culpa.*

## 19.5.1. CONDUTA

Causar inundação consiste em provocar, gerar ou produzir um alagamento, enchente, com uma grande vazão de água. Crime de perigo concreto, deve ser demonstrado o efetivo risco produzido pela conduta à incolumidade pública.

## 19.5.2. SUJEITOS DO CRIME

Crime comum, pode ser praticado por qualquer pessoa. O sujeito passivo é a coletividade (crime vago).

### 19.5.3. ELEMENTO SUBJETIVO

É o dolo. É típica a modalidade culposa.

### 19.5.4. CONSUMAÇÃO

Consuma-se com a produção de efetivo perigo comum. A tentativa é possível.

### 19.5.5. AÇÃO PENAL

A ação penal é pública incondicionada.

### 19.5.6. PENAS

A pena é de reclusão, de três a seis anos, e multa, no caso de dolo, ou detenção, de seis meses a dois anos, no caso de culpa.

### 19.5.7. FORMA CULPOSA

A pena é de seis meses a dois anos, caso a conduta seja culposa. Crime de menor potencial ofensivo, de competência do Juizado Especial Criminal, é compatível com transação penal e suspensão condicional do processo (Lei nº 9.099/95, arts. 61, 76 e 89).

---

**CLASSIFICAÇÃO DOUTRINÁRIA**

A inundação é crime **comum** (pode ser cometido por qualquer pessoa); **material** ou causal e de perigo **comum** e concreto (a consumação reclama a superveniência do resultado naturalístico, consistente na efetiva exposição a perigo da vida, da integridade física ou do patrimônio de pessoas indeterminadas); **de forma livre** (admite qualquer meio de execução); vago (tem como um ente destituído de personalidade jurídica, qual seja, a coletividade); **instantâneo** (consuma-se em um momento determinado, sem continuidade no tempo); **usualmente, comissivo; unissubjetivo**, unilateral ou de concurso eventual (pode ser praticado por uma só pessoa, mas admite o concurso); e, quase sempre, **plurissubsistente** (a conduta é fracionada em diversos atos que, somados, provocam a consumação) (a conduta criminosa é suscetível de fracionamento em diversos atos).

## 19.6. PERIGO DE INUNDAÇÃO

> **PERIGO DE INUNDAÇÃO**
> **(ARTIGO 255 DO CP)**
>
> *Perigo de inundação*
> *Art. 255. Remover, destruir ou inutilizar, em prédio próprio ou alheio,*
> *expondo a perigo a vida, a integridade física ou o patrimônio de outrem,*
> *obstáculo natural ou obra destinada a impedir inundação:*
> *Pena - reclusão, de um a três anos, e multa.*

### 19.6.1. CONDUTA

Pratica o crime quem remove, destrói ou inutiliza, em prédio próprio ou alheio, expondo a perigo a vida, a integridade física ou o patrimônio de outrem, obstáculo natural ou obra destinada a impedir inundação. Crime de perigo concreto, deve ser demonstrado o efetivo risco produzido pela conduta.

### 19.6.2. SUJEITOS DO CRIME

Crime comum, pode ser praticado por qualquer pessoa. O sujeito passivo é a coletividade (crime vago).

### 19.6.3. ELEMENTO SUBJETIVO

É o dolo. Não é admitida modalidade culposa.

### 19.6.4. CONSUMAÇÃO

Consuma-se com a produção de efetivo perigo comum. A tentativa é possível.

### 19.6.5. AÇÃO PENAL

A ação penal é pública incondicionada.

### 19.6.6. PENAS

A pena é de reclusão, de um a três anos, e multa. A pena mínima de um ano permite a suspensão condicional do processo (Lei nº 9.099/95, art. 89).

O perigo de inundação é crime **comum** (pode ser cometido por qualquer pessoa); **formal,** de consumação antecipada ou de resultado cortado (consuma-se com a prática da conduta legalmente descrita, independentemente da efetiva inundação); de perigo **comum** e concreto (reclama a comprovação do perigo à vida, à integridade física ou ao patrimônio de pessoas indeterminadas); **de forma livre** (admite qualquer meio de execução); vago (tem como um ente destituído de personalidade jurídica, qual seja, a coletividade); obstáculo (o legislador previu como crime autônomo atos que representam a preparação do delito de inundação); **instantâneo** (consuma-se em um momento determinado, sem continuidade no tempo); **usualmente, comissivo; unissubjetivo,** unilateral ou de concurso eventual (pode ser praticado por uma só pessoa, mas admite o concurso); e, quase sempre, plurissubsistente (a conduta é fracionada em diversos atos que, somados, provocam a consumação) (a conduta criminosa pode ser fracionada em diversos atos).

## 19.7. DESABAMENTO OU DESMORONAMENTO

### DESABAMENTO OU DESMORONAMENTO (ARTIGO 256 DO CP)

*Desabamento ou desmoronamento*
*Art. 256. Causar desabamento ou desmoronamento, expondo a perigo a vida, a integridade física ou o patrimônio de outrem:*
*Pena - reclusão, de um a quatro anos, e multa.*

**Modalidade culposa (parágrafo único)**

*Modalidade culposa*
*Parágrafo único. Se o crime é culposo:*
*Pena - detenção, de seis meses a um ano.*

### 19.7.1. CONDUTA

Pratica o crime quem causa desabamento ou desmoronamento - provoca a queda de construções, prédios, morros etc., expondo a perigo um número indeterminado de pessoas.

### 19.7.2. SUJEITOS DO CRIME

Crime comum, pode ser praticado por qualquer pessoa. O sujeito passivo é a coletividade (crime vago).

### 19.7.3. ELEMENTO SUBJETIVO

Crime doloso, é típica a modalidade culposa.

### 19.7.4. CONSUMAÇÃO

Consuma-se com a produção de efetivo perigo comum. A tentativa é possível.

### 19.7.5. AÇÃO PENAL

A ação penal é pública incondicionada.

### 19.7.6. PENAS

A pena é de reclusão, de um a quatro anos, e multa. A pena mínima de um ano permite a suspensão condicional do processo (Lei nº 9.099/95, art. 89).

### 19.7.7. FORMA CULPOSA

A pena é de detenção, de seis meses a um ano, se a conduta for culposa. Crime de menor potencial ofensivo, de competência do Juizado Especial Criminal, é compatível com transação penal e suspensão condicional do processo (Lei nº 9.099/95, arts. 61, 76 e 89).

---

**CLASSIFICAÇÃO DOUTRINÁRIA**

O desabamento e o desmoronamento são crimes comuns (podem ser cometidos por qualquer pessoa); materiais ou causais e **de perigo concreto** (consumam-se com a produção do resultado naturalístico, daí decorrendo a efetiva situação de perigo a pessoas indeterminadas); **de forma livre** (admitem qualquer meio de execução); vagos (têm como um ente destituído de personalidade jurídica, qual seja, a coletividade); **instantâneos** (consumam-se em um momento determinado, sem continuidade no tempo); **usualmente, comissivos; unissubjetivos**, unilaterais ou de concurso eventual (podem ser praticados por uma só pessoa, mas admitem o concurso); e, quase sempre, **plurissubsistente** (a conduta é fracionada em diversos atos que, somados, provocam a consumação)s (a conduta criminosa pode ser fracionada em diversos atos).

---

## 19.8. SUBTRAÇÃO, OCULTAÇÃO OU INUTILIZAÇÃO DE MATERIAL DE SALVAMENTO

**SUBTRAÇÃO, OCULTAÇÃO OU INUTILIZAÇÃO DE MATERIAL DE SALVAMENTO (ARTIGO 257 DO CP)**

*Subtração, ocultação ou inutilização de material de salvamento*
*Art. 257. Subtrair, ocultar ou inutilizar, por ocasião de incêndio, inundação, naufrágio, ou outro desastre ou calamidade, aparelho, material ou qualquer meio destinado a serviço de combate ao perigo, de socorro ou salvamento; ou impedir ou dificultar serviço de tal natureza:*
*Pena - reclusão, de dois a cinco anos, e multa.*

### 19.8.1. CONDUTA

Comece o crime quem subtrair, ocultar e inutilizar materiais ou aparelhos destinados a salvamento ou combate ao perigo, durante incêndio, inundação, naufrágio ou outro desastre ou calamidade, bem como quem busque impedir ou dificultar esse serviço de socorro ou salvamento.

### 19.8.2. SUJEITOS DO CRIME

Crime comum, pode ser praticado por qualquer pessoa. O sujeito passivo é a coletividade (crime vago).

### 19.8.3. ELEMENTO SUBJETIVO

É o dolo. Não se admite a modalidade culposa.

### 19.8.4. CONSUMAÇÃO

No momento em que o sujeito ativo subtrai, oculta ou inutiliza os objetos, ainda que não consiga impedir o socorro. Nas condutas de dificultar ou impedir, o crime se consuma quando, de fato, é dificultado ou impedido o socorro. A tentativa é possível.

### 19.8.5. AÇÃO PENAL

A ação penal é pública incondicionada.

### 19.8.6. PENAS

A pena é de reclusão, de dois a cinco anos, e multa.

---

**CLASSIFICAÇÃO DOUTRINÁRIA**

A subtração, ocultação ou inutilização de **material** de salvamento é crime comum (pode ser cometido por qualquer pessoa); **formal**, de consumação antecipada ou de resultado cortado (consuma-se com a prática de qualquer das condutas legalmente descritas, independentemente da superveniência do resultado naturalístico); de perigo **comum** e abstrato (a lei presume o perigo a pessoas indeterminadas); **de forma livre** (admite qualquer meio de execução); vago (tem como um ente destituído de personalidade jurídica, qual seja, a coletividade); **instantâneo** (consuma-se em um momento determinado, sem continuidade no tempo); **usualmente, comissivo; unissubjetivo**, unilateral ou de concurso eventual (pode ser praticado por uma só pessoa, mas admite o concurso); e, quase sempre, **plurissubsistente** (a conduta é fracionada em diversos atos que, somados, provocam a consumação) (a conduta criminosa pode ser fracionada em diversos atos).

## 19.9. FORMAS QUALIFICADAS DE CRIME DE PERIGO COMUM

**FORMAS QUALIFICADAS DE CRIME DE PERIGO COMUM (ARTIGO 258 DO CP)**

*Formas qualificadas de crime de perigo comum*

*Art. 258. Se do crime doloso de perigo comum resulta lesão corporal de natureza grave, a pena privativa de liberdade é aumentada de metade; se resulta morte, é aplicada em dobro. No caso de culpa, se do fato resulta lesão corporal, a pena aumenta-se de metade; se resulta morte, aplica-se a pena cominada ao homicídio culposo, aumentada de um terço.*

## 19.10. DIFUSÃO DE DOENÇA OU PRAGA

**DIFUSÃO DE DOENÇA OU PRAGA (ARTIGO 259 DO CP)**

*Difusão de doença ou praga*

*Art. 259. Difundir doença ou praga que possa causar dano a floresta, plantação ou animais de utilidade econômica:*

*Pena - reclusão, de dois a cinco anos, e multa.*

**Modalidade culposa (parágrafo único)**

*Modalidade culposa*

*Parágrafo único. No caso de culpa, a pena é de detenção, de um a seis meses, ou multa.*

## 19.11. PERIGO DE DESASTRE FERROVIÁRIO

**PERIGO DE DESASTRE FERROVIÁRIO (ARTIGO 260 DO CP)**

**Simples (*caput*)**

*Perigo de desastre ferroviário*

*Art. 260. Impedir ou perturbar serviço de estrada de ferro:*

*I - destruindo, danificando ou desarranjando, total ou parcialmente, linha férrea, material rodante ou de tração, obra-de-arte ou instalação;*

*II - colocando obstáculo na linha;*

*III - transmitindo falso aviso acerca do movimento dos veículos ou interrompendo ou embaraçando o funcionamento de telégrafo, telefone ou radiotelegrafia;*

*IV - praticando outro ato de que possa resultar desastre:*

*Pena - reclusão, de dois a cinco anos, e multa.*

**Desastre ferroviário (§ 1º)**

*Desastre ferroviário*
*§ 1º. Se do fato resulta desastre:*
*Pena - reclusão, de quatro a doze anos e multa.*

**Modalidade culposa (§ 2º)**

*§ 2º. No caso de culpa, ocorrendo desastre:*
*Pena - detenção, de seis meses a dois anos.*

**Norma explicativa (§ 3º)**

*§ 3º. Para os efeitos deste artigo, entende-se por estrada de ferro qualquer via de comunicação em que circulem veículos de tração mecânica, em trilhos ou por meio de cabo aéreo.*

**Qualificadora (art. 263)**

*Forma qualificada*
*Art. 263. Se de qualquer dos crimes previstos nos arts. 260 a 262, no caso de desastre ou sinistro, resulta lesão corporal ou morte, aplica-se o disposto no art. 258.*

### 19.11.1. CONDUTA

Crime de forma vinculada, o tipo penal descreve hipóteses de impedir (inviabilizar) ou perturbar (atrapalhar) serviço de estrada de ferro. O dispositivo busca tutelar a segurança do transporte ferroviário e a preservação da integridade física e da vida das pessoas, de sua saúde e de seu patrimônio que poderiam ser atingidos por eventuais desastres ferroviários.

### 19.11.2. SUJEITOS DO CRIME

Crime comum, pode ser praticado por qualquer pessoa. O sujeito passivo é a coletividade (crime vago).

### 19.11.3. ELEMENTO SUBJETIVO

É o dolo. É possível a prática do crime por meio de conduta culposa, caso ocorra desastre.

### 19.11.4. CONSUMAÇÃO

Crime de perigo concreto, consuma-se com a produção de efetiva situação de perigo. A tentativa é possível.

### 19.11.5. AÇÃO PENAL

A ação penal é pública incondicionada.

### 19.11.6. PENAS

A pena é de reclusão, de dois a cinco anos, e multa.

### 19.11.7. QUALIFICADORA

Se da conduta resulta desastre, a pena é de reclusão, de quatro a doze anos e multa.

### 19.11.8. FORMA CULPOSA

Se a conduta que provocou o desastre for culposa, a pena a ser aplicada é a de detenção, de seis meses a dois anos. Crime de menor potencial ofensivo, de competência do Juizado Especial Criminal, é compatível com transação penal e suspensão condicional do processo (Lei nº 9.099/95, arts. 61, 76 e 89).

---

**CLASSIFICAÇÃO DOUTRINÁRIA**

O perigo de desastre ferroviário é crime **comum** (pode ser cometido por qualquer pessoa); **formal**, de consumação antecipada ou de resultado cortado (consuma-se com a prática de qualquer das condutas legalmente descritas, independentemente da superveniência do desastre); de perigo **comum** e concreto (exige a comprovação da situação perigosa a pessoas indeterminadas); **de forma vinculada** (somente admite os meios de execução expressamente indicados em lei); vago (tem como um ente destituído de personalidade jurídica, qual seja, a coletividade); **instantâneo** (consuma-se em um momento determinado, sem continuidade no tempo); **usualmente, comissivo; unissubjetivo**, unilateral ou de concurso eventual (pode ser praticado por uma só pessoa, mas admite o concurso); e, quase sempre, **plurissubsistente** (a conduta é fracionada em diversos atos que, somados, provocam a consumação) (a conduta criminosa pode ser fracionada em diversos atos).

## 19.12. ATENTADO CONTRA A SEGURANÇA DE TRANSPORTE MARÍTIMO, FLUVIAL OU AÉREO

| ATENTADO CONTRA A SEGURANÇA DE TRANSPORTE MARÍTIMO, FLUVIAL OU AÉREO (ARTIGO 261 DO CP) | |
|---|---|
| **Simples (*caput*)** | |
| *Atentado contra a segurança de transporte marítimo, fluvial ou aéreo* <br> *Art. 261. Expor a perigo embarcação ou aeronave, própria ou alheia, ou praticar qualquer ato tendente a impedir ou dificultar navegação marítima, fluvial ou aérea:* <br> *Pena - reclusão, de dois a cinco anos.* | |
| **Qualificadoras (§ 1° e § 2°)** | |
| *Sinistro em transporte marítimo, fluvial ou aéreo* <br> *§ 1°. Se do fato resulta naufrágio, submersão ou encalhe de embarcação ou a queda ou destruição de aeronave:* <br> *Pena - reclusão, de quatro a doze anos.* | *Prática do crime com o fim de lucro* <br> *§ 2°. Aplica-se, também, a pena de multa, se o agente pratica o crime com intuito de obter vantagem econômica, para si ou para outrem.* |
| **Modalidade culposa (§ 3°)** | |
| *Modalidade culposa* <br> *§ 3°. No caso de culpa, se ocorre o sinistro:* <br> *Pena - detenção, de seis meses a dois anos.* | |
| **Qualificadora (art. 263)** | |
| *Forma qualificada* <br> *Art. 263. Se de qualquer dos crimes previstos nos arts. 260 a 262, no caso de desastre ou sinistro, resulta lesão corporal ou morte, aplica-se o disposto no art. 258.* | |

### 19.12.1. CONDUTA

O crime consiste em expor a perigo embarcação ou aeronave, própria ou alheia, ou praticar qualquer ato tendente a impedir ou dificultar navegação marítima, fluvial ou aérea.

### 19.12.2. SUJEITOS DO CRIME

Crime comum, pode ser praticado por qualquer pessoa. O sujeito passivo é a coletividade (crime vago).

### 19.12.3. ELEMENTO SUBJETIVO

É o dolo. É típica a modalidade culposa.

### 19.12.4. CONSUMAÇÃO

Consuma-se com a produção de efetivo perigo comum. A tentativa é possível.

### 19.12.5. AÇÃO PENAL

A ação penal é pública incondicionada.

### 19.12.6. PENAS

A pena é de reclusão, de dois a cinco anos.

### 19.12.7. QUALIFICADORAS

Aplica-se, também, a pena de multa, se o agente pratica o crime com intuito de obter vantagem econômica, para si ou para outrem. Caso a conduta resulte em naufrágio, submersão ou encalhe de embarcação ou a queda ou destruição de aeronave, a pena será de reclusão, de quatro a doze anos.

### 19.12.8. FORMA CULPOSA

Se a conduta for culposa, a pena será de detenção, de seis meses a dois anos. Crime de menor potencial ofensivo, de competência do Juizado Especial Criminal, é compatível com transação penal e suspensão condicional do processo (Lei nº 9.099/95, arts. 61, 76 e 89).

---

**CLASSIFICAÇÃO DOUTRINÁRIA**

O atentado contra a segurança de outro meio de transporte é crime comum (pode ser cometido por qualquer pessoa); formal, de consumação antecipada ou de resultado cortado (consuma-se com a prática de qualquer das condutas legalmente descritas, independentemente da superveniência do sinistro); de perigo comum e concreto (exige a comprovação da situação perigosa a pessoas indeterminadas); de forma livre (admite qualquer meio de execução); vago (tem como um ente destituído de personalidade jurídica, qual seja, a coletividade); instantâneo (consuma-se em um momento determinado, sem continuidade no tempo); unissubjetivo, unilateral ou de concurso eventual (pode ser cometido por uma só pessoa, mas admite o concurso); usualmente, comissivo; e, quase sempre, plurissubsistente (a conduta é fracionada em diversos atos que, somados, provocam a consumação) (a conduta criminosa pode ser fracionada em diversos atos).

## 19.13. ATENTADO CONTRA A SEGURANÇA DE OUTRO MEIO DE TRANSPORTE

| ATENTADO CONTRA A SEGURANÇA DE OUTRO MEIO DE TRANSPORTE (ARTIGO 262 DO CP) |
|---|
| Simples (*caput*) |
| *Atentado contra a segurança de outro meio de transporte*<br>*Art. 262. Expor a perigo outro meio de transporte público, impedir-lhe ou dificultar-lhe o funcionamento:*<br>*Pena - detenção, de um a dois anos.* |
| Qualificadora (§ 1º) |
| *§ 1º. Se do fato resulta desastre, a pena é de reclusão, de dois a cinco anos.* |
| Modalidade culposa (§ 2º) |
| *§ 2º. No caso de culpa, se ocorre desastre:*<br>*Pena - detenção, de três meses a um ano.* |
| Qualificadora (art. 263) |
| *Forma qualificada*<br>*Art. 263. Se de qualquer dos crimes previstos nos arts. 260 a 262, no caso de desastre ou sinistro, resulta lesão corporal ou morte, aplica-se o disposto no art. 258.* |

| CLASSIFICAÇÃO DOUTRINÁRIA |
|---|
| O atentado contra a segurança de outro meio de transporte é crime **comum** (pode ser cometido por qualquer pessoa); **formal,** de consumação antecipada ou de resultado cortado (consuma-se com a prática da conduta criminosa, independentemente da superveniência do desastre); de perigo **comum** e concreto (exige a comprovação da situação perigosa a pessoas indeterminadas); **de forma livre** (admite qualquer meio de execução); vago (tem como um ente destituído de personalidade jurídica, qual seja, a coletividade); **instantâneo** (consuma-se em um momento determinado, sem continuidade no tempo); **unissubjetivo**, unilateral ou de concurso eventual (pode ser cometido por uma só pessoa, mas admite o concurso); **usualmente, comissivo**; e, quase sempre, **plurissubsistente** (a conduta é fracionada em diversos atos que, somados, provocam a consumação) (a conduta criminosa pode ser fracionada em diversos atos). |

## 19.14. **ARREMESSO DE PROJÉTIL**

| ARREMESSO DE PROJÉTIL (ARTIGO 264 DO CP) |
|---|
| **Simples (*caput*)** |
| *Arremesso de projétil*<br>*Art. 264. Arremessar projétil contra veículo, em movimento, destinado ao transporte público por terra, por água ou pelo ar:*<br>*Pena - detenção, de um a seis meses.* |
| **Qualificadora (parágrafo único)** |
| *Parágrafo único. Se do fato resulta lesão corporal, a pena é de detenção, de seis meses a dois anos; se resulta morte, a pena é a do art. 121, § 3°, aumentada de um terço.* |

### 19.14.1. **CONDUTA**

O crime consiste arremessar, lançar com força, atirar, projétil, qualquer coisa ou objeto sólido ou pesado que se lança no espaço, contra veículo em movimento destinado ao transporte público por terra, por água ou pelo ar.

### 19.14.2. **SUJEITOS DO CRIME**

Crime comum, pode ser praticado por qualquer pessoa. O sujeito passivo é a coletividade (crime vago).

### 19.14.3. **ELEMENTO SUBJETIVO**

É o dolo. É atípica a forma culposa.

### 19.14.4. **CONSUMAÇÃO**

Consuma-se com o arremesso, ainda que não atinja o alvo. Trata-se de crime de perigo abstrato, cuja configuração independe da efetiva demonstração da situação de risco. O perigo, portanto, é presumido. A tentativa é possível.

### 19.14.5. **AÇÃO PENAL**

A ação penal é pública incondicionada.

### 19.14.6. PENAS

A pena é de detenção, de um a seis meses. Crime de menor potencial ofensivo, de competência do Juizado Especial Criminal, é compatível com transação penal e suspensão condicional do processo (Lei nº 9.099/95, arts. 61, 76 e 89).

### 19.14.7. QUALIFICADORAS

Se da conduta resulta lesão corporal, a pena é de detenção, de seis meses a dois anos; se resulta morte, a pena é a do art. 121, § 3º (homicídio culposo), aumentada de um terço.

---

**CLASSIFICAÇÃO DOUTRINÁRIA**

O crime é **comum** (pode ser cometido por qualquer pessoa); formal, de consumação antecipada ou de resultado cortado (independe da produção do resultado naturalístico, qual seja, a efetiva existência de dano ou perigo concreto a terceiros); **doloso; de forma livre** (admite qualquer meio de execução); **usualmente, plurissubsistente** (a conduta é fracionada em diversos atos que, somados, provocam a consumação) (a conduta pode ser fracionada em diversos atos); **unissubjetivo,** unilateral ou de concurso eventual (pode ser cometido por uma só pessoa, mas admite o concurso); **instantâneo** (a consumação se verifica em um momento determinado, sem continuidade no tempo); e de perigo **comum** e abstrato (não se exige a efetiva comprovação da ocorrência da situação de perigo a pessoas indeterminadas).

---

### 19.15. ATENTADO CONTRA A SEGURANÇA DE SERVIÇO DE UTILIDADE PÚBLICA

---

**ATENTADO CONTRA A SEGURANÇA DE SERVIÇO DE UTILIDADE PÚBLICA (ARTIGO 265 DO CP)**

*Atentado contra a segurança de serviço de utilidade pública*
*Art. 265. Atentar contra a segurança ou o funcionamento de serviço de água, luz, força ou calor, ou qualquer outro de utilidade pública:*
*Pena - reclusão, de um a cinco anos, e multa.*

**Aumento de pena (parágrafo único)**

*Parágrafo único. Aumentar-se-á a pena de 1/3 (um terço) até a metade, se o dano ocorrer em virtude de subtração de material essencial ao funcionamento dos serviços.*

---

### 19.15.1. CONDUTA

O delito é praticado por quem atenta contra a segurança ou o funcionamento de serviço de água, luz, força ou calor, ou qualquer outro de utilidade pública.

### 19.15.2. SUJEITOS DO CRIME

Crime comum, pode ser praticado por qualquer pessoa. O sujeito passivo é a coletividade (crime vago).

### 19.15.3. ELEMENTO SUBJETIVO

É o dolo. Não é admitida a modalidade culposa.

### 19.15.4. CONSUMAÇÃO

Consuma-se o crime com a prática de qualquer ato suficiente a perturbar a segurança ou o funcionamento dos serviços de água, luz, força ou calor ou qualquer outro de utilidade pública. Crime de atentado ou de empreendimento, não é compatível com a tentativa – há divergências.

### 19.15.5. AÇÃO PENAL

A ação penal é pública incondicionada.

### 19.15.6. PENAS

A pena é de reclusão, de um a cinco anos, e multa. A pena mínima de um ano permite a suspensão condicional do processo (Lei nº 9.099/95, art. 89).

### 19.15.7. AUMENTO DE PENA

A pena é aumentada de um terço até a metade, se o dano ocorrer em virtude de subtração de material essencial ao funcionamento dos serviços.

---

**CLASSIFICAÇÃO DOUTRINÁRIA**

O atentado contra a segurança de serviço de utilidade pública é crime comum (pode ser cometido por qualquer pessoa); **formal**, de consumação antecipada ou de resultado cortado (consuma-se com a prática da conduta legalmente descrita, independentemente da superveniência do resultado naturalístico); de perigo **comum** e abstrato (a lei presume o perigo a pessoas indeterminadas); **de forma livre** (admite qualquer meio de execução); vago (tem como um ente destituído de personalidade jurídica, qual seja, a coletividade); **instantâneo** (consuma-se em um momento determinado, sem continuidade no tempo); **usualmente, comissivo; unissubjetivo,** unilateral ou de concurso eventual (pode ser praticado por uma só pessoa, mas admite o concurso); e, quase sempre, **plurissubsistent**e (a conduta é fracionada em diversos atos que, somados, provocam a consumação) (a conduta criminosa pode ser fracionada em diversos atos).

## 19.16. INTERRUPÇÃO OU PERTURBAÇÃO DE SERVIÇO TELEGRÁFICO, TELEFÔNICO, INFORMÁTICO, TELEMÁTICO OU DE INFORMAÇÃO DE UTILIDADE PÚBLICA

| INTERRUPÇÃO OU PERTURBAÇÃO DE SERVIÇO TELEGRÁFICO, TELEFÔNICO, INFORMÁTICO, TELEMÁTICO OU DE INFORMAÇÃO DE UTILIDADE PÚBLICA (ARTIGO 266 DO CP) |
| --- |
| *Interrupção ou perturbação de serviço telegráfico, telefônico, informático, telemático ou de informação de utilidade pública* <br> *Art. 266. Interromper ou perturbar serviço telegráfico, radiotelegráfico ou telefônico, impedir ou dificultar-lhe o restabelecimento:* <br> *Pena - detenção, de um a três anos, e multa.* |
| **Figura equiparada (§ 1°)** |
| *§ 1°. Incorre na mesma pena quem interrompe serviço telemático ou de informação de utilidade pública, ou impede ou dificulta-lhe o restabelecimento.* |
| **Aumento de pena (§ 2°)** |
| *§ 2°. Aplicam-se as penas em dobro se o crime é cometido por ocasião de calamidade pública.* |

### 19.16.1. CONDUTA

Pratica o crime quem interromper ou perturbar serviço telegráfico, radiotelegráfico ou telefônico, impedir ou dificultar-lhe o restabelecimento.

### 19.16.2. SUJEITOS DO CRIME

Crime comum, pode ser praticado por qualquer pessoa. O sujeito passivo é a coletividade (crime vago).

### 19.16.3. ELEMENTO SUBJETIVO

É o dolo. Não é prevista a modalidade culposa.

### 19.16.4. CONSUMAÇÃO

Consuma-se no instante em que o agente realiza a conduta capaz de perturbar a segurança ou o funcionamento do serviço. Crime de perigo abstrato, basta a presunção de perigo.

### 19.16.5. AÇÃO PENAL

A ação penal é pública incondicionada.

### 19.16.6. PENAS

A pena é de detenção, de um a três anos, e multa. A pena mínima de um ano permite a suspensão condicional do processo (Lei nº 9.099/95, art. 89).

### 19.16.7. FIGURA EQUIPARADA

Incorre na mesma pena quem interrompe serviço telemático ou de informação de utilidade pública, ou impede ou dificulta-lhe o restabelecimento.

### 19.16.8. AUMENTO DE PENA

Aplicam-se as penas em dobro se o crime for cometido por ocasião de calamidade pública.

| CLASSIFICAÇÃO DOUTRINÁRIA |
| --- |
| A interrupção ou perturbação de serviço telegráfico ou telefônico é crime **comum** (pode ser cometido por qualquer pessoa); formal, de consumação antecipada ou de resultado cortado (consuma-se com a prática da conduta legalmente descrita, independentemente da superveniência do resultado naturalístico); de perigo **comum** e abstrato (a lei presume o perigo a pessoas indeterminadas); **de forma livre** (admite qualquer meio de execução); vago (tem como um ente destituído de personalidade jurídica, qual seja, a coletividade); instantâneo (consuma-se em um momento determinado, sem continuidade no tempo); **usualmente, comissivo; unissubjetivo,** unilateral ou de concurso eventual (pode ser praticado por uma só pessoa, mas admite o concurso); e, quase sempre, **plurissubsistente** (a conduta é fracionada em diversos atos que, somados, provocam a consumação) (a conduta criminosa pode ser fracionada em diversos atos). |

### 19.17. EPIDEMIA

| EPIDEMIA (ARTIGO 267 DO CP) |
| --- |
| *Epidemia* <br> *Art. 267. Causar epidemia, mediante a propagação de germes patogênicos:* <br> *Pena - reclusão, de dez a quinze anos.* |
| Aumento de pena (§ 1º) |
| *§ 1º. Se do fato resulta morte, a pena é aplicada em dobro.* |
| Modalidade culposa (§ 2º) |
| *§ 2º. No caso de culpa, a pena é de detenção, de um a dois anos, ou, se resulta morte, de dois a quatro anos.* |

### 19.17.1. CONDUTA

Pratica o delito quem causa, dá início, a epidemia. Portanto, não comete o crime quem, quando já instalada epidemia, transmite a doença a outros.

### 19.17.2. SUJEITOS DO CRIME

Crime comum, pode ser praticado por qualquer pessoa. O sujeito passivo é a coletividade (crime vago).

### 19.17.3. ELEMENTO SUBJETIVO

É o dolo. É aceita a culpa como conduta.

### 19.17.4. CONSUMAÇÃO

Consuma-se a partir da pandemia, da ocorrência de inúmeros casos em decorrência da conduta. A tentativa é possível.

### 19.17.5. AÇÃO PENAL

A ação penal é pública incondicionada.

### 19.17.6. PENAS

A pena é de reclusão, de dez a quinze anos.

### 19.17.7. AUMENTO DE PENA

Se do fato resulta morte, a pena é aplicada em dobro.

### 19.17.8. FORMA CULPOSA

No caso de culpa, a pena é de detenção, de um a dois anos (crime de menor potencial ofensivo), ou, se resulta morte, de dois a quatro anos.

---

**CLASSIFICAÇÃO DOUTRINÁRIA**

A epidemia é crime **comum** (pode ser cometido por qualquer pessoa); material ou causal (consuma-se com a produção do resultado naturalístico, ou seja, com a provocação da epidemia); de perigo comum e concreto (depende da comprovação da situação de perigo a pessoas indeterminadas); **de forma livre** (admite qualquer meio de execução); vago (tem como um ente destituído de personalidade jurídica, qual seja, a coletividade); **instantâneo** (consuma-se em um momento determinado, sem continuidade no tempo); **usualmente, comissivo; unissubjetivo**, unilateral ou de concurso eventual (pode ser praticado por uma só pessoa, mas admite o concurso); e, quase sempre, **plurissubsistente** (a conduta é fracionada em diversos atos que, somados, provocam a consumação) (a conduta criminosa pode ser fracionada em diversos atos).

# 19.18. INFRAÇÃO DE MEDIDA SANITÁRIA PREVENTIVA

> ## INFRAÇÃO DE MEDIDA SANITÁRIA PREVENTIVA (ARTIGO 268 DO CP)
>
> *Infração de medida sanitária preventiva*
> *Art. 268. Infringir determinação do poder público, destinada a impedir introdução ou propagação de doença contagiosa:*
> *Pena - detenção, de um mês a um ano, e multa.*
>
> **Aumento de pena (parágrafo único)**
>
> *Parágrafo único. A pena é aumentada de um terço, se o agente é funcionário da saúde pública ou exerce a profissão de médico, farmacêutico, dentista ou enfermeiro.*

## 19.18.1. CONDUTA

Comete o crime quem infringir, violar, transgredir, desrespeitar determinação do Poder Público, destinada a impedir a introdução ou propagação de doença contagiosa.

## 19.18.2. SUJEITOS DO CRIME

Crime comum, pode ser praticado por qualquer pessoa. O sujeito passivo é a coletividade (crime vago).

## 19.18.3. ELEMENTO SUBJETIVO

É o dolo. Não é prevista modalidade culposa.

## 19.18.4. CONSUMAÇÃO

Consuma-se no momento do descumprimento da determinação do Poder Público. A tentativa é possível.

## 19.18.5. AÇÃO PENAL

A ação penal é pública incondicionada.

## 19.18.6. PENAS

A pena é de detenção, de um mês a um ano, e multa. Crime de menor potencial ofensivo, de competência do Juizado Especial Criminal, é compatível com transação penal e suspensão condicional do processo (Lei nº 9.099/95, arts. 61, 76 e 89).

### 19.18.7. **AUMENTO DE PENA**

A pena é aumentada de um terço, se o agente é funcionário da saúde pública ou exerce a profissão de médico, farmacêutico, dentista ou enfermeiro.

> **CLASSIFICAÇÃO DOUTRINÁRIA**
>
> A infração de medida sanitária preventiva é crime **comum** (pode ser cometido por qualquer pessoa); **formal**, de consumação antecipada ou de resultado cortado (consuma-se com a prática da conduta criminosa, prescindindo-se da superveniência do resultado naturalístico); de perigo **comum** e abstrato (a lei presume a situação de perigo à saúde pública); **de forma livre** (admite qualquer meio de execução); vago (tem como um ente destituído de personalidade jurídica, qual seja, a coletividade); **instantâneo** (consuma-se em um momento determinado, sem continuidade no tempo); **usualmente, comissivo; unissubjetivo,** unilateral ou de concurso eventual (pode ser praticado por uma só pessoa, mas admite o concurso); e, quase sempre, **plurissubsistente** (a conduta é fracionada em diversos atos que, somados, provocam a consumação) (a conduta criminosa pode ser fracionada em diversos atos).

### 19.18.8. **OMISSÃO DE NOTIFICAÇÃO DE DOENÇA**

> **OMISSÃO DE NOTIFICAÇÃO DE DOENÇA**
> **(ARTIGO 269 DO CP)**
>
> *Omissão de notificação de doença*
> *Art. 269. Deixar o médico de denunciar à autoridade*
> *pública doença cuja notificação é compulsória:*
> *Pena - detenção, de seis meses a dois anos, e multa.*

### 19.18.9. **CONDUTA**

Deve responder pelo delito o médico que, no exercício de suas funções ou fora dela, tenha acesso a informações relativas a doenças as quais devem ser informadas às autoridades públicas.

### 19.18.10. **SUJEITOS DO CRIME**

Crime próprio, somente pode ser praticado por médico. O sujeito passivo é a coletividade (crime vago).

### 19.18.11. **ELEMENTO SUBJETIVO**

É o dolo. Não é prevista a forma culposa.

### 19.18.12. **CONSUMAÇÃO**

Crime omissivo próprio, consuma-se no momento em que o médico deixa de denunciar à autoridade pública doença cuja notificação é compulsória. A tentativa não é possível.

### 19.18.13. AÇÃO PENAL

A ação penal é pública incondicionada.

### 19.18.14. PENAS

A pena é de detenção, de seis meses a dois anos, e multa. Crime de menor potencial ofensivo, de competência do Juizado Especial Criminal, é compatível com transação penal e suspensão condicional do processo (Lei nº 9.099/95, arts. 61, 76 e 89).

---

**CLASSIFICAÇÃO DOUTRINÁRIA**

A omissão de notificação de doença é crime **próprio** (somente pode ser cometido pelo médico); **de mera conduta** ou de **simples** atividade (consuma-se com a prática da conduta criminosa, e o tipo não prevê resultado naturalístico); de perigo **comum** e abstrato (a lei presume a situação de perigo à saúde pública); **de forma vinculada** (somente pode ser executado pela forma descrita na lei penal); vago (tem como um ente destituído de personalidade jurídica, qual seja, a coletividade); **instantâneo** (consuma-se em um momento determinado, sem continuidade no tempo); **omissivo próprio** ou puro (o tipo penal descreve uma conduta omissiva); **unissubjetivo**, unilateral ou de concurso eventual (pode ser praticado por uma só pessoa, mas admite o concurso); e **unissubsistente** (a conduta criminosa é composta de um único ato).

---

## 19.19. ENVENENAMENTO DE ÁGUA POTÁVEL OU DE SUBSTÂNCIA ALIMENTÍCIA OU MEDICINAL

---

**ENVENENAMENTO DE ÁGUA POTÁVEL OU DE SUBSTÂNCIA ALIMENTÍCIA OU MEDICINAL (ARTIGO 270 DO CP)**

*Envenenamento de água potável ou de substância alimentícia ou medicinal*
*Art. 270. Envenenar água potável, de uso comum ou particular, ou substância alimentícia ou medicinal destinada a consumo:*
*Pena - reclusão, de dez a quinze anos.*

**Figura equiparada (§ 1º)**

*§ 1º. Está sujeito à mesma pena quem entrega a consumo ou tem em depósito, para o fim de ser distribuída, a água ou a substância envenenada.*

**Modalidade culposa (§ 2º)**

*Modalidade culposa*
*§ 2º. Se o crime é culposo:*
*Pena - detenção, de seis meses a dois anos.*

---

### 19.19.1. CONDUTA

O verbo nuclear do tipo penal é envenenar, que é sinônimo de ministrar substância apta a causar sérios danos ao organismo, podendo, inclusive, ocasionar a morte. A conduta consiste em envenenar água potável, de uso comum ou particular, ou substância alimentícia ou medicinal destinada a consumo.

### 19.19.2. SUJEITOS DO CRIME

Crime comum, pode ser praticado por qualquer pessoa. O sujeito passivo é a coletividade (crime vago).

### 19.19.3. ELEMENTO SUBJETIVO

É o dolo. A lei prevê a modalidade culposa.

### 19.19.4. CONSUMAÇÃO

Consuma-se no momento em que a substância envenenada é colocada à disposição de um número indeterminado de pessoas. Crime de perigo abstrato, a presunção de perigo é suficiente para a consumação. A tentativa é possível.

### 19.19.5. AÇÃO PENAL

A ação penal é pública incondicionada.

### 19.19.6. PENAS

A pena é de reclusão, de dez a quinze anos.

### 19.19.7. FORMA CULPOSA

Se a conduta for culposa, a pena é de detenção, de seis meses a dois anos. Crime de menor potencial ofensivo, de competência do Juizado Especial Criminal, é compatível com transação penal e suspensão condicional do processo (Lei nº 9.099/95, arts. 61, 76 e 89).

O envenenamento de água potável ou de substância alimentícia ou medicinal é crime **comum** (pode ser cometido por qualquer pessoa); **formal,** de consumação antecipada ou de resultado cortado (consuma-se com a prática da conduta criminosa, prescindindo-se da superveniência do resultado naturalístico); de perigo **comum** e abstrato (a lei presume a situação de perigo à saúde pública); **de forma livre** (admite qualquer meio de execução); vago (tem como um ente destituído de personalidade jurídica, qual seja a coletividade); **instantâneo** (consuma-se em um momento determinado, sem continuidade no tempo); **usualmente, comissivo; unissubjetivo,** unilateral ou de concurso eventual (pode ser praticado por uma só pessoa, mas admite o concurso); e, quase sempre, **plurissubsistente** (a conduta é fracionada em diversos atos que, somados, provocam a consumação) (a conduta criminosa pode ser fracionada em diversos atos).

## 19.20. CORRUPÇÃO OU POLUIÇÃO DE ÁGUA POTÁVEL

CORRUPÇÃO OU POLUIÇÃO DE ÁGUA POTÁVEL
(ARTIGO 271 DO CP)

*Corrupção ou poluição de água potável*
*Art. 271. Corromper ou poluir água potável, de uso comum ou particular,*
*tornando-a imprópria para consumo ou nociva à saúde:*
*Pena - reclusão, de dois a cinco anos.*

**Modalidade culposa (parágrafo único)**

*Modalidade culposa*
*Parágrafo único. Se o crime é culposo:*
*Pena - detenção, de dois meses a um ano.*

### 19.20.1. CONDUTA

Há duas formas de se praticar o crime: corromper, por meio da modificação da essência ou composição da água, tornando-a nociva à saúde e, por consequência, imprópria ao consumo; poluir, quando o agente torna a água imprópria ao consumo após sujá-la.

### 19.20.2. SUJEITOS DO CRIME

Crime comum, pode ser praticado por qualquer pessoa. O sujeito passivo é a coletividade (crime vago).

### 19.20.3. ELEMENTO SUBJETIVO

É o dolo, mas é típica a modalidade culposa.

### 19.20.4. CONSUMAÇÃO

Consuma-se no instante em que é disponibilizada, a um número indeterminado de pessoas, água imprópria para o consumo. Crime de perigo abstrato, reclama apenas a presunção de perigo. A tentativa é possível.

### 19.20.5. AÇÃO PENAL

A ação penal é pública incondicionada.

### 19.20.6. PENAS

A pena é de reclusão, de dois a cinco anos.

### 19.20.7. FORMA CULPOSA

Se o crime de corre de culpa, a pena é de detenção, de dois meses a um ano. Crime de menor potencial ofensivo, de competência do Juizado Especial Criminal, é compatível com transação penal e suspensão condicional do processo (Lei nº 9.099/95, arts. 61, 76 e 89).

---

**CLASSIFICAÇÃO DOUTRINÁRIA**

A corrupção ou poluição de água potável é crime **comum** (pode ser cometido por qualquer pessoa); **formal**, de consumação antecipada ou de resultado cortado (consuma-se com a prática da conduta criminosa, prescindindo-se da superveniência do resultado naturalístico); de perigo **comum** e abstrato (a lei presume a situação de perigo à saúde pública); **de forma livre** (admite qualquer meio de execução); vago (tem como um ente destituído de personalidade jurídica, qual seja, a coletividade); **instantâneo** (consuma-se em um momento determinado, sem continuidade no tempo); **usualmente, comissivo; unissubjetivo,** unilateral ou de concurso eventual (pode ser praticado por uma só pessoa, mas admite o concurso); e, quase sempre, **plurissubsistente** (a conduta é fracionada em diversos atos que, somados, provocam a consumação) (a conduta criminosa pode ser fracionada em diversos atos).

## 19.21. FALSIFICAÇÃO, CORRUPÇÃO, ADULTERAÇÃO OU ALTERAÇÃO DE SUBSTÂNCIA OU PRODUTOS ALIMENTÍCIOS

**FALSIFICAÇÃO, CORRUPÇÃO, ADULTERAÇÃO OU ALTERAÇÃO DE SUBSTÂNCIA OU PRODUTOS ALIMENTÍCIOS (ARTIGO 272 DO CP)**

*Falsificação, corrupção, adulteração ou alteração de substância ou produtos alimentícios*

*Art. 272. Corromper, adulterar, falsificar ou alterar substância ou produto alimentício destinado a consumo, tornando-o nociva à saúde ou reduzindo-lhe o valor nutritivo:*

*Pena - reclusão, de 4 (quatro) a 8 (oito) anos, e multa.*

**Figuras equiparadas (§ 1º-A e § 1º)**

*§ 1º-A. Incorre nas penas deste artigo quem fabrica, vende, expõe à venda, importa, tem em depósito para vender ou, de qualquer forma, distribui ou entrega a consumo a substância alimentícia ou o produto falsificado, corrompido ou adulterado.*

*§ 1º. Está sujeito às mesmas penas quem pratica as ações previstas neste artigo em relação a bebidas, com ou sem teor alcoólico.*

**Modalidade culposa (§ 2º)**

*Modalidade culposa*

*§ 2º. Se o crime é culposo:*

*Pena - detenção, de 1 (um) a 2 (dois) anos, e multa.*

### 19.21.1. CONDUTA

Pratica o crime quem corromper, adulterar, falsificar ou alterar substância ou produto alimentício destinado a consumo, tornando-o nociva à saúde ou reduzindo-lhe o valor nutritivo.

### 19.21.2. SUJEITOS DO CRIME

Crime comum, pode ser praticado por qualquer pessoa. O sujeito passivo é a coletividade (crime vago).

### 19.21.3. ELEMENTO SUBJETIVO

É o dolo. É admitida a modalidade culposa.

### 19.21.4. CONSUMAÇÃO

Consuma-se no instante em que a substância ou produto alimentício é corrompido, adulterado, falsificado ou alterado. A tentativa é possível.

### 19.21.5. AÇÃO PENAL

A ação penal é pública incondicionada.

### 19.21.6. PENAS

A pena é de reclusão, de quatro a oito anos, e multa.

### 19.21.7. FIGURA EQUIPARADA

Está sujeito às mesmas penas quem pratica as ações previstas neste artigo em relação a bebidas, com ou sem teor alcoólico.

### 19.21.8. FORMA CULPOSA

Se a conduta for culposa, a pena é de detenção, de um a dois anos, e multa.

---

**CLASSIFICAÇÃO DOUTRINÁRIA**

A falsificação, corrupção, adulteração ou alteração de substância ou produtos alimentícios é crime **comum** (pode ser cometido por qualquer pessoa); **formal**, de consumação antecipada ou de resultado cortado (consuma-se com a prática da conduta criminosa, prescindindo-se da superveniência do resultado naturalístico); de perigo **comum** e concreto (exige-se a comprovação da nocividade do produto à saúde pública ou da redução do seu valor nutritivo); **de forma livre** (admite qualquer meio de execução); vago (tem como um ente destituído de personalidade jurídica, qual seja, a coletividade); **instantâneo** (consuma-se em um momento determinado, sem continuidade no tempo); **usualmente, comissivo; unissubjetivo,** unilateral ou de concurso eventual (pode ser praticado por uma só pessoa, mas admite o concurso); e, quase sempre, **plurissubsistente** (a conduta é fracionada em diversos atos que, somados, provocam a consumação) (a conduta criminosa pode ser fracionada em diversos atos).

# 19.22. FALSIFICAÇÃO, CORRUPÇÃO, ADULTERAÇÃO OU ALTERAÇÃO DE PRODUTO DESTINADO A FINS TERAPÊUTICOS OU MEDICINAIS

| FALSIFICAÇÃO, CORRUPÇÃO, ADULTERAÇÃO OU ALTERAÇÃO DE PRODUTO DESTINADO A FINS TERAPÊUTICOS OU MEDICINAIS (ARTIGO 273 DO CP) |
| --- |
| *Falsificação, corrupção, adulteração ou alteração de produto destinado a fins terapêuticos ou medicinais* <br> *Art. 273. Falsificar, corromper, adulterar ou alterar produto destinado a fins terapêuticos ou medicinais:* <br> *Pena - reclusão, de 10 (dez) a 15 (quinze) anos, e multa.* |

**Figuras equiparadas (§ 1º-A, § 1º-B e § 1º)**

*§ 1º. Nas mesmas penas incorre quem importa, vende, expõe à venda, tem em depósito para vender ou, de qualquer forma, distribui ou entrega a consumo o produto falsificado, corrompido, adulterado ou alterado.*

*§ 1º-A. Incluem-se entre os produtos a que se refere este artigo os medicamentos, as matérias-primas, os insumos farmacêuticos, os cosméticos, os saneantes e os de uso em diagnóstico.*

*§ 1º-B. Está sujeito às penas deste artigo quem pratica as ações previstas no § 1º. em relação a produtos em qualquer das seguintes condições:*

*I - sem registro, quando exigível, no órgão de vigilância sanitária competente;*

*II - em desacordo com a fórmula constante do registro previsto no inciso anterior;*

*III - sem as características de identidade e qualidade admitidas para a sua comercialização;*

*IV - com redução de seu valor terapêutico ou de sua atividade;*

*V - de procedência ignorada;*

*VI - adquiridos de estabelecimento sem licença da autoridade sanitária competente.*

**Modalidade culposa (§ 2º)**

*Modalidade culposa*
*§ 2º. Se o crime é culposo:*
*Pena - detenção, de 1 (um) a 3 (três) anos, e multa.*

## 19.22.1. CONDUTA

Pratica o crime quem falsificar, corromper, adulterar ou alterar produto destinado a fins terapêuticos ou medicinais.

### 19.22.2. SUJEITOS DO CRIME

Crime comum, pode ser praticado por qualquer pessoa. O sujeito passivo é a coletividade (crime vago).

### 19.22.3. ELEMENTO SUBJETIVO

É o dolo. A modalidade culposa é admitida.

### 19.22.4. CONSUMAÇÃO

Consuma-se no instante em que o produto destinado a fins terapêuticos ou medicinais é corrompido, adulterado, falsificado ou alterado. A tentativa é possível.

### 19.22.5. AÇÃO PENAL

A ação penal é pública incondicionada.

### 19.22.6. PENAS

A pena é de reclusão, de dez a quinze anos, e multa.

### 19.22.7. FORMA CULPOSA

Se culposa a conduta, a pena é de detenção, de um a três anos, e multa.

---

**CLASSIFICAÇÃO DOUTRINÁRIA**

A falsificação, corrupção, adulteração ou alteração de produto destinado a fins terapêuticos ou medicinais é crime **comum** (pode ser cometido por qualquer pessoa); **formal**, de consumação antecipada ou de resultado cortado (consuma-se com a prática da conduta criminosa, prescindindo-se da superveniência do resultado naturalístico); de perigo comum e abstrato (a lei presume o risco à saúde de um número indeterminado de pessoas); **de forma livre** (admite qualquer meio de execução); vago (tem como um ente destituído de personalidade jurídica, qual seja, a coletividade); **instantâneo** (consuma-se em um momento determinado, sem continuidade no tempo); **usualmente, comissivo; unissubjetivo,** unilateral ou de concurso eventual (pode ser praticado por uma só pessoa, mas admite o concurso); e, quase sempre, **plurissubsistente** (a conduta é fracionada em diversos atos que, somados, provocam a consumação) (a conduta criminosa pode ser fracionada em diversos atos).

## 19.23. EMPREGO DE PROCESSO PROIBIDO OU DE SUBSTÂNCIA NÃO PERMITIDA

EMPREGO DE PROCESSO PROIBIDO OU DE SUBSTÂNCIA NÃO PERMITIDA (ARTIGO 274 DO CP)

*Emprego de processo proibido ou de substância não permitida*
*Art. 274. Empregar, no fabrico de produto destinado a consumo, revestimento, gaseificação artificial, matéria corante, substância aromática, antisséptica, conservadora ou qualquer outra não expressamente permitida pela legislação sanitária:*
*Pena - reclusão, de 1 (um) a 5 (cinco) anos, e multa.*

### 19.23.1. CONDUTA

O verbo "empregar" corresponde à utilização ou aplicação de determinado produto destinado ao consumo, revestimento, gaseificação artificial, matéria corante, substância aromática, antisséptica, conservadora ou não expressamente permitida pela legislação sanitária – portanto, norma penal em branco.

### 19.23.2. SUJEITOS DO CRIME

Crime comum, pode ser praticado por qualquer pessoa. O sujeito passivo é a coletividade (crime vago).

### 19.23.3. ELEMENTO SUBJETIVO

É o dolo. Não é admitida a modalidade culposa.

### 19.23.4. CONSUMAÇÃO

Crime formal, consuma-se com o emprego das substâncias indicadas, independentemente da obtenção de qualquer resultado. A tentativa é possível.

### 19.23.5. AÇÃO PENAL

A ação penal é pública incondicionada.

## 19.23.6. PENAS

A pena é de reclusão, de um a cinco anos, e multa. A pena mínima de um ano permite a suspensão condicional do processo (Lei nº 9.099/95, art. 89).

## 19.24. INVÓLUCRO OU RECIPIENTE COM FALSA INDICAÇÃO

**INVÓLUCRO OU RECIPIENTE COM FALSA INDICAÇÃO (ARTIGO 275 DO CP)**

*Invólucro ou recipiente com falsa indicação*
*Art. 275. Inculcar, em invólucro ou recipiente de produtos alimentícios, terapêuticos ou medicinais, a existência de substância que não se encontra em seu conteúdo ou que nele existe em quantidade menor que a mencionada:*
*Pena - reclusão, de 1 (um) a 5 (cinco) anos, e multa.*

## 19.24.1. CONDUTA

Invulcar significa demonstrar, dar a entender. Pratica o crime quem inculcar, em invólucro ou recipiente de produtos alimentícios, terapêuticos ou medicinais, a existência de substância que não se encontra em seu conteúdo ou que nele existe em quantidade menor que a mencionada.

## 19.24.2. SUJEITOS DO CRIME

Crime comum, pode ser praticado por qualquer pessoa. O sujeito passivo é a coletividade (crime vago).

### 19.24.3. ELEMENTO SUBJETIVO

É o dolo. Não é admitida a modalidade culposa.

### 19.24.4. CONSUMAÇÃO

Crime formal, consuma-se com a prática da conduta descrita no dispositivo, independentemente da produção de qualquer resultado.

### 19.24.5. AÇÃO PENAL

A ação penal é pública incondicionada.

### 19.24.6. PENAS

A pena é de reclusão, de um a cinco anos, e multa. A pena mínima de um ano permite a suspensão condicional do processo (Lei nº 9.099/95, art. 89).

---

**CLASSIFICAÇÃO DOUTRINÁRIA**

O invólucro ou recipiente com falsa indicação é crime **comum** (pode ser cometido por qualquer pessoa); **formal**, de consumação antecipada ou de resultado cortado (consuma-se com a prática da conduta criminosa, prescindindo-se da superveniência do resultado naturalístico); de perigo **comum** e abstrato (a lei presume a situação de perigo à saúde pública); **de forma livre** (admite qualquer meio de execução); vago (tem como um ente destituído de personalidade jurídica, qual seja, a coletividade); **instantâneo** (consuma-se em um momento determinado, sem continuidade no tempo); **usualmente, comissivo; unissubjetivo**, unilateral ou de concurso eventual (pode ser praticado por uma só pessoa, mas admite o concurso); e, quase sempre, **plurissubsistente** (a conduta é fracionada em diversos atos que, somados, provocam a consumação) (a conduta criminosa pode ser fracionada em diversos atos).

---

## 19.25. PRODUTO OU SUBSTÂNCIA NAS CONDIÇÕES DOS DOIS ARTIGOS ANTERIORES

**PRODUTO OU SUBSTÂNCIA NAS CONDIÇÕES DOS DOIS ARTIGOS ANTERIORES (ARTIGO 276 DO CP)**

*Produto ou substância nas condições dos dois artigos anteriores*
*Art. 276. Vender, expor à venda, ter em depósito para vender ou, de qualquer forma, entregar a consumo produto nas condições dos arts. 274 e 275.*
*Pena - reclusão, de 1 (um) a 5 (cinco) anos, e multa.*

### 19.25.1. CONDUTA

O crime consiste em vender, expor à venda, ter em depósito para vender ou, de qualquer forma, entregar a consumo produto nas condições descritas nos dois artigos anteriores - *emprego de processo proibido ou de substância não permitida* e *invólucro ou recipiente com falsa indicação*.

### 19.25.2. SUJEITOS DO CRIME

Crime comum, pode ser praticado por qualquer pessoa. O sujeito passivo é a coletividade (crime vago).

### 19.25.3. ELEMENTO SUBJETIVO

É o dolo. Não é admitida a modalidade culposa.

### 19.25.4. CONSUMAÇÃO

Crime formal, consuma-se com a prática das condutas descritas no dispositivo, ainda que nenhum resultado seja produzido.

### 19.25.5. AÇÃO PENAL

A ação penal é pública incondicionada.

### 19.25.6. PENAS

A pena é de reclusão, de um a cinco anos, e multa. A pena mínima de um ano permite a suspensão condicional do processo (Lei nº 9.099/95, art. 89).

---

**CLASSIFICAÇÃO DOUTRINÁRIA**

O crime tipificado no art. 276 do Código Penal é **comum** (pode ser cometido por qualquer pessoa); **formal**, de consumação antecipada ou de resultado cortado (consuma-se com a prática da conduta criminosa, prescindindo-se da superveniência do resultado naturalístico); de perigo **comum** e abstrato (a lei presume a situação de perigo à saúde pública); **de forma livre** (admite qualquer meio de execução); vago (tem como um ente destituído de personalidade jurídica, qual seja, a coletividade); remetido (a definição típica se reporta aos arts. 274 e 275 do Código Penal); **instantâneo** (nas modalidades "vender" e "entregar a consumo") ou permanente (nas variantes "expor à venda" e "ter em depósito para vender"); **usualmente, comissivo; unissubjetivo**, unilateral ou de concurso eventual (pode ser praticado por uma só pessoa, mas admite o concurso); e, quase sempre, **plurissubsistente** (a conduta é fracionada em diversos atos que, somados, provocam a consumação) (a conduta criminosa pode ser fracionada em diversos atos).

# 19.26. **SUBSTÂNCIA DESTINADA À FALSIFICAÇÃO**

SUBSTÂNCIA DESTINADA À FALSIFICAÇÃO
(ARTIGO 277 DO CP)

*Substância destinada à falsificação*

*Art. 277. Vender, expor à venda, ter em depósito ou ceder substância destinada à falsificação de produtos alimentícios, terapêuticos ou medicinais:*

*Pena - reclusão, de 1 (um) a 5 (cinco) anos, e multa.*

## 19.26.1. **CONDUTA**

As condutas previstas no tipo penal são vender, expor à venda, ter em depósito e ceder. Em rara oportunidade, a lei criminaliza os atos preparatórios – no caso, para a prática dos crimes dos artigos 272 e 273 do CP.

## 19.26.2. **SUJEITOS DO CRIME**

Crime comum, pode ser praticado por qualquer pessoa. O sujeito passivo é a coletividade (crime vago).

## 19.26.3. **ELEMENTO SUBJETIVO**

É o dolo. Não é admitida a modalidade culposa.

## 19.26.4. **CONSUMAÇÃO**

Crime formal, consuma-se no momento da prática de qualquer das condutas, pouco importando a produção de resultado. A tentativa é possível.

## 19.26.5. **AÇÃO PENAL**

A ação penal é pública incondicionada.

## 19.26.6. **PENAS**

A pena é de reclusão, de um a cinco anos, e multa. A pena mínima de um ano permite a suspensão condicional do processo (Lei nº 9.099/95, art. 89).

O crime de substância destinada à falsificação é **comum** (pode ser cometido por qualquer pessoa); **formal**, de consumação antecipada ou de resultado cortado (consuma-se com a prática da conduta criminosa, prescindindo-se da superveniência do resultado naturalístico); de perigo **comum** e abstrato (a lei presume a situação de perigo à saúde pública); **de forma livre** (admite qualquer meio de execução); vago (tem como um ente destituído de personalidade jurídica, qual seja, a coletividade); obstáculo (o legislador incriminou autonomamente atos preparatórios de outros delitos); **instantâneo** (nas modalidades "vender" e "ceder") ou **permanente** (nas variantes "expor à venda" e "ter em depósito"); **usualmente, comissivo; unissubjetivo,** unilateral ou de concurso eventual (pode ser praticado por uma só pessoa, mas admite o concurso); e, quase sempre, **plurissubsistente** (a conduta é fracionada em diversos atos que, somados, provocam a consumação) (a conduta criminosa pode ser fracionada em diversos atos).

## 19.27. OUTRAS SUBSTÂNCIAS NOCIVAS À SAÚDE PÚBLICA

OUTRAS SUBSTÂNCIAS NOCIVAS À SAÚDE PÚBLICA
(ARTIGO 278 DO CP)

*Outras substâncias nocivas à saúde pública*
*Art. 278. Fabricar, vender, expor à venda, ter em depósito para vender ou, de qualquer forma, entregar a consumo coisa ou substância nociva à saúde, ainda que não destinada à alimentação ou a fim medicinal:*
*Pena - detenção, de um a três anos, e multa.*

**Modalidade culposa (parágrafo único)**

*Modalidade culposa*
*Parágrafo único. Se o crime é culposo:*
*Pena - detenção, de dois meses a um ano.*

### 19.27.1. CONDUTA

Pratica o crime quem fabricar, vender, expor à venda, ter em depósito para vender ou, de qualquer forma, entregar a consumo coisa ou substância nociva à saúde, ainda que não destinada à alimentação ou a fim medicinal.

### 19.27.2. SUJEITOS DO CRIME

Crime comum, pode ser praticado por qualquer pessoa. O sujeito passivo é a coletividade (crime vago).

### 19.27.3. ELEMENTO SUBJETIVO

É o dolo. A modalidade culposa é admitida.

### 19.27.4. CONSUMAÇÃO

Consuma-se no momento da realização da conduta típica, independentemente de qualquer resultado. A tentativa é possível.

### 19.27.5. AÇÃO PENAL

A ação penal é pública incondicionada.

### 19.27.6. PENAS

A pena é de detenção, de um a três anos, e multa. A pena mínima de um ano permite a suspensão condicional do processo (Lei nº 9.099/95, art. 89).

### 19.27.7. FORMA CULPOSA

Se a conduta for culposa, a pena é de detenção, de dois meses a um ano. Crime de menor potencial ofensivo, de competência do Juizado Especial Criminal, é compatível com transação penal e suspensão condicional do processo (Lei nº 9.099/95, arts. 61, 76 e 89).

---

**CLASSIFICAÇÃO DOUTRINÁRIA**

O crime de outras substâncias nocivas à saúde é **comum** (pode ser cometido por qualquer pessoa); **formal**, de consumação antecipada ou de resultado cortado (consuma-se com a prática de qualquer das condutas criminosas, prescindindo-se da superveniência do resultado naturalístico); de perigo **comum** e concreto (depende da comprovação da situação de risco à saúde pública); **de forma livre** (admite qualquer meio de execução); vago (tem como um ente destituído de personalidade jurídica, qual seja, a coletividade); **instantâneo** (nas modalidades "fabricar", "vender" e "entregar a consumo") ou **permanente** (nas variantes "expor à venda" e "ter em depósito"); **usualmente, comissivo; unissubjetivo,** unilateral ou de concurso eventual (pode ser praticado por uma só pessoa, mas admite o concurso); e, quase sempre, **plurissubsistente** (a conduta é fracionada em diversos atos que, somados, provocam a consumação) (a conduta criminosa pode ser fracionada em diversos atos).

## 19.28. **MEDICAMENTO EM DESACORDO COM RECEITA MÉDICA**

| MEDICAMENTO EM DESACORDO COM RECEITA MÉDICA (ARTIGO 280 DO CP) |
| --- |
| Medicamento em desacordo com receita médica<br>Art. 280. Fornecer substância medicinal em desacordo com receita médica:<br>Pena - detenção, de um a três anos, ou multa. |
| **Modalidade culposa (parágrafo único)** |
| Modalidade culposa<br>Parágrafo único. Se o crime é culposo:<br>Pena - detenção, de dois meses a um ano. |

### 19.28.1. **CONDUTA**

A conduta prevista no tipo penal é fornecer (entregar, permitir acesso) substância medicinal em desacordo com receita médica.

### 19.28.2. **SUJEITOS DO CRIME**

Crime comum, pode ser praticado por qualquer pessoa. O sujeito passivo é a coletividade (crime vago).

### 19.28.3. **ELEMENTO SUBJETIVO**

É o dolo. É típica a modalidade culposa.

### 19.28.4. **CONSUMAÇÃO**

Crime formal, consuma-se com a entrega da substância. A tentativa é possível.

### 19.28.5. **AÇÃO PENAL**

A ação penal é pública incondicionada.

### 19.28.6. **PENAS**

A pena é de detenção, de um a três anos, ou multa. A pena mínima de um ano permite a suspensão condicional do processo (Lei nº 9.099/95, art. 89).

## 19.28.7. FORMA CULPOSA

Se a conduta for culposa, a pena é de detenção, de dois meses a um ano.

---

### CLASSIFICAÇÃO DOUTRINÁRIA

O medicamento em desacordo com receita médica é crime **comum** (pode ser cometido por qualquer pessoa); **formal**, de consumação antecipada ou de resultado cortado (consuma-se com a prática da conduta criminosa, prescindindo-se da superveniência do resultado naturalístico); de perigo **comum** e abstrato (a lei presume a situação de perigo à saúde pública); **de forma livre** (admite qualquer meio de execução); vago (tem como um ente destituído de personalidade jurídica, qual seja, a coletividade); **instantâneo** (consuma-se em um momento determinado, sem continuidade no tempo); **usualmente, comissivo; unissubjetivo**, unilateral ou de concurso eventual (pode ser praticado por uma só pessoa, mas admite o concurso); e, quase sempre, **plurissubsistente** (a conduta é fracionada em diversos atos que, somados, provocam a consumação) (a conduta criminosa pode ser fracionada em diversos atos).

---

## 19.29. EXERCÍCIO ILEGAL DA MEDICINA, ARTE DENTÁRIA OU FARMACÊUTICA

---

### EXERCÍCIO ILEGAL DA MEDICINA, ARTE DENTÁRIA OU FARMACÊUTICA (ARTIGO 282 DO CP)

*Exercício ilegal da medicina, arte dentária ou farmacêutica*
*Art. 282. Exercer, ainda que a título gratuito, a profissão de médico, dentista ou farmacêutico, sem autorização legal ou excedendo-lhe os limites:*
*Pena - detenção, de seis meses a dois anos.*

**Qualificadora (parágrafo único)**

*Parágrafo único. Se o crime é praticado com o fim de lucro, aplica-se também multa.*

---

### 19.29.1. CONDUTA

O crime consiste em exercer, ainda que a título gratuito, a profissão de médico, dentista ou farmacêutico, sem autorização legal ou excedendo-lhe os limites

### 19.29.1.1. SUJEITOS DO CRIME

Na primeira parte, crime comum (*exercer, ainda que a título gratuito, a profissão de médico, dentista ou farmacêutico, sem autorização legal*). Por lado, na conduta do profissional que excede limites, o crime é próprio, devendo ser praticado por médico, dentista ou farmacêutico. O sujeito passivo é a coletividade (crime vago).

### 19.29.2. ELEMENTO SUBJETIVO

É o dolo. Não é admitida a modalidade culposa.

### 19.29.3. CONSUMAÇÃO

Crime habitual, consuma-se com a reiteração da conduta. A tentativa não é possível.

### 19.29.4. AÇÃO PENAL

A ação penal é pública incondicionada.

### 19.29.5. PENAS

A pena é de detenção, de seis meses a dois anos. Crime de menor potencial ofensivo, de competência do Juizado Especial Criminal, é compatível com transação penal e suspensão condicional do processo (Lei nº 9.099/95, arts. 61, 76 e 89).

### 19.29.6. QUALIFICADORA

Se o crime for praticado com o fim de lucro, aplica-se também multa.

---

**CLASSIFICAÇÃO DOUTRINÁRIA**

O exercício ilegal da medicina, arte dentária ou farmacêutica é crime **comum** (na conduta de exercer a profissão sem autorização legal) ou **próprio** (na modalidade de exercer a profissão excedendo-lhe os limites); **formal**, de consumação antecipada ou de resultado cortado (consuma-se com a prática da conduta criminosa, prescindindo-se da superveniência do resultado naturalístico); habitual (reclama a reiteração de atos indicativos do estilo de vida ilícito do agente); de perigo **comum** e abstrato (a lei presume a situação de perigo à saúde pública); **de forma livre** (admite qualquer meio de execução); vago (tem como um ente destituído de personalidade jurídica, qual seja, a coletividade); **instantâneo** (consuma-se em um momento determinado, sem continuidade no tempo); **usualmente, comissivo; unissubjetivo,** unilateral ou de concurso eventual (pode ser praticado por uma só pessoa, mas admite o concurso); e, quase sempre, **plurissubsistente** (a conduta é fracionada em diversos atos que, somados, provocam a consumação) (a conduta criminosa pode ser fracionada em diversos atos).

---

## 19.30. CHARLATANISMO

**CHARLATANISMO**
**(ARTIGO 283 DO CP)**

*Charlatanismo*
*Art. 283. Inculcar ou anunciar cura por meio secreto ou infalível:*
*Pena - detenção, de três meses a um ano, e multa.*

### 19.30.1. CONDUTA

Inculcar significa propor, aconselhar. Portanto, comete o crime quem inculcar ou anunciar cura por meio secreto ou infalível.

### 19.30.2. SUJEITOS DO CRIME

Crime comum, pode ser praticado por qualquer pessoa. O sujeito passivo é a coletividade (crime vago).

### 19.30.3. ELEMENTO SUBJETIVO

É o dolo. Não é admitida a modalidade culposa.

### 19.30.4. CONSUMAÇÃO

Consuma-se no instante em que o agente recomenda (inculca) ou anuncia o método secreto ou infalível de cura. A tentativa é possível.

### 19.30.5. AÇÃO PENAL

A ação penal é pública incondicionada.

### 19.30.6. PENAS

A pena é de detenção, de três meses a um ano, e multa. Crime de menor potencial ofensivo, de competência do Juizado Especial Criminal, é compatível com transação penal e suspensão condicional do processo (Lei nº 9.099/95, arts. 61, 76 e 89).

---

**CLASSIFICAÇÃO DOUTRINÁRIA**

O charlatanismo é crime comum (pode ser cometido por qualquer pessoa); **formal**, de consumação antecipada ou de resultado cortado (consuma-se com a prática da conduta criminosa, prescindindo-se da superveniência do resultado naturalístico); de perigo **comum** e abstrato (a lei presume a situação de perigo à saúde pública); **de forma livre** (admite qualquer meio de execução); vago (tem como um ente destituído de personalidade jurídica, qual seja, a coletividade); **instantâneo** (consuma-se em um momento determinado, sem continuidade no tempo); **usualmente, comissivo; unissubjetivo,** unilateral ou de concurso eventual (pode ser praticado por uma só pessoa, mas admite o concurso); e, quase sempre, **plurissubsistente** (a conduta é fracionada em diversos atos que, somados, provocam a consumação) (a conduta criminosa pode ser fracionada em diversos atos).

## 19.31. CURANDEIRISMO

**CURANDEIRISMO**
**(ARTIGO 284 DO CP)**

*Curandeirismo*
*Art. 284. Exercer o curandeirismo:*
*I - prescrevendo, ministrando ou aplicando, habitualmente, qualquer substância;*
*II - usando gestos, palavras ou qualquer outro meio;*
*III - fazendo diagnósticos:*
*Pena - detenção, de seis meses a dois anos.*

**Qualificadora (parágrafo único)**

*Parágrafo único. Se o crime é praticado mediante remuneração, o agente fica também sujeito à multa.*

### 19.31.1. CONDUTA

O crime é praticado por quem exerce o curandeirismo - atividade destinada ao tratamento da saúde de outrem por quem não possui a capacidade, técnica ou legal, ou o poder de fazê-lo. O delito é de forma vinculada, pois o artigo 284 estabelece como deve ser executado: (a) prescrevendo, ministrando ou aplicando, habitualmente, qualquer substância; (b) usando gestos, palavras ou qualquer outro meio; (c) fazendo diagnósticos.

### 19.31.2. SUJEITOS DO CRIME

Crime comum, pode ser praticado por qualquer pessoa. O sujeito passivo é a coletividade (crime vago).

### 19.31.3. ELEMENTO SUBJETIVO

É o dolo. Não é admitida a modalidade culposa.

### 19.31.4. CONSUMAÇÃO

Crime habitual, consuma-se com a reiteração da conduta. A tentativa não é possível.

### 19.31.5. AÇÃO PENAL

É pública incondicionada.

## 19.31.6. PENAS

A pena é de detenção, de seis meses a dois anos. Crime de menor potencial ofensivo, de competência do Juizado Especial Criminal, é compatível com transação penal e suspensão condicional do processo (Lei nº 9.099/95, arts. 61, 76 e 89).

## 19.31.7. QUALIFICADORA

Se o crime é praticado mediante remuneração, o agente fica também sujeito à multa.

### CLASSIFICAÇÃO DOUTRINÁRIA

O curandeirismo é crime comum (pode ser cometido por qualquer pessoa); **formal,** de consumação antecipada ou de resultado cortado (consuma-se com a prática da conduta criminosa, prescindindo-se da superveniência do resultado naturalístico); de perigo **comum** e abstrato (a lei presume a situação de perigo à saúde pública); **de forma vinculada** (somente pode ser praticado pelos meios de execução indicados no tipo penal); vago (tem como um ente destituído de personalidade jurídica, qual seja, a coletividade); habitual (a consumação reclama a reiteração de atos indicativos do estilo de vida ilícito do agente); **usualmente, comissivo; unissubjetivo,** unilateral ou de concurso eventual (pode ser praticado por uma só pessoa, mas admite o concurso); e, quase sempre, **plurissubsistente** (a conduta é fracionada em diversos atos que, somados, provocam a consumação) (a conduta criminosa pode ser fracionada em diversos atos).

# 20 DOS CRIMES CONTRA A PAZ PÚBLICA

## 20.1. INCITAÇÃO AO CRIME

> *Incitação ao crime*
> *Art. 286. Incitar, publicamente, a prática de crime:*
> *Pena - detenção, de três a seis meses, ou multa.*
> *Parágrafo único. Incorre na mesma pena quem incita, publicamente, animosidade entre as Forças Armadas, ou delas contra os poderes constitucionais, as instituições civis ou a sociedade.*

### 20.1.1. CONDUTA

O crime é praticado por quem incita, estimula, provoca publicamente a prática de um crime. Não fica caracterizado o delito na incitação ao cometimento de contravenção penal.

### 20.1.2. SUJEITOS DO CRIME

Crime comum, pode ser praticado por qualquer pessoa. O sujeito passivo é a coletividade (crime vago).

### 20.1.3. ELEMENTO SUBJETIVO

É o dolo. Não é admitida a modalidade culposa.

### 20.1.4. CONSUMAÇÃO

Crime formal, consuma-se com a incitação publica, pouco importando que alguém venha ou não a praticar alguma infração penal. A tentativa é possível quando a conduta se der por escrito (crime plurissubsistente).

### 20.1.5. AÇÃO PENAL

A ação penal é pública incondicionada.

### 20.1.6. PENAS

A pena é de detenção, de três a seis meses, ou multa. Crime de menor potencial ofensivo, de competência do Juizado Especial Criminal, é compatível com a transação penal e a suspensão condicional do processo (Lei nº 9.099/95, arts. 61, 76 e 89).

### 20.1.7. FIGURA EQUIPARADA

A Lei nº 14.197/21 adicionou o parágrafo único ao artigo 286, cuja redação é a seguinte: "incorre na mesma pena quem incita, publicamente, animosidade entre as Forças Armadas, ou delas contra os poderes constitucionais, as instituições civis ou a sociedade". Havia crime semelhante na revogada LSN (Lei nº 7.170/83), no artigo 23, II.

---

**CLASSIFICAÇÃO DOUTRINÁRIA**

- × Crime simples
- × Crime comum
- × Crime formal
- × Crime de perigo
- × Crime vago
- × Crime de forma livre
- × Crime comissivo
- × Crime instantâneo
- × Crime unissubjetivo
- × Crime unissubsistente ou plurissubsistente (depende da forma como se dá a execução)

---

## 20.2. APOLOGIA DE CRIME OU CRIMINOSO

*Apologia de crime ou criminoso*
*Art. 287. Fazer, publicamente, apologia de fato criminoso ou de autor de crime:*
*Pena - detenção, de três a seis meses, ou multa.*

### 20.2.1. CONDUTA

Pratica o crime quem faz, publicamente, apologia (elogio, enaltecimento) a autor de crime ou fato criminoso. Por falar o texto legal em "fato criminoso", é atípica a conduta de fazer publicamente apologia a fato que caracterize contravenção penal, bem como a de enaltecer contraventor. Para que fique caracterizado o delito do artigo 287 do CP, é indiferente se o autor do crime foi condenado ou se há ação penal contra ele.

### 20.2.2. SUJEITOS DO CRIME

Crime comum, pode ser praticado por qualquer pessoa. O sujeito passivo é a coletividade (crime vago).

### 20.2.3. ELEMENTO SUBJETIVO

É o dolo. Não é admitida a modalidade culposa.

### 20.2.4. CONSUMAÇÃO

Crime formal, consuma-se com a apologia, pouco importando a obtenção de qualquer resultado. A tentativa é possível quando a conduta se der por escrito, quando o crime será plurissubsistente.

### 20.2.5. AÇÃO PENAL

A ação penal é pública incondicionada.

### 20.2.6. PENAS

A pena é de detenção, de três a seis meses, ou multa. Crime de menor potencial ofensivo, de competência do Juizado Especial Criminal, é compatível com transação penal e suspensão condicional do processo (Lei nº 9.099/95, arts. 61, 76 e 89).

| CLASSIFICAÇÃO DOUTRINÁRIA |
| --- |
| × Crime simples |
| × Crime comum |
| × Crime formal |
| × Crime de perigo |
| × Crime vago |
| × Crime de forma livre |
| × Crime comissivo |
| × Crime instantâneo |
| × Crime unissubjetivo |
| × Crime unissubsistente ou plurissubsistente (depende da forma como se dá a execução) |

## 20.3. ASSOCIAÇÃO CRIMINOSA

> *Associação criminosa*
> *Art. 288. Associarem-se 3 (três) ou mais pessoas, para o fim específico de cometer crimes:*
> *Pena - reclusão, de 1 (um) a 3 (três) anos.*
> *Parágrafo único. A pena aumenta-se até a metade se a associação é armada ou se houver a participação de criança ou adolescente.*

| CONCURSO DE PESSOAS | ASSOCIAÇÃO CRIMINOSA |
|---|---|
| Hugo, José e Luiz furtaram um banco. Características que nos levam à conclusão de que se trata de concurso de pessoas: (i) Duas ou mais pessoas unidas em busca de um objetivo comum: a prática de um furto. (ii) A associação dos envolvidos é eventual. A união se deu para a prática de um furto. Pode até ser que, no futuro, venham a praticar outros delitos juntos, mas em nosso exemplo a parceria criminosa surgiu para a prática de um furto específico. (iii) Ocorreu a prática do delito desejado. De acordo com o art. 31 do CP, só se fala em concurso de pessoas quando a infração penal que eu origem à reunião dos envolvidos foi, ao menos, tentada. | Hugo, José e Luiz associaram-se para a prática de roubos a bancos. Características que nos levam à conclusão de que se trata de associação criminosa: (i) Três ou mais pessoas reunidas para a práticas de crimes. (ii) Não houve previsão de término da associação, ainda que implícito. No exemplo anterior, ficou bem claro: os agentes se uniram para a prática de um furto específico. Praticado o delito, a associação estará automaticamente desfeita, embora eles possam voltar a se reunir no futuro para novos furtos. Já na associação criminosa, os agentes se reúnem para a prática de crimes indeterminados. Eles podem até combinar um momento para o fim - por exemplo, ao alcançarem R$ 1 milhão, param, ou em determinado mês do ano -, mas não há o prévio acordo de quais e quantos crimes específicos serão praticados. Hipótese em que haveria concurso de pessoas: os agentes se reúnem para assaltar o Banco X, o Banco Y e o Banco Z. (iii) No momento em que se associaram, o delito de associação criminosa se consumou. Não é necessário que pratiquem, efetivamente, algum crime (além da própria associação), como ocorre no concurso de pessoas. |

### 20.3.1. CONDUTA

É o crime praticado quando três ou mais indivíduos se associam para a prática de crimes. Não há associação criminosa quando a conduta é praticada com o objetivo de cometer contravenções penais.

> *Para que se consuma o tipo penal do art. 286 do CP não é necessário que o agente incentive, verbal e literalmente, a prática de determinado crime. Este delito pode ser praticado por meio de qualquer conduta que seja apta a provocar ou a reforçar em terceiros a intenção da prática criminosa. Ademais, o delito do art. 286 do CP é crime formal, de perigo abstrato, e independe da produção de resultado. Além disso, não exige o fim especial de agir, mas apenas o "dolo genérico", consistente na consciência de que o comportamento do agente instigará outros a praticar crimes. (STF, Inq 3932/DF e Pet 5243/DF)*

**ATENÇÃO!**

Na hipótese de associação para o tráfico de drogas, deve ser reconhecida a prática do crime previsto no artigo 35 da Lei nº 11.343/06, cuja redação é a seguinte:

*Art. 35. Associarem-se duas ou mais pessoas para o fim de praticar, reiteradamente ou não, qualquer dos crimes previstos nos arts. 33, caput e § 1º, e 34 desta Lei:*

*Pena - reclusão, de 3 (três) a 10 (dez) anos, e pagamento de 700 (setecentos) a 1.200 (mil e duzentos) dias-multa.*

### 20.3.2. SUJEITOS DO CRIME

Crime comum, pode ser praticado por qualquer pessoa. O sujeito passivo é a coletividade (crime vago).

**ATENÇÃO!**

Para a caracterização da associação criminosa, são contabilizados inimputáveis e pessoas não identificadas. Por isso, se Hugo e José, ambos com 18 anos, associam-se a Luiz, de 16, para a prática de crimes, os dois primeiros poderão ser denunciados pelo crime de associação criminosa. Ademais, se ficar demonstrado que Hugo se associou com mais duas pessoas para a prática de crimes, ainda que não identificados os outros envolvidos, nada impede que ele seja condenado pelo crime do art. 288 do CP.

### 20.3.3. ELEMENTO SUBJETIVO

É o dolo, acrescido de um elemento subjetivo específico ("dolo específico"), consistente no fim de cometer crimes. Não é admitida a modalidade culposa.

### 20.3.4. CONSUMAÇÃO

Crime formal, consuma-se com a associação, ainda que nenhum crime seja praticado. Não é possível a tentativa. Por se tratar de crime permanente, a consumação perdura enquanto mantida a associação, período em que os agentes poderão ser presos em flagrante, nos termos do artigo 303 do CPP ("Art. 303. Nas infrações permanentes, entende-se o agente em flagrante delito enquanto não cessar a permanência."). Além disso, a prescrição não começa a correr enquanto não cessar a permanência (CP, art. 111, III).

### 20.3.5. AÇÃO PENAL

É crime de ação penal pública incondicionada.

### 20.3.6. PENAS

A pena é de reclusão, de um a três anos. A pena mínima de um ano permite a suspensão condicional do processo (Lei nº 9.099/95, art. 89).

### 20.3.7. AUMENTO DE PENA

A pena é aumentada de até metade se a associação é armada ou se houver a participação de criança ou adolescente. Duas observações relevantes: (i) o dispositivo não fala em "arma de fogo". Portanto, armas impróprias também fazem com que a pena seja majorada; (ii) na hipótese de envolvimento de criança ou adolescente na associação, os agentes imputáveis serão punidos pela causa de aumento, sem prejuízo do crime de corrupção de menores (ECA, art. 244-B), não havendo o que se falar em *bis in idem*.

| CLASSIFICAÇÃO DOUTRINÁRIA | DESTAQUES |
| --- | --- |
| x Crime simples<br>x Crime comum<br>x Crime formal<br>x Crime de perigo<br>x Crime obstáculo<br>x Crime vago<br>x Crime de forma livre<br>x Crime comissivo<br>x Crime permanente<br>x Crime plurissubjetivo<br>x Crime unissubsistente | - A associação deve ser formada com o fim específico de praticar crimes (dolosos). Não caracteriza o delito a associação voltada à prática de contravenções;<br>- A consumação do crime independente da efetiva prática de algum delito pela associação criminosa;<br>- É possível o oferecimento de denúncia contra o único associado identificado, desde que comprovada a presença de, no mínimo, outros dois integrantes. |

## 20.4. CONSTITUIÇÃO DE MILÍCIA PRIVADA

*Constituição de milícia privada*
*Art. 288-A. Constituir, organizar, integrar, manter ou custear organização paramilitar, milícia particular, grupo ou esquadrão com a finalidade de praticar qualquer dos crimes previstos neste Código:*
*Pena - reclusão, de 4 (quatro) a 8 (oito) anos.*

> **ATENÇÃO!**
>
> Embora não seja crime hediondo ou equiparado, a Lei nº 13.964/19 (*Pacote Anticrime*), ao dar nova redação ao artigo 112 da LEP, fez com que o condenado pelo crime do artigo 288-A do CPP consiga obter a progressão de regime após o cumprimento de 50% da pena, mesmo *quantum* imposto ao condenado primário por crime hediondo ou equiparado com resultado morte (LEP, art. 112, VI, "c").

### 20.4.1. CONDUTA

O crime consiste em constituir, organizar, integrar, manter ou custear organização paramilitar, milícia particular, grupo ou esquadrão com a finalidade de praticar qualquer dos crimes previstos, especificamente, no Código Penal.

### 20.4.2. SUJEITOS DO CRIME

Crime comum, pode ser praticado por qualquer pessoa. O sujeito passivo é a coletividade (crime vago).

× Como a lei não estabelece o número mínimo de integrantes, prevalece o entendimento de que a milícia deve ser composta por, no mínimo, três integrantes.

### 20.4.3. ELEMENTO SUBJETIVO

É o dolo. Não é admitida a modalidade culposa.

### 20.4.4. CONSUMAÇÃO

Crime formal, consuma-se com a associação. Não é possível a tentativa. Por se tratar de crime permanente, a consumação perdura enquanto mantida a associação, período em que os agentes poderão ser presos em flagrante, nos termos do artigo 303 do CPP ("Art. 303. Nas infrações permanentes, entende-se o agente em flagrante delito enquanto não cessar a permanência."). Além disso, a prescrição não começa a correr enquanto não cessar a permanência (CP, art. 111, III).

### 20.4.5. AÇÃO PENAL

A ação penal é pública incondicionada.

### 20.4.6. PENAS

A pena é de reclusão, de quatro a oito anos.

| CLASSIFICAÇÃO DOUTRINÁRIA | DESTAQUES |
| --- | --- |
| × Crime simples<br>× Crime comum<br>× Crime formal<br>× Crime de perigo<br>× Crime obstáculo<br>× Crime vago<br>× Crime de forma livre<br>× Crime comissivo<br>× Crime permanente<br>× Crime plurissubjetivo<br>× Crime unissubsistente | - Embora a lei não estabeleça um número mínimo de associados, considere a necessidade mínima de três integrantes, a mesma da associação criminosa (CP, art. 288). |

# 21 DOS CRIMES CONTRA A FÉ PÚBLICA

## 21.1. COMO O ASSUNTO É COBRADO EM CONCURSOS PÚBLICOS

Em regra, as bancas pedem a distinção entre os crimes contra a fé pública – principalmente, entre a falsidade material e a falsidade ideológica. Para não confundir um delito com outro, a regra é simples:

(a) Na falsidade material, o documento, em si, é falso. Pode ter sido criado ou pode ser resultado de alteração de documento verdadeiro. Dois exemplos:

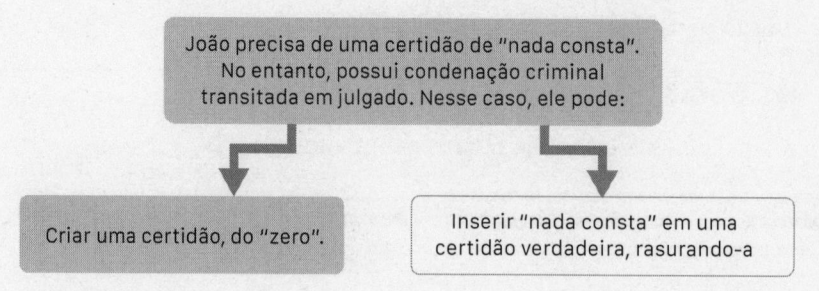

> João precisa de uma certidão de "nada consta".
> No entanto, possui condenação criminal
> transitada em julgado. Nesse caso, ele pode:

> Criar uma certidão, do "zero".

> Inserir "nada consta" em uma
> certidão verdadeira, rasurando-a

(b) Na falsidade ideológica, o documento é verdadeiro. No entanto, o agente: (I) omite informação que nele deveria constar; (II) insere ou faz inserir declaração falsa ou diversa da que devia ser escrita. Dois exemplos:

## DOCUMENTO PÚBLICO OU PARTICULAR

**REQUERIMENTO** ☐ SEGUNDA VIA

**NOME COMPLETO** CARLOS DA SILVA

**LOCAL DE NASCIMENTO**

**PROFISSÃO**

**FILIAÇÃO**

**ENDEREÇO ATUAL**

João deveria informar que está requerendo segunda via, mas não o fez, dolosamente ("omitir");

(I) Ao informar o nome do requerente, João preencheu o requerimento e disse se chamar "Carlos da Silva" ("inserir").

✗ Note que, em ambas as hipóteses, o documento, em si, é verdadeiro. A falsidade reside na informação omitida ou nele inserida (falsidade ideológica), e não no documento. Difere da situação em que, mediante rasura, o sujeito insere ou apaga informação de documento verdadeiro (falsidade material).

Além disso, cuidado para não confundir a falsidade ideológica com o delito de falsa identidade, previsto no artigo 307 do CP. Neste, o sujeito atribui a si ou a terceiro falsa identidade, sem fazer uso de documento. Caso haja o emprego de documento falso, o crime será o do artigo 304 do CP (uso de documento falso). Veja o exemplo a seguir, extraído de notícia do *G1*:

> Segundo a Polícia Militar, ele pode responder pelos crimes de cárcere privado, falsidade ideológica porque teria dado um nome falso aos policiais e corrupção ativa. **ERRADO! O CRIME: FALSA IDENTIDADE.**

Esses são alguns dos erros mais comuns ao distinguir os crimes contra a fé pública. Ao longo deste material, você encontrará algumas outras comparações de conceitos que podem cair em sua prova.

## 21.2. DA MOEDA FALSA

### 21.2.1. MOEDA FALSA

> *Art. 289. Falsificar, fabricando-a ou alterando-a, moeda metálica ou papel-moeda de curso legal no país ou no estrangeiro:*
>
> *Pena - reclusão, de três a doze anos, e multa.*
>
> *§ 1°. Nas mesmas penas incorre quem, por conta própria ou alheia, importa ou exporta, adquire, vende, troca, cede, empresta, guarda ou introduz na circulação moeda falsa.*
>
> *§ 2°. Quem, tendo recebido de boa-fé, como verdadeira, moeda falsa ou alterada, a restitui à circulação, depois de conhecer a falsidade, é punido com detenção, de seis meses a dois anos, e multa.*
>
> *§ 3°. É punido com reclusão, de três a quinze anos, e multa, o funcionário público ou diretor, gerente, ou fiscal de banco de emissão que fabrica, emite ou autoriza a fabricação ou emissão:*
>
> *I - de moeda com título ou peso inferior ao determinado em lei;*
>
> *II - de papel-moeda em quantidade superior à autorizada.*
>
> *§ 4°. Nas mesmas penas incorre quem desvia e faz circular moeda, cuja circulação não estava ainda autorizada.*

| CLASSIFICAÇÃO DOUTRINÁRIA | DESTAQUES |
|---|---|
| × Crimes simples;<br>× Crime comum (exceto no § 3°);<br>× Crime formal;<br>× Crime instantâneo ou permanente ("guarda", no § 1°);<br>× Crime de perigo concreto;<br>× Crime comissivo;<br>× Crime de forma livre;<br>× Crime não transeunte;<br>× Crime unissubjetivo;<br>× Crime plurissubsistente. | - O crime de moeda falsa não é compatível com o princípio da insignificância.<br>- Se grosseira a falsificação, não se fala em crime de moeda falsa por ser hipótese de crime impossível (CP, art. 17), mas pode ficar caracterizado o crime de estelionato. |

### 21.2.1.1. CONDUTA

A conduta consiste em falsificar *moeda metálica* ou *papel-moeda* de curso legal no país ou no estrangeiro. O delito pode se dar de duas formas: pela *contrafação*, quando o agente fabrica a moeda falsa (ex.: particular que imprime dinheiro), e pela *falsificação-alteração*, quando uma moeda metálica ou papel-moeda verdadeiro é modificado (ex.: para que passe a ter valor mais alto do que o verdadeiro).

Obviamente, a moeda falsificada tem de estar em circulação, em *curso legal*. Se falsifico cédula de quinhentos cruzados novos, não conseguirei utilizá-la, afinal, não está mais em curso. Embora possa ter algum valor como objeto de coleção, não é mais considerada dinheiro, moeda. Ninguém está obrigado a aceitá-la. Todavia, a falsificação de moeda cujo padrão monetário está extinto (cruzado, cruzeiro etc.) não é irrelevante: pode caracterizar o crime de estelionato (CP, art. 171, *caput*), caso seja empregada como meio fraudulento para obtenção de vantagem patrimonial – por exemplo, vender uma cédula falsa de mil cruzados a um numismata.

### 21.2.1.2. MOEDA ESTRANGEIRA

O crime de moeda falsa não tem por objeto material apenas a moeda nacional (atualmente, o *Real*), mas também moeda estrangeira (*Dólar*, *Euro*, *Libra* etc.).

### 21.2.1.3. FALSIFICAÇÃO GROSSEIRA

Para que fique caracterizado o crime de moeda falsa, o resultado da contrafação ou alteração tem de ser capaz de, efetivamente, enganar alguém. Se imprimo a face de uma cédula de cem reais em folha sulfite, com impressora de qualidade ordinária, é bem provável que o resultado da contrafação não seja capaz de pôr em risco a fé pública, afinal, a falsificação seria facilmente perceptível. Nessa hipótese, estar-se-á diante de crime impossível (CP, art. 17), pois o meio utilizado na execução do crime é absolutamente ineficaz.

### 21.2.1.4. SÚMULA 73 DO STJ

> *A utilização de papel moeda grosseiramente falsificado configura, em tese, o crime de estelionato, da competência da Justiça Estadual.*

### 21.2.1.5. MOEDA FALSA E ESTELIONATO

Imagine a seguinte situação: em uma negociação, a quantia é recebida em um envelope. Quem a recebe decide conferir o montante em momento posterior, o que fora previsto por quem pagou em virtude da natureza do negócio (ex.: o envelope foi entregue em local público, onde não seria seguro realizar a contagem das cédulas).

Passados alguns instantes, com a negociação já concluída, o sujeito que recebeu a quantia, ao checar as cédulas, percebe que algumas são verdadeiras, enquanto outras não passam de falsificação grosseira. Nesse caso, ficou caracterizado o crime de moeda falsa? Não, por ser crime impossível, mas pode ser reconhecido o estelionato.

### 21.2.1.6. COMPETÊNCIA

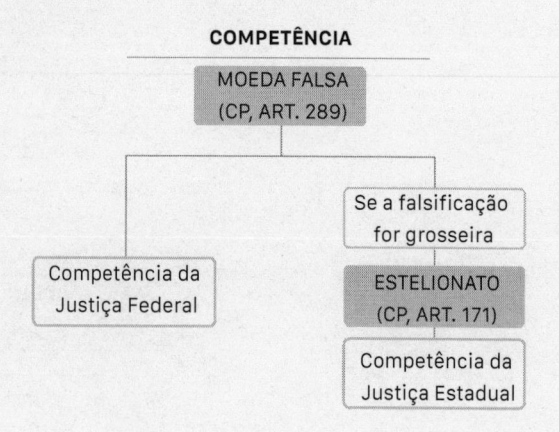

### 21.2.1.7. SUJEITOS DO CRIME

Crime comum, o sujeito ativo pode ser qualquer pessoa. O sujeito passivo é o Estado, bem como pessoa eventualmente lesada pela conduta.

### 21.2.1.8. ELEMENTO SUBJETIVO

Crime doloso, não se exige qualquer finalidade específica a ser buscada pelo agente – o tipo penal não exige como condição o objetivo de lucro. A modalidade culposa é atípica.

### 21.2.1.9. CONSUMAÇÃO E TENTATIVA

A moeda falsa é crime formal. Por isso, a consumação ocorre no instante da fabricação ou alteração de moeda metálica ou papel-moeda, pouco importando o fato de que a falsificação jamais esteve em circulação. A tentativa é possível. Basta imaginar o indivíduo que, ao tentar fabricar a moeda falsa, não tem êxito por razões alheias à vontade dele.

### 21.2.1.10. ARREPENDIMENTO POSTERIOR

O STJ entende pela incompatibilidade entre o crime de moeda falsa e a causa de diminuição de pena do artigo 16 do CP, o arrependimento posterior. Isso porque, no crime do artigo 289 do CP, o valor nominal da cédula ou moeda falsificada é irrelevante. O que se busca combater é o risco oferecido ao sistema monetário quando alguém atenta contra a fé pública, o que não acontece, por exemplo, no crime de furto (CP, art. 155).

> *Arrependimento posterior*
> *Art. 16. Nos crimes cometidos sem violência ou grave ameaça à pessoa, reparado o dano ou restituída a coisa, até o recebimento da denúncia ou da queixa, por ato voluntário do agente, a pena será reduzida de um a dois terços.*

Para compreender o que quis dizer o STJ ao não permitir o arrependimento posterior em crime de moeda falsa, veja os seguintes exemplos:

(1) Renato furtou um celular. Consumado o crime, arrependido do que fez, decidiu, voluntariamente, devolver o telefone à vítima. Segundo o artigo 16 do CP, Renato responderá pelo furto, mas com a pena diminuída, de um a dois terços. A diminuição da pena tem por objetivo recompensar o criminoso por desfazer, no aspecto patrimonial, o mal causado à vítima – o patrimônio é o bem jurídico que se busca tutelar pela tipificação do furto.

(2) Renato falsificou uma cédula de duzentos reais e a utilizou para fazer compras em uma mercearia próxima ao local onde reside. Dias depois, arrependido, ele voltou ao comércio e pagou as compras com dinheiro verdadeiro. Em razão disso, deve ter sua pena diminuída pelo crime de moeda falsa? Não. Isso porque, em sua conduta, a questão não foi meramente patrimonial. Pouco importa o valor. O crime praticado ofendeu a fé pública, que não pode ser reparada pelo arrependimento posterior.

### 21.2.1.11. JURISPRUDÊNCIA RELACIONADA

> *Não se aplica o instituto do arrependimento posterior ao crime de moeda falsa. No crime de moeda falsa – cuja consumação se dá com a falsificação da moeda, sendo irrelevante eventual dano patrimonial imposto a terceiros -, a vítima é a coletividade como um todo, e o bem jurídico tutelado é a fé pública, que não é passível de reparação. Desse modo, os crimes contra a fé pública, semelhantes aos demais crimes não patrimoniais em geral, são incompatíveis com o instituto do arrependimento posterior, dada a impossibilidade material de haver reparação do dano causado ou a restituição da coisa subtraída.* (STJ, REsp 1.242.294-PR)

### 21.2.1.12. AÇÃO PENAL

Trata-se de crime de ação penal pública incondicionada, sem exceção.

### 21.2.1.13. COMPETÊNCIA

Compete à Justiça Federal o processo e julgamento do crime de moeda falsa.

### 21.2.1.14. FIGURA EQUIPARADA (§ 1º)

No parágrafo primeiro, o artigo 289 criminaliza a conduta de quem faz circular a moeda falsa – lembre-se, a figura do *caput* é crime formal, cuja consumação ocorre independentemente da circulação da moeda falsa. Na hipótese em que o indivíduo fabrica ou altera a moeda e a coloca em circulação, deve ser reconhecido o concurso de crimes? Não. Para o falsário, as condutas do § 1º representam mero exaurimento do crime do *caput* do artigo 289. Portanto, qualquer pessoa pode praticar o delito do § 1º, exceto quem falsificou a moeda.

Comete o delito, punido com pena de reclusão, de três a doze anos, e multa, quem importa, exporta, adquire, vende, troca, cede, empresta, guarda ou introduz na circulação moeda falsa. Trata-se de tipo penal misto alternativo – não há concurso de crimes quando, em um mesmo contexto fático, o agente pratica duas ou mais condutas (ex.: adquire e guarda).

---

**ATENÇÃO!**

Todos os verbos nucleares trazidos no § 1º do artigo 289 fazem com que o crime seja instantâneo. No entanto, há uma exceção: o verbo *guardar*, hipótese de crime permanente, aquele cuja consumação se prolonga no tempo. Em suma, quem guarda moeda falsa está continuamente consumando o crime, ainda que a conduta perdure por décadas. Exemplo: durante o período de vinte anos, guardo em minha casa moeda falsa. O fato de um delito ser permanente faz com que:

(a) A prescrição não corra. Exemplo: se, em 1998, passei a guardar moeda falsa em minha casa, e dela me desfiz em 2021, o prazo prescricional passou a correr a partir deste ano.

(b) O agente pode ser preso em flagrante a qualquer momento, ainda que a conduta perdure por anos (CPP, art. 303). Além disso, a constante situação de flagrância viabiliza o ingresso em domicílio, ainda que não permitido pelo morador - veja o artigo 5º, XI, da CF.

(c) Pode ser aplicada a Súmula 711 do STF: *a lei penal mais grave aplica-se ao crime continuado ou ao crime permanente, se a sua vigência é anterior à cessação da continuidade ou da permanência.*

---

### 21.2.1.15. FIGURA PRIVILEGIADA (§ 2º)

A forma privilegiada do crime de moeda falsa é punida com pena de detenção, de seis meses a dois anos, e multa. Trata-se de crime de menor potencial ofensivo, de competência do Juizado Especial Criminal (Lei nº 9.099/1995, art. 61), compatível com a transação penal (Lei nº 9.099/1995, art. 76). A pena mínima, por ser inferior a um ano, faz com que seja possível a suspensão condicional do processo (Lei nº 9.099/1995, art. 89).

O § 2º criminaliza a conduta daquele que, de boa-fé, recebe a moeda falsa pensando ser verdadeira, mas, ao perceber que se trata de falsificação, decide colocá-la novamente em circulação para que outra pessoa sofra o prejuízo. Note que a redação fala em *depois de conhecer a falsidade*. Ou seja, a prática do delito do § 2º depende de dolo direto – o agente *sabe* que está passando adiante moeda falsa.

Obviamente, se a pessoa não souber que se trata de moeda falsa, será atípica sua conduta por ter agido em erro de tipo essencial (CP, art. 20, *caput*). Exemplo: Joaquim recebeu, em sua padaria, uma cédula de dez reais. Minutos depois, o dinheiro foi repassado a Carlos, sem saber que se tratava de moeda falsa. Na hipótese, por falsa percepção da realidade, Joaquim desconhecia a elementar *moeda falsa ou alterada*.

### 21.2.1.16. QUALIFICADORAS (§ 3º E § 4º)

Na modalidade simples, o crime de moeda falsa é punido com pena de reclusão, de três a doze anos, e multa. Nas figuras qualificadas, dos parágrafos terceiro e quarto, o legislador *pesou a mão*: pena de reclusão, de três a quinze anos, e multa. Para se ter uma ideia, a pena máxima do estupro qualificado (CP, art. 213, § 1º) é de doze anos. Os dispositivos punem as seguintes condutas:

(a) No § 3º, temos crime próprio, que pode ser cometido apenas por funcionário público (CP, art. 327), diretor, gerente ou fiscal de banco de emissão de moeda. O crime consiste em fabricar, emitir ou autorizar a fabricação ou emissão de moeda em desconformidade com parâmetros estabelecidos em lei ou de papel-moeda em quantidade superior à autorizada (ex.: art. 1º da Lei n. 8.891/1994).

(b) No § 4º, o crime é comum. Pode ser praticado por qualquer pessoa. A redação não guarda mistério: pune-se quem devia e faz circular moeda cuja circulação não estava ainda autorizada.

**CRIMES ASSIMILADOS AO DE MOEDA FALSA**

> *Art. 290. Formar cédula, nota ou bilhete representativo de moeda com fragmentos de cédulas, notas ou bilhetes verdadeiros; suprimir, em nota, cédula ou bilhete recolhidos, para o fim de restituí-los à circulação, sinal indicativo de sua inutilização; restituir à circulação cédula, nota ou bilhete em tais condições, ou já recolhidos para o fim de inutilização:*
> *Pena - reclusão, de dois a oito anos, e multa.*
> *Parágrafo único. O máximo da reclusão é elevado a doze anos e multa, se o crime é cometido por funcionário que trabalha na repartição onde o dinheiro se achava recolhido, ou nela tem fácil ingresso, em razão do cargo.*

| CLASSIFICAÇÃO DOUTRINÁRIA | DESTAQUES |
|---|---|
| × Crime simples;<br>× Crime comum (exceto no parágrafo único);<br>× Crime formal;<br>× Crime instantâneo;<br>× Crime de perigo concreto;<br>× Crime comissivo;<br>× Crime de forma livre;<br>× Crime não transeunte;<br>× Crime unissubjetivo;<br>× Crime plurissubsistente. | - Por se tratar de crime não transeunte (que deixa vestígio), deve ser realizada perícia.<br>- A competência é da Justiça Federal. |

### 21.2.2.1. CONDUTAS

O crime do artigo 290 do CP pode ser praticado das seguintes formas:

(a) *Formar cédula, nota ou bilhete representativo de moeda com fragmentos de cédulas, notas ou bilhetes verdadeiros;*

(b) *Suprimir, em nota, cédula ou bilhete recolhidos, para o fim de restituí-los à circulação, sinal indicativo de sua inutilização;*

(c) *Restituir à circulação cédula, nota ou bilhete em tais condições, ou já recolhidos para o fim de inutilização.*

Por se tratar de um tipo penal misto alternativo, ficará caracterizado crime único se praticada mais de uma dessas condutas em um mesmo contexto fático. A pluralidade de condutas pode gerar impacto na aplicação da pena-base, nos termos do artigo 59 do CP.

### 21.2.2.2. SUJEITOS DO CRIME

Crime comum, pode ser praticado por qualquer pessoa. O sujeito passivo imediato é o Estado e, de forma mediata, eventuais prejudicados pela conduta típica.

### 21.2.2.3. ELEMENTO SUBJETIVO

Crime doloso, acrescido de um especial fim de agir no verbo *suprimir*, consistente no objetivo de restituição à circulação. A conduta culposa é atípica.

### 21.2.2.4. CONSUMAÇÃO E TENTATIVA

Crime formal, consuma-se no instante em que praticada a conduta típica. Por se tratar de crime de perigo concreto, demanda a demonstração do efetivo risco à fé pública - não pode ser presumido. A tentativa é possível.

### 21.2.2.5. AÇÃO PENAL

É crime de ação penal pública incondicionada, sem exceção.

### 21.2.2.6. PETRECHOS PARA FALSIFICAÇÃO DE MOEDA

> *Art. 291. Fabricar, adquirir, fornecer, a título oneroso ou gratuito, possuir ou guardar maquinismo, aparelho, instrumento ou qualquer objeto especialmente destinado à falsificação de moeda:*
> *Pena - reclusão, de dois a seis anos, e multa.*

| CLASSIFICAÇÃO DOUTRINÁRIA | DESTAQUES |
|---|---|
| × Crime simples;<br>× Crime comum;<br>× Crime formal;<br>× Crime instantâneo ("fabricar", "adquirir" e "fornecer") ou permanente ("possuir" e "guardar");<br>× Crime comissivo;<br>× Crime de forma livre;<br>× Crime não transeunte;<br>× Crime unissubjetivo;<br>× Crime plurissubsistente. | - É exemplo de crime obstáculo.<br>- É crime não transeunte, que deixa vestígio. Por isso, deve ser feita perícia do objeto material.<br>- A competência é da Justiça Federal. |

### 21.2.2.7. CONDUTAS

O crime consiste em fabricar, adquirir, fornecer, a título oneroso ou gratuito, possuir ou guardar maquinismo, aparelho, instrumento ou qualquer objeto especialmente destinado à falsificação de moeda.

### 21.2.2.8. SUJEITOS DO CRIME

Crime comum, pode ser praticado por qualquer pessoa. O sujeito passivo imediato é o Estado.

### 21.2.2.9. ELEMENTO SUBJETIVO

Crime doloso, não admite modalidade culposa.

### 21.2.2.10. CONSUMAÇÃO E TENTATIVA

Crime formal, consuma-se quando praticada conduta descrita no artigo 291 do CP, independentemente de obtenção de resultado naturalístico. A tentativa é possível.

### 21.2.2.11. AÇÃO PENAL

A ação penal é pública incondicionada, sem exceção.

### 21.2.3. EMISSÃO DE TÍTULO AO PORTADOR SEM PERMISSÃO LEGAL

> *Art. 292. Emitir, sem permissão legal, nota, bilhete, ficha, vale ou título que contenha promessa de pagamento em dinheiro ao portador ou a que falte indicação do nome da pessoa a quem deva ser pago:*
> *Pena - detenção, de um a seis meses, ou multa.*
> *Parágrafo único. Quem recebe ou utiliza como dinheiro qualquer dos documentos referidos neste artigo incorre na pena de detenção, de quinze dias a três meses, ou multa.*

| CLASSIFICAÇÃO DOUTRINÁRIA | DESTAQUES |
|---|---|
| × Crime simples;<br>× Crime comum;<br>× Crime formal;<br>× Crime instantâneo;<br>× Crime comissivo;<br>× Crime de forma livre;<br>× Crime unissubjetivo;<br>× Crime plurissubsistente. | - É exemplo de norma penal em branco.<br>- A competência é da Justiça Federal. |

### 21.2.3.1. CONDUTA

A conduta consiste em emitir, sem permissão legal, nota, bilhete, ficha, vale ou título que contenha promessa de pagamento em dinheiro ao portador ou a que falte indicação do nome da pessoa a quem deva ser pago.

### 21.2.3.2. SUJEITOS DO CRIME

Crime comum, pode ser praticado por qualquer pessoa. O sujeito passivo imediato é o Estado e, indiretamente, eventuais prejudicados.

### 21.2.3.3. ELEMENTO SUBJETIVO

Crime doloso, não admite modalidade culposa.

### 21.2.3.4. CONSUMAÇÃO E TENTATIVA

Crime formal, consuma-se com a emissão do título ao portador. Ou seja, quando coloca efetivamente em circulação os títulos elencados no caput do artigo 292. É possível a tentativa.

### 21.2.3.5. AÇÃO PENAL

A ação penal é pública incondicionada, sem exceção.

### 21.2.3.6. MODALIDADE PRIVILEGIADA (PARÁGRAFO ÚNICO)

Quem recebe ou utiliza como dinheiro qualquer dos documentos elencados no caput do artigo 292 incorre na pena de detenção, de quinze dias a três meses, ou multa.

## 21.3. DA FALSIDADE DE TÍTULOS E OUTROS PAPÉIS PÚBLICOS

### 21.3.1. FALSIFICAÇÃO DE PAPÉIS PÚBLICOS

*Art. 293. Falsificar, fabricando-os ou alterando-os:*
*I – selo destinado a controle tributário, papel selado ou qualquer papel de emissão legal destinado à arrecadação de tributo;*
*II - papel de crédito público que não seja moeda de curso legal;*
*III - vale postal;*
*IV - cautela de penhor, caderneta de depósito de caixa econômica ou de outro estabelecimento mantido por entidade de direito público;*

V - talão, recibo, guia, alvará ou qualquer outro documento relativo a arrecadação de rendas públicas ou a depósito ou caução por que o poder público seja responsável;

VI - bilhete, passe ou conhecimento de empresa de transporte administrada pela União, por Estado ou por Município:

Pena - reclusão, de dois a oito anos, e multa.

§ 1°. Incorre na mesma pena quem:

I – usa, guarda, possui ou detém qualquer dos papéis falsificados a que se refere este artigo;

II – importa, exporta, adquire, vende, troca, cede, empresta, guarda, fornece ou restitui à circulação selo falsificado destinado a controle tributário;

III – importa, exporta, adquire, vende, expõe à venda, mantém em depósito, guarda, troca, cede, empresta, fornece, porta ou, de qualquer forma, utiliza em proveito próprio ou alheio, no exercício de atividade comercial ou industrial, produto ou mercadoria:

a) em que tenha sido aplicado selo que se destine a controle tributário, falsificado;

b) sem selo oficial, nos casos em que a legislação tributária determina a obrigatoriedade de sua aplicação.

§ 2°. Suprimir, em qualquer desses papéis, quando legítimos, com o fim de torná-los novamente utilizáveis, carimbo ou sinal indicativo de sua inutilização:

Pena - reclusão, de um a quatro anos, e multa.

§ 3°. Incorre na mesma pena quem usa, depois de alterado, qualquer dos papéis a que se refere o parágrafo anterior.

§ 4°. Quem usa ou restitui à circulação, embora recebido de boa-fé, qualquer dos papéis falsificados ou alterados, a que se referem este artigo e o seu § 2°, depois de conhecer a falsidade ou alteração, incorre na pena de detenção, de seis meses a dois anos, ou multa.

§ 5°. Equipara-se a atividade comercial, para os fins do inciso III do § 1°, qualquer forma de comércio irregular ou clandestino, inclusive o exercido em vias, praças ou outros logradouros públicos e em residências.

| CLASSIFICAÇÃO DOUTRINÁRIA | DESTAQUES |
|---|---|
| × Crime simples;<br>× Crime comum;<br>× Crime formal;<br>× Crime instantâneo;<br>× Crime comissivo;<br>× Crime de forma livre;<br>× Crime unissubjetivo;<br>× Crime plurissubsistente. | - A falsificação grosseira não caracteriza o delito (CP, art. 17).<br>- Em regra, competência da Justiça estadual, salvo quando se tratar de papel cuja emissão caiba à União. |

### 21.3.1.1. CONDUTAS

Falsificar os documentos elencados no artigo 293, caput, do CP.

### 21.3.1.2. SUJEITOS DO CRIME

O sujeito ativo pode ser qualquer pessoa (crime comum). Se o agente for funcionário público, a pena deverá ser aumentada em um sexto, desde que pratique a conduta prevalecendo-se do cargo (CP, art. 295). O sujeito passivo imediato é o Estado.

### 21.3.1.3. ELEMENTO SUBJETIVO

Crime doloso, não admite modalidade culposa.

### 21.3.1.4. CONSUMAÇÃO E TENTATIVA

Crimes formal, consuma-se com a falsificação, independentemente de qualquer resultado. É possível a tentativa.

### 21.3.1.5. AÇÃO PENAL

A ação penal é pública incondicionada.

### 21.3.1.6. PENAS

A pena é de reclusão, de dois a oito anos, e multa.

### 21.3.1.7. FIGURAS EQUIPARADAS

Incorre na mesma pena, de reclusão, de dois a oito anos, e multa, quem:

(a) usa, guarda, possui ou detém qualquer dos papéis falsificados a que se refere o artigo 293 do CP;

(b) importa, exporta, adquire, vende, troca, cede, empresta, guarda, fornece ou restitui à circulação selo falsificado destinado a controle tributário;

(c) importa, exporta, adquire, vende, expõe à venda, mantém em depósito, guarda, troca, cede, empresta, fornece, porta ou, de qualquer forma, utiliza em proveito próprio ou alheio, no exercício de atividade comercial ou industrial, produto ou mercadoria: (I) em que tenha sido aplicado selo que se destine a controle tributário, falsificado; (II) sem selo oficial, nos casos em que a legislação tributária determina a obrigatoriedade de sua aplicação.

### 21.3.1.8. ATIVIDADE COMERCIAL

O § 5º do artigo 293, adicionado pela Lei n. 11.035, de 2004, ampliou o conceito de atividade comercial, expressão adotada no § 1º, III.

### 21.3.1.9. REUTILIZAÇÃO DE PAPEL PÚBLICO INUTILIZADO

No § 2º do artigo 293, a conduta consiste em fazer com que papel público legítimo, mas inutilizado, volte a ser novamente utilizável após a supressão de carimbo ou sinal indicativo que indique a inutilização. A pena é de reclusão, de um a quatro anos, e multa – a pena mínima faz com que o delito seja compatível com a suspensão condicional do processo (Lei n. 9.099/1995, art. 89), mas não se trata de crime de menor potencial ofensivo (Lei n. 9.099/1995, art. 61). Quem faz uso do documento é punido com a mesma pena (§ 3º). Na hipótese em que o responsável pela supressão faz uso do papel, há um único crime, e não dois, em concurso.

### 21.3.1.10. RESTITUIÇÃO À CIRCULAÇÃO DOS PAPÉIS REUTILIZADOS RECEBIDOS DE BOA-FÉ

Quem usa ou restitui à circulação, embora recebido de boa-fé, qualquer dos papéis falsificados ou alterados resultantes da conduta do § 2º (hipótese anterior), depois de conhecer a falsidade ou alteração, incorre na pena de detenção, de seis meses a dois anos, ou multa. Crime de menor potencial ofensivo, deve ser processado e julgado por Juizado Especial Criminal. Admite-se a transação penal e a suspensão condicional do processo (Lei n. 9.099/1995, arts. 61, 76 e 89).

### 21.3.2. PETRECHOS DE FALSIFICAÇÃO

*Art. 294. Fabricar, adquirir, fornecer, possuir ou guardar objeto especialmente destinado à falsificação de qualquer dos papéis referidos no artigo anterior:*

*Pena - reclusão, de um a três anos, e multa.*

| CLASSIFICAÇÃO DOUTRINÁRIA | DESTAQUES |
|---|---|
| × Crime simples;<br>× Crime comum;<br>× Crime formal;<br>× Crime instantâneo ("fabricar", "adquirir" e "fornecer") ou permanente ("possuir" e "guardar");<br>× Crime não transeunte;<br>× Crime comissivo;<br>× Crime de forma livre;<br>× Crime unissubjetivo;<br>× Crime plurissubsistente. | - É exemplo de crime obstáculo.<br>- É um crime não transeunte (deixa vestígio), cuja materialidade é aferida por perícia. |

### 21.3.2.1. CONDUTAS

O crime consiste em fabricar, adquirir, fornecer, possuir ou guardar objeto especialmente destinado à falsificação de qualquer dos papéis referidos no 293 do CP.

### 21.3.2.2. SUJEITOS DO CRIME

O sujeito ativo pode ser qualquer pessoa (crime comum). Se o indivíduo for funcionário público, a pena deve ser aumentada em um sexto (art. 295), caso tenha se prevalecido do cargo público. O sujeito passivo é o Estado.

### 21.3.2.3. ELEMENTO SUBJETIVO

Crime doloso, não admite modalidade culposa.

### 21.3.2.4. CONSUMAÇÃO E TENTATIVA

Crime formal, consuma-se com a fabricação, aquisição, fornecimento, posse ou guarda dos objetos destinados à falsificação, independentemente da sua efetiva utilização pelo agente ou por qualquer outra pessoa. Não é possível.

### 21.3.2.5. AÇÃO PENAL

A ação penal é pública incondicionada.

### 21.3.3. CAUSA DE AUMENTO DE PENA

> *Art. 295. Se o agente é funcionário público, e comete o crime prevalecendo-se do cargo, aumenta-se a pena de sexta parte.*

## 21.4. DA FALSIDADE DOCUMENTAL

### 21.4.1. FALSIFICAÇÃO DO SELO OU SINAL PÚBLICO

> *Art. 296. Falsificar, fabricando-os ou alterando-os:*
> *I - selo público destinado a autenticar atos oficiais da União, de Estado ou de Município;*
> *II - selo ou sinal atribuído por lei a entidade de direito público, ou a autoridade, ou sinal público de tabelião:*
> *Pena - reclusão, de dois a seis anos, e multa.*
> *§ 1º. Incorre nas mesmas penas:*
> *I - quem faz uso do selo ou sinal falsificado;*
> *II - quem utiliza indevidamente o selo ou sinal verdadeiro em prejuízo de outrem ou em proveito próprio ou alheio.*
> *III - quem altera, falsifica ou faz uso indevido de marcas, logotipos, siglas ou quaisquer outros símbolos utilizados ou identificadores de órgãos ou entidades da Administração Pública.*
> *§ 2º. Se o agente é funcionário público, e comete o crime prevalecendo-se do cargo, aumenta-se a pena de sexta parte.*

**CLASSIFICAÇÃO DOUTRINÁRIA**

Crime simples;
Crime comum;
Crime formal;
Crime instantâneo;
Crime não transeunte;
Crime comissivo;
Crime de forma livre;
Crime unissubjetivo;
Crime plurissubsistente.

### 21.4.1.1. CONDUTAS

Falsificar, por fabricação ou alteração: (a) selo público destinado a autenticar atos oficiais da União, de Estado ou de Município; (b) selo ou sinal atribuído por lei a entidade de direito público, ou a autoridade, ou sinal público de tabelião.

### 21.4.1.2. SUJEITOS DO CRIME

Crime comum, pode ser praticado por qualquer pessoa. Se o agente é funcionário público, e comete o crime prevalecendo-se do cargo, aumenta-se a pena de sexta parte. O sujeito passivo é o Estado.

### 21.4.1.3. ELEMENTO SUBJETIVO

Crime doloso, não admite modalidade culposa.

### 21.4.1.4. CONSUMAÇÃO E TENTATIVA

Crime formal, consuma-se no momento da falsificação, independentemente de prejuízo a terceiro.

### 21.4.1.5. AÇÃO PENAL

A ação penal é pública incondicionada.

### 21.4.1.6. FIGURAS EQUIPARADAS

Incorre nas mesmas penas quem:

(a) Faz uso do selo ou sinal falsificado. Caso o uso se dê por quem os falsificou, deve ser reconhecida a prática de um único crime (o do caput), pois o uso é mero exaurimento da falsificação;

(b) Quem utiliza indevidamente o selo ou sinal verdadeiro em prejuízo de outrem ou em proveito próprio ou alheio;

(c) Quem altera, falsifica ou faz uso indevido de marcas, logotipos, siglas ou quaisquer outros símbolos utilizados ou identificadores de órgãos ou entidades da Administração Pública.

## 21.4.2. FALSIFICAÇÃO DE DOCUMENTO PÚBLICO

*Art. 297. Falsificar, no todo ou em parte, documento público, ou alterar documento público verdadeiro:*
*Pena - reclusão, de dois a seis anos, e multa.*
*§ 1º. Se o agente é funcionário público, e comete o crime prevalecendo-se do cargo, aumenta-se a pena de sexta parte.*

*§ 2°. Para os efeitos penais, equiparam-se a documento público o emanado de entidade paraestatal, o título ao portador ou transmissível por endosso, as ações de sociedade comercial, os livros mercantis e o testamento particular.*

*§ 3°. Nas mesmas penas incorre quem insere ou faz inserir:*

*I - na folha de pagamento ou em documento de informações que seja destinado a fazer prova perante a previdência social, pessoa que não possua a qualidade de segurado obrigatório;*

*II - na Carteira de Trabalho e Previdência Social do empregado ou em documento que deva produzir efeito perante a previdência social, declaração falsa ou diversa da que deveria ter sido escrita;*

*III - em documento contábil ou em qualquer outro documento relacionado com as obrigações da empresa perante a previdência social, declaração falsa ou diversa da que deveria ter constado.*

*§ 4°. Nas mesmas penas incorre quem omite, nos documentos mencionados no § 3°, nome do segurado e seus dados pessoais, a remuneração, a vigência do contrato de trabalho ou de prestação de serviços.*

| CLASSIFICAÇÃO DOUTRINÁRIA | DESTAQUES |
| --- | --- |
| × Crime simples;<br>× Crime comum;<br>× Crime formal;<br>× Crime instantâneo;<br>× Crime não transeunte;<br>× Crime comissivo;<br>× Crime de forma livre;<br>× Crime unissubjetivo;<br>× Crime plurissubsistente. | - A falsificação grosseira faz com que se reconheça hipótese de crime impossível (CP, art. 17).<br>- Cuidado com os documentos equiparados a públicos, previstos no § 2°. Tema de alta incidência em provas. |

### 21.4.2.1. CONDUTAS

O crime é praticado quando o agente falsifica (cria), no todo ou em parte, documento público, ou altera (modifica) documento público verdadeiro. Por se tratar de falsificação que recai sobre o corpo do documento (falsidade material), difere do crime de falsidade ideológica (CP, art. 299), em que o documento é verdadeiro e se mantém íntegro, mas a informação nele contida (ou omitida) é falsa ou diversa da que devia ser escrita.

### 21.4.2.2. DOCUMENTO PÚBLICO

*Documento público* é um conceito eminentemente normativo – não há definição legal -, que depende de um juízo de valor para que possa ser compreendido. Não existe uma norma que liste os documentos públicos em rol taxativo. Quanto ao tema, cuidado, no entanto, com o disposto no § 2º, que descreve situação em que documento particular deve ser considerado, por equiparação e para fins penais, público.

> **ATENÇÃO!**
>
> O § 2º do artigo 297 é muito cobrado em concursos públicos. Basta memorizá-lo. As bancas não cobram o conceito dos documentos elencados no dispositivo.

### 21.4.2.3. FALSIFICAÇÃO GROSSEIRA

Não se fala em crime de falsificação de documento público quando a falsificação for grosseira, absolutamente incapaz de enganar alguém, pois se trata de hipótese de crime impossível (CP, art. 17). Todavia, nada impede o reconhecimento da prática do crime de estelionato, caso a falsificação tenha servido como ardil para enganar a vítima – da mesma forma como acontece no crime de moeda falsa (CP, art. 289), nos termos da Súmula 73 do STJ.

### 21.4.2.4. PERÍCIA

Por se tratar de crime que deixa vestígio (não transeunte), o crime do artigo 297 do CP exige exame pericial para que fique comprovada a materialidade do delito, não podendo supri-lo a confissão do acusado (CPP, art. 158). Ou seja, não posso ser condenado pelo crime de falsificação de documento público com base, exclusivamente, em minha confissão, sem que exista prova pericial ou outra que a substitua.

### 21.4.2.5. SUJEITOS DO CRIME

O crime do artigo 297 do CP pode ser praticado por qualquer pessoa (crime comum). O sujeito passivo é o Estado e, mediatamente, a pessoa física ou jurídica atingida pelo delito.

### 21.4.2.6. ELEMENTO SUBJETIVO

É o dolo, sem que se exija qualquer finalidade específica. É atípica a modalidade culposa.

### 21.4.2.7. CONSUMAÇÃO E TENTATIVA

Por ser crime formal, consuma-se com a falsificação, total ou parcial, de documento público, ou com a alteração de documento público verdadeiro. A consumação não depende do efetivo uso do documento ou de obtenção de qualquer vantagem. A tentativa é possível.

### 21.4.2.8. AÇÃO PENAL

O crime do artigo 297 do CP é sempre de ação penal pública incondicionada.

### 21.4.2.9. COMPETÊNCIA

Em regra, o crime de falsificação de documento público é da Justiça Estadual, exceto nas hipóteses previstas no artigo 109, IV, da CF, quando praticada em detrimento de bens, serviços ou interesse da União ou de suas entidades autárquicas ou empresas públicas.

> **ATENÇÃO**
>
> A respeito da falsificação de documento público, atenção à Súmula Vinculante 36, cobrada frequentemente em provas:
> *Compete à Justiça Federal comum processar e julgar civil denunciado pelos crimes de falsificação e de uso de documento falso quando se tratar de falsificação da Caderneta de Inscrição e Registro (CIR) ou de Carteira de Habilitação de Amador (CHA), ainda que expedidas pela Marinha do Brasil.*

### 21.4.2.10. AUMENTO DE PENA (§ 1º)

O conceito de funcionário público para fins penais pode ser extraído do artigo 327 do CP. Frise-se, todavia, que, para a incidência da majorante, o indivíduo tem de tirar proveito do exercício da função pública, das facilidades por esta proporcionadas.

Os parágrafos terceiro e quarto foram adicionados ao artigo 297 no ano 2000, a partir da entrada em vigor da Lei nº 9.983, que ampliou o rol de documentos públicos por equiparação. A modificação teve por alvo a prática de condutas contra a Previdência Social. Até aqui, nenhum problema, bastando a memorização dos documentos mencionados. Entretanto, veja que os verbos nucleares – *inserir*, *fazer inserir* e *omitir* – fazem dos parágrafos, em verdade, modalidades especiais do crime de falsidade ideológica (CP, art. 299). Ficou claro, portanto, que o legislador não soube distinguir falsidade material de falsidade ideológica.

## 21.4.3. FALSIFICAÇÃO DE DOCUMENTO PARTICULAR

*Art. 298. Falsificar, no todo ou em parte, documento particular ou alterar documento particular verdadeiro:*
*Pena - reclusão, de um a cinco anos, e multa.*

| CLASSIFICAÇÃO DOUTRINÁRIA | DESTAQUES |
| --- | --- |
| × Crime simples;<br>× Crime comum;<br>× Crime formal;<br>× Crime instantâneo;<br>× Crime não transeunte;<br>× Crime comissivo;<br>× Crime de forma livre;<br>× Crime unissubjetivo;<br>× Crime plurissubsistente. | - É equiparado a documento particular o cartão de crédito ou débito.<br>- A definição de documento particular se dá por exclusão - é particular o documento que não é público. |

### 21.4.3.1. CONDUTAS

O crime de falsificação de documento particular é *irmão* da falsidade material de documento público, do artigo 297 do CP, mas ambos não se confundem, obviamente, em virtude do objeto material de cada um deles – no delito do artigo 298, o *documento particular*. A conduta do delito em estudo se dá pela falsificação (criar), no todo ou em parte, de documento particular, ou alteração (modificar) de documento particular verdadeiro.

### 21.4.3.2. DOCUMENTO PARTICULAR

Por documento particular, considere todo aquele que não é público. O conceito decorre, portanto, de exclusão. Em provas, as bancas não costumam fazer *pegadinhas* sobre o tema, mas você deve ficar atento às seguintes situações:

(a) No § 2º do artigo 297, a lei estabelece que, para os efeitos penais, equiparam-se a documento público o emanado de entidade paraestatal, o título ao portador ou transmissível por endosso, as ações de sociedade comercial, os livros mercantis e o testamento particular;

(b) No parágrafo único do artigo 298, norma penal explicativa, é dito que equipara-se a documento particular o cartão de crédito ou débito.

### 21.4.3.3. SUJEITOS DO CRIME

O sujeito ativo pode ser qualquer pessoa (crime comum). O sujeito passivo é o Estado e, indiretamente, pessoa eventualmente prejudicada pela conduta criminosa.

### 21.4.3.4. ELEMENTO SUBJETIVO

Crime doloso, que não reclama qualquer finalidade específica. Não é admitida a modalidade culposa.

### 21.4.3.5. CONSUMAÇÃO E TENTATIVA

Crime formal, consuma-se com a falsificação, total ou parcial, de documento particular, ou com a alteração de documento particular verdadeiro, pouco importando o efetivo uso da falsificação ou a obtenção de qualquer vantagem. A tentativa é possível.

### 21.4.3.6. AÇÃO PENAL

É crime de ação penal pública incondicionada, sem exceção.

### 21.4.3.7. FALSIFICAÇÃO DE CARTÃO

> *Parágrafo único. Para fins do disposto no caput, equipara-se a documento particular o cartão de crédito ou débito.*

### 21.4.4. **FALSIDADE IDEOLÓGICA**

> *Art. 299. Omitir, em documento público ou particular, declaração que dele devia constar, ou nele inserir ou fazer inserir declaração falsa ou diversa da que devia ser escrita, com o fim de prejudicar direito, criar obrigação ou alterar a verdade sobre fato juridicamente relevante:*
>
> *Pena - reclusão, de um a cinco anos, e multa, se o documento é público, e reclusão de um a três anos, e multa, de quinhentos mil réis a cinco contos de réis, se o documento é particular.*
>
> *Parágrafo único. Se o agente é funcionário público, e comete o crime prevalecendo-se do cargo, ou se a falsificação ou alteração é de assentamento de registro civil, aumenta-se a pena de sexta parte.*

| CLASSIFICAÇÃO DOUTRINÁRIA | DESTAQUES |
|---|---|
| x Crimes simples;<br>x Crime comum;<br>x Crime formal;<br>x Crime instantâneo;<br>x Crime não transeunte;<br>x Crime comissivo ("inserir" e "fazer inserir") ou omissivo próprio ("omitir");<br>x Crime de forma livre;<br>x Crime unissubjetivo;<br>x Crime unissubsistente ("omitir") ou plurissubsistente ("inserir" e "fazer inserir"). | - Na falsidade ideológica, o documento, em si, é verdadeiro.<br>- É atípica a conduta se ausente o elemento subjetivo específico ("com o fim de prejudicar direito, criar obrigação ou alterar a verdade sobre fato juridicamente relevante"). |

### 21.4.4.1. **DECLARAÇÃO INIDÔNEA**

Para que fique caracterizada a falsidade ideológica, a declaração omitida ou incluída deve ter o potencial de prejudicar direito, criar obrigação ou alterar a verdade sobre fato juridicamente relevante. Portanto, pode acontecer de alguém mentir em um documento público ou particular e, mesmo assim, não ser hipótese de falsidade ideológica. Em um primeiro momento, duas hipóteses de fácil compreensão: (1) a informação não tem qualquer relevância em um determinado contexto (ex.: mentir sobre formação acadêmica em um contrato de compra e venda de imóvel); (2) a falsidade grosseira, facilmente perceptível.

Entretanto, há outra situação capaz de afastar a ocorrência do crime: quando a declaração for passível de comprovação posterior. Isso porque, segundo o STJ, documento, para os fins do tipo penal, é o instrumento idôneo a provar um fato independentemente de qualquer verificação ulterior. O documento prova o fato por si só. Para entender a reflexão, veja o exemplo da falsa declaração de pobreza ou de hipossuficiência. Imagine que, hoje, ao ajuizar ação, para não ter de pagar eventuais custas, o indivíduo declara ser pobre, embora não o seja. Ainda que essa declaração goze de presunção relativa de veracidade, pode o indivíduo ter de comprová-la, pois a declaração, por si só, nada prova.

### 21.4.4.2. JURISPRUDÊNCIA RELACIONADA

> *A Turma reiterou o entendimento de que a apresentação de declaração de pobreza com informações falsas para obtenção da assistência judiciária gratuita não caracteriza os crimes de falsidade ideológica ou uso de documento falso. Isso porque tal declaração é passível de comprovação posterior, de ofício ou a requerimento, já que a presunção de sua veracidade é relativa. Além disso, constatada a falsidade das declarações constantes no documento, pode o juiz da causa fixar multa de até dez vezes o valor das custas judiciais como punição (Lei n. 1.060/1950, art. 4º, § 1º). Com esses fundamentos, o colegiado trancou a ação penal pela prática de falsidade ideológica e uso de documento falso movida contra acusado.* (STJ, HC 217.657-SP)

> **ATENÇÃO!**
>
> Segundo o STJ, não é típica a conduta de inserir, em currículo *Lattes*, dado que não condiz com a realidade. As razões: (1) o currículo *Lattes* não é considerado documento, pois é eletrônico e não necessita de assinatura digital; (2) é passível de averiguação e, portanto, não é objeto material de falsidade ideológica. Quando o documento é passível de averiguação, o STJ entende que não há crime de falsidade ideológica mesmo que o agente tenha nele inserido informações falsas. (STJ, RHC 81451-RJ)

### 21.4.4.3. SUJEITOS DO CRIME

Crime comum, pode ser praticado por qualquer pessoa. Se o agente, no entanto, é funcionário público, e comete o crime prevalecendo-se do cargo, aumenta-se a pena de sexta parte. O sujeito passivo é o Estado.

### 21.4.4.4. ELEMENTO SUBJETIVO

Crime doloso, demanda um especial fim de agir (*com o fim de prejudicar direito*). A modalidade culposa é atípica.

### 21.4.4.5. CONSUMAÇÃO E TENTATIVA

Crime formal, consuma-se com a omissão, em documento público ou particular, de declaração que nele devia constar, ou a partir da inserção de declaração falsa ou diversa da que devia ser escrita, com o fim de prejudicar direito, criar obrigação ou alterar a verdade sobre fato juridicamente relevante. Quanto à tentativa, na hipótese de omissão, não há como, como acontece em qualquer crime omissivo próprio.

### 21.4.4.6. POSSIBILIDADE DE TENTATIVA NAS CONDUTAS COMISSIVAS

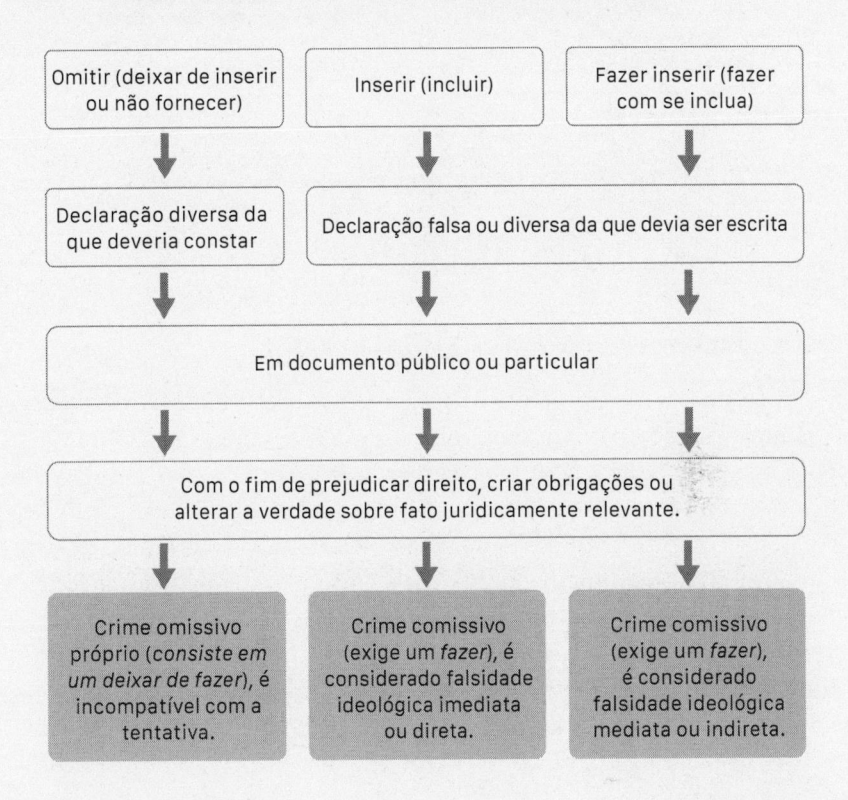

## 21.4.4.7. TENTATIVA NA OMISSÃO PRÓPRIA

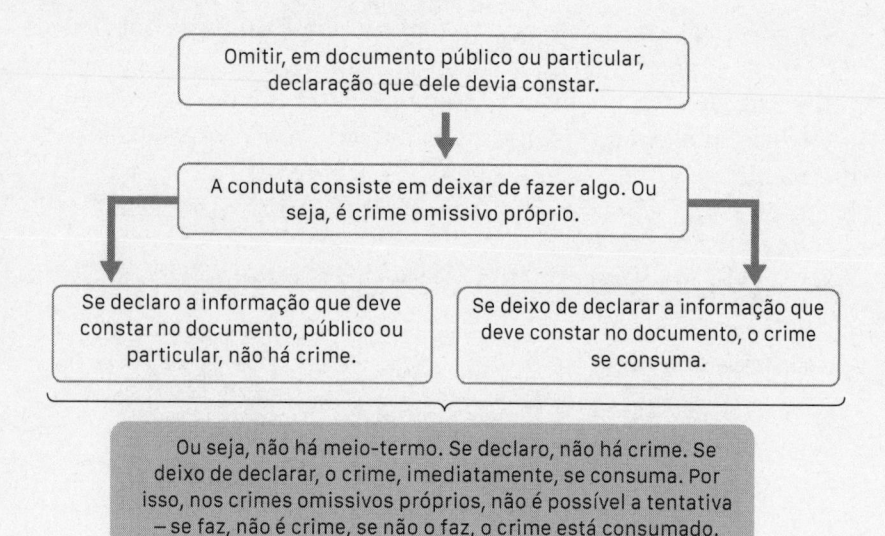

Omitir, em documento público ou particular, declaração que dele devia constar.

A conduta consiste em deixar de fazer algo. Ou seja, é crime omissivo próprio.

Se declaro a informação que deve constar no documento, público ou particular, não há crime.

Se deixo de declarar a informação que deve constar no documento, o crime se consuma.

Ou seja, não há meio-termo. Se declaro, não há crime. Se deixo de declarar, o crime, imediatamente, se consuma. Por isso, nos crimes omissivos próprios, não é possível a tentativa – se faz, não é crime, se não o faz, o crime está consumado.

## 21.4.4.8. FALSIDADE IDEOLÓGICA E FALSA IDENTIDADE

Por razão que desconheço, a imprensa sempre confunde o crime de falsidade ideológica com o de falsa identidade (CP, arts. 307 e 308), embora sejam delitos sem relação direta, em comum apenas o fato de que integram um mesmo título do CP, o dos crimes contra a fé pública. Não tem como confundir: na falsidade ideológica, a conduta consiste em omitir, em documento público ou particular, declaração que dele devia constar, ou nele inserir ou fazer inserir declaração falsa ou diversa da que devia ser escrita, com o fim de prejudicar direito, criar obrigação ou alterar a verdade sobre fato juridicamente relevante. Na falsa identidade, o sujeito ativo atribui a si ou a terceiro falsa identidade para obter vantagem, em proveito próprio ou alheio, ou para causar dano a outrem.

## 21.4.4.9. PENAS

Se a falsidade ideológica se der em documento particular, a pena é de reclusão, de um a três anos, e multa; se público, de reclusão, de um a cinco anos, e multa. Em ambas as hipóteses, é possível a suspensão condicional do processo (Lei n. 9.099/1995, art. 89).

### 21.4.4.10. CAUSAS DE AUMENTO DE PENA

A pena é aumentada de sexta parte quando o crime:

**(a)** For praticado por funcionário público, e comete o delito prevalecendo-se do cargo;

**(b)** Tiver por objeto material assentamento de registro civil.

Quanto à segunda hipótese, atenção ao prazo prescricional, que passa a correr a partir da data em que o fato se tornou conhecido (CP, art. 111, IV). É irrelevante a data em que a falsidade ocorreu.

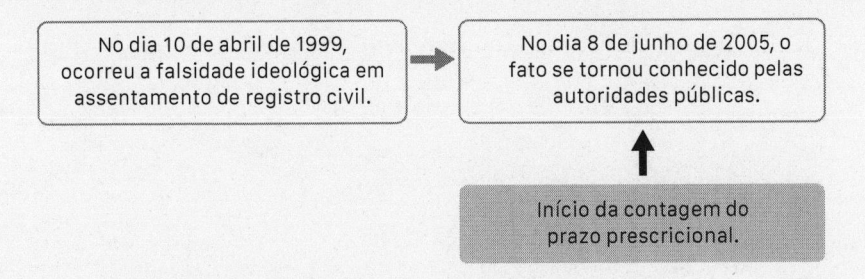

No dia 10 de abril de 1999, ocorreu a falsidade ideológica em assentamento de registro civil. → No dia 8 de junho de 2005, o fato se tornou conhecido pelas autoridades públicas.

↑ Início da contagem do prazo prescricional.

## 21.4.5. FALSO RECONHECIMENTO DE FIRMA OU LETRA

> *Art. 300. Reconhecer, como verdadeira, no exercício de função pública, firma ou letra que o não seja:*
> *Pena - reclusão, de um a cinco anos, e multa, se o documento é público; e de um a três anos, e multa, se o documento é particular.*

### CLASSIFICAÇÃO DOUTRINÁRIA

× Crime simples;
× Crime próprio;
× Crime formal;
× Crime instantâneo;
× Crime de forma vinculada;
× Crime unissubjetivo;
× Crime plurissubsistente.

### 21.4.5.1. CONDUTAS

Reconhecer, como verdadeira, no exercício de função pública, firma (assinatura) ou letra (caligrafia) que o não seja.

### 21.4.5.2. SUJEITOS DO CRIME

Crime próprio, pois deve ser praticado apenas por funcionário público dotado de fé pública (ex.: tabeliães) no exercício da função. O sujeito passivo imediato é o Estado e, indiretamente, eventuais prejudicados.

### 21.4.5.3. ELEMENTO SUBJETIVO

Crime doloso, não admite modalidade culposa.

### 21.4.5.4. CONSUMAÇÃO E TENTATIVA

Crime formal, consuma-se no momento em que o funcionário público reconhece, como verdadeira, firma ou letra que não o seja. É possível a tentativa.

### 21.4.5.5. AÇÃO PENAL

A ação penal é pública incondicionada.

### 21.4.5.6. PENAS

A pena é de reclusão, de um a cinco anos, e multa, se o documento é público; e de um a três anos, e multa, se o documento é particular

## 21.4.6. CERTIDÃO OU ATESTADO IDEOLOGICAMENTE FALSO

> *Art. 301. Atestar ou certificar falsamente, em razão de função pública, fato ou circunstância que habilite alguém a obter cargo público, isenção de ônus ou de serviço de caráter público, ou qualquer outra vantagem:*

> *Pena - detenção, de dois meses a um ano.*

### CLASSIFICAÇÃO DOUTRINÁRIA

* Crime simples;
* Crime próprio;
* Crime formal;
* Crime instantâneo;
* Crime de forma vinculada;
* Crime unissubjetivo;
* Crime unissubsistente.

### 21.4.6.1. CONDUTAS

O crime consiste em atestar ou certificar falsamente, em razão de função pública, fato ou circunstância que habilite alguém a obter cargo público, isenção de ônus ou de serviço de caráter público, ou qualquer outra vantagem.

### 21.4.6.2. SUJEITOS DO CRIME

Crime próprio, deve ser praticado por funcionário público, exceto na conduta do § 1º, que pode ser praticado por qualquer pessoa (crime comum). O sujeito passivo imediato é o Estado.

### 21.4.6.3. ELEMENTO SUBJETIVO

Crime doloso, não admite modalidade culposa.

### 21.4.6.4. CONSUMAÇÃO E TENTATIVA

Crime formal, consuma-se no momento em que o sujeito conclui a certidão ou atestado ideologicamente falso e o entrega a outrem. É irrelevante para a consumação o fato de o agente ter obtido qualquer vantagem. A tentativa é possível.

### 21.4.6.5. AÇÃO PENAL

A ação penal é pública incondicionada.

## 21.4.7. FALSIDADE MATERIAL DE ATESTADO OU CERTIDÃO

> § 1º. Falsificar, no todo ou em parte, atestado ou certidão, ou alterar o teor de certidão ou de atestado verdadeiro, para prova de fato ou circunstância que habilite alguém a obter cargo público, isenção de ônus ou de serviço de caráter público, ou qualquer outra vantagem:
> Pena - detenção, de três meses a dois anos.
> § 2º. Se o crime é praticado com o fim de lucro, aplica-se, além da pena privativa de liberdade, a de multa.

### 21.4.7.1. CONDUTAS

A conduta consiste em falsificar, no todo ou em parte, atestado ou certidão, ou alterar o teor de certidão ou de atestado verdadeiro, para prova de fato ou circunstância que habilite alguém a obter cargo público, isenção de ônus ou de serviço de caráter público, ou qualquer outra vantagem.

### 21.4.7.2. SUJEITOS DO CRIME

Crime comum, pode ser praticado por qualquer pessoa. O sujeito passivo é o Estado.

### 21.4.7.3. ELEMENTO SUBJETIVO

Crime doloso, não admite modalidade culposa.

### 21.4.7.4. CONSUMAÇÃO E TENTATIVA

Crime formal, consuma-se no momento da falsificação, pouco importando o efetivo uso do atestado ou certidão. A tentativa é possível.

### 21.4.7.5. AÇÃO PENAL

A ação penal é pública incondicionada.

### 21.4.8. FALSIDADE DE ATESTADO MÉDICO

Art. 302. Dar o médico, no exercício da sua profissão, atestado falso:
Pena - detenção, de um mês a um ano.
Parágrafo único. Se o crime é cometido com o fim de lucro, aplica-se também multa.

| CLASSIFICAÇÃO DOUTRINÁRIA | DESTAQUES |
|---|---|
| × Crime simples;<br>× Crime próprio;<br>× Crime formal<br>× Crime instantâneo;<br>× Crime não transeunte;<br>× Crime comissivo;<br>× Crime de forma livre;<br>× Crime unissubjetivo;<br>× Crime plurissubsistente. | - Apenas médico pode praticar o delito. Demais profissionais da área da saúde respondem por falsidade ideológica na hipótese de prática da conduta. |

### 21.4.8.1. CONDUTA

O crime consiste em dar o médico, no exercício da sua profissão, atestado falso.

### 21.4.8.2. SUJEITOS DO CRIME

Crime próprio, tem de ser praticado, necessariamente, por médico. Em relação aos demais profissionais da saúde, fica caracterizada a falsidade ideológica (CP, art. 299). O sujeito passivo imediato é o estado.

### 21.4.8.3. ELEMENTO SUBJETIVO

Crime doloso, não admite modalidade culposa.

### 21.4.8.4. CONSUMAÇÃO E TENTATIVA

Crime formal, consuma-se com a entrega do atestado falso, independentemente do efetivo uso. A tentativa é possível.

### 21.4.8.5. AÇÃO PENAL

A ação penal é pública incondicionada, sem exceção.

### 21.4.9. USO DE DOCUMENTO FALSO

> *Art. 304. Fazer uso de qualquer dos papéis falsificados ou alterados, a que se referem os arts. 297 a 302:*
> *Pena - a cominada à falsificação ou à alteração.*

| CLASSIFICAÇÃO DOUTRINÁRIA | DESTAQUES |
| --- | --- |
| × Crime simples;<br>× Crime comum;<br>× Crime formal;<br>× Crime instantâneo;<br>× Crime comissivo;<br>× Crime de forma livre;<br>× Crime unissubjetivo;<br>× Crime unissubsistente ou plurissubsistente. | - É exemplo de norma penal ao avesso.<br>- A competência é, em regra, da Justiça Estadual - leia o artigo 109, IV, da CF e a Súmula 546 do STJ. |

**Sujeitos do crime:** crime comum, pode ser praticado por qualquer pessoa. O sujeito passivo é o Estado.

**Conduta:** fazer uso de qualquer dos papéis falsificados ou alterados vistos no estudo dos artigos 297 a 302 do Código Penal.

**Pena:** a mesma cominada à falsificação ou à alteração.

| Crimes dos artigos 297 a 302 do CP | |
| --- | --- |
| Falsificação de documento público | Reclusão, de dois a seis anos, e multa. |
| Falsificação de documento particular | Reclusão, de um a cinco anos, e multa. |
| Falsidade ideológica | reclusão, de um a cinco anos, e multa, se o documento é público, e reclusão de um a três anos, e multa, se o documento é particular. |
| Falso reconhecimento de firma ou letra | Reclusão, de um a cinco anos, e multa, se o documento é público; e de um a três anos, e multa, se o documento é particular. |
| Certidão ou atestado ideologicamente falso | Detenção, de dois meses a um ano (Lei nº 9.099/95, art. 61). |
| Falsidade material de atestado ou certidão | Detenção, de um mês a um ano (Lei nº 9.099/95, art. 61). |

**Elemento subjetivo:** é o dolo.

**Consumação:** consuma-se quando for feito o uso do documento, independentemente de resultado naturalístico.

**Tentativa:** é possível.

**Ação penal:** crime de ação penal pública incondicionada.

## 21.4.10. SUPRESSÃO DE DOCUMENTO

> *Art. 305. Destruir, suprimir ou ocultar, em benefício próprio ou de outrem, ou em prejuízo alheio, documento público ou particular verdadeiro, de que não podia dispor:*
>
> *Pena - reclusão, de dois a seis anos, e multa, se o documento é público, e reclusão, de um a cinco anos, e multa, se o documento é particular.*

### CLASSIFICAÇÃO DOUTRINÁRIA

× Crime simples;

× Crime comum;

× Crime formal;

× Crime instantâneo ("destruir" e "suprimir") ou permanente ("ocultar");

× Crime comissivo;

× Crime de forma livre;

× Crime unissubjetivo;

× Crime plurissubsistente.

**Sujeitos do crime:** crime comum, pode ser praticado por qualquer pessoa. O sujeito passivo é o Estado.

**Conduta:** destruir, suprimir ou ocultar, em benefício próprio ou de outrem, ou em prejuízo alheio, documento público ou particular verdadeiro, de que não podia dispor.

**Pena:** reclusão, de dois a seis anos, e multa, se o documento é público, e reclusão, de um a cinco anos, e multa, se o documento é particular.

**Elemento subjetivo:** é o dolo.

**Consumação:** quando praticada qualquer conduta típica, independentemente do resultado naturalístico.

**Tentativa:** é possível.

**Ação penal:** crime de ação penal pública incondicionada.

## 21.5. DE OUTRAS FALSIDADES

### 21.5.1. FALSIFICAÇÃO DO SINAL EMPREGADO NO CONTRASTE DE METAL PRECIOSO OU NA FISCALIZAÇÃO ALFANDEGÁRIA, OU PARA OUTROS FINS

> Art. 306. Falsificar, fabricando-o ou alterando-o, marca ou sinal empregado pelo poder público no contraste de metal precioso ou na fiscalização alfandegária, ou usar marca ou sinal dessa natureza, falsificado por outrem:
> Pena - reclusão, de dois a seis anos, e multa.
> Parágrafo único. Se a marca ou sinal falsificado é o que usa a autoridade pública para o fim de fiscalização sanitária, ou para autenticar ou encerrar determinados objetos, ou comprovar o cumprimento de formalidade legal:
> Pena - reclusão ou detenção, de um a três anos, e multa.

### CLASSIFICAÇÃO DOUTRINÁRIA

- × Crime comum;
- × Crime formal;
- × Crime instantâneo;
- × Crime comissivo;
- × Crime de forma livre;
- × Crime unissubjetivo;
- × Crime plurissubsistente.

**Sujeitos do crime:** crime comum, pode ser praticado por qualquer pessoa. O sujeito passivo é o Estado.

**Conduta:** falsificar, fabricando-o ou alterando-o, marca ou sinal empregado pelo poder público no contraste de metal precioso ou na fiscalização alfandegária, ou usar marca ou sinal dessa natureza, falsificado por outrem.

**Pena:** reclusão, de dois a seis anos, e multa

**Elemento subjetivo:** é o dolo.

**Consumação:** consuma-se quando a falsificação for praticada, independentemente de resultado naturalístico.

**Tentativa:** é possível.

**Ação penal:** crime de ação penal pública incondicionada.

**Forma privilegiada:** a pena é de reclusão ou detenção, de um a três anos, e multa, se a marca ou sinal falsificado é o que usa a autoridade pública para o fim de fiscalização sanitária, ou para autenticar ou encerrar determinados objetos, ou comprovar o cumprimento de formalidade legal.

## 21.5.2. FALSA IDENTIDADE

> *Art. 307. Atribuir-se ou atribuir a terceiro falsa identidade para obter vantagem, em proveito próprio ou alheio, ou para causar dano a outrem:*
> *Pena - detenção, de três meses a um ano, ou multa, se o fato não constitui elemento de crime mais grave.*

| CLASSIFICAÇÃO DOUTRINÁRIA | DESTAQUES |
|---|---|
| ✗ Crime simples;<br>✗ Crime comum;<br>✗ Crime formal;<br>✗ Crime instantâneo;<br>✗ Crime comissivo;<br>✗ Crime de forma livre;<br>✗ Crime expressamente subsidiário;<br>✗ Crime unissubjetivo;<br>✗ Crime unissubsistente ou plurissubsistente. | - Atenção ao disposto na Súmula 522 do STJ: "A conduta de atribuir-se falsa identidade perante autoridade policial é típica, ainda que em situação de alegada autodefesa.". |

**Sujeitos do crime:** crime comum, pode ser praticado por qualquer pessoa. O sujeito passivo é o Estado.

**Conduta:** atribuir-se ou atribuir a terceiro falsa identidade para obter vantagem, em proveito próprio ou alheio, ou para causar dano a outrem.

**Pena:** detenção, de três meses a um ano (Lei nº 9.099/95, art. 61), ou multa, se o fato não constitui elemento de crime mais grave.

**Elemento subjetivo:** é o dolo.

**Consumação:** consuma-se quando praticada a conduta, independentemente de resultado naturalístico.

**Tentativa:** é possível.

**Ação penal:** crime de ação penal pública incondicionada.

> *Art. 308. Usar, como próprio, passaporte, título de eleitor, caderneta de reservista ou qualquer documento de identidade alheia ou ceder a outrem, para que dele se utilize, documento dessa natureza, próprio ou de terceiro:*

## CLASSIFICAÇÃO DOUTRINÁRIA

* × Crime simples;
* × Crime comum;
* × Crime formal;
* × Crime instantâneo;
* × Crime comissivo;
* × Crime de forma livre;
* × Crime expressamente subsidiário;
* × Crime unissubjetivo;
* × Crime plurissubsistente.

**Sujeitos do crime:** crime comum, pode ser praticado por qualquer pessoa. O sujeito passivo é o Estado.

**Conduta:** usar, como próprio, passaporte, título de eleitor, caderneta de reservista ou qualquer documento de identidade alheia ou ceder a outrem, para que dele se utilize, documento dessa natureza, próprio ou de terceiro.

**Pena:** detenção, de quatro meses a dois anos (Lei nº 9.099/95, art. 61), e multa, se o fato não constitui elemento de crime mais grave.

**Elemento subjetivo:** é o dolo.

**Consumação:** quando ocorrer o uso ou cessão, independentemente de resultado naturalístico.

**Tentativa:** é possível.

**Ação penal:** crime de ação penal pública incondicionada.

### 21.5.3. FRAUDE DE LEI SOBRE ESTRANGEIRO

*Art. 309. Usar o estrangeiro, para entrar ou permanecer no território nacional, nome que não é o seu:*
*Pena - detenção, de um a três anos, e multa.*
*Parágrafo único. Atribuir a estrangeiro falsa qualidade para promover-lhe a entrada em território nacional:*
*Pena - reclusão, de um a quatro anos, e multa.*

## CLASSIFICAÇÃO DOUTRINÁRIA

- ✗ Crime simples;
- ✗ Crime próprio;
- ✗ Crime formal;
- ✗ Crime instantâneo;
- ✗ Crime comissivo;
- ✗ Crime de forma livre;
- ✗ Crime unissubjetivo;
- ✗ Crime unissubsistente ou plurissubsistente.

**Sujeitos do crime:** crime próprio, pois somente pode ser cometido pelo estrangeiro, ou seja, pelo nacional de outro país. O sujeito passivo é o Estado.

**Conduta:** usar o estrangeiro, para entrar ou permanecer no território nacional, nome que não é o seu.

**Pena:** detenção, de um a três anos, e multa.

**Elemento subjetivo:** é o dolo.

**Consumação:** consuma-se quando ocorrer o uso ou atribuição, independentemente de resultado naturalístico.

**Tentativa:** é possível.

**Ação penal:** crime de ação penal pública incondicionada.

**Qualificadora:** a pena é de reclusão, de um a quatro anos, e multa, se a conduta consiste em atribuir a estrangeiro falsa qualidade para promover-lhe a entrada em território nacional.

> *Art. 310. Prestar-se a figurar como proprietário ou possuidor de ação, título ou valor pertencente a estrangeiro, nos casos em que a este é vedada por lei a propriedade ou a posse de tais bens:*
> *Pena - detenção, de seis meses a três anos, e multa.*

## CLASSIFICAÇÃO DOUTRINÁRIA

- ✗ Crime simples;
- ✗ Crime comum;
- ✗ Crime formal;
- ✗ Crime instantâneo;
- ✗ Crime comissivo;
- ✗ Crime de forma livre;
- ✗ Crime plurissubjetivo;
- ✗ Crime plurissubsistente.

**Sujeitos do crime:** crime comum, pode ser praticado por qualquer pessoa. O sujeito passivo é o Estado.

**Conduta:** prestar-se a figurar como proprietário ou possuidor de ação, título ou valor pertencente a estrangeiro, nos casos em que a este é vedada por lei a propriedade ou a posse de tais bens.

**Pena:** detenção, de seis meses a três anos, e multa.

**Elemento subjetivo:** é o dolo.

**Consumação:** quando praticada a conduta, pouco importando o resultado naturalístico.

**Tentativa:** é possível.

**Ação penal:** crime de ação penal pública incondicionada.

## 21.5.4. ADULTERAÇÃO DE SINAL IDENTIFICADOR DE VEÍCULO AUTOMOTOR

*Adulteração de sinal identificador de veículo*

*Art. 311. Adulterar, remarcar ou suprimir número de chassi, monobloco, motor, placa de identificação, ou qualquer sinal identificador de veículo automotor, elétrico, híbrido, de reboque, de semirreboque ou de suas combinações, bem como de seus componentes ou equipamentos, sem autorização do órgão competente:*

*§ 1º. Se o agente comete o crime no exercício da função pública ou em razão dela, a pena é aumentada de um terço.*

*§ 2º Incorrem nas mesmas penas do caput deste artigo:*

*I – o funcionário público que contribui para o licenciamento ou registro do veículo remarcado ou adulterado, fornecendo indevidamente material ou informação oficial;*

*II – aquele que adquire, recebe, transporta, oculta, mantém em depósito, fabrica, fornece, a título oneroso ou gratuito, possui ou guarda maquinismo, aparelho, instrumento ou objeto especialmente destinado à falsificação e/ou adulteração de que trata o caput deste artigo; ou*

*III – aquele que adquire, recebe, transporta, conduz, oculta, mantém em depósito, desmonta, monta, remonta, vende, expõe à venda, ou de qualquer forma utiliza, em proveito próprio ou alheio, veículo automotor, elétrico, híbrido, de reboque, semirreboque ou suas combinações ou partes, com número de chassi ou monobloco, placa de identificação ou qualquer sinal identificador veicular que devesse saber estar adulterado ou remarcado.*

*§ 3º Praticar as condutas de que tratam os incisos II ou III do § 2º deste artigo no exercício de atividade comercial ou industrial:*

*Pena - reclusão, de 4 (quatro) a 8 (oito) anos, e multa.*

| CLASSIFICAÇÃO DOUTRINÁRIA | DESTAQUES |
| --- | --- |
| × Crime simples;<br>× Crime comum;<br>× Crime formal;<br>× Crime instantâneo;<br>× Crime não transeunte;<br>× Crime comissivo;<br>× Crime de forma livre;<br>× Crime unissubjetivo;<br>× Crime plurissubsistente. | Redação alterada pela Lei nº 14.562/2023. |

**Sujeitos do crime:** crime comum, pode ser praticado por qualquer pessoa. O sujeito passivo é o Estado.

**Conduta:** adulterar, remarcar ou suprimir número de chassi, monobloco, motor, placa de identificação, ou qualquer sinal identificador de veículo automotor, elétrico, híbrido, de reboque, de semirreboque ou de suas combinações, bem como de seus componentes ou equipamentos, sem autorização do órgão competente

**Pena:** reclusão, de três a seis anos, e multa.

**Figuras equiparadas:** Incorrem nas mesmas penas: I – o funcionário público que contribui para o licenciamento ou registro do veículo remarcado ou adulterado, fornecendo indevidamente material ou informação oficial; II – aquele que adquire, recebe, transporta, oculta, mantém em depósito, fabrica, fornece, a título oneroso ou gratuito, possui ou guarda maquinismo, aparelho, instrumento ou objeto especialmente destinado à falsificação e/ou adulteração de que trata o caput deste artigo; o III – aquele que adquire, recebe, transporta, conduz, oculta, mantém em depósito, desmonta, monta, remonta, vende, expõe à venda, ou de qualquer forma utiliza, em proveito próprio ou alheio, veículo automotor, elétrico, híbrido, de reboque, semirreboque ou suas combinações ou partes, com número de chassi ou monobloco, placa de identificação ou qualquer sinal identificador veicular que devesse saber estar adulterado ou remarcado.

**Elemento subjetivo:** é o dolo.

**Consumação:** consuma-se quando houver a adulteração, a remarcação ou a supressão, independentemente de resultado naturalístico.

**Tentativa:** é possível.

**Ação penal:** crime de ação penal pública incondicionada.

**Causa de aumento de pena:** se o agente comete o crime no exercício da função pública ou em razão dela, a pena é aumentada de um terço.

## 21.6. FRAUDES EM CERTAMES DE INTERESSE PÚBLICO

### 21.6.1. FRAUDES EM CERTAMES DE INTERESSE PÚBLICO

> *Art. 311-A. Utilizar ou divulgar, indevidamente, com o fim de beneficiar a si ou a outrem, ou de comprometer a credibilidade do certame, conteúdo sigiloso de:*
>
> *I - concurso público;*
>
> *II - avaliação ou exame públicos;*
>
> *III - processo seletivo para ingresso no ensino superior; ou*
>
> *IV - exame ou processo seletivo previstos em lei:*
>
> *Pena - reclusão, de 1 (um) a 4 (quatro) anos, e multa.*
>
> *§ 1º. Nas mesmas penas incorre quem permite ou facilita, por qualquer meio, o acesso de pessoas não autorizadas às informações mencionadas no caput.*
>
> *§ 2º. Se da ação ou omissão resulta dano à administração pública:*
>
> *Pena - reclusão, de 2 (dois) a 6 (seis) anos, e multa.*
>
> *§ 3º. Aumenta-se a pena de 1/3 (um terço) se o fato é cometido por funcionário público.*

| CLASSIFICAÇÃO DOUTRINÁRIA | DESTAQUES |
|---|---|
| × Crime simples;<br>× Crime comum;<br>× Crime formal;<br>× Crime instantâneo;<br>× Crime comissivo;<br>× Crime de forma livre;<br>× Crime unissubjetivo;<br>× Crime plurissubsistente. | - A *cola eletrônica* caracteriza o crime.<br>- A divulgação antecipada do resultado do concurso não se amolda ao tipo penal por ausência de previsão legal.<br>- Ocorre o crime quando a fraude se dá em instituição de ensino superior privada. |

### 21.6.1.1. CONDUTAS

Neste tipo penal misto alternativo, criminaliza-se tanto a conduta de utilizar indevidamente quanto a de divulgar indevidamente (a) "conteúdo sigiloso" de (a.1) concurso público, (a.2) avaliação ou exame públicos, (a.3) processo seletivo para ingresso no ensino superior ou (a.4) exame ou processo seletivo previstos em lei. São estes os possíveis objetos materiais das condutas incriminadas. As ações de utilizar ou de divulgar estão acompanhadas do advérbio de modo *indevidamente*. Logo, impuníveis são a divulgação ou a utilização quando justificadas.

Sobre o objeto material da conduta, relevante é esclarecer o sentido do elemento normativo *conteúdo sigiloso*. Penso se tratar de conteúdo cujo acesso é restrito, vedado ao público em geral, ou mesmo confidencial. Em síntese, um conteúdo que não deve ser divulgado nem utilizado – por quem quer que seja – fora das hipóteses permitidas.

### 21.6.1.2. SUJEITOS DO CRIME

Crime comum, pode ser praticado por qualquer pessoa. O sujeito passivo imediato é o Estado e, de forma mediata, eventuais prejudicados pela conduta típica.

### 21.6.1.3. ELEMENTO SUBJETIVO

Crime doloso, acrescido de especial fim de agir, consistente em: (a) beneficiar o agente ou terceiro ou (b) comprometer a credibilidade do certame. Ausente tais motivações, será a conduta subjetivamente atípica. Também é atípica a conduta culposa.

### 21.6.1.4. CONSUMAÇÃO E TENTATIVA

Crime formal, consuma-se com a utilização ou divulgação indevida do conteúdo sigiloso. A tentativa é possível.

### 21.6.1.5. AÇÃO PENAL

É crime de ação penal pública incondicionada, sem exceção.

### 21.6.1.6. FIGURA EQUIPARADA (§1º)

De acordo com o § 1º, nas mesmas penas incorre quem permite ou facilita, por qualquer meio, o acesso de pessoas não autorizadas às informações mencionadas no *caput*. O dispositivo não tem qualquer utilidade, pois, ainda que inexistente, o sujeito que pratica a conduta descrita no § 1º seria responsabilizado pelo *caput* do artigo 311-A, na condição de partícipe.

### 21.6.1.7. QUALIFICADORA (§ 2º)

Nos termos do § 2º, a pena é de *reclusão, de 2 (dois) a 6 (seis) anos, e multa*, se da conduta resultar dano à administração pública. A elevada pena impede a suspensão condicional do processo (Lei nº 9.099/95, art. 89), admitida na forma simples do delito.

### 21.6.1.8. MAJORANTE (§ 3º)

É importante dedicar especial atenção ao § 3º do artigo 311-A do CP. Digo isso porque, em regra, nos crimes contra a fé pública, a pena é aumentada de sexta parte quando praticado o delito por funcionário público. Na fraude em certames públicos, contudo, o aumento é de terça parte.

# 22 CRIMES CONTRA O ESTADO DEMOCRÁTICO DE DIREITO

A LCEDD adicionou o Título XII ao CP, dedicado aos *crimes contra o Estado Democrático de Direito*, composto por oito capítulos.

| TÍTULO XII - DOS CRIMES CONTRA O ESTADO DEMOCRÁTICO DE DIREITO |
|---|
| ✗ CAPÍTULO I - DOS CRIMES CONTRA A SOBERANIA |
| ✗ Atentado à soberania |
| ✗ Atentado à integridade nacional |
| ✗ Espionagem |
| ✗ CAPÍTULO II - DOS CRIMES CONTRA AS INSTITUIÇÕES DEMOCRÁTICAS |
| ✗ Abolição violenta do Estado Democrático de Direito |
| ✗ Golpe de Estado |
| ✗ CAPÍTULO III - DOS CRIMES CONTRA O FUNCIONAMENTO DAS INSTITUIÇÕES DEMOCRÁTICAS NO PROCESSO ELEITORAL |
| ✗ Interrupção do processo eleitoral |
| ✗ Violência política |
| ✗ CAPÍTULO IV - DOS CRIMES CONTRA O FUNCIONAMENTO DOS SERVIÇOS ESSENCIAIS |
| ✗ Sabotagem |
| ✗ CAPÍTULO V - VETADO |
| ✗ CAPÍTULO VI - DISPOSIÇÕES COMUNS |

## 22.1. NATUREZA JURÍDICA DOS CRIMES CONTRA O ESTADO DEMOCRÁTICO DE DIREITO

Os intitulados crimes políticos são mencionados na CF e em várias das nossas leis. Na ausência de norma que os conceituem, eram assim considerados os delitos da revogada LSN. No entanto, a partir da LCEDD, surge um questionamento. Os crimes do Título XII do CP são políticos? A resposta afirmativa geraria uma série de consequências. Alguns exemplos:

## CRIMES POLÍTICOS

**CONSTITUIÇÃO FEDERAL**

* ✗ Não pode ser concedida extradição de estrangeiro por crime político ou de opinião (art. 5°, LII);
* ✗ Compete ao STF julgar, em recurso ordinário, o crime político (art. 102, II, "b");
* ✗ Compete aos juízes federais o julgamento dos crimes políticos e das infrações penais praticadas em detrimento de bens, serviços ou interesse da União ou de suas entidades autárquicas ou empresas públicas, excluídas as contravenções e ressalvada a competência da Justiça Militar e da Justiça Eleitoral (art. 109, IV).

**LEGISLAÇÃO INFRACONSTITUCIONAL**

* ✗ Não gera reincidência (CP, art. 64, II);
* ✗ O condenado não está obrigado ao trabalho (LEP, art. 200).

Apesar de todo o debate sobre o conceito de crime político e a adoção do *critério misto* pelo STF, não parece mais fazer sentido a manutenção dos crimes políticos em nosso sistema jurídico. Em relação, especificamente, aos crimes contra o *Estado Democrático de Direito*, tipificados no Código Penal, há uma única certeza: não podemos tê-los, automaticamente, como crimes políticos. São, a princípio, delitos comuns, como todos os demais. Talvez, no futuro, os Tribunais Superiores venham a entender ser possível considerá-los políticos. Até lá, o tema não poderá ser objeto de questões objetivas em concursos públicos.

## 22.2. AÇÃO PENAL

Em todos os delitos do Título XII do CP, a ação penal é pública incondicionada.

## 22.3. DOS CRIMES CONTRA A SOBERANIA NACIONAL

### 22.3.1. ATENTADO À SOBERANIA (CP, ART. 359-I)

| LEI DE SEGURANÇA NACIONAL | TÍTULO XII DO CÓDIGO PENAL |
|---|---|
| Art. 8º. Entrar em entendimento ou negociação com governo ou grupo estrangeiro, ou seus agentes, para provocar guerra ou atos de hostilidade contra o Brasil. Pena: reclusão, de 3 a 15 anos. Parágrafo único. Ocorrendo a guerra ou sendo desencadeados os atos de hostilidade, a pena aumenta-se até o dobro. Art. 9º. Tentar submeter o território nacional, ou parte dele, ao domínio ou à soberania de outro país. Pena: reclusão, de 4 a 20 anos. Parágrafo único. Se do fato resulta lesão corporal grave, a pena aumenta-se até um terço; se resulta morte aumenta-se até a metade. | Atentado à soberania Art. 359-I. Negociar com governo ou grupo estrangeiro, ou seus agentes, com o fim de provocar atos típicos de guerra contra o País ou invadi-lo: Pena - reclusão, de 3 (três) a 8 (oito) anos. § 1º. Aumenta-se a pena de metade até o dobro, se declarada guerra em decorrência das condutas previstas no caput deste artigo. § 2º. Se o agente participa de operação bélica com o fim de submeter o território nacional, ou parte dele, ao domínio ou à soberania de outro país: Pena - reclusão, de 4 (quatro) a 12 (doze) anos. |

#### 22.3.1.1. LEI PENAL NO TEMPO

A redação do artigo 359-I se assemelha ao teor dos artigos 8º e 9º da LSN. Por isso, não houve, necessariamente, *abolitio criminis* (CP, art. 2º, *caput*, e art. 107, III). As condutas permanecem típicas, mas no Código Penal (princípio da continuidade normativo-típica), com penas mais baixas quando comparadas às da LSN. Por ser uma *novatio legis in mellius*, nova lei mais benéfica, o artigo 359-I deve retroagir para alcançar fatos anteriores à vigência da LCEDD.

#### 22.3.1.2. BEM JURÍDICO TUTELADO E OBJETO MATERIAL

O objeto material é o território nacional. O bem jurídico tutelado é a soberania nacional, um dos fundamentos da República (CF, art. 1º, I).

#### 22.3.1.3. NÚCLEO DO TIPO

O dispositivo tem por núcleo o verbo *negociar* (acordar). Pratica o crime quem negocia com governo ou grupo estrangeiro, ou seus agentes, com o fim de provocar atos típicos de guerra contra o Brasil ou invadi-lo. Por grupo estrangeiro, ausente um conceito legal, podemos adotar a definição de associação criminosa (CP, art. 288). Ou seja, a associação, estável e permanente, de três ou mais pessoas (ex.: *Talibã*).

> *Associação Criminosa*
> *Art. 288. Associarem-se 3 (três) ou mais pessoas, para o fim específico de cometer crimes:*
> *Pena - reclusão, de 1 (um) a 3 (três) anos.*

### 22.3.1.4. SUJEITOS ATIVO E PASSIVO

Não são todas as pessoas que têm espaço para negociações com governos ou grupos estrangeiros. No entanto, isso não faz do atentado à soberania crime próprio. Trata-se, na verdade, de crime comum, que pode ser praticado por qualquer pessoa. O sujeito passivo é o Estado brasileiro.

### 22.3.1.5. ELEMENTO SUBJETIVO

Crime doloso, acrescido de um especial fim de agir ("dolo específico"), consistente na intenção de provocar atos típicos de guerra contra o Brasil ou invadi-lo. É atípica a modalidade culposa.

### 22.3.1.6. CONSUMAÇÃO E TENTATIVA

Crime formal, consuma-se no instante da negociação com governo ou grupo estrangeiro, ou seus agentes, com a finalidade de provocar atos típicos de guerra contra o Brasil ou invadi-lo, ainda que nenhum resultado seja produzido. A tentativa é possível, caso o ato de negociar não ocorra por razões alheias à vontade do agente.

### 22.3.1.7. CLASSIFICAÇÃO DOUTRINÁRIA

× Comum: tem por sujeito ativo qualquer pessoa;
× Formal: a consumação independe da ocorrência de resultado naturalístico;
× De forma livre: admite qualquer meio de execução;
× Instantâneo: a consumação ocorre no instante da negociação, sem continuidade no tempo;
× Simples: ofende um único bem jurídico;
× De dano: há efetiva lesão do bem jurídico;
× Unissubjetivo: é prescindível o concurso de pessoas;

- × Plurissubsistente: a conduta é composta por vários atos;
- × Comissivo: a conduta se dá por ação.

### 22.3.1.8. CAUSA DE AUMENTO DE PENA

De acordo com o § 2º, aumenta-se a pena de metade até o dobro se declarada guerra em decorrência das condutas previstas no *caput* do artigo 159-I do CP. Ou seja, decidiu o legislador pela criação de majorante correspondente ao exaurimento da prática do delito.

### 22.3.1.9. QUALIFICADORA

A pena é de reclusão, de quatro a doze anos, caso o agente participe de operação bélica (agressão armada) com o fim de submeter o território nacional, ou parte dele (ex.: a área de um município), ao domínio ou à soberania de outro país. A conduta é mais gravosa do que a do *caput*, em que o agente se limita a negociar com governo ou grupo estrangeiro, ou seus agentes. No § 2º, há efetivo envolvimento na ação violenta.

### 22.3.1.10. COMPETÊNCIA

Em razão do interesse da União, a competência é da Justiça Federal (CF, art. 109, IV).

### 22.3.1.11. IMPRESCRITIBILIDADE

Se a conduta for praticada por grupo armado, civil ou militar, o crime será imprescritível (CF, art. 5º, XLIV).

### 22.3.2. ATENTADO À INTEGRIDADE NACIONAL (CP, ART. 359-J)

| LEI DE SEGURANÇA NACIONAL | TÍTULO XII DO CÓDIGO PENAL |
| --- | --- |
| Art. 11. Tentar desmembrar parte do território nacional para constituir país independente. Pena: reclusão, de 4 a 12 anos. | Atentado à integridade nacional Art. 359-J. Praticar violência ou grave ameaça com a finalidade de desmembrar parte do território nacional para constituir país independente: Pena - reclusão, de 2 (dois) a 6 (seis) anos, além da pena correspondente à violência. |

### 22.3.2.1. LEI PENAL NO TEMPO

A redação do artigo 359-J é semelhante à do artigo 11 da revogada LSN. Portanto, é possível falar em incidência do princípio da continuidade normativo-típica, e não, necessariamente, em *abolitio criminis* (CP, art. 107, III). Por ser uma *novatio legis in mellius*, nova lei mais benéfica, o artigo 359-J deve retroagir para alcançar fatos anteriores à vigência da LCEDD.

### 22.3.2.2. BEM JURÍDICO TUTELADO E OBJETO MATERIAL

O objeto material é o território nacional. O bem jurídico tutelado é a soberania nacional.

### 22.3.2.3. NÚCLEO DO TIPO

A conduta consiste em *praticar* (perpetrar) violência ou grave ameaça com a finalidade de desmembrar parte do território nacional para constituir país independente (elemento subjetivo específico). Na antiga redação, da LSN, o que se punia era a efetiva tentativa de desmembrar o território nacional para constituir país independente.

| COMO ERA (LSN) | COMO FICOU (CP) |
| --- | --- |
| Era típica a conduta de tentar desmembrar o território nacional para constituir país independente. | É típico o emprego de violência ou grave ameaça com o objetivo de desmembrar parte do território nacional para constituir país independente. |
| Crime de atentado ou de empreendimento, consumava-se no instante em que ocorria a tentativa de desmembramento. Não era compatível com o *conatus*. | A consumação independe de qualquer resultado naturalístico (crime formal). Basta o emprego da violência ou grave ameaça. |

### 22.3.2.4. SUJEITOS ATIVO E PASSIVO

Crime comum, pode ser praticado por qualquer pessoa. Unissubjetivo, é prescindível o concurso de pessoas, embora seja pouco provável a prática por um único agente. O sujeito passivo é o Estado e, mediatamente, eventuais prejudicados pelo emprego de violência ou grave ameaça.

### 22.3.2.5. ELEMENTO SUBJETIVO

Crime doloso, reclama um especial fim de agir (elemento subjetivo específico), consistente na intenção de desmembrar parte do território nacional para constituir país independente. É atípica a conduta culposa.

### 22.3.2.6. CONSUMAÇÃO E TENTATIVA

Crime formal, consuma-se com a prática da violência ou grave ameaça, ainda que nenhum resultado naturalístico seja produzido. Por se tratar de delito plurissubsistente, é compatível com a tentativa.

### 22.3.2.7. CONCURSO MATERIAL OBRIGATÓRIO

Em seu preceito secundário, o dispositivo estabelece o concurso material obrigatório entre o atentado à integridade nacional e o resultado decorrente da violência empregada (ex.: lesão corporal). Portanto, não há a absorção de um delito pelo outro.

### 22.3.2.8. CLASSIFICAÇÃO DOUTRINÁRIA

- Comum: tem por sujeito ativo qualquer pessoa;
- Formal: a consumação independe da ocorrência de resultado naturalístico;
- De forma livre: admite qualquer meio de execução;
- Instantâneo: a consumação ocorre no instante da negociação, sem continuidade no tempo;
- Simples: ofende um único bem jurídico;
- De dano: há efetiva lesão do bem jurídico;
- Unissubjetivo: é prescindível o concurso de pessoas;
- Plurissubsistente: a conduta é composta por vários atos;
- Comissivo: a conduta se dá por ação.

### 22.3.3. **ESPIONAGEM**

| LEI DE SEGURANÇA NACIONAL | TÍTULO XII DO CÓDIGO PENAL |
| --- | --- |
| Art. 13. Comunicar, entregar ou permitir a comunicação ou a entrega, a governo ou grupo estrangeiro, ou a organização ou grupo de existência ilegal, de dados, documentos ou cópias de documentos, planos, códigos, cifras ou assuntos que, no interesse do Estado brasileiro, são classificados como sigilosos. | Espionagem |
| Pena: reclusão, de 3 a 15 anos. | Art. 359-K. Entregar a governo estrangeiro, a seus agentes, ou a organização criminosa estrangeira, em desacordo com determinação legal ou regulamentar, documento ou informação classificados como secretos ou ultrassecretos nos termos da lei, cuja revelação possa colocar em perigo a preservação da ordem constitucional ou a soberania nacional: |
| Parágrafo único. Incorre na mesma pena quem: | |
| I - com o objetivo de realizar os atos previstos neste artigo, mantém serviço de espionagem ou dele participa; | Pena - reclusão, de 3 (três) a 12 (doze) anos. |
| II - com o mesmo objetivo, realiza atividade aerofotográfica ou de sensoreamento remoto, em qualquer parte do território nacional; | § 1º. Incorre na mesma pena quem presta auxílio a espião, conhecendo essa circunstância, para subtraí-lo à ação da autoridade pública. |
| III - oculta ou presta auxílio a espião, sabendo-o tal, para subtraí-lo à ação da autoridade pública; | § 2º. Se o documento, dado ou informação é transmitido ou revelado com violação do dever de sigilo: |
| IV - obtém ou revela, para fim de espionagem, desenhos, projetos, fotografias, notícias ou informações a respeito de técnicas, de tecnologias, de componentes, de equipamentos, de instalações ou de sistemas de processamento automatizado de dados, em uso ou em desenvolvimento no País, que, reputados essenciais para a sua defesa, segurança ou economia, devem permanecer em segredo. | Pena - reclusão, de 6 (seis) a 15 (quinze) anos. |
| | § 3º. Facilitar a prática de qualquer dos crimes previstos neste artigo mediante atribuição, fornecimento ou empréstimo de senha, ou de qualquer outra forma de acesso de pessoas não autorizadas a sistemas de informações: |
| Art. 14. Facilitar, culposamente, a prática de qualquer dos crimes previstos nos arts. 12 e 13, e seus parágrafos. | Pena - detenção, de 1 (um) a 4 (quatro) anos. |
| Pena: detenção, de 1 a 5 anos. | § 4º. Não constitui crime a comunicação, a entrega ou a publicação de informações ou de documentos com o fim de expor a prática de crime ou a violação de direitos humanos. |

### 22.3.3.I. **LEI PENAL NO TEMPO**

São semelhantes as redações dos artigos 13 e 14, da LSN, e 359-K, do CP. Portanto, pode ser reconhecida a incidência do princípio da continuidade normativo-típica, exceto em relação ao artigo 14, pois não existe mais a modalidade culposa do delito (*abolitio criminis*).

### 22.3.3.2. BEM JURÍDICO TUTELADO E OBJETO MATERIAL

O objeto material é o documento e informação classificados como secretos ou ultrassecretos, nos termos da lei – norma penal em branco homogênea, cujo complemento pode ser extraído da Lei nº 12.527/11, a *Lei de Acesso à Informação*. O bem jurídico tutelado é a soberania nacional, em razão do risco decorrente da prática da conduta.

### 22.3.3.3. NÚCLEO DO TIPO

Pratica o crime quem *entrega* (fornece, transmite) a governo estrangeiro, a seus agentes ou a organização criminosa estrangeira, documento e informação que, por lei, sejam classificados como secretos ou ultrassecretos. A conduta deve ser praticada em desacordo com determinação legal ou regulamentar (elemento normativo do tipo, que deve ser apreciado no caso concreto).

> **ATENÇÃO!**
>
> Em completo desapego à realidade, o legislador criminalizou a entrega de informação ou documento a organizações criminosas estrangeiras, mas manteve atípica a conduta relacionada a organizações criminosas nacionais. Ou seja, configura o crime a entrega dos dados secretos ou ultrassecretos ao *Talibã*, mas não é punido o fornecimento de informação ou documento ao *PCC*, o *Primeiro Comando da Capital*, organização criminosa responsável, em diversas oportunidades, por ataques em território nacional contra forças de segurança pública.

### 22.3.3.4. SUJEITOS ATIVO E PASSIVO

Crime comum, pode ser praticado por qualquer pessoa, nacional ou estrangeira. Há, no DL nº 1.001/69, o Código Penal Militar, crime específico para a hipótese de prática da conduta por militares. O sujeito passivo é o Estado.

### 22.3.3.5. ELEMENTO SUBJETIVO

Crime doloso, não reclama finalidade específica. Pouco importa a motivação do agente. É atípica a conduta culposa.

### 22.3.3.6. CONSUMAÇÃO E TENTATIVA

Crime formal, consuma-se quando o agente entrega a governo estrangeiro, a seus agentes ou a organização criminosa estrangeira o documento ou informação. Não é necessária a produção de qualquer prejuízo ou efetivo risco à soberania nacional. A tentativa é possível.

### 22.3.3.7. COMPETÊNCIA

O processo e julgamento competem à Justiça Federal, nos termos do artigo 109, IV, da CF.

### 22.3.3.8. FIGURA EQUIPARADA

Segundo o § 1º, incorre na mesma pena quem presta auxílio a espião, conhecendo essa circunstância, para subtraí-lo à ação da autoridade pública. O auxílio deve ser posterior à prática da conduta do *caput* (*crime parasitário*), sem prévio ajuste entre os envolvidos, da mesma forma como acontece no crime de favorecimento pessoal (CP, art. 348).

> *Favorecimento pessoal*
> *Art. 348. Auxiliar a subtrair-se à ação de autoridade pública autor de crime a que é cominada pena de reclusão:*
> *Pena - detenção, de um a seis meses, e multa.*

### 22.3.3.9. FIGURA QUALIFICADA

A pena é de reclusão, de seis a quinze anos, se o documento, dado ou informação é transmitido ou revelado com violação do dever de sigilo. Portanto, é crime próprio, que somente pode ser praticado por quem tem o dever de sigilo. O crime do § 2º é modalidade especial do delito de violação de sigilo funcional, do artigo 325 do CP.

> *Violação de sigilo funcional*
> *Art. 325. Revelar fato de que tem ciência em razão do cargo e que deva permanecer em segredo, ou facilitar-lhe a revelação:*
> *Pena - detenção, de seis meses a dois anos, ou multa, se o fato não constitui crime mais grave.*

### 22.3.3.10. FIGURA PRIVILEGIADA

O § 3º tipifica forma menos gravosa do crime, punida com pena de detenção, de um a quatro anos. Por ter pena mínima de até um ano, é admitida a suspensão condicional do processo, nos termos do artigo 89 da Lei nº 9.099/95 (crime de médio potencial ofensivo). Incorre na figura privilegiada do delito quem facilita a prática de qualquer dos crimes previstos no artigo 359-K do CP mediante atribuição, fornecimento ou empréstimo de senha, ou de qualquer outra forma de acesso de pessoas não autorizadas a sistemas de informações.

## 22.3.3.11. EXCLUSÃO DO CRIME

O § 4° trata de causa de exclusão da tipicidade. De acordo com o dispositivo, não constitui crime a comunicação, a entrega ou a publicação de informações ou de documentos com o fim de expor a prática de crime ou a violação de direitos humanos.

## 22.3.3.12. CLASSIFICAÇÃO DOUTRINÁRIA

× Comum: tem por sujeito ativo qualquer pessoa (exceto no crime do § 2°, próprio);
× Formal: a consumação independe da ocorrência de resultado naturalístico;
× De forma livre: admite qualquer meio de execução;
× Instantâneo: a consumação ocorre no instante da negociação, sem continuidade no tempo;
× Simples: ofende um único bem jurídico;
× De dano: há efetiva lesão do bem jurídico;
× Unissubjetivo: é prescindível o concurso de pessoas;
× Plurissubsistente: a conduta é composta por vários atos (exceto na figura do § 3°, incompatível com a tentativa);
× Comissivo: a conduta se dá por ação.

## 22.4. DOS CRIMES CONTRA AS INSTITUIÇÕES DEMOCRÁTICAS

### 22.4.1. ABOLIÇÃO VIOLENTA DO ESTADO DEMOCRÁTICO DE DIREITO

| LEI DE SEGURANÇA NACIONAL | TÍTULO XII DO CÓDIGO PENAL |
| --- | --- |
| Art. 17. Tentar mudar, com emprego de violência ou grave ameaça, a ordem, o regime vigente ou o Estado de Direito. Pena: reclusão, de 3 a 15 anos. Parágrafo único. Se do fato resulta lesão corporal grave, a pena aumenta-se até a metade; se resulta morte, aumenta-se até o dobro. Art. 18. Tentar impedir, com emprego de violência ou grave ameaça, o livre exercício de qualquer dos Poderes da União ou dos Estados. Pena: reclusão, de 2 a 6 anos. | Abolição violenta do Estado Democrático de Direito Art. 359-L. Tentar, com emprego de violência ou grave ameaça, abolir o Estado Democrático de Direito, impedindo ou restringindo o exercício dos poderes constitucionais: Pena - reclusão, de 4 (quatro) a 8 (oito) anos, além da pena correspondente à violência. |

#### 22.4.1.1. LEI PENAL NO TEMPO

A conduta do artigo 359-L do CP se assemelha àquelas dos artigos 17 e 18 do CP. Portanto, não é possível apontar, peremptoriamente, pela *abolitio criminis*, podendo ser reconhecida a continuidade normativo-típica.

#### 22.4.1.2. BEM JURÍDICO TUTELADO E OBJETO MATERIAL

Preocupou-se o legislador com a tutela das instituições democráticas – em especial, os Poderes Executivo, Legislativo e Judiciário. O objeto material é o exercício dos poderes constitucionais.

#### 22.4.1.3. NÚCLEO DO TIPO

A conduta consiste em *tentar abolir* – ou seja, atentar com o objetivo de extinguir -, com emprego de violência ou grave ameaça, o Estado Democrático de Direito, impedindo ou restringindo o exercício dos poderes constitucionais. Embora encontre semelhança, a abolição violenta do Estado Democrático de Direito não se confunde com o golpe de Estado, crime do artigo 359-M do CP.

| ABOLIÇÃO VIOLENTA DO ESTADO DEMOCRÁTICO DE DIREITO | GOLPE DE ESTADO |
|---|---|
| **EM COMUM** Crimes contra as instituições democráticas; Crimes de atentado ou de empreendimento (a mera tentativa faz com que o delito seja considerado consumado); Crimes de elevado potencial ofensivo; Crimes formais (independem da produção de resultado naturalístico para a consumação); Há emprego de violência ou grave ameaça na execução. | |
| O agente tem por objetivo abolir (extinguir) o Estado Democrático de Direito. | O agente tem por objetivo depor governo legitimamente constituído. |

### 22.4.1.4. SUJEITOS ATIVO E PASSIVO

Crime comum, pode ser praticado por qualquer pessoa. O sujeito passivo é o Estado e, de forma mediata, eventual prejudicado pelo emprego de violência ou grave ameaça.

### 22.4.1.5. ELEMENTO SUBJETIVO

É o dolo, acrescido de um especial fim de agir ("dolo específico"), consistente na vontade de abolir o Estado Democrático de Direito. É atípica a conduta culposa.

### 22.4.1.6. CONSUMAÇÃO E TENTATIVA

Crime formal, consuma-se independentemente da produção do resultado naturalístico buscado pelo agente - a efetiva abolição do Estado Democrático de Direito. No entanto, é imprescindível a restrição ou impedimento do exercício dos poderes constitucionais em decorrência do emprego da violência ou grave ameaça. Por se tratar de delito plurissubsistente, não haveria problema no reconhecimento da tentativa, mas o emprego do verbo *tentar* inviabiliza o *conatus*, afinal, o crime consiste em *tentar abolir*. Ou seja, a tentativa, por si só, faz com que o delito seja consumado (crime de empreendimento ou de atentado).

### 22.4.1.7. CONCURSO MATERIAL OBRIGATÓRIO

O preceito secundário do dispositivo estabelece que, além da pena de reclusão, de quatro a oito anos, o agente será responsabilizado pela pena correspondente à violência. Exemplo: a pena do crime em estudo somada à pena da lesão corporal (CP, art. 129). Não deve ocorrer a absorção de um pelo outro (princípio da consunção).

### 22.4.1.8. COMPETÊNCIA

O processo e julgamento competem à Justiça Federal, nos termos do artigo 109, IV, da CF.

### 22.4.1.9. CLASSIFICAÇÃO DOUTRINÁRIA

* Comum: tem por sujeito ativo qualquer pessoa;
* Formal: a consumação independe da ocorrência de resultado naturalístico;
* De atentado ou de empreendimento: a mera tentativa faz com que o crime seja consumado;
* De forma livre: admite qualquer meio de execução;
* Instantâneo: a consumação ocorre no instante da negociação, sem continuidade no tempo;
* Simples: ofende um único bem jurídico;
* De dano: há efetiva lesão do bem jurídico;
* Unissubjetivo: é prescindível o concurso de pessoas;
* Plurissubsistente: a conduta é composta por vários atos;
* Comissivo: a conduta se dá por ação.

### 22.4.2. GOLPE DE ESTADO

| LEI DE SEGURANÇA NACIONAL | TÍTULO XII DO CÓDIGO PENAL |
|---|---|
| Art. 17. Tentar mudar, com emprego de violência ou grave ameaça, a ordem, o regime vigente ou o Estado de Direito. Pena: reclusão, de 3 a 15 anos. | Golpe de Estado<br>Art. 359-M. Tentar depor, por meio de violência ou grave ameaça, o governo legitimamente constituído:<br>Pena - reclusão, de 4 (quatro) a 12 (doze) anos, além da pena correspondente à violência. |

### 22.4.2.1. LEI PENAL NO TEMPO

A conduta do artigo 359-M do CP se assemelha àquela do artigo 17 do CP. Portanto, não é possível apontar, peremptoriamente, pela *abolitio criminis*, podendo ser reconhecida a continuidade normativo-típica.

### 22.4.2.2. BEM JURÍDICO TUTELADO E OBJETO MATERIAL

Tutela-se o governo legitimamente constituído de ação que põe em risco o próprio Estado Democrático de Direito. O objeto material é o governo cuja deposição é buscada pelo agente.

### 22.4.2.3. NÚCLEO DO TIPO

A conduta consiste em *tentar depor* (destituir) governo legitimamente constituído. É importante ter cuidado ao analisar o dispositivo, pois a expressão *golpe de Estado* é utilizada, no linguajar popular, de forma diversa. Veja a explicação no quadro a seguir.

| GOLPE DE ESTADO |
| --- |
| No ano de 2016, após regular tramitação, em obediência ao que dispõe a Constituição Federal, houve o *impeachment* da Presidente da República; |
| Na época, muito se questionou sobre a verdade dos fatos imputados à Presidente da República. Houve quem sustentasse ter ocorrido um *golpe* em decorrência de uma suposta falsa acusação; |
| Com essas informações em mente, questiono: se demonstrada a falsidade da imputação, estaria caracterizado o delito de golpe de Estado? A resposta é não; |
| O crime em estudo tem por conduta *tentar depor, por meio de violência ou grave ameaça, o governo legitimamente constituído*. Não é o caso, portanto, do *impeachment*, seja ou não verdadeira a imputação. |

### 22.4.2.4. SUJEITOS ATIVO E PASSIVO

Crime comum, pode ser praticado por qualquer pessoa. O sujeito passivo é o Estado e, de forma mediata, eventual prejudicado pela violência ou grave ameaça empregada.

### 22.4.2.5. ELEMENTO SUBJETIVO

Crime doloso, não reclama a presença de elemento subjetivo específico. A conduta culposa é atípica.

### 22.4.2.6. CONSUMAÇÃO E TENTATIVA

Crime formal, consuma-se com a prática da conduta, independentemente da produção de resultado naturalístico (a efetiva deposição). A tentativa seria, a princípio, possível, pois se trata de crime plurissubsistente, mas o emprego do verbo *tentar* inviabiliza o *conatus* (crime de atentado ou de empreendimento).

### 22.4.2.7. CONCURSO MATERIAL OBRIGATÓRIO

O preceito secundário do dispositivo estabelece que, além da pena de reclusão, de quatro a oito anos, o agente será responsabilizado pela pena correspondente à violência. Exemplo: a pena do crime em estudo somada à pena da lesão corporal (CP, art. 129). Não deve ocorrer a absorção de um pelo outro (princípio da consunção).

### 22.4.2.8. COMPETÊNCIA

O processo e julgamento competem à Justiça Federal, nos termos do artigo 109, IV, da CF.

### 22.4.2.9. CLASSIFICAÇÃO DOUTRINÁRIA

* Comum: tem por sujeito ativo qualquer pessoa;
* Formal: a consumação independe da ocorrência de resultado naturalístico;
* De atentado ou de empreendimento: a mera tentativa faz com que o crime seja consumado;
* De forma livre: admite qualquer meio de execução;
* Instantâneo: a consumação ocorre no instante da negociação, sem continuidade no tempo;
* Simples: ofende um único bem jurídico;
* De dano: há efetiva lesão do bem jurídico;
* Unissubjetivo: é prescindível o concurso de pessoas;
* Plurissubsistente: a conduta é composta por vários atos;
* Comissivo: a conduta se dá por ação.

## 22.5. DOS CRIMES CONTRA O FUNCIONAMENTO DAS INSTITUIÇÕES DEMOCRÁTICAS NO PROCESSO ELEITORAL

### 22.5.1. INTERRUPÇÃO DO PROCESSO ELEITORAL

| LEI DE SEGURANÇA NACIONAL | TÍTULO XII DO CÓDIGO PENAL |
|---|---|
| Sem correspondente. | Interrupção do processo eleitoral<br>Art. 359-N. Impedir ou perturbar a eleição ou a aferição de seu resultado, mediante violação indevida de mecanismos de segurança do sistema eletrônico de votação estabelecido pela Justiça Eleitoral:<br>Pena - reclusão, de 3 (três) a 6 (seis) anos, e multa. |

#### 22.5.1.1. LEI PENAL NO TEMPO

A redação do artigo 359-N do CP não encontra correspondente na extinta LSN. Entretanto, o artigo 72 da Lei nº 9.504/97 tipifica algumas condutas que nos levam a um aparente conflito de normas. Veja o comparativo no quadro a seguir.

| LEI Nº 9.504/97 | TÍTULO XII DO CÓDIGO PENAL |
|---|---|
| Art. 72. Constituem crimes, puníveis com reclusão, de cinco a dez anos:<br>I - obter acesso a sistema de tratamento automático de dados usado pelo serviço eleitoral, a fim de alterar a apuração ou a contagem de votos;<br>II - desenvolver ou introduzir comando, instrução, ou programa de computador capaz de destruir, apagar, eliminar, alterar, gravar ou transmitir dado, instrução ou programa ou provocar qualquer outro resultado diverso do esperado em sistema de tratamento automático de dados usados pelo serviço eleitoral;<br>III - causar, propositadamente, dano físico ao equipamento usado na votação ou na totalização de votos ou a suas partes. | Interrupção do processo eleitoral<br>Art. 359-N. Impedir ou perturbar a eleição ou a aferição de seu resultado, mediante violação indevida de mecanismos de segurança do sistema eletrônico de votação estabelecido pela Justiça Eleitoral:<br>Pena - reclusão, de 3 (três) a 6 (seis) anos, e multa. |

Para Cleber Masson, o artigo 359-N revogou o artigo 72 da Lei nº 9.504/97 (*Direito Penal*, vol. 3, ed. Método.). Rogério Sanches Cunha e Ricardo Silvares, no entanto, entendem pela coexistência dos dispositivos, sem que um tenha revogado o outro (*Crimes Contra o Estado Democrático de Direito*, ed. JusPodivm). Os argumentos dos autores:

× Masson: "Não há dúvida alguma sobre a revogação desses dispositivos pelo art. 359-N do Código Penal. Em ambas as hipóteses, a conduta do agente é voltada a impedir ou perturbar a eleição ou a aferição do seu resultado (...)".

× Sanches e Silvares: "Para a caracterização do crime [do CP] deve o agente violar esse mecanismo de segurança (senha, chave de segurança, mecanismos de criptografia, assinatura digital, mecanismos de controle e acesso, mecanismos de certificação etc.). A ausência de dispositivo de segurança, ou o seu não acionamento, impede a configuração típica (...) o que nos obriga a concluir que o novel crime não revogou o art. 72 da Lei 9.504/97".

Embora não exista jurisprudência sobre o tema – e, portanto, não pode ser objeto de questionamento em concursos -, concordo com o segundo posicionamento. Em virtude da exigência de *violação indevida de mecanismos de segurança*, um crime acaba por ser subsidiário em relação ao outro. Além disso, embora semelhantes, as condutas tipificadas são, indubitavelmente, distintas.

### 22.5.1.2. BEM JURÍDICO TUTELADO E OBJETO MATERIAL

O legislador buscou tutelar a integridade das eleições. O objeto material é o sistema eletrônico de votação.

### 22.5.1.3. NÚCLEO DO TIPO

O dispositivo possui dois verbos nucleares, *impedir* (obstar) e *perturbar* (causar embaraço). Deve ser punido quem impede ou perturba a eleição ou a aferição da eleição, por meio de violação indevida de mecanismos de segurança do sistema eletrônico de votação (atualmente, a *urna eletrônica*). A respeito do delito, atenção às seguintes observações:

× O crime pode ser praticado *in loco*, na própria *urna eletrônica*, ou remotamente;

× Tem de haver, necessariamente, a violação indevida de mecanismo de segurança. Caso, por qualquer razão, o dispositivo não esteja protegido no momento da prática da conduta, o fato será atípico;

× Por se tratar de tipo penal misto alternativo, se, em um mesmo contexto fático, o agente perturbar e impedir a eleição ou sua aferição, ficará caracterizado um único crime, e não dois, em concurso.

### 22.5.1.4. SUJEITOS ATIVO E PASSIVO

Crime comum, pode ser praticado por qualquer pessoa. O sujeito passivo é o Estado e, indiretamente, eventuais prejudicados (ex.: demais candidatos).

### 22.5.1.5. ELEMENTO SUBJETIVO

Crime doloso, não reclama qualquer finalidade específica. É irrelevante a motivação do agente. A modalidade culposa é atípica.

### 22.5.1.6. CONSUMAÇÃO E TENTATIVA

Crime material, consuma-se no momento do impedimento ou da perturbação da eleição ou da aferição do seu resultado. Por ser crime plurissubsistente, a tentativa é possível.

### 22.5.1.7. COMPETÊNCIA

O processo e o julgamento competem à Justiça Eleitoral (Lei nº 4.737/65).

### 22.5.1.8. CLASSIFICAÇÃO DOUTRINÁRIA

× Comum: tem por sujeito ativo qualquer pessoa;
× Material: a consumação depende da ocorrência de resultado naturalístico;
× De forma livre: admite qualquer meio de execução;
× Instantâneo: a consumação ocorre no instante da negociação, sem continuidade no tempo;
× Simples: ofende um único bem jurídico;
× De dano: há efetiva lesão do bem jurídico;
× Unissubjetivo: é prescindível o concurso de pessoas;
× Plurissubsistente: a conduta é composta por vários atos;
× Comissivo: a conduta se dá por ação.

## 22.5.2. VIOLÊNCIA POLÍTICA

| LEI DE SEGURANÇA NACIONAL | TÍTULO XII DO CÓDIGO PENAL |
|---|---|
| Sem correspondente. | Violência política<br>Art. 359-P. Restringir, impedir ou dificultar, com emprego de violência física, sexual ou psicológica, o exercício de direitos políticos a qualquer pessoa em razão de seu sexo, raça, cor, etnia, religião ou procedência nacional:<br>Pena - reclusão, de 3 (três) a 6 (seis) anos, e multa, além da pena correspondente à violência. |

### 22.5.2.1. LEI PENAL NO TEMPO

A LSN não previa crime semelhante ao do artigo 359-P do CP. Todavia, tem de ser analisado o artigo 326-B da Lei nº 4.737/65, o Código Eleitoral, que guarda muitas semelhanças em relação ao novo delito. Veja o comparativo no quadro a seguir.

| CÓDIGO ELEITORAL | TÍTULO XII DO CÓDIGO PENAL |
|---|---|
| Art. 326-B. Assediar, constranger, humilhar, perseguir ou ameaçar, por qualquer meio, candidata a cargo eletivo ou detentora de mandato eletivo, utilizando-se de menosprezo ou discriminação à condição de mulher ou à sua cor, raça ou etnia, com a finalidade de impedir ou de dificultar a sua campanha eleitoral ou o desempenho de seu mandato eletivo.<br>Pena - reclusão, de 1 (um) a 4 (quatro) anos, e multa.<br>Parágrafo único. Aumenta-se a pena em 1/3 (um terço), se o crime é cometido contra mulher:<br>I - gestante;<br>II - maior de 60 (sessenta) anos;<br>III - com deficiência. | Violência política<br>Art. 359-P. Restringir, impedir ou dificultar, com emprego de violência física, sexual ou psicológica, o exercício de direitos políticos a qualquer pessoa em razão de seu sexo, raça, cor, etnia, religião ou procedência nacional:<br>Pena - reclusão, de 3 (três) a 6 (seis) anos, e multa, além da pena correspondente à violência. |

O artigo 326-B foi adicionado ao Código Eleitoral em 2021, por meio da Lei nº 14.192. Embora ainda não exista jurisprudência, parece ter havido a revogação tácita pela LCEDD. Por se tratar de norma penal mais gravosa, o artigo 359-P do CP não deve retroagir para alcançar fatos anteriores à data de vigência da Lei nº 14.197 – 2 de dezembro de 2021.

### 22.5.2.2. BEM JURÍDICO TUTELADO E OBJETO MATERIAL

O legislador buscou tutelar o livre exercício dos direitos políticos e, consequentemente, o próprio Estado Democrático de Direito.

### 22.5.2.3. NÚCLEO DO TIPO

O dispositivo possui três verbos nucleares, *restringir* (limitar), *impedir* (obstar) e *dificultar* (embaraçar). Pratica o crime quem restringe, impede ou dificulta, com emprego de violência física, sexual ou psicológica, o exercício de direitos políticos a qualquer pessoa em razão de seu sexo, raça, cor, etnia, religião ou procedência nacional. Por se tratar de tipo penal misto alternativo, se praticada mais de uma das condutas típicas em um mesmo contexto fático, estará caracterizado crime único.

### 22.5.2.4. SUJEITOS ATIVO E PASSIVO

Crime comum, pode ser praticado por qualquer pessoa. O sujeito passivo é o Estado, bem como a pessoa atingida pela prática delituosa.

### 22.5.2.5. ELEMENTO SUBJETIVO

Crime doloso, não admite a modalidade culposa.

### 22.5.2.6. CONSUMAÇÃO E TENTATIVA

Crime material, consuma-se com a efetiva restrição, impedimento ou dificuldade decorrente da prática da conduta típica. A tentativa é possível.

### 22.5.2.7. CONCURSO MATERIAL OBRIGATÓRIO

No preceito secundário, é estabelecido que, além da pena de reclusão, de três a seis anos, e multa, o agente será também punido pela pena correspondente à violência (ex.: lesão corporal). Portanto, um delito não será absorvido pelo outro (consunção).

### 22.5.2.8. COMPETÊNCIA

A competência é, em regra, da Justiça Eleitoral.

### 22.5.2.9. CLASSIFICAÇÃO DOUTRINÁRIA

× Comum: tem por sujeito ativo qualquer pessoa;

- **Material:** a consumação depende da ocorrência de resultado naturalístico;
- **De forma livre:** admite qualquer meio de execução;
- **Instantâneo:** a consumação ocorre no instante da negociação, sem continuidade no tempo;
- **Simples:** ofende um único bem jurídico;
- **De dano:** há efetiva lesão do bem jurídico;
- **Unissubjetivo:** é prescindível o concurso de pessoas;
- **Plurissubsistente:** a conduta é composta por vários atos;
- **Comissivo:** a conduta se dá por ação.

## 22.6. DOS CRIMES CONTRA O FUNCIONAMENTO DOS SERVIÇOS ESSENCIAIS

### 22.6.1. SABOTAGEM

| LEI DE SEGURANÇA NACIONAL | TÍTULO XII DO CÓDIGO PENAL |
|---|---|
| Art. 15. Praticar sabotagem contra instalações militares, meios de comunicações, meios e vias de transporte, estaleiros, portos, aeroportos, fábricas, usinas, barragem, depósitos e outras instalações congêneres. Pena: reclusão, de 3 a 10 anos. § 1º. Se do fato resulta: a) lesão corporal grave, a pena aumenta-se até a metade; b) dano, destruição ou neutralização de meios de defesa ou de segurança; paralisação, total ou parcial, de atividade ou serviços públicos reputados essenciais para a defesa, a segurança ou a economia do País, a pena aumenta-se até o dobro; c) morte, a pena aumenta-se até o triplo. § 2º. Punem-se os atos preparatórios de sabotagem com a pena deste artigo reduzida de dois terços, se o fato não constitui crime mais grave. | Sabotagem Art. 359-R. Destruir ou inutilizar meios de comunicação ao público, estabelecimentos, instalações ou serviços destinados à defesa nacional, com o fim de abolir o Estado Democrático de Direito: Pena - reclusão, de 2 (dois) a 8 (oito) anos. |

### 22.6.1.1.  LEI PENAL NO TEMPO

O crime do artigo 359-R do CP encontra identidade com o do artigo 15 da revogada LSN. Portanto, não houve, a princípio, *abolitio criminis* do delito, mas continuidade normativo-típica. A pena atual, por ser mais branda, deve retroagir para alcançar fatos anteriores à vigência da LCEDD.

### 22.6.1.2.  BEM JURÍDICO TUTELADO E OBJETO MATERIAL

O legislador buscou proteger o funcionamento dos serviços essenciais. O objeto material é o meio de comunicação ao público, estabelecimento, instalação ou serviço destinado à defesa nacional.

### 22.6.1.3.  NÚCLEO DO TIPO

O dispositivo possui dois verbos nucleares, *destruir* (eliminar) e *inutilizar* (tornar imprestável). Pratica o delito quem destrói ou inutiliza meio de comunicação ao público (ex.: internet) ou estabelecimento, instalação ou serviço destinado à defesa nacional (ex.: instalação militar). Por se tratar de tipo penal misto alternativo, se praticadas as condutas em um mesmo contexto fático, ficará caracterizado crime único, e não concurso de delitos.

× LEI DE TERRORISMO

| LEI ANTITERRORISMO (LEI Nº 13.260/16) | TÍTULO XII DO CÓDIGO PENAL |
|---|---|
| Art. 2º. [...] § 1º São atos de terrorismo: IV - sabotar o funcionamento ou apoderar-se, com violência, grave ameaça a pessoa ou servindo-se de mecanismos cibernéticos, do controle total ou parcial, ainda que de modo temporário, de meio de comunicação ou de transporte, de portos, aeroportos, estações ferroviárias ou rodoviárias, hospitais, casas de saúde, escolas, estádios esportivos, instalações públicas ou locais onde funcionem serviços públicos essenciais, instalações de geração ou transmissão de energia, instalações militares, instalações de exploração, refino e processamento de petróleo e gás e instituições bancárias e sua rede de atendimento; Pena - reclusão, de doze a trinta anos, além das sanções correspondentes à ameaça ou à violência. | Sabotagem Art. 359-R. Destruir ou inutilizar meios de comunicação ao público, estabelecimentos, instalações ou serviços destinados à defesa nacional, com o fim de abolir o Estado Democrático de Direito: Pena - reclusão, de 2 (dois) a 8 (oito) anos. |

### 22.6.1.4. SUJEITOS ATIVO E PASSIVO

Crime comum, pode ser praticado por qualquer pessoa. O sujeito passivo é o Estado e, de forma mediata, eventuais atingidos pela conduta.

### 22.6.1.5. ELEMENTO SUBJETIVO

Crime doloso, reclama um elemento subjetivo específico, consistente na abolição do Estado Democrático de Direito. É atípica a conduta culposa.

### 22.6.1.6. CONSUMAÇÃO E TENTATIVA

Crime formal, consuma-se no instante da destruição ou inutilização do meio de comunicação ao público, estabelecimento, instalação ou serviço destinado à defesa nacional. A tentativa é possível.

### 22.6.1.7. COMPETÊNCIA

O processo e julgamento compete à Justiça Federal (CF, art. 109, IV).

### 22.6.1.8. CLASSIFICAÇÃO DOUTRINÁRIA

* Comum: tem por sujeito ativo qualquer pessoa;
* Formal: a consumação independe da ocorrência de resultado naturalístico;
* De forma livre: admite qualquer meio de execução;
* Instantâneo: a consumação ocorre no instante da negociação, sem continuidade no tempo;
* Simples: ofende um único bem jurídico;
* De dano: há efetiva lesão do bem jurídico;
* Unissubjetivo: é prescindível o concurso de pessoas;
* Plurissubsistente: a conduta é composta por vários atos;
* Comissivo: a conduta se dá por ação.

## 22.7. EXCLUSÃO DO CRIMES

> Art. 359-T. Não constitui crime previsto neste Título a manifestação crítica aos poderes constitucionais nem a atividade jornalística ou a reivindicação de direitos e garantias constitucionais por meio de passeatas, de reuniões, de greves, de aglomerações ou de qualquer outra forma de manifestação política com propósitos sociais.

O artigo 359-T do CP descreve causa de exclusão da tipicidade aplicável a todos os delitos contra o Estado Democrático de Direito. O dispositivo em nada acrescenta, afinal, apenas reforça garantias previstas na Constituição Federal. Ademais, como todos os crimes do Título XII são dolosos – e, em mais de um, é imprescindível finalidade específica –, não tem como confundir uma passeata pacífica ou matéria jornalística com alguma das condutas tipificadas pela LCEDD.

editoraletramento

editoraletramento.com.br

editoraletramento

company/grupoeditorialletramento

grupoletramento

contato@editoraletramento.com.br

editoraletramento

editoracasadodireito.com.br

casadodireitoed

casadodireito

casadodireito@editoraletramento.com.br

GRUPO ED.
LETRAMENTO